Josef Faltermeier | Nicole Knuth | Remi Stork (Hrsg.)
Handbuch Eltern in den Hilfen zur Erziehung

Josef Faltermeier | Nicole Knuth |
Remi Stork (Hrsg.)

Handbuch
Eltern in den
Hilfen zur Erziehung

Im Auftrag des Bundesnetzwerks
Fachpolitik für Eltern und Familien
in der Kinder- und Jugendhilfe e. V. (BEFKJ)

BELTZ JUVENTA

Dieses Buch ist erhältlich als:
ISBN 978-3-7799-6760-6 Print
ISBN 978-3-7799-6761-3 E-Book (PDF)

1. Auflage 2022

© 2022 Beltz Juventa
in der Verlagsgruppe Beltz · Weinheim Basel
Werderstraße 10, 69469 Weinheim
Alle Rechte vorbehalten

Herstellung: Ulrike Poppel
Satz: text plus form, Dresden
Druck und Bindung: Beltz Grafische Betriebe, Bad Langensalza
Printed in Germany

Weitere Informationen zu unseren Autor_innen und Titeln finden Sie unter: www.beltz.de

Inhalt

Kapitel VI:
Methodisches Handeln in der Unterstützung von Eltern

Einleitung

Josef Faltermeier/Nicole Knuth/Remi Stork

Derzeit nehmen jährlich über eine Million junge Menschen und ihre Eltern Hilfen zur Erziehung nach den §§ 27 ff. SGB VIII in Anspruch. Die Erziehungshilfen umfassen mittlerweile eine große Bandbreite von Hilfeangeboten, die junge Menschen in ihrem Aufwachsen und Eltern bei der Erziehung unterstützen sollen.

Der aktuelle fachliche Diskurs um die Erziehungshilfen macht deutlich, dass eine stärkere Adressat*innenorientierung in den letzten Jahren sowohl in Bezug auf das Forschungsinteresse als auch bei der Praxisentwicklung in den Blick gerät. Dabei stehen vor allem die jungen Menschen als Subjekte im Mittelpunkt. Das ist wichtig und notwendig, weil diese dringend darauf angewiesen sind, dass gesellschaftliche und familiäre Bedingungen, die ihre Entwicklung einengen oder gar gefährden, verändert werden. Gleichzeitig zeigt sich jedoch, dass sich Forschung und Praxis vorwiegend auf die betroffenen Kinder fokussieren und die Eltern bzw. Familien hier bislang häufig aus dem Blick geraten. Dabei verdichtet sich der Eindruck, als würde die fachpolitische Praxis tendenziell davon ausgehen, dass mit der Fremdunterbringung familiäre Bindungen und Beziehungen zwischen Kind und Eltern nicht mehr schützenswert und kaum noch von Bedeutung sind. Während die Familien also bislang eher am Rande des Interesses von Theorie und Praxis stehen, kommt aktuell mehr Bewegung in diese Diskussion: Das neue Kinder- und Jugendstärkungsgesetz (KJSG) unterstreicht gerade bei Fremdunterbringungen die Kind-, Eltern- und Familienperspektive: So werden die Jugendämter zum einen verpflichtet, mit der Hilfeplanung ein verbindliches, zielorientiertes Elternarbeitskonzept vorzulegen. Zum anderen wird ausdrücklich betont, dass Kind und Eltern verstehen und annehmen können müssen, was die Jugendhilfe in „ihrem Auftrag" an Weichenstellungen für ihr Leben vornimmt. Gleichzeitig können wir auch in der Forschung ein steigendes Erkenntnisinteresse an Eltern und Familien feststellen: in aktuellen Forschungsprojekten (vgl. z. B. Berghaus, Klein und Schäfer et al. in diesem Band) werden unterschiedliche Situations- und Erlebenskontexte von Familien untersucht und auf bislang vernachlässigte Themenbereiche verwiesen. Aber auch in der Praxis verstärken sich die Bemühungen um die Entwicklung von Arbeitsansätzen für eine erfolgreiche Einbeziehung von Eltern in den Hilfeprozess.

Um diese Entwicklung in Gang zu setzen und bundesweit zu forcieren, wurde 2016 das „Bundesnetzwerk Fachpolitik für Eltern und Familien in der

Kinder- und Jugendhilfe" (BEFKJ e. V.) gegründet. Ziel des BEFKJ ist es, den Status von Eltern und Familien in der Kinder- und Jugendhilfe nachhaltig zu verbessern, ihre Randstellung in den Erzieherischen Hilfen aufzuheben und ihre gesellschaftliche Integration zu fördern.

Gerade in den Hilfen zur Erziehung müssen sich Eltern als Leistungsberechtigte und in ihrer Rolle als Verantwortliche für ihre Kinder gestärkt und unterstützt erleben. Im Gegensatz hierzu geht der Rechtsanspruch auf eine Hilfe zur Erziehung oft einher mit defizitorientierten Zuschreibungen durch Fachkräfte und Institutionen der freien und öffentlichen Jugendhilfe. In Folge der unzureichend aufgearbeiteten Geschichte und Tradition der Fürsorgeerziehung werden Eltern mitunter noch immer als schuldhafte Subjekte konstruiert, denen ein (völliges) Versagen in der Erziehung zugesprochen wird. Vor allem Fremdunterbringungen werden von Eltern mit Schuld- und Schamgefühlen erlebt und durchlitten.

Mit unserem Engagement im Bundesnetzwerk setzen wir uns dafür ein, dass Elternschaft auch in den Hilfen zur Erziehung vom Stigma des Makels und Scheiterns befreit wird. Es kann geradezu Ausdruck von gelebter Verantwortung der Eltern sein, auf Jugendämter und freie Träger zuzugehen und gemeinsam neue Wege in der Erziehung und Versorgung für ihre Kinder zu suchen. Es gilt gesellschaftliche Werte und Einstellungen ebenso zu ändern, wie professionelle Organisationskulturen, Strukturen, Angebote und Symbolsysteme. So sind Begriffe wie Pflegekinderhilfe (wer hilft den Eltern?), Ersatzerziehung (wer wird ersetzt?), familienanaloge Hilfen (professionelle Settings sind nicht vergleichbar mit Familien) u. v. m. immer noch üblich, obgleich sie in der modernen Jugendhilfe genauso wenig zu suchen haben, wie die damit konnotierten einseitigen und Eltern ausgrenzenden Praktiken von Diensten, Einrichtungen und Hilfesystemen. Um mit der begrifflichen „Renovierung" der Kinder- und Jugendhilfe zu beginnen, haben wir in diesem Handbuch einen konkreten Anfang gemacht und auf den Begriff der „Herkunftseltern" in allen Beiträgen verzichtet. Dieser Begriff lässt den Eindruck entstehen, man könne seine Eltern wie seine Herkunft hinter sich lassen – doch dieser Eindruck täuscht. An die Stelle von „Herkunftseltern" treten selbst in Pflegefamilien keine neuen, aktuellen oder gar besseren Eltern. Manche Eltern treten zwar für eine kürzere oder längere Zeit aus der ersten Reihe der alltäglichen Erziehungspersonen zurück – Eltern bleiben sie allemal.

Das vorliegende Handbuch nimmt Eltern als zentrale Akteure in den Hilfen zur Erziehung in den Fokus. Es geht in den Beiträgen darum, aufzuzeigen, wie Eltern in den Erziehungshilfen als – in der Regel – Leistungsberechtigte und darüber hinaus einzigartige Personen und Familienmitglieder für ihre Kinder angemessen angesprochen und ausreichend unterstützt sowie fair und partnerschaftlich in Hilfekonzepte und Strukturen eingebunden werden können. Hilfen zur Erziehung müssen mit Blick auf Eltern und Familien weiterentwickelt werden. Eltern dürfen nicht an den Rand gedrängt, einseitig beschuldigt und verantwortlich gemacht werden. Sie dürfen auch nicht mit unverbindlichen Hilfezusagen abgespeist werden – eine Tendenz, die seit langem sowohl in den ambulanten Hilfen, aber auch bei stationären Hilfen (Stichwort: fehlende Elternarbeit) festzustellen ist.

Das Handbuch gibt einen Überblick über neue bzw. aktuelle Konzepte und Methoden für die Zusammenarbeit mit Eltern in den Hilfen zur Erziehung und ordnet diese mit Blick auf deren Bedeutung für die Kinder ein. Gleichzeitig werden die erforderlichen gesellschaftlichen und fachpolitischen Reformbedarfe und Herausforderungen benannt und damit konkrete Entwicklungsperspektiven für eine „Modernisierung" der Hilfen zur Erziehung aufgezeigt. Das Handbuch richtet sich an alle, die sich für die Hilfen zur Erziehung interessieren und sich in diesem Feld engagieren, insbesondere die dort tätigen Fachkräfte, Studierende und Wissenschaftler*innen.

Der Aufbau des Handbuchs greift verschiedene Perspektiven des Hilfesystems für Eltern und Familien innerhalb der Erziehungshilfen auf. Zunächst werden unterschiedliche *Herausforderungen und Spannungsfelder* diskutiert, denen Eltern als Adressat*innen der Erziehungshilfen gegenüberstehen und die immanenter Bestandteil von Hilfeprozessen sind. Die *Perspektiven von Kindern, Jugendlichen und jungen Erwachsenen* auf ihre Eltern werden anschließend in den Blick genommen und als eine zentrale Orientierung der Weiterentwicklung von Erziehungshilfen beschrieben. Bedeutsam ist darüber hinaus, die *Rechte von Eltern* deutlicher in der Fachpraxis zu verankern und diese so zu reformieren, dass Eltern die Möglichkeit haben, ihre Grundrechte und Rechtsansprüche tatsächlich wahrzunehmen. Wie *Eltern als Expert*innen* in der Praxis der Hilfen zur Erziehung anders wahrgenommen und eingebunden werden können, wird im vierten Teil des Handbuchs beschrieben. Es wird gefordert, Eltern eine aktive Rolle im Hilfeprozess zu ermöglichen, was an vielen Stellen der Veränderung von Strukturen, Konzepten, Methoden und Haltungen bedarf. Im fünften Teil des Handbuchs wird aufgezeigt, wie *Institutionen als Kooperationspartner*innen von Eltern* ihrer Aufgabe im Rahmen der Hilfen zur Erziehung gerecht werden können. Sowohl Jugendämter als auch freie Träger und ihre Dienste werden als partnerschaftliche Akteure beschrieben und die Konsequenzen der Weiterentwicklung diskutiert. Abschließend beschäftigen sich im sechsten Teil des Handbuchs mehrere Beiträge mit dem *methodischen Handeln in der Unterstützung von Eltern*. Sie stellen dar, wie die Zusammenarbeit mit Eltern neu gerahmt werden und so neue Formen der Stärkung und Unterstützung von Eltern gelingen können.

Uns ist wichtig, Beiträge aus unterschiedlichen Sichtweisen in diesem Handbuch abzubilden und diese nicht in ein starres, einheitliches Schema zu pressen. Die Darstellungsformen der Autorinnen und Autoren sind deshalb unterschiedlich und spiegeln verschiedene Positionierungen, die auf der Grundlage des gemeinsamen Anliegens verfasst wurden. Das Ergebnis ist ein Handbuch, das eine Reihe von Informationen bündelt, gleichzeitig aber auch neue und spannende Ideen zur Zusammenarbeit mit Eltern aufgreift und daher wichtige Impulse für eine Weiterentwicklung der Hilfen zur Erziehung vermittelt.

Wir danken den Autorinnen und Autoren für Ihre Bereitschaft, mit uns gemeinsam neu über die Rolle der Eltern im System der Hilfen zur Erziehung nachzudenken. Uns vereint die Kritik an der historisch gewachsenen und bis heute gegenwärtigen Praxis der Bewertung, Stigmatisierung und Ausgrenzung von Eltern, insbesondere in den stationären Angeboten.

Für eine moderne Soziale Arbeit, die sich allparteilich und menschenrechtlich orientiert, gilt es, Begriffe, Konzepte und Strukturen kritisch in den Blick zu nehmen und Erneuerungen voranzutreiben.

Es wird ein langer Weg, bis die Hilfen zur Erziehung sich aus der Konkurrenz zu Eltern befreit haben und Kooperation und Unterstützung – auch und gerade in Konflikten mit Eltern – als gemeinsame und partnerschaftliche Herausforderung und Aufgabe verstanden haben werden.

Hinweise auf das „Bundesnetzwerk Fachpolitik für Eltern und Familien in der Kinder- und Jugendhilfe (BEFKJ e. V.)"

Wir verstehen uns als Interessenvertretung für Eltern und Familien in der Kinder- und Jugendhilfe. Besonders setzen wir uns für Eltern ein, deren Kinder in Pflegefamilien oder Heimen leben. Dabei engagieren wir uns im Interesse der betroffenen Kinder für den Erhalt ihrer Beziehungen zu Eltern und Geschwistern. Die hierfür zuständigen Organisationen in der Kinder- und Jugendhilfe von öffentlichen und freien Trägern wollen wir darin unterstützen, bedarfsgerechte Konzepte in der Begleitung der Familien umzusetzen. Hier geht es vor allem um zielbezogene Hilfeangebote, eine konsequente Beteiligung der Familien und um die Wahrnehmung der Fürsorgebemühungen der Eltern in zumeist dramatischen sozialen und ökonomischen Lebensverhältnissen. Schließlich wollen wir darauf aufmerksam machen, dass Eltern für ihre Kinder wichtig und unabdingbar sind – unabhängig davon, wie lange das Kind in stationären Hilfen verbleibt. Eine Ausgrenzung ihrer Eltern müssen Kinder auch als Ablehnung ihrer Person empfinden. Es gilt deshalb, Eltern in den Entwicklungsprozess ihres Kindes aktiv einzubeziehen. Hierfür ist es notwendig, dass die zuständigen Sozialen Dienste die entsprechenden konzeptionellen und logistischen Arrangements in jedem Einzelfall treffen. Erzieherische Hilfen sind Dienstleistungen für Kinder und Eltern; das sollte noch deutlicher auch in der Haltung der Fachkräfte und in der Qualität der Unterstützungsangebote zum Ausdruck kommen.

Weitere Informationen finden Sie auf der Homepage unter:
www.fachpolitik-herkunftseltern.de

Kapitel I: Herausforderungen und Spannungsfelder

Die Hilfebiografie einer Mutter – Entfremdung als System

Werner Schefold

Einleitung

Eltern, Mütter, Väter, Familien, deren Kinder bei Pflegeeltern oder in einem Heim leben, sind eines der großen Themen der Kinder- und Jugendhilfe, der Sozialen Arbeit insgesamt.

In dieser Arbeit soll zu diesem Diskurs ein Beitrag des Inhalts geleistet werden, dass auf der empirischen Grundlage eines Falles die „Hilfebiografie" einer Mutter, deren Kinder fremdplatziert sind, vorgestellt und diskutiert wird. Zu Beginn soll kurz geklärt werden, was unter dem hier leitenden Konzept „Hilfe" und einer „Hilfebiografie" zu verstehen ist. Zwei methodische und theoriegeleitete Zugänge zur Wirklichkeit von Eltern, Hilfe und Biografie verbinden sich in diesem Konzept. Der Fall Hanna Früh wurde von Josef Faltermeier erhoben und in seiner Arbeit „Verwirkte Elternschaft" (2001; 2019) dargestellt. Auf dieser empirischen Grundlage fußen die hier vorgestellten Überlegungen. Faltermeier arbeitet detailliert die Schicksale, die Hilfeverständnisse der Informandinnen und vieles mehr heraus, was mit Hilfe zusammenhängt. Das Konzept der „Hilfebiografie" rückt nun nochmals die gesamten Lebensgeschichten der Mütter explizit in den Mittelpunkt, fokussiert darauf, welche Bedeutung Hilfe in allen Erscheinungsformen, bis hin zur Nicht-Hilfe darin gehabt hat. Damit werden Verhältnisse und Ereignisse erschlossen, die Bedürftigkeiten wie Art und Ausmaß der faktischen wie mangelnden Unterstützung aufzeigen. Lebensgeschichten kommen so in der Dialektik von Angewiesenheit und (mangelnder) Solidarität zur Sprache.

1 Zum Konzept der „Hilfebiografie"

1.1 Hilfe

Hilfe ist ein Allerweltsbegriff. Überall und dauernd ist in der Sozialen Arbeit von „Hilfe" die Rede – offensichtlich ein Begriff für die Kommunikation über kontingente Sachverhalte, die immer auch anders möglich wären. „Hilfe" hat aber immer einen normativen Kern. Sie soll ein Projekt für eine bessere Zukunft sein; dient als Definition, dass etwas nicht so ist, wie es sein könnte und dadurch besser werden sollte, dass einer für den anderen etwas Gutes tut. Dies wird in unterschiedlichen Perspektiven je anders gesehen.

Sozialwissenschaftlich kann man unter „Hilfe" Handlungen und Interaktionen verstehen, in denen Akteure (Personen, Gruppen, Organisationen) anderen Akteuren eigene Mittel unentgeltlich zur Verfügung stellen, um deren eigene Projekte zu ermöglichen (Schefold 2011; 2020). Hilfeprozesse

- umfassen Handlungen, Interaktionen, Transfers; sie bedeuten, etwas an oder mit anderen zu tun;
- sind immer sozial, finden zwischen einem „Selbst" und anderen statt, führen so unterschiedliche Perspektiven und Dispositionen zusammen;
- verweisen auf Mängel, Bedürftigkeit in konkreten Situationen wie in Lebenslagen;
- liefern materiell und symbolisch Mittel, die fehlen, aber gebraucht werden: Kompetenzen und Ressourcen;
- geschehen „unentgelt(d)lich", sind nicht Kauf oder Tausch, bedingen eigene soziale Konstellationen;
- haben das Moment der Transitivität, der Sinngebung, des Ermöglichens, des Etwas-gelingen-Lassens;
- werden von Konsens und Dissens, Konflikt und Kooperation, von Gelingen oder Misslingen der Verständigung begleitet.

Sozialität, Sachbezug, Selbstbezug, Raum und Zeit als Dimensionen ermöglichen, die Komplexität von Hilfeprozessen zu erschließen. In diesen Dimensionen lassen sich „sensitizing concepts" für die Analyse und Reflexion von Hilfeprozessen gewinnen.

1.2 Biografie

Das Konzept der Biografie und die Biografieforschung haben eine lange Rezeptions- und auch Erfolgsgeschichte in der Sozialen Arbeit (Jakob 2015). Unter Biografie versteht man in den Sozialwissenschaften das Leben einzelner Personen, wie es sich im Erleben, in Erfahrungen, Erinnerungen der Personen, im Prozess der biografischen Verarbeitung selbst niederschlägt. Biografische Erzählungen (Glinka 2009: 9ff.) erschließen Lebensgeschichten und damit auch die Rahmenbedingungen des Lebens, der Lebenslagen und Lebenswelten in ihrer subjektiven Bedeutung. Biografieforschung eröffnet Einsichten in die Prozesslinien dieser Lebensgeschichten, in subjektive „Welten", führt auf „Hinterbühnen" (Goffman 1969: 99ff.), hinter die Fassaden institutionell und professionell dominierter Prozesse (Schefold 2006), zu Motiven, Haltungen, Eigentheorien, zu subjektiven Hilfeplänen und deren Divergenzen zu fachlichen wie amtlichen Vorstellungen. Irrungen, Selbsttäuschungen werden verstehbar, Verlaufskurven können erschlossen werden (Glinka 2008: 248 ff.; Kratz 2015: 47 ff.).

Biografien sind in modernen Gesellschaften von Lebensläufen gerahmt. Lebensläufe beschreiben die gesellschaftliche Ordnung der Lebenszeit im Rahmen der Institutionen und der Sozialstruktur moderner Gesellschaften (Schefold 2001). Sie umfassen die „Programme", die Gesellschaften für den Ablauf des einzelnen Lebens bereithalten. Sie strukturieren Möglichkeiten und Spielräume und eröffnen so „Biographizität" als Chance und Verpflichtung, das eigene Leben zu gestalten (Kohli 1985).

Lebensläufe haben Phasen. Die Geburt eines Menschen startet eine Phase, für Kinder wie Eltern. Neugeborene sind völlig auf Hilfe angewiesen. Diese zu übernehmen erfordert konstante räumliche Nähe, zeitliche Verfügbarkeit, eine soziale Beziehung als Mutter und/oder Vater, welche das „Teilen des eigenen Lebens" mit dem Neugeborenen und Kleinkind sinnhaft im eigenen Selbst fundiert; und sachliche Ressourcen, die dieses Zusammenleben gut möglich machen – Wohnungen, materielle Versorgung, Entlastung von anderen Aufgaben der täglichen Reproduktion des gemeinsamen Lebens.

Diese Aufgabe der Elternschaft ist geschlechtsspezifisch differenziert aufgefächert, rechtlich im Konzept des „Kindeswohls" und in Kinderrechten konstituiert.

1.3   Hilfebiografie

Unter „Hilfebiografie" lassen sich Biografien verstehen, die unter der Fragestellung betrachtet und sichtbar werden, welche Hilfen eine Person erfahren hat, aber auch welche aus der Sicht des Erzählenden erwartet worden oder aus der Sicht allgemein plausiblen Wissens angemessen gewesen wären, aber nicht stattgefunden haben. Sie erschließen wichtige Ereignisse und deren Bewältigung ebenso wie Situationen, in denen Hilfen nahelagen.

Hilfen sind Ereignisse, sie haben eine narrative Struktur, werden erlebt und erfahren. Sie eignen sich sehr dazu, erzählt zu werden. Dabei werden unterschiedliche Vorgänge, Erlebnisse, Erfahrungen, Einschätzungen mit dem Wort „Hilfe" bedacht und behandelt. In Erzählungen erhalten sie je nach den Perspektiven der Beteiligten eine eigene Wirklichkeit. Biografische Interviews zeigen die Bedeutungen auf, welche Hilfe in der Sichtweise der Erzählenden erhalten, welche subjektiven Hilfeverständnisse und Erfahrungen mit sozialstaatlichen Hilfen sich bei den Personen ausgebildet haben (Schefold et al. 1998; Faltermeier 2001; 2019).

Dies macht autobiografische Erzählungen für die Soziale Arbeit wertvoll. An der Analyse der Biografie einer Mutter, Hanna Früh, soll dies gezeigt werden. Sie kann multiperspektivische Fallanalysen nicht ersetzen (vgl. Neuberger 2004: 183 ff.), sie kann aber Einsichten in die umfassende Problematik der Eltern liefern.

2 Der Fall Hanna Früh

Der Fall von Hilfen zur Erziehung nach § 33 SGB VIII (Vollzeitpflege) trägt den (selbstverständlich maskierten) Namen der interviewten Mutter, Hanna Früh. Er ist auf der Grundlage eines autobiografisch-narrativen Interviews in einem Forschungsprojekt rekonstruiert worden, das Josef Faltermeier 1998 bis 2000 über Eltern und Mütter, deren Kinder fremduntergebracht sind, durchgeführt hat (Faltermeier 2001; 2019; zum Projekt auch Faltermeier/Glinka/Schefold 2003).

An dieser Stelle folgt ein kurzer zusammenfassender Gang durch die Biografie: Hanna Früh, 36 Jahre alt, ist Mutter von fünf Kindern, die allesamt drei Jahre vor dem Interview fremduntergebracht wurden und immer noch sind. Hanna lebt seit acht Jahren mit ihrem Lebenspartner Jürgen zusammen in Hessen. Ihr Koda-Kommentar im Interview: „Mein Leben sind meine Kinder. Deswegen will ich die auch wieder haben, da kann sich das Jugendamt auf den Kopf stellen, mit dem Hintern Mücken fangen ich krieg die wieder, egal wie das ist mein Leben" (zu allem weiteren: Faltermeier 2001; 2019).

Hanna wird 1961 unehelich geboren, lernt ihren leiblichen Vater nie kennen. Sie erlebt ihre Kindheit bei Mutter und Großeltern, ihre Großmutter wird die entscheidende Person ihrer Kindheit und Jugend. Die Mutter heiratet 1974, als Hanna 13 Jahre alt ist, es gibt Konflikte mit dem Stiefvater, Hanna zieht ganz zu den Großeltern. Ihr Großvater stirbt, ihre Großmutter wird krank, sie pflegt ihre Großmutter jahrelang. Mit dem Tod der Großmutter 1979 bricht Hannas innere und äußere Welt zusammen. Hanna hat keine berufsbiografische Planung, sie sucht Halt bei ihrem Freund. Sie heiratet 1980, hochschwanger; 1981 kommt ihr erstes Kind zur Welt, Sascha. Hanna und ihr Mann sind von der Situation völlig überfordert, umso mehr als 1983 das zweite Kind, Anna, geboren wird. Es kommt zu Gewalt. Hanna zieht mit den beiden Kleinen zurück zu den Eltern. Sie schlägt sich mit Jobs durch, geht erneut eine Partnerschaft ein. Daraus entsteht 1985 Max, das dritte Kind, die Partnerschaft zerbricht. Hannas Mann, von dem sie sich nie endgültig getrennt hat, erkennt Max als Sohn an. Max bekommt Neurodermitis, stellt sich als schwieriges Kind dar. Hanna bekommt eine Familienhelferin, die sich täglich um die gesundheitlichen Belange von Max kümmert. Sascha wird im Alter von acht Jahren auf dem Weg zur Schule sexuell missbraucht. Die Instanzen werden tätig, das Jugendamt wird auf die Familie aufmerksam. Sascha erhält Hilfe, er kommt in ein Internat, das verursacht neue Probleme der Eingewöhnung. Symptome, die mit dem Missbrauch in Zusammenhang gebracht werden, wie Bettnässen, bleiben für Jahre. Hanna wird von ihrem Mann wieder schwanger, Felix, das „Versöhnungskind", kommt 1988 zur Welt. Der Vater, Hannas geschiedener Mann, verdient mit Busfahren das Geld. Sie leben mit vier Kindern in einer zweieinhalb Zimmer Wohnung. Das Geld reicht hinten und vorne nicht, es gibt Konflikte, die erneut eingegangene Partnerschaft zwischen Hanna und ihrem Mann bricht endgültig auseinander.

Über Hanna schlagen die Probleme zusammen, sie fängt zu trinken an, wird abhängig. Sie sucht wieder eine männliche Bezugsperson, findet Jürgen, mit dem sie auch noch zum Zeitpunkt des Interviews zusammen ist. 1993 wird sie erneut schwanger, Tobias kommt als fünftes Kind zur Welt. Hanna erleidet einen kleinen Unfall, kann sich wochenlang nur auf Krücken bewegen. Die zehnjährige Anna unterstützt sie, bleibt in der Zeit von der Schule fern. Hanna bemüht sich um eine Familienhilfe, erfolglos. Die Enge der Wohnung, die Probleme der Kinder, die oft krank sind und der Alkoholkonsum provozieren Gewalt. Jürgen schlägt Hanna, die Erzieherinnen im Kindergarten von Max erfahren davon und bringen den Fall vor das Jugendamt. Das Jugendamt erkundigt sich in der Nachbarschaft über Hanna, die Ergebnisse geben ein sehr schlechtes Bild von der Familie. Der Eindruck entsteht, die Kinder bekämen nichts zu essen – ein Vorwurf, den Hanna im Interview berichtet und dem sie energisch widerspricht. Hanna will eine größere Wohnung. Das Jugendamt verlangt im Gegenzug als Vorausleistung, dass sich Hanna von Jürgen trennt. Jürgen wird aber von den Kindern als Vater akzeptiert, trotz der gelegentlichen Gewaltausbrüche in der Familie.

Im Februar 1994 beginnt das „große Drama". Eine Mitarbeiterin des Jugendamtes nimmt eine vorläufige Inobhutnahme der Kinder vor. Hanna ist überfahren und empört. Die Kinder werden fremd untergebracht: Sascha in der Familie von Hannas Mutter, Anna, Max und Felix zunächst in einer Übergangsgruppe, dann in einem Heim bzw. in Pflegefamilien, Tobias zunächst in einem Heim, danach in einer Pflegefamilie. Hanna verschärft das Trinken; ihr Selbstwert sinkt gegen null, sie ist am Ende. Sie soll sich, so das Jugendamt, zusammen mit ihrem Lebensgefährten einer Entziehungskur unterziehen und dabei ihre Kinder drei Monate nicht sehen. Sie steht das nicht durch und der Arzt entlässt sie als arbeitsfähig. Hanna versucht sich an verschiedenen Arbeitsplätzen in der Altenpflege; die zeitliche Beanspruchung durch diese Arbeit, auch am Wochenende, kollidieren jedoch mit ihren Bedürfnissen, die Kinder regelmäßig zu besuchen und für sie da zu sein. Hanna sieht ihre Chance, die Kinder wieder zu bekommen, durch eine Berufstätigkeit eher blockiert. Ihr Lebensgefährte ist ebenfalls arbeitslos und ohne Führerschein in seinem Beruf (Holztechniker) schwer vermittelbar.

Hanna ist nach wie vor völlig auf ihre Kinder fixiert, die Sorge um ihre Kinder lässt sie wieder aktiv werden. Max wird von einer Erzieherin geschlagen, Hanna mischt sich ein. Sie beginnt um ihre Kinder zu kämpfen – der Sinn ihres

Lebens. Max will nach Hause, will dies durch Suiziddrohungen erzwingen, Hanna redet ihm dies aus, bleibt in sehr enger Beziehung zu ihm. Hanna organisiert per Zeitungsannoncen Treffen mit anderen leiblichen Eltern. Das Jugendamt beginnt Hannas Ziele zu akzeptieren. Drei der Kinder – mit Ausnahme von Sascha, der bei der Großmutter lebt, und Anna – wollen wieder nach Hause. Das Jugendamt macht Auflagen, die Hanna nun abarbeiten oder gegen die sie angehen kann.

3   Hannas Hilfebiografie: Ereignisse und Erfahrungen mit Hilfen

Hannas Lebensprojekt liegt in ihren fünf Kindern (neben ihren Beziehungen zu ihren Männern). Dies bedeutet ein Maximum an Erwartungen und Leistungen und ein Minimum an Ressourcen, die dafür zur Verfügung stehen; ein von Hilfen abhängiges Leben.

Das Wort „Hilfe" kommt in der autobiografischen Erzählung sehr oft vor; Hanna erlebt Hilfen durch die Großmutter, ihre Mutter, ihre Tochter Anna; kleine Hilfen wie die des Taxifahrers, der ihr Fahrten nicht voll berechnet. Es gibt ebenso Situationen, Ereignisse, Erfahrungen, die mit Hilfen zu tun haben, ohne so benannt zu werden Die Lebenslage von Hanna wird durch Hilfe konstituiert. Die einschneidende große „Hilfe" der Fremdplatzierung der Kinder dominiert dann ihr Leben, die Hanna alles andere als hilfreich versteht. Sie will ihre Kinder zurück haben. Hannas Biografie ist durchweg von Mangel, Abhängigkeit, Angewiesenheit und damit auch von Hilfen bestimmt. Bei allen Details: es wiederholt sich die gleiche Konstellation, das gleiche Thema: Mangel, Bedarf, Hilfen oder nicht … diese bleiben aus ihrer Sicht eher selten hilfreich, eher unzureichend oder falsch angelegt.

Einige für Hilfeprozesse relevante Ereignisse und Phasen sollen nun herausgehoben werden. In der Biografie von Hanna Früh zeigt sich Hilfe in unterschiedlichen Formen. Es beginnt in der Familie. Hanna bezeichnet sich als „kleines Omakind". Ihre Großmutter hat nach der Heirat der Mutter ihr ein Zuhause angeboten, wesentlich für sie gesorgt. Als die Großmutter an Krebs erkrankt, bricht Hanna die Schule ab und pflegt ihre Oma; eine Hilfe auf der Grundlage enger, emotionaler sozialer Beziehungen. Familie ist wesentlicher Ort der Hilfe.

> „Und Ende 1980 hab ich geheiratet … Dann kam mein erster Sohn gleich der ist heute 16, der Sascha. Na ja die Ehe bis dahin verlief sie normal dann kam meine Tochter 1983 im März, ab da ist mein Mann fremdgegangen. Ja dann hab ich die Ehe sausen lassen …" (Transkript, Z. 63–65).

Ihr Mann schlägt sie in der Zeit ihrer zweiten Schwangerschaft; in einer Lage, die stetige Hilfe erfordert, zerbricht die soziale Konstellation, dass zwei Erwachsene die Anforderungen bewältigen. Ihr Freund vermag die Rolle eines praktisch hilfreichen, zuverlässigen Partners nicht zu übernehmen. Das soziale System für die Sorge um das Neugeborene vermag sich nicht zu entwickeln und zu stabilisieren. Hanna bleibt mit ihrer Verantwortung allein, zieht dann zu ihrer Mutter.

Max, das dritte Kind, erfordert von Geburt an besondere Zuwendung und Hilfe. Seine Neurodermitis macht regelmäßige Pflege erforderlich. Eine Familienhelferin kommt dreimal am Tag und kümmert sich um diese gesundheitlichen Probleme. Hanna erhält sozialstaatliche Hilfe, wenn auch zeitlich und sachlich begrenzt.

Ein Missbrauch belastet Sascha und fordert Hanna. „… der Sascha der hat auch viel mitgemacht der ist mit acht Jahren ist der sexuell misshandelt worden auf dem Schulweg, da war ich hoch schwanger gewesen mit dem Felix, und er hat es halt vertuscht …“ (Transkript, Z. 196–198)

Der Missbrauch von Sascha schafft eine besondere Situation. Er kommt zutage, weil Sascha nicht mehr zur Schule geht; Hanna wie auch der Hort sind völlig überrascht. Kriminalpolizei, Kinderschutzbund und Jugendamt reagieren auf je eigene Weise, die ein starkes Element von Kontrolle beinhaltet. Sascha, so die Erkenntnis in der Retrospektive, hätte Hilfe gebraucht. Die Achtsamkeitsdefizite u. a. werden Hanna, nicht dem Hort oder der Schule, zugeordnet.

Hanna sorgt unter Mühen vier Tage vor der Geburt des vierten Kindes Felix im Krankenhaus dafür, dass Saschas Weigerung, sich von einem Mann untersuchen zu lassen, respektiert wird. Sie hilft und ist hilflos.

Hanna beginnt zu trinken, wird alkoholkrank. Das reduziert ihre Handlungsfähigkeit, ihre „Selbsthilfechancen“ und produziert neuen Mangel und Auffälligkeit. „Ich hab 'ne böse Zeit gehabt wo ich getrunken hab aber ich hab auch, ich hab meine Kinder im Griff gehabt ich hab nicht tagsüber getrunken ich hab abends getrunken wenn die Kinder im Bett lagen also die Kinder haben das nicht mitgekriegt. Und dann haben wir uns auch geschlagen mein Freund und ich natürlich dass das die Kinder mitgekriegt haben in so einer kleinen Wohnung ist selbstverständlich … der Max erzählt das als im Kindergarten … einmal sagen sie wegen Alkohol sind die Kinder weggekommen was nicht stimmt …“ (Transkript, Z. 132–138).

Professionelle Hilfe in Form von Therapien kommt ins Spiel. Das Paar fängt eine Therapie an. „… Wir sollten dann also 'ne Therapie machen, wegen Alkohol. Ich hab mich überreden lassen war eine Nacht da gewesen eine Nacht war ich da. Meine Tochter rief abends schon an Mama ich will nicht dass du da bleibst komm doch bitte nach Hause. eine Nacht war ich da“ (Transkript, Z. 272–273).

Wohnungen sind eine zentrale Bedingung für die Qualität des Zusammenlebens. Sie bittet den „Herrn vom Kindergarten“ (Z. 141), der sie besucht und mit ihr darüber reden will, dass Max von handgreiflichen Konflikten in der Familie erzählt, darum, ihr beim Jugendamt zu helfen, dass die der Familie eine größere Wohnung beschaffen. „… und da sag ich na gut sag ich wenn du dich für uns einsetzen willst dann kannst du mit dem Jugendamt mal reden und kannst fragen, wie es mit 'ner größeren Wohnung aussieht aber es gibt hier in K. gibt es keine größere Wohnung. Na ja er hat uns dann angezeigt zum guten Schluss …" (Transkript, Z. 142–145).

Hanna kann keine adäquate Wohnung beschaffen, sie ist auch in diesem Bereich auf Hilfe angewiesen. Sie moniert massiv im Jugendamt und stellt den finanziellen Aufwand dafür dem finanziellen Aufwand der Fremdunterbringung der Kinder gegenüber. „… Ich hab das Jugendamt gebeten sie sollen mir helfen 'ne größere Wohnung zu suchen weil's nicht geht … es ist halt es ist zu klein hier, ich weiß nicht was ich da machen soll … Und da haben sie mir versprochen ja wir helfen ihnen dass sie 'ne größere Wohnung kriegen, und gar nix kam …" (Transkript, Z. 109–117).

Das Jugendamt interveniert in dieser Situation dahingehend, dass die Kinder vorübergehend in Obhut genommen und auf Dauer – mindestens bis zum Zeitpunkt des Interviews – fremdplatziert werden. „Ja und dann kam das große Drama 1994 … 28. Februar stand das Jugendamt vor der Tür und hat mir alle Kinder weggeholt. Ohne Vorwarnung ohne irgendwelchen ich wusste überhaupt nicht wie es mir geschah" (Transkript, Z. 84–87). Die Intervention des Jugendamtes stürzt Hanna in eine totale Hilflosigkeit in eigener Sache und eigener Sicht, in ihrem Lebensprojekt. Sie will nun mit allen Kräften den Kontakt und die Beziehungen zu den Kindern aufrechterhalten. Auch dazu braucht und bekommt sie in Grenzen Hilfe.

Hanna hat immer mit Geldnot zu kämpfen. „Ich muss das ja auch alles von meinem Sozialgeld bezahlen 'ne die Telefonrechnung ich hab jeden Monat 150 Mark Telefon weil ich ruf zwei Mal in der Woche die Kinder an …" (Transkript, Z. 369–371). Sie hat kaum Kompetenzen erworben, die ihr gut bezahlte Erwerbsarbeit ermöglich hätten – falls die Kinder ihr Zeit gelassen hätten. Materielle Versorgung durch die Männer gibt es wenig. Sie lebt vom Sozialamt. Geld, das die Bewältigung vieler Probleme leichter macht oder überhaupt ermöglicht, ist grundsätzlich immer knapp; auch dies ist eine Bedingung, welche konstante Bedürftigkeit provoziert.

Hanna hat Probleme im Umgang mit anderen „… die Frau von der Therapie sagt … ich sollte net schreien … sag' ich irgendwann geht einem der Gaul durch und dann ist es vorbei gell ich bin auch schon aus dem Jugendamt rausgegangen da sind die Türen geflogen …" (Transkript, Z. 586–575).

Sie fühlt sich den Behörden nicht gewachsen: „Ich kenn mich in den Sachen net aus wenn ich mich auskennen würde wäre ich wahrscheinlich ein bisschen schlauer oder ich müsste studieren dass ich irgendwie Sozialpädagogik oder sonst was lernen würde …" (Transkript, Z. 590–591).

Hannas Mutter und auch ihr Stiefvater, mit dem sie sich zu Beginn aus Eifersucht nicht verstanden hat, unterstützen Hanna in dem erzwungenen neuen Verhältnis zu den Kindern sehr, insbesondere bei dem Hin- und Herbringen der Kinder, die an verschiedenen Orten untergebracht sind, für das Wochenende zu ihrem Besuch Zuhause: „… wenn ich meine Eltern net hätte würde ich alt aussehen …" (Transkript, Z. 534). „Die machen auch alles für mich wenn es um die Kinder geht …" (Transkript, Z. 647– 50).

In ihrem persönlichen Kampf um die Kinder bekommt Hanna Hilfe. „… meine Mutter redet auch immer mit Engelszungen beim Jugendamt ne. Aber es hilft auch nix auch ich bin auch in der Waisenhausstiftung drin ich weiß net ob sie das kennen, ist auch hier in O. Mit der Frau schreib ich jetzt zusammen einen Brief an den Richter" (Transkript, Z. 532–534).

Hanna erwähnt die Unterstützung von Freund*innen in der Auseinandersetzung mit dem Jugendamt. „Und ich hab auch sehr viele Freunde und Freundinnen … und jetzt sind die langsam schon so weit dass die aufs Jugendamt gehen wollen und wollen da sagen wieso haben sie die Kinder …" (Transkript, Z. 513–517). Hilfen im Alltag kommen nicht zur Sprache.

Als Hanna sich entschließt, aktiv um die Rückführung der Kinder zu kämpfen, wendet sie sich an die Zeitungen. Die Waisenhausstiftung in der Stadt gewährt ihr Hilfe in der Auseinandersetzung mit dem Vormundschaftsgericht.

4   Einsichten aus dem Fall

4.1   Hannas Lebensprojekt

Hannas Lebensprojekt sind ihre Kinder – sie zu bekommen und mit ihnen zu leben. Ihre Biografie ist durch Bedarfslagen, die eigene Dynamiken entwickeln, gekennzeichnet. Dafür stehen allem voran die Kinder, dann Hannas Partnerbeziehungen und ihr Alkoholkonsum. Die Kinder haben mit unterschiedlichen Problemen zu tun, die besondere Hilfebedürftigkeit nach sich ziehen. Sie bekommen professionelle Hilfen in moderner Form, spezialisiert und institutionalisiert; ihre Aneignung und die Hilfen, die dabei nötig werden, fallen auf Hanna.

> „Der Max ist auch so in einer psychiatrischen Behandlung, der Felix nicht die Anna die macht ganz normal ihre Schule, die hat die war erst in 'ner Lernhilfsschule jetzt ist sie abgesprungen, sie macht sich eigentlich ganz gut. Der Große hat keinen Bock mehr auf die Schule der streikt im Moment. Er geht jetzt schon zehn Jahre in die Schule …" (Transkript, Z. 191–195).

Die Dynamik ihrer Beziehungen zu ihren Partnern blockiert die Entwicklung dauerhafter und verlässlicher sozialer Arrangements für den Umgang mit den Hilfebedürfnissen der Kinder. Die Flucht Hannas in den Alkoholkonsum ist eine Form der Lebensbewältigung von Hanna, die Zug um Zug mit dem Abhängigwerden neue Formen von Hilflosigkeit und zugleich einen eigenen Hilfebedarf hervorbringt.

Hannas Biografie ist auch durch Akteure gekennzeichnet, die kaum ausreichend und nachhaltig agieren können oder wollen. Weder die Familie noch das Jugendamt, professionelle Dienstleister noch gar Hanna selbst können für ein Gleichgewicht von Anforderungen und Potenzialen sorgen.

Hanna hilft in ihrer Familie, im Alltag stehen ihr immer wieder die Eltern, vor allem die Mutter zur Verfügung. Anna, ihre Tochter, steht ihrer Mutter trotz ihres Alters von zehn Jahren bei, als mit Tobias das fünfte Kind auf die Welt kommt, freilich um den Preis, dass sie nicht mehr in die Schule geht und damit auffällig wird.

Die Gründung einer eigenen Familie misslingt, „… hab ich die Ehe sausen lassen" (Transkript, Z. 64–65). Ihr Mann kommt zurück, ein viertes Kind, Felix kommt auf die Welt. Ihr Mann konnte die Familie nicht ernähren, war wegen seines Jobs dauernd weg, Hanna lernt Jürgen kennen, mit dem sie zum Zeitpunkt des Interviews immer noch beisammen ist. Ihre eigene Familie bleibt so strukturell labil und kaum zur Selbstständigkeit fähig. Bei ihrem zentralen Projekt, die Kinder wieder bei sich zuhause zu haben, kann sie nicht helfen; ihre Partner erweisen sich eher als Barriere. Zwischen Familie und Jugendamt gibt es kaum Personen – Freundinnen, Nachbar*innen, Kolleg*innen – die im Alltag da wären, wenn Hilfe gebraucht wird.

4.2   Das unterschiedliche Hilfeverständnis von Hanna und dem Jugendamt

Die primäre Stelle für Hilfe, das Jugendamt, sieht Hanna in ständiger Gegnerschaft. „Was will man dazu sagen es ist schon ganz schön schockierend was die da mit einem treiben ne. Und ich weiß auch net wie ich mich dagegen wehren soll …" (Transkript, Z. 364–366).

Nach der Unterbringung der Kinder in Pflegefamilien rückt Hanna in die Position einer Mutter in großer sozialräumlicher Distanz zu den Kindern, die ihr emotionales Bedürfnis nach Nähe verstärkt. „… aber da kriegt man überhaupt keine Hilfe kann man sagen weder vom Jugendamt statt sie mir die Chance geben und sagen gut Frau Früh wir geben ihnen die Kinder langsam zurück" (Transkript, Z. 379–381).

Die faktischen Strategien von Jugendamt und Hanna sind nicht nur verschieden, sie schließen sich aus. Das Jugendamt verordnet für die Kinder die

Kompaktlösung der Fremdplatzierung. Es sieht für Hanna als Mutter nur eine sehr distanzierte Ko-Existenz mit ihren Kindern vor, ohne ihre Begleitung, ohne Chancen, mal einzuspringen.

Hanna will ihren Kleinen am Freitag bei den Pflegeeltern zum Besuch abholen, sie bekommt die Auskunft, er sei krank, bekäme Antibiotika. Eine Woche später erfährt sie, dass er mit doppelter Lungenentzündung im Krankenhaus läge. Sie fährt hin und der Taxifahrer unterstützt sie, aber das Jugendamt: „… da hab ich einen Moment gedacht sag ich und das würd das Jugendamt hören die haben sich gar net drum gekümmert das war denen wurstegal gewesen was mit den Kindern …" (Transkript, Z. 404–405).

Tobias Pflegemutter liegt im Krankenhaus, ihr Mann hat den Kleinen und Hanna bietet sich an, ihn hilfsweise für Stunden tagsüber zu übernehmen, bekommt für ihr Hilfeangebot jedoch keine Resonanz (Transkript, Z. 427–432). Hanna will aber mit den Kindern zusammenleben und will dafür Hilfen. Das Jugendamt, so Hannas Erzählung, verweigert sich diesem Plan und hilft den Kindern durch die Fremdplatzierung. Die Familie als Ort des Zusammenlebens wird negiert. Die Gründe dafür sind für Hanna uneinsichtig. Das Jugendamt setzt dann Konditionen für die Akzeptabilität von Hannas Projekt; sie tangieren Hanna in ihrem Persönlichsten. Eine Vermittlung der sich ausschließenden Projekte scheint unmöglich. Die Interventionsebene des Aufenthaltsbestimmungsrechtes hebelt andere Ebenen aus.

Die räumliche Trennung, beabsichtigt oder unbeabsichtigt, dehnt sich auf die sozialen und emotionalen Beziehungen zu den Kindern aus. Ihre akzidentielle Hilfe für die Pflegemutter wird abgelehnt; ihre Beobachtungen, wie es den Kindern in Krisensituationen geht, bleiben ohne Resonanz. Die Besuchszeiten der Kinder muss sie verteidigen.

Professionelle Hilfe findet wenig Passung. Hanna und ihr Freund Jürgen sollen (vermutlich auf Ansinnen des Jugendamtes) eine Paartherapie durchführen, um ihre Beziehung zu stabilisieren. Dazu die Paartherapeutin: „Die hat mich angeguckt die hat gesagt ja öh stabilisieren das können sie nur alleine am besten machen sagt sie da kann ich ihnen net bei helfen sagt sie ich kann ihnen zwar helfen wenn sie Probleme haben sag ich ja das größte Problem ist das Jugendamt und meine kleine Wohnung sag ich sonst wären meine Kinder schon längst wieder zu Hause" (Transkript, Z. 322–325).

Und Hanna selbst als Akteurin? Hanna betont in dem Coda-Kommentar des autobiografisch-narrativen Interviews, dass der Kampf um ihre Kinder zur zentralen Sinngebung ihres Lebens geworden ist (vgl. Faltermeier 2019: 75 ff.). Sie hat eine Kämpfermentalität ausgebildet, die aus dem Zusammenspiel von Überforderung, Hilflosigkeit und Enttäuschung entstanden ist. Hanna versucht, trotz beschränkter Möglichkeiten ihre Besuchsrechte wahrzunehmen, ohne die Hilfe seitens ihrer Mutter und ihres Stiefvaters würde dies allerdings nicht gelingen.

Ein eigenes Potenzial für Erwerbsarbeit steht Hanna nicht zu Verfügung. Sie hat, so die Erzählung, die Schule abgebrochen, um die Großmutter zu pflegen. Später scheitert eine kaum begonnene Ausbildung zur Altenpflegerin auch daran, dass Hanna auch am Wochenende arbeiten müsste; das will sie nicht, da sie ihre Kinder nur am Wochenende zuhause haben kann und darauf nicht verzichten will.

4.3   Hilfen und ihre Widersprüche

Hilfen sind für Hanna

- begrenzt: Durch die Familie, wichtig, aber nicht hinreichend zur Bewältigung ihrer Probleme;
- verweigert: Hannas Bitten um eine ständige Familienhilfe, welche die Rolle von Anna übernehmen könnte, bleiben erfolglos bzw., scheitern, so Hanna, an bürokratischen Vorschriften;
- ausbleibend: Hanna sieht den engen Wohnraum als wesentlichen Grund für die Probleme in der Familie; zweieinhalb Zimmer für sieben Personen, vor allem die Kinder sind nicht mehr sinnvoll unterzubringen;
- missglückt: Weder die Alkoholtherapie noch die Paartherapie führen aus nachvollziehbaren Gründen zum Erfolg;
- konditioniert: Das Jugendamt reagiert auf das Bestreben Hannas, die Kinder wieder nach Hause zu holen, mit Auflagen, z. B., dass Hanna zuerst ihre Alkoholabhängigkeit überwinden müsse. Der anstehende Entzug scheitert laut Hanna an der Auflage der Einrichtung, dass sie ihre Kinder drei Monate nicht sehen dürfe.

Hannas Leben ist ein Leben in Hilfebedürftigkeit. Dies beginnt mit ihrer Geburt. Sie lernt ihren Vater, eine potenziell existentielle Ressource für ihr Leben, nie kennen. Sie erwirbt keine Qualifikationen, die ihr gute Erwerbsarbeit und eine gewissen materille Selbstständigkeit ermöglichen würden. Ihre Kinder, die sie bis zum Alter von 31 bekommt, lassen die Differenzen zwischen den Anforderungen und Möglichkeiten anwachsen, führen zu einer kontinuierlichen Steigerung ihres Hilfebedarfs. Wenige oder nur schwache Akteure fühlen sich für Unterstützung und Hilfe zuständig oder wären dazu fähig.

Die Abhängigkeit vom Alkohol schmälert ihre Handlungsfähigkeit und macht Hanna selbst zur hilflosen Person. Unterstützung über den Kreis der engen Verwandten hinaus, durch Nachbarn oder Freunde spielt kaum eine Rolle. Hanna verfügt nicht über ein soziales Netz, das Grundlage für diese auf einer stillschweigenden Vereinbarung gestellten Hilfe sein könnte.

Die Institutionen des Sozialstaates, vor allem das Jugendamt, unterstützen

Hanna in einer ambivalenten Weise. Sie bieten konditionale Hilfe an, greifen mit ihren Angeboten immer auch in die Lebensführung von Hanna ein, so als sie die Zusagen für eine größere Wohnung von der Trennung von Hannas Lebensgefährten Jürgen abhängig machen und damit auf ihr Persönlichstes zugreifen und ihr Projekt „Leben" infrage stellen.

Bei den professionellen Hilfen verweigert Hanna die Übernahme der Klientenrolle, da diese Etikettierungen enthält, die sie für sich ablehnt. Die krisenhaften Lebensereignisse bedingen sich so auch wechselseitig. Ein soziales Netz außerhalb der Familie, Freunde, Bekannte, Nachbarn, Kolleg*innen wird nicht sichtbar.

Letztlich findet Hanna sich mit ihren fünf Kindern, ihren Partnern, ihrer Alkoholabhängigkeit, ihrer Wohnungsnot in einer Situation andauernder Überlastung. Hilfen seitens der Familie, der sozialstaatlichen Träger oder dem sozialen Netz sind nicht erfolgreich und nachhaltig. Sie konstituieren keine Handlungssouveränität. Ihre Lebenslage, Einkommen und Wohnen sind nicht hinreichend und nachhaltig gesichert.

5   Die besondere Lage von leiblichen Müttern und Eltern in Hilfeprozessen

Die kollektiven Merkmale der Familien fremduntergebrachter Kinder sind die folgenden:

Angewiesen sein. Neugeborene sind in höchstem Maße hilfebedürftig. Die Hilfe geht rund um die Uhr, sie erfordert ein hohes Maß an Lebenstüchtigkeit und Empathie. Diese Hilfebedürftigkeit bedingt auch bei den Personen, die dafür zuständig sind, eigene Formen des Angewiesenseins auf andere. Dies gilt besonders für Mütter und Eltern fremdplatzierter Kinder. Es zeigt sich an nicht existenten oder schwachen familialen Beziehungen, den Ambivalenzen sozialstaatlicher Hilfen sowie dünnen oder wenig leistungsfähigen sozialen Netzen.

Permanenz von Krisen. Diese Eltern sind, wie der Fall Hanna zeigt, in besonderem Maße von Krisen heimgesucht. Die Ereignisse, mit denen diese Eltern konfrontiert sind, haben die Eigenschaften, sich zu Krisen zu entwickeln. Dies geschieht, wenn die Bewältigungsversuche die Möglichkeiten der involvierten Akteure übersteigen und somit Aktionen und Interventionen anderer, also „Hilfe" verlangen oder gar das Scheitern der Akteure in ihrer Struktur zur Folge haben.

Ambivalenz der Hilfen. Sozialstaatliche Hilfe wie die Kinder- und Jugendhilfe führen oft zu einem Paradox: sie segmentieren Bedarfslagen, ja Hilfebedürftige, helfen partiell und zeitigen zugleich in System und Lebenswelt der Adressaten, etwa in den Familien, massive Konflikte. Aneignungsprobleme verstärken diese Risiken. Auch aus Hilfe kann Abhängigkeit entstehen.

Mangelnde Akteure. Eltern erhalten weit weniger Hilfen als in der Gesellschaft möglich wären. Menschen leben ihr Leben in einem Netz sozialer Beziehungen, die eigene Hilfepotenziale haben; Hilfepotenziale setzen sich aus Akteuren, deren Kompetenzen, Verfügung über Ressourcen und Dispositionen zur Hilfe zusammen. Diese Netze sind bei Eltern schwach. Eltern sind auch hier in einer Lage der Ungleichheit.

Hilfe und Kontrolle. Eltern fremdplatzierter Kinder haben es, wenn es um Hilfe ginge, immer auch verstärkt mit Kontrolle zu tun. Ereignisse, welche auf die Lage der Eltern-Kind-Beziehungen aufmerksam machen, sind stark durch ethisch-moralisch negativ konnotierte soziale Auffälligkeit gekennzeichnet. Die Chancen, einfach um Hilfe zu bitten, sind reduziert. Statuseigenschaften, die helfende Zuwendung erleichtern, sind selten. Es mangelt oft an sozialer Attraktivität. Stellvertreter, die als Scharnierpersonen hin zur sozialstaatlichen Öffentlichkeit oder sozialstaatlichen Instanzen wirken könnten, sind selten. Fachkräfte bzw. Ämter sind stetig mit dem Risiko konfrontiert, im Rahmen der Kindeswohlgefährdung Fehler zu machen, Situationen zu übersehen, falsch einzuschätzen. Spielräume der Abweichung im Umgang mit den Kindern können nicht plausibel als individuelle, gesetzliche lizensierte Formen des Umgangs mit Kindern dargestellt werden.

Primäre und sekundäre Benachteiligung. Eltern, deren Kinder fremdplatziert sind, sind durch ihre Lebenslagen benachteiligt. Diese primäre Benachteiligung beginnt mit der Geburt, in der Säuglingsphase, Kleinkindphase, Kindergartenphase und zieht sich durch die Zeiten des Aufwachsens. Hinzu kommen Mechanismen sekundärer Benachteiligung (oder, im Spruchrepertoire des Fußballs: wenn man schon kein Glück hat, kommt auch noch Pech dazu …); ihre Chancen, Hilfe zu erhalten, sind belastet. Dazu zählen kritische Lebensereignisse, soziale Auffälligkeit, mangelnde Resonanz in sozialstaatlichen Einrichtungen.

6   Hilfreiche Alternativen … was hätte anders gehen können?

6.1   Hannas Projekt

Hilfen haben damit zu tun, dass eine Situation, eine Lage sich ändern soll, dass etwas geschehen soll, getan werden muss. Sie sind an Projekte gebunden. Han-

na hat ein alles dominierendes Projekt: sie will mit ihren Kindern zusammenleben. Das betont sie in dem autobiografisch-narrativen Interview immer wieder (vgl. Faltermeier 2001: 91 ff.). Dieses Projekt ist hochlegitim und anerkannt;
damit sind auch, verstärkt durch die Ausdifferenzierung der Kinderrechte,
hohe normative Ansprüche verbunden. Wer hätte schon Anstoß genommen
oder darunter gelitten, wenn Hanna eine mäßige oder schlechte Erwerbslauf-
bahn gezeigt hätte? Die Ansprüche an Lebenstüchtigkeit und Souveränität in
Bezug auf die Verfügung über Ressourcen an Eltern sind hoch; sie konfligieren
mit den Lebenswirklichkeiten der betroffenen Personen.

Hanna sorgt sich um ihre Kinder, setzt sich für sie ein, wie die Erzählungen
über den Missbrauch von Sascha, die Krankheiten der anderen zeigen, legt sich
mit Institutionen und Professionellen an. Sie vermag aber gute Bedingungen
für das Aufwachsen der Kinder nicht herzustellen. Die Familie scheitert oder
bleibt labil, materielle Bedingungen sind schlecht; ihre Lebensbewältigung qua
Alkohol verschlechtert die Bedingungen des Aufwachsens.

Das Hilfeprojekt des Jugendamtes führt zu massiven Konflikten mit „ihrem
Projekt": Das Zusammenleben mit ihren Kindern. Das Jugendamt will nicht auf
ihren subjektiven Hilfeplan, unter deutlich besseren Bedingungen die Kinder in
der Familie zu haben, eingehen. Es verfolgt seine eigenen Projekte mit und für
die Kinder; der Konflikt spitzt sich im Drama der Herausnahme zu. Hanna ver-
lagert und verengt notgedrungen ihr Projekt dahingehend, dass sie aus einer
sicher beschränkten Perspektivenübernahme für die Kinder deren Schicksal in
der „Fremde" kritisch begleitet.

Hannas Dispositionen sind klar; sie hat die Mutterrolle auf ihre Weise stark
internalisiert. Ebenso freilich zeigen sich beschränkte Kompetenzen und eine
sehr begrenzte Verfügung über Ressourcen, um ihr Projekt gelingen zu lassen.
An Handlungsrechten, Geld, Zuwendung durch andere Personen mangelt es.

6.2 Was wäre grundlegend an Hilfen für Eltern fremduntergebrachter Kinder notwendig?

Hierzu einige konkrete Punkte.

Sichere Lebensumstände. Die Lebensumstände von Eltern fremdplatzierter
Kinder, deren Familien sind durch stetigen Mangel gekennzeichnet, der ständig
zu Bewältigungsversuchen zwingt. Rechte auf Sicherheit in den materiellen Lebensbedingungen, eine bedarfsgerechte Wohnung, ein ausreichendes und verlässliches Einkommen, erreichbare Hilfen im Alltag, auf Menschen neben sich,
auf Möglichkeiten der Verständigung und Teilhabe an Entscheidungen wären
gesellschaftspolitisch und sozialpolitisch der Weg, um die sozialstrukturelle
Diskrepanz zwischen „Kinder bekommen" und „Kinder gut aufwachsen" zu

lassen zu beheben bzw. einzudämmen. Ein gesellschaftlicher Diskurs analog
dem der Kinderrechte stünde an.

Hilfen im Alltag neben sich. Wir finden am Ende des Lebens, im höchsten
Alter, bei vielen Menschen ähnlich extensive und intensive Formen des Angewiesenseins. Zur sozialstaatlichen und zivilgesellschaftlichen Bearbeitung haben
sich viele Formen der Hilfe entwickelt – stationäre, teilstationäre, ambulante –,
die sich ergänzen, aber auch miteinander konkurrieren.

Vergleichbar mit den Anforderungen, die neugeborene und kleine Kinder
stellen, sind die Anforderungen, die alte Menschen stellen, die nicht mehr alleine
leben können. Sie brauchen andere Menschen, die mit ihnen zusammenleben
und die Dispositionen und Kompetenzen besitzen, um mit den Anforderungen
des Alltags auch stellvertretend für hilflose Personen zurechtzukommen.

Neben den traditionellen Möglichkeiten der Alten- und Pflegeheime in ihrer ganzen postmodernen Ausdifferenzierung an Wohn-, Lebens- und Betreu-
ungsformen hat sich über Jahrzehnte mit wachsender Tendenz auch die Form
der meist privaten Betreuung durch eine Person gestellt, die zusammen mit den
Betreuten in deren Wohnung lebt, den Alltag mit allen Anforderungen teilt. Es
gibt dafür in Italien einen eigenen Begriff: die „Badante", in Deutschland (noch)
nicht. Hanna Früh und den Kindern wäre wohl mit eine solcher Person geholfen
gewesen, einer Person, die mit ihr und ihren Kindern zusammengelebt und ihre
Kraft und ihre auch professionellen Kompetenzen der Familie zur Verfügung
gestellt hätte. Eine Verfügbarkeit von Hilfe im Alltag, im nahen Raum zuhause.

Lebenshilfe als Hilfe für das eigene Selbst im Leben. Hilfe bezieht sich nicht
nur auf Ressourcen, die klar zu definieren wären – sie bezieht sich auf Personen
in ihrem „Projekt Leben". Auch das zeigt die Geschichte von Hanna. Hilfen setzen oft Selbständerung in einer Weise voraus, die gegen die von den Müttern
und Vätern erworbenen Formen der Anerkennung und Selbstachtung versto-
ßen. Sie erleben wie Hanna Kinder- und Jugendhilfe in hohem Maß als „ent-
fremdete Hilfe" (Kratz 2015).

Hanna hat ihr großes Projekt, ihre Kinder und das Zusammenleben mit ihnen. Neben dem Mangel an Ressourcen wird freilich ihre Lebensbewältigung
wiederholt zum Problem – ihre Beziehung zu Männern und ihre Alkoholsucht.
Für beide Problembereiche gibt es professionelle Hilfeversuche, die scheitern.
Wäre anderes wirklich hilfreich gewesen? Lebenshilfe? Dieser Begriff (sozialpolitisch besetzt durch die „Lebenshilfe") weist, ähnlich wie andere Begriffe wie
Lebenslage, Lebenswelt etc. auf grundlegende Sachverhalte – Hilfen, die zu einer anderen Lebensbewältigung, Lebensführung, Lebenstüchtigkeit führen.
Hanna hätte eine andere „signifikante" Person gebraucht, die nahe an ihr ist
und sich empathisch der psychischen und sozialen Konflikte annimmt und diese im Rahmen ihres Projektes zu deuten, einzuordnen hilft.

Subjektive Rechte. Kinderrechte sind immer weiter aufgefächert und gesichert worden. Die Rechte der Mütter bzw. der Eltern auf Unterstützung bei der Erfüllung dieser Aufgabe sind dazu im Verhältnis in ihrer Verfügbarkeit seitens der Eltern deutlich zurückgeblieben. Eltern sein, Mutter und Vater sein, stellt sich so als eine zwar eingeforderte, aber in ihrer Erfüllung auch individualisierte Aufgabe dar. Dies ist in Bezug auf die sinnhafte Aneignung der Rolle, deren „Verinnerlichung" plausibel ist, weniger jedoch im Hinblick auf die Verfügung über die Ressourcen, die dafür notwendig sind. Neugeborene Kinder verlangen um sie herum souveräne Akteure. Souverän bedeutet, dass die Akteure für ihre Sorge für die Neugeborenen und alles, was dazu nötig ist, zur Verfügung haben.

Hilfe zur wechselseitigen Verständigung. Hilfen im Rahmen der Kinder- und Jugendhilfe zeitigen gerade im Bereich der Fremdunterbringungen Paradoxien. Sie richten sich an Eltern, an Kinder und Jugendliche, helfen den einen, schaden damit den anderen. Ihre Kompatibilität stellt sich als Problem dar, das von Situation zu Situation bearbeitet werden muss. Was wäre hier hilfreich? Eine Verständigung aller über die verschiedenen Perspektiven, auch über arbiträre Wissensbestände, Erfahrungen in der Zeit der Fremdunterbringung, über Verpflichtungen, Selbstreferenzen, Risiken, Möglichkeiten der Akteure, unter Beteiligung der Kinder.

In der zweiten Moderne auch des Sozialstaats (Böhnisch/Schröer 2012) sollte ein großes, alle Akteure umfassendes, kooperatives, reflexives Hilfeprojekt auf Zeit für das gute Aufwachsen der Kinder in benachteiligten Familien, zwischen Adressat*innen, sozialstaatlichen Akteuren, zivilgesellschaftlichen Akteuren, sozialen Netzen wohl mehr als eine Illusion sein.

7 Eine kurze Zusammenfassung

Hannas Lebensprojekt ist zum dem Zeitpunkt des autobiografisch-narrativen Interviews gescheitert. Ihre fünf Kinder sind nicht mehr bei ihr. Das liegt auch daran, dass die Hilfen, die sie bekommen hat, unzureichend waren. Den Akteuren, die zu Hilfen disponiert waren, wie den Eltern und anderen nahen Personen fehlten für eine nachhaltige Hilfe die Ressourcen: Geld, eine gute Wohnung, Zeit für Präsenz. Für andere wiederum waren Hannas Lebensumstände und Lebensführung zu stigmatisierungsträchtig. Und moderne Hilfen nach „Programm", wie Luhmann es 1973 formuliert hat, vor allem die sozialstaatlichen Hilfen, auch die Angebote der Professionen haben in der Selektivität ihrer Vergabekriterien und Formen nie recht zu Hannas Bedarfslagen und Aneignungsfähigkeiten gepasst. Das gilt vor allem für die Hilfen des Jugendamtes. Hanna hätte Hilfen gebraucht, die im übertragenen Sinn zu einem „welfare mix" gefunden hätten, der ihr wirklich hilfreich gewesen wäre. Die Rechte der

Kinder und ihre Rechte hätten Grundlage und Ausgangspunkt einer Zusammenarbeit zwischen ihr und ihrer Familie und den helfenden Instanzen werden können, die zu einem „Maßanzug" geführt hätte – um eine Metapher aus dem Projekt der Landeshauptstadt München bei Umbau der „Hilfen zur Erziehung" um die Jahrtausendwende zu zitieren. Diese gewiss schwierige Zusammenarbeit scheint nie recht in Gang gekommen zu sein. Läge die Verantwortung dafür nicht auf der Helferseite und deren institutionellen und professionellen Potenzialen? Die Biografie von Hanna Früh zeigt auch deutlich, dass eine bestimmte Lebensführung notwendig ist, um Hilfen zu erhalten. Sie zu gestalten liegt aber gerade bei Eltern fremduntergebrachter Kinder oft schlicht nicht im Bereich der Möglichkeiten. So gibt der Fall „Hanna Früh" auch Anlass, um über die Entwicklung von sozialstaatlichen Hilfen gerade für Mütter und Eltern fremduntergebrachter Kinder weiter nachzudenken.

Literatur

Böhnisch, Lothar/Schröer, Wolfgang (2012): Sozialpolitik und Soziale Arbeit. Weinheim/Basel: Beltz Juventa.

Faltermeier, Josef (2001): Verwirkte Elternschaft? Fremdunterbringung – Herkunftseltern – Neue Handlungsansätze. Bielefeld: Votum.

Faltermeier, Josef (2019): Eltern – Pflegefamilie – Heim. Partnerschaften zum Wohle des Kindes. Weinheim/Basel: Beltz Juventa.

Faltermeier, Josef/Glinka, Hans-Jürgen/Schefold, Werner (2003): Herkunftsfamilien – Empirische Befunde und praktische Anregungen rund um die Fremdunterbringung von Kindern. Frankfurt/M.: Eigenverlag Deutscher Verein.

Glinka, Hans-Jürgen (2008): Biografieanalyse, Krise und Krisenintervention. In: Schefold, Werner/Giernalczyk, Thomas/Glinka, Hans-Jürgen (Hrsg.): Krisenerleben und Krisenintervention. Ein narrativer Zugang. Tübingen: dgvt, S. 239–259.

Glinka, Hans-Jürgen (2009): Das Narrative Interview. 2. Auflage. Weinheim/München: Juventa.

Glinka, Hans-Jürgen (2018): Kollektive Verlaufskurve und individuelles Erleiden. Hamburg: Dr. Kovac.

Goffman, Erving (1969): Wir alle spielen Theater. Die Selbstdarstellung im Alltag. München: Piper.

Jakob, Gisela (2015): Biographie. In: Otto, Hans-Uwe/Thiersch, Hans (Hrsg.): Handbuch Soziale Arbeit. 5. erweiterte Auflage. München: Ernst Reinhardt, S. 242–250.

Kohli, Martin (1985): Die Institutionalisierung des Lebenslaufes. In: Kölner Zeitschrift für Soziologie und Sozialpsychologie, 37. Jg., S. 1–29.

Kratz, Dirk (2015): Hilfe und Entfremdung. Ein biografischer Blick auf Langzeitarbeitslosigkeit und Hilfen zur Arbeit im Kontext der Sozialen Arbeit. Weinheim/Basel: Beltz Juventa.

Luhmann, Niklas (1973): Formen des Helfens im Wandel gesellschaftlicher Bedingungen. In: Otto, Hans-Uwe/Schneider, Siegfried (Hrsg.): Gesellschaftliche Perspektiven der Sozialarbeit, Bd. 1. Neuwied/Darmstadt: Luchterhand, S. 21–45.

Neuberger, Christa (2004): Fallarbeit im Kontext flexibler Hilfen zur Erziehung. Wiesbaden: Deutscher Universitätsverlag.

Schefold, Werner (2001): Lebenslauf. In: Otto, Hans-Uwe/Thiersch, Hans (Hrsg.): Handbuch Sozialarbeit/Sozialpädagogik. 2. Auflage. Neuwied/Kriftel: Luchterhand, S. 1122–1136.

Schefold, Werner (2006): Erfahrungen aus biografieanalytischer Kinder- und Jugendhilfeforschung. In: Bitzan, Maria/Bolay, Eberhard/Thiersch, Hans (Hrsg.): Die Stimme der Adressaten. Empirische Forschung über Erfahrungen von Mädchen und Jungen mit der Jugendhilfe. Weinheim/München: Juventa, S. 215–235.

Schefold, Werner (2008): Krisentheorie und Krisenintervention. In: Schefold, Werner/Giernalczyk, Thomas/Glinka, Hans-Jürgen (Hrsg.): Krisenerleben und Krisenintervention. Ein narrativer Zugang. Tübingen: dgvt, S. 313–335.

Schefold, Werner (2011): Hilfe als Grundkategorie Sozialer Arbeit. In: Soziale Passagen, H. 1, S. 11–29.
Schefold, Werner (2020): Hilfe. Sozialwissenschaftliche und sozialpädagogische Reflexionen. Unveröf-
    fentlichtes Vorlesungsmanuskript. Freie Universität Bozen.
Schefold, Werner/Glinka, Hans-Jürgen/Neuberger, Christa/Tilemann, Friederike (1998): Hilfeplanverfah-
    ren und Elternbeteiligung. Frankfurt/M.: Eigenverlag Deutscher Verein.

Erziehen in prekären Lebensverhältnissen – Biografieanalytische Skizze von Familien in der Fremdunterbringung

Josef Faltermeier

Einleitende Anmerkungen

Derzeit nehmen über eine Million junger Menschen und ihre Eltern Hilfen zur Erziehung nach §§ 27 ff. SGB VIII in Anspruch (vgl. AKJStat 2019). Viele dieser Familien, insbesondere aber jene, deren Kinder fremduntergebracht sind, leben in prekären sozialen Verhältnissen und sind von Familien- und Kinderarmut betroffen (vgl. Benz/Heinrich 2018: 573). Gleichwohl wird das Thema Armut in der Zusammenarbeit der Fachkräfte mit den Familien in der Regel ausgeblendet. Stattdessen werden die erzieherischen und elterlichen Versäumnisse in den Vordergrund gerückt, ohne diese in den Kontext der schwierigen Rahmenbedingungen einzuordnen. Dadurch kann häufig nur begrenzt an den eigentlichen Stellschrauben gedreht werden, die für grundlegende Veränderungen in den Familien mitentscheidend sind. So werden Fremdunterbringungen oftmals auf Dauer manifestiert.

Der folgende Beitrag wird sich deshalb mit den Auswirkungen von Armut auf die Erziehung und das Erziehungsverhalten der Eltern in prekären Lebensverhältnissen befassen. Er will aufzeigen, dass die Folgen von Armut das erzieherische Verhalten der Eltern nachhaltig bestimmen. Gute soziale Entwicklungschancen für Kinder gibt es in prekären Lebensverhältnissen nur sehr begrenzt: Bildung, Gesundheit, soziale Teilhabe sind nur eingeschränkt möglich. Deshalb wird zunächst zu analysieren sein, welchen Belastungen die Erziehung und Entwicklung der Kinder in den Familien durch Armut ausgesetzt sind und welche besonderen erzieherischen Herausforderungen diese Rahmenbedingungen für Kind und Eltern mit sich bringen. In einem zweiten Schritt soll das Fürsorgeverhalten der Eltern hierzu eingeordnet werden. Trotz aller elterlichen Anstrengungen kann eine Fremdunterbringung der Kinder nicht immer vermieden werden, weil sowohl sozialstaatliche als auch sozialpädagogische Unterstützungsangebote oft nicht im ausreichenden Maße zur Verfügung stehen, um den Bedarfen der Familien gerecht zu werden. Kommt es zu einer (zumeist vorübergehenden) Unterbringung von Kindern in Heimen oder Pflegefamilien, haben die betroffenen Eltern und Familien in solchen Fällen kaum oder nur sehr eingeschränkten Einfluss auf die weitere Entwicklung ihres Kindes. Dies führt oftmals zu Entfremdungsprozessen zwischen Kind und Eltern. Mit dem Denkmodell der Family-Partnership wird ein gesellschaftliches Rollenskript im Umgang mit den Familien fremduntergebrachter Kinder empfohlen, das die (zeitweise) „Eltern ohne Kind" konstruktiv in den weiteren Entwicklungsverlauf ihrer Kinder einbezieht und dadurch eine Entfremdung von Kind und Eltern verhindert.

1   Fremdunterbringung – Familien in prekären Lebensverhältnissen

Von Armut und schwierigen Lebensverhältnissen sind viele Familien betroffen (vgl. Benz/Heinrich 2018: 581). Trotzdem gelingt es den meisten von ihnen, ihre Kinder erfolgreich zu erziehen und ihnen ein zuverlässiger Lebensort zu sein. Bei einem begrenzten Teil der in prekären sozialen Verhältnissen lebenden Familien jedoch entwickeln sich die schwierigen sozialen und finanziellen Rahmenbedingungen so dynamisch, dass Eltern durch die existenziellen Dauerbelastungen und den besonderen Herausforderungen, in diesen Lebensverhältnissen Erziehung zu gestalten, an ihre Grenzen geraten bzw. überfordert werden. Dadurch kann die Entwicklung der Kinder in den Familien so eingeschränkt sein, dass fremdunterbringende Hilfen erforderlich werden: Weniger durch die mangelnde Bereitschaft und ein fehlendes Interesse der Eltern an der Übernahme von Fürsorgeverantwortung für ihr Kind, sondern eher durch eine verhängnisvolle Allianz vom „Leben am Existenzminimum" und den damit verbundenen Anforderungen an die Lebensbewältigung. Beim genauen Hinsehen werden wir feststellen, dass Eltern vieles versuchen, um die mit Armut verbundenen strukturellen Nachteile für ihre Kinder (Schule, Freizeit etc.) durch Zurückstellung eigener Interessen zu mindern (vgl. Apel et al. 2017: 13 ff.). Diese Bemühungen der Eltern nehmen Fachkräfte selten wahr, weil ihr Blick sich vor allem auf die familialen Problematiken fokussiert und den Eltern an den problematischen Entwicklungsbedingungen für ihre Kinder ein „persönliches Verschulden" zugewiesen wird. Dadurch werden aber Symptom und Ursache vertauscht. Für die betroffenen Kinder (und für die Eltern) ist das ein fundamentaler Einschnitt in ihre gemeinsame Lebensgeschichte. Umso mehr gilt es, Eltern bei einer Fremdunterbringung ihres Kindes in die weitere Entwicklung (aktiv) einzubeziehen, um so negative Auswirkungen der Fremdunterbringung auf die Kinder zu mindern und die Eltern an der weiteren Fürsorgeverantwortung für ihr Kind zu beteiligen.

Gegenwärtig sind etwa 240 000 Kinder in Heimen (143 000) und Pflegefamilien (91 500 inklusive Verwandtenpflege) untergebracht. Die Kinder und Jugendlichen sind zum Zeitpunkt der Unterbringung im Durchschnitt 14,2 Jahre (Heim) bzw. 7,3 Jahre alt (Pflegefamilie). Die Anlässe für die Unterbringungen sind nach Einschätzungen der Jugendämter vor allem wiederholte Vernachlässigungen bzw. erzieherische Disziplinierungen in Form körperlicher bzw. psychischer Gewaltanwendungen (vgl. Autorengruppe Kinder- und Jugendhilfestatistik 2019: 74). Der Gesetzgeber verweist für solche Familienkontexte auf die zwingende Notwendigkeit, die betroffenen Familien durch die Sozialen Dienste nachhaltig zu unterstützen, ihre soziale und materielle Situation zu verbessern und Eltern in ihren Erziehungskompetenzen zu stärken. Dadurch sollen die Kinder wieder zu ihren Eltern und Geschwistern zurückkehren bzw. sich die Eltern während der Fremdunterbringung als „Eltern ohne Kind" weiterhin in die Entwicklung ihres Kindes einbringen können (§§ 33 und 34 Sozialgesetzbuch SGB VIII). Allerdings müssen wir feststellen, dass eine bedarfsorientierte Unterstützung der Eltern während der Fremdunterbringung kaum ein Thema für die Sozialen Dienste ist. Dies ist auch ein wesentlicher Grund dafür, dass in Deutschland Rückführungen – anders als in anderen Industriestaaten – mit 5–8 Prozent äußerst selten sind (vgl. Kindler et al. 2010: 614 ff.). Nach Meinung vieler Expert*innen ist das darauf zurückzuführen, dass die betroffenen Familien nach der Unterbringung ihres Kindes kaum noch auf sozialstaatliche Hilfe im Sinne der stärkenden Unterstützung hoffen können (vgl. Helming et al. 2010: 524 ff.). Und dies, obschon van Santen et al. (2019) in ihren empirischen Erhebungen zur Pflegekinderhilfe feststellen, dass

- 31 Prozent der Pflegekinder aus beendeten Pflegeverhältnissen wieder zur leiblichen Familie zurückkehren, ohne dass in den meisten Fällen eine Rückkehr durch die Fachkräfte überhaupt geplant gewesen wäre und ohne dass eine gezielte Eltern- und Unterstützungsarbeit während der Fremdunterbringung mit der leiblichen Familie stattgefunden hätte.
- Berücksichtigt man statistisch alle Kinder, die aus der Pflegekinderhilfe nach diversen „Hilfeschleifen" im Längsschnittvergleich zu ihren Familien zurückkehren, beläuft sich dieser Anteil gar auf über 50 Prozent der Pflegekinder (vgl. van Santen et al. 2019: 212–213).

Dabei könnte dieser Anteil um ein Wesentliches erhöht werden, wenn den Familien während der Fremdunterbringung ihrer Kinder die nach den §§ 37 und 37c SGB VIII gesetzlich vorgesehenen Hilfeangebote im Rahmen einer zielbezogenen Elternarbeit gewährt würden. Zugleich aber liegt auch in den missverständlichen Formulierungen des Gesetzgebers in § 33 (Vollzeitpflege) und 34 (Heimerziehung) eine Ursache in der Vernachlässigung von leiblichen Eltern; denn hier wird auf eine zeitlich befristete Erziehungshilfe *oder* (alternativ) auf eine dauerhaft angelegte fremdunterbringende Lebensform hingewiesen. Das „Entweder-Oder" gibt es in der Fremdunterbringung so zwingend selten. Wie Studien (van Santen et al. 2019) und Statistiken (Pothmann et al. 2019) hervorheben, ist weder die Vollzeitpflege noch die Heimerziehung bei einem Großteil der Kinder eine auf Dauer angelegte Lebensform, obschon diese als solche zum Zeitpunkt der Fremdunterbringung von den Fachkräften geplant wird: durchschnittlich beträgt die Verweildauer in Pflegeverhältnissen etwa 4,5 Jahre, in Einrichtungen gar nur 1,5 Jahre. Es wäre deshalb einerseits lebensnäher, von einer „länger angelegten Lebensform" zu reden. So stünde der Begriff Dauer nicht mehr synonym für eine Unterbringung bis zum 18. Lebensjahr, die eher die Ausnahme als die Regel ist. Das würde nicht bedeuten, dass Kinder bei Bedarf nicht mehr bis zur Volljährigkeit in einer Pflegefamilie bleiben können, würde aber darauf verweisen, dass seine leibliche Familie auch in solchen Fällen nach wie vor neben der Pflegefamilie eine zentrale Bedeutung hat.

1.1   Armut und die Folgen

Die statistischen Daten bestätigen, dass die von Fremdunterbringung ihrer Kinder betroffenen Familien überwiegend in Armut bzw. prekären sozialen und materiellen Verhältnissen leben.

> „Das höchste Armutsrisiko haben nach wie vor Arbeitslose (57,9 Prozent), Alleinerziehende (42,7 Prozent), kinderreiche Familien (30,9 Prozent), Menschen mit niedriger Qualifikation (41,7 Prozent) und Menschen ohne deutsche Staatsangehörigkeit (35,2 Prozent)" (Der Paritätische 2020: 4).

Wie wir sehen, sind von Armut v. a. alleinerziehende Eltern, kinderreiche Familien und Familien mit Migrationshintergrund betroffen (vgl. der Paritätische 2020: 18 ff.). Mit nahezu 50 Prozent an allen Fremdunterbringungen ist die Gruppe der Alleinerziehenden im Vergleich zu ihrem Bevölkerungsanteil (18,9 %) besonders stark repräsentiert (vgl. Bundeszentrale für politische Bildung 2020). 72 Prozent der Familien fremduntergebrachter Kinder sind auf Transferleistungen angewiesen.[1] Auch diese Zahlen verdeutlichen die schwierige Gesamtlage der Familien: Ihre materielle Situation ist geprägt von Erwerbslosigkeit, Geringverdienerstatus und dem Bezug von Transferleistungen (z. B. Arbeitslosengeld (ALG) II-Sozialhilfe, Kinderzuschlag etc.).[2] Expert*innen verweisen darauf, dass z. B. die Mindestsicherungsleistungen nach SGB XII und SGB II mit ihren Regelsätzen viel zu gering bemessen sind und kaum eine nachhaltige soziale Integration der Betroffenen ermöglichen, wofür diese staatlichen Unterstützungshilfen eigentlich vorgesehen sind (vgl. Boeckh 2018: 390). Im Grunde werden dadurch soziale Problemlagen personalisiert und instru-

---

1   Vgl. www.hzemonitor.akjstat.tu-dortmund.de/kapitel-3/1-familienstatus (Abfrage: 25. 09. 2020).
2   Vgl. www.hzemonitor.akjstat.tu-dortmund.de/kapitel-3/2-transferleistungsbezug (Abfrage: 25. 09. 2020).

mentalisiert, was zu einer verstärkten Ausgrenzung dieser Bevölkerungsgruppen führt (vgl. Stang 2018: 829). Dabei fällt auch der hohe Anteil von Eltern mit Migrationshintergrund auf, die über den Allgemeinen Sozialen Dienst (ASD) in die erzieherischen Hilfen vermittelt werden.[3]

Der Armutsbegriff orientiert sich in der zitierten Studie (vgl. Der Paritätische 2020: 18 ff.) an der international üblichen Definition der „relativen Armut": Ein Haushalt, der über weniger als 60 Prozent des Nettoäquivalenzeinkommens verfügt, wird als arm definiert. Das beträfe gegenwärtig (2020) bei einem 4-Personen-Haushalt alle Familien, die weniger als etwa 2 300 Euro Haushaltseinkommen monatlich zur Verfügung haben. Die Bemessungsgrundlage bei der Berechnung der Transferleistungen wie z.B. ALG II orientiert sich am sogenannten Existenzminimum, was noch deutlich darunter liegt (vgl. Der Paritätische 2020: 25 f.).

Die AWO-ISS-Studie (z.B. Laubstein et al. 2012: 7) hebt hervor, dass sich prekäre Lebensverhältnisse für Familien vor allem auf folgende Lebensbereiche besonders nachteilig auswirken:

- *Materielles:* Billiges Wohnen, ungesunde Nahrung, einfache Bekleidung, begrenzte Beteiligung (in Schule, Freizeit).
- *Soziales:* Aneignung sozialer Fähigkeiten ist durch Existenzdruck eingeschränkt; informelle Kontakte sind begrenzt; ebenso unzureichend sind informelle Unterstützungsstrukturen.
- *Gesundheit:* Ungesunde Ernährung (billig und „gut"); physische Auffälligkeiten (Adipositas etc.); psychische Besonderheiten (Verhaltensauffälligkeiten, Entwicklungsbeeinträchtigungen); schlechte medizinische Versorgung.
- *Kulturelles:* Hohe Bildungsbenachteiligung, deshalb häufig kaum Schul- und Ausbildungsabschlüsse; begrenzte Sprachkompetenzen; geringe Partizipationschancen.

Kommen zu diesen schwierigen Rahmenbedingungen noch zusätzliche Belastungsfaktoren hinzu (z.B. Pflege von Angehörigen, Fremdunterbringung etc.), wird diese Ausgangssituation für die Betroffenen nahezu unlösbar (vgl. Stuth et al. 2018: 23 f.).

Diese Herausforderungen bestimmen den Alltag von Familien in prekären Lebensverhältnissen und verlangen Eltern wie Kindern eine hohe Belastbarkeit und Kreativität ab, mit begrenzten Mitteln und Chancen auszukommen. Die Ressourcen, die diese Familien in der Bewältigung ihres Alltags zeigen, werden oft durch die offensichtlichen Problemlagen der Kinder verdeckt. Deshalb er-

---

3 Vgl. www.hzemonitor.akjstat.tu-dortmund.de/kapitel-3/3-migrationshintergrund (Abfrage: 25.09. 2020).

kennen die Sozialen Dienste häufig die Stärken der Eltern nicht, beteiligen sie nur noch formal an den Hilfeprozessen und werden damit diesen Familien und deren Kindern in keiner Weise gerecht (Faltermeier 2001: 232 ff.; Faltermeier 2020: 255 ff.).

Für eine nachhaltige Vermeidung armutsbedingter Fremdunterbringungen wären vor allem neben den Jugendhilfeleistungen auch sozialstaatliche bzw. transferpolitische Unterstützungsnetze erforderlich. Sie werden dringend benötigt, um Kinder und ihre Familien aus der Armut herauszuholen und ihnen damit ein gesellschaftlich angemessenes Leben oberhalb von Armutsgrenzen zu ermöglichen (vgl. Benz/Heinrich 2018: 577 ff.).

Sicherlich: Nicht alle Kinder, die von Armut betroffen sind, werden fremduntergebracht; aber fremduntergebrachte Kinder stammen zum überwiegenden Teil aus „armen Familien". Der Zusammenhang von Erzieherischen Hilfen bzw. Fremdunterbringung und Armut ist deshalb evident. Armut ist somit ein zentrales Merkmal für Fremdunterbringungen, weshalb diese Tatsache künftig stärkere Beachtung durch die Politik, aber insbesondere auch durch die Sozialen Dienste finden muss.

Wie aber wirken sich diese schwierigen Rahmenbedingungen auf das Erziehungshandeln von Eltern konkret aus?

1.2   Erziehung und Alltag

Die ständige Unsicherheit um die Existenzsicherung der Familie verlangt Eltern viele Energien ab. So konzentrieren sich diese deshalb auf das, was für sie „überlebenswichtig" ist. Das materielle und soziale „Überleben" in Armutsmilieus verlangt nach Lebensbewältigungsstrategien, die weniger diskursiven als vielmehr direktiven Orientierungen folgen. Damit müssen sich diese Eltern an einem lebensweltadäquaten Paradigma orientieren, dessen dynamischen Funktionalismus Bourdieu mit dem Begriff des Habitus beschreibt (Bourdieu 1982: 277 f.): Mit diesem wird auf die gesellschaftliche Gebundenheit von Handeln verwiesen. Dabei spielen zwei wesentliche Dimensionen eine Rolle: Einmal die Orientierung der Akteure an gesellschaftlich gültigen Werten und Normen; zum anderen die soziale Lage der Familie. Beides müssen die betroffenen Akteure nach Bourdieu in Einklang zu bringen versuchen. Bourdieu geht davon aus, dass die im Prozess der Sozialisation erworbenen Wahrnehmungs-, Denk- und Handlungsmuster sehr eng mit den Lebensverhältnissen korrespondieren müssen, um gesellschaftliche Werte mit den verfügbaren sozioökonomischen Rahmenbedingungen kompatibel zu machen. Die Versorgung der Kinder, ihr Schutz und ihre Geborgenheit sind aus Sicht der Eltern in der Regel sichergestellt, wenn sie diese mit den existenzsichernden Versorgungsangeboten ausstatten (essen, trinken, „verteidigen" etc.). „Streicheleinheiten" haben in diesen

Kontexten eine eher nachrangige Bedeutung, zumal die Eltern im Sinne des Habitus-Konzepts nicht selten hierfür „andere sozialkulturelle Rituale" haben (materielle Belohnungskultur etc.). Aus Sicht der Eltern ist repressives Erziehungsverhalten in erster Linie der Durchsetzung familialer Ordnung und damit der notwendigen Existenzsicherung der Familie geschuldet. Da der Alltag „funktionieren" muss – in engen Wohnverhältnissen mit geringen finanziellen Ressourcen und schwachen informellen Unterstützungsnetzen – erscheint es den Eltern angemessen, „auch einmal hart durchzugreifen", um die Ordnungsstrukturen der Familie aufrechtzuerhalten. Aus pädagogischer Sicht können dies nicht selten Grenzüberschreitungen sein, aber, so widersprüchlich das auch ist, der „Mix des sozialkulturellen Milieus" (finanzielle und soziale Deprivationen) bestimmt die Art und Form der Lebensbewältigung – und spiegelt nicht die Beziehungsqualität der Eltern zu ihren Kindern (und umgekehrt) wider.

„Wie eine Grammatik des Sozialen steuert der Habitus unser Handeln, ohne dass wir uns überhaupt einer solchen Steuerungsgröße bewusst wären" (vgl. Dörner/Vogt 2013: 54). Das bedeutet nicht weniger, als dass Eltern den gesellschaftlichen Erziehungsauftrag im Kontext ihrer sozialen Lage und unter Berücksichtigung der „milieuspezifischen Erwartbarkeit" im konkreten Alltag umsetzen und sich damit immer auch eng im Korridor der dort maßgeblichen Sprachregelungen, Sprachstile, Milieukultur, symbolischen Kommunikationsformen und natürlich auch Erziehungsrituale (z. B. Disziplinierungen) bewegen. Gleichwohl kann sich der Habitus verändern, wenn sich Lebenskontexte (Umfeld, Personen, neue Einsichten, Haltungen etc.) verändern. So können Lebensverhältnisse beispielsweise durch Unterstützungs- und Elternarbeit mitgestaltet werden – z. B. durch neue Impulse für Wahrnehmungen und der Erweiterung von Handlungsoptionen im Erziehungsalltag, wodurch der milieugebundene Habitus von Eltern verändert und somit das Erziehungs- und Entwicklungsmilieu für Kinder in den Familien weiterentwickelt werden kann (vgl. auch Schulze-Krüdener in diesem Band).

Gute Erziehung setzt darauf, dass Kinder aus Erfahrungen lernen: ohne nachhaltigen Druck und schon gar nicht durch Gewalt und Repression. Dies ist der „normative Korridor" für gutes Erziehungshandeln. Eltern sollen so gesehen mit ihren Kindern „Normen" aushandeln, reflektieren, diskutieren. Sie sollen Grenzen nachvollziehbar setzen etc. Familiale Erziehung wird heute als offen angelegte Interaktionsstruktur verstanden; Erziehung ist dann nicht mehr vorrangig als Disziplinierung durch die Eltern angelegt, sondern setzt im „modernen" Sinne darauf, dass es Kindern möglich wird, Selbsterkenntnis und Einsicht in erzieherische Regeln permissiv zu erfahren – so zumindest der theoretische Referenzrahmen für Erziehung (vgl. Ecarius 2011: 48). Für Eltern heißt dies, sich auf das Kind und die Situation einzulassen und grundsätzlich „entspannt" zu sein oder zumindest mit Spannungen reflektiert umzugehen. Das setzt eine Reihe von sozialen Kompetenzen voraus, aber auch eine Basis an Selbstbewusstsein und sozialer Sicherheit.

Das aber kann kaum vorausgesetzt werden, wenn Eltern in schwierigen Verhältnissen erziehen: Die aktuellen Sorgen, ob das Geld noch reicht oder wie man die Zeit ohne Geld überbrücken kann, ob das Sozialgeld auch wirklich pünktlich überwiesen wird – und in welcher Höhe –, ob man bei der Nachbarin, mit der man wieder einmal im Streit lebt, etwas ausleihen kann, Geld oder Lebensmittel? Die Kontinuität von Ängsten und individuellen Belastungen ist ein Kernmerkmal des Lebens in prekären Verhältnissen. Wenn dann in engen Wohnverhältnissen Kinder ihre Bedürfnisse einfordern und es eigentlich eines hohen Maßes an Aufmerksamkeit und Anstrengung vonseiten der Eltern bedarf, mit diesen erzieherisch umzugehen, können sich Erziehungskonflikte schnell verschärfen. Eltern müssen ihr Erziehungshandeln in enger Abhängigkeit zu ihren sozialen und finanziellen Rahmenbedingungen ausrichten – und dies bildet aus Sicht der Eltern den „Legitimationsrahmen" für Erziehung, um die Ordnungsstrukturen aufrecht zu erhalten. Umgekehrt gilt für die Kinder, dass schwierige Verhältnisse als Teil von Normalität erlebt werden und dass sich aus ihren Erfahrungen damit „andere Erziehungsstrategien" als insgesamt selbstverständlich und plausibel erklären, sowohl die strenge Disziplin als auch das vernachlässigende Laissez faire.

Aus der Außenperspektive mag ein solches elterliches Verhalten als ambivalent und unangemessen erscheinen. Dennoch hat es nichts mit Desinteresse der Eltern oder gar Ablehnung der Kinder und fehlender Fürsorgeverantwortung zu tun, sondern ist Ausdruck des alltäglichen Arrangements mit desolaten Lebensbedingungen und herausfordernden Erziehungskontexten. Wenn wir also die Auswirkungen des Lebens in prekären Verhältnissen und damit Bildungs- und Entwicklungsbenachteiligung der Kinder in diesen Familien vermeiden oder begrenzen wollen, dann sind neben bedarfsangemessenen Transferleistungen vor allem deutlich verbesserte Infrastrukturleistungen der Sozialen Dienste notwendig: z. B. öffentliche Anlaufstellen im Sozialraum, die Familien niedrigschwellig unterstützend (und nicht sanktionierend) zur Seite stehen, diese ermutigen, trotz schwieriger sozialer Verhältnisse eine „gute Erziehung" für ihre Kinder zu ermöglichen, mit ihnen üben, sie anleiten, begleiten, sich dafür einsetzen, dass die Kinder Schulaufgabenhilfen ebenso erhalten wie auch alle anderen gesellschaftlichen Angebote, die ihre Entwicklung unterstützen können – ohne dass die soziale Teilhabe der Kinder an den Finanzen scheitern muss.

Auf der anderen Seite ist es für Kinder wichtig, dass sie sich mit ihrer Herkunft – trotz allem – positiv identifizieren können, um Selbstbewusstsein und Selbstwert zu entwickeln. Das setzt voraus, dass sie sich mit ihren Eltern befassen dürfen, mit ihren ablehnenden und mit ihren zugewandten Gefühlen diesen gegenüber, und dass ihre Haltung gegenüber den Eltern positiv und zugewandt bleiben kann. Das ist auch Voraussetzung dafür, dass Kinder Beziehungen und Bindungen an ihren neuen Lebensorten eingehen können.

2 Eltern – Krisen, Bedarfe, Ressourcen

Eine erfolgreiche Fremdunterbringung, die durch Kinder und Eltern als für sie Sinn machender Teil ihrer Lebensgeschichte angenommen werden kann, setzt demnach ein grundlegendes Verstehen der subjektiven Wahrnehmungen von Eltern und Kinder voraus. Es geht hier um ein „milieuimmanentes Verstehen". Für Kinder in Pflegefamilien und Heimen gibt es bedeutsame Studien hierzu, die Einblicke in die Wahrnehmungs- und Bedeutungsmuster der Kinder geben (z. B. Nowacki/Remiorz 2017; Linderkamp/Schramm/Michau 2009; Reimer 2017; Klein 2020). Für leibliche Eltern liegen solche Studien nur begrenzt vor (Faltermeier 2001; Helming et al. 2010; Faltermeier 2019).

2.1 Lebensgeschichte und Krisen – das Konzept der „Verlaufskurve"

Um Eltern besser zu verstehen und sie damit in den Prozess „rund um die Fremdunterbringung" konstruktiv einbeziehen zu können, soll im Folgenden ein kurzer, vertiefender Einblick in die Geschichte „typischer Lebensverläufe" der Eltern gegeben werden. Die Biografieforschung hat sich mit der Entstehung von Krisen und deren Auswirkungen auf die Lebensgeschichte von Menschen eingehend befasst. Insbesondere Schütze (1996) ist hier zu nennen, der mit dem Begriff der „Verlaufskurve" Krisen in den Lebensgeschichten von Menschen analysiert und deren Wirkungen auf deren Lebensalltag beschreibt. Für die Betroffenen bedeuten Verlaufskurven „Erleidensprozesse", die durch „innere" Prozessstrukturen wie z. B. Krankheit, Drogen etc. und/oder durch „äußere" Prozessstrukturen wie z. B. Arbeitslosigkeit, Scheidung, Trennung, Fremdunterbringung etc. ausgelöst oder verstärkt werden. Dabei werden Rahmenbedingungen gesetzt, die es den Betroffenen nicht mehr ermöglichen, ihr Leben selbststeuernd auszurichten und zu gestalten. Sie können ihren Alltag nur noch nach als fremdbestimmt empfundenen Vorgaben organisieren und befinden sich somit überwiegend in der Rolle der „Getriebenen" (vgl. Schütze 1996: 116): Die Sucht, der man sich ausgeliefert fühlt, die Erwerbslosigkeit, die die Lebensqualität beeinträchtigt, die Fremdunterbringung, die Eltern zu „Kinderlosen" und zu Abhängigen von anderen macht, – dies alles sind Verweise auf solche Prozessstrukturen, die sich in der Regel ohne Unterstützung durch Dritte zu tiefgreifenden persönlichen Krisen ausbauen. Das bedeutet auch: Je weniger Eltern in den Prozess der Fremdunterbringung einbezogen werden, umso mehr verstärken sich Gefühle von Auswegesigkeit und Perspektivenenge und zwingen die Menschen in ein „Hamsterrad", aus dem es kaum ein Entrinnen gibt. Intentionale Handlungsplanung, also den Alltag und das eigene Leben selbst „in die Hand zu nehmen", mitzugestalten und mitzubestimmen, geht zusehends verloren. Was bleibt, ist entweder, sich zu fügen (Resignation durch Ausweglosigkeit) oder Entlastung in Ersatzstrategien (z. B. Sucht etc.) zu suchen.

Eltern in prekären Lebensverhältnissen befinden sich zumeist mehr oder weniger in solchen „Turbulenzen", in denen sie durch die verengten sozioökonomischen Rahmenbedingungen (Wohnen, Infrastruktur, Erwerbslosigkeit, Finanzen etc.) ihr Leben nicht mehr ausreichend so steuern können, wie es ihren subjektiven Erwartungen entspricht. Die Sorge um den Erhalt der Familie und das Selbstwertgefühl, das damit verbunden ist, verschärft sich mit der Fremdunterbringung und erhöht damit den Konfliktdruck und die Existenzängste. Aus diesen Verlaufskurven finden Menschen nur heraus, wenn sie eine zuverlässige, vertrauensvolle, ihnen konsequent zugewandte „Person und Anlaufstelle" finden, bei der sie spüren, dass diese es grundsätzlich „gut mit ihnen meinen" (vgl. Schütze 1981: 67–156). Mead spricht in diesen Zusammenhang von der Rolle des „Signifikant Anderen", der bzw. die erforderlich ist, um sich einigermaßen selbstsicher entwickeln zu können (Mead 1968: 216 ff.). Im Alltag der Jugendhilfe fehlt diese Vertrauensfigur, dieser „Signifikant Andere" häufig. Hier stoßen die Eltern zumeist auf einen formalisierten Umgang mit den Fachkräften, bekommen Auflagen, die sie weder verstehen noch erfüllen können oder wollen, treffen auf Pflegeeltern, die sie als Konkurrenten erleben und für die sie „schlechte Eltern" sind (vgl. Faltermeier 2019: 130 ff.).

Wichtig jedoch wäre, dass Eltern mit der Fremdunterbringung ihres Kindes auf Fachkräfte und Pflegeeltern treffen, die sie annehmen und in eine gemeinsame Verantwortlichkeit für die Entwicklung ihres Kindes einbeziehen und so das Gefühl vermitteln, wichtig zu sein – für das Kind, für die Pflegefamilie und für das Heim. Aus biografietheoretischer Sicht ist es deshalb für die Sozialen Dienste in der Fremdunterbringung elementar, dass leibliche Eltern an der Entwicklung ihrer Kinder (aktiv) beteiligt werden und in ihrem Selbstverständnis als fürsorgliche Eltern anerkannt und in dieser Rolle gestärkt werden.

Eltern berichten häufig aus der Praxis der Fremdunterbringung darüber, dass die Sozialen Dienste mit Pflegeeltern oder Erzieher*innen in den Einrichtungen „gemeinsame Sache" machen, sie eher bei Entscheidungen vor vollendete Tatsachen gestellt und kaum in Entscheidungsprozesse einbezogen würden (vgl. Knuth 2019: 59 ff.; Faltermeier 2001). Diese soziale Interaktionskonstellation beschreibt Goffman (1973; 2018) mit dem Phänomen des „geschlossenen Bewusstheitskontextes": Wichtige Akteure bilden ein Bündnis; diese Koalition richtet sich allerdings – gewollt oder ungewollt – immer auch gegen einen beteiligten Dritten, um eigene Ziele durchzusetzen. Dabei verfügen die Koalitionäre über ein besonderes „Situationswissen", das ihnen ermöglicht, für sich und „ihre Sache" Vorteile daraus zu ziehen. Dadurch wird der Dritte von der Mitgestaltung der Situation mehr oder weniger ausgeschlossen. Übertragen auf die Fremdunterbringung bedeutet dies im Umkehrschluss: Absprachen zwischen zwei Beteiligten, von denen der Dritte nichts weiß, sind in jedem Falle zu vermeiden, da sonst Misstrauen und Missverständnisse grundgelegt werden. Insoweit ist Transparenz ein zentrales Merkmal im Umgang zwischen Eltern, Pflegeeltern, Erzieher*innen und Fachkräften (vgl. auch Schrödter et al. in diesem Band). Dies gilt insbesondere auch im Hilfeplanungsprozess.

Wir sehen, wie wichtig gerade die Partizipation in der Fremdunterbringung von Eltern ist und welche grundlegende Bedeutung diese dafür hat, dass Eltern wieder intentional handlungsfähig werden. Nur das kann dazu führen, dass Eltern sich als Eltern „trotz allem" gut einbringen und mit den weiteren Erziehungsakteuren auf einer transparenten Ebene konstruktiv zusammenarbeiten können.

2.2 Elterliche Bedarfe – und ihre erzieherischen Ressourcen

Neben den bereits dargelegten sozioökonomischen Problematiken und Bedarfen dieser Familien (vgl. Faltermeier 2019: 312 ff.) wurden insbesondere in den Qualitätsstudien von Faltermeier (2001; 2019) auch die erzieherischen Bedarfe der Eltern in den Blick genommen. Hierbei konnte festgestellt werden, dass sich schwierige soziale und finanzielle Mängellagen umso problematischer auf Erziehung auswirken, je weniger die Eltern kaum oder begrenzt über folgende erzieherische Kompetenzen verfügen:

- *Gefahren für Kinder „rechtzeitig" erkennen:* Die Lebenslagen der Familien verschieben nicht selten die angemessene Einordnung von Gefährdungssituationen für Kinder.
- *Erziehungshandeln reflektieren und planen:* Oftmals ist das Erziehungshandeln spontan, um erst danach in seinen Wirkungen überlegt zu werden.
- *Perspektivenwechsel auf das Kind:* Ihr Kind zu individualisieren und aus seiner Sicht Situationen wahrzunehmen, fällt den Eltern häufig schwer.
- *Versorgung/Pflege der Kinder:* Die Bedeutung von Regelmäßigkeiten in der Ernährung und Pflege der Kinder wird nicht immer angemessen eingeschätzt.

Solche erzieherischen Bedarfe sind nicht per se Hinweise auf eine unzureichende Eltern-Kind-Bindung, sondern erklären sich gewissermaßen vor allem auch aus den Widersprüchen von Lebenslage, Erziehungsanforderungen und Lebensbewältigungsstrategien der Eltern bzw. Familien. Es gilt gerade auch in diesen hoch angespannten sozialen Lebenslagen die Eltern gegenüber ihrem Kind und für elterliche Grenzen im Erziehungshandeln zu sensibilisieren. Es zeigt sich in diesem Spannungsfeld häufig, dass diese Eltern – wie viele andere Eltern auch – den Paradigmenwechsel von der disziplinierenden zur interaktiv offenen (diskursiven, erfahrungsbezogenen) Erziehung noch nicht in ihre Familienstrukturen integrieren konnten. Hierauf ist in der weiteren Arbeit der Sozialen Dienste mit den Eltern ein besonderer Schwerpunkt zu legen.

Zugleich gilt es nicht aus dem Blick zu verlieren, was diese Eltern unter schwierigsten Lebensverhältnissen „trotz allem" für ihre Kinder leisten und damit Resilienzen und Ressourcen zeigen, die andererseits sehr konkrete Hinweise für deren Fürsorglichkeit und Verbundenheit mit ihrem Kind sind:

- Sie setzen sich nachhaltig dafür ein, die Familie als Lebensort für ihre Kinder zu bewahren;
- sie sichern und ermöglichen ihren Kindern ein soziales Unterstützungsnetzwerk wie Verwandte und Freunde;
- sie vermitteln ihren Kindern nach ihren Möglichkeiten Schutz und Geborgenheit;
- sie stellen deren Versorgung mit Essen, Trinken, Schlafen etc. sicher;
- sie bringen ihnen Zuneigung entgegen und solidarisieren sich im Alltag mit ihnen (z. B. gegenüber Schule, Nachbarn – aber auch Heim oder Pflegefamilie);
- nicht zuletzt zeigen sie auch ein vor allem ihren Kindern gegenüber geschuldetes Aushalten schwierigster Lebensumstände, setzen sich und stehen für sie ein, geben ihnen Tipps, damit sich die Kinder einem oftmals „misstrauischem Umfeld" gegenüber im Alltag behaupten können.

Diese Kompetenzen von Eltern gilt es durch die Fachkräfte wahrzunehmen, anzuerkennen, weiter auszubauen und zu stärken und so die erzieherischen Bedarfe aufzuarbeiten. So werden Erfahrungen von Selbstwirksamkeit durch die Eltern ermöglicht und diese darin gestärkt, während und nach der Fremdunterbringung ihren Kindern „gute Eltern" zu sein (vgl. Faltermeier 2019: 218 ff.).

3   Empowerment aktivieren

3.1   Erfahrungswissen von Eltern für den Hilfeprozess nutzen

In der systemtheoretischen Debatte gilt die Annahme, dass Klient*innen die Expert*innen in eigener Sache sind (vgl. Sohns 2009: 96 f.). Gleichwohl sieht die allgemeine Sozialarbeitspraxis hierzu oft ganz anders aus. Das gilt auch insbesondere im Rahmen der Fremdunterbringung. Nicht selten werden Eltern hier nicht ernst genommen, da sie ja „versagende" Eltern sind. Wer aber könnte über mehr fundierteres Hilfewissen verfügen als diese Eltern selbst? Gerade sie sind diejenigen, die an Kindeswohlgefährdungen mitbeteiligt sind und wissen, wie solche erzieherischen Grenzsituationen zustande kommen können. Eltern kennen die Belastungen durch schwierige Rahmenbedingungen, welche Gefühle diese in den Betroffenen auslösen und was die vordringlichsten Hilfebedarfe für Familien sind:

- *Finanzen,* um einigermaßen zuversichtlich die Ernährung und das Auskommen der Familie sicherzustellen, um eine angemessene Wohnungsgröße finanzieren zu können und das, was in unserer Gesellschaft für jede*n keinen Luxus darstellt: Fernseher, Radio und digitale Medien, Kinobesuche Benutzung öffentlicher Verkehrsmittel, Haushaltsausstattung inklusive Reparaturen der Haushaltsgeräte und Bekleidung, Familienurlaub, Familien-Versicherungen etc.; für die Kinder Schulmaterialien und -ausflüge, individuelle Förderung durch Nachhilfe etc., Fahrtkosten, Gesundheitskosten, Freizeitkosten, Bekleidung etc.;
- *eine vertrauensvolle Ansprechperson,* die zuverlässig ist und ihnen durch ein hohes Maß an Einfühlungsvermögen Verständnis und Akzeptanz entgegenbringt, und gerade deshalb den Eltern als authentische Vertrauensperson vermitteln kann, wie ihr Erziehungsverhalten auf die Kinder wirkt und wie wichtig erweiterte Erziehungsoptionen im Sinne einer „guten Erziehung" für die Eltern sind;
- schließlich brauchen Familien *informelle Unterstützungsnetzwerke* (Verwandte, Bekannte, Freunde) und *Kompetenzen* für die Pflege der Beziehungen zum externen Umfeld im Umgang mit Nachbarn, Institutionen, Behörden etc.

Innerhalb dieser für Krisensituationen typischen Hilfebedarfe gilt es einerseits, gemeinsam mit der Familie zu priorisieren, alternative Szenarien zu entwickeln und Eltern aktiv in diese Suchprozesse und -bewegungen einzubinden.

Fachkräfte befinden sich oft in der Gefahr, Klient*innen nur in ihren Defiziten und Lücken wahrzunehmen. Das erst gibt die Legitimation für Hilfen. Angemessener wäre jedoch, Klient*innen in ihrer Rolle auch als sozial Benachteiligte anzuerkennen und dabei wahrzunehmen, über welche teilweise großen Alltagskompetenzen und -erfahrungen diese verfügen. Gerade die Sozialen Dienste sollten nicht übersehen, dass diese Familien weitaus geringere Chancen für gesellschaftliche Teilhabe haben als andere. Und diesen „Nachteilsausgleich" auszubalancieren, das ist die Aufgabe sozialer Fachkräfte – nicht die Bevormundung, der Nachhilfeunterricht in Erziehung etc. Vielmehr ist das Beistehen notwendig, das Anregen zum Nachdenken über die in schwierigen Verhältnissen eingeschliffenen „Spielregeln" in der Erziehung, in der Partnerschaft, im Umgang mit dem sozialen Umfeld – und im Umgang mit sich selbst. Dadurch erst wird den Eltern ermöglicht, ihren Habitus zu verändern. Fachkräfte sollten sich als Beistand verstehen, auf die sich Klient*innen verlassen können. Fachkräfte sollten sich bemühen, Vertrauenspersonen zu sein, ohne die Menschen „heilen" zu wollen. Vielleicht liegt gerade darin die Kraft der Hilfen, Menschen aus ihren „Verlaufskurven" herauszuhelfen, ohne sie zur „Läuterung" zu zwingen. Fachkräfte könnten also den Eltern ein Verständnis dafür vermitteln, dass das, was sie ihren Kindern in Stresssituationen antun, nicht gut ist. Eltern wissen dies eigentlich auch, aber ihre erzieherischen Handlungsmöglichkeiten werden subjektiv als begrenzt wahrgenommen. Deshalb gilt es, mit Eltern positive Erziehungsoptionen auszuprobieren und so deren Handlungskompetenzen trotz prekärer Lebensverhältnisse zu erweitern. Veränderungen sind in erster Linie dann möglich, wenn die Fachkräfte als vertrauensvoll wahrgenommen und die fachlichen Tipps zu konkreten spürbaren bzw. sichtbaren „Erfolgen" führen: z.B. in einer Stresssituation das Kind nicht zu bestrafen, sondern dieses behutsam in den Arm zu nehmen, oder wenn das Kind Porzellan zerschlägt, mit ihm gemeinsam die Scherben wieder aufzuheben etc. – also wichtig ist, die Ebene von Einfühlung und Gemeinsamkeit zu fokussieren, den Eltern die Angst zu nehmen, dass bei ausbleibender Disziplinierung das Kind möglicherweise falsche Wege geht und sie damit als Eltern versagt haben.

Wir sehen daran, dass Veränderungen der Eltern nur über konkrete Erfahrungen möglich sind – und lediglich Auflagen zu machen bedeutet, den Druck für die Eltern noch zu erhöhen und die Hürden damit nahezu unüberwindbar erscheinen zu lassen.

3.2   Eltern als Expert*innen in der Jugendhilfe: wer, wenn nicht sie?

Wie wir gesehen haben, zeigt sich, dass Eltern trotz aller Hilfebedarfe über große Ressourcen und Stärken verfügen, die wir für den Hilfeprozess in der Fremdunterbringung nutzen sollten (vgl. Andresen et al. 2015: 109 ff.).

So z.B., indem wir die Eltern in die ehren- bzw. nebenamtliche Beratungsarbeit anderer Klient*innen in ähnlichen Situationen einbeziehen, entweder in die unmittelbare Arbeit mit Klient*innen, z.B. in Form der (angeleiteten) Gruppenarbeit oder als „Berater*innen der Fachkraft". Mit ihren Tipps wirken diese Eltern auf andere betroffene Familien oftmals glaubwürdiger als ein fachlicher Rat, der eher von außen oder oben erlebt wird (vgl. Hör in diesem Band). Möglicherweise kann es sinnvoll sein, den Eltern hierfür selbst einige Hinweise für „gute Beratung" zu geben, aber in jedem Falle ihr Kontextwissen und ihre Alltagserfahrungen zu nutzen, um sie als wertvolle Partner*innen in die Arbeit der Kinder- und Jugendhilfe einzubeziehen. Warum sollen es eigentlich nicht auch Klient*innen selbst sein, deren Wissen und Erkenntnisse wir nutzen? Hilfe zur Selbsthilfe als Grundprinzip – wer könnte das besser verwirklichen als diese praxiserfahrenen Eltern, die in Situationen der Fremdunterbringung (und darüber hinaus) alle Mühen unmittelbar selbst erfahren haben, die wissen, wie sich Ohnmacht den sozialen Bedingungen (und den Fachkräften) gegenüber „anfühlt", die notwendigerweise in solchen Situationen viele Optionen ausloten und Kräfte mobilisieren, um alles zu überstehen: Die Trennung vom Kind, die Beschämungserfahrungen durch die Sozialen Dienste und das soziale Umfeld, die schwierige Kooperation mit Heimen und Pflegefamilien. Wer anders als sie sollte sich besser in diese Lage betroffener Eltern versetzen können? Sie sind jene, die solche Turbulenzen selbst erlebt haben, mehr oder weniger gut aus diesen herausgekommen sind und die deshalb über ihre Erfahrungen die Betroffenen sprachfähig machen können. Vielleicht müssen wir „unsere" Eltern, also die, die wir in die Facharbeit einbeziehen wollen, begleiten und unterstützen. Aber das ist vom Einzelfall derjenigen abhängig, die Tipps bekommen sollen. Viel authentischer und deshalb nachvollziehbarer ist die unmittelbare „Originalität der Lebensberatung" und die damit verbundene Alltags-Kreativität – und das ist „Hilfe zur Selbsthilfe" (vgl. die Beiträge von Hör und Schäfer et al. in diesem Band).

4 Eltern als Partner*innen: Family-Partnership und Erziehungspartnerschaft

Wie anhand der empirischen Studien (Faltermeier 2019; Armutsstudie 2020; Der Paritätische 2020; AWO 2019) belegt werden konnte, ist der Zusammenhang von prekären Lebenslagen, Entwicklungsgefährdungen der Kinder und Erziehungsverhalten der betroffenen Eltern evident. Dabei konnte herausgearbeitet werden, dass das Problem der Eltern als „versagende Erzieher*innen" in der Regel nicht eine unzureichende Beziehung zu ihrem Kind ist. Vielmehr wird der Erziehungsalltag insbesondere durch die Konflikte und Wirkungsdynamiken der mangelhaften finanziellen und sozialen Grundausstattungen und die damit in Zusammenhang stehenden Überforderungen der Eltern belastet. Dies durch die Sozialen Dienste wahrzunehmen, um Schuldzuweisungen zu vermeiden und Eltern als Partner*innen in die gemeinsame Verantwortung für ihr Kind positiv einzubeziehen, ist von grundlegender Bedeutung. Für eine erfolgreiche Zusammenarbeit sollen im Folgenden mit den Konzepten des „Family-Partnership" und der „Erziehungspartnerschaft" konkrete Wege hierfür aufgezeigt werden.

Da es bislang gesamtgesellschaftlich kaum gelingt, in Armut lebende Familien mit ausreichenden sozioökonomischen Ressourcen auszustatten, ist es gerade für die Sozialen Dienste in der Kinder- und Jugendhilfe wichtig, das „Machbare" in den Mittelpunkt von Unterstützung und Hilfe zu rücken. In jedem Fall ist die Hilfe für Kinder notwendig, um sie davor zu schützen, das „Schicksal" ihrer Eltern zu wiederholen (vgl. Helming et al. 2010: 424). Wie bereits mehrfach angemerkt, zeigt die gegenwärtige Praxis in der Fremdunterbringung, dass der Umgang der Sozialen Dienste mit den leiblichen Eltern nicht ressourcenorientiert, sondern eher problemzuweisend und damit eher ausgrenzend ist. Dies ist nicht nur, wie hier aufgezeigt werden konnte, den Eltern gegenüber unangemessen, sondern auch für die Kinder hoch belastend. Gerade die gute Zusammenarbeit zwischen leiblichen Eltern und Pflegefamilie bzw. Heim und regelmäßige Kontakte zwischen Kind und Eltern unterstützen und stärken die Entwicklung des Kindes, weshalb die Kooperation der „Erziehungspartner*innen" ein zentrales Kindeswohlkriterium darstellt. Die gute Zusammenarbeit von Pflegeeltern und Eltern kann jedoch nicht als selbstverständlich vorausgesetzt werden, sondern ihr „Management" muss eine der zentralen Aufgaben der Sozialen Dienste sein. Zudem gilt es für die Fachkräfte, den Familien eine positiv zugewandte Grundhaltung entgegenzubringen, damit diese als vertrauensvolle Anlaufstelle angenommen werden können. Darüber hinaus sind umfassende Unterstützungsleistungen wichtig, die sowohl die sozialen und materiellen Bedingungen der leiblichen Familien verbessern als auch die Erziehungskompetenzen in schwierigen Lebensverhältnissen stärken. Die Vorgaben hierzu durch den Gesetzgeber (vgl. §§ 27, 33–33c KJSG/SGB VIII) werden vom Großteil der Jugendämter wegen Mangel an Personal und Finanzen bislang nur sehr unzureichend umgesetzt. Die Elternarbeit durch die Sozialen Dienste ist aber eine zentrale Grundlage für eine gelungene Fremdunterbringung. Diese Lücke in der Praxis der Sozialen Dienste muss dringend und nachhaltig geschlossen werden. Hierfür gibt es bereits eine Reihe von konzeptionellen Ansätzen (Faltermeier 2019: 312 ff.; Frindt, Pöckler-von Lingen/Simon, Moos in diesem Band). Die Reform des SGB VIII durch das Kinder- und Jugendstärkungsgesetz (KJSG) sieht Elternarbeit zwingend vor (§§ 27, 36, 36a und 37 ff.).

Wie wir gesehen haben, ist es wichtig, Eltern respektvoll, gleichberechtigt und aktiv in den Gesamtprozess der Fremdunterbringung einzubinden. Für eine neue Austarierung des Verhältnisses von Eltern, Pflegeeltern und Sozialen Diensten werden mit den Konzepten der Family-Partnership und der Erziehungspartnerschaft zwei zentrale Ansätze aufgezeigt, die eine konstruktive Plattform für die Zusammenarbeit zwischen öffentlicher und privater Erziehung aufzeigen.

4.1   Family-Partnership als Leitbild für Fremdunterbringung

Eine erfolgreiche Praxis der Fremdunterbringung hängt davon ab, inwieweit Eltern in den Entwicklungsprozess ihres Kindes in Heim oder Pflegefamilie einbezogen werden. Dies ist für Kind und Eltern deshalb wichtig, weil dadurch Brüche in den Lebensgeschichten der Kinder und Familien weitgehend begrenzt werden können und die Familien auch mit der Fremdunterbringung weiterhin eine wichtige Anlaufstelle für ihr Kind bleiben. Für einen Teil der

Kinder und Eltern ist das Heim bzw. die Pflegefamilie vorübergehend ein wichtiger Lebensort und Partner der Eltern zur Unterstützung einer guten Entwicklung der Kinder.

Mit „Family-Partnership" wird für einen bestimmten Zeitraum ein Lebensmodell mit öffentlicher Unterstützung verstanden. Damit wird die Normalität eines solchen „Lebensmodells auf Zeit" aufgegriffen und den betroffenen Kindern und ihren Familien neben einer bedarfsorientierten Unterstützung vor allem auch ein gesellschaftlich legitimierter Status zuerkannt: Die Eltern nehmen professionelle Hilfe für sich und ihre Kinder in Anspruch und werden dadurch ihrer Fürsorgeverantwortung für ihr Kind gerecht. Eine Partnerschaft mit Heim oder Pflegefamilie ist gelegentlich die einzige Option für diese Eltern, ihren Kindern aus prekären Verhältnissen und einem schwierigen Erziehungsalltag herauszuhelfen. Dies für eine begrenzte Zeit, um sich mit sozialstaatlicher Unterstützung und Stärkung stabilisieren zu können.

Deshalb wird hier für ein Verständnis von Fremdunterbringung plädiert, das unabhängig von der Dauer grundsätzlich das Verhältnis zur Familie des Kindes als „Family-Partnership" beschreibt. Es gilt, die Familie als solche zu respektieren und mit allen ihren Möglichkeiten in den konkreten Alltag des Fremdunterbringungsverhältnisses einzubeziehen. Gerade mit Blick auf die Konstituierung von Beziehungsverhältnissen, in denen gleichermaßen bisherige und neue Lebensorte eine zentrale Rolle für das Aufwachsen spielen, muss der Fokus auf die Verständigung der Eltern mit den Pflegeeltern und Heimerzieher*innen gelegt werden. Kooperation der „Systeme" ist die zentrale Dimension für den Entwicklungserfolg eines Kindes in der Fremdunterbringung (vgl. Faltermeier 2019: 304 f.).

Leibliche Familien sind und bleiben Eltern und Fürsorgepersonen für ihr Kind und damit in zentraler Verantwortung. Erst das eröffnet die Möglichkeit für Kind und Eltern, die Fremdunterbringung als positive Statuspassage für die eigene Lebensgeschichte anzunehmen.

Mit dem Verständnis von „Family-Partnership" eröffnet sich eine neue Perspektive auf die Rolle von Eltern, Pflegeeltern und Erzieher*innen in der Fremdunterbringung. Insbesondere das „Eltern-Sein" mit öffentlicher Unterstützung und Förderung ist nicht mit Stigmatisierung und Ausgrenzung verbunden, sondern mit einer positiven Konnotation und einer Akzeptanz der Beteiligten auf „Augenhöhe". Die Familien sind somit gesellschaftlich wie auch „fremdplatzierungspolitisch" in den Prozess gleichberechtigt integriert. Sie haben ihre „Elternschaft nicht verwirkt", sondern sind Partner*innen, die mit Sozialen Diensten, Heimen und Pflegefamilien im Interesse ihres Kindes kooperieren (vgl. Faltermeier 2019: 237 ff.). Wie ein solches „Normalitätsverständnis" auch im konkreten Alltag der Fremdunterbringung praktisch umgesetzt werden kann, soll durch das Praxismodell der „Erziehungspartnerschaft" nachfolgend aufgezeigt werden.

4.2   Erziehungspartnerschaft konkret

Leibliche Eltern, Pflegeeltern oder Fachkräfte in Einrichtungen haben eine gemeinsame Aufgabe: das Kind zu versorgen, zu erziehen, Orientierungen aufzeigen, Sicherheit zu bieten – also für das Kind wahrnehmbar präsent zu sein. Sie können das nur im Interesse des Kindes tun, wenn sie sich gegenseitig annehmen, respektieren, sich miteinander abstimmen und gegenseitig informieren. Kooperation ist demnach ein zentrales Kriterium für die Sicherstellung des Kindeswohls in der Fremdunterbringung. Ohne diese Zusammenarbeit ist die Entwicklung des Kindes dauerhaft gefährdet.

Dem Leitbild der Erziehungspartnerschaft liegt deshalb die Haltung zugrunde, dass alle beteiligten Akteure aus ihrer Sicht ihre Anliegen und Erwartungen mit einer positiven Entwicklung des fremduntergebrachten Kindes verbinden und dass daher alle gleichermaßen ernst zu nehmen sind. Natürlich entstehen auch hier Konflikte und Unstimmigkeiten, die gerade von Seiten der Fachkräfte und der Pflegeeltern, aber auch von den Eltern selbst hohe kommunikative Kompetenzen verlangen (z. B. informieren und nicht „mauern", aufklären und nicht drohen, Perspektive des Kindes einnehmen und nicht Formalia in Mittelpunkt stellen etc.). Erziehungspartnerschaft bedeutet deshalb, dass sich alle Beteiligten ihrer Rolle und Aufgaben bewusst sind und sich miteinander abstimmen (vgl. Faltermeier 2019: 249 ff.). Dabei gilt, die leiblichen Eltern durch Information, aber auch durch Übertragung konkreter Alltags-Aufgaben (z. B. mit dem Pflegekind einkaufen zu gehen, Fahrrad fahren, Zimmer renovieren etc.) in den Erziehungsalltag bzw. -prozess einzubinden.

Diese Anforderungen verlangen nach Verständigung über Rollen und Arbeitsteilungen, insbesondere in der Zusammenarbeit von Eltern, Pflegeeltern und Erzieher*innen. Grundsätzlich wird davon ausgegangen, dass die Eltern in ihrer Erziehungsverantwortung für das Kind bleiben, dass aber eben Pflegeeltern oder Fachkräfte im Heim als (vorübergehender, in Ausnahmefällen auch dauerhafter) Lebensmittelpunkt des Kindes insoweit Akteure sind, die die Bedürfnisse und das Wohl des Kindes (entscheidend) mitgestalten.

Die Erziehungspartnerschaft geht davon aus, dass sich alle Beteiligten unter Berücksichtigung des Lebensmittelpunkts des Kindes an konkreten gemeinsamen Eckpunkten orientieren. Für die Sozialen Dienste bedeutet dies, insbesondere die fachliche Logistik zur Verfügung zu stellen: Elternarbeit, Pflegeelternbegleitung, Kooperationsbedingungen schaffen und pflegen – neben transparenten und mit den Beteiligten gut vorbereiteten Hilfeplangesprächen.

Für die Erziehungspartnerschaft gilt folgender Referenzrahmen:

- Alle beteiligten Personen nehmen am Alltag des Kindes direkt und/oder indirekt teil: entweder durch Übernahme konkreter Tätigkeiten im Erziehungsalltag und/oder als informierte Dritte.

- Regelmäßige Abstimmungsgespräche (auch neben der Hilfeplanungsrunde) stellen Transparenz sicher und vermeiden einen „geschlossenen Bewusstheitskontext".
- Absprachen orientieren sich vorrangig an den Interessen und Bedürfnissen des Kindes und an dessen altersentsprechenden Entwicklungsaufgaben (vgl. Hurrelmann 2010: 89 f.; Faltermeier 2019: 164 ff.) – das Kind ist der Bezugspunkt für Überlegungen und Entscheidungen.
- Wichtige Erziehungs- und Entwicklungssituationen bzw. Weichenstellungen für das Leben des Kindes werden gemeinsam reflektiert und die erzieherischen und sozialen Handlungsoptionen hierfür gemeinsam ausgelotet.
- Das Geschehen im Erziehungsalltag (Lebensmittelpunkt) autorisiert zum Handeln – und muss dann nach dessen Erfordernissen den beteiligten Akteuren vermittelt werden.

Auf der Grundlage dieses „Orientierungsrahmens" wird die Erziehungspartnerschaft auf „gleicher Augenhöhe" austariert: der Austausch von Interessen, Wünschen und Erwartungen, die Verständigung über Erziehungsschritte und -ziele, die Unterstützung kontinuierlicher Kontakte von leiblichen Eltern und Kind, die gemeinsame Abstimmung in allen das Kind betreffenden „zentralen" Entscheidungen etc.

Die erfolgreiche Umsetzung einer Erziehungspartnerschaft verlangt nach einer fachlichen Logistik, die durch die Sozialen Dienste bereitgestellt werden muss. Es kann nicht als selbstverständlich vorausgesetzt werden, dass Eltern und Pflegeeltern über alle Kompetenzen für eine arbeitsteilige Zusammenarbeit verfügen. Die Vorbereitung und Begleitung der leiblichen Eltern (Anlaufstelle des Vertrauens/Elternarbeit) und der Pflegeeltern (Qualifizierung, Supervision etc.) und die Herstellung einer konstruktiven Kooperationskultur wird deshalb zur zentralen Aufgabe der Fachkräfte, da dies die zentralen Erfolgsfaktoren für eine gelingende Fremdunterbringung sind.

Die Fachkräfte sind in erster Linie in der Rolle der „Vermittler*innen", die immer wieder bei Bedarf den Blickwinkel des Kindes in die gemeinsamen Abstimmungen einbringen. Darüber hinaus sind sie Impulsgeber*innen für erzieherische Reflexion, regen also Gespräche über das Erziehungshandeln an und üben das Reflektieren von „besonderen" Erziehungssituationen. Gleichzeitig verstehen sie sich konsequent als vertrauensvolle Ansprechpartner*innen für Eltern, Pflegeeltern bzw. Erzieher*innen, ohne sich mit dem einen oder anderen zu verbünden (vgl. auch Andresen et al. 2015: 156 f.)

5   Fazit und Ausblick

Grundsätzlich wäre eine nachhaltige Verbesserung der Situation von in Armut lebenden Familien durch eine gesellschaftspolitische Umsetzung der gegenwärtig diskutierten Forderungen von Expert*innen, Verbänden und Organisationen möglich: z.B. durch die Einführung einer Kindergrundsicherung, eines bedingungslosen Grundeinkommens bzw. durch Aufstockung der Transferleistungen, vor allem von Arbeitslosengeld (ALG) II. Aber auch die Einführung eines Bundeskinderteilhabegesetzes, das die soziale Teilhabe von Kindern und ihren Familien nicht nur durch verbesserte materielle Leistungen, sondern auch durch gezielte soziale Infrastrukturleistungen sicherstellen soll (wie z.B. den Aufbau einer ausreichenden sozialunterstützenden Infrastruktur „rund um die Familien": Kindergarten, Jugendzentrum, Patenschaften, „freundliche Netzwerke" etc.) wäre ein wichtiger gesellschaftspolitischer Schritt zur Armutsbekämpfung in Familien (vgl. Schulte-Basta 2018: 8 ff.).

Es ist überdies ein längst widerlegtes Vorurteil, dass die Eltern ein möglicherweise größeres Haushaltsbudget primär zur Befriedigung ihrer eigenen Bedürfnisse als für die der Kinder ausgeben würden. Das Gegenteil trifft vielmehr zu: Eltern in prekären Verhältnissen verzichten überwiegend zugunsten ihrer Kinder auf die Befriedigung eigener Wünsche und Bedarfe, um so die Auswirkungen von Armut für ihre Kinder zu mindern (vgl. z.B. Funcke 2020: 8).

Die seit über einem Jahr anhaltende Corona-Pandemie mit Schließung von Schulen und Kindergärten, geprägt von Ausgangssperren, Maskenpflicht und sozialen Einschränkungen des öffentlichen Lebens belastet alle, vor allem aber auch in ganz besonderem Maße Familien und Kinder in Armutsverhältnissen: In beengten Räumlichkeiten und ständiger Präsenz von Kind und Erwachsenen kann das Familienklima schnell in eine aggressive und überspannte Atmosphäre wechseln, ohne dass Entspannung durch Freizeit oder Beratung möglich wäre. Das Lernen des Schulstoffs zu Hause in Eigenregie, durch Eltern initiiert, begleitet und kontrolliert, ist nahezu unmöglich. Hierunter leiden vor allem diese Familien. Gesellschaftliche Benachteiligung und Defizite in den Infrastrukturen wirken sich vor allem auf Eltern und Kinder in prekären Lebensverhältnissen aus, werden hier noch einmal deutlich sichtbar – und für die nachhaltigen Auswirkungen auf die Entwicklung der Kinder kaum mehr korrigierbar.

Ein Leben in prekären Lebensverhältnissen verlangt Eltern ein hohes Maß an Selbstverzicht und gegenüber ihren Kindern die Einforderung von (konsequenter) Disziplin ab, weil soziale Rahmenbedingungen wie Geldmangel und enge Wohnverhältnisse etc. dies erzwingen; gute Erziehung wird dadurch nachhaltig erschwert. Der Wunsch nach „gesellschaftlicher Normalität der Familie" bestimmt die Maßstäbe der Eltern an sich selbst und an die Strategien für die Lebensbewältigung. Gleichwohl nehmen Eltern die Dissonanzen zwischen Wunsch und Wirklichkeit wahr. Dadurch entstehen für sie hohe Ambivalenzen und Belastungen. Erziehen in prekären Lebensverhältnissen darf nicht dazu führen, dass die sozialen Problemlagen der Familien personalisiert und individualisiert und Eltern für gesellschaftliche Defizite verantwortlich gemacht werden. Vielmehr gilt es, die im Vergleich zur „Durchschnittsfamilie" weitaus höheren Belastungen und Einschränkungen dieser Familien wahrzunehmen und deren Ressourcen anzuerkennen, sie zu würdigen und aktiv in den Hilfeprozess einzubeziehen. Beteiligung und Kooperation sind Schlüssel für eine erfolgreiche Fremdunterbringung.

Vor diesem Hintergrund brauchen die Erzieherischen Hilfen einen Perspektivenwechsel, um mit einer neuen Haltung der Fachkräfte den Eltern gegenüberzutreten: An Stelle einer paternalistischen Expertokratie muss ein partizipatives und partnerschaftliches Verständnis von Kooperation treten. Wie ausführlich dargelegt, verfügen Eltern über umfassende Eigenressourcen (versorgen, schützen, solidarisieren, kämpfen, aushalten etc.), die sie auch während der Fremdunterbringung für ihr Kind aktivieren können sollten. Sie haben Bindungen zu ihren Kindern – und die Kinder haben Bindungen zu ihren Eltern. Der Erhalt und die Pflege dieser Bindungen ist auch angesichts der Tatsache, dass Kinder nicht nur aus den Heimen, sondern auch aus Pflegefamilien zu einem Großteil wieder zurück zu ihren Eltern kommen (vgl. van Santen/Pluto/Seckinger 2020; van Santen in diesem Band), eine zentrale Anforderung und Aufgabe für die Sozialen Dienste. Dementsprechend kann ein veränderter Blick auf Familien im Sinne der Family-Partnership helfen, diese gesellschaftlich zu entstigmatisieren und zu neuen Formen einer Zusammenarbeit beitragen. Zudem können die Fachkräfte von Eltern und Kindern lernen und wichtige Hinweise und Anregungen für die Gestaltung von Hilfeprozessen bekommen, denn Eltern und Kinder sind die Expert*innen, die wissen, was sie brauchen – und Fachkräfte können davon profitieren.

Literatur

Andresen, Sabine/Danijela Galic (2015): Kinder. Armut. Familie: Alltagsbewältigung und Wege zu wirksamer Unterstützung. Gütersloh: Bertelsmann Stiftung.

Apel, Peter/Bonin, Holger/Holz, Gerda/Lenze, Anne/Borkowski, Susanne/Wrase, Michael (2017): Wirksame Wege zur Verbesserung der Teilhabe- und Verwirklichungschancen von Kindern aus Familien in prekären Lebenslagen. Berlin: Heinrich-Böll-Stiftung.

Arbeiterwohlfahrt Bundesverband (2019): Armut im Lebensverlauf: Kindheit, Jugend und junges Erwachsenenalter. Forderungen der Arbeiterwohlfahrt anlässlich der fünften Phase der AWO-ISS-Langzeitstudie. Berlin.

Arbeitsstelle Kinder- und Jugendhilfestatistik (AKJStat) (2019): Monitor Hilfe zur Erziehung. www.hzemonitor.akjstat.tu-dortmund.de/steckbriefe-der-hilfearten/vollzeitpflege-33-sgb-viii (Abfrage: 17.12.2020).

Autorengruppe Kinder- und Jugendhilfestatistik (2019): Kinder- und Jugendhilfereport 2018 – Eine kennzahlenbasierte Analyse. Opladen/Berlin/Toronto: Barbara Budrich.

Benz, Benjamin/Heinrich, Katharina (2018): Armut im Familienkontext. In: Huster, Ernst-Ulrich/Boeckh, Jürgen/Mogge-Grotjahn, Hildegard (Hrsg.): Handbuch Armut und soziale Ausgrenzung. 3. Auflage. Wiesbaden: Springer VS, S. 573–596.

Boeckh, Jürgen (2018): Einkommen und soziale Ausgrenzung. In: Huster, Ernst-Ulrich/Boeckh, Juergen/ Mocke-Grootjahn, Hildegard (Hrsg.): Handbuch Armut und soziale Ausgrenzung. 3. Auflage. Wiesbaden: Springer VS, S. 369–394.

Bourdieu, Pierre (1982): Die feinen Unterschiede. Kritik der gesellschaftlichen Urteilskraft. Frankfurt/M.: Suhrkamp.

Bundeszentrale für politische Bildung (2020): Zahlen und Fakten: Die soziale Situation in Deutschland. www.bpb.de/nachschlagen/zahlen-und-fakten/soziale-situation-in-deutschland/61785/armutsgefaehrdung (Abfrage: 17. 12. 2020).

Der Paritätische Gesamtverband (2020): Paritätischer Armutsbericht 2020. www.der-paritaetische.de/ armutsbericht (Abfrage: 27. 02. 2021).

Dörner, Andreas/Vogt, Ludgera (2013): Literatursoziologie – Eine Einführung in zentrale Positionen. 2. Auflage. Wiesbaden: Springer VS.

Ecarius, Jutta/Köbel, Nils/Wahl, Katrin (2011): Familie, Erziehung und Sozialisation. Wiesbaden: Springer VS.

Faltermeier, Josef (2001): Verwirkte Elternschaft? Fremdunterbringung – Herkunftseltern – Neue Ansätze. Münster: Votum.

Faltermeier, Josef (2019): Eltern, Pflegefamilie, Heim – Partnerschaften zum Wohle des Kindes. Weinheim/Basel: Beltz Juventa.

Faltermeier, Josef (2020): Eltern und Fremdunterbringung. In: Zeitschrift für Kindschaftsrecht und Jugendhilfe, 15. Jg., H. 7, S. 255–260.

Funcke, Antje/Menne, Sarah (2020): Kinderarmut in Deutschland. Factsheet Bertelsmann Stiftung. Gütersloh: Bertelsmann Stiftung.

Goffman, Erving (1973): Asyle. Über die soziale Situation psychiatrischer Patienten und anderer Insassen. 21. Auflage 2018. Frankfurt/M.: Suhrkamp.

Helming, Elisabeth/Eschelbach, Diana/Spangler, Gottfried/Bovenschen, Ina (2010): Einschätzung der Eignung und Vorbereitung von Pflegepersonen. In: Kindler, Heinz/Helming, Elisabeth/Meysen, Thomas/Jurczyk, Karin (Hrsg.): Handbuch Pflegekinderhilfe. München: Grafik + Druck GmbH, S. 398–447.

Helming, Elisabeth/Küfner, Marion/Kindler, Heinz (2010): Umgangskontakte und die Gestaltung von Beziehungen zur Herkunftsfamilie. In: Kindler, Heinz/Helming, Elisabeth/Meysen, Thomas/Jurczyk, Karin (Hrsg.): Handbuch Pflegekinderhilfe. München: Grafik + Druck GmbH, S. 562–613.

Helming, Elisabeth/Wiemann, Irmela/Ris, Eva (2010): Die Arbeit mit der Herkunftsfamilie. In: Kindler, Heinz/Helming, Elisabeth/Meysen, Thomas/Jurczyk, Karin (Hrsg.): Handbuch Pflegekinderhilfe. München: Grafik + Druck GmbH, S. 524–561.

Hurrelmann, Klaus (2010): Lebensphase Jugend. 10. Auflage. Weinheim/München. Juventa.

Kindler, Heinz/Helming, Elisabeth/Meysen, Thomas/Jurczyk, Karin (Hrsg.) (2010): Handbuch Pflegekinderhilfe. München: Grafik + Druck GmbH.

Kindler, Heinz/Küfner, Marion/Thrum, Kathrin/Gabler, Sandra (2010): Rückführung und Verselbstständigung. In: Kindler, Heinz/Helming, Elisabeth/Meysen, Thomas/Jurczyk, Karin (Hrsg.): Handbuch Pflegekinderhilfe. München: Grafik + Druck GmbH, S. 614–667.

Klein, Ingrid (2020): Ehemalige Pflegekinder als Eltern – Bewältigung infrage gestellter Elternschaft. Weinheim/Basel: Beltz Juventa.

Knittel, Bernhard (2010): Namensänderungen bei Pflegekindern. In: Kindler, Heinz/Helming, Elisabeth/ Meysen, Thomas/Jurczyk, Karin (Hrsg.): Handbuch Pflegekinderhilfe. München: Grafik + Druck GmbH, S. 562–613.

Knuth, Nicole (2019): Elternpartizipation: Eine Herausforderung für die stationären Erziehungshilfen. In: Unsere Jugend, 71. Jg., S. 59–68.

Laubstein, Claudia/Holz, Gerda/Dittmann, Jörg/Sthamer, Evelyn (2012): Von alleine wächst sich nichts aus. Lebenslagen von (armen) Kindern und Jugendlichen und gesellschaftliches Handeln bis zum Ende der Sekundarstufe I. Abschlussbericht der 4. Phase der Langzeitstudie im Auftrag des Bundesverbandes der Arbeiterwohlfahrt. Frankfurt/M.

Linderkamp, Friedrich/Schramm, Satyam Antonio/Michau, Selma (2009): Die psychische Entwicklung von Pflegekindern und Pflegeeltern: Ergebnisse einer prospektiven Längsschnittstudie. In: Verhaltenstherapie und Psychosoziale Praxis, 41. Jg., H. 4, S. 863–880.

Mead, George Herbert (1968): Geist, Identität und Gesellschaft aus der Sicht des Sozialbehaviorismus. Frankfurt/M.: Suhrkamp.

Nowacki, Katja/Remiorz, Silke (2017): Bindung bei Pflegekindern. Stuttgart: Kohlhammer.

Reimer, Daniela (2017): Normalitätskonstruktionen in Biografien ehemaliger Pflegekinder. Weinheim/Basel: Beltz Juventa.

Santen, Eric van/Pluto, Liane/Seckinger, Mike (2021): Scheinbare Gewissheiten zu (Dauer-)Pflegever-
   hältnissen – Empirische Befunde. In: Zeitschrift für Kindschaftsrecht und Jugendhilfe, 16. Jg., H. 3,
   S. 100–108.
Schulte-Basta, Dorothee (2018): Sicherer Start! Für eine bundesweite Kinderteilhabestrategie. Berlin:
   Heinrich-Böll-Stiftung.
Schütze, Fritz (1981): Prozeßstrukturen des Lebensablaufs. In: Matthes, Joachim/Pfeifenberger, Arno/
   Stosberg, Manfred (Hrsg.): Biographie in handlungswissenschaftlicher Perspektive. Kolloquium am
   sozialwissenschaftlichen Forschungszentrum der Universität Erlangen-Nürnberg, S. 67–156.
Schütze, Fritz (1996): Verlaufskurve des Erleidens als Forschungsgegenstand der interpretativen Soziolo-
   gie. In: Krüger, Heinz-Hermann/Marotzki, Winfried (Hrsg.): Erziehungswissenschaftliche Biographie-
   forschung. Opladen: Leske & Budrich, S. 116–157.
Sievers, Britta/Thrum, Kathrin (2010): Pflegekinder mit Migrationshintergrund. In: Kindler, Heinz/Hel-
   ming, Elisabeth/Meysen, Thomas/Jurczyk, Karin (Hrsg.): Handbuch Pflegekinderhilfe. München: Gra-
   fik + Druck GmbH.
Sohns, Armin (2009): Empowerment als Leitlinie Sozialer Arbeit. In: Michel-Schwartze, Brigitta (Hrsg.):
   Methodenbuch Soziale Arbeit. Basiswissen für die Praxis. 2. überarbeitete und erweiterte Auflage.
   Wiesbaden: Springer VS, S. 75–101.
Stang, Richard (2018): Armut und Öffentlichkeit. In: Huster, Ernst-Ulrich/Boeckh, Jürgen/Mogge-Grot-
   jahn, Hildegard (Hrsg.): Handbuch Armut und soziale Ausgrenzung. 3. aktualisierte und erweiterte
   Auflage. Wiesbaden: Springer VS, S. 823–838.
Stange, Waldemar/Krüger, Rolf/Henschel, Angelika/Schmitt, Christof (Hrsg.) (2012): Erziehungs- und
   Bildungspartnerschaften. Grundlagen und Strukturen von Elternarbeit. Wiesbaden: Springer VS.
Stuth, Stefan/Schels, Brigitte/Promberger, Markus/Jahn, Kerstin/Allmendinger, Jutta (2018): Prekarität
   in Deutschland?! Discussion Paper P 2018-004. Wissenschaftszentrum Berlin für Sozialforschung.
www.hzemonitor.akjstat.tu-dortmund.de/kapitel-3/1-familienstatus (Abfrage 25. 09. 2020).
www.hzemonitor.akjstat.tu-dortmund.de/kapitel-3/2-transferleistungsbezug (Abfrage: 25. 09. 2020).
www.hzemonitor.akjstat.tu-dortmund.de/kapitel-3/3-migrationshintergrund (Abfrage: 25. 09. 2020).

Eltern zwischen Selbstbehauptung und Unterwerfung – Machtverhältnisse in der Kinder- und Jugendhilfe am Beispiel der Hilfeplanung

Peter Hansbauer

Einleitung

Am 8. April 2004 gab der Europäische Gerichtshof für Menschenrechte in einem damals vielbeachteten Urteil[1] im Grundsatz dem Ehepaar H. aus M. recht, das gegen den Entzug der elterlichen Sorge für ihre vier Kinder und die drei Kinder aus der ersten Ehe von Frau H. sowie das Verbot des Umgangs mit allen Kindern geklagt hatte. Das Gericht kam zu der Überzeugung, dass durch das Vorgehen des Jugendamts u. a. Artikel 8 der Europäischen Menschenrechtskonvention (Recht auf Achtung des Privat- und Familienlebens) verletzt wurde und dem Ehepaar kein faires Verfahren im Sinne des Artikels 6 Absatz 1 der Konvention zuteil geworden sei. Kaum ein anderes Urteil hat die bis dahin weithin akzeptierte Machtasymmetrie zwischen Eltern und Behörde so nachhaltig irritiert wie dieses, denn mit dem Urteil hat das Gericht nicht nur die Position der Eltern gestärkt, sondern auch gleichzeitig der Macht der Behörde Fesseln angelegt, indem es deutlich machte, dass der Abwägungsprozess zwischen Eltern- und Kinderrechten nicht willkürlich erfolgen darf.

Damit wird bereits deutlich, dass Macht immer ein soziales Verhältnis bezeichnet. Man kann Macht, wie Peter Imbusch (2018: 283) bündig anmerkt, „nicht für sich allein haben", denn Macht braucht immer ein Gegenüber, gegen das sie ausgeübt oder von dem sie anerkannt wird. Damit drängen sich jedoch zwei Fragen in den Vordergrund, die zunächst einer Antwort bedürfen: Erstens, auf welche Art und Weise strukturiert Macht das soziale Handeln, und zweitens, welche Personen, Gruppen oder Institutionen stehen in welchem Verhältnis zueinander? Denn, wenn Macht einen relationalen oder figurativen Charakter hat, dann verändert sich diese Strukturierung zwangsläufig in Abhängigkeit zu den beteiligten Akteuren und den Ressourcen, über die sie verfügen.

Leider ist die Empirie, auf die sich eine solche machttheoretische Rekonstruktion stützen könnte, recht dünn gesät. Ethnografisch angelegte qualitative

---

[1] www.bmjv.de/SharedDocs/EGMR/DE/20040408_11057-02.html (Abfrage: 15. 06. 2021).

Zugänge, in denen versucht wird die interaktive Praxis der Jugendhilfe zu analysieren sind vergleichsweise selten und thematisch selektiv (vgl. Cloos/Thole 2006; Heinzel et al. 2010; Oelerich/Otto 2011). Untersuchungen, die aus dieser Perspektive das Binnenverhältnis zwischen Eltern und Fachkräften der Jugendhilfe[2] analysieren, sind kaum darunter zu finden. Mit Blick auf die Hilfeplanung lassen sich hier allenfalls die ethnomethodologischen Konversations- oder Gesprächsanalysen von Hitzler/Messmer (2015) und Messmer (2017; 2018a) heranziehen. Die Hoffnung, die sich deshalb mit der Beantwortung dieser beiden Fragen verbindet, ist, auf diese Weise zunächst einen heuristischen Rahmen zu schaffen, innerhalb dessen sich Machtprozesse, wie sie für das Binnenverhältnis zwischen Eltern und professionellen Fachkräften in der Jugendhilfe vermutlich unvermeidlich sind, angemessen rekonstruieren lassen.

1 Macht als strukturierendes Moment in Entscheidungsverläufen

Dass Macht eine soziale Tatsache von ubiquitärem Charakter ist, ist schwer zu bezweifeln. Gleichwohl unterschieden sich einzelne Autor*innen in ihren Konzeptualisierungsversuchen erheblich, also darin, wie sie diese soziale Tatsache deuten und in divergierende Zusammenhänge zu Herrschaft und Autorität stellen. Ursächlich hierfür sind vor allem unterschiedliche theoretische Traditionen innerhalb der Sozialwissenschaften, die wiederum mit unterschiedlichen ideologischen Positionen und Menschenbildern korrespondieren und gleichzeitig den Blick auf Macht, Herrschaft und Autorität präformieren. Nicht zuletzt deshalb ist der semantische Gehalt des Begriffs Macht bis heute umstritten (Imbusch 2018: 281).

Nun ist zwar der Gegenstand dieses Beitrags ein anderer, als diese unterschiedlichen Konzeptualisierungsbemühungen nachzuzeichnen, aber gerade die Vielfalt der Perspektiven und die daraus resultierenden begrifflichen Unschärfen (vgl. Imbusch 2012 a: 9) machen es erforderlich, das eigene Verständnis von Machtverhältnissen offenzulegen, bevor im weiteren Verlauf dieses Beitrags die Machtverhältnisse zwischen Eltern und Fachkräften der Kinder- und Jugendhilfe genauer betrachtet werden sollen.

Ein erster Abstoßpunkt, um sich dem Machtbegriff anzunähern, ist die mittlerweile klassisch gewordene Definition Max Webers, der sie in seinem Hauptwerk *Wirtschaft und Gesellschaft* wie folgt definiert: „Macht bedeutet jede

---

2 Der Fokus des Beitrags liegt ausschließlich auf dem Verhältnis zwischen Eltern und Fachkräften. Im Folgenden bleiben deshalb alle Aspekte die die besonderen Bedingungen bei Hilfen für seelisch behinderte oder von seelischer Behinderung bedrohte junge Menschen oder bei jungen Volljährigen betreffen, ausgeklammert.

Chance, innerhalb einer sozialen Beziehung den eigenen Willen auch gegen Widerstreben durchzusetzen, gleichviel worauf diese Chance beruht" (Weber 1972: 28). Neben dem Hinweis auf den Verhältnischarakter der Macht, der Folge der Tatsache ist, dass Macht nur in *sozialen Beziehungen* bestehen kann, sind zwei weitere Aspekte in dieser Definition von besonderer Bedeutung: Zum einen der Verweis darauf, dass Macht auf einer *Chance* oder Möglichkeit beruht. Macht beeinflusst soziale Beziehungen also nicht erst dann, wenn ein Akteur tatsächlich seinen Willen gegen einen anderen durchsetzt – es reicht aus, dass er es könnte. Vermutlich ist Macht in ihren beziehungsstrukturierenden Folgen sogar dort am wirksamsten, wo sie nicht in jedem Einzelfall demonstriert werden muss, denn jeder Versuch, eigene Interessen durchzusetzen, beinhaltet, wie das Beispiel am Beginn zeigt, die Möglichkeit, am Widerstand des anderen zu scheitern. Machtausübung ist also am wenigsten dort gefährdet, wo Machtbeziehungen auf Dauer gestellt, institutionalisiert und legitimiert sind – wo Macht zur Herrschaft geworden ist. Zum anderen schreibt Weber, dass diese *Chance* nicht genauer bestimmt sei oder ins Gegenteil gewendet, dass eine große Vielfalt an Machtquellen besteht. Das macht für Max Weber Macht „soziologisch amorph", denn „alle denkbaren Qualitäten eines Menschen und alle denkbaren Konstellationen können jemand in die Lage versetzen, seinen Willen in einer gegebenen Situation durchzusetzen" (Imbusch 2012a: 9).

Heinrich Popitz hat deshalb später, an Max Weber anknüpfend, vier anthropologische Grundformen von Machtverhältnissen unterschieden, mit denen jeweils unterschiedliche Machtquellen korrespondieren (Popitz 1992: 22–33). Hierbei differenziert Popitz zwischen *Aktionsmacht,* die aus der grundsätzlich gegebenen Verletzbarkeit der Menschen resultiert und die Fähigkeit umschreibt, den anderen verletzen oder gar töten zu können und *instrumenteller Macht,* mit der er eine für die Betroffenen glaubhafte Verfügbarkeit über Strafe und Belohnung bezeichnet, die ihrem Charakter nach äußerlich ist. Im Gegensatz zu instrumenteller Macht bezeichnet *autoritative Macht* für Popitz eine Form innerer Macht, da sie eine „willentliche, einwilligende Folgebereitschaft erzeugt" (Popitz 1992: 28), sodass Machtstrategien nicht mehr notwendig der äußeren Sanktion oder Gratifikation bedürfen, sondern sich in Richtung erhoffter Anerkennung und befürchteter Anerkennungsentzüge verschieben. Als vierte Quelle der Macht führt Popitz die *Macht des Datensetzens* an, die eine vermittelte Macht ist, und die menschliche Fähigkeit beschreibt, Artefakte zu schaffen, durch die sie das Verhalten anderer beeinflussen können: Die Straße gibt dem Fahrer den Weg vor, ebenso wie die Mauer ihn versperrt; die Checkliste fokussiert den Blick auf das, was der, der sie erstellt hat als wesentlich empfindet; die Digitalisierung präformiert die Form der Kommunikation und bestimmt, was mitteilbar ist. Mit anderen Worten, die Macht des Datensetzens ist eine „Macht des Herstellens und der Hersteller; eine vom Hersteller in das Ding eingebaute, häufig längere Zeit latente Macht, die jederzeit manifest werden kann" (Popitz 1992: 31).

Nun wird man *Aktionsmacht,* die in einem physischen Sinne zumeist auf körperlicher Überlegenheit oder der Verfügbarkeit von Waffen beruht, bei der Betrachtung des Verhältnisses zwischen Eltern und Mitarbeiter*innen der Jugendhilfe getrost vernachlässigen können. Hingegen sind die anderen drei Formen durchaus präsent: Wenn der ASD-Mitarbeiter in seiner Eigenschaft als Mitglied einer Behörde der alleinerziehenden Mutter droht, er könne, wenn sie in die Heimunterbringung des Kindes nicht einwillige, auch den Entzug der elterlichen Sorge nach § 1666 Abs. 3 Nr. 6 BGB bei Gericht beantragen, dann ist das eine Form *instrumenteller Machtausübung.* Wenn später die Mitarbeiterin des freien Trägers, bei dem das Kind untergebracht ist, der Mutter schmeichelt, indem sie ihr immer wieder erklärt, was für eine wunderbare Mutter sie sei, dann stehen dahinter womöglich *autoritative Machtstrategien* mit dem Ziel, die Mutter in eine bestimmte Richtung zu lenken. Und wenn der Sachbearbeiter im Jugendamt den Eltern ein in ihren Augen besseres, aber auch teureres Heim mit dem Hinweis verweigert, es handle sich dabei gemäß einer internen Dienstanweisung um „unverhältnismäßige Mehrkosten", dann ist das exakt jene Form objektivierter Macht, die Popitz als *Macht des Datensetzens* beschreibt.

2   Macht außerhalb von Entscheidungssituationen und -prozessen

Nun wird Macht allerdings nicht nur da ausgeübt, wo entschieden wird, sondern auch da, wo nicht entschieden wird. Instruktiv ist hier ein Einwand von Steven Lukes (2005: 14–59), der eine Typisierung wie die von Popitz für unzureichend hält, weil sie Machtverhältnisse auf die Durchsetzung zurechenbarer Interessen zwischen zwei oder mehr Akteuren reduziert. Für eine tiefergehende Analyse von Machtverhältnissen ist nach Lukes allerdings die Ergänzung dieser Perspektive um eine zweite oder gar dritte Perspektive nötig, denn erst diese weitergehende Sichtweise erlaubt es, die Wege in den Blick zu nehmen „in which decisions are prevented from being taken on potential issues over which there is an observable conflict of (subjective) interests" (Lukes 2005: 25). Lukes verschiebt also den Fokus, weg von einer (konflikthaften) Regulierung zurechenbarer Interessen hin zur Gestaltung von Rahmungen, in denen diese Regulierung stattfindet: Machtvoll ist nicht nur der, der innerhalb einer sozialen Beziehung seine Interessen durchsetzen kann, sondern auch der, der Rahmungen so gestalten oder „Spielregeln" so manipulieren kann, dass bestehende Interessenkonflikte entweder in die Latenz abgedrängt werden oder sich die „Arena" für die Austragung solcher Konflikte so verändert, dass, sich die Kräfteverhältnisse in der Entscheidungssituation zu seinen Gunsten verschieben.

Zahlreiche Beispiele für eine diesbezügliche Gestaltung von Rahmungen finden sich etwa bei Stephan Wolff (1983: 125–143) in seiner bis heute mustergültigen ethnografischen Analyse der *Produktion von Fürsorglichkeit*. Darin erläutert er z. B., wie Möbel in Räumen so platziert oder Teilprozesse der Hilfeerbringung (Zugang, Warten, Abklären, Beraten etc.) räumlich und zeitlich so arrangiert werden können, dass sie die Hierarchie zwischen Experten- und Laienrollen entweder betonen oder abmildern: Wer Eltern vor einem Hilfeplangespräch eine Viertelstunde in einer Ecke des Zimmers warten lässt, während er noch E-Mails erledigt, der demonstriert nicht nur die eigene Wichtigkeit, sondern definiert zugleich auch die „Spielregeln" für eine spätere Entscheidung und präjudiziert möglicherweise deren Ausgang. Umgekehrt kann aber der dezente Hinweis von Eltern, man habe da mehrere Rechtsanwälte im engeren Freundeskreis, ebenfalls als Versuch interpretiert werden, auf die Rahmung von Entscheidungen Einfluss zu nehmen.

Lukes selbst weist darauf hin, dass auch diese zweite Betrachtungsweise noch zu sehr an den intentionalen Handlungsweisen einzelner Akteure oder Akteursgruppen „klebt" und schlägt deshalb noch eine dritte Dimension zur Analyse von Machtverhältnissen vor, die über die Festlegung von Spielregeln und Rahmungen hinausreicht: Gemeint ist damit ein implizit bestehender Konsens zwischen machtvollen Akteuren oder Akteursgruppen, welche Dinge verhandelbar sind und welche nicht zur Verhandlung anstehen, sondern als gegeben akzeptiert werden müssen.

Gerade der Vergleich unterschiedlicher nationaler Jugendhilfesysteme (vgl. Islam/Fulcher 2016) macht immer wieder deutlich, dass die Organisation funktionaler Erfordernisse im Rahmen der Jugendhilfe sehr unterschiedlich erfolgen kann. Häufig ist das Zustandekommen institutioneller Arrangements das Ergebnis politischer Aushandlungsprozesse und im Detail kontingent. Allerdings werden später solche Strukturen und die sich darum rankenden Narrative oftmals als selbstevident und selbstexplikativ betrachtet und gelten dann als nicht mehr verhandelbar, eben, weil sich (potenzielle) Machtkonflikte dahinter verbergen. Als z. B. Gertrud Bäumer im Rahmen einer Rede auf dem 41. Deutschen Fürsorgetag 1930 in Berlin für die Jugendhilfe vorgeschlagen hat, was für die Schulen selbstverständlich ist, nämlich, dass den Jugendämtern „Elternvertretungen hinzugesellt werden sollten, nicht bloß die Fachorganisationen der Fürsorge", denn, so ihr Argument weiter, „je mehr man die Jugendämter grundsätzlich hinausrückt aus der bloßen Fürsorge, [...] je mehr sie aufzufassen sind als die große sozialpädagogische Parallelinstitution zur Schule, um so natürlicher erscheint die Vertretung der Familie bei ihnen" (Bäumer 1930/2000: 221). Die Tatsache, dass dieser Vorschlag 80 Jahre lang in keiner Gesetzesnovelle aufgegriffen, noch nicht einmal diskutiert wurde, lässt es wahrscheinlich erscheinen, dass es sich hier um ein Machtphänomen dritter Ordnung handelt.

Zusammenfassend: Bisher wurden, um das Machtverhältnis zwischen Eltern und Fachkräften der Jugendhilfe zu beschreiben, in Situationen, in denen zurechenbare Interessen verhandelt werden, drei grundlegende Formen der Macht (*instrumentelle* und *autoritative* Macht sowie die *Macht des Datensetzens*) mit jeweils spezifischen Machtquellen identifiziert. Neben einer Betrachtung dieser Machtverhältnisse erster Ordnung, bietet der Verweis auf Lukes, die Möglichkeit, auch Nicht-Entscheidungen unter Machtaspekten zu thematisieren, indem etwa Akteure oder Akteursgruppen durch die Beeinflussung von Kontexten („Spielregeln") Entscheidungssituationen so beeinflussen, dass dadurch bestehende Machtasymmetrien verstärkt, Entscheidungen verhindert und/oder die ihnen zugrundeliegenden Interessenkonflikte in die Latenz abdrängt werden und/oder als nicht verhandelbar „klassifiziert" werden. Üblicherweise finden sich in der Jugendhilfe aber nicht nur einfache Machtbeziehungen zwischen zwei Menschen, sondern zumeist handelt es sich um Gruppen von Menschen, die untereinander ebenfalls in Beziehung stehen. In einem nächsten Schritt gilt es deshalb noch kurz auf den figurativen Charakter der Macht einzugehen, der anfangs schon einmal kurz erwähnt wurde.

3   Macht als figuratives Moment

In der Soziologie der Macht findet sich immer wieder die Erwähnung von Machtfigurationen. Ausgangspunkt für solche Überlegungen ist in der Regel die menschliche Angewiesenheit aufeinander, aber auch die Abhängigkeit voneinander, die Kooperation erforderlich macht und oftmals ein komplexes Gespinst an Beziehungen entstehen lässt (vgl. Imbusch 2012b: 172–174). Als einer der Ersten hat Norbert Elias (1991; 2014) diesen Aspekt systematisch ausgearbeitet und auf Macht hin beschrieben. Auch Organisationssoziologen wie Corozier/ Friedberg (1979), Sofsky/Paris (1991) oder Ortmann (1992) haben mit im Kern figurationssoziologischen Überlegungen gearbeitet und diese an den Ausgangspunkt ihrer Analyse des Handelns in Organisationen gestellt. In der Jugendhilfe waren es vor allem die Arbeiten von Klaus Wolf (1999; 2010) zu Interaktionsprozessen in der Heimerziehung zwischen Betreuer*innen und Jugendlichen oder in jüngster Zeit die Untersuchung von Caroline Mitschke und Sara Dallmann (2020) über Beziehungsgestaltung in der Vormundschaft, die sich auf figurationssoziologische Überlegungen von Norbert Elias gestützt haben.

In all diesen Ansätzen stellt sich Macht als interdependentes Tauschverhältnis zwischen zwei oder mehreren Akteuren dar, bei dem jeder Beteiligte die Möglichkeit hat, zumindest in Teilen zu verweigern, was der andere von ihm begehrt oder mit ihm zu kooperieren, wenn sich Ziele durch gemeinsames Handeln besser erreichen lassen. Machtfigurationen sind deshalb komplexe, zumeist asymmetrische Beziehungsgebilde zwischen mehreren Akteuren innerhalb eines sozialen Gefüges, in denen Veränderungen einer Beziehung häufig Auswirkungen auch auf andere Relationen haben (Sofsky/Paris 1991: 12). Die in solchen Figurationen resultierenden „Ungewissheitszonen" sind umso größer, je weniger die einzelnen Akteure das Verhalten der übrigen Akteure vorhersagen und kontrollieren können. Folglich werden sich die Strategien dieser Akteure vor allem darauf konzentrieren, solche Ungewissheitszonen zu kontrollieren. Elias (2014: 85) spricht hier von „Machtbalancen". Doch anders als der Begriff der Balance vielleicht suggeriert, meint Balance hier nicht eine Gleichverteilung von Machtquellen, sondern lediglich den Zustand einer spezifischen Machtverteilung zu einem bestimmten Zeitpunkt, der – und darauf spielt der Begriff der „Balance" an – immer fragil bleibt und potenziell veränderbar ist (Wolf 1999: 127). Macht ist also kein statischer oder über längere Zeiträume stillstellbarer Zustand, sondern ein dynamisches Phänomen, bei dem sich die wechselseitige Relation zwischen einzelnen Personen, Gruppen oder Institutionen immer wieder verändert (Imbusch 2018: 283).

Analysiert man folglich die Beziehungen in ihren Figurationen, „so analysiert man die Machtquellen, die den Akteuren allererst ihre Trümpfe an die Hand geben" (Sofsky/Paris 1991: 12 f.). Trümpfe werden aber erst zu solchen, wenn sie für ein bestimmtes System in besonderer Weise von Relevanz sind und möglichst leicht mobilisiert werden können (Crozier/Friedberg 1979: 44). Im Beispiel: Der Hinweis auf gesetzliche Vorgaben zur Abwehr von Ansprüchen ist lediglich im behördlichen Leistungskontext von Belang – bei Entscheidungen am familiären Mittagstisch würden ein solcher Bezug vermutlich eher lächerlich wirken. Ressourcen oder Trümpfe sind auch gegeneinander tauschbar – etwa der Verzicht auf Strafe (Sanktionsmacht) gegen Gewährung von Respekt (Anerkennung) – und können, wenn sie abgewogen werden, Asymmetrien in die eine oder andere Richtung verstärken oder sich neutralisieren; sie können zwischen unterschiedlichen Akteuren in taktischer Absicht kombiniert, aber auch gegeneinander ins Feld geführt werden; da Machtquellen zeitbedingt variabel sind, können sich Abhängigkeiten über die Zeit sowohl verstärken als auch abschwächen; schließlich können Kooperationen in solchen Figurationen mit unterschiedlichen Zeithorizonten versehen werden, sodass sich ein riesiges Feld komplexer taktischer Überlegungen und Pläne eröffnet. Da Akteure jedoch vorab nie genau wissen, wie der andere reagieren wird, bis er reagiert hat, bleiben bei allen taktischen Varianten des Tauschs stets Ungewissheitszonen zurück, die sich erst in der konkreten Interaktion auflösen lassen und häufig durch Vertrauen überbrückt werden müssen.

Machtbalancen können also sehr dynamisch sein oder im Gegenteil, über lange Zeiträume relativ stabil bleiben. Wolf (2010: 547) hat in diesem Zusammenhang darauf hingewiesen, dass die Stabilität von Machtbalancen unterschiedliche Gründe haben kann: Sie können z. B. stabil sein, weil beide Akteure gleichermaßen voneinander abhängig sind, sodass kein Machtdifferenzial auftritt, sie können aber ebenso stabil sein, weil beide Akteure relativ unabhängig voneinander sind. Von Machtbalancen zu reden, kann deshalb qualitativ Unterschiedliches bedeuten und erst eine genaue Beobachtung erlaubt hier tiefergehende Analysen. Allerdings scheinen solche Balancen umso volatiler zu sein, je geringer die bestehende Vertrauensbasis zwischen den Akteuren ist. Diese variiert in Abhängigkeit zur Dauer der Beziehung, zu den in der Vergangenheit gemachten Erfahrungen, zur Transparenz des Entscheidungsprozesses selbst u. a. m. Ferner sind Balancen umso fragiler, je weniger eine situationsadäquate Handlungsorientierung durch gemeinsam geteilte Normen gegeben ist (Heiland/Lüdemann 1992: 36), sodass sich in solchen Situationen Akteure zur Strukturierung von Beziehungen und Figurationen vor allem an den ihnen zur Verfügung stehenden Machtquellen orientieren.

Es ist also davon auszugehen, dass all die oben beschriebenen Machtquellen in variabler Form, unterschiedlicher Kombination und mit flexibler Zielsetzung zum Einsatz kommen können. Je ausgeprägter dabei die taktische Kompetenz eines Akteurs und je genauer seine Kenntnis der anderen beteiligten Akteure und der ihnen zur Verfügung stehenden Machtquellen, desto besser ist er in der Lage, Situationen zu antizipieren, desto vorausschauender kann er mit bestehenden Ungewissheitszonen kalkulieren und desto effektiver kann er versuchen, in Entscheidungssituationen Einfluss zu nehmen. Auch die Gegenkräfte zu diesem machiavellistischen Kalkül im Umgang mit Macht sind bereits benannt worden: Vertrauen, das aus positiven Erfahrungen und der Durchschaubarkeit von Prozessen heraus erwächst sowie eine zwischen den beteiligten Akteuren möglichst kongruente Situationsdefinition darüber, was der Fall ist. Diese kann sowohl auf einem geteilten Norm- und Wertesystem als auch auf dem Wissen darüber basieren, welche Handlungsalternativen perspektivisch Erfolg versprechen. Es bleibt jedoch stets ein Rest an Ungewissheit zurück. Sowohl Macht als auch Ohnmacht von Eltern haben ihren Ursprung in diesen Ungewissheitszonen.

4   Eltern als Teil des sozialrechtlichen Dreiecksverhältnisses in der Jugendhilfe

Machtverhältnisse in der Jugendhilfe folgen rechtlichen Verhältnissen, die Entscheidungssituationen rahmen und auch deren Ausgang präformieren, indem der Gesetzgeber einzelnen Akteuren für diese Situationen a priori spezifische Machtmittel in Form von Rechten an die Hand gibt. Diese Rechte können die beteiligten Akteure nutzen, um den Ausgang von Entscheidungen zu beeinflussen, z. B. wenn Eltern ihr Wunsch- und Wahlrecht nach §§ 5, 36 Abs. 1 SGB VIII vor Gericht drohen einzuklagen oder die Sozialarbeiterin nach §§ 1666, 1666a BGB einen Entzug der elterlichen Sorge beantragt – sie müssen sie aber nicht nutzen. Es gibt zwar keine Statistik darüber, wie oft sich Eltern mit anwaltlicher Unterstützung gegen das Jugendamt wenden, so wie im eingangs dargestellten Beispiel, wenn man allerdings die Zahl der teilweisen oder vollständigen Sorgerechtsentzüge nach §§ 1666 BGB für das Jahr 2016 (Statistisches Bundesamt 2018) in Relation zu den begonnenen Hilfen nach § 34 SGB VIII setzt, so liegt dieser Anteil bei ungefähr einem Viertel. Insofern scheint der tatsächliche Einsatz von Machtmitteln eher die Ausnahme als die Regel zu sein, die vor allem dann zum Einsatz kommt, wenn Tausch und die Androhung von Machtmitten nicht funktioniert haben. Figurationstheoretisch interessanter im Binnenverhältnis von Eltern und Fachkräften der Jugendhilfe sind ohnehin die Teile im Entscheidungsprozess, in denen rechtliche Mittel nicht (oder noch nicht) zum Einsatz kommen, also dort, wo sich Mikropolitik tatsächlich ereignet.

Sieht man von Kinderschutzfällen ab, die einer gesonderten Dynamik unterliegen (vgl. BMFSFJ 2009; Gerber/Lillig 2018), sondern konzentriert sich auf Einzelfallhilfen und fragt, wie dort die Rechtsverhältnisse zwischen Eltern auf der einen Seite sowie öffentlichen und freien Trägern der Jugendhilfe auf der anderen Seite gestaltet sind, so ist der Ausgangspunkt in der Regel das „sozialrechtliche Dreiecksverhältnis" (Boecker 2015: 48–53; Frings 2018: 38), das zwischen diesen drei Akteuren besteht: Geht man dabei von Eltern aus, die, weil sie z. B. mit der Erziehung ihres Kindes überfordert sind, im Rahmen der gesetzlichen Bestimmungen einen Leistungsanspruch gegenüber dem öffentlichen Träger (Jugendamt) geltend machen, so wird dieser Anspruch konkretisiert, sobald das Jugendamt zustimmt, dass eine spezifische Hilfe – z. B. ein Heimaufenthalt – „geeignet und notwendig" ist (§ 27 Abs. 1 SGB VIII). Das Jugendamt erbringt diese Leistung jedoch zumeist nicht selbst, sondern arbeitet mit einem oder mehreren Leistungserbringern (Heimträger) zusammen, mit denen es sich im Rahmen eines öffentlich-rechtlichen Vertrags bereits grundsätzlich über Preis, Inhalt, Umfang und Qualität der angebotenen Leistung verständigt hat. Der freie Träger löst nun diese Leistungsverpflichtung des öffentlichen Trägers im Rahmen eines privatrechtlichen Vertrags mit den Eltern ein, indem er die geforderte Leistung erbringt (Hansbauer/Merchel/Schone 2020: 222). Jeder der Akteure in diesem Dreieck steht also in einem Verhältnis zu den anderen beiden Akteuren.

Dabei ist nun jedes dieser drei Verhältnisse a priori mit spezifischen Machtquellen ausgestattet: Das Jugendamt kann z. B. einen anderen Heimträger beauftragen, wenn ihm der festgelegte Preis der Leistung zu hoch erscheint; umgekehrt ist ein spezifischer Heimträger nicht verpflichtet, eine Leistung für den Leistungsträger zu erbringen, was den öffentlichen Träger besonders dann „quälen" dürfte, wenn er diese Leistung schnell benötigt. Außerdem kann der Leistungserbringer Informationen über Eltern und Kind an das Jugendamt weitergeben oder zurückhalten und jedes Mal verändert sich damit die Machtbalance im gesamten System. Auch Eltern können natürlich über Informationen Macht ausüben, grundsätzlich sind sie jedoch in einer eher defensiven Position, wie Hitzler/Messmer (2015) am Beispiel der Hilfeplanung gezeigt haben.

5 Hilfeplanung als strukturell machtasymmetrische Form der Entscheidungsfindung in der Kinder- und Jugendhilfe

Der Hilfeplanungsprozess ist ein Aushandlungsprozess, bei dem Eltern und Fachkräfte in regelmäßigen Abständen aufeinandertreffen. Rechtlich betrachtet dient der Hilfeplanungsprozess zunächst dazu abzuklären, ob eine spezifische Ausgangssituation Hilfen zur Erziehung erforderlich macht oder ob andere Hilfen im Vorfeld der Erziehungshilfen ausreichend sind (§ 27 SGB VIII). Wie eben schon angedeutet, gilt es ferner, im Rahmen des Hilfeplanungsprozesses zu einer Einschätzung zu kommen, ob und wie lange Hilfen „geeignet und notwendig" sind, um die Situation zu verbessern. Diese „Zwischenstände" werden jeweils in Form eines Hilfeplans festgehalten und fortgeschrieben. Dieser dokumentiert also jeweils die Ergebnisse des Entscheidungsprozesses und dient als Grundlage für die administrative Entscheidung über die Gewährung oder die Weitergewährung einer Hilfe.

Häufig sind an diesem Prozess natürlich mehr Menschen beteiligt als nur die Eltern und die Mitarbeiter*innen des Jugendamts: in erster Linie natürlich die Kinder selbst, aber auch Fachkräfte des Leistungserbringers, Expert*innen aus anderen Berufsgruppen (Mediziner*innen, Psycholog*innen, Lehrer*innen etc.) oder weitere Personen. Auch entspricht die Ausgangssituation häufig nicht der, dass die Eltern um eine Einzelfallhilfe anfragen, sondern vielfach geht die Initiative, eine Hilfe zu beantragen, von anderen Instanzen (Kita, Schule, Kinderärzt*innen o. ä.) aus. Will man diesen Prozess als Tauschrelation nachzeichnen, in dem beide Parteien mit unterschiedlichen Machtquellen ausgestattet sind, dann ist es zentral, sich zunächst mit der Rahmung des Hilfeplanverfahrens zu befassen, denn durch diese Rahmung sind Machtquellen von vornherein ungleich verteilt, sodass das Jugendamt zwar das gleiche „Spiel" spielt, dies aber mit einigen Trümpfen mehr im Ärmel und Eltern mitunter gar keine andere Wahl haben, als so zu reagieren, wie eingangs geschildert. Man kann das an vier Machtasymmetrien verdeutlichen:

In der Regel besteht zwischen Professionellen und Eltern eine *funktionsbedingte Machtasymmetrie,* die aus der Doppelfunktion des Jugendamts resultiert, nämlich Hilfe anzubieten und gleichermaßen Kontrollinstanz („staatliches Wächteramt") zu sein. Zurecht nimmt das Jugendamt die Aufgaben des staatlichen Wächteramtes zur Abwendung von Kindeswohlgefährdungen wahr, damit verbunden sind aber Auswirkungen auf das Hilfeplanverfahren, die vielfach unzureichend Beachtung finden: Wie sollen sich Eltern bereitwillig an Aushandlungsprozessen beteiligen und Informationen über ihr familiäres Privatleben offenbaren, wenn gleichzeitig die Möglichkeit besteht – oder auch nur die Unterstellung der Möglichkeit –, dass gänzliche Offenheit das Risiko eines Sorgerechtsentzugs birgt? Können Eltern tatsächlich mitteilen, was die sozial-

pädagogische Fachkraft zur Situationsbeurteilung benötigt, wenn ein Sorgerechtsentzug wie ein Damoklesschwert über der gesamten Hilfeplanung schwebt?

Daneben gibt es aber auch eine *professionell bedingte Machtasymmetrie*, insofern es die Fachkräfte sind, die zumeist über mehr Verfahrens- und Rechts-
kenntnisse verfügen und hierüber die Leistungsberechtigten in Kenntnis setzen
(oder auch nicht). Sie sind es auch, die den „Markt" und die dort verfügbaren
Angebote (z. B. Heimträger und -plätze) kennen und mit diesem Wissen Vorschläge für geeignete Maßnahmen machen. Diese Informationen stehen den
Eltern in der Regel nicht zur Verfügung. Selbst wenn sich dieses Informations-
problem beheben ließe, so bleibt immer noch der Erfahrungsvorsprung der
Fachkräfte, der normalerweise mit einem unterschiedlichen Erleben der Situation des Hilfeplangesprächs einhergeht: Für die Sozialarbeiterin im Jugendamt
ist das Hilfeplangespräch, das sie gerade führt, vielleicht das einhundertste Gespräch, für den Adressaten der Hilfe womöglich das erste Gespräch. Während
sie die Erfahrung all dieser Gespräche einbringen kann, können die Adressat*innen der Hilfe nur ihre eigenen Erfahrungen in diesem Gespräch vermitteln.

Eine weitere Komponente dieser strukturellen Ungleichverteilung von
Macht sind *personell bedingte Machtasymmetrien*: Im Unterschied zu den meisten Adressat*innen von Hilfen sind die Fachkräfte im Jugendamt Akademi-
ker*innen – häufig aus der Mitte der Gesellschaft –, die eine Hochschulausbil-
dung durchlaufen und dabei gelernt haben – zumindest gelernt haben sollten –,
sich mit Worten auszudrücken, d. h. Interessen und Erwartungen angemessen
und differenziert zu formulieren. Sie haben gelernt, wie ein Argument so zu begründen ist, damit es als ein überzeugendes Argument erscheint. All diese Fähigkeiten sind in der Regel bei den Adressat*innen von Hilfen nicht vergleichbar vorauszusetzen.

Schließlich, als viertes Moment, liegt in der Regel eine *situativ bedingte
Machtasymmetrie* vor: Wenn die Eltern zum Hilfeplangespräch im Jugendamt
erscheinen, dann geht dem vielfach eine Krisensituation oder eine zugespitzte
Konfliktlage voraus. Für die Eltern sind solche Krisen oftmals essenziell, für die
Sozialarbeiter*innen im Jugendamt nur insofern, als diese ihren Berufsalltag beeinflussen. Hinzu kommt, dass die Eltern, dort, wo das Verfahren im Allgemeinen stattfindet, Gastrecht genießen, die Fachkräfte aber Hausrecht.

Nun muss dies nicht bedeuten, dass die Fachkraft, dieses strukturell vor-
gegebene Machtdifferenzial zu ihren Gunsten nutzt, denn letztlich ist auch sie
von Informationen abhängig, die sie nur von den Eltern erhalten kann. Oftmals
wirken sich auch subjektive oder organisationskulturell verfestigte normative
Orientierungen – nicht zuletzt repräsentiert durch andere am Entscheidungsprozess beteiligte Personen – limitierend auf die Durchsetzung eigener Macht-
ansprüche aus, trotzdem gilt es zunächst, dieses Machtgefälle zur Kenntnis zu
nehmen und ebenso, dass es in der Regel in das Benehmen der Fachkraft gestellt

ist, ob sie dieses systematisch ausbaut oder im Gegenteil, möglichst minimiert, indem sie z. B. den Eltern mit Respekt, Offenheit, Verlässlichkeit begegnet.

6 Lassen sich machtasymmetrische Entscheidungen fairer gestalten?

Zum Abschluss dieses Beitrags soll es noch einmal um die Frage gehen, welche Elemente dazu beitragen könnten, den Entscheidungsprozess im Rahmen der Hilfeplanung fairer zu gestalten und auf diese Weise gewissermaßen die Machtambitionen von Fachkräften zu begrenzen. Diesbezüglich ist schon darauf hingewiesen worden, dass sich Akteure in Entscheidungssituationen umso mehr an den ihnen zur Verfügung stehenden Machtquellen orientieren, je weniger eine gemeinsame Handlungsorientierung in der Entscheidungssituation vorliegt und je geringer eine dem Entscheidungsprozess unterliegende Vertrauensbasis ausgeprägt ist. Insofern berührt die Frage, wie sich solche Entscheidungsprozesse fairer gestalten lassen zunächst elementare Voraussetzungen professionellen Handelns wie Respekt, Wertschätzung oder die Bereitschaft, ergebnisoffene Aushandlungen zuzulassen (Messmer 2018b: 14).

Darüber hinaus sollen im Folgenden noch skizzenhaft einige weitere Aspekte benannt werden, die dazu beitragen könnten, Machtprozesse fairer zu gestalten. Dabei ist zunächst zu berücksichtigen, dass Hilfeplanung kein einmaliges, sondern ein fortlaufendes Geschehen ist und in mehrere Entscheidungsschritte zerfällt, die jeweils für sich genommen als Tauschhandlungen organisiert sind, sodass sich darin auch Entwicklungen des Zulassens oder Zurücknehmens abbilden können. Das heißt Machtbalancen können sowohl in die eine, wie auch in die andere Richtung „kippen", sind also auch in beide Richtungen revidierbar. Trotzdem wirft die strukturell bestehende Machtasymmetrie, die als Rahmung in Entscheidungsprozesse einfließt, grundsätzlich die Frage auf, wie Eltern in ihrer Position gestärkt werden, also mit mehr Machtmitteln ausgestattet werden können.

Dabei setzt Stärke grundsätzlich Information voraus, d. h. die möglichen Adressaten müssen zunächst auf ihre Möglichkeiten oder Machtmittel hingewiesen werden, und zwar nicht nur über ihre Rechte nach dem SGB VIII, sondern auch auf die allgemeinen Verfahrensvorschriften im SGB X (z. B. die Möglichkeit einen Beistand hinzuzuziehen nach § 13 Abs. 4 SGB X; die Verpflichtung zur Rechtsbehelfsbelehrung nach § 36 SGB X oder die Bedingungen des Sozialdatenschutzes nach §§ 67 ff. SGB X). Analog gilt dies für die Struktur des Angebots der tatsächlichen Leistungserbringer („Marktkenntnis"). In kaum einem Jugendamt liegen z. B. Broschüren aus, die Eltern in einfachen Worten über die Heimträger informiert, mit denen das Jugendamt kooperiert, sodass Eltern eigenständig weitere Informationen über Angebote einholen könnten.

Stärke kann aber auch daraus resultieren, dass es strukturell dafür vorgesehene und institutionell verankerte Formen der Unterstützung für Eltern gibt. In den letzten Jahren sind zu diesem Zweck in mehreren Bundesländern Ombudsstellen entstanden, die sich, obwohl unterschiedlich im Detail, mittlerweile im Bundesnetzwerk Ombudschaft in der Kinder- und Jugendhilfe (www.ombudschaft-jugendhilfe.de) organisiert haben und auch Eltern darin unterstützen, ihre Interessen gegenüber Jugendämtern zu vertreten und Beschwerde einzulegen, wenn sie mit sie betreffenden Entscheidungen nicht einverstanden sind.

Nun ist Aushandlung immer ein zweiseitiges Geschehen, während deshalb die eine Strategie darin bestehen kann, die Eltern mit zusätzlichen Machtmitteln auszustatten, kann die Komplementärstrategie darin bestehen, Fachkräfte daran zu hindern, die ihnen potenziell zur Verfügung stehenden Machtmittel einzusetzen. Dabei ergeben sich erste Limitationen häufig schon durch Wertorientierungen, die im Rahmen der professionellen Ausbildung vermittelt werden. Trotzdem unterliegen auch wohlmeinende Fachkräfte immer wieder der Versuchung, unter Rahmenbedingungen wie Zeit- oder Personalknappheit, auf etablierte, in der Vergangenheit oder bei Kolleg*innen erfolgreiche Strategien zurückzugreifen, um ihre Interessen durchzusetzen – selbst, wenn sie das eigentlich gar nicht wollen. Dieser Art von „Betriebsblindheit" kann nur mit „Reflexionsanreizen" oder Irritationen begegnet werden. Solche Irritationen können über Kolleg*innen selbst erfolgen, indem etwa Verfahren der Fallkonsultation und -beratung zum Einsatz kommen oder indem solche Anreize von außen gesetzt werden (Supervision, Organisationsentwicklungsprozesse, Mitarbeiterworkshops usw.), um auf diesem Weg zu einer anderen Perspektivsetzung zu kommen. Auch systematisch unternommene Versuche, die eigene Arbeit und die daraus resultierenden Folgen systematisch zu evaluieren zielen in diese Richtung.

Literatur

Bäumer, Gertrud (1930/2000): Die sozialpädagogische Aufgabe in der Jugendwohlfahrt. Wiederabdruck. In: Gintzel, Ullrich (Hrsg.): Jahrbuch der Sozialen Arbeit 2000. Münster: Votum, S. 208–224.

BMFSFJ (Hrsg.) (2009): Lernen aus problematischen Kinderschutzverläufen. Machbarkeitsexpertise zur Verbesserung des Kinderschutzes durch systematische Fehleranalyse. 3. Auflage. Berlin: Bundesministerium für Familie, Senioren, Frauen und Jugend.

Boecker, Michael (2015): Erfolg in der Sozialen Arbeit. Im Spannungsfeld mikropolitischer Interessenkonflikte. Wiesbaden: Springer VS.

Cloos, Peter/Thole, Werner (Hrsg.) (2006): Ethnografische Zugänge: professions- und adressatInnenbezogene Forschung im Kontext von Pädagogik. Wiesbaden: Springer VS.

Crozier, Michel/Friedberg, Erhard (1979): Macht und Organisation: Die Zwänge kollektiven Handelns. Königstein im Taunus: Athenäum.

Elias, Norbert (1991): Die Gesellschaft der Individuen. Frankfurt/M.: Suhrkamp.

Elias, Norbert (2014): Was ist Soziologie? 12. Auflage. Weinheim/Basel: Beltz Juventa.

Frings, Dorothee (2018): Sozialrecht für die Soziale Arbeit. 4. Auflage. Stuttgart: Kohlhammer.

Gerber, Christine/Lillig, Susanna (2018): Gemeinsam lernen aus Kinderschutzverläufen. Eine systemorientierte Methode zur Analyse von Kinderschutzfällen und Ergebnisse aus fünf Fallanalysen. Bericht. Beiträge zur Qualitätsentwicklung im Kinderschutz 9. Herausgegeben vom Nationalen Zentrum Frühe Hilfen (NZFH). Köln.

Gies, Martin/Hansbauer, Peter/Knuth, Nicole/Kriener, Martina/Stork, Remi (2016): Mitbestimmen, mitgestalten: Elternpartizipation in der Heimerziehung. In: Evangelischer Erziehungsverband e. V. (EREV) (Hrsg.): Beiträge zu Theorie und Praxis der Jugendhilfe 15. Dähre: Schöneworth.

Hansbauer, Peter/Gies, Martin (2016): Elternpartizipation und Machtbalancen in der stationären Erziehungshilfe. In: Zeitschrift für Sozialpädagogik (ZfSp), 14. Jg., H. 4, S. 341–364.

Hansbauer, Peter/Merchel, Joachim/Schone, Reinhold (2020): Kinder- und Jugendhilfe. Grundlagen, Handlungsfelder, professionelle Anforderungen. Stuttgart: Kohlhammer.

Heiland, Hans-Günther/Lüdemann, Christian (1992): Machtdifferentiale in Figurationen einfacher und höherer Komplexität. Eine Anwendung der Machttheorie von Norbert Elias auf Aushandlungen in Strafverfahren. In: Kölner Zeitschrift für Soziologie und Sozialpsychologie, 44. Jg., S. 35–54.

Heinzel, Friederike/Thole, Werner/Cloos, Peter/Köngeter, Stefan (Hrsg.) (2010): „Auf unsicherem Terrain" – Ethnographische Forschung im Kontext des Bildungs- und Sozialwesens. Wiesbaden: Springer VS.

Hitzler, Sarah/Messmer, Heinz (2015): Formen der Berücksichtigung. Interaktive Praxen der Ein- und Ausschließung im Hilfeplangespräch. In: Kommission Sozialpädagogik (Hrsg.): Praktiken der Ein- und Ausschließung in der Sozialen Arbeit. Weinheim/Basel: Belz Juventa, S. 173–192.

Imbusch, Peter (2012a): Macht und Herrschaft in der wissenschaftlichen Kontroverse. In: Imbusch, Peter (Hrsg.): Macht und Herrschaft: Sozialwissenschaftliche Theorien und Konzeptionen. 2. Auflage. Wiesbaden: Springer VS, S. 9–35.

Imbusch, Peter (2012b): Machtfigurationen und Herrschaftsprozesse bei Norbert Elias. In: Imbusch, Peter (Hrsg.): Macht und Herrschaft: Sozialwissenschaftliche Theorien und Konzeptionen. 2. Auflage. Wiesbaden: Springer VS, S. 169–193.

Imbusch, Peter (2018): Macht – Autorität – Herrschaft. In: Kopp, Johannes/Steinbach, Anja (Hrsg.): Grundbegriffe der Soziologie. 12. Auflage. Wiesbaden: Springer VS, S. 281–288.

Islam, Tuhinul/Fulcher, Leon (Hrsg.) (2016): Residential Child and Youth Care in a Developing World. Cape Town: CYC-Net Press.

Lukes, Steven (2005): Power. A Radical View. 2. Auflage. Houndmills: Palgrave Macmillan.

Messmer, Heinz (2017): Der Beitrag der Konversationsanalyse zu einem realistischen Hilfeverständnis. In: Weinbach, Hanna/Coelen, Thomas/Dollinger, Bernd/Munsch, Chantal/Rohrmann, Albrecht (Hrsg.): Folgen sozialer Hilfen. Theoretische und empirische Zugänge. Weinheim/Basel: Beltz Juventa, S. 75–88.

Messmer, Heinz (2018a): Wie sich in der unfreiwilligen Beratung Macht konstituiert. Eine Fallanalyse. In: Schulze, Heidrun/Höblich, Davina/Mayer, Marion (Hrsg.): Macht – Diversität – Ethik in der Beratung: Wie Beratung Gesellschaft macht. Opladen: Barbara Budrich, S. 258–272.

Messmer, Heinz (2018b): Barrieren von Partizipation: Der Beitrag empirischer Forschung für ein realistisches Partizipationsverständnis in der Sozialen Arbeit. In: Dobslaw, Gudrun (Hrsg.): Partizipation – Teilhabe – Mitgestaltung: Interdisziplinäre Zugänge. Opladen/Berlin/Toronto: Budrich Uni Press, S. 109–127.

Mitschke, Caroline/Dallmann, Sara (2020): Vormundschaften im Wandel: Kontakt, Beziehung und Beziehungsgestaltung zwischen Jugendlichen und Vormund*innen aus der Perspektive von Jugendlichen, Vormund*innen und Erziehungspersonen. Frankfurt/M.: Eigenverlag.

Oelerich, Gertrud/Otto, Hans-Uwe (Hrsg.) (2011): Empirische Forschung und Soziale Arbeit: ein Studienbuch. Wiesbaden: Springer VS.

Ortmann, Günther (1992): Macht, Spiel, Konsens. In: Küpper, Willi/Ortmann, Günther (Hrsg.): Mikropolitik: Rationalität, Macht und Spiele in Organisationen. 2. Auflage. Opladen: Westdeutscher Verlag. S. 13–26.

Popitz, Heinrich (1992): Phänomene der Macht. 2. Auflage. Tübingen: Mohr.

Sofsky, Wolfgang (2005): Traktat über die Gewalt. Frankfurt/M.: S. Fischer.

Sofsky, Wolfgang/Paris, Reiner (1991): Figurationen sozialer Macht: Autorität – Stellvertretung – Koalition. Opladen: Leske & Budrich.

Statistisches Bundesamt (2018): Statistiken der Kinder- und Jugendhilfe. Erzieherische Hilfen, Eingliederungshilfen für seelisch behinderte junge Menschen. Hilfe für junge Volljährige. Heimerziehung, sonstige betreute Wohnform. Tabelle 9.7.1. Zahlen von 2016. Erschienen am 7. Juni 2018.

Weber, Max ([1921] 1972): Wirtschaft und Gesellschaft. Grundriss der verstehenden Soziologie. 5. Auflage. Tübingen: Mohr.

Wolf, Kaus (2010): Machtstrukturen in der Heimerziehung. In: Neue Praxis, 40. Jg., S. 539–557.

Wolf, Klaus (1999): Machtprozesse in der Heimerziehung. Münster: Votum.

Wolff, Stephan (1983): Die Produktion von Fürsorglichkeit. Bielefeld: AJZ.

Eltern als Akteur*innen – ein Ordnungsruf

Jörgen Schulze-Krüdener

Einleitung

Im Zusammenhang mit der Ausbreitung des Corona-Virus und den entsprechenden Schutzmaßnahmen und Einschränkungen im öffentlichen Leben (ab März 2020) wird wiederholt dafür plädiert, dass die Kinder- und Jugendhilfe und damit die in den Sozialgesetzbüchern verankerten Leistungen und professionellen Unterstützungen, auf deren Sicherstellung die Bürger*innen ein Recht haben, als ein systemrelevanter Faktor anerkannt werden. Im Horizont dessen wird in zahlreichen Appellen und Aufrufen aus den Bereichen „Gesundheit und Soziales" sowie „Bildung und Wissenschaft" öffentlichkeitswirksam daran erinnert, dass die „gesetzlichen Handlungsvoraussetzungen nicht frei interpretiert und willkürlich in der Praxis umgesetzt werden dürfen, auch und gerade nicht in einer Krise oder Ausnahmesituation" (Appell aus der Wissenschaft 2020). Mit Blick darauf wird an anderer Stelle gefordert, dass die „Rechte der Kinder und Jugendlichen in Wohngruppen, Heimen und Pflegefamilien (mit und ohne Behinderung) auf Kontakt zu ihren Eltern oder anderen wichtigen Bezugspersonen […] gewahrt werden (müssen)" (Aufruf 2020).

Die Corona-Pandemie hat auch das Feld der Kinder- und Jugendhilfe vor massive Herausforderungen gestellt: So wurde mancherorts auf einen „Notbetrieb ohne Publikumsverkehr" umgestellt, gab es empfindliche Eingriffe in die Pflege der Eltern- und Familienkontakte und wird rückblickend in den Bemühungen der Krisenbewältigung in Teilen sogar ein „Gruppenbild ohne Kinder-, Jugend-, Eltern- und Familienperspektive" ausgemacht (vgl. Holz/Richter-Kornweitz 2020). Im Gegensatz zu einer solchen Einschätzung konstatiert die Bundesarbeitsgemeinschaft der Landesjugendämter (2020), dass die Leistungsfähigkeit der Kinder- und Jugendhilfe bei der Krisenbewältigung besonders deutlich wurde im Feld der Hilfen zur Erziehung: Bei den ambulanten Hilfen wurde in der Regel mit veränderten Formen der Arbeit (wie Gesprächen im Freien unter Wahrung der notwendigen Abstände, ggf. abwechselnd mit einzelnen Familienmitgliedern, Kontaktaufnahmen zu Betreuungs- und Vertrauenspersonen, telefonischen Kontakten oder Videokonferenzen, Tür- und Angelgesprächen) weitergearbeitet. „Auch die stationären Einrichtungen kannten keine Pause. Während die von der Schließung der Kitas betroffenen Kinder wieder von ihren Eltern betreut wurden, war eine solche Rückkehr für Kinder und Jugendliche, die in den stationären Einrichtungen der Jugendhilfe leben, ausgeschlossen. Gerade in Krisen werden Konzepte, Arbeitsweisen und Alltags-routinen auf ihre Tragfähigkeit, ihre Anpassungsfähigkeit und ihre Innova-tionskraft hinterfragt. Die Fachkräfte mussten z. B. Alternativen für die Vormit-tage entwickeln, schulische Unterstützungsangebote bereithalten und das ganze Wochenende für die Freizeitgestaltung sorgen, weil die Kinder nicht nachhause entlassen werden konnten."

Lässt sich eine solche Einschätzung im Zuge der Krisenbewältigung und der Kompensation der Krisenschäden einerseits dahingehend deuten, dass die Fachkräfte in den Erzieherischen Hilfen versucht haben, während der Krise Wege zu finden, professionell den Herausforderungen zu begegnen und als pädagogische Institution weiter zu agieren (vgl. www.forum-transfer.de), sind damit andererseits zugleich „Erwartungen an die jungen Menschen gerichtet, von denen überhaupt nicht klar ist, wen sie wie erreichen und wie sie in den Alltag integriert werden können" (Andresen et al. 2020: 17).

Und wie sieht es aus mit dem Elternsein in Corona-Zeiten? Müssen nicht auch die Rechte von Eltern gesichert und Fragen zur Befähigung des Lebens in familialer Gemeinschaft beantwortet werden? Sollten unter den Begriff der El-tern nicht vielmehr explizit alle jene erwachsenen Personen gefasst werden, die im familialen Zusammenhang (unter Berücksichtigung all seiner Pluralität im aktuellen gesellschaftlichen Kontext) und für die jungen Menschen eine beson-dere Rolle spielen? Dazu gehören dann selbstverständlich auch Lebenspart-ner*innen, Großeltern, enge Freund*innen etc. Müssen die Kinder- und Ju-gendhilfe und damit zugleich auch die Erzieherischen Hilfen nicht offensiv auf jede Familie, die als Familie (und nicht als Kind/Jugendliche*r mit Familie!) zu unterstützen ist, zugehen, um sie für die Stärken, Ressourcen und Fähigkeiten ihrer Familie zu sensibilisieren, ein gutes familiales Miteinander zu ermögli-chen und sie in die Lage zu versetzen, die bestmöglichen Entscheidungen für die Entwicklung ihrer Familie zu treffen? Und schließlich: Inwieweit geraten El-tern in den Erzieherischen Hilfen als Akteur*innen zusammen mit ihren sozia-len Netzwerken, ihren Ressourcen, Potenzialen und Kapitalien in den Vorder-grund und nicht einzig im Verständnis von Adressat*innen in den Blickpunkt, denen als Zielpersonen mit diagnostizierten Defiziten passgenaue Hilfen an-geboten werden sollen? Diese und viele weitere Fragen sind keineswegs neu – schon ohne Corona stellen sich diese für viele Eltern (und Familien) und ste-hen diese mit Blick auf den Wandel von Partnerschaft, Ehe und Familie „unter Druck" –, bekommen in Corona-Zeiten aber eine neue, bisweilen entlarvende Dimension.

1 Was Eltern angeblich können sollen: Alles! … und wovon man sie entlasten muss

„Alle glücklichen Familien gleichen einander, jede unglückliche Familie dagegen ist unglücklich auf ihre besondere Art". Leo Tolstoi, der mit diesem vielzitierten Anfangssatz seinen 1877/78 veröffentlichten Familienroman „Anna Karenina" (2011) beginnt, meinte damit, dass das Glück einer Familie und damit zugleich das familiale Care-Handeln für Kinder von einer Reihe von bestimmten Bedingungen wie der Liebe der Partner*innen zueinander, der Liebe zu den Kindern, den Schwiegereltern, dem Auskommen, der gelingenden Erziehung der Kinder, einer Erziehung zu Moral und vielem mehr gebunden ist, das alles erfüllt werden muss. Um eine Familie unglücklich zu machen, genügt es hingegen, wenn einer der Kontextfaktoren nicht erfüllt ist, weshalb es verschieden unglückliche Familien gibt.

Elternschaft und Familienerziehung sind in Zeiten des gesellschaftlichen Strukturbruchs, Wandels und Beschleunigung zu einer zunehmend anspruchsvollen Aufgabe geworden – nicht zuletzt, weil „Wandel sich auch innerhalb des Verharrenden, innerhalb klarer Kontinuitäten, vollziehen und revolutionäre Qualität entfalten kann" (Doering-Manteuffe/Raphael 2012: 14). Angesichts dieser Ausgangslage steht Familie vielen äußeren und inneren bzw. verinnerlichten Ansprüchen gegenüber und versucht, diese zu erfüllen. Hierzu heißt es im jüngst von der Arbeitsgemeinschaft für Kinder- und Jugendhilfe vorgelegten Positionspapier „‚Care braucht mehr!' Die Bedeutung von Sorgearbeit anerkennen, Ressourcen sorgender Familien stärken" (2020: 5 f.) erläuternd: Familien „gewährleisten in unserer Gesellschaft Lebensqualität, sozialen Zusammenhalt sowie ökonomischen Wohlstand und erbringen somit einen entscheidenden Beitrag für das Gemeinwesen. Denn Familienmitglieder tragen Sorge füreinander, sie pflegen sich, sie unterstützen sich emotional und oft auch finanziell. Sie sind idealerweise füreinander Ansprechpartner*innen und Stütze und im Notfall häufig diejenigen, die in schwierigen Situationen Halt und Sicherheit geben. Familien sind feste und zuverlässige Ressourcen für das Aufwachsen von Kindern und Jugendlichen, für Erwachsene, die besondere Unterstützung benötigen und für pflegebedürftige Menschen. Familie ist somit ein wichtiger Lebensbestandteil für Menschen, ein zentraler Sozialisationsort, ein zentraler Ort des gesellschaftlichen Zusammenhaltes sowie ein Ort, an dem sich ein großer Teil des Lebens vollzieht. Familien übernehmen wichtige Erziehungs-, Bildungs-, Betreuungs- und Versorgungsleistungen, von denen das Gemeinwesen profitiert. Damit ist Familie der Ort, an dem Wertorientierungen entstehen und grundlegende Gefühle und Kompetenzen sozialen Handelns entwickelt werden."

Eltern müssen ihr Elternsein erst erlernen und stetig weiterentwickeln – auch wegen der Offenheit und Vielfalt der Lebensformen, Beziehungs- und Familienmodelle, der diversen Suchbewegungen der Vereinbarkeit von Familie und

Beruf, der Veränderungen in der Kinder-/Jugendlebenswelt und dem Phänomen einer Doing Family, d.h. Familie wird zu einer Herstellungsleistung eigener Art. „Kinder zu versorgen" ist harte Arbeit, hierbei agieren Eltern als Gemeinschaftsgestalter*innen, Tagesbezwinger*innen, Pfleger*innen, Manager*innen, Lehrer*innen oder Führungskräfte und Personalentwickler*innen. Allesamt zu meisternde Tätigkeiten der oberen Hierarchieebene der Erwerbsarbeitssphäre, die im wachsenden Umfange unter ungenügenden sozioökonomischen Rahmenbedingungen im Zusammenspiel mit der individuell unterschiedlich zur Verfügung stehenden Familienzeit zu realisieren sind: die „routinisierte Zeit mit Kindern, zweckorientierte Zeit mit Kindern, zweckfreie Zeit mit Kindern, von Widerständen geprägte Zeit mit Kindern und zweckorientierte Zeit ohne Kinder" (Derboven 2019: 142).

Grundsätzlich wollen Eltern in der Regel „gute" Eltern sein. Sie wollen, dass ihr Kind später gut zurechtkommt, und bemühen sich mit den ihnen zur Verfügung stehenden Mitteln, ihrem Kind unter den gegebenen Bedingungen Freiräume zu eröffnen und das Bestmögliche zu bieten, ohne hierbei vielleicht zu merken, dass dies unter Umständen nicht immer das Beste für das Kind ist und ihr Kind etwas Anderes braucht (vgl. Conen 2007: 69). Studien wie die von der Vodafone-Stiftung „Was Eltern wollen" (2015), die „Vermächtnisstudie" des Wissenschaftszentrums Berlin für Sozialforschung (2017) oder auch der „Familienreport 2020" des Bundesministeriums für Familie, Senioren, Frauen und Jugend (2020) machen deutlich, dass viele Eltern sich sowohl hinsichtlich ihrer subjektiven Befindlichkeit als auch der objektiv gestiegenen Anforderungen „unter Druck" fühlen, sie sich mit dem Vorwurf auseinandersetzen müssen, dass sie Zeit, Geld und Energie lieber in sich selbst investieren als in ihre Familie, und manche sogar das Stigma „verwirkte Elternschaft" (Faltermeier 2001) zu tragen haben: Annähernd die Hälfte aller Eltern zeigt etwa in Erziehungs- und Bildungsfragen unabhängig von ihrem Bildungsstand oder ihrer Kulturzugehörigkeit Unsicherheit und haben Unterstützungsbedarfe. Elternschaft ist zum zentralen „Projekt" geworden, das seine weitgehend zwangsläufige Selbstverständlichkeit verloren hat und an das hohe Erwartungen an (vermeintlich) „gute Eltern" wie auch (überholte) Vorstellungen von der „richtigen Familie" geknüpft sind (vgl. Walper 2015). Und nicht nur das: Häufig gehen damit gesellschaftliche Anforderungen einher, wie Eltern ihre Kinder „richtig" zu erziehen haben. Im Horizont einer solchen Adressierung, die auch das Verhältnis zwischen Familie und Kinder- und Jugendhilfe prägt (vgl. Strahl 2020), können Eltern, die vorgeblich nicht wissen, wie sie was zu machen haben, „selbst als jemand adressiert (werden), die erzogen werden" müssen (Richter 2010: 26). Mit solchen an Eltern, Elternschaft und Familie gerichteten Normalitätszumutungen werden Norm und Differenz aufeinander bezogen, und dabei gerät immer mal wieder aus dem Blick, dass Eltern/Familien unterschiedlich verschieden sind mit der Konsequenz, dass nicht alle Eltern und nicht alle Familien das

Gleiche brauchen und dies in der Folge die Anerkennung des Anderen beinhaltet (vgl. Henry-Huthmacher et al. 2008).

Kurzum: Eltern, die zwar Leitwölfe seien, Führung und Engagement zeigen (vgl. Juul 2016), aber keineswegs allzu fürsorgliche Helikopter-Eltern sein sollen (vgl. Kraus 2013), werden als letztlich verantwortliche Instanz für das Aufwachsen ihrer Kinder von Politik und Medien unter Druck gesetzt und zunehmend zur Förderung günstiger Erziehungs- und Bildungsverläufe verantwortlich in Anspruch genommen. Für Winkler (2014: 102) steht fest: Eltern sind heutzutage „Funktionäre des sozialen und Bildungssystems, funktionale Agenten im Prozess kultureller Reproduktion und gesellschaftlicher Zukunftssicherung." Aber sollten wir den Reden von hoch belastenden Zusammenhängen, in denen Elternsein und Familienerziehung verstrickt sind, die wie die Kleidung oder die Frisur von der Mode und damit dem jeweiligen Zeitgeist mitbestimmt und nur schwer zu durchblicken sind, nicht auch Taten folgen lassen und die Eltern in ihrem individuellen So-Elternsein akzeptieren, in letzter Konsequenz sie von diversen Ansprüchen, Erwartungen und Anforderungen befreien? Es lohnt sich an dieser Stelle ausführlicher Reinhart Lempp (1973: 62 ff.) zu Wort kommen lassen, der bedrückend einleuchtend das Gemeinte so formuliert: „Ich erlebe so viele Eltern, die es sich im Umgang mit ihren heranwachsenden Kindern so unnötig schwer machen, weil sie krampfhaft etwas aufrechterhalten wollen, was erstens gar nicht da ist, zweitens gar nicht nötig ist und drittens sogar ausgesprochen störend und schädlich ist für das Verhältnis zwischen Eltern und ihren Kindern: die Fiktion, dass Eltern schon deswegen, weil sie Eltern sind, auch ihren Kindern jenseits des Schulalters gegenüber Übermenschen sein müssten, Achtung und Ehrfurcht gebieten, mit der Macht der Autorität versehen. Sie merken nicht, dass sie erst dann für ihre Kinder Autorität sind, wenn die Kinder sie gernhaben können; und gernhaben kann man jemand, der auch menschlich und mit Schwächen behaftet ist, die Eltern also dann, wenn sie für ihre Kinder *erreichbare* Vorbilder sind. Eltern sind auch nur älter gewordene Kinder. [...] Denn auch Eltern möchten gerne, ebenso wie Kinder, gerngehabt werden, nicht *weil* sie prachtvolle Eltern sind, sondern *obwohl* sie bloß Menschen sind."

Was Eltern (und Familien) zur Bewältigung ihrer Belastungen und kritischen, oftmals verstetigten biografischen Lebenskonstellationen sowie zur Erweiterung ihrer Handlungsfähigkeit und Gestaltung an der Gesellschaft teilhabendes Lebens brauchen, lässt sich aus der Zusammenführung (theoretischer) relationaler Professionalitäts- und Agency-Perspektiven in Eckpunkten, Veränderungsideen und konkreten Gestaltungsvorschlägen für das professionelle Handeln in den Erzieherischen Hilfen ableiten bzw. formulieren.

2 Die Rolle von Eltern in den Erzieherischen Hilfen und die Art der Beziehung

Die Erkenntnis, dass die Kooperation und Kommunikation mit Eltern in den Erzieherischen Hilfen wichtig und sogar unverzichtbar ist, hat sich schon lange durchgesetzt. Grundsätzlich gilt: (Sozial-)Pädagogisches Handeln gelingt prinzipiell nur kooperativ und nicht als Bearbeitung eines Erziehungs-Objekts durch Fachkräfte. Nur klappt es bei weitem nicht immer, diese simple Einsicht auch im professionellen Handeln im Spagat zwischen normativen Familienbildern, Reflexionserfordernissen und Entwicklungsbedarfen umzusetzen (vgl. Krüdener/Schulze-Krüdener 2020).

Wie lässt sich dieses Paradox oder zutreffender, dieser skandalöse Sachverhalt, erklären (vgl. Winkler 2014), dass die Kooperation und Kommunikation mit Eltern, ihnen zuzuhören und „eine Stimme zu geben" fachlich zwar regelmäßig gefordert wird, aber nicht in Gänze realisiert ist? Oder auf den Punkt gebracht: Wollen die in den Erzieherischen Hilfen tätigen Fachkräfte nicht oder können sie nicht?

In juristischer Perspektive sind Elternarbeit und Elternpartizipation verbindlich verankert und dürfen somit nicht von Vorlieben von Institutionen, Organisationen, Fachpersonen oder anderen Zufälligkeiten abhängig sein. Was Fachkräfte in den Erzieherischen Hilfen wissen, können und haltungsbezogen mitzubringen haben, wenn sie auf Eltern/Familien treffen, z. B. dass

- sich Kinder nicht gegen ihre Eltern erziehen lassen;
- sich didaktisch-methodisches Handeln notwendigerweise als methodisch strukturiertes Vorgehen einer „kooperativen Prozessgestaltung" zu entfalten hat (vgl. Hochschuli Freund/Stotz 2011);
- sich auf der Handlungsebene Kooperationshemmnisse wie etwa wechselseitig überzogene Erwartungen, eigene Denk- und Arbeitsstile, eigene Sprach- und Sprechcodes oder Vorstellungen des Kooperierens als etwas Zusätzliches zum eigentlichen „Kerngeschäft" zeigen können,

– für gut ausgebildete Fachkräfte in den Erzieherischen Hilfen macht man sich unnötig Mühe, dies alles zu erklären. „Ohne Eltern geht nichts" und „das auf die Eltern angewiesen sein" verweist in aller Deutlichkeit auf die Unmöglichkeit eines professionellen Handelns in den Erzieherischen Hilfen ohne die Eltern als Souverän in einem Hilfeprozess und damit zugleich die Sicherung ihrer Beteiligungs- und Mitentscheidungsrechte (entsprechend der UN-Kinderrechtskonvention; vgl. Schulze-Krüdener/Diwersy 2021). Dennoch besteht im einschlägigen Fachdiskurs weitgehend Konsens darüber, dass in den Erzieherischen Hilfen im Hinblick auf die Zusammenarbeit und das Zusammenwirken mit Eltern und Familien deutliche Entwicklungsbedarfe existieren und es noch nicht gelungen

ist, den in pädagogischer Perspektive dringend gebotenen und gesetzlich verankerten Auftrag zu einer tragfähigen Zusammenarbeit mit den Eltern als wichtige,
nein: unverzichtbare Ressource in den Hilfen zur Erziehung durchgängig *erstens* in Arbeitsbeziehungen als Grundmodell professionellen Handelns umzusetzen (vgl. Köngeter 2009) und *zweitens* bei weitem nicht umfassend genug auf
relationale Agency-Theorien und damit auf Lebensbedingungen und Situationen gerichtet ist, die die sozial gerichtete Handlungsfähigkeit und Handlungsmächtigkeit von Eltern als Resultat sozialer Prozesse und Beziehungen begünstigen, einschränken oder verhindern (vgl. Scherr 2013). In diesem Verständnis
ist es eine vorrangige Aufgabe des professionellen Handelns in den Erzieherischen Hilfen, nicht nur stereotype Sichtweisen auf Eltern und Familie, die ihren
individuellen Rechtsanspruch auf Erzieherische Hilfen wahrnehmen, zu durchbrechen, sondern zugleich den Übergang von einem Zustand der Ohnmacht in
Verzahnung mit den Ressourcen der Familien(mitglieder) zu einem Zustand
wiedererlangter Handlungsfähigkeit zu unterstützen (vgl. Eßer/Schröder 2020:
293).

2.1   Eltern in den Erzieherischen Hilfen und ihre Reflexion
         aus der Perspektive von relationaler Professionalität

Eine Vernetztheit der Arbeitsbeziehungen in den Erzieherischen Hilfen ist ein
in der Regel anzustrebendes Verhältnis und im Kern als unverrückbares sozialpädagogisches Strukturprinzip in der Arbeit mit jungen Menschen, ihren Eltern
und der Familie insgesamt weiter zu profilieren. Relationale Professionalität
(und damit die unterschiedlich gewichtete Verknüpfung unterschiedlicher Wissens- und Könnensformen wie auch Haltungen) kennzeichnet in den Erzieherischen Hilfen tätige Fachkräfte als Teil eines sozialen Netzwerkes, in dem neben
den Eltern, Kindern, Großeltern, Freund*innen etc. noch weitere professionell
tätige Fachkräfte (aus freien und öffentlichen Trägern) zusammenwirken, die
die Arbeitsbeziehungen verändern und diese in der Folge wiederum die Netzwerke modifizieren.

Die Strukturlogik der relationalen Professionalität in Gestalt einer prozessualen Interventionslogik lässt sich als ein Vierschritt beschreiben, der aber keineswegs als Handlungsanweisung zu verstehen ist (vgl. Köngeter 2009: 298):

- die in den Erzieherischen Hilfen tätige Fachkraft tritt in einen Problemzusammenhang ein und wird Teil desselben;
- sie*er verändert oder ggf. verschärft das relationale Handlungsproblem, eröffnet dadurch aber auch die Chance auf eine tentative, also vorläufige Bestimmung des Gegenstandes und damit zugleich auch das Verstehen der
  Arbeits- und Sozialbeziehungen;

- auf diesem Wege können mit Eltern, Kindern, Großeltern, Freund*innen etc. als Adressat*innen vereinbarte, gemeinsame Handlungen und Strategien entstehen, die Handlungsoptionen erweitern;
- dadurch verändert sich das eigene Involviert-Sein in Bezug auf das relationale Handlungsproblem.

Wird der theoretische Ansatz der relationalen Professionalität, der sich im professionellen Handeln in einer spezifischen Weise einem Fallgeschehen jenseits einer expertokratischen Form der Fallbeschreibung und des Fallverstehens zuwendet, auf das Arbeitsfeld der Erzieherischen Hilfen übertragen (vgl. im Folgenden Köngeter/Schulze-Krüdener 2018), bedeutet dies, dass die Autonomie der Familie und damit die der Eltern und der Kinder/Jugendlichen als Adressat*innen nicht zusätzlich untergraben werden darf, wenn diese sich an die Professionellen wenden und Hilfe suchen. Das Modell der professionellen Arbeitsbeziehungen sieht in dieser Situation eine Verklammerung von gleichsam zwei Seiten einer Beziehung vor: Auf der einen Seite gehen Eltern/Familie und professionelle Fachkraft eine spezifische Sozialbeziehung ein und einigen sich (vorläufig und ggf. nur minimal) auf ein gemeinsam zu bearbeitendes lebenspraktisches Problem. Dieser Teil der Arbeitsbeziehung ist gleichsam die vertragliche Dimension. Auf dieser Basis gestalten auf der anderen Seite Eltern/Familie und Fachkraft kommunikativ einen sozialen Raum, in dem die Eltern/Familien alles thematisieren können, eine Art zeitlich begrenzte diffuse Sozialbeziehung. Dieser weitere Teil der Arbeitsbeziehung steht für die ‚pädagogische-therapeutische' Dimension (also Geborgenheit, Verlässlichkeit wie auch gegenseitigen Respekt). Eine professionelle Arbeitsbeziehung besteht nun darin, diese Einheit aus diffusen und spezifischen Beziehungsstrukturen so zu gestalten, dass gemeinsam neue Handlungsmöglichkeiten ausgelotet werden können.

Idealerweise wird die professionelle Arbeitsbeziehung durch die Entscheidung der Eltern/Familie gestiftet. Sie vertrauen sich (im Idealfall) wegen ihres ‚Leidensdrucks' den Professionellen in den Erzieherischen Hilfen an. In deren Entscheidung zeigt sich einerseits, dass eine Krise in der Lebenspraxis wahrgenommen wird. Andererseits ist die Entscheidung selbst geradezu Ausdruck der ‚gesunden' Anteile der Lebenspraxis. Daraus folgt für die in der Erzieherischen Hilfe tätigen Fachkräfte, dass sie die Eltern und die Familie insgesamt nicht drängen sollten, Hilfe anzunehmen, weil dies deren Autonomie weiter behindern könnte. Auf den Punkt gebracht: Eltern- und Familienmitwirkung/-teilhabe lässt sich nicht verordnen, sondern muss sich entwickeln und setzt Vertrauen, das auf den zuvor gemachten Erfahrungen beruht, wie auch Anerkennungserfahrungen voraus.

Misstrauen von Eltern gegenüber einer Erzieherischen Hilfe entsteht nicht selten durch miterlebte, auch beobachtete negative Erfahrungen in der Vergangenheit mit Institutionen und Fachkräften (z.B. Kindergarten, Schule) oder auch durch das ggf. unbewusste Übernehmen von Meinungen. Es kann also „gute Gründe" für das Misstrauen von Eltern gegenüber der Idee einer „gemeinsamen Lernpartnerschaft" (Stork 2007: 248) in den Erzieherischen Hilfen geben. Auch ist Misstrauen per se nicht etwas Schlechtes – aber chronisches Misstrauen ist genauso ein Extrem wie blindes Vertrauen. Vor diesem Hintergrund geht es darum, zum einen das Misstrauen, das sich auch im Widerstand ausdrücken kann, als Informationsquelle und Handlungsanleitung für die Kooperation zu erkennen und nutzen, und zum anderen zu ermöglichen bzw. gewährleisten, dass Eltern den in den Erzieherischen Hilfen tätigen Fachkräften in Hinblick auf ihre Absichten vertrauen und die Fachkräfte ihrerseits das Beste zur Lösung des fraglichen Problems beitragen (vgl. Olk 1986: 20 f.).

In der Kooperation und Kommunikation mit Eltern müssen diese auch als Eltern anerkannt werden, weil Kinder ihnen unausweichlich verpflichtet sind. Und schließlich bedeutet Anerkennung von Eltern und Familie auch, dass diese nicht gezwungen werden dürfen, selbst fachlich oder ‚semi-professionell' zu handeln (vgl. Winkler 2014: 106). Die Eltern haben in der professionellen Arbeitsbeziehung wie in einer diffusen Sozialbeziehung die Aufgabe, alles zu thematisieren. Dabei können bestimmte Themen nicht von vorneherein ausgeschlossen werden, da die Lebenspraxis als Gesamtzusammenhang betrachtet werden muss – und die Eltern in der Regel eben gerade nicht wissen, worin die Ursachen der Krise bestehen. Die Professionellen hingegen dürfen die Äußerungen der Eltern nicht gegen diese wenden oder ihre eigenen emotionalen Reaktionen gegenüber den Eltern ausagieren (z. B. ihre möglicherweise verständliche Wut gegenüber Eltern, die ihre Kinder vernachlässigen, ihnen sexualisierte Gewalt antun etc.). Stattdessen werden die eigenen Reaktionen genutzt, um die lebenspraktische Krise besser zu verstehen und den Eltern und der Familie zu helfen, ein eigenes, besseres Verständnis davon zu entwickeln. Mit anderen Worten: Es geht darum, dass die Eltern (und die Familie) auch geschützt werden, vor einer fürsorglichen Belagerung der in den Erzieherischen Hilfen handelnden Fachkräfte, die nur das Beste wollen und damit unter Umständen Schlechtes befördern. „Professionell handelt hier vielmehr, wer in kunstvoller Weise fähig ist, Klienten zu gestatten (process), die Nutzbarkeit eines bestmöglich organisierten, aber dennoch begrenzten Angebotes (function), das in der professionellen Person repräsentiert ist, selbst zu entdecken und die Grenzen dieser Nutzbarkeit auszutesten, dabei aber als erstes die Furcht erregenden Widerstände gegen eine solche Nutzung verarbeiten kann, ohne sie der Klientin zur Last zu legen" (Müller 2016: 196 f.).

Aus dem Gesagten ergeben sich drei Handlungsanforderungen, die jedoch nicht einfach abzuarbeiten sind, sondern durch unabdingbare Spannungsmomente durchzogen sind: *Erstens* muss sich jede im Arbeitsfeld der Erzieherischen Hilfen agierende Fachkraft an der Arbeitsbeziehung mit der/den ihr anbefohlenen Eltern/Familien orientieren, gleichzeitig aber auch alle übrigen beteiligten Personen (z. B. Freund*innen aus dem sozialen Umfeld) und deren Perspektiven, Erwartungen und Interessenlagen berücksichtigen. Denn auch dieser Personenkreis ist konstitutiv für den Fall. *Zweitens* muss die Fachkraft von der Problembeschreibung und der Situationsdefinition der Eltern (und der Familie) ausgehen und gleichzeitig aber abklären, welche weitere Personen als signifikante Andere noch als Adressat*innen hinzugerechnet werden müssen und wie *deren* Situations- und Problemdefinition ausschauen. Schließlich gilt es *drittens,* die Wünsche und Erwartungshaltungen der Eltern und Familie ernst zu nehmen und ihnen gleichzeitig ihre jeweiligen egozentrischen oder altruistischen Wünsche und Erwartungshaltungen in Bezug zu denen der weiteren Adressat*innen zu setzen. Dieses sogenannte Adressat*innendilemma kann als eine zentrale sozialpädagogische Herausforderung für das Arbeitsfeld der Erzieherischen Hilfen bezeichnet werden. Soweit der Ausflug in das Konzept von Arbeitsbeziehungen und der relationalen Professionalität.

Widmen wir uns nun der Bedeutung und dem Potenzial von Agency in Arbeitsbeziehungen zwischen Fachkräften der Erzieherischen Hilfen und Eltern bzw. den Familien. Mit dieser Fokussierung wird zugleich eine Antwort auf die Frage gegeben, inwieweit eine Akteur*innenperspektive die Adressat*innenorientierung, die vornehmlich auf die Institutionen sozialer Erziehungshilfen verweist, um die Perspektive einer systematischen Begründung der Handlungsoptionen von Eltern und Familien als betroffenen Akteur*innen erweitert. Es wird auch deutlich, inwiefern die Akteur*innenperspektive neue Impulse setzt für die Fähigkeit, das Leben selbstständig, kreativ zu meistern und vorausschauend Handlungsoptionen strategisch zu planen (vgl. Grundmann 2008: 133) und sie als Grundmodus professionellen Handelns in den Erzieherischen Hilfen naheliegend ist.

Zur Einordnung der folgenden Ausführungen ist vorauszuschicken, dass nicht der Versuch unternommen wird, die unterschiedlichen Lesarten und damit die Heterogenität von Agency als sozialtheoretisches und normatives Konzept (nicht nur) der Sozialwissenschaften umfassend auszubuchstabieren. Vielmehr verstehen sich die Ausführungen als Anregung, die Reichweite des seit einigen Jahren auch in Deutschland intensiv geführten Agency-Diskurses in der Sozialen Arbeit und Sozialpädagogik auf ihre Tragfähigkeit für eine konsequente Einbeziehung der betroffenen Eltern und Familien in den Erzieherischen Hilfen hin zu prüfen. Vorauszuschicken ist, dass dies allesamt Anliegen sind, die im Einklang mit den Leitlinien des Bundesnetzwerkes für Eltern und Familien in der Kinder- und Jugendhilfe e. V. (BEFKJ) stehen.

2.2   Eltern in den Erzieherischen Hilfen und ihre Reflexion aus der Perspektive von Agency

Von den Eltern als Adressat*innen zu Akteur*innen in den Erzieherischen Hilfen – damit ist eine Neubestimmung einer Antwort auf die alte Frage gemeint, wie Menschen in der Theorie der Sozialen Arbeit und Sozialpädagogik als Akteur*innen ihrer sozialen Umwelt betrachtet werden (vgl. im Überblick Graßhoff 2013). Zunächst ist zu konstatieren, dass die Landkarte der sozialwissenschaftlichen Agency-Konzepte bunt ist und unter diesem Sammelbegriff eine Vielzahl von Bezeichnungen wie „Selbstsein, Motivation, Wille, Zweckgerichtetheit, Intentionalität, Absicht, Initiative, Freiheit und Kreativität" (Emirbayer/Misch 2017: 138) subsummiert wird. Im deutschsprachigen Diskurs wird Agency mit subjektiver und/oder sozialer Handlungsbefähigung, Handlungsfähigkeit und Handlungsmächtigkeit übersetzt.

Über alle Unterschiede hinweg lässt sich Agency als eine menschliche Disposition und personenbezogene Ressource definieren, die noch oder erneut wieder zur Entfaltung gebracht werden muss (vgl. Eßer/Schröder 2020: 293). Im Kern geht es beim „Agency denken" darum, wie Handeln in sozialen Beziehungen und Prozessen ermöglicht oder verhindert wird, wobei die klassischen Dichotomien zwischen den Beziehungen von Individuum und Gesellschaft, zwischen den Verflechtungszusammenhängen von sozialen Strukturen und Handeln sowie zwischen der Bestimmung des Verhältnisses von gesellschaftlicher Beschränkung und individueller Selbstbestimmung vermieden werden, zugunsten einer mehrdimensionalen Perspektive. Kurzum: In einer relationalen Agency-Perspektive wird Handlungsmächtigkeit „nicht als Eigenschaft von Individuen und sozialen Gruppen vorausgesetzt, sondern die Ermöglichung und Aktualisierung einer sozial nicht determinierten Handlungsfähigkeit selbst als ein Moment sozialer Strukturen und Prozesse analysiert" (Scherr 2012: 103). Konsequent weitergedacht ist Agency eine Folge von sozialer Positioniertheit und Positionierungen innerhalb von sozialen Netzwerken, in denen Eltern, Fachkräfte und signifikante Andere in den Erzieherischen Hilfen eingebunden sind. Agency ist dabei im Zusammenspiel von Vergangenheit, Zukunft und Gegenwart zu denken: „Our central contribution is to begin to reconceptualize human Agency as a temporally embedded process of social engagement, informed by the past (in is habitual aspect), but also oriented toward the future (as a capacity to imagine alternative possibilities) and toward the present (as a capacity to contextualize past habits and future projects within the contingencies of the moment)" (Emirbayer/Mische 1998: 962).

Auf dieser Hintergrundfolie werden Eltern (und die Familie) als Gestaltende ihrer eigenen Lebenswelt betrachtet, obwohl sie dies nur begrenzt angesichts sozialer Verhältnisse und gesellschaftlicher Zwänge autonom ermöglichen und hervorbringen können. Dieser Umstand bedeutet im Umkehrschluss, dass Eltern nicht primär als defizitär und auch keineswegs „als Opfer determinierender Strukturen bzw. Machtszenarien oder von ‚Räumen' (weder der physischmateriellen noch einer anders gelagerten Welt)" (Reutlinger 2008: 224) zu konnotieren sind. Vielmehr geht es im Verständnis von Erzieherischen Hilfen als Ermöglichung darum, „vielfältige Möglichkeiten der Gestaltung von Lebensformen zu erkennen, und sie entsprechend der jeweiligen Persönlichkeit betreuter Akteure/-innen einerseits und den jeweils strukturell vorgegebenen Bedingungen andererseits je nach Lebenssituation möglichst optimal zu nutzen" (Glöckler 2001: 17).

Auf eine Kurzformel gebracht: Es geht in den Erzieherischen Hilfen darum, die soziale und persönliche Entwicklung von Eltern und Familien zu unterstützen und ihre Ressourcen über die Steigerung ihrer Handlungsmächtigkeit zu einer eigenständigen Lebensbewältigung zu mobilisieren. Hierbei basiert Agency auf der Annahme, dass menschliches Handeln nicht nur durch Konstruktion und Aushandlung von Routinen bzw. erworbenen, gewohnten Denk- und Handlungsmustern bestimmt ist, die in der Vergangenheit entwickelt wurden und für die Eltern (und Familie) Stabilität und Verlässlichkeit in ihrer Lebenswelt herstellen *(= die iterative Dimension von Agency)*, sondern dass sich Eltern/Familien als Akteur*innen durch soziale Herausforderungen und Konflikte auch von Routinen distanzieren können, um sich neuen, alternativen sozialen Konstellationen zu stellen und im Rahmen sich verändernder Lebens- und Umweltbedingungen handelnd reagieren zu können *(= die projektive Dimension von Agency)*. Vermittelt über soziale Erfahrungen, durch das Abwägen mit Anderen und/oder selbstreflexiv mit sich selbst erhalten Eltern/Familien die Fähigkeit, mögliche Handlungsabläufe zu beurteilen und durchdachte Entscheidungen zu treffen, welche über tradierte Handlungsmuster hinausreichen können *(= die praktisch-evaluative Dimension von Agency)*. In einem solchen interaktionstheoretisch fundierten Agencyverständnis werden Eltern (und Familien) in ihren sozialen Kontexten als Erzeugende ihrer Wirklichkeit gesehen. Sie erzeugen Sinngebungen und Handlungsbefähigungen. Agency-Theorien nehmen dabei die Deutungen der Eltern, Kinder und signifikanten Anderen, ihre Kompetenzen und Ressourcen, aber auch Grenzen auf der Ebene ihres persönlichen und sozialen Handelns, wie auch ihre sozialen Beziehungen in den Blick. In ihrer Gesamtheit sind diese sozialen Prozesse aus der Perspektive der Handlungsbefähigungen und Handlungsoptionen durch die Fachkräfte in den Erzieherischen Hilfen wahrzunehmen, zu verstehen, zu interpretieren „und diese in gesellschaftlichen und politischen Kontexten zu verorten sowie danach zu fragen, wie Handlungsmächtigkeit gesellschaftlich gefördert und abgesichert werden kann" (Homfeldt, Schröer/Schweppe 2008: 11). Der Fokus auf Agency lenkt den Blick von einem Mangel an Verwirklichungschancen hin zu einer Vorstellung von Eltern und Familien als Gestaltende ihrer Lebenspraxen.

3   Eltern haben Rechte – und das ist gut so: Beziehungen professionell ermöglichen

Die Qualität einer Erzieherischen Hilfe ist unmittelbar an das Gelingen einer professionellen Beziehung zwischen den Eltern/Kindern/Familien/signifikanten Anderen und Fachkräften gekoppelt. Folgerichtig ist die Etablierung einer solchen Beziehung eine Leitmaxime für die Entwicklung von Professionalität, ein zentrales Element und Voraussetzung professionellen Handelns und der Ort, an dem (und nur an diesem!) eine Erzieherische Hilfe mit den besonderen Beziehungen und Handlungsformen stattfindet und an dem ein Framing bzw. ein Reframing sowohl für die Eltern als auch für die Fachkräfte überhaupt erst möglich wird (vgl. Winkler 2016: 53).

In der Sozialen Arbeit und Sozialpädagogik finden sich unterschiedliche Konzeptualisierungen der Beziehung zwischen Adressat*innen und Fachkräften. Mit dem Konzept der relationalen Arbeitsbeziehungen und der Idee relationaler Agency wurden in diesem Beitrag zwei breit diskutierte und weitreichende Konzepte in ihren Kernaussagen vorgestellt (einen Überblick über weitere Konzepte gibt Gahleitner 2017), die im Wirkungszusammenhang die Handlungsfähigkeit von Fachkräften *(= professional agency)* und von Eltern/Familien *(= user agency)* erweitern (können) und das Verhältnis aller beteiligten Akteur*innen in den Erzieherischen Hilfen in ihrer Beziehung reflektiert. Die Begründung hierfür liegt auf der Hand: „Denn Fachkräfte sind als Gegenüber in diesen Beziehungen maßgeblich an der Hervorbringung oder Verwehrung von Agency beteiligt, ebenso wie ihre eigene Agency durch die Beziehung mitbestimmt wird. Adressatinnen und Adressaten und Fachkräfte sind gemeinsam Produzierende und Koproduzierende von Handlungsfähigkeit" (Wienforth 2019: 296).

Als besonders anschlussfähig für die Erzieherischen Hilfen erweist sich das Konzept relationaler Professionalität (vgl. Köngeter 2009: 289ff.), indem es die Bedeutung von

- *Vernetztheit* und damit die Einbettung und Beeinflussung der Arbeitsbeziehung zwischen Eltern und Fachkräften in weiteren Relationen aufzeigt und deutlich macht, dass der Hilfeprozess durch weitere Sozial- und Arbeitsbeziehungen permanent beeinflusst wird;
- *Prozessualität* herausarbeitet und sichtbar macht, dass die Arbeitsbeziehung in den Erzieherischen Hilfen immer Teil einer Vielzahl von Arbeitsbeziehungen ist, in die sich diese einzureihen und einzuschreiben hat;
- *Feldförmigkeit der Gegenstandsbestimmungen* in den Erzieherischen Hilfen herausstellt und analysiert, dass sich diese im Hilfeprozesse verändern und alle im Netzwerk relevanten Akteur*innen an den Deutungen und Gegenstandsbestimmungen beteiligt sind.

Der Ertrag des hochbedeutsamen Agencyansatzes für das professionelle Handeln in den Erzieherischen Hilfen basiert darauf, dass es Eltern und Familien gelingen kann, sich durch soziale Herausforderungen und Konflikte aus Routinen und den vielfältigen Konstellationen von Hilflosigkeit, Überforderung, Leiden, Unrecht, Wut, Enttäuschung, Apathie etc. zu befreien, um sich neuen Aufgaben zu stellen. Nötig ist dazu in belastenden Situationen eine qualifizierte Befähigungshilfe, um die Deutungen von Eltern, Kindern, Familien und signifikanten Anderen, ihre Kompetenzen und auch die Grenzen ihrer Handlungsmächtigkeit gezielt und umfassend in den Blick nehmen. Anschlussfähig an diesen agencytheoretischen Rahmen sind bereits vorliegende Konzepte wie die „Systemische Arbeit" (Conen 2007), „Erziehungspartnerschaft" (Faltermeier 2019), „ressourcenorientierte Familienarbeit" (Lehmann 2004) oder „Elternpartizipation" (Gies/Hansbauer/Knuth/Kriener/Stork 2016; vgl. im Überblick Knuth 2020), bei denen die kooperative Zusammenarbeit mit Eltern (und Familien) und das Aktivieren ihrer Fähigkeiten, Ressourcen und Potenziale im Fokus der Erzieherischen Hilfe stehen, die allesamt jedoch mehr „praktiziert als gepredigt" werden sollten.

Ein relationale Perspektive auf Agency reflektiert, dass es in den Erzieherischen Hilfen um die Stärkung der Eltern und der Familien geht, sie nimmt auch informelle soziale Unterstützungssysteme breiter in den Blick, erweitert den bis heute vorherrschenden einschränkenden, weil zu starken, impliziten institutionell und professionell geprägten Blick auf die Eltern und Familien und eröffnet so weitreichende *beziehungs*reiche Möglichkeiten für ein gelingendes individuelles Elternsein und Familiensein. Wer genauer wissen will, welche Herausforderungen sich da stellen, um welche Aufgaben es geht und warum es sich lohnt, das gesteckte Ziel Eltern (und Familien) als Akteurinnen in den Erzieherischen Hilfen näher zu kommen, findet inspirierende Antworten im Buch „From Pariahs to Partners. How Parents and Their Allies Changed New York City's Child Welfare System" von David Tobis (2013).

Literatur

Andresen, Sabine (2020): Erfahrungen und Perspektiven von jungen Menschen während der Corona-Maßnahmen. Erste Ergebnisse der bundesweiten Studie Juco. Hildesheim. www.hildok.bsz-bw.de/frontdoor/index/index/docId/1078 (Abfrage: 02.01.2021).

Appell aus der Wissenschaft (2020): Mehr Kinderschutz in der Corona-Pandemie. www.frankfurt-university.de/fileadmin/standard/Aktuelles/Pressemitteilungen/2020/Appell_Kinderschutz.pdf (Abfrage: 02.01.2021).

Arbeitsgemeinschaft für Kinder- und Jugendhilfe (2020): „Care braucht mehr!" Die Bedeutung von Sorgearbeit anerkennen, Ressourcen sorgender Familien stärken. Positionspapier der AGJ vom 03./04.12.2020. www.agj.de/fileadmin/files/positionen/2020/Care_braucht_mehr.pdf (Abfrage: 02.01.2021).

Aufruf (2020): „Die Kinder- und Jugendhilfe muss während des Lockdowns offen bleiben." Die Rechte von Kindern und Jugendlichen müssen gesichert sein! www.netzwerk-kinderrechte.de/uploads/tx_news/Kinder-_und_Jugendhilfe_muss_offen_bleiben-17.12.2020.pdf (Abfrage: 02.01.2021).

Bundesarbeitsgemeinschaft der Landesjugendämter (2020): 5 Thesen zu den Auswirkungen der Co-
ronakrise auf Kinder und junge Menschen. www.bagljae.de (Abfrage: 02. 01. 2021).

Bundesministerium für Familie, Senioren, Frauen und Jugend (2020): Familien heute. Daten. Fakten.
Trends. Familienreport 2020. Berlin. www.bmfsfj.de/bmfsfj/service/publikationen/familie-heute--
daten--fakten--trends---familienreport-2020/163110 (Abfrage: 02. 01. 2021).

Bundesnetzwerk für Eltern und Familien in der Kinder- und Jugendhilfe e. V. (o. J.): Selbstverständnis
BEFKJ. www.fachpolitik-herkunftseltern.de/ueber-uns/ (Abfrage: 02. 01. 2021).

Conen, Marie-Luise (2007): Schwer zu erreichende Eltern. Ein systemischer Ansatz der Elternarbeit in der
Heimerziehung. In: Homfeldt, Hans Günther/Schulze-Krüdener, Jörgen (Hrsg.): Elternarbeit in der
Heimerziehung. München/Basel: Ernst Reinhardt, S. 61 – 76.

Derboven, Wibke (2019): Elternschaft als Arbeit. Familiales Care-Handeln für Kinder. Eine arbeitssoziolo-
gische Analyse. Bielefeld: Transcript.

Doering-Manteuffel, Anselm/Raphael, Lutz (2012): Nach dem Boom. Perspektiven auf die Zeitgeschichte
seit 1970. 3. Auflage. Göttingen: Vandenhoeck & Ruprecht.

Emirbayer, Mustafa/Mische, Ann (2017): Was ist Agency? In: Löwenstein, Heiko/Emirbayer, Mustafa
(Hrsg.): Netzwerke, Kultur und Agency. Problemlösungen in relationaler Methodologie und Sozial-
theorie. Weinheim/Basel: Beltz Juventa, S. 138 – 209.

Emirbayer, Mustafa/Mische, Ann (1998): What is Agency? In: The American Journal of Sociology, 103,
H. 4. S. 962 – 1023.

Eßer, Florian/Schröder, Christian (2020): Agency und Vulnerabilität im Care Leaving. Ein Kommentar. In:
Göbel, Sabrina/Karl, Ute/Lunz, Marei/Peters, Ulla/Zeller, Maren (Hrsg.): Wege junger Menschen aus
Heimen und Pflegefamilien. Agency in schwierigen Übergängen. Weinheim/Basel: Beltz Juventa,
S. 292 – 306.

Faltermeier, Josef (2001): Verwirkte Elternschaft? Fremdunterbringung – Herkunftseltern – Neue Handlungsansätze. Münster: Votum.

Gahleitner, Sabine Brigitta (2017): Soziale Arbeit als Beziehungsprofession. Bindung, Beziehung und
Einbettung professionell ermöglichen. Weinheim/Basel: Beltz Juventa.

Gies, Martin/Hansbauer, Peter/Knuth, Nicole/Stork, Remi (2016): Mitbestimmen, mitgestalten: Elternpartizipation in der Heimerziehung. Beiträge zu Theorie und Praxis der Jugendhilfe 15. Hannover:
Evangelischer Erziehungsverband.

Glöckler, Ulrich (2001): Soziale Arbeit der Ermöglichung. „Agency"-Perspektiven und Ressourcen des
Gelingens. Wiesbaden: Springer VS.

Graßhoff, Günther (Hrsg.) (2013): Adressaten, Nutzer, Agency. Akteursbezogene Forschungsperspektiven
in der Sozialen Arbeit. Wiesbaden: Springer VS.

Grundmann, Matthias (2008): Handlungsbefähigung. Eine sozialisationstheoretische Perspektive. In:
Otto, Hans-Uwe/Ziegler, Holger (Hrsg.): Capabilities. Handlungsbefähigung und Verwirklichungschancen in der Erziehungswissenschaft. Wiesbaden: Springer VS, S. 131 – 142.

Henry-Huthmacher, Christine (2008): Eltern unter Druck. Selbstverständnisse, Befindlichkeiten und Bedürfnisse von Eltern in verschiedenen Lebenswelten. Stuttgart: Lucius & Lucius.

Hochschuli Freund, Ursula/Stotz, Walter (2015): Kooperative Prozessgestaltung in der Sozialen Arbeit.
Ein methodenintegratives Lehrbuch. 3. Auflage. Stuttgart: Kohlhammer.

Holz, Gerda/Richter-Kornweitz, Antje (2020): Corona-Chronik. Gruppenbild ohne (arme) Kinder. Eine
Streitschrift. www.iss-ffm.de/fileadmin/assets/themenbereiche/downloads/Corona-Chronik_Streit-
schrift_final.pdf (Abfrage: 02. 01. 2021).

Homfeldt, Hans Günther/Schröer, Wolfgang/Schweppe, Cornelia (2008): Vom Adressaten zum Akteur –
eine Einführung. In: Homfeldt, Hans Günther/Schröer, Wolfgang/Schweppe, Cornelia (Hrsg.): Vom
Adressaten zum Akteur. Soziale Arbeit und Agency. Opladen/Farmington Hills: Barbara Budrich,
S. 7 – 14.

Juul, Jesper (2016): Leitwölfe sein. Liebevolle Führung in der Familie. Weinheim/Basel: Beltz.

Knuth, Nicole (2020): Dokumentation und Auswertung der Beteiligungswerkstatt mit Eltern und Fachkräften im Rahmen der Zukunftsinitiative „Zukunftsforum Heimerziehung". Frankfurt/M. www.igfh.de/
publikationen/broschueren-expertisen/dokumentation-auswertung-beteiligungswerkstatt-mit-eltern
(Abfrage: 02. 01. 2021).

Köngeter, Stefan (2009): Relationale Professionalität. Eine empirische Studie zu Arbeitsbeziehungen mit
Eltern in den Erziehungshilfen. Baltmannsweiler: Schneider.

Köngeter, Stefan/Schulze-Krüdener, Jörgen (2018): Arbeitsbeziehungen im Kinderschutz. Professionelle
Herausforderungen in der Arbeit mit Eltern. In: Böwer, Michael/Kotthaus, Jochem (Hrsg.): Praxisbuch
Kinderschutz. Professionelle Herausforderungen bewältigen. Weinheim/Basel: Beltz Juventa,
S. 170 – 188.

Kraus, Josef (2013): Helikopter-Eltern. Schluss mit dem Förderwahn und Verwöhnung. 3. Auflage. Hamburg: Rowohlt.

Krüdener, Bettina/Schulze-Krüdener, Jörgen (2020): Auf die Eltern angewiesen sein. In: Sozialmagazin, 45, H. 11-12, S. 50–56.

Lehmann, Carsten (2004): Ressourcenaktivierende Familienarbeit – Erfahrungen mit einem praktischen Ansatz. In: Sozialpädagogisches Institut des SOS-Kinderdorf e. V. (Hrsg.): Herkunftseltern in der Kinder- und Jugendhilfe – Perspektiven für eine partnerschaftliche Zusammenarbeit. München: Eigenverlag, S. 33–44.

Lempp, Reinhart (1973): Eltern für Anfänger. Mit Zeichnungen von Loriot. Zürich: Diogenes.

Müller, Burkhard (2016): Professionelle Handlungsungewissheit und professionelles Organisieren Sozialer Arbeit. In: Busse, Stefan/Becker-Lenz, Roland/Ehlert, Gudrun/Müller-Hermann, Silke (Hrsg.): Professionalität und Organisation. Wiesbaden: Springer VS, S. 187–205.

Olk, Thomas (1986): Abschied vom Experten. Sozialarbeit auf dem Weg zu einer alternativen Professionalität. Weinheim/München: Juventa.

Reutlinger, Christian (2008): Agency und ermöglichende Räume – Auswege aus der Falle der „doppelten Territorialisierung". In: Homfeldt, Hans Günther/Schröer, Wolfgang/Schweppe, Cornelia (Hrsg.): Vom Adressaten zum Akteur – eine Einführung. Opladen/Farmington Hills: Barbara Budrich, S. 211–232.

Richter, Marina (2010): Zur Adressierung von Eltern in ganztätigen Bildungssettings. In: Kessl, Fabian/Plößer, Melanie (Hrsg.): Differenzierung, Normalisierung, Andersheit. Soziale Arbeit als Arbeit mit den Anderen. Wiesbaden: Springer VS, S. 25–33.

Scherr, Albert (2012): Soziale Bedingungen von Agency. Soziologische Eingrenzungen einer sozialtheoretisch nicht auflösbaren Paradoxie. In: Bethmann, Stephanie/Helfferich, Cornelia/Hoffmann, Heiko/Niermann, Debora (Hrsg.): Agency. Qualitative Rekonstruktionen und gesellschaftstheoretische Bezüge von Handlungsmächtigkeit. Weinheim/Basel: Beltz Juventa, S. 99–121.

Schulze-Krüdener, Jörgen/Diwersy, Bettina (2021): Grenzen überschreitender Kinderschutz. Ein Forschungsprojekt als Wendepunkt für den Kinderschutz in Rheinland-Pfalz. Baltmannsweiler: Schneider.

Stork, Remi (2007): Kann Heimerziehung demokratisch sein? Eine qualitative Studie zum Partizipationskonzept im Spannungsfeld von Theorie und Praxis. Weinheim/München: Juventa.

Strahl, Benjamin (2020): Heimerziehungsforschung in Deutschland. Eine Expertise für das Zukunftsforum Heimerziehung. www.igfh.de/publikationen/broschueren-expertisen/heimerziehungsforschung-deutschland (Abfrage: 02. 01. 2021).

Tobis, David (2013): From Pariahs to Partners. How Parents and Their Allies Changed New York City's Child Welfare System. New York: Oxford University Press.

Tolstoi, Leo (2011): Anna Karenina. Roman. München: dtv.

Vodafone Stiftung (Hrsg.) (2015): Was Eltern wollen. Informations- und Unterstützungswünsche zu Bildung und Erziehung. Düsseldorf.

Walper, Sabine (2015): Eltern auf der Suche nach Orientierung. In: Vodafone Stiftung (Hrsg.): Was Eltern wollen. Informations- und Unterstützungswünsche zu Bildung und Erziehung. Düsseldorf, S. 17–25.

Wienforth, Jan (2019): Agency-Figuration in der Jugendhilfe. Professional Agency in Arbeitsbeziehungen zwischen Fachkräften und jungen Geflüchtete. In: Soziale Arbeit, 68., H. 8, S. 295–301.

Winkler, Michael (2011): Der pädagogische Ort. In: Mertens, Gerhard (Hrsg.): Erziehungswissenschaft und Gesellschaft. Handbuch der Erziehungswissenschaft (Studienausgabe). Paderborn: Schöningh, S. 30–68.

Winkler, Michael (2014): Elternarbeit. In: Düring, Diana/Krause, Hans-Ulrich/Peters, Friedhelm/Rätz, Regina/Rosenbauer, Nicole/Vollhase, Matthias (Hrsg.): Kritisches Glossar Hilfen zur Erziehung. Regensburg: Walhalla, S. 101–107.

Wissenschaftszentrum Berlin für Sozialforschung (2017): Forschungsbericht III. Ergebnisse der Vermächtnisstudie zum Thema Familie und Partnerschaft. Discussion Paper P 2017-008 von Jan Wetzel. www.econstor.eu/bitstream/10419/162713/1/891145656.pdf (Abfrage: 02. 01. 2021).

Bedingungslose Jugendhilfe –
vom Stigma-Management
zur De-Stigmatisierung von Eltern

Mark Schrödter/Vinzenz Thalheim/Katharina Freres

1 Das Problem der Stigmatisierung in und durch Heimerziehung

Bis heute ist „Heimerziehung" und sind die Eltern, die sie für ihre Kinder formalrechtlich in Anspruch nehmen, sowie die jungen Menschen, die in den vielfältigen Formen stationärer Erziehungshilfe leben, mit einem Stigma behaftet. Dieses Stigmatisierungsproblem soll im Folgenden analytisch aus professionalisierungstheoretischer Perspektive beleuchtet und im Lichte der internationalen Stigmatisierungsforschung (ausführlich: Schrödter 2020) betrachtet werden. Außerdem werden drei Strategien zur konkreten Bearbeitung des Stigmatisierungsproblems in der Heimerziehung diskutiert, die in der Fachliteratur eine Rolle spielen. Wir orientieren uns dabei unter anderem am „Zukunftsforum Heimerziehung", dem vom BMFSFJ (2019 bis 2021) geförderten Think Tank zur Reform der stationären Erziehungshilfen. Diese Strategien sind Öffentlichkeitsarbeit, Erziehungspartnerschaften und Normalisierung, die wir als die drei Säulen der De-Stigmatisierung von Heimerziehung bezeichnen. Dabei vertreten wir die These, dass diese drei Säulen ihre de-stigmatisierenden Effekte nur dann voll entfalten können und damit über Strategien des Stigma-Managements hinaus gehen, wenn sie auf dem Fundament einer Bedingungslosen Jugendhilfe basieren (vgl. Thalheim 2021; Schrödter/Freres 2019).

1.1 Das Hilfe-Stigma-Dilemma

Es ist vielfach festgestellt worden, dass die Inanspruchnahme von Sozialer Arbeit immer stigmatisierend ist. Denn „indem die Menschen sich nun in der Sozialen Arbeit vorfinden, müssen sie sich eingestehen, dass ihnen ihr Leben nicht gelungen ist" (Thiersch 2013: 26) und „dass die eigenen Ressourcen zur Bewältigung von Problemen nicht ausreichen und man auf ‚Hilfe' von anderen angewiesen ist. Insofern kann man Soziale Arbeit immer als Form von Stigmatisierung begreifen" (Graßhoff 2015: 74). Soziale Arbeit ist eine „Stigmatisierungsinstanz" (Böhnisch 1975). Im Gegensatz zu Hilfen aus der primären, gemeinschaftlichen Lebenspraxis der betroffenen Person sind Hilfen einer sekundären, professionellen Instanz grundsätzlich immer stigmatisierend (Oevermann 2009: 138ff.; Brumlik/Keckeisen 1976: 245). Die soziale Konstruktion der sekundären Hilfe verweist darauf, dass sie nicht als primärer Normalbedarf vorgesehen ist, wodurch ihre Inanspruchnahme einen abweichenden Sonderbedarf markiert, der zu ihrem Stigma führt. Als Sonderbedarf sind die sekundären Hilfen als „Hilfe zur Selbsthilfe" angelegt, also als eine Hilfe, die dazu befähigen soll, aus dem Bereich des Sonderbedarfs in den des Normalbedarfs zurück zu gelangen, der dann wieder mit primären Hilfen ausreichend gedeckt werden kann.

Die Unterscheidung zwischen primärer und sekundärer Hilfe wird auch bei der Kontrastierung mit anderen Professionen ersichtlich. Die Dienste von Jurist*innen, Mediziner*innen und Lehrer*innen folgen nicht im gleichen Sinne der Logik der Hilfe zur Selbsthilfe. So wird Schule in der Regel nicht als Hilfe zur Selbsthilfe konzipiert, mit dem Ziel, die Schüler*innen möglichst schnell in die Lage zu versetzen, sich ohne Schulbesuch eigenständig Wissen und Kompetenzen aneignen zu können. Vielmehr werden Schulen als Einrichtungen konstruiert, die besser für Bildung sorgen können, als dies in der familiären Umgebung möglich wäre (Oevermann 2003: 57). Vor diesem Hintergrund ist die Inanspruchnahme von Schule nicht Ausdruck eines Sonderbedarfs, sondern verweist auf die souveräne Nutzung einer sozialen Infrastruktur, die Ausdruck des Rationalisierungspotentials moderner Gesellschaften ist. Wenn hingegen die gesellschaftliche Erwartung vorherrschen würde, dass Familien für die formale Bildung selbst verantwortlich wären und sie dann dieser Erwartung nicht gerecht werden würden, könnte Schule zur Einrichtung für Heranwachsende werden, die einen Sonderbedarf an Bildung haben, der innerfamiliär nicht gedeckt werden kann. Die Inanspruchnahme von Schule wäre dann stigmatisiert.

Therapeutische Dienste von Mediziner*innen und Psycholog*innen folgen schon eher der Logik der abweichenden sekundären Hilfe zur Selbsthilfe. So halten sie Leistungen für Personen vor, die so stark in ihrer leiblichen oder psychischen Integrität „beeinträchtigt" sind, dass die Selbstheilungskräfte des Körpers bzw. die psychosozialen Problemlösungsressourcen nicht ohne sekundäre Hilfe durch Expert*innen hinreichend wirksam werden können. Dabei soll die therapeutische Hilfe aber nicht zugleich die Patient*innen auf eine Weise abhängig machen, dass sie ohne sie nicht mehr lebensfähig wären. Ziel ist immer auch, dass die Patient*innen sich selbst helfen können. Denn es besteht die grundsätzliche Erwartung, für die Aufrechterhaltung der eigenen bio-psycho-sozialen Integrität angesichts von als „normal" geltenden Herausforderungen und Krisen selbst sorgen zu können. Darüber hinaus stellen die therapeutischen Professionen auch ein gesteigertes Expert*innenwissen zur Verfügung, dessen Konsultation auch präventiv zur Vermeidung möglicher bio-psycho-somatischer Störungen als rational gilt (etwa: medizinische Vorsorgeuntersuchungen, psychosoziale Beratungen). Gleiches gilt für die Dienste von Expert*innen des Rechtssystems. So gibt es Konflikte und Streitigkeiten, bei denen es als sozial akzeptabel oder sogar geboten gilt, einen Rechtsbeistand als primäre Hilfe zu konsultieren bzw. ein Rechtsverfahren anzustreben, da – insbesondere in der verrechtlichten Welt mit dem Auseinandertreten von materialem und formalen Recht (Wernet 1997) – gesellschaftlich nicht erwartet wird, dass Laien diese Konflikte mit eigenen Bordmitteln lösen können. Gleichzeitig gilt es als abweichend, jeglichen Alltagskonflikt auf juristischem Wege klären zu wollen, da von Personen eine gewisse Fähigkeit gemeinschaftlicher Problemlösung als normale Kompetenz erwartet wird.

Die Dichotomie von primären und sekundären Hilfen führt zur Unterscheidung von Normal- und Sonderbedarfen. Primäre Hilfssysteme wie Schule, Rechtsbeistand, medizinische Versorgung und psychologische Beratungsangebote sind mit ihren Problemlösungspotentialen so weit entwickelt, dass sie das historisch etablierte Niveau erwartbarer lebenspraktischer Problemlösungsfähigkeiten durchschnittlicher Personen übersteigen, so dass es als gesellschaftlich erwünscht gilt, wenn Personen diese professionalisierten Dienste als Normalbedarf beanspruchen. Sie nicht zu beanspruchen, ist tendenziell legitimationsbedürftig oder kann gar sanktioniert werden. Sekundäre Hilfesysteme, wie Psychotherapie, übersteigen ihrem Selbstverständnis nach den zu erwartenden Normalbedarf, der durch primäre Hilfeangebote gedeckt werden soll. Sie markieren einen abweichenden Sonderbedarf, der stigmatisierend ist.

Wie ist nun die professionalisierte Leistung der Jugendhilfe, die Heimerziehung, auf diesem Spektrum zwischen sekundärer Hilfe für defizitäre Personen einerseits und rationalisierter, primärer Unterstützung für autonome Personen andererseits zu verorten? Heimerziehung ist eine sekundäre Hilfe. Dies wird bereits aus der rechtlichen Konstruktion ersichtlich. Nach geltendem Recht muss ein Erziehungsdefizit vorliegen, damit ein Anspruch auf eine Hilfe zur Erziehung und damit auch auf Heimerziehung besteht. Ohne Defizit in der Erziehung keine Hilfe zur Erziehung. Das Defizit markiert ein Abweichen, namentlich, dass primäre Hilfen nicht ausreichen, um ein gelingendes Heranwachsen zu ermöglichen. Aus der Abweichung resultiert der Anspruch auf die erzieherische Hilfe der Heimerziehung, die an die Bedingung gekoppelt (Tatbestandsmerkmal) ist, dass „eine dem Wohl des Kindes oder des Jugendlichen entsprechende Erziehung nicht gewährleistet ist" (SGB VIII § 27, Abs. 1). Ohne ein Defizit in der Verwirklichung von Erziehung gibt es keine Hilfe zur Erziehung (Wiesner 2017: 39 ff.). Kinder, die im Heim leben, sowie deren Erziehungsberechtigte sind also bereits von Rechts wegen strukturell im gegenwärtigen Kinder- und Jugendhilfesystem als defizitär stigmatisiert. Entsprechend haben Kinder, die in Heimen aufwachsen, sowie die Heimerziehung kein durchweg positives öffentliches Ansehen, wie im Folgenden anhand der empirischen Forschung gezeigt wird.

1.2 Public Image Sozialer Arbeit

Im Unterschied zu anderen professionalisierten Hilfen wie der Jurisprudenz oder der Medizin verschärft sich in der Sozialen Arbeit die allgemeine Stigmatisierungsproblematik helfender Professionen, weil sie es häufig mit bereits stigmatisierten Personen zu tun hat. Das hat sie mit der Psychotherapie gemein. „Psychisch Kranke" sind gesellschaftlich stigmatisiert, ebenso wie „Kriminelle", „Drogenabhängige", „Obdachlose", „Verwahrloste", „Schwererziehbare", „Erziehungsunfähige", etc. Neben der allgemeinen Funktion von Stigmatisierung zur gesellschaftlichen Legitimation des Bedarfs sekundärer Hilfen, dient das Stigma auch der sozialen Exklusion und der sozialen Kontrolle von Personen, die als moralisch „schlecht" konstruiert werden (Goffman 1963: 171). Daher hat Soziale Arbeit „sich selbst immer wieder die Frage gestellt, ob die Arbeit mit exkludierten Menschen nicht selbst wiederum deren Ausgeschlossenheit zementiert und weitere Stigmatisierung bedeutet" (Graßhoff 2015: 74). So können sich gesellschaftliche Stigmatisierungsprozesse und Prozesse der Stigmatisierung durch die Soziale Arbeit ineinander verschränken, so dass sich das Stigma im Sinne des „stigma by association" (Burke/Parker 2006) überträgt.

Adressat*innen der Jugendhilfe erleben solche Stigmatisierungsprozesse in vielfältiger Weise. Empirisch lässt sich zeigen, dass Eltern sehr klar zwischen den Stigma-Effekten, die strukturell von der Jugendhilfe im Allgemein ausgehen, einerseits und ihrer Zufriedenheit mit konkreten Angeboten der Jugendhilfe, andererseits unterscheiden können (Casas et al. 2000: 306). Empirische Studien belegen international, dass Soziale Arbeit insgesamt ein durchaus positives öffentliches Ansehen hat. Auch wenn es für die Soziale Arbeit in Deutschland keine neueren quantitativen Public-Image-Studien gibt; größere, zum Teil auch repräsentativ angelegte Befragungen in anderen Ländern deuten darauf hin, dass in der breiten Bevölkerung der Wert der Sozialen Arbeit zunehmend geschätzt wird (Neuseeland: Hobbs/Evans 2017; Israel: Kagan 2015; Schottland: McCulloch/Webb 2020; Türkei: Bolgün/Şahin 2019; USA: LeCroy/Stinson 2004). Die Befunde sind international recht ähnlich. So weiß die Öffentlichkeit um verschiedene Aufgabenbereiche der Sozialen Arbeit und schätzt sie insbesondere für ihre Leistungen bei der Bearbeitung sozialer Probleme wie häusliche Gewalt oder Obdachlosigkeit. Gleichzeitig werden aber die Adressat*innen der Sozialen Arbeit abgewertet. Auch in Deutschland gelangt man auf Basis qualitativer Rekonstruktionen des Bildes der Sozialen Arbeit in den Medien zu dem Ergebnis: „Während die Tätigkeit des Helfens hoch angesehen ist, wird das Objekt der Hilfe diskreditiert" (Hamburger 2012: 1009). International wird zwar durchaus gesehen, dass Soziale Arbeit mit Menschen aller gesellschaftlichen Schichten zu tun hat, ihre Kernkompetenz wird aber in Bezug auf Personen gesehen, die aus dem Normalarbeitsverhältnis herausgefallen sind und Sonderbedarfe haben (LeCroy/Stinson 2004: 168). Im Vergleich zu den therapeutischen Professionen hat sie einen entsprechend niedrigen Berufsstatus (von Sydow/Reimer 1998: 471).

1.3   Stigmatisierung in der Jugendhilfe

Insbesondere der Prozess der Ermittlung des erzieherischen Bedarfs wird von den betroffenen Eltern und deren Kindern als stigmatisierend erlebt, da es dort unmittelbar darum geht, ob Eltern als Eltern „gut genug" sind (Gibson 2015: 337) bzw. als „normal" gelten können (Freres 2020; Freres et al. 2019). Zahlreiche insbesondere qualitative, meist auf Interviews basierende Forschungsprojekte haben gezeigt, wie sehr sich Eltern ohnmächtig und dem Jugendamt ausgeliefert fühlen, wenn sie zum Objekt von Kindeswohlgefährdungseinschätzungen werden oder ihre Kinder bereits fremdplatziert wurden (USA: Quick/Scott 2019; norwegische Längsschnittstudie über 30 Jahre: Herland/Helgeland 2017). International vergleichende Studien belegen, wie ähnlich die Erfahrungen der Eltern sind (Schofield et al. 2010): Sie erleben den Diagnoseprozess durch das Jugendamt als Bedrohung ihrer Identität als Eltern. Häufig haben sie das Gefühl, dass die Fachkräfte des Jugendamts ihnen respektlos begegnen, dass sie ihnen nicht vertrauen können und dass die Inanspruchnahme von familienunterstützenden Diensten eher zur Stigmatisierung beiträgt und Gefühle der Schuld, Scham und Aggression bestärkt.

Eltern und ihre Kinder sind vor allem dann von Stigmatisierungen betroffen, wenn die Kinder fremdplatziert aufwachsen. Für die Heimerziehung dominiert bis heute das „Image als ‚Nothilfe' und Strafanstalt" (Behnisch 2020: 22) und es dominieren „Zuschreibungen als strukturell abgekoppelte ‚Restehilfe', die dann zum Einsatz kommt, wenn alle anderen Formen nicht mehr tragen" (Zukunftsforum Heimerziehung 2019: 2). Entsprechend bestätigen (die wenigen quantitativen) Studien die Ergebnisse der Public Image-Forschung zur Sozialen Arbeit im Allgemeinen: Heimkinder als Personen werden negativ, das Heim als Institution dagegen bestenfalls positiv im Sinne von „nützlich" gesehen, und das sowohl durch die Öffentlichkeit als auch durch die Fachkräfte der Sozialen Arbeit selbst (Portugal: Patrício et al. 2019; Deutschland und Russland: Kuznetsova 2007). Im Vergleich zu Kindern und Jugendlichen, die bei ihren Familien wohnen, werden Heimkinder als verhaltensauffälliger, weniger kompetent und unglücklicher wahrgenommen, wobei Befragte mit Arbeitserfahrungen im Jugendhilfekontext signifikant zu negativeren Einschätzungen neigen (Patrício et al. 2019). Insgesamt wird selbst von Nutzer*innen und Fachkräften der Jugendhilfe die Fremdplatzierung in Pflegfamilien und Heimen von allen wohlfahrtsstaatlichen Leistungen als am stärksten stigmatisierend empfunden (Casas et al. 2000; Blythe et al. 2011). Qualitative Studien belegen, dass fremdplatzierte Kinder positive Selbstrepräsentationen haben, allerdings sind sie im

Vergleich mit Kindern, die bei ihren Familien leben, negativer ausgeprägt (Patrício/Calheiros/Martins 2016: 324). In einigen Studien berichten fremdplatzierte Kinder, wie sie im Alltag Stigma-Management nach außen betreiben, indem sie ihren Platzierungsstatus verheimlichen und nach innen, indem sie mit anderen fremdplatzieren Kindern eine Art solidarische Leidensgemeinschaft bilden (Rogers 2016; Schäfer 2019).

Von den Eltern wird die Fremdplatzierung ihrer Kinder als Bedrohung der eigenen Identität erlebt, und das unabhängig davon, ob es sich um eine gerichtlich angeordnete Fremdplatzierung handelt (Ruchholz 2019; Baum/Negbi 2013) oder eine von den Eltern selbst gewünschte, etwa weil sie ihr Kind als verhaltensschwierig erleben (Buchbinder/Bareqet-Moshe 2011). Sie gelten als „Eltern ohne Kinder" (Faltermeier 2019: 245). Die soziale Infragestellung des Elternstatus wird insbesondere dann als identitätsbedrohend erlebt, wenn kaum andere soziale Rollen zur Verfügung stehen, über die gesellschaftliche Anerkennung erfahren werden kann – schließlich ist für Eltern mit niedrigem sozioökonomischem Status die Elternrolle häufig eine sehr zentrale Ressource des positiven Selbstbildes (Hughes/Chau/Vokrri 2015: 355).

2 Bisherige Ansätze der Lösung des Stigmatisierungsproblems

Während die gesundheitsbezogene Stigmatisierungsforschung ein vergleichsweise differenziertes Spektrum an Strategien zur Abschaffung von stigmatisierenden Repräsentationen von Menschen mit psychischen Störungen und zu Strategien des Stigma-Managements hervorgebracht hat (Gesetzgebung, Leitlinien für Massenmedien, Aufklärungs- und Skandalisierungskampagnen, Deinstitutionalisierungsbewegung, vgl. zur Übersicht: Stuart 2017; Gronholm et al. 2017), gibt es in Bezug auf die Adressat*innen der Sozialen Arbeit nur wenige Arbeiten, die sich dezidiert mit De-Stigmatisierungsstrategien beschäftigen (vgl. Böhnisch 1975). Die meisten Vorschläge finden sich in den Schlussüberlegungen von Forschungsarbeiten und diese beinhalten dann weniger Strategien zur Abschaffung von Stigmatisierungsstrukturen, sondern heben eher auf interaktive Strategien des Stigma-Managements zur Abmilderung von Stigmatisierungsprozessen ab. Es sollen nun drei in der Literatur häufig erwähnte Strategien der Reaktion auf Stigmatisierung diskutiert werden: Öffentlichkeitsarbeit, Erziehungspartnerschaft und Normalisierung. Sie adressieren die Beziehung der Heimerziehung zur weiteren Öffentlichkeit, zu den Eltern und nach innen zu sich selbst.

2.1 Öffentlichkeitsarbeit

Bei Maßnahmen, die ein positives Public Image der Sozialen Arbeit fördern sollen, geht es darum, in der Öffentlichkeit positive Einstellungen gegenüber Menschen in psycho-sozialen Krisen zu fördern, etwa durch die Verbreitung der Erkenntnis, dass psycho-soziale Probleme mit entsprechender Hilfe zu bewältigen sind und dass selbst unter den Bedingungen schwerer Psychotraumatisierungen oder psychischer Störungen bei entsprechender Unterstützung eine hinreichend autonome Lebensführung und ein gutes Leben möglich ist (Corrigan/Bink 2016: 231 f.). Es geht letztlich um die Förderung einer wohlwollenden und mitfühlenden Haltung Betroffenen gegenüber. Auf das Handlungsfeld der Heimerziehung bezogen fordern Fachkräfte mehr Öffentlichkeits- bzw. Lobbyarbeit (Knuth 2020: 16; Zukunftsforum Heimerziehung 2019: 2), die etwa darauf abzielen soll, vielfaltige Formen des Heranwachsens und des Zusammenlebens in Wohngruppen zu bewerben oder befördern sollen, in der Öffentlichkeit vermehrt „auch ‚gute' Geschichten über die Heimerziehung zu erzählen" (Behnisch 2020: 22).

Kritisch zu reflektieren wäre an solchen wohlmeinenden Kampagnen, inwiefern sie eine fundamentale De-Stigmatisierung und nicht bloß einen souveränen Umgang mit dem Stigma, also ein Stigma-Management darstellen können. Schon Lothar Böhnisch (1975: 145) warnte davor, dass bei solchen Kampagnen unterbelichtet bleibe, „daß stigmatisierende Bedingungen und Vorgänge in den Institutionen der Sozialarbeit teilweise selbst angelegt sind", so dass das „‚Werben' um öffentliches ‚Verständnis' für die Klienten der Sozialarbeit [und] die Verbesserung des ‚negativen Image'" der Sozialen Arbeit (Böhnisch 1975: 145) als De-Stigmatisierungsstrategien nicht ausreichen. Denn „dieses ‚Verständnis' kann dann meist nur auf einer bestimmten Ebene erkauft werden: In der ‚Anteilnahme' am persönlichen, individuellen Schicksal der Klienten unter Ausblendung ihrer objektiven Lebens- und Entwicklungsbedingungen" (Böhnisch 1975: 145, vgl. auch Link/Phelan 2001: 380). Gegen eine solche individualisierende Auffassung von Sozialer Arbeit wird dann von einigen Autor*innen ein repolitisiertes Verständnis von lebensweltorientierter Sozialer Arbeit gesetzt. Es basiert darauf, dass individualistische Problembearbeitungsstrategien, die bloß das Bewältigungshandeln der Eltern – und hier zumeist der Mütter – stärken wollen, kritisch dahingehend zu reflektieren wären, inwiefern dem Annahmen zugrunde liegen, „dass auffälliges Verhalten von Kindern/Jugendlichen auf Erziehungsversagen zurückzuführen sei" und inwiefern hier gesellschaftspolitische Vorstellungen darüber eine Rolle spielen, „was Familie leisten soll" (Bitzan/Herrmann 2018: 51). Denn „sozialpädagogische Adressierungen unterscheiden sich strukturell darin, ob das sozialpädagogische ‚Problem' als selbst verschuldet attribuiert wird, oder in Interaktion mit der Umwelt verortet ist. […] Ein wichtiger Fokus beim Reden über Adressat_innen der Sozialen Arbeit besteht gerade in der Differenzierung und damit entstigmatisierenden Rede über Menschen in unterschiedlichen Lebenssituationen" (Graßhoff 2015: 59). Es geht darum, gemeinwesen- und sozialraumorientierte Handlungsstrategien zu entwickeln, die nicht die einzelne Person als defizitär und hilfsbedürftig konzipieren, sondern den Raum adressieren und so an alle Personen gerichtet sind, die diesen Raum konstituieren (Graßhoff 2015: 61 ff.).

Öffentlichkeitsarbeit allein kann also das Hilfe-Stigma-Dilemma nicht aufheben. Aber auch stärker sozialpolitische, gemeinwesenorientierte Handlungsstrategien, die die Ressourcen der Familien erweitern und damit verhindern können, dass der Bedarf nach Fremdplatzierung überhaupt erst entsteht, sind nicht geeignet, Heimerziehung zu de-stigmatisieren. Als isolierte Strategie reproduzieren sie das Hilfe-Stigma-Dilemma der Heimerziehung nur noch. Einerseits soll Heimerziehung nicht als „Restehilfe" gesehen werden, sondern als normalisierte Hilfe, andererseits soll aber gleichzeitig sozialpolitisch alles getan werden, dass gar nicht erst auf Heimerziehung zurückgegriffen werden muss (Knuth 2020: 20), die dadurch ja gerade erst als zu vermeidende markiert wird. Selbst eine durch sozialräumliche Ressourcen flankierte Öffentlichkeitsarbeit scheint also nicht geeignet, nachhaltig zur De-Stigmatisierung der Heimerziehung beizutragen.

2.2 Erziehungspartnerschaft

Junge Menschen, die in stationären Hilfen zur Erziehung leben, befinden sich in einem komplexen Netzwerk von gleichaltrigen und erwachsenen Personen, die ihnen bei der Bewältigung ihrer Probleme und der Bildung ihrer selbst helfen und zur Seite stehen. Mittlerweile hat sich die Einsicht in die Bedeutung der Aufrechterhaltung und Revitalisierung der Beziehung zu den Eltern dahingehend etabliert, dass zunehmend auf kontinuierliche „Elternarbeit" gesetzt wird (Stange et al. 2013). Das partnerschaftliche Moment hebt vor allem darauf ab, den Eltern nicht das Gefühl zu geben, man habe ihnen die Kinder „weggenommen" und befände sich zu ihnen in Konkurrenz, weil man deren Kinder besser erziehen könne (Faltermeier 2019). Durch die Stigmatisierungsforschung wird dies bestätigt. In einer Forschungsübersicht von 52 Studien zur Perspektive der Nutzer*innen auf unterstützende Dienste im Bereich des Kinderschutzes haben sich vor allem zwei Aspekte als bedeutsam herausgestellt, die gewissermaßen als Kehrseite stigmatisierender Praktiken gedeutet werden können: Aufrichtigkeit und Wertschätzung durch die Fachkräfte (Tilbury/Ramsay 2018: 143). Insbesondere Mütter wünschen sich, als „gute Mütter" anerkannt zu werden, die zwar etwas Unterstützung benötigen, die ihre Kinder aber auch lieben, wenn sie nicht der Ideologie der Mittelschicht von „intensiver Mütterlichkeit" entsprechen (Herland/Helgeland 2017: 55). Dabei erscheinen schamreduzierende und traumasensible Konzepte vielversprechend, mit denen den Eltern das Gefühl genommen wird, sie „seien mangelhaft und daher der Anerkennung und Zugehörigkeit unwürdig" (Gibson 2015: 334; vgl. auch: Atwool 2019). Beschämungen von Eltern können dadurch sensibel aufgegriffen werden, dass soziale Probleme nicht individualisiert werden. Vielmehr sollen die Fachkräfte die strukturellen Schwierigkeiten, unter denen Eltern ihre Kinder erziehen müssen, anerkennen (Gibson 2019: 14), was voraussetzt, dass angehende Sozialarbeiter*innen im Studium lernen, den neoliberalen Diskurs der Responsibilisierung von Eltern deprivilegierter Sozialschichten kritisch zu hinterfragen (Beddoe/ Keddell 2016).

Als hilfreich für das eigene Stigma-Management bei der Nutzung stationärer Erziehungshilfen werden auch unterstützende partnerschaftliche und partizipative Gruppen erlebt, in denen etwa Eltern, gegebenenfalls Pflegeeltern, die erweiterte Verwandtschaft, Freunde und Nachbar*innen zusammen mit Sozialarbeiter*innen ein gegenseitiges Verständnis für problematische Bewältigungsversuche in schwierigen Lebenslagen befördern (Slettebø 2013). Mütter fremdplatzierter Kinder können sich – auch initiiert durch individuelle Ermutigung und durch sozialraumorientierte Netzwerkarbeit von Sozialarbeiter*innen – zusammenschließen, austauschen und sich gegenseitig bestärken und so aus der Isolation der Privatheit heraustreten (Kenny/Barrington 2018). Fremdplatzierte Kinder und Jugendliche aus unterschiedlichen Einrichtungen können gemeinsam mit Careleavern Netzwerke bilden, in denen sie eine empowernde Leidensgemeinschaft bilden, sich gegenseitig unterstützen und ein solidarisches Stigma-Management betreiben (Rogers 2016).

Fachlich sensibel gepflegte Erziehungspartnerschaften zwischen Eltern und professionellen Akteur*innen können einen Beitrag zur Abmilderung stigmatisierender Effekte von Heimerziehung leisten. Wie auch die Strategie der Öffentlichkeitsarbeit operiert die Strategie der Erziehungspartnerschaft insbesondere auf der interaktiven Ebene. So wird interaktiv ein Stigma-Management gefördert, das durch die kommunikative Vermittlung von Akzeptanz dazu beitragen kann, die Scham durch die Inanspruchnahme von Fremdplatzierung zu bearbeiten. Dies kann dazu führen, dass sich Nutzer*innen in interaktiven Selbstpräsentationen gegenüber Dritten selbstbewusster eingestehen können, einen Sonderbedarf zu haben, womit schon viel erreicht wäre. Der interaktive Ansatz hat jedoch Grenzen, da er affirmativ ausgerichtet ist: Es wird versucht, Wirkungen (Stigmatisierung) der gegebenen Struktur zu verändern, ohne jedoch die verursachende Struktur zu transformieren, die die Wirkungen herbeigeführt hat (Thalheim 2021). So werden „Herkunftsfamilien [...] nach wie vor als sozial schwach wahrgenommen, als nicht kompetent genug, um das Leben alleine bewältigen zu können. Kinder erleben dadurch, dass ihre Eltern aus der Außenperspektive versagt haben. Herkunftseltern verstehen sich nicht selten als Außenseiter, weil sie das Stigma von ‚Rabeneltern' und ‚verwirkter Elternschaft' mit sich tragen. Es ist deshalb wichtig, dass Herkunftseltern als jene anerkannt werden, die sich mehr oder weniger freiwillig für die Fremdunterbringung und damit für diese Lebensform im Interesse ihrer Kinder entschieden haben" (Faltermeier 2019: 247 f.). Um die Freiwilligkeit der Eltern zur Nutzung von Fremdplatzierung zu fördern, muss das Problemlösungspotential des Angebots so weit entwickelt sein, dass es als rationale, d.h. verantwortliche, Entscheidung begründet werden kann. Erst dann wäre die Inanspruchnahme von Fremdplatzierung relativ neutral zu plausibilisieren und mithin zu normalisieren, was zu ihrer De-Stigmatisierung beitragen würde.

2.3 Normalisierung von Heimerziehung

Mit Blick auf die Stigmatisierung lassen sich zwei Aspekte der Normalisierung von Heimerziehung unterscheiden, die in den letzten Jahren immer wieder diskutiert worden sind. Zum einen bezeichnet die Normalisierung von Heimerziehung Strategien, mit denen stationäre Einrichtungen der Erziehungshilfe versuchen, möglichst nah an die „Normalität" „normaler" Familien heranzureichen. Heimeinrichtungen sollen von außen wie „normale" Wohnhäuser aussehen und entsprechend „unauffällig" im Sozialraum eingebettet sein und die Heimgruppe und der Heimalltag wird im Sinne eines wie auch immer konkret verstandenen „Familienprinzips" organisiert (Winkler 2002). Bei diesen Normalisierungsstrategien handelt es sich um Stigma-Management, denn der Charakter der Heimerziehung als eine Sonderbedarfsleistung für Eltern mit einem besonderen erzieherischen Bedarf wird dabei strukturell nicht infrage gestellt.

Die zweite Bedeutungsvariante von Normalisierung der Heimerziehung beansprucht, Heimerziehung zu einer Leistung umzufunktionieren, die im Sinne eines Normalbedarfs in Anspruch genommen wird, weil es in modernen Gesellschaften „normal" geworden ist, dass die Anforderungen an Elternschaft komplexer werden und nicht immer in Eigenregie erbracht werden sollten. Normalisiert ist stationäre Jugendhilfe, wenn sie „wie selbstverständlich in Anspruch genommen wird und zur ‚normalen' Infrastruktur der Bildungs- und Dienstleistungsangebote gehört" (Lüders/Winkler 1992: 362; vgl. auch: Winkler 1990; Hitzler/Honer 1995; Oelerich et al. 2019). Wie können nun aber Formen der Heimerziehung „als ‚normale' Orte des Aufwachsens systematisch stärker konzeptionell und öffentlich ausbuchstabiert werden" (Zukunftsforum Heimerziehung 2019: 2) vielleicht auf eine Weise, die sie zum bereits normalisierten Bildungssystem in Beziehung setzt, so dass sie „in die Bildungsinfrastruktur von Schulen und beruflicher Ausbildung" (Zukunftsforum Heimerziehung 2019: 7; 2021: 30 f.) eingebettet sind?

Es wäre denkbar, Heimerziehung zu einem „attraktiven" „Angebot" für alle Kinder und Jugendlichen zu machen (so schon: Hitzler/Honer 1995: 199), indem sie zu flexiblen Orten ausgebaut werden, die auch in verschiedenen Teilzeitmodellen, quasi „ambulant", genutzt werden können – eine Praxis, zu der Internate schon seit langem übergehen (Züchner/Schrödter 2020), da immer mehr Eltern zwar das Bildungsangebot nutzen wollen, ohne aber bereit zu sein, ihre Kinder dort dauerhaft über Tag und Nacht unterzubringen. Voraussetzung wäre die Abschaffung des erzieherischen Bedarfs, also des Tatbestands in § 27 SGB VIII. Heimerziehung müsste bedingungslos allen Eltern und ihren Kindern als subjektiver Rechtsanspruch zugänglich sein unabhängig davon, ob ein erzieherisches Defizit vorliegt oder nicht. So könnten Heime unter dem Dach einer „Bedingungslosen Jugendhilfe" zunehmend in Kooperation mit Schulen konzipiert und in der Nähe von Schulen eingerichtet werden. Dann können Eltern, vergleichbar mit dem Hort- bzw. Ganztagsschulplatz wählen, ob und wie lange sie ihr Kind nach der Schule dort betreuen lassen möchten und ob es dort übernachten soll. So gäbe an solchen Schulen Kinder, die Förderungs- und Betreuungsangebote im angegliederten Heim gar nicht wahrnehmen, manche würden am Nachmittag dort sein und andere würden dort an einigen Tagen oder auch dauerhaft übernachten. Sind Eltern beruflich eingespannt oder befinden sich in einer schwierigen Lebenssituation, könnten sie ihr Kind zur Übernachtung anmelden. Ob derartige Einrichtungen dann noch Heime heißen würden, wäre eine ästhetische Frage. Entscheidend ist vielmehr, dass in einem solchen flexiblen Ort der – formaljuristisch nicht leicht zu klärenden – Verschmelzung von Ganztagsschule und Heimerziehung gar nicht mehr erkennbar wäre, wer „Jugendhilfekind" ist und wer nicht. Auch das hätte eine de-stigmatisierende Wirkung. Heimerziehung ist dann keine „Fremdplatzierung" mehr. Elternarbeit in der Heimerziehung dient dann nicht mehr primär der Aufrechterhaltung von „Rückführungsoption" (so etwa: Conen 2017), weil die Kinder nie wirklich „weg" waren oder ihren Eltern „weggenommen" wurden. Im Rahmen einer „Bedingungslosen Jugendhilfe" bedeutet im Heim zu wohnen nicht mehr, dass die Eltern versagt haben oder mit der Erziehung überfordert sind, sondern Heimerziehung ist dann ein Ort zum Wohnen zwecks Bildung.

Im gegenwärtigen Jugendhilfesystem ist Heimerziehung konzipiert als ein institutionalisierter sozialpädagogischer Ort „an dem ein organisierter Alltag für jene jungen Menschen gestaltet wird, die diesen Alltag aus sozialen und politischen sowie familiären, persönlichen und individuellen Gründen nicht in ihren bisherigen familialen Beziehungsstrukturen verbringen *sollen oder können*" (Pluto/Schrapper/Schröer 2020: 7, Hervorhebung der Autor*innen). Wir schlagen vor, Heimerziehung zukünftig als einen institutionalisierten sozialpädagogischen Ort zu konzipieren, an dem ein organisierter Alltag über Tag und Nacht gestaltet wird, der den Zweck hat, jungen Menschen Bildungsangebote zu eröffnen, die sie in ihrem Familienkontext *nicht wahrnehmen können*. Heimerziehung sollte einen eigenständigen und einzigartigen Bildungswert erhalten. Eltern müssen dann nicht mehr befürchten, dass ihnen ihr Kind „vom Jugendamt weggenommen" wird, da Kinder schließlich nicht mehr „fremdplatziert" werden. Aus einer kindheitsethischen Perspektive würde damit dem Kind der Anspruch auf vielfältige Erziehungsumgebungen (Gheaus 2011) verwirklicht werden.

Voraussetzung einer solchen sozialpädagogischen Neuorientierung der Heimerziehung auf Bildung wäre, dass sich Heime nicht mehr in erster Linie als Räume verstehen, die Kinder beherbergen, sondern als solche, die etwas gemeinsames Drittes (Winkler 2006: 181 ff.), eine gemeinsame Aufgabenbewältigung (Mannschatz 2003), eine Praxis (Schrödter 2017) bereitstellen, an der die Sozialpädagog*innen mit den Kindern gemeinsam teilhaben. Ein Modell, von dem die Heimerziehung hier lernen kann, ist das Internat – subtrahiert man den elitären Muff, der gleichsam exkludierend ist. Entscheidend ist, dass sich Heimerziehung als Bildungseinrichtung zu verstehen hätte. Denn Sozialpädagogik lässt sich nicht in der (therapeutischen) Logik der Minimalintervention konzipieren. Bildung ist keine Medizin für die gilt: „so wenig wie möglich, so viel wie nötig". Sondern Bildung ist eine Praxis. Sie ist wie Gemüse, für das gilt: „so viel wie möglich und nur das Beste". Nun mag nicht jede*r alles. Daher müsste eine sozialpädagogisch ausgerichtete Heimerziehung jeweils dem einzelnen Kind oder Jugendlichen etwas bieten, das subjektiv als „schmackhaft" empfunden werden kann. Heimerziehung wäre dann keine „Restehilfe" mehr, sondern würde sich durch eine „Leistungsvielfalt" (Zukunftsforum Heimerziehung 2019) auszeichnen. Das Wunsch- und Wahlrecht und die Partizipation an lebenspraktischen Entscheidungen, würde dann substantiell an Gehalt gewinnen. Kinder und Jugendliche erfahren dann eine Ausweitung ihrer Optionen für außerfamiliäre Betreuung und Bildung.

3   Resümee

Ein Stigma, ein Makel ist auch dort wirksam, wo sich die Stigmatisierten nicht laut beklagen und zur Aufrechterhaltung ihrer Selbstachtung kreatives Stigma-Management betreiben. Aus einer ethischen Perspektive kann die schädigende Wirkung von Stigmatisierungseffekten gar nicht überschätzt werden. Weil Stigmatisierungen in der Sozialpolitik häufig nicht ernst genommen werden, sah sich Amartya Sen einmal genötigt, daran zu erinnern, um welches existenzielle Grundgut es bei dieser sozialen Missachtungserfahrung geht: „Wenn Menschen sich stigmatisiert fühlen und stigmatisiert werden, wird das häufig als nebensächlich behandelt (als eine Frage der Feinabstimmung). Daher möchte ich mit John Rawls darauf hinweisen, dass Selbstrespekt ‚vielleicht das wichtigste Grundgut' ist, auf das sich eine Theorie der Gerechtigkeit als Fairness konzentrieren muss" (Sen 1995: 13). Der britische Soziologe Robert Pinker hat dies einmal in einem vielzitierten Satz zugespitzt: „Die Stigmatisierung ist die häufigste Form von Gewalt in demokratischen Gesellschaften. Sie kann am besten mit solchen Formen psychischer Folter verglichen werden, bei denen das Opfer psychisch und physisch gebrochen wird, aber allen äußeren Erscheinungen nach unberührt bleibt" (Pinker 1971: 175). Es gibt also gute Gründe dafür, Sozialleistungen und damit auch Jugendhilfeleistungen auf eine Weise zu organisieren, die nicht stigmatisierend ist. Der Ansatz einer Bedingungslosen Jugendhilfe (Schrödter 2020) sieht daher vor, erzieherische Hilfen nicht mehr an die Prüfung eines erzieherischen Bedarfs zu binden, sondern als Sozialleistungen allen Eltern bzw. Kindern zugänglich zu machen. Ob stationäre Erziehungshilfen dann noch „Heimerziehung" zu nennen wären oder nicht stärker „normalisierte", bildungsbezogene Bezeichnungen zu präferieren wären, wäre dann zu diskutieren. Primär geht es jedenfalls um Veränderungen in der Struktur der Jugendhilfe. Die Bedingungslosigkeit der Gewährung von erzieherischer Unterstützungsleistungen für Eltern wäre vielleicht ein wichtiger Bestandteil des Fundaments einer de-stigmatisierten stationären Jugendhilfe, auf dem dann Säulen wie Öffentlichkeitsarbeit, Erziehungspartnerschaft und Normalisierung aufruhen könnten.

Literaturverzeichnis

Atwool, Nicola (2019): Challenges of operationalizing trauma-informed practice in child protection services in New Zealand. In: Child and Family Social Work, Bd. 24, Nr. 1, S. 25–32.

Baum, Nehami/Negbi, Irit (2013): Children removed from home by court order: Fathers' disenfranchised grief and reclamation of paternal functions. In: Children and Youth Services Review, Bd. 35, Nr. 10, S. 1679–1686.

Beddoe, Liz/Keddell, Emily (2016): Informed outrage: Tackling shame and stigma in poverty education in social work. In: Ethics and Social Welfare, Bd. 10, S. 149–162.

Behnisch, Michael (2020): Dokumentation und Auswertung der Werkstatt für Fachkräfte öffentlicher und freier Träger. Frankfurt a. M.: IGFH-Eigenverlag.

Bitzan, Maria/Herrmann, Franz (2018): Konfliktorientierung und Konfliktbearbeitung in der Sozialen Arbeit. In: Johannes Stehr/Roland Anhorn/Kerstin Rathgeb (Hrsg.): Konflikt als Verhältnis – Konflikt als Verhalten – Konflikt als Widerstand: Widersprüche der Gestaltung Sozialer Arbeit zwischen Alltag und Institution. Wiesbaden: Springer VS, S. 43–54.

Blythe, Stacy L./Jackson, Debra/Halcomb, Elizabeth J./Wilkes, Lesley (2011): The Stigma of Being a Long-Term Foster Carer. In: Journal of Family Nursing, Bd. 18, Nr. 2, S. 234–260.

Böhnisch, Lothar (1975): Perspektiven zur Entstigmatisierung im Bereich der Sozialarbeit und Sozialpolitik. In: Manfred Brusten/Jürgen Hohmeier (Hrsg.): Stigmatisierung: Zur Produktion gesellschaftlicher Randgruppen, Bd. 2. Darmstadt: Luchterhand, S. 145–171.

Bolgün, Cemre/Şahin, Fatih (2019): Public perception and attitudes about social work in Turkey. In: International Social Work, Bd. 62, Nr. 2, S. 1329–1342.

Brumlik, Micha/Keckeisen, Wolfgang (1976): Etwas fehlt. Zur Kritik und Bestimmung von Hilfsbedürftigkeit für die Sozialpädagogik. In: Kriminologisches Journal, Bd. 4, S. 241–262.

Buchbinder, Eli/Bareqet-Moshe, Orit (2011): Hope and Siege: The Experiences of Parents Whose Children Were Placed in Residential Care. In: Residential Treatment for Children and Youth, Bd. 28, Nr. 2, S. 120–139.

Burke, Peter/Parker, Jonathan (2006): Social Work And Disadvantage. Addressing the Roots of Stigma Through Association. London: Kingsley.

Casas, Ferran/Cornejo, José M./Colton, Matthew/Scholte, Evert (2000): Perceptions of Stigmatization and Satisfaction with Services Received, Among Users of Social Welfare Services for the Child and the Family in 3 European Regions. In: Social Indicators Research, Bd. 51, Nr. 3, S. 287–308.

Conen, Marie-Luise (2017): Schriftliche Stellungnahme zur öffentlichen Anhörung vom 19.6.2017 zum Thema „Stärkung von Kindern und Jugendlichen". Berlin.

Corrigan, Patrick W./Bink, Andrea B. (2016): The Stigma of Mental Illness. In: Howard S. Friedman (Hrsg.): Encyclopedia of Mental Health (2. Aufl., 1. Aufl.). Oxford: Academic Press, S. 230–234.

Faltermeier, Josef (2019): Eltern, Pflegefamilie, Heim. Partnerschaften zum Wohle des Kindes. Weinheim: Beltz Juventa.

Freres, Katharina (2020): Verdachtsabklärung im Kinderschutz. Ambivalenzen des Fallverstehens. In: Helga Kelle/Stephan Dahmen (Hrsg.): Ambivalenzen des Kinderschutzes. Empirische und theoretische Perspektiven. Weinheim: Beltz Juventa, S. 42–61.

Freres, Katharina/Bastian, Pascal/Schrödter, Mark (2019): Jenseits von Fallverstehen und Prognose – wie Fachkräfte mit einer einfachen Heuristik verantwortbaren Kinderschutz betreiben. In: neue praxis, Bd. 49, Nr. 2, S. 140–164.

Gheaus, Anca (2011): Arguments for Nonparental Care for Children. In: Social Theory and Practice, Bd. 37, Nr. 3, S. 483–509.

Gibson, Matthew (2015): Shame and guilt in child protection social work: new interpretations and opportunities for practice. In: Child and Family Social Work, Bd. 20, Nr. 3, S. 333–343.

Gibson, Matthew (2019): The shame and shaming of parents in the child protection process: findings from a case study of an English child protection service. In: Families, Relationships and Societies. Bd. 9, Nr. 2, S. 217–233

Goffman, Erving (1963): Stigma. Über Techniken zur Bewältigung beschädigter Identität. Frankfurt a. M.: Suhrkamp.

Graßhoff, Gunther (2015): Adressatinnen und Adressaten der Sozialen Arbeit. Eine Einführung. Wiesbaden: VS Verlag.

Gronholm, Petra C./Henderson, Claire/Deb, Tanya/Thornicroft, Graham (2017): Interventions to reduce discrimination and stigma: the state of the art. In: Social Psychiatry and Psychiatric Epidemiology, Bd. 52, S. 249–258.

Hamburger, Franz (2012): Soziale Arbeit und Öffentlichkeit. In: Werner Thole (Hrsg.): Grundriss Soziale Arbeit: Ein einführendes Handbuch. Wiesbaden: VS Verlag, S. 999–1022.

Herland, Mari Dalen/Helgeland, Ingeborg Marie (2017): Negotiating motherhood: women with troubled upbringings and their self-conceptions as mothers. In: Child and Family Social Work, Bd. 22, Nr. 1, S. 47–56.

Hitzler, Ronald/Honer, Anne (1995): Heimerziehung – ein Auslaufmodell? Über Jugendhilfe unter Individualisierungsbedingungen. In: Sozialpädagogik, Bd. 37, Nr. 5, S. 194–201.

Hobbs, Elizabeth/Evans, Nikki (2017): Social work perceptions and identity: How social workers perceive public and professional attitudes towards their vocation and discipline. In: Aotearoa New Zealand Social Work, Bd. 29, Nr. 4, S. 19–31.

Hughes, Judy/Chau, Shirley/Vokrri, Lisa (2015): Mothers' Narratives of Their Involvement With Child Welfare Services. In: Affilia, Bd. 31, Nr. 3, S. 344–358.

Kagan, Maya (2015): Public attitudes and knowledge about social workers in Israel. In: Journal of Social Work, Bd. 16, Nr. 3, S. 322–343.

Kenny, Kathleen S./Barrington, Clare (2018): „People just don't look at you the same way": Public stigma, private suffering and unmet social support needs among mothers who use drugs in the aftermath of child removal. In: Children and Youth Services Review, Bd. 86, S. 209–216.

Knuth, Nicole (2020): Dokumentation und Auswertung der Beteiligungswerkstatt mit Eltern und Fachkräften im Rahmen der Initiative „Zukunftsforum Heimerziehung". Frankfurt a. M.: IGFH-Eigenverlag.

Kuznetsova, Tatiana (2007): Das Public Image von Jugendlichen aus stationären Erziehungshilfen: Eine vergleichende Untersuchung in Russland und Deutschland. Dissertation, Universität Bielefeld, Bielefeld.

LeCroy, Craig Winston/Stinson, Erika L. (2004): The Public's Perception of Social Work: Is It What We Think It Is? In: Social Work, Bd. 49, Nr. 2, S. 164–174.

Link, Bruce G./Phelan, Jo C. (2001): Conceptualizing Stigma. In: Annual Review of Sociology, Bd. 27, Nr. 1, S. 363–385.

Lüders, Christian/Winkler, Michael (1992): Sozialpädagogik – Auf dem Weg zu ihrer Normalität. In: Zeitschrift für Pädagogik, Bd. 38, Nr. 3, S. 359–370.

Mannschatz, Eberhard (2003): Gemeinsame Aufgabenbewältigung als Medium sozialpädagogischer Tätigkeit. Denkanstöße für die Wiedergewinnung des Pädagogischen aus der Makarenko-Rezeption. Berlin: trafo.

McCulloch, Trish/Webb, Stephen (2020): What the Public Think about Social Services: A Report from Scotland. In: British Journal of Social Work, Bd. 50, Nr. 4, S. 1146–1166.

Oelerich, Gertrud/Schaarschuch, Andreas/Beer, Kristin/Hiegemann, Ines (2019): Barrieren der Inanspruchnahme sozialer Dienstleistungen. Düsseldorf: Forschungsinstitut für gesellschaftliche Weiterentwicklung.

Oevermann, Ulrich (2003): Brauchen wir heute noch eine gesetzliche Schulpflicht und welches wären die Vorzüge ihrer Abschaffung? In: Pädagogische Korrespondenz, Bd. 30, S. 54–70.

Oevermann, Ulrich (2009): Die Problematik der Strukturlogik des Arbeitsbündnisses und der Dynamik von Übertragung und Gegenübertragung in einer professionalisierten Praxis von Sozialarbeit. In: Roland Becker-Lenz/Stefan Busse/Gudrun Ehlert/Silke Müller (Hrsg.): Professionalität in der Sozialen Arbeit. Wiesbaden: VS Verlag, S. 113–142.

Patrício, Joana Nunes/Calheiros, Maria Manuela/Martins, Ana Catarina (2016): Self-representation questionnaire for youths in residential care. In: Children and Youth Services Review, Bd. 61, S. 317–326.

Patrício, Joana Nunes/Lopes, Diniz/Garrido, Margarida Vaz/Calheiros, Maria Manuela (2019): The Social Image of Families of Children and Youth in Residential Care: A Characterization and Comparison With Mainstream Families With Different Socioeconomic Status. In: Journal of Family Issues. Bd. 40, Nr. 15, S. 2146–2178.

Pinker, Robert (1971): Social Theory and Social Policy. London: Heinemann Educational.

Pluto, Liane/Schrapper, Christian/Schröer, Wolfgang (2020): Was bewegt die Forschung zur Heimerziehung? Stand und Perspektiven. Ein Positionspapier erstellt im Rahmen der Initiative „Zukunftsforum Heimerziehung". Frankfurt a. M.: IGFH-Eigenverlag.

Quick, Don/Scott, Anne L. (2019): Affect and Emotion in a Parent's Engagement with Statutory Child-Protection Services: Navigating Stigma and ‚Identity Assault'. In: British Journal of Social Work, Bd. 49, Nr. 2, S. 485–502.

Rogers, Justin (2016): „Different" and „Devalued": Managing the Stigma of Foster-Care with the Benefit of Peer Support. In: British Journal of Social Work, Bd. 47, Nr. 4, S. 1078–1093.

Ruchholz, Ina (2019): Vater-los. Die Partizipation von Vätern in den stationären Hilfen zur Erziehung. Siegen: Universitätsverlag.

Schäfer, Maximilian (2019): Die Herstellung und Bewältigung von „Familiennormalität" im Kontext des Schulbesuchs – Goffmaneske Blicke auf den Alltag von Schulkindern in familienanalogen Formen der Hilfen zur Erziehung. In: Soziale Passagen, Bd. 11, Nr. 1, S. 5–25.

Schofield, Gillian/Moldestad, Bente/Höjer, Ingrid/Ward, Emma/Skilbred, Dag/Young, Julie/Havik, Toril (2010): Managing Loss and a Threatened Identity: Experiences of Parents of Children Growing Up in Foster Care, the Perspectives of their Social Workers and Implications for Practice. In: British Journal of Social Work, Bd. 41, Nr. 1, S. 1–19.

Schrödter, Mark (2017): Das Ideal von Heimerziehung. Plädoyer für eine sozialpädagogische Neuorientierung. In: Zeitschrift für Sozialpädagogik, Bd. 15, Nr. 4, S. 343–374.

Schrödter, Mark (2020): Bedingungslose Jugendhilfe. Von der selektiven Abhilfe defizitärer Elternschaft zur universalen Unterstützung von Erziehung (unter Mitarbeit von Katharina Freres und Vinzenz Thalheim). Wiesbaden: VS Verlag.

Schrödter, Mark/Freres, Katharina (2019): Bedingungslose Jugendhilfe. In: neue praxis, Bd. 49, Nr. 3, S. 221–233.

Sen, Amartya (1995): The Political Economy of Targeting. In: Theory and Method, Bd. 13, S. 15–24.

Slettebø, Tor (2013): Partnership with Parents of Children in Care: A Study of Collective User Participation in Child Protection Services. In: The British Journal of Social Work, Bd. 43, Nr. 3, S. 579–595.

Stange, Waldemar/Krüger, Rolf/Henschel, Angelika/Schmitt, Christof (2013): Erziehungs- und Bildungspartnerschaften. Praxisbuch zur Elternarbeit. Wiesbaden: VS Verlag.

Stuart, Heather (2017): What Has Proven Effective in Anti-Stigma Programming. In: Wolfgang Gaebel/Wulf Rössler/Norman Sartorius (Hrsg.): The Stigma of Mental Illness – End of the Story? New York: Springer, S. 497–514.

Thalheim, Vinzenz (2021): Bedingungslosigkeit. Zur konkreten Utopie einer solidarischeren Jugendhilfe. In: Marc Hill/Carolin Schmitt (Hrsg.): Solidarität in Bewegung. Weinheim: Beltz Juventa. i. E.

Thiersch, Hans (2013): Adressatinnen der Sozialen Arbeit. In: Gunther Graßhoff (Hrsg.): Adressaten, Nutzer, Agency. Akteursbezogene Forschungsperspektiven der Sozialen Arbeit. Wiesbaden: Springer, S. 17–32.

Tilbury, Clare/Ramsay, Sylvia (2018): A systematic scoping review of parental satisfaction with child protection services. In: Evaluation and Program Planning, Bd. 66, Nr. Supplement C, S. 141–146.

von Sydow, Kirsten/Reimer, Christian (1998): Attitudes toward Psychotherapists, Psychologists, Psychiatrists, and Psychoanalysts. A Meta-Content Analysis of 60 Studies Published between 1948 and 1995. In: American Journal of Psychotherapy. Bd. 52, Nr. 4, S. 463–488.

Wernet, Andreas (1997): Professioneller Habitus im Recht. Untersuchungen zur Professionalisierungsbedürftigkeit der Strafrechtspflege und zum Professionshabitus von Strafverteidigern. Berlin: Sigma.

Wiesner, Reinhard (2017): Verhältnis von Kinderrechten und Elternrechten und die möglichen Auswirkungen der Stärkung der Kinderrechte im SGB VIII. In: Sachverständigenkommission 15. Kinder- und Jugendbericht (Hrsg.): Materialien zum 15. Kinder und Jugendbericht. Zwischen Freiräumen, Familie,

Ganztagsschule und virtuellen Welten – Persönlichkeitsentwicklung und Bildungsanspruch im Jugendalter. München: DJI, S. 99–154.

Winkler, Michael (1990): Normalisierung der Heimerziehung? Perspektiven der Veränderungen in der stationären Unterbringung von Jugendlichen. In: neue praxis, Bd. 20, Nr. 5, S. 429–439.

Winkler, Michael (2002): Wie familienähnliche Hilfen zu beurteilen sind. Oder: Kleines Plädoyer für das Eigenrecht von Imitaten. In: Sozialpädagogisches Institut im SOS-Kinderdorf e. V. (Hrsg.) Glücklich an einem fremden Ort? Familienähnliche Betreuung in der Diskussion. Münster: Votum, S. 303–320.

Winkler, Michael (2006): Kritik der Pädagogik. Der Sinn der Erziehung. Stuttgart: Kohlhammer.

Züchner, Ivo/Schrödter, Mark (2020): Internate – Bildung über Tag und Nacht. In: Petra Bollweg/Jennifer Buchna/Thomas Coelen/Hans-Uwe Otto (Hrsg.) Handbuch Ganztagsbildung. Wiesbaden: Springer VS, S. 1137–1149.

Zukunftsforum Heimerziehung (2019): Thesen zur Weiterentwicklung der Heimerziehung. Frankfurt a. M.: IGFH-Eigenverlag.

Zukunftsforum Heimerziehung (2021): Zukunftsimpulse für die „Heimerziehung". Eine nachhaltige Infrastruktur mit jungen Menschen gestalten! Frankfurt a. M.: IGFH-Eigenverlag.

Kapitel II:
Perspektiven von Kindern, Jugendlichen und jungen Erwachsenen

Pflegeverhältnisse als Zwischenstation oder dauerhafter Lebensort? – Folgerungen für die Einbeziehung der Eltern

Eric van Santen

Einleitung

Dieser Beitrag richtet den Fokus auf Kinder in Pflegeverhältnissen und insbesondere auf die Rolle, die leibliche Eltern im Prozess einer Hilfe zur Erziehung in Form einer Unterbringung eines ihrer Kinder in einem Pflegeverhältnis nach § 33 SGB VIII, angefangen bei der Planung, während und nach einer solchen Hilfe, zugedacht wird. Grundlage sind empirische Ergebnisse der amtlichen Kinder- und Jugendhilfestatistik sowie einer Befragung bei Jugendämtern zur Praxis der Pflegekinderhilfe (vgl. dazu van Santen/Pluto/Peucker 2019), die dazu Auskunft geben.

Die bisherige Forschung zur Bedeutung von Eltern in Bezug auf die Qualität eines Pflegeverhältnisses und seine Folgen für das Wohlbefinden der Kinder in und nach einem Pflegeverhältnis hat einen eindeutigen Schwerpunkt hinsichtlich (Umgangs-)Kontakten zwischen Kindern in Pflegeverhältnissen und ihren leiblichen Eltern, während die Perspektive auf die Folgen einer Zusammenarbeit von Fachkräften mit Eltern im Sinne einer aktiven Hilfe zur Erziehung zur Verbesserung der Erziehungsbedingungen in den Familien während des Aufenthalts eines Kind oder der Kinder in einer Pflegefamilie so gut wie nicht erforscht ist. Wenn überhaupt, dann wurde die Rolle der Fachkräfte als „Mediatorin" im Beziehungsverhältnis zwischen dem Kind in Vollzeitpflege, der Pflegefamilie und der Familie untersucht. So kommen z. B. Sen/Broadhurst (2011) in ihrer diesbezüglichen Forschungsübersicht zu dem Schluss, dass es besonders auf die richtige Rahmung und Begleitung der Umgangskontakte zwischen Kindern in Pflegeverhältnissen und ihren leiblichen Eltern seitens der Fachkräfte ankommt.

In Bezug auf die Erforschung von Umgangskontakten zwischen Kindern in Vollzeitpflegeverhältnissen und ihren Eltern hat sich an der Quintessenz der diesbezüglichen Forschungsübersicht von Küfner/Helming/Kindler (2010) nichts grundlegendes geändert, obwohl es danach noch diverse weitere Untersuchungen zu diesem Thema gegeben hat (z. B. Sen/Broadhurst 2011; Hedin

2015; Fossum/Vis/Holtan 2018; Carvalho/Delgado 2014; Boyle 2017): „Werden Gruppen von Pflegekindern mit und ohne Besuchskontakt zur Herkunftsfamilie verglichen, so zeigen sich überwiegend keine bedeutsamen Unterschiede in den untersuchten Aspekten des Entwicklungsverlaufs oder es bestehen leichte Vorteile für Kinder mit Besuchskontakten" (Küfner/Helming/Kindler 2010: 574).[1] Verschiedene Faktoren (z. B. die Beziehungsqualität zwischen Eltern und Kind vor dem Pflegeverhältnis), die in den Untersuchungen nicht berücksichtigt wurden, können als ursächlich für die unterschiedlichen Befunde betrachtet werden (für eine systematische Betrachtung der Kontextabhängigkeit und der Einflussfaktoren: Küfner et al. 2010: 574 ff.).

In diesem Beitrag wird im ersten Abschnitt der Frage nachgegangen, wie viele und zu welchem Anteil Kinder in der Vollzeitpflege vertreten sind. Darüber hinaus wird dargestellt, welche Merkmale den Familienkontext der leiblichen Familie kennzeichnen. Im zweiten Abschnitt wird die Stellung der Eltern im Hilfeplanverfahren thematisiert. Der dritte Abschnitt beschäftigt sich mit der Frage, welche Bedeutung der Rückkehr eines Kindes oder Jugendlichen in einem Vollzeitpflegeverhältnis zu den leiblichen Eltern zugemessen wird und welche Regelungen hierfür angewandt werden. Im vierten Abschnitt werden dann Befunde dargestellt, die zeigen, welcher Anteil von Kindern geplant oder auch ungeplant, gewollt oder auch ungewollt nach Beendigung ihres Pflegeverhältnisses zu den Eltern zurückkehrt. Im letzten Abschnitt werden die Ergebnisse zusammengefasst und Schlussfolgerungen für die Kooperation der Pflegekinderhilfe mit den Eltern gezogen.

1   Merkmale der Kinder und deren Eltern in Vollzeitpflege

Dieser erste Abschnitt dient dazu, sich der Quantitäten der Kinder und deren Familienverhältnisse zu vergewissern. Thematisiert werden Anzahl und Alter der Kinder in Pflegeverhältnissen sowie drei Merkmale der leiblichen Eltern bzw. der Familienkonstellation: Transferleistungsbezug, Familienform und ob die Eltern das Sorgerecht innehaben.

Wie viele Kinder nach Altersgruppen werden pro Jahr neu in einem Vollzeitpflegeverhältnis untergebracht und wie hoch ist jeweils der Anteil der Altersgruppe an der Gesamtanzahl der neu untergebrachten Minderjährigen? Abbildung 1 zeigt, dass 17 Prozent der Minderjährigen, die 2019 in einem Pflegeverhältnis aufgenommen wurden, zu der Gruppe der unter 1-Jährigen gehörten. Dies ist absolut und relativ der höchste Anteil aller Altersgruppen. In der

---

1   Ähnlich auch die nicht in dieser Übersicht aufgenommenen Arbeiten von Scott et al. 2005.

Altersgruppe der 1- bis 2-Jährigen sinkt der Anteil auf 10 Prozent ab. Bis zur Altersgruppe der 11-Jährigen geht der Anteil kontinuierlich zurück. Ab dieser Altersgruppe bleibt der Anteil für die weiteren Altersgruppen bis zum 17. Geburtstag nahezu konstant bei jeweils ungefähr drei bis vier Prozent der neu begonnenen Pflegeverhältnisse. Lediglich im letzten Altersjahr vor der Volljährigkeit sinkt der Anteil noch einmal etwas ab.

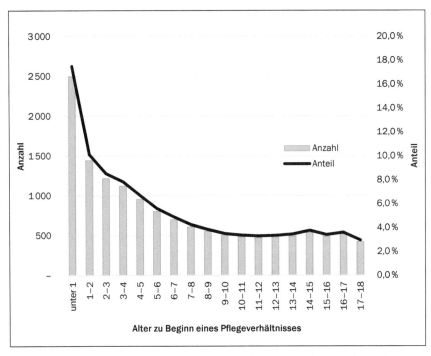

Abbildung 1: Anzahl der neu begonnenen Vollzeitpflegeverhältnisse sowie Anteil der Altersjahre der jungen Menschen in Vollzeitpflege an den neu begonnenen Vollzeitpflegeverhältnissen, nach Alterjahren

Quelle: Statistiken der Kinder- und Jugendhilfe. Erzieherische Hilfe, Eingliederungshilfe für seelisch behinderte junge Menschen, Hilfe für junge Volljährige 2019

Die Vielfalt möglicher *Familienkonstellationen* in den Familien der Kinder in Vollzeitpflege ist groß. Die amtliche Kinder- und Jugendhilfestatistik unterscheidet diesbezüglich vier Konstellationen, die insbesondere auf die An- und Abwesenheit der leiblichen Eltern abzielen. Die meisten Pflegekinder lebten vor dem Beginn des Pflegeverhältnisses mit einem alleinerziehenden Elternteil (47 %). Dies gilt für alle Formen der Vollzeitpflege, auch wenn die Anteile zwischen den verschiedenen Pflegekonstellationen etwas schwanken (vgl. van Santen et al. 2019: 43). Im Vergleich zur allgemeinen Bevölkerung (2019: 16 %; vgl. Destatis/WZB/BiB 2021: 61) sind diese Anteile der alleinerziehenden Eltern sehr viel höher.[2] Es zeigt sich somit ein sehr starker Zusammenhang zwischen der Unterbringung in einem Pflegeverhältnis und der Tatsache, dass ein Elternteil alleinerziehend ist. Auch wenn die relative Wahrscheinlichkeit einer Fremdplatzierung von Kindern von Alleinerziehenden deutlich höher ist im Vergleich zu der anderer Familienkonstellationen, so ist diese an sich nicht hoch: Der übergroße Anteil der Alleinerziehenden (ca. 97 %)[3] schafft es, die eigenen Kinder ohne Rückgriff auf öffentliche Hilfen in Form von Fremdunterbringung zu erziehen.

18 Prozent der Pflegekinder lebten vor der Inpflegegabe mit beiden Elternteilen zusammen. 14 Prozent lebten vorher im Haushalt einer der beiden Elternteile zusammen mit einem neuen Partner oder Partnerin der Mutter oder des Vaters. Bei einem relativ großen Anteil der Pflegekinder ist die Familiensituation vor der Inpflegegabe unbekannt (18 %). Dies trifft vermutlich vor allem auf die unbegleiteten minderjährigen Geflüchteten zu, zumindest war dieser Anteil in den Jahren vor der vermehrten Zuwanderung von Geflüchteten deutlich niedriger.

Transferleistungsbezug[4] der Eltern der Kinder in Pflegeverhältnissen ist sehr weit verbreitet (2016: 64 %). Dieser Anteil ist höher als bei allen anderen Formen Erzieherischer Hilfen (vgl. Fendrich et al. 2018: 21) und auch sehr viel höher als in der Gesamtbevölkerung (14 % der unter 18-Jährigen lebten 2018 in Haushalten mit Transferleistungsbezug; vgl. Bertelsmann Stiftung 2020: 2). Damit zeigt sich ein sehr starker Zusammenhang zwischen Transferleistungsbezug und dem Beginn eines Vollzeitpflegeverhältnisses. Ähnlich wie bei den Alleinerziehenden ist zu bedenken, dass, auch wenn das relative Risiko einer Fremdplatzierung bei Kindern von Eltern mit Transferleistungsbezug im Vergleich zu Eltern, die nicht auf diese Form von staatlicher Unterstützung angewiesen sind, deutlich höher ist, die Wahrscheinlichkeit einer Fremdplatzierung an sich jedoch nicht groß ist. Der übergroße Anteil der Transferleistungsbezieher mit Kindern (ca. 94 %)[5] schafft es, ihre Kinder ohne den Rückgriff auf öffentliche Hilfen in Form von Fremdunterbringung zu erziehen. Geringe finanzielle Ressourcen von Eltern sind nicht gleichzusetzen mit geringen Erziehungsfähigkeiten (vgl. auch Cooper 2021).

---

2   Die Familienkonstellation der leiblichen Familie unterscheidet sich zudem stark von den der Pflegefamilie (vgl. Helming/Kindler/Thrum 2010: 265; Walter 2008: 78), die der Verteilung aller Familienkonstellationen in Deutschland wesentlich ähnlicher ist.
3   Eigene Berechnungen auf Grundlage des Mikrozensus 2012 und der amtlichen Kinder- und Jugendhilfestatistik 2012 (siehe Erläuterungen und einschränkende Überlegungen dazu in van Santen et al. 2019: 44).
4   Mit Transferleistungsbezug der Familie bzw. junger volljähriger Personen sind hier Leistungen gemeint, die nach dem SGB II (Arbeitslosengeld II) oder nach dem SGB XII (Grundsicherung im Alter, bei Erwerbsminderung oder Sozialhilfe) gewährt werden.
5   Eigene Berechnungen auf Grundlage des Mikrozensus und der amtlichen Kinder- und Jugendhilfestatistik. Siehe die Erläuterungen in der Fußnote 3.

Walter (2008: 78), wie auch Helming/Kindler/Thrum (2010: 268) verweisen darauf, dass es oftmals eine Diskrepanz zwischen der Einkommenssituation der leiblichen Eltern und der Pflegeeltern gibt, wobei die Pflegeeltern sich in der Regel in einer deutlich besseren Einkommenssituation befinden als die Eltern des Pflegekindes. Dies ist sicherlich auf das im Vergleich zu den Eltern höhere Bildungsniveau der Pflegeeltern (Helming et al. 2010: 269) zurückzuführen. Die oftmals unterschiedliche Schichtzugehörigkeit gehört sicher zu den Faktoren, die die Gestaltung des Beziehungsgeflechts zwischen leiblichen Eltern, Pflege-eltern und Fachkräften der Kinder- und Jugendhilfe zu einer besonderen Her-ausforderung machen.

Bei einem Drittel der begonnenen Pflegeverhältnisse (32 %) wurde den El-tern teilweise oder vollständig temporär die *elterliche Sorge* durch das Familien-gericht entzogen. Es gibt Hinweise, dass ein (Teil-)Entzug der elterlichen Sorge das Konfliktpotenzial von Pflegeverhältnissen erhöht und häufiger dazu führt, dass Pflegeverhältnisse nicht die formulierten Ziele des Hilfeplans erreichen. So brechen sowohl die jungen Menschen in Vollzeitpflege selbst als auch Pflege-eltern von jungen Menschen in Vollzeitpflege, deren Eltern zeitweilig das Sor-gerecht (teilweise) verloren haben, häufiger das Pflegeverhältnis ab, als das der Fall ist, wenn die leiblichen Eltern des jungen Menschen über das vollständige Sorgerecht verfügen (van Santen 2017).

2   Stellung der Eltern und Pflegeeltern im Hilfeplanverfahren

Im § 37 SGB VIII ist die Zusammenarbeit bei Hilfen außerhalb der eigenen Familie geregelt. Das Hilfeplanverfahren ist der zentrale Prozess, in dem Inhalte der Zusammenarbeit zwischen Fachkräften der Pflegekinderhilfe, den leibli-chen Eltern und den Pflegeeltern ausgehandelt werden. § 37c Abs. 4 SGB VIII enthält die Vorschrift, dass zentrale Leistungsinhalte der Leistung im Hilfeplan zu dokumentieren sind. Konkret benannt werden die Art und Weise der Zu-sammenarbeit, Ziele, Umfang der Beratung der Eltern und der Pflegeperson sowie die Höhe der laufenden Leistungen zum Unterhalt des Kindes oder Ju-gendlichen. Fast alle Hilfepläne enthalten Angaben zu Zielen (98 %) und zur Art der Förderung des Pflegekindes in der Pflegefamilie (94 %) sowie Regelun-gen zur Kontakthäufigkeit mit der leiblichen Familie (95 %). Es sind damit vor allem die auf das Pflegekind bezogenen Aspekte, die nahezu flächendeckend in den Hilfeplänen festgelegt werden (vgl. van Santen et al. 2019: 145). Die Tabel-le 1 enthält die Ergebnisse bezogen auf die Festlegung von Aspekten der Zu-sammenarbeit mit den leiblichen Eltern und Pflegeeltern im Hilfeplan, differen-ziert nach diesen beiden im Pflegeverhältnis involvierten Gruppen.

	Pflegefamilie	Leibliche Familie
Ziele der Zusammenarbeit mit der ...	82 %	77 %
Form der Zusammenarbeit mit der ...	56 %	80 %
Art der Unterstützung der ...	72 %	41 %
Umfang der Beratung/regelmäßigen Beratung, die die ... erhalten soll	33 %	29 %

Tabelle 1: Aspekte, die in der Regel im Hilfeplan dokumentiert werden nach Aspekten, die die Familie und Pflegefamilie betreffen (Anteil der Jugendämter in %)

Quelle: DJI-Pflegekinderhilfeb@rometer 2015; n = 422

Der Anteil der Jugendämter, der die Ziele der Zusammenarbeit mit den leiblichen Eltern im Hilfeplan festlegt, liegt bei 77 Prozent. Etwas darüber liegt der entsprechende Anteil in Bezug auf die Pflegefamilien (82 %).

Aufgrund ihrer Bedeutung für das Funktionieren von Pflegeverhältnissen kann vermutet werden, dass sich die Festlegung der Form der Zusammenarbeit mit der Familie (80 %) im Hilfeplan in erster Linie darauf bezieht, wie die Pflegefamilie und die Fachkräfte der Pflegekinderhilfe mit der Familie des Pflegekindes zusammenarbeiten sollen bzw. wie der Kontakt zwischen Familie und den jungen Menschen in einem Pflegeverhältnis gestaltet werden soll. Vor dem Hintergrund, dass die Vollzeitpflege nach § 33 SGB VIII eine Form der Hilfen zur Erziehung für die Eltern ist, muss es zu denken geben, dass 20 Prozent der Jugendämter keine Festlegung der Form der Zusammenarbeit mit der leiblichen Familie vornehmen.

Festlegungen im Hilfeplan zur Form der Zusammenarbeit mit der Pflegefamilie adressieren vermutlich die leibliche Familie und die Fachkräfte der Pflegekinderhilfe. Diesbezügliche Festlegungen finden sich deutlich seltener als im umgekehrten Fall, nämlich bei 56 Prozent der Jugendämter. Hier deutet sich eine Rollenzuschreibung im Prozess der Gestaltung eines Pflegeverhältnisses für die leiblichen Eltern an, die sich eher durch Passivität kennzeichnet.

Der Anteil der Jugendämter, der die Art der Unterstützung für die Familie im Hilfeplan festlegt, liegt mit 41 Prozent sehr deutlich unter dem entsprechenden Anteil in Bezug auf die Pflegefamilie (72 %). Dieser große Unterschied macht deutlich, dass der Fokus der Arbeit der Fachkräfte der Pflegekinderhilfe oftmals auf der Begleitung und Unterstützung des Pflegeverhältnisses und nicht auf der Verbesserung der Erziehungsbedingungen bei den Eltern liegt.

Selten, nämlich lediglich bei einem Drittel, finden sich Aussagen zum Umfang der Unterstützung der Pflegefamilien. Dieser Wert ist bezogen auf die leiblichen Eltern mit 29 Prozent noch vier Prozentpunkte geringer. Hieraus lässt sich schließen, dass in zwei Drittel der Jugendamtsbezirke, es sowohl den Pflegefamilien als auch den Familien nicht transparent gemacht wird, in welchem Umfang sie mindestens Unterstützung in Bezug auf die Gestaltung und die Bewältigung der Herausforderungen eines Pflegeverhältnisses erwarten können.

3   Die Bedeutung der Rückkehroption zu den leiblichen Eltern in der Pflegekinderhilfe

Bei Kindern, die fremdplatziert sind, stellt sich die Frage, ob der junge Mensch wieder zu seiner Familie zurückkehren kann und will. In § 37 Abs. 1 Satz 2 und 3 SGB VIII ist formuliert: „Durch Beratung und Unterstützung sollen die Erziehungsbedingungen in der Herkunftsfamilie innerhalb eines im Hinblick auf die Entwicklung des Kindes oder Jugendlichen vertretbaren Zeitraums so weit verbessert werden, dass sie das Kind oder den Jugendlichen wieder selbst erziehen kann. Ist eine nachhaltige Verbesserung der Entwicklungs-, Teilhabe- oder Erziehungsbedingungen in der Herkunftsfamilie innerhalb dieses Zeitraums nicht erreichbar, so dienen die Beratung und Unterstützung der Eltern sowie die Förderung ihrer Beziehung zum Kind der Erarbeitung und Sicherung einer anderen, dem Wohl des Kindes oder Jugendlichen förderlichen und auf Dauer angelegten Lebensperspektive."

Die Rede von einer auf „Dauer angelegten Lebensperspektive" im Kontext der Pflegekinderhilfe weist auf das oftmals mit positiven Erwartungen verbundene Bild von Pflegefamilien als alternativem, hohe Kontinuität garantierendem Lebensort hin. Der Prozess zur Beantwortung der Frage, ob ein Vollzeitpflegeverhältnis zeitlich befristet oder auf Dauer hin angelegt wird, wird in der Fachdiskussion unter dem Begriff der „Perspektivklärung" diskutiert (Wolf 2014).

Die Pflegekinderdienste müssen dafür Sorge tragen, dass der Kontakt der leiblichen Familie mit dem Pflegekind aufrechterhalten bleibt und sicherstellen, dass diese Kontakte von der Pflegeperson nicht nur gebilligt, sondern auch gefördert werden, es sei denn, das Pflegekind oder die Eltern wollen dies nicht oder der Kontakt an sich würde bereits eine Kindeswohlgefährdung darstellen. Besuchskontakte können für Pflegekinder auch mit starken Belastungen einhergehen (vgl. z. B. Pierlings 2011: 35 ff.).

Gibt es die begründete Einschätzung der Fachkräfte, dass eine Rückkehr des Pflegekindes in die Familie nicht zu rechtfertigen ist, sind sie gefordert, die Akzeptanz einer solchen Einschätzung bei den Eltern herzustellen und ihnen die Sinnhaftigkeit zu vermitteln. Die Akzeptanz einer dauerhaften Unterbringung eines Kindes in einer Pflegefamilie durch die Eltern ist eine wichtige Voraussetzung für ein Zugehörigkeitsgefühl des Pflegekindes zur Pflegefamilie. Wird etwa das Pflegekind von Fachkräften sowohl der Pflegefamilie als auch der Eltern als zugehörig eingeschätzt so zeigen sich die geringsten Belastungen durch klinisch relevante Verhaltensauffälligkeiten (vgl. Kindler 2011: 415).

Bei der Rückkehr eines Pflegekindes in seine Familie kann sich die Situation in dort seit dem Verlassen des Pflegekindes stark geändert haben. So können etwa Eltern(teile) neue Partnerschaften eingegangen oder (Stief-/Halb-)Geschwister hinzugekommen sein oder die Familie wohnt inzwischen in einer anderen Wohnung, womöglich sogar an einem anderen Ort. Diese Umstände sind bei einer Entscheidung für eine Rückkehr zu beachten und ggf. braucht die Familie Unterstützung, das neue Miteinander gut zu gestalten. Das heißt: Für eine Rückkehr des Pflegekindes in seine Familie müssen sich die Bedingungen dort, die zu einer Fremdunterbringung geführt haben, gebessert haben.

Es muss aber auch sichergestellt werden, dass sich das Pflegekind eine Rückkehr vorstellen kann. Die Pflegefamilie kann eine intensive emotionale Beziehung zum Pflegekind entwickeln, die sie nicht aufgeben will und damit unter Umständen in Konkurrenz zur leiblichen Familie geraten. Auch das Pflegekind kann zur Pflegefamilie eine starke emotionale Beziehung aufbauen, die es nicht aufgeben will. Auch deshalb kann es zu Konkurrenzen zwischen Pflegefamilie und Familie kommen. Rückkehren sind damit in der Vollzeitpflege oft spannungsgeladene Ereignisse, die von Seiten der Fachkräfte der Pflegekinderhilfe mit viel Fingerspitzengefühl und unter Einbezug aller Beteiligten begleitet werden müssen.

Was sagen nun die vorhandenen empirischen Daten zu der Frage, welchen Stellenwert die Rückkehroption in die Familien in der Praxis der Pflegekinderhilfe hat? Die Existenz einer Konzeption zur Förderung der Rückkehr von Pflegekindern zu ihren Eltern ist ein Indiz[6] für die der Rückkehroption als Element des fachlichen Handelns zugemessene Bedeutung. Es zeigt sich, dass 71 Prozent der Jugendämter keine Konzeption zur Förderung der Rückkehr von Pflegekindern zu ihren Eltern haben. Fast jedes fünfte Jugendamt (18 %) hat eine solche Konzeption ausschließlich für Kinder, die nicht in einem Dauerpflegeverhältnis sind. Lediglich jedes zehnte Jugendamt (11 %) hat eine Konzeption zur Rückkehr für alle Pflegekinder.

Liegt in den Jugendämtern ein Konzept zur Förderung der Rückkehr von Pflegekindern zu ihren Eltern für alle Pflegekinder – also unabhängig von der bisherigen Verweildauer in der Pflegefamilie – vor, so lässt sich feststellen, dass sowohl die Festlegung der Art als auch des Umfangs der Unterstützung der Eltern im Hilfeplan signifikant häufiger dokumentiert werden als wenn dies nicht der Fall ist. Die fachliche Positionierung in einem Konzept spiegelt sich also häufig auch im fachlichen Handeln wider.

---

6   Bestrebungen zur Rückkehr können selbstverständlich auch unabhängig von einer konzeptionellen Rahmung erfolgen.

Es zeigt sich weiterhin in den Daten, dass sich eine hohe Fallbelastung in der Praxis negativ auf das Vorhandensein eines Rückkehrkonzepts auswirkt. Weiterhin zeigt sich, dass die Gruppe der Jugendämter mit einer Rückkehrkonzeption, die sich auf alle Pflegekinder, also unabhängig von der Art des Dauerpflegeverhältnisses bezieht, eine signifikant höhere Rückkehrquote zu den leiblichen Eltern[7] hat als die anderen Jugendämter. Dieser Zusammenhang zeigt sich nicht für die Gruppe von Jugendämtern, deren Rückkehrkonzeption sich nur auf die Pflegekinder bezieht, die sich nicht in einem „Dauerpflegeverhältnis" befinden. Offensichtlich kann der Anteil der Pflegekinder, die zu ihren Eltern zurückkehren, erst signifikant erhöht werden, wenn die Rückkehrbedingungen nicht von vorneherein auf bestimmte Konstellationen beschränkt bleiben.

Einen zweiten Hinweis zum Stellenwert der Rückkehr zu den leiblichen Eltern in der Praxis der Pflegekinderhilfe liefern – neben diesbezüglichen Konzepten – Kriterien für oder gegen Bestrebungen, eine Rückkehr zu ermöglichen. Kindler berichtet (2011: 417), dass die Tatsache, ob ein Pflegeverhältnis bereits zu einem frühen Zeitpunkt als auf Dauer angelegt eingestuft wird, insbesondere durch zwei Merkmale bestimmt wird: eine vorangegangene Unterbringung in Bereitschaftspflege und eine negative Einschätzung bezüglich der Frage, ob die leibliche Mutter eine positive Bindungsperson für das Kind darstellt. In Tabelle 2 sind darüber hinaus verschiedene weitere Kriterien für eine Entscheidung für oder gegen weitere Bestrebungen, eine Rückkehr zu unternehmen, enthalten. Wie zu erwarten, prüft die Pflegekinderhilfe zum Teil mehrere Kriterien gleichzeitig, bevor sie sich gegen Bestrebungen zur Ermöglichung einer Rückkehr ausspricht. Das wichtigste Kriterium ist, ob die sorgeberechtigten Eltern mit einer dauerhaften Fremdunterbringung einverstanden sind bzw. eine solche wünschen. Etwa drei von vier Jugendämtern (74%) legen einer solchen Entscheidung dieses Kriterium zugrunde. Berücksichtigt man die elf Prozent der Jugendämter, die nie entscheiden, keine weiteren Bestrebungen zur Rückkehr des Kindes in die Familie zu unternehmen, heißt dies, dass etwa jedes siebte Jugendamt (15%) eine solche Entscheidung unabhängig vom Willen der leiblichen Eltern trifft.

---

7   Für jedes Jugendamt wurde mit den Mikrodaten der Kinder- und Jugendhilfestatistik eine Rückkehrquote der beendeten Platzierungen in Vollzeitpflege berechnet. Die Grundlage der Berechnung dieser Rückkehrquote waren die Beendigungen der Platzierungen in den Jahren 2012, 2013 und 2014.

	Ost	West	Gesamt
Wenn die sorgeberechtigten Eltern mit einer dauer-haften Fremdunterbringung einverstanden sind bzw. eine solche wünschen	66 %	76 %	74 %
Je nach Lebenssituation der Familie	63 %	72 %	71 %
Nach einer festgelegten Verweildauer des Kindes in der Familie, abhängig vom Alter des Pflege-kindes	37 %	39 %	39 %
Wir orientieren uns am Wunsch des Kindes	25 %	37 %	35 %
Sonstige Kriterien	14 %	20 %	19 %
Bei eingeschränktem Sorgerecht der leiblichen Eltern	17 %	12 %	13 %
Wir treffen nie eine solche Entscheidung*	21 %	9 %	11 %
Nach einer festgelegten Verweildauer des Kindes in der Familie, unabhängig vom Alter des Pflege-kindes	10 %	7 %	7 %

Tabelle 2: Kriterien, nach welchen die Pflegekinderhilfe entscheidet, keine weiteren Bestrebungen mehr zu unternehmen, eine Rückkehr des Kindes zu den Eltern zu för-dern im Ost-West-Vergleich (Anteil der Jugendämter in %; Mehrfachnennungen)

Quelle: DJI-Pflegekinderhilfeb@rometer 2015; n = 436

Die Lebenssituation der Familie ist das zweitwichtigste Kriterium (71 %). Auch hier ist darauf hinzuweisen, dass ein nicht unerheblicher Anteil der Jugendäm-ter hierauf offensichtlich keinen Bezug nimmt. Die bisherige Verweildauer in dem Pflegeverhältnis, abhängig vom Alter des Kindes, ist das drittwichtigste Kriterium (39 %). Dagegen ist die Verweildauer in dem Pflegeverhältnis unab-hängig vom Alter des Kindes das am seltensten genannte Kriterium (7 %). Die wenigen Jugendämter, die sich auf die Verweildauer unabhängig vom Alter be-ziehen, legen zum übergroßen Teil eine Verweildauer von zwei Jahren zugrun-de. Beide auf die Verweildauer bezogenen Kriterien werden nur in Einzelfällen (max. drei Jugendämter) als alleiniges Kriterium für eine Entscheidung gegen Rückkehrbestrebungen genannt.

Mit Blick darauf, dass Kinder und Jugendliche nach § 8 und § 36 SGB VIII an allen sie betreffenden Entscheidungen zu beteiligen sind, ist es überraschend, dass sich nur etwa ein Drittel der Jugendämter (35 %) am Wunsch des Kindes orientiert, keine weiteren Rückkehrbestrebungen mehr zu unternehmen. Dies könnte darauf hindeuten, dass mancherorts die Kontinuität des Pflegeverhält-nisses das oberste Ziel ist und dieses losgelöst von der Kontinuität des Kindes-wohls betrachtet wird.

Etwa jedes zehnte Jugendamt (11 %) trifft nie die Entscheidung, die Bestre-bungen für eine Rückkehr des Pflegekindes einzustellen. Sonstige Kriterien wurden relativ häufig angegeben (19 %). Hier wird vor allem darauf hingewiesen, dass eine solche Entscheidung je nach Fallkonstellation im Hilfeplanverfahren getroffen wird, die Verweildauer nach anderen Kriterien, als in der Abfrage formuliert, berücksichtigt wird, die Erziehungsfähigkeit der Eltern, das Kindeswohl und die vorhandenen Bindungen des Pflegekindes bei einer solchen Entscheidung eine Rolle spielen.

Ja, bei allen Eltern	2 %
Ja, bei dem größeren Teil der Eltern	6 %
Ja, bei dem kleineren Teil der Eltern	51 %
Nein	41 %

Tabelle 3: Anteil der Jugendämter, der sich weiter bemüht, die Erziehungsfähigkeit von Eltern von 7-jährigen Pflegekindern, die seit drei Jahren in der Pflegefamilie leben, herzustellen

Quelle: DJI-Pflegekinderhilfeb@rometer 2015; n = 437

Wie aus den Befunden zu den Kriterien für eine Entscheidung, ob weiterhin eine Rückkehr angestrebt werden soll oder nicht, deutlich wurde, spielt die bisherige Verweildauer des Pflegekindes in dem Pflegeverhältnis in Kombination mit dem Alter des Pflegekindes relativ häufig eine Rolle. Tabelle 3 enthält die Ergebnisse zu der Abfrage, ob in einer ganz konkreten Konstellation weiterhin sozialpädagogische Bemühungen, die Erziehungsfähigkeit der Familie (wieder-) herzustellen, erfolgen.[8] Konkret wurde gefragt, wie dies bei leiblichen Eltern, deren 7-jähriges Kind seit drei Jahren in einer Pflegefamilie lebt, sei. Da dieses Beispiel für manche Jugendämter nur einen Teil der Bedingungen beschreibt, die bei einer solchen Entscheidung von Bedeutung sind, wurde nicht nur eine dichotome Antwort vorgegeben, sondern die Jugendämter hatten die Möglichkeit, ihre Antwort quasi nach der Häufigkeit zu differenzieren.

Eine kleine Minderheit der Jugendämter (2 %) gibt ohne Einschränkungen an, sich weiter bei all diesen Eltern um die Wiederherstellung der Erziehungsfähigkeit zu bemühen. In Kombination mit den Ergebnissen der Tabelle 2 zu den Kriterien für die Entscheidung, keine weiteren Bestrebungen zu unternehmen, eine Rückkehr des Pflegekindes zu seinen Eltern zu fördern, wird deutlich, dass diese Bestrebungen sich nicht immer auf die Wiederherstellung der Erziehungsfähigkeit der Eltern beziehen: Tabelle 2 ist zu entnehmen, dass elf Prozent

---

8   Hier wird die Erziehungsfähigkeit der Eltern als Schlüsselkategorie für die Rückkehrentscheidung verwendet. Es ist darauf hinzuweisen, dass damit andere, womöglich für eine solche Entscheidung relevante Faktoren, wie etwa Motivation, Veränderungswillen, Netzwerkressourcen, ökonomische Lage u. ä. ausgeblendet werden.

der Jugendämter angeben, die Bestrebungen nie einzustellen, während gleichzeitig nur zwei Prozent der Jugendämter angeben (vgl. Tab. 3), sich bei allen Eltern zu bemühen, die Erziehungsfähigkeit in der beschriebenen Konstellation wiederherzustellen.

Etwas mehr als die Hälfte der Jugendämter (51 %) antwortet, dass solche Bemühungen nur bei einem kleinen Teil der Eltern unternommen werden. 41 Prozent der Jugendämter unternehmen in dieser Konstellation keine weiteren Bemühungen mehr, die Erziehungsfähigkeit der Eltern wiederherzustellen. Damit wird ersichtlich, dass die Kombination von einem jungen Alter des Pflegekindes zu Beginn der Hilfe und einer längeren Verweildauer die Jugendämter in den meisten Fällen wohl dazu bringt, die Wiederherstellung der Erziehungsfähigkeit der Eltern nicht länger anzustreben. Einschränkend ist dazu anzumerken, dass diese beiden Merkmale allein womöglich vielfach die Entscheidungssituation in der Praxis unzureichend abbilden. Dies wäre z. B. dann der Fall, wenn in einem Jugendamtsbezirk insbesondere solche Kinder in Vollzeitpflege genommen werden, bei denen vorher bereits ohne Erfolg mit ambulanten Hilfen intensiv und länger versucht wurde, die Eltern bei der Erziehung zu beraten und zu unterstützen. In diesem Fall ist anzunehmen, dass eine Rückkehr nach einer anschließenden Platzierung in Vollzeitpflege allein schon deswegen, aber auch unter Umständen durch das inzwischen höhere Alter der Pflegekinder, seltener in Erwägung gezogen wird.

Betrachtet man die durchschnittliche Rückkehrquote der Jugendämter zu den Eltern vor dem Hintergrund der Angaben in Tabelle 3, dann gibt es einen Zusammenhang zwischen den Bemühungen, die Erziehungsfähigkeit der Eltern herzustellen und der empirisch beobachteten Rückkehrquote der Pflegekinder: Wenn die Pflegekinderhilfe sich bei allen oder dem größeren Teil der Eltern um eine Wiederherstellung der Erziehungsfähigkeit kümmert, geht dies mit einer signifikant höheren Rückkehrquote einher.

4   Häufigkeit der Rückkehr zu den Eltern

Im Idealfall ist die Rückkehr zu den Eltern das Ergebnis eines geplanten und von Fachkräften begleiteten Prozesses. In der Praxis zeigt sich jedoch, dass eine Rückkehr in die Familie auch das Ergebnis eines nicht intendierten Prozesses sein kann. Eine Rückkehr in die Familie kann also sowohl das Ergebnis einer gemeinsamen Entscheidung im Rahmen einer Hilfeplanung sein als auch das einer einseitigen Aufkündigung des Pflegeverhältnisses durch jede Beteiligte, also der Pflegefamilie, den Eltern, dem Kind oder Jugendlichen selbst oder dem Jugendamt (vgl. Kindler 2011; Diouani-Streek 2011; van Santen 2012). Ebenso denkbar ist, dass es sich um eine Übergangslösung zwischen zwei Hilfeformen, z. B. aus einer Pflegefamilie in eine betreute Wohngemeinschaft, handelt.

Unabhängig vom Alter des Kindes am Ende des Pflegeverhältnisses zeigen die Daten der Kinder- und Jugendhilfestatistik, dass im Jahr 2016 bei insgesamt 31 Prozent der insgesamt beendeten Vollzeitpflegeverhältnisse das Kind oder der Jugendliche aus der Vollzeitpflege in die Familie zurückgekehrt ist. Die Anteile der an das Pflegeverhältnis anschließenden Lebensorte für alle in einem Kalenderjahr beendeten Pflegeverhältnisse variiert sehr stark mit dem Alter bei Ende des Vollzeitpflegeverhältnisses. Bis zum zwölften Lebensjahr kehren die Kinder am häufigsten (je nach Alter zwischen 36 und 42 Prozent) nach der Vollzeitpflege zu den Eltern zurück. Nach dem zwölften Lebensjahr überwiegen andere Aufenthaltsorte nach der Vollzeitpflege. Auffällig ist, dass in der Gruppe der 12- bis 18-Jährigen ein Großteil der Hilfen (zwischen 40 und 47 %) offenbar in einer stationären Einrichtung fortgeführt wird, wenn das Pflegeverhältnis beendet wird (vgl. van Santen/Pluto/Seckinger 2021: 106).

Die Anteile für eine Rückkehr in die „Familie" nach einer Vollzeitpflege werden in der amtlichen Statistik allerdings in einer *Lebenslaufperspektive* der jungen Menschen unterschätzt, weil sie diese Perspektive nicht abbilden kann. Hierfür gibt es im Wesentlichen zwei Gründe.

Erstens: Ein erheblicher Anteil der in der Kinder- und Jugendhilfestatistik als beendet angesehenen Vollzeitpflegeverhältnisse ist nicht wirklich beendet. Ein Teil davon wird in einer anderen Pflegefamilie fortgesetzt, bei einem anderen Teil wechselt lediglich die Bewilligungsgrundlage von § 27 zu § 41 SGB VIII, was mit einem formalen Ende und einem Neubeginn der Vollzeitpflege einhergeht, obwohl sich sonst nichts verändert hat. Berücksichtigt man dies bei der Berechnung der Anteile, indem man die Gesamtzahl der beendeten Hilfen entsprechend korrigiert, so steigt die Quote derjenigen an, die in ihre Familie zurückkehren. Wenn man diejenigen Hilfen, die z.B. in neue Pflegeverhältnisse überführt werden, nicht als beendet betrachtet, steigt der Anteil der in die Familie zurückkehrenden jungen Menschen um sieben Prozentpunkte auf insgesamt 38 Prozent an.

Zweitens: Bedenkt man weiterhin, dass auch die jungen Menschen, die nach dem Ende eines Pflegeverhältnisses anschließend in einer stationären Einrichtung untergebracht werden, danach zu einem nicht unerheblichen Anteil zu ihren Familien zurückkehren, erhöht sich der Anteil der jungen Menschen, die nach Beendigung der stationären Hilfen der Kinder- und Jugendhilfe zu den leiblichen Eltern zurückkehren, weiter. So kehren 43 Prozent der unter 18-Jährigen in stationären Hilfen in Einrichtungen der Hilfen zur Erziehung nach Ende der Hilfe zu den Eltern zurück (vgl. Statistisches Bundesamt 2018). Das heißt, bei einem Teil der jungen Menschen, der die Vollzeitpflege verlässt, erfolgt die Rückkehr zu den Eltern nach einer Zwischenstation zu einem späteren Zeitpunkt in deren Leben.

Nimmt man also eine Lebenslaufperspektive ein und betrachtet, wie viele Kinder und Jugendliche früher oder später, ob intendiert oder auch nicht und wenn auch womöglich nur zeitweilig, (irgendwann) nach einer Vollzeitpflege zu den Eltern zurückkehren, dann wird deutlich, dass es sich hier auch aus einer rein quantitativen Perspektive um nicht zu vernachlässigende Größenordnungen handelt. Dies unterstreicht die Bedeutung und Notwendigkeit der Arbeit mit den leiblichen Familien.

Tabelle 2 hat gezeigt, dass nach der Einstellung der Eltern und der Situation in der Familie die bisherige Verweildauer des Pflegekindes im Pflegeverhältnis das dritthäufigste Kriterium für eine Entscheidung für (weitere) Bestrebungen zur Ermöglichung einer Rückkehr des Pflegekindes in die Familie darstellt. Einen Zeitraum, innerhalb dessen die Rückkehroption realisiert werden muss, gibt das Gesetz nicht vor, vielmehr bedarf es einer Einzelfallprüfung (Wiesner/Schmid-Obkirchner 2015, § 37 SGB VIII Rn. 17). In der Praxis wird die Zweijahresgrenze oft als Maximalzeit für die Realisierung einer Rückkehr in die Familie betrachtet. Pflegeverhältnisse, die länger andauern, werden dementsprechend häufig als „Dauerpflegeverhältnisse" bezeichnet.

Eine empirische Analyse von Dauerpflegeverhältnissen zeigt, inwiefern die implizite Annahme zutrifft, dass Dauerpflegeverhältnisse mindestens bis zum Erreichen der Volljährigkeit andauern werden („auf Dauer angelegte Lebensperspektive"). Dazu wurde der Anteil der Pflegeverhältnisse, die bis zum Erreichen der Volljährigkeit andauern, nur für die Kinder und Jugendlichen in Vollzeitpflege berechnet, die bereits mindestens zwei Jahre bei einer Pflegefamilie waren. Von der Analyse ausgenommen wurden zudem die Pflegeverhältnisse, die aufgrund eines Zuständigkeitswechsels in der Statistik als neu begonnen bzw. als beendet betrachtet wurden oder wegen eines Abbruchs durch die Sorgeberechtigten abweichend vom Hilfeplan beendet wurden[9], weil dies zum Teil die Fälle sein können, die aufgrund eines Konflikts zwischen Eltern und Pflegefamilien über den Aufenthaltsort des Pflegekindes zu einem Ende der Hilfen führen, obwohl sie sonst länger gedauert hätten. Die empirischen Ergebnisse zeigen, dass wenn die Pflegeverhältnisse betrachtet werden, die im Alter von unter 15 Jahren begonnen wurden, mindestens zwei Jahre andauern und nicht durch die Eltern beendet wurden, im Durchschnitt 40 Prozent der Fremdpflegeverhältnisse und 46 Prozent der Verwandtenpflegeverhältnisse bis zum Erreichen des Erwachsenenalters andauern. Die Quote der Verwandtenpflegeverhältnisse, die mindestens bis zum Erwachsenenalter andauern, liegt deutlich über der entsprechenden Quote der Fremdpflegeverhältnisse. Betrachtet man nur die Pflegeverhältnisse, die mindestens bis zur Vollendung des 17. Lebensjahres andauern, um möglichen Verzerrungen in der Statistik (s. o.) Rechnung

---

9   Abweichend vom Hilfeplan werden 7,2 Prozent der Pflegeverhältnisse durch die Sorgeberechtigten, 6,7 Prozent durch die jungen Menschen selbst und 10,0 Prozent durch die Pflegeeltern beendet (vgl. van Santen 2017: 107).

zu tragen, liegen die Durchschnittswerte bei 54 Prozent der Verwandtenpflege-verhältnisse und 47 Prozent der Fremdpflegeverhältnisse.[10]

Sogenannte Dauerpflegeverhältnisse, ob in Fremd- oder Verwandtenpflege, sind also zumindest in der Fremdpflege in der Mehrheit der Fälle nicht „von Dauer". Auch wenn ein nicht zu vernachlässigender Anteil der Kinder bzw. Jugendlichen in der neuen Familie bis zur Volljährigkeit lebt, kehrt die Mehrheit der Kinder früher oder später wieder in ihre leiblichen Familien zurück.

5   Resümee

In der Zusammenschau zeigt sich, dass die Pflegekinderhilfe der Zusammenarbeit mit den Eltern von Pflegekindern bislang keine besondere Priorität zuweist. Einiges deutet darauf hin, dass der Arbeit mit den leiblichen Eltern weniger Bedeutung zugemessen wird als der Arbeit mit den Pflegefamilien. Dies zeigt sich etwa in der Dokumentation der Aufgaben in Bezug auf die Familie im Hilfeplan oder in der geringen Verbreitung von Konzepten zur Rückkehr von Pflegekindern in ihre Familien. Dabei liefert die Empirie ernstzunehmende Indizien, dass das Bemühen, die Erziehungsbedingungen bei den Eltern zu verbessern, und eine Konzeption zum Thema Rückkehr, die alle Pflegeverhältnisse umfasst, sich tatsächlich in höheren Rückkehrquoten bei den beendeten Pflegeverhältnissen niederschlägt.

Die Bundesregierung hat mit dem Kinder- und Jugendstärkungsgesetz (KJSG) die Arbeit mit den leiblichen Eltern gesetzlich besser abgesichert (Deutscher Bundestag 2021). Es wurde klargestellt, dass gleichzeitig eine Unterbringung eines Kindes in einer Pflegefamilie und eine Hilfe zur Verbesserung der Erziehungsbedingungen, die unmittelbar bei den Eltern ansetzt, erlaubt ist. Zwar war dies auch bei der alten Gesetzeslage möglich, aber in der Praxis erfolgte eine solche Hilfe wohl auch mit Verweis auf eine andere Interpretation der Gesetzeslage nicht immer. Die im Gesetzesentwurf dieser Veränderung zugrunde gelegte Kostenkalkulation zeigt allerdings, dass dieser Hilfe für die Eltern eine angedachte Intensität zugrunde liegt (3 Stunden pro Jahr pro Familie), die z. B. sehr weit unterhalb der durchschnittlichen Intensität einer sozialpädagogischen Familienhilfe liegt. Eine positive Beeinflussung der Erziehungsbedingungen in der leiblichen Familie erscheint damit nur bedingt möglich. Generell fehlt es an Forschung zu den möglichen Veränderungen paralleler Hilfen zur Erziehung bei einer Familie, die eine Evidenzbasierung der notwendigen Unterstützung für die Eltern leisten könnte.

---

10 Siehe van Santen/Pluto/Seckinger 2021: 103 f. für eine Differenzierung diese Ergebnisse nach dem Alter zu Beginn des Vollzeitpflegeverhältnisses und eine Einordnung der Ergebnisse vor dem Hintergrund bindungstheoretischer Perspektiven.

Weiterhin zeigt die Empirie eindeutig, dass der Anteil der Pflegekinder, der nach einer Platzierung in einem Vollzeitpflegeverhältnis geplant oder auch ungeplant in die Familie zurückkehrt, viel höher ist, als oftmals angenommen. Auch nach längerer Verweildauer in einem sogenannten Dauerpflegeverhältnis ist eine Rückkehr in die leibliche Familie keineswegs selten. Genauso wenig kann ausgeschlossen werden, dass auf eine Rückkehr zu den Eltern eine erneute Platzierung in Fremdunterbringung folgt. Beide Konstellationen verweisen letztendlich auf die Notwendigkeit sowohl einer kontinuierlichen begleitenden Beratung und Unterstützung der Eltern während eines Pflegeverhältnisses als auch nach der Rückkehr des Kindes in die Familie.

Die Vergangenheit der Pflegekinder, bei der die leiblichen Eltern meistens eine bedeutsame Rolle spielen, lässt sich nicht ausblenden. Pflegekinder werden immer eine wie auch immer geartete Verbundenheit, ob positiv oder negativ gefärbt, mit ihren Eltern und Familien haben (vgl. z. B. Baker et al. 2016). Sie müssen einen angemessenen Umgang damit finden. Die Fachkräfte der Pflegekinderhilfe müssen Pflegekinder und auch Pflegepersonen unterstützen, den Kontakt zur Familie zu fördern – sofern von ihnen keine unmittelbare Kindeswohlgefährdung ausgeht – und dabei eine unvoreingenommene Sensibilität für die jeweiligen Signale der Beteiligten aufbringen. Weder Fachkräfte der Pflegekinderhilfe, Pflegepersonen noch andere Personen dürfen Pflegekindern ihr durch die UN-Kinderrechtskonvention gesichertes Recht auf Kontakt zu den leiblichen Eltern einschränken oder behindern. Umgangskontakte oder besser die Beziehungsgestaltung[11] der Pflegekinder mit den Eltern stellt nämlich für das Pflegekind eine wichtige Grundlage dar, das Verhältnis zu den Eltern zu erhalten, zu verändern oder zu klären. Auch diesbezüglich kann ein Forschungsdefizit diagnostiziert werden. Die eingangs erwähnte Forschung hat hier noch einen blinden Fleck. Sie war bislang zu sehr auf das *ob* fokussiert und vernachlässigt das *wie* und dabei insbesondere die Rolle der professionellen Pflegekinderhilfe.

Literatur

Baker, Amy J. L./Creegan, Alyssa/Quinones, Alexa/Rozelle, Laura (2016): Foster children's views of their birth parents: A review of the literature. In: Children and Youth Services Review 67, 177–183.

Bertelsmann Stiftung (2020): Factsheet Kinderarmut in Deutschland. Kurzinformation: Kinder und Jugendliche in der Grundsicherung. Gütersloh: Bertelsmann Stiftung.

Boyle, Caroline (2017): What is the impact of birth family contact on children in adoption and long-term foster care? A systematic review. In: Child & Family Social Work 22, 22–33.

---

11 Ich danke Henriette Katzenstein für diesen Gedanken: Bei der Beziehungsgestaltung geht es nicht nur um „sich sehen", sondern z. B. auch darum, welche Erzählungen, welche Bilder von den Beteiligten jeweils transportiert werden und die Beziehungen in Bedeutungen einbetten.

Carvalho, João M. S./Delgado, Paulo (2014): Contact in Foster Care: Bridge or Collision between Two Worlds? In: Journal of Applied Research on Children: Informing Policy for Children at Risk 5 (1), Article 10, 1–31.

Cooper, Kerris (2021): Are Poor Parents *Poor* Parents? The Relationship between Poverty and Parenting among Mothers in the UK. In: Sociology 55 (2), 349–383.

Destatis/WZB/BiB [Statistisches Bundesamt/Wissenschaftszentrum Berlin für Sozialforschung/Bundesinstitut für Bevölkerungsforschung] (2021): Datenreport 2021. Ein Sozialbericht für die Bundesrepublik Deutschland. Bonn.

Deutscher Bundestag (2021): Gesetzentwurf der Bundesregierung. Entwurf eines Gesetzes zur Stärkung von Kindern und Jugendlichen (Kinder- und Jugendstärkungsgesetz – KJSG), BT-Drucksache 19/26107.

Diouani-Streek, Mériem (2011): Perspektivplanung von Pflegeverhältnissen: Onlinestudie in deutschen Jugendämtern. In: Zeitschrift für Sozialpädagogik 9, 115–142.

Fendrich, Sandra/Pothmann, Jens/Tabel, Agathe (2018): Monitor Hilfen zur Erziehung 2018. Dortmund.

Fossum, Sturla/Vis, Svein A./Holtan, Amy (2018): Do frequency of visits with birth parents impact children's mental health and parental stress in stable foster care settings. In: Cogent Psychology 5, 1429350.

Hedin, Lena (2015): Good Relations between Foster Parents and Birth Parents: A Swedish Study of Practices Promoting Successful Cooperation in Everyday Life. In: Child Care in Practice 21 (2), 177–191. doi: 10.1080/13575279.2015.1005574.

Helming, Elisabeth/Kindler, Heinz/Thrum, Kathrin (2010): Lebenssituationen von Herkunftsfamilien. In: Kindler, Heinz/Helming, Elisabeth/Meysen, Thomas/Jurczyk, Karin (Hrsg.): Handbuch Pflegekinderhilfe. München, 262–281.

Kindler, Heinz (2011): Pflegekinder: Sorgerechtssituation und Ergebnisqualität in der Pflegekinderhilfe. Ergebnisse aus dem Projekt „Pflegekinderhilfe" von DJI und DIJuF. In: Recht der Jugend und des Bildungswesens 59 (4), 410–422.

Küfner, Marion/Helming, Elisabeth/Kindler, Heinz (2010): Umgangskontakte und die Gestaltung von Beziehungen zur Herkunftsfamilie. In: Kindler, Heinz/Helming, Elisabeth/Meysen, Thomas/Jurczyk, Karin (Hrsg.): Handbuch Pflegekinderhilfe. München, 562–612.

Pierlings, Judith (2011): Dokumentation Leuchtturm-Projekt PflegeKinderDienst. LVR-Landesjugendamt Rheinland. Köln.

Scott, Dorothy/O'Neill, Cas/Minge, Andrew (2005): Contact between Children in Out-of-Home Care and Their Birth Families. University of Melbourne, New South Wales.

Sen, Robin/Broadhurst, Karen (2011): Contact between children in out-of-home placements and their family and friends networks: A research review. In: Child and Family Social Work 16 (3), 298–309. doi: 10.1111/j.1365-2206.2010.00741.x.

Statistisches Bundesamt (2018): Statistiken der Kinder und Jugendhilfe. Erzieherische Hilfe. Eingliederungshilfe für seelisch behinderte junge Menschen, Hilfe für junge Volljährige. – Heimerziehung, sonstige betreute Wohnformen 2016. Wiesbaden.

Van Santen, Eric (2012): Wenn die Pflegeeltern nicht mehr wollen. Abbrüche von Fremdpflegeverhältnissen durch Pflegefamilien – Empirische Hinweise. In: Sozialmagazin 37 (5), 31–35.

Van Santen, Eric (2017): Determinanten der Abbrüche von Pflegeverhältnissen – Ergebnisse auf der Basis der Einzeldaten der Kinder- und Jugendhilfestatistik. In: Neue Praxis 47 (2), 99–123.

Van Santen, Eric/Pluto, Liane/Peucker, Christian (2019): Pflegekinderhilfe – Situation und Perspektiven. Empirische Befunde zu Strukturen, Aufgabenwahrnehmung sowie Inanspruchnahme. Weinheim/Basel: Beltz Juventa.

Van Santen, Eric/Pluto, Liane/Seckinger, Mike (2021): Scheinbare Gewissheiten zu (Dauer-)Pflegeverhältnissen – Empirische Befunde. In: Zeitschrift für Kindschaftsrecht und Jugendhilfe 16 (3), 100–108.

Walter, Michael (2008): Verwandtenpflege in Forschung, Praxis und Theorie. In: Landschaftsverband Rheinland (Hrsg.): Jahrestagung Pflegekinderdienst. Schwerpunktthema „Verwandtenpflege" 26.08.2008 und 27.08.2008 in Königswinter.

Wiesner, Reinhard/Schmid-Obkirchner, Heike (2015): § 37 Zusammenarbeit bei Hilfen außerhalb der eigenen Familie In: Wiesner, Reinhard (Hrsg.). SGB VIII. Kinder- und Jugendhilfe. Kommentar. 5. Auflage. München: Beck.

Wolf, Klaus (2014): Zum konstruktiven Umgang mit divergierenden Interessen – sozialpädagogische Kategorien in der Pflegekinderhilfe. In: Zeitschrift für Sozialpädagogik 12 (4), 340–360.

Care Leaver und ihre Eltern – (k)ein Thema im Übergang?

Severine Thomas/Carolin Ehlke

Einleitung

Elternarbeit[1] ist ein fester Bestandteil der Hilfen zur Erziehung und dennoch gibt es mit Blick auf die stationären Erziehungshilfen, gerade für ältere Jugendliche bzw. junge Erwachsene, zahlreiche offene Fragen zu deren Ausgestaltung. Für diejenigen jungen Menschen, die voraussichtlich vor der Volljährigkeit nicht mehr zu ihren Eltern zurückkehren, sondern von den stationären Hilfen aus in den Prozess des Übergangs in ein eigenständiges Leben einmünden, steht auf der einen Seite die Bearbeitung der Beziehung zu ihren Eltern nicht unbedingt im Fokus. Dies korrespondiert auch damit, wann die jungen Menschen in eine stationäre Erziehungshilfe gekommen sind, welche Ursachen einer Unterbringung zugrunde liegen, wie lange sie außerhalb ihrer Familie in öffentlicher Erziehung aufgewachsen sind und wie die Elternarbeit während der Unterbringung gestaltet wurde. Die Akzentuierung in der Phase des Leaving Care, so zeigen es bisherige Forschungen (u. a. Sievers/Thomas/Zeller 2018; Ehlke 2020a), liegt zumeist verstärkt auf der Selbstständigkeitsentwicklung, Eigenverantwortung und Ablösung von Betreuungskontexten. Gleichzeitig kann und sollte auch in dieser Phase eine biografische Aufarbeitung der Eltern-Kind-Beziehung, ggf. auch die Möglichkeit einer Neuordnung, immer wieder geleistet bzw. angeboten werden – mit und ohne Beteiligung der Eltern. Spätestens allerdings mit Erreichen der Volljährigkeit treten die Eltern formal in den Hintergrund der Hilfegestaltung. Die jungen Menschen können dann selbst einen Antrag auf Hilfen zur Erziehung (§ 41 SGB VIII, Hilfen für junge Volljährige) stellen, wodurch die Eltern nicht mehr Adressat*innen der Erziehungshilfen sind. Dennoch bleibt die Bearbeitung der Beziehung zu den Eltern und zur Familie eine wichtige Bewältigungsaufgabe. Nicht zuletzt werden Care Leaver im Übergang

---

1   Wie auch in den anderen Beiträgen in diesem Sammelband wird von den Eltern bzw. der Familie gesprochen, wenn Bezug zum ‚Herkunftsfamiliensystem' der jungen Menschen genommen wird. In Abgrenzung dazu wird im Rahmen von Vollzeitpflegeverhältnissen explizit von Pflegeeltern bzw. der Pflegefamilie gesprochen. Eine Ausnahme zeigt sich dahingehend, wenn Begriffe, wie ‚Herkunft', ‚leiblich' oder ‚biologisch' in der zitierten Fachliteratur oder in Interviewaussagen der jungen Menschen explizit Anwendung finden. Wenn im Folgenden von Elternarbeit gesprochen wird, wird zudem primär Bezug auf die (Zusammen-)Arbeit mit den Eltern genommen. Die (Zusammen-)Arbeit mit den Pflegeeltern wird sprachlich an den jeweiligen Stellen kenntlich gemacht.

aus stationären Erziehungshilfen und während ihrer Ausbildungszeit von den Sozialleistungssystemen (z. B. SGB II, BAföG, Kindergeld) immer wieder auf ihre rechtliche Zugehörigkeit zu ihren Eltern ‚zurückgeworfen' und somit in eine erneute Abhängigkeit zu ihnen gestellt.

Die Bewältigung von Eltern-Kind-Beziehungen im Leaving Care gestaltet sich in Pflegeverhältnissen mitunter doppelt herausfordernd. Die sozialen Konstellationen sind in Pflegefamilien sehr viel privater gerahmt und bilden ein festeres familienanaloges Setting an Bezugspersonen. Auch bei jungen Menschen aus Pflegefamilien ändern sich die Rechtsverhältnisse und damit die Beziehungen zu den Eltern nach dem Erreichen der Volljährigkeit. Darüber hinaus müssen jedoch auch die Beziehungen zu den Pflegeeltern (und anderen Mitgliedern der Pflegefamilie) neu ausgehandelt werden, denn auch ihre formale Zugehörigkeit endet mit dem Ende einer stationären Erziehungshilfe nach § 33 SGB VIII.

In diesem Beitrag wird zunächst theoretisch dargestellt, welche Bedeutung sowohl Eltern als auch Pflegeeltern für Care Leaver in der Ablösungsphase aus stationären Erziehungshilfen und nach deren Verlassen haben können. Darauffolgend werden anhand von vier Fallskizzen beispielhaft unterschiedliche Entwicklungen in der (Pflege-)Eltern-Kind-Beziehung nach dem Übergang aus stationären Erziehungshilfen skizziert. Abschließend wird auf dieser Grundlage erörtert, wie die Bearbeitung der Beziehung zu den (Pflege-)Eltern – gemeinsam mit ihnen oder in deren Abwesenheit – stärker in den Fokus der Übergangsvorbereitung und in den Prozess des Leaving Care integriert werden kann bzw. muss.

1 Care Leaver und ihre (Pflege-)Eltern – eine erste theoretische Annäherung

In den folgenden Ausführungen wird zunächst erörtert, welche Bedeutung Eltern für junge Menschen aus Jugendhilfekontexten im Prozess des Leaving Care haben und wie in diesem Übergangsprozess die Eltern-Kind-Beziehung oft (neu) gestaltet wird. Die Auseinandersetzung mit den eigenen Eltern scheint für alle Care Leaver ein Bestandteil des Hilfeprozesses zu sein – unabhängig davon, ob sie ihre Eltern durch deren Tod verloren haben, kein oder ein negatives Verhältnis zu ihnen haben, in einer ambivalenten Beziehung zu ihnen stehen oder einen positiven Kontakt zu ihnen pflegen.

Empirische Studien (vgl. u.a. Diakonie Rheinland-Westfalen-Lippe 2012; Reimer/Petri 2017; Sievers/Thomas/Zeller 2018; Ehlke 2020a) zeigen, dass die Auseinandersetzung mit den Eltern bzw. der Familie in der Mehrheit während der Unterbringung in einer Wohngruppe oder einer Pflegefamilie zentral ist – abhängig davon, welche Bedeutung der Elternarbeit während einer Hilfe von dem jeweiligen Jugendamt bzw. freien Träger zugeschrieben wird. Je nachdem, wann eine Aufnahme in eine Wohngruppe oder Pflegefamilie stattfindet, kommen hier unterschiedliche Anliegen an die Elternarbeit zum Tragen. So weisen die Konzepte der Elternarbeit sehr heterogene Formen und Verbindlichkeiten auf (vgl. Sievers/Thomas/Zeller 2018) und werden – trotz der Verankerung im SGB VIII – bisweilen als nicht oder wenig gelungen beschrieben (vgl. Schulze-Krüdener/Homfeldt 2013). Mitunter ist die Elternarbeit gar nicht verbindlich in der Arbeit der Träger verankert. Zudem kann bei häufigeren Einrichtungswechseln die Perspektive der Eltern aus dem Blick geraten und die kontinuierliche Einbindung der Eltern in die weitere Hilfeplanung schwierig werden. Dabei bleiben die Eltern Adressat*innen einer (stationären) Erziehungshilfe, da sie die Hilfeempfänger*innen sind. Aber das stationäre Hilfesetting erfordert dafür eine gute Reflexion unterschiedlicher Interessen und die Reflexion von Parteilichkeit gegenüber den jungen Menschen und ihren Eltern bzw. Sorgeberechtigten.

Die Beziehungsgestaltung zu Eltern lässt im Leaving Care-Prozess sodann neue Fragen entstehen. Einerseits ist oftmals die Frage zentral, wie Care Leaver als junge Erwachsene die biografischen Erfahrungen mit den eigenen Eltern in der Kindheit und Jugend integrieren, welche schließlich zu der Aufnahme in eine stationäre Erziehungshilfe geführt haben. Es zeigt sich, dass sich mit dem Ende von stationären Erziehungshilfen und einer neuen Lebenssituation in einem zumeist eigenen Wohnraum oder einem anderen Betreuungskontext die Fragen zu den Erfahrungen und der Beziehung mit den Eltern noch einmal neu stellen. Andererseits ist es für die jungen Menschen auch wichtig, mit dem Ende der stationären Hilfe eine Transformation von Beziehungen – nicht nur der Hilfebeziehung zu Betreuer*innen oder Pflegeeltern – zu leisten und damit in vielen Fällen auch das Verhältnis zu den Eltern neu auszurichten. Eine Neuausrichtung in der Eltern-Kind-Beziehung zwischen Autonomie und weiterbestehender Unterstützung zeigt sich, so der 14. Kinder- und Jugendbericht, bei Jugendlichen bzw. jungen Erwachsenen im Allgemeinen:

„Fragt man nach Bedingungen für eine gelingende Entfaltung eigener Fähigkeiten und Möglichkeiten auf Seiten der Jugendlichen, erweist sich die Familie als hoch bedeutsam. […] Das Erziehungsklima in den Familien dieser ‚erfolgreich selbstständigen' Jugendlichen wird häufig geprägt durch starke Einfühlung der Mütter und Väter in die Bedürfnisse der Jugendlichen; auch sind diese Eltern engagiert und interessiert, was sich in einer nicht-aufdringlichen Form des Bescheidwissens und des Nachfragens nach Freunden, Entwicklungen in der Schule und vielem anderen bemerkbar macht. Den Eltern dieser Jugendlichen, so kann man daraus schließen, gelingt es, die Balance zwischen Fürsorge und Freiheit zu halten; die Jugendlichen schätzen genau diese Verbindung aus gewährter Autonomie und Zuwendung. Das zeigt: Verselbständigungsprozesse werden offensichtlich keineswegs unmöglich, wenn junge Menschen enge emotionale Beziehungen zu ihren Eltern haben" (BMFSFJ 2013: 43).

Für Care Leaver, die wegen mehrheitlich negativen Erfahrungen in ihrer Familie in stationären Erziehungshilfen aufwachsen bzw. gelebt haben, stellt die Beziehungsgestaltung zu den Eltern im Übergangsprozess nicht selten einen konfliktbehafteten Prozess dar, der von vielen von ihnen eigenständig geleistet werden muss. Dabei ist es zudem nicht unwesentlich, sich zu vergegenwärtigen, dass es – auch vor Eintritt der Volljährigkeit – nicht wenige Hilfeabbrüche gibt, bei denen die jungen Menschen zeitweilig oder dauerhaft wieder bei ihren Eltern einziehen (müssen). Bei den beendeten stationären Hilfen von älteren Jugendlichen und jungen Erwachsenen kommt es bei einem nicht unwesentlichen Anteil zu einer Rückkehr in den Haushalt der Eltern bzw. eines Elternteils: Bei den 15- bis 21-jährigen Care Leavern ziehen etwa 25 Prozent von ihnen nach dem Hilfeende wieder in den Haushalt der Eltern/eines Elternteils oder Sorgeberechtigten ein (vgl. Statistisches Bundesamt 2018). Über die Beweggründe und die Qualität der Beziehung zwischen den jungen Menschen und ihren Eltern ist bisher wenig systematisch erforscht worden. Faltermeier/Schäfer (2017) gehen dieser Frage in ihrer Studie über die erfolgreiche nachstationäre Begleitung junger Erwachsener nach. Darin wird deutlich, dass Care Leaver in der Bearbeitung der Konflikte mit ihren Eltern nicht immer zufriedenstellend begleitet wurden (vgl. Faltermeier/Schäfer 2017). Dies kann gravierende Auswirkungen auf die Zeit während der stationären Hilfe haben, aber auch in der Phase des Leaving Care mit neuen Abhängigkeiten und wiederholten konflikthaften Erfahrungen einhergehen. Aber auch für Care Leaver, die keinen Kontakt zu ihren Eltern haben, „ist der Bezug zu ihrer Herkunftsfamilie [...] auch im weiteren Lebensverlauf von großer Bedeutung" (Faltermeier/Schäfer 2017). Die Forderung nach einer erweiterten Perspektive auf Elternarbeit im Rahmen von stationären Erziehungshilfen ist somit unbedingt zu unterstreichen (vgl. Faltermeier 2014). Dies lässt sich auch anhand der in diesem Beitrag vorgestellten Fallskizzen argumentativ stützen. Dabei ist aber auch hervorzuheben, dass die Elternarbeit – partizipativ auch unter Mitwirkung der jungen Menschen selbst – nicht nur auf die Zeit vor der stationären Unterbringung oder währenddessen gerichtet sein kann.

In zahlreichen Befunden der biografischen Care Leaver-Forschung (vgl. Ehlke 2020a; Reimann 2017; Köngeter/Mangold/Strahl 2016; Theile 2020) zeigt sich, dass die Bearbeitung des Verhältnisses zwischen Care Leavern und ihren Eltern im Leaving Care-Prozess weitere Herausforderungen beinhaltet. Es entstehen neue Abhängigkeiten gegenüber den Eltern und trotz einer gewissen rechtlichen Loslösung von ihnen mit Eintritt der Volljährigkeit werden Care Leaver auch im (jungen) Erwachsenenalter nicht selten wieder auf ihr Familiensystem „zurückgeworfen", z. B. wenn es um Unterhaltsfragen oder eine Wohnmöglichkeit nach der stationären Erziehungshilfe geht. Eine rechtliche Abhängigkeit von den Eltern wird vor allem auch dann deutlich, wenn sie finanzielle Unterstützung durch Sozialleistungssysteme, wie z. B. Grundsicherung (SGB II) oder eine Studienfinanzierung (BAföG), in Anspruch nehmen möchten und dabei Auskunft zu ihren Eltern geben müssen – zu denen sie unter Umständen jedoch (jahrelang) keinen Kontakt haben. An dieser Stelle muss erneut gefragt werden, inwieweit das Jugendhilfesystem selbst für diesen Kontaktverlust verantwortlich ist und mögliche konflikthafte Folgen reproduziert. Die aktuelle Care Leaver-Forschung kann hierzu bislang keine differenzierten Aussagen treffen, verweist aber deutlich auf die Konsequenzen dieser Situation.

Doll (2013: 50) merkt des Weiteren hierzu an, dass „die meisten Förderungen für Ausbildungen und Sozialhilfen in ihrer Antragsformalität vor allem von Menschen mit einer intakten Familie oder Familiengeschichte ausgehen und einen rechtlich an die Herkunftsfamilie binden". Aufgrund solcher Umstände hat der Careleaver e.V., die Selbstorganisation von Care Leavern in Deutschland, die Forderung aufgestellt, sich auch von den Eltern scheiden lassen zu können (vgl. Careleaver e.V. 2013). Dies bedeutet, dass sie die Auflösung der normativen Eltern-Kind-Beziehung fordern, um so der rechtlichen Rückbindung an die Eltern entgegenzuwirken. Ein Beispiel, von dem einige junge Menschen in Interviews berichtet haben, ist die Tatsache, dass sie trotz jahrelangem Kontaktabbruch oder negativen Erfahrungen mit den Eltern in der Kindheit, Jugend und auch als Erwachsene beim Tod der Eltern für deren Beerdigungskosten aufkommen müssen. Dies wird von den jungen Menschen als untragbar beschrieben. Daher braucht es laut dem Careleaver e.V. einen anerkannten Status als Care Leaver, um sich so von Elternnachweisen und Fürsorgepflichten zu befreien.

Biografische Themen, die im Prozess des eigenen Erwachsenwerdens (und mitunter auch aufgrund einer eigenen Elternschaft) wieder neu aufkommen können, kann daher auch im Leaving Care mit einer Elternarbeit begegnet werden, die diese Themen aufgreift. Nicht selten zeigt sich in der Fachpraxis jedoch, dass Überlegungen zur Elternarbeit während des Übergangsprozesses eher in den Hintergrund treten (vgl. Sievers/Thomas/Zeller 2018). Dabei ist die Beziehung zu den Eltern nicht mit der Volljährigkeit obsolet. Im Gegenteil, die Beziehung zu den nahen Angehörigen transformiert sich ggf. nach dem Ende der stationären Hilfe und neue Beziehungskonstellationen und Erwartungen entstehen. In einigen Einrichtungen bzw. bei einigen Trägern ist Elternarbeit im Leaving Care-Prozess aber ein fester Bestandteil der sozialpädagogischen Arbeit. Im Übergang ins Erwachsenenleben steht hierbei in der Mehrheit nicht die Rückkehr in die Familie im Zentrum, sondern ggf. die (Re-)Aktivierung familiärer Unterstützungsressourcen (vgl. Thomas 2013). Gelingt es dabei, ein positives Verhältnis zu den Eltern und/oder anderen Familienmitgliedern herzustellen bzw. dieses zu klären, wirkt sich dies wiederum positiv auf den Ausbau anderer sozialer Beziehungen der jungen Menschen aus.

Wird ein Blick auf Vollzeitpflegeverhältnisse geworfen, so zeigen die Erfahrungen aus der Pflegekinderhilfe, dass die Transformation der Beziehung zwischen Care Leavern und ihren Pflegeeltern im Übergang eine weitere Herausforderung darstellt. Hier wird ein besonderes Spannungsfeld zwischen formalen und emotionalen Zugehörigkeiten deutlich (vgl. Ehlke 2020a; Ehlke 2020b). Während die rechtlich definierte Zuständigkeit der Pflegeeltern mit dem Hilfeende ebenfalls endet, bleiben emotionale Verbindungen zwischen den jungen Menschen und Mitgliedern der Pflegefamilien nicht selten auch darüber hinaus bestehen. Empirische Untersuchungen haben hier herausgearbeitet, dass Pflegeeltern häufig nach der offiziellen Hilfe auch weiterhin ehrenamtlich die jungen Menschen im Übergang ins Erwachsenenleben begleiten und somit wichtige Ansprechpartner*innen und Vertrauenspersonen bleiben (vgl. Böwer/Teuber 2018; Sievers/Thomas/Zeller 2018; Ehlke 2020a). Leaving Care findet somit in der Regel nicht so institutionalisiert und klar abgegrenzt in Form von Abschieden und/oder Zuständigkeitsübergängen in ambulante Hilfeformen oder andere Sozialrechtskreise statt, wie beispielsweise der Übergangsprozess aus stationären Wohngruppen. Das formale Hilfeende führt in Pflegeverhältnissen daher nicht selten zu Rollenkonflikten und unklaren Rollenverständnissen auf Seiten der Care Leaver und der Pflegeeltern (Welche Rechte und Pflichten habe ich?), wenn eine offizielle Verantwortung beendet wird, eine emotionale Verantwortung jedoch bestehen bleibt (vgl. Reimer/Petri 2017; Sievers/Thomas/Zeller 2018). Ein Beziehungsabbruch wird hier selten als selbstverständlich hingenommen, „weil sie [die Pflegeeltern, Anm. d. Verf.] sich nicht als Organisation verstehen, sondern als Familie mit eigenzeitlichen Vorstellungen" (Wolf 2014: 77). Eine Ausnahme mit Blick auf das Thema Leaving Care bilden Pflegeverhältnisse, welche – auch von den jungen Menschen selbst – ungeplant bzw. frühzeitig vor Erreichen der Volljährigkeit (zumeist während der Pubertät) beendet werden (vgl. van Santen 2017). In diesen Fällen wird die Arbeit mit den Pflegeeltern und die Bearbeitung ihrer Beziehung zu den jungen Menschen vor besondere Herausforderungen gestellt.

Elternarbeit ist in und nach der Vollzeitpflege daher in zweifacher Hinsicht von Bedeutung. Schließlich stellt es keine selbstverständliche Routine dar, wie im Feld der stationären Wohngruppen, Beziehungen auf Zeit einzugehen und ein klar definiertes Ende zu gestalten, auch wenn, rechtlich betrachtet, das Ende der stationären Hilfe eine klare Grenzziehung in der Verantwortlichkeit von Pflegeeltern schafft. Auch die etwaige Auseinandersetzung mit der Ungleichbehandlung, die junge Menschen aus Pflegefamilien im Gegensatz zu eigenen Kindern der Pflegeeltern erfahren, kann sich in der Ablösung aus dem Pflegeverhältnis noch einmal zuspitzen. Zu diesem Zeitpunkt werden daher die unterschiedlichen Rechtsstellungen deutlich und wirken zum Teil emotional noch einmal besonders belastend (vgl. Ehlke 2020a). Was die Bearbeitung von Beziehungen und Konflikten, die Neugestaltung der Verbindungen als junge Erwachsene und die Biografie- und Bewältigungsarbeit betrifft, so gibt es dazu allerdings bisher keine systematische Aufbereitung, wie Care Leaver ihre (Pflege-)Eltern sehen und in ihr eigenverantwortlich gestaltetes Leben sowie in ihr erwachsenes Selbstkonzept integrieren. Lediglich einzelne qualitative Untersuchungen (z. B. Gassmann 2010; Reimer 2017; Reimer/Petri 2017; Ehlke 2020a) arbeiten die unterschiedlichen Herausforderungen heraus, denen die jungen Menschen und ihre (Pflege-)Eltern gegenüberstehen.

Die Beziehung zwischen Care Leavern und ihren (Pflege-)Eltern, so lässt sich empirisch anhand zahlreicher Interviews zeigen, die die Autorinnen im Rahmen unterschiedlicher Care Leaver Projekte und Qualifikationsarbeiten geführt haben, sind somit sehr dynamisch. Diese Entwicklungen können positive sowie negative Auswirkungen für Care Leaver haben, wie an den folgenden vier Fallskizzen gezeigt wird.

2 Fallskizzen – Beziehungsgestaltung mit (Pflege-)Eltern im Leaving Care[2]

2.1 Fallskizze Rebekka: Annäherung nach dem Leaving Care[3]

Rebekka kommt mit zwölf Jahren in eine Heimeinrichtung aufgrund von Gewalthandlungen durch den Stiefvater (der ebenfalls ihr Adoptivvater ist). Die junge Frau bleibt in der Einrichtung in unterschiedlichen Wohnformen, bis sie volljährig ist. Während der Hilfe gibt es nur sporadisch Kontakt, „weil mein Stiefvati halt derjenige war, der halt uns gegenüber, uns Kindern gegenüber immer so aggressiv und gewalttätig war" (Z. 183 f.). Nach dem Sorgerechtsentzug zieht Rebekka dann aus ihrem Heimatort weg, „weil meine Mutti halt immer noch, die versuchte immer, die war vor der Schule und wollte immer Kontakt aufnehmen, aber ich wollte es halt nicht, und da habe gesagt, pff, ziehe ich halt weg, ne, da habe ich meine Kontaktgrenze" (Z. 183 ff.). Dennoch gibt es eine Situation während einer kieferorthopädischen Behandlung, die Rebekka nicht ohne die Anwesenheit der Mutter abschließen kann. Diese ist somit unvermeidlich und sehr emotional:

„Meine Mutti musste aber mit, weil meine Mutti das ja bezahlt hat, und da musste es ein Endgespräch geben, und ich dachte mir so, ach du scheiße, hast vier Jahre deine Mutter nicht gesehen, was machst du, wie reagierst du, naja, und dann habe ich dann meine Mutti angerufen, und habe gesagt, ja hallo Mutti, hier ist die Rebekka, hat sie auch gleich geweint, fand ich total niedlich, ich so ja, Mutti hier, Endgespräch Zahnspange,

2 Das Datenmaterial für die Fallskizzen stammt aus der Dissertation von Carolin Ehlke sowie aus dem Projekt ‚Rechte im Übergang – Begleitung und Beteiligung von Care Leavern', welches durch die Universität Hildesheim gemeinsam mit der Internationalen Gesellschaft für erzieherische Hilfen (IGfH) und gefördert von der Stiftung Deutsche Jugendmarke zwischen 2014 und 2016 durchgeführt wurde.
3 Alle Namen in den Fallskizzen sind anonymisiert.

und will nicht dastehen vor der Kieferorthopädin und weiß nicht, du heulst, ich heule oder irgendwas, und da habe ich gesagt, wir treffen uns einfach vorher, auf einen Kaffee, quatschen ein bisschen […] da haben wir uns auf einen Kaffee getroffen, und dann haben wir uns wieder total gut verstanden" (Z. 193 ff.).

Nach dem Ende der Erziehungshilfe, als Rebekka 18 Jahre alt ist, intensiviert sich die Beziehung zu der Mutter zunächst wieder. Sie wird von ihr in dieser Zeit insbesondere finanziell unterstützt: „Hätte ich nicht gedacht, weil die ja auch, meine Mutti, auch finanziell […] ganz wenig halt verdient […] und auch recht geizig ist […] dann hat die dann halt gesagt, ja, also hier, mein Gott, 150 Euro Kaution" (Z. 172 ff.). Den Kontakt zum Stiefvater muss Rebekka zum Zeitpunkt ihrer Volljährigkeit eher unfreiwillig wegen ihres Kindergeldes aufnehmen, das „über sein Konto lief" (Z. 204). Nach einer Aussprache mit ihm verstehen er und Rebekka sich wieder „total gut", auch wenn es „jetzt manchmal noch so, hm, komisch halt" (Z. 212 f.) ist.

Nach den Kontaktabbrüchen entwickelt sich folglich eine entspannte Beziehung zu den Eltern. Zudem zeigt sich Rebekka in vielen Dingen sehr tolerant (liebevollerer Umgang der Mutter mit der jüngeren Schwester als mit ihr selbst, Alkoholkonsum etc.) und beschreibt sich als „gerade total happy mit allem" (Z. 225 f.). Sie möchte auf den Kontakt zu den Eltern nicht mehr verzichten. Ihre Eltern sind zudem sehr hilfsbereit. Sie erkennt dieses Entgegenkommen, wenn ihre Eltern z. B. ihre Anziehsachen oder ihr Fahrrad reparieren als Bedürfnis nach Wiedergutmachung und nimmt diese Hilfe gerne an: „Also ich bin echt froh, dass es, wie es gerade läuft […] habe wie gesagt den Kontakt abgebrochen irgendwann, weil ich dachte, ey, du brauchst die nicht, ne, und jetzt will ich, ich bin eigentlich, ich will gar nicht mehr ohne die Mutti" (Z. 592 ff.).

Rebekka wendet sich als junge Frau auch noch der Aufklärung ihrer Beziehung zu ihrem Vater zu, mit dem sie ihr erstes Lebensjahr verbracht hat. Sie wusste immer um ihre Adoption, stellt sich aber dennoch irgendwann die Frage nach ihrer „andere[n] Seite" (Z. 602): „Also die Mutti, ja, siehst du Ähnlichkeiten, aber die Augen habe ich nicht von der Mutti und keine Ahnung, dann auch generell, wer ist denn dein Vati, 16 Jahre lang hat's mich beschäftigt" (Z. 602 ff.). Sie betreibt eine aufwändige Suche, findet ihn aber schließlich und besucht ihn. Dieser Besuch verläuft ernüchternd:

„Du siehst eine Tochter das erste Mal nach 16 Jahren, ne, und dann kiffst du erstmal, […] ich dachte mir, oh Gott, peinlich, aber dann, klar, ich bin dann, halt ich bin noch die Woche geblieben, war ja mein 17. Geburtstag, den haben ich noch mit dem verbracht, ich dachte mir, oh, hättest du dir sparen können […] und dann bin ich halt gefahren, aber, unfair von mir, ich muss es ehrlich sagen, ich habe mich einfach nicht mehr gemeldet, aber mir war es dann zu peinlich zu sagen, ja hier wegen Drogen. […] Ich habe mir zu viele Hoffnungen gemacht, dass du ein Vati bist, der mir passt, der gut ist, und

dann war's halt doch nicht so, und dann, aber das hätte ich nie hingekriegt dem zu sagen oder sowas, also habe ich es einfach stillschweigend hingenommen, ich so, ok,
mach's gut. Naja, war vielleicht nicht die richtige Entscheidung, aber vielleicht kommt es
ja mal wieder zu einem Gespräch" (Z. 636 ff.).

2.2 Fallskizze Sarah: Ungewollte Rückbindung an die Eltern nach dem Leaving Care

Im Alter zwischen zehn und elf Jahren hat Sarah den ersten Kontakt zur Jugendhilfe. Der Grund dafür liegt an den zum Teil gewalttätigen Lebensumstän-
den durch den Vater. Sie lebt daraufhin in zwei Wohngruppen, in denen sie jedoch aufgrund bestimmter Umstände nicht lange wohnt. In einer Wohngruppe
erfährt sie Gewalt und in der anderen Wohngruppe wird ihr der Kontakt zu
ihren Eltern verwehrt. Eine Erklärung dafür erhält sie von den Betreuer*innen
nicht („das ist einfach so da brauch ich mich nicht rechtfertigen gegenüber dir",
Z. 134 ff.). Daraufhin informiert sie das Jugendamt und teilt ihren Wunsch mit,
dass sie nicht länger in der Wohngruppe leben möchte. Auf eigenen Wunsch
verlässt Sarah die Wohngruppe im Alter von 17½ Jahren und lebt daraufhin
– angeordnet vom Jugendamt – für zweieinhalb Jahre wieder bei ihrer Mutter.
Die Mutter willigt dem ein („dann hat meine Mutter gesagt dann würde sie
mich halt erst mal zurück nehmen bis halt ne ich in Anführungszeichen erwachsen genug bin reif genug bin 'ne eigene Wohnung zu führen", Z. 291 ff.).
Begründet wird die Rückführung zu der Mutter durch das Jugendamt damit,
dass Sarah noch nicht volljährig ist und „um zu gucken ob ich das überhaupt
schaffe alleine auf die eigenen Beine weil ich ja in dem Sinne ich hatte ja so gesehen keine Eltern […] das Jugendamt hat da halt äh ja Bedenken dass ich das
nicht alleine schaffe dass ich untergehe wenn ich niemanden habe äh keine Bezugsperson habe" (Z. 86 ff.). Dies bewertet Sarah als negativ, da sie zum Zeitpunkt des Wiedereinzugs bei ihrer Mutter kein gutes Verhältnis zu ihr hat. Mit
20 Jahren zieht Sarah schließlich mit ihrem damaligen Freund in eine eigene
Wohnung, der sich jedoch vier Tage vor dem mit ihr geführten Interview
von ihr trennt und sie aufgrund dessen zum Zeitpunkt des Interviews woh-
nungslos ist.

2.3   Fallskizze Maxi: Unterstützung der Pflegeeltern über das Leaving Care hinaus[4]

Im zweiten Lebensjahr wird Maxi aufgrund von Misshandlungen aus ihrer Familie „herausgenommen" und wenige Monate später bei der Pflegefamilie untergebracht, bei der sie bis zu ihrem 19. Lebensjahr aufwächst. Den Eltern wird nach einer gewissen Zeit nach der Herausnahme ihres Kindes das Sorgerecht entzogen, das anschließend beim Jugendamt liegt. In jungen Teenagerjahren nimmt Maxi Kontakt zu ihren Eltern auf. Seitdem pflegt sie einen sporadischen Kontakt zu ihrem Vater, der mittlerweile im Ausland lebt und eine neue Familie gegründet hat. Zu ihrer Mutter besteht kein Kontakt, da sie einen Kontakt ablehnt und dieser auch nicht von Maxi gewünscht ist. Mit 18½ Jahren zieht Maxi auf eigenen Wunsch aufgrund des zunehmend angespannten Verhältnisses zu ihren Pflegeeltern in eine Wohnung, die sich im Familienhaus der Pflegeeltern befindet. Seitdem pflegen sie und ihre Pflegeeltern wieder ein besseres Verhältnis. Bei Problemen kann Maxi jederzeit die Pflegeeltern um Hilfe bitten, auch die Wäsche wird regelmäßig von ihnen gewaschen. Ein Zusammenkommen der Familie erfolgt außerdem bei gemeinsamen Essen und Familienfeiern (Geburtstag, Weihnachten etc.). Generell beschreibt Maxi das langjährige Verhältnis zu ihren Pflegeeltern als sehr gut. Sie wird zudem als ein „vollwertiges" Familienmitglied angesehen.

> „Es war auch nie 'n Thema für meine Oma und Opa dass ich jetzt nicht ganz biologisch da in die Familie gerutscht bin also es war NIE Thema die haben mich so aufgenommen und ich war auf der Seite von meiner Mama auch das erste Enkelkind […] auch ja im weiteren Bekanntenkreis wird einfach präsentiert ok da ist jetzt ein Kind das ist jetzt einfach da das gehört zur Familie und bei der Seite von Papa war ich das Nesthäkchen so von den Enkelkindern aber auch von meinen Cousins es wurde halt immer gesagt ‚alles klar du bist jetzt da du bist meine Cousine ((lacht)) und gut ist'" (Z. 616 ff.).

Maxi trägt seit der Grundschulzeit auch den Familiennamen ihrer Pflegefamilie, hat die Konfession der Pflegemutter angenommen und wird im Testament der Pflegeeltern aufgenommen. Es kam bislang jedoch nicht zu der von der jungen Frau gewünschten Adoption („es würd' den Kreis halt einfach so schließen", Z. 420), da diese ihrer Aussage nach aufgrund verschiedener Ursachen von den Pflegeeltern immer wieder aufgeschoben wird. Daher ist sie sich unsicher darüber, ob die Pflegeeltern auch nach der Hilfebeendigung weiterhin ein gleiches intensives Verhältnis zu ihr pflegen wollen.

---

4   Diese Fallbeschreibung stammt aus Ehlke 2020a, S. 146 ff. und wurde für den folgenden Beitrag gekürzt und an einigen Stellen geändert.

2.4 Fallskizze Yannik: Bruch als Bewältigung – Leaving Foster Care

Yannik ist im Alter von vier Jahren mit seiner Schwester in eine Pflegefamilie gekommen. Seine Eltern haben Drogen genommen, damit gehandelt und die Kinder stark vernachlässigt. Während der ersten Jahre in der Pflegefamilie gibt es noch Elternkontakte: „einmal im halben Jahr […], diese Besuche waren gehasst, keiner von uns beiden […] hat diese Besuche gemocht, weil das ist so, als würde man zeigen, dass man doch nicht in diese Familie gehört, als wäre da irgendwas dazwischen" (Z. 126 ff.).

Er wendet sich als Jugendlicher einem neuen Freundeskreis im Drogenmilieu zu, nachdem er lange Zeit in der kirchlichen Jugendarbeit einer Gemeinde aktiv war. „Ich hab jede Hilfe abgelehnt, zu Hause bei meinen Eltern, aber die wollten halt unbedingt, dass ich Hilfe bekomme, ja und irgendwann, mit 19. Jahren, bin ich halt einfach zu Hause abgehauen, wie meine Schwester" (Z. 44 ff.). Dann lebt Yannik etwa 18 Monate auf der Straße. Die Pflegeeltern versuchen mehrmals, ihn nach Hause zurückzuholen, doch das gelingt nicht. Es folgt schließlich eine Zeit in Haft. Die Pflegeeltern sind während der Zeit mit Yannik im Kontakt, „nur irgendwann habe ich dann nein gesagt dazu, und die müssen sich halt auch ein bisschen absichern, schützen, weil die waren dann damals halt kurz vor dem Burn-Out-Syndrom, bei dem ganzen Mist, den wir gebaut haben" (Z. 85 ff.). Dennoch kommt es wieder zu einer Annäherung zwischen ihm und seiner Pflegefamilie:

> „Die haben mich gesucht, die haben eine Vermisstenanzeige gestellt, die haben Freunde gefragt, haben jeden gefragt, wo ich halt bin und gesagt, komm doch wieder, natürlich müsstest du dich ändern, wenn du wiederkommst, aber der Kontakt war nicht vorbei, wir sind nie von denen weggekommen, wir wollen auch glaube ich gar nicht. Nee, das ist das beste Geschenk, das Gott uns machen konnte, die Eltern uns zu geben" (Z. 118 ff.).

Im Gegensatz dazu grenzt sich Yannik klar von seinen Eltern ab, über die er vage Informationen hat: „Also meine Erzeugerin, von der habe ich im Nachhinein noch was gehört, von wegen, dass sie nochmal drei Mal geheiratet hat, mit drei verschiedenen Männern, mit denen sie jeweils ein eigenes Kind hat und so, brauche ich da nicht" (Z. 101 ff.). Sein Vater lebt in Algerien, „der schickt uns auch, seitdem er aus Deutschland ausgewiesen wurde, jedes Jahr zu Weihnachten, uns eine Postkarte, ist sehr muslimisch erzogen selber, der Typ und deswegen richten sich die Postkarten meistens an mich und nicht an meine Schwester […] ja, das mag ich auch nicht, deswegen suche ich auch gar nicht den Kontakt, zu dem, brauche ich auch nicht" (Z. 110 ff.).

2.5   Zentrale Aspekte

Eltern spielen – mit mehr oder weniger Intensität und Ambivalenz – in einer gewissen Weise immer eine wichtige Rolle in der Zeit der stationären Hilfe. In der Phase des Leaving Care ordnet sich die Beziehung zu den Eltern dann nochmals neu – egal, ob dies bewusst und vorbereitet geschieht oder nicht. Es zeigt sich, dass für manche Care Leaver der Wunsch nach emotionaler Nähe am Ende der Erziehungshilfe neuen Raum einnimmt, wie dies insbesondere bei Rebekka deutlich wird. Das wird nicht immer thematisiert, auch vonseiten der Vertreter*innen der stationären Hilfen nicht, obwohl es gut sein kann, diese Bedürfnisse und mögliche Reaktionen der Eltern zu reflektieren und Care Leaver auch auf diesen Aspekt ihres Übergangs vorzubereiten oder es zumindest anzubieten. Das betrifft die Pflegekinderhilfe wie auch die Heimerziehung gleichermaßen. Es wird in den Fallbeispielen auch deutlich, dass dieses In-Beziehung-Setzen zu den Eltern ein fortwährender biografischer Prozess ist.

Das Ende der stationären Hilfe reaktiviert in jedem Fall die Rechtsbeziehung zu den Eltern oder Sorgeberechtigten (z. B. im Hinblick auf den Anspruch auf Kindergeld) bzw. beendet die zu den Pflegeeltern. In den geschilderten Fällen ergibt sich für die jungen Menschen die Bewältigungsaufgabe, diese Veränderung in die Anforderungen des Leaving Care zu integrieren. Dies hängt u. a. davon ab, wie das Verhältnis bereits während der Hilfe gestaltet und reflektiert wurde. In den Fallskizzen wird deutlich, dass in der Pflegekinderhilfe Eltern und Pflegeeltern immer wieder zueinander in Beziehung gesetzt werden. Für Pflegeeltern kann dies in der Zeit des Leaving Care und danach bedeuten, dass sie die Elternrolle einvernehmlich weiter ausfüllen oder, wie bei Yannik, in diesem Bedürfnis zurückgewiesen werden. Bei Maxi war es wiederum so, dass sich mit zunehmendem Alter ein Spannungsverhältnis zwischen ihr und ihren Pflegeeltern entwickelt hat, das erst durch eine räumliche Trennung (Umzug in die eigene Wohnung im Haus der Pflegeeltern) wieder aufgelöst werden konnte.

Es kann darüber hinaus auch zu einer Selbstverständlichkeit werden, dass Care Leaver unter Umständen von ihren Pflegeeltern als vollwertige Mitglieder der Pflegefamilie angesehen werden. Allerdings braucht es z. B. mit einer Aufnahme in ein Testament oder einer Adoption eindeutige Rechtshandlungen, um dies abzusichern. Dies kann bei unterschiedlichen Erwartungen sehr belastend sein. So hat Maxi vor allem aufgrund des Aufschiebens der Adoption ihrer Pflegeeltern Zweifel an der vollwertigen Zugehörigkeit zu ihrer Pflegefamilie. Auch bleiben im Fall einer Erwachsenenadoption die Rechtsbeziehungen zu den Eltern erhalten. Das ist aber nicht grundlegend Gegenstand der Übergangsvorbereitung in stationären Erziehungshilfen.

Die fehlende biologische und nur bedingte soziale bzw. emotionale Zugehörigkeit (z. B. bis zum Hilfeende) kann zusätzlich zu Spannungen führen. So kommt immer wieder die Frage auf, was vom eigenen Verhalten, dem Aussehen und anderer Merkmale ggf. von den Eltern stammt. Dies endet, wie bei Yannik zu sehen ist, nicht mit dem Leaving Care. Auch die Beziehung zu den Pflegeeltern muss nach dem Leaving Care immer wieder neu ausgehandelt werden. Die Anerkennung und der Wunsch nach Bindung an die Pflegeeltern bleibt selbst nach einem Hilfeabbruch bestehen. Damit haben Pflegeeltern in der Regel individuell und informell umzugehen. Care Leaver können sich hier nicht auf verbindliche Rechtsansprüche und pädagogische Konzepte der nachgehenden Elternarbeit beziehen.

3 Fazit – (Pflege-)Elternarbeit auch im Leaving Care

Es zeigt sich, dass die Diskurse um Leaving Care die Perspektive auf das Verhältnis zwischen jungen Erwachsenen und ihren (Pflege-)Eltern bisher überwiegend ausklammern. Auch wenn inzwischen eine längere Hilfegewährung als wichtige Voraussetzung für eine positive Entwicklung und soziale Integration anerkannt wird, zielt die Vorbereitung nach wie vor auf die Entwicklung von Eigenverantwortlichkeit der jungen Menschen ab. Die Einbettung in soziale Netzwerke und die Neuordnung der vorhandenen sozialen Beziehungen zu (Pflege-)Eltern findet jedoch kaum Berücksichtigung, obwohl auch die Fallbeispiele veranschaulichen, dass die Gestaltung dieser Beziehungen über das Hilfeende hinaus einen wesentlichen Einfluss auf die Situation des Leaving Care nehmen – sei es weil Konflikte nach wie vor nicht geklärt werden konnten, neue Konflikte durch die Enttäuschung im Übergang hinzu gekommen sind oder weil sich (Pflege-)Eltern als wichtige Ressource nach dem Ende der stationären Erziehungshilfe erweisen. Gerade in der Statuspassage Leaving Care (vgl. Köngeter/Schröer/Zeller 2012), in der nicht wenige junge Menschen vor allem strukturelle Benachteiligungen erfahren (z.B. prekäre eigene finanzielle Situation oder auch Herausforderungen im Übergang in Ausbildung und Arbeit) und damit Unsicherheiten in ihrem Übergang ins Erwachsenenleben erleben, braucht es verlässliche und kontinuierliche Bezugspersonen. Solche Bezugspersonen können Ansprechpartner*innen in herausfordernden Lebenslagen sein, Trost spenden, das Gefühl sozialer Eingebundenheit vermitteln, lebenspraktische Unterstützung geben, bürokratische Hilfe leisten (z.B. bei Behördengängen) oder zur Geselligkeit (Freizeitgestaltung) beitragen (vgl. Ehlke 2020a). Hier richtet sich auch die Frage an das Jugendhilfesystem, was dieses bereitstellen muss, wenn die Übergangsbegleitung, die bei Gleichaltrigen oft sehr lange noch von Familien geleistet wird, für Care Leaver nach dem Ende der stationären Hilfe nicht in Betracht kommt. Für Überlegungen hierzu werden abschließend drei Impulse gesetzt:

- *Corporate Parentship* ist ein Leitprinzip in dem Diskurs zur Übergangsbegleitung von Care Leavern in Großbritannien (vgl. Department for Education 2018). Dahinter steht die Überlegung, dass das Hilfesystem im Falle
einer stationären Unterbringung von Kindern und Jugendlichen eine Verantwortung und Förderung junger Menschen übernimmt, so wie es Eltern
bestenfalls für ihre Kinder tun würden – „for the best interest of the child"
(ebd.). Die Rolle, die Eltern für junge Menschen im Generationenverhältnis,
bei der Erziehung und Begleitung in ein eigenverantwortliches Leben innehaben, ist Care Leavern aufgrund fehlender familiärer Ressourcen institutionell anzubieten. Die Erfahrung, dass (Pflege-)Eltern oder Corporate Parents
(z. B. Betreuer*innen) auch für junge Erwachsene – über die Volljährigkeit
hinaus – noch Verantwortung übernehmen, ist eine wichtige Voraussetzung
für das kontinuierliche Hineinwachsen in die gesellschaftliche Position als
junge Erwachsene. Junge Menschen brauchen gerade diese sozialen Verbindungen zu vertrauten (erwachsenen) Personen und Netzwerken. Die Bedeutung von (Pflege-)Eltern ist insofern in der Übergangsbegleitung ein wichtiger Aspekt, der z. B. in der Hilfeplanung auch im Übergang aus den Hilfen
in ein eigenverantwortliches Leben immer wieder thematisiert werden muss.
- Mit dem Übergang ins Erwachsenenleben – selbst mit dem Auszug aus dem
Elternhaus – gehen in der Regel die sozialen Bezüge junger Menschen nicht
verloren. So werden beispielsweise Eltern nicht selten auch bei einer eigenständigen Lebensführung immer wieder als Ansprechpartner*innen in Fragen rund um die Alltagsbewältigung adressiert. Im Leaving Care sieht dies
zumeist komplett anders aus. So stellt sich die Frage: Wer ist noch ‚Familie'
nach dem Leaving Care? Beziehungen zu (Pflege-)Eltern oder auch Betreuer*innen als Erwachsene werden im Übergang unsicher(er). Mit dem offiziellen Ende von Hilfen enden formal auch die Beziehungen im Jugendhilfekontext. So ist in der Übergangsgestaltung das Konzept des ‚*doing family*'
(vgl. Schier/Jurczyk 2007) mitzudenken. Mit einem solchen konstruktivisti-
schen Ansatz ist es möglich, Familie weiterzufassen als das originäre ‚biologische' (= Eltern) bzw. jugendhilfebezogene (= Pflegeeltern) Familiensystem. Dies impliziert, dass auch andere (erwachsene) Personen im Leaving
Care als unterstützend von den jungen Menschen wahrgenommen und als
familiär beschrieben werden („bei meinem Chef und meiner Chefin muss
man das so verstehen das ist wie eine Familie also DAS sind eigentlich sagen
wir mal so Mutti und Vati", Z. 154 f.). Ein solcher Ansatz kann zudem weitergedacht werden als ‚*doing relationships*' (vgl. Ehlke 2020b), welcher die
Frage aufwirft, welche Personen generell im Übergang in der Form unterstützend sind, wie es in der Mehrheit Eltern für ihre Kinder sind. Bedeutsame soziale Beziehungen für Care Leaver können so auch von einem familiären Kontext losgelöst werden. In jedem Fall ist ein Auftrag für die stationären
Erziehungshilfen, für die Frage Raum zu schaffen, wie die Transformation

von wichtigen emotionalen Beziehungen auch noch während der Hilfe mit jungen Menschen in Wohngruppen oder Pflegefamilien reflektiert und gestaltet werden kann. Das kann auch Aushandlungen einschließen, wie junge Menschen sich Kontakte zu ihren (Pflege-)Eltern wünschen, sobald sie ausgezogen sind. Diese Fragen sollten auch vor dem Leaving Care Gegenstand der Übergangsvorbereitung, vor allem im Rahmen der Hilfeplanung, sein.

- Die Frage von Zugehörigkeit zu (familiären) Personen stellt sich im Leaving Care für viele junge Menschen noch einmal ganz besonders. Wo verbringe ich Weihnachten? Wer kommt zu meinem Geburtstag? Dies sind Fragen, an denen sich Zugehörigkeitskonstruktionen u.a. manifestieren. Eine *Ehemaligenarbeit*, welche von Jugendhilfeträgern und/oder Pflegekinderdiensten angeboten wird, kann diesbezüglich als Teil der Übergangsbegleitung und als Ressource für Care Leaver konzipiert werden, um ihnen ein Pendant zu elterlichen/familiären Unterstützungsleistungen auf dem Weg in ein selbstständiges Leben zu bieten. Es hängt sehr von der einzelnen Jugendhilfeeinrichtung ab, ob Ehemaligenarbeit (wenn auch an sich ein ungeeigneter Begriff, da er ebenfalls das Ende der Jugendhilfe als organisationalen Austritt rahmt und die späteren Begegnungen mit jungen Menschen als Arbeit versteht) ein verlässlicher Bestandteil in der nachgehenden Begleitung von Care Leavern wird (z.B. bei Löwenzahn Oberhausen, Albert-Schweitzer-Kinderdorf Waldenburg). Auch die Absichten, die dahinterstehen, können vielfältig sein. In jedem Fall lässt sich an der Ehemaligenarbeit eine Institutionalisierung der Funktion ablesen, die Eltern normalerweise intuitiv übernehmen: Sie bildet eine emotionale und soziale Rückbindung an die Kindheit und Jugend. Das kann das gemeinsame Feiern und Erinnern umfassen. Die Ehemaligenarbeitet bietet aber auch einen Ort für den Austausch über aktuelle Ereignisse und in der Gegenwart gelebte Gemeinschaft – wie auch in Familien. Manchmal liefert sie auch den Zugang zu Hilfe (in Not). Wichtig ist in jedem Fall, dass Ehemaligenarbeit ein Angebot darstellen sollte, das den Kontakt zu bekannten, erwachsenen Bezugspersonen (im Sinne des oben genannten Corporate Parentship) anbietet, aber auch den Austausch in der Peer-Group ermöglicht.

Care Leaver und ihre Eltern – (k)ein Thema im Übergang? Diese an den Titel des Beitrags angelehnte Frage kann damit abschließend nicht eindeutig beantwortet werden, da sich die Beziehungen der jungen Menschen mit ihren (Pflege-)Eltern individuell sehr unterschiedlich im Übergang gestaltet. Letztendlich kann aber festgehalten werden, dass insbesondere das Verhältnis zu den eigenen Eltern und in Pflegeverhältnissen auch jenes zu den Pflegeeltern in einer gewissen und mitunter ambivalenten Form immer wieder Thema während und nach stationären Erziehungshilfen ist. Dies geht auch darauf zurück, dass die Verhältnisbestimmung zwischen stationären Erziehungshilfen und dem Familiensystem (oft auf die Eltern reduziert) bisher wenig theoretisch bearbeitet und die Rolle der Eltern während der Hilfe nicht hinreichend fachlich reflektiert wird (vgl. Faltermeier 2014),

Daher ist es von Bedeutung, dass sowohl in den Hilfen als auch im Leaving Care Angebote geschaffen werden, die eine (Pflege-)Elternarbeit – genau genommen eine Arbeit mit dem familiären Netzwerk im weiteren Sinn – ermöglichen und somit den jungen Menschen Optionen geben, biografische Themen und Fragen von Zugehörigkeiten zu bearbeiten. Darüber hinaus ist auch die Wichtigkeit von sozialen Beziehungen allgemein hervorzuheben, welche mitunter im familiären Kontext verortet sind, jedoch auch weiter greifende Beziehungsnetzwerke beispielsweise zu Peers, zu Betreuer*innen, zu Partner*innen usw. umfassen können. Stationäre Erziehungshilfen sollten sich hier sehr stark in der Verantwortung sehen, verlässliche und kontinuierliche Beziehungen zu fördern, welche die Voraussetzung für eine gelingende Bewältigung des Übergangs aus dem Hilfesystem in ein eigenverantwortliches Leben bilden.

Literatur

Böwer, Michael/Teuber, Kristin (2018): Leaving Care und Handlungsbefähigung. In: Sozialmagazin, 43 (7-8), S. 70–77.

Bundesministerium für Familie, Senioren, Frauen und Jugend – BMFSFJ (2013): 14. Kinder- und Jugendbericht. Bericht über die Lebenssituation junger Menschen und die Leistungen der Kinder- und Jugendhilfe in Deutschland. Berlin.

Careleaver e. V. (2013): Positionspapier. www.careleaver.de/wp-content/uploads/2013/09/Flyer.pdf (Abfrage: 08.01.2021).

Department for Education (2018): Applying corporate parenting principles to looked-after children and care leavers. Statutory guidance for local authorities. www.assets.publishing.service.gov.uk/government/uploads/system/uploads/attachment_data/file/683698/Applying_corporate_parenting_principles_to_looked-after_children_and_care_leavers.pdf (Abfrage: 08.01.2021).

Diakonie Rheinland-Westfalen-Lippe e. V. (2012): Übergänge in die Zeit nach dem Heim. Ergebnisse aus einem Projekt mit ehemaligen Jugendlichen aus den Erziehungshilfen. Münster.

Doll, Alexandra (2013): Was bedeutet es, Care Leaver zu sein? Ein Resümee über die Zeit in der Jugendhilfe und danach. In: Sozial Extra, 37 (9), S. 50–52.

Ehlke, Carolin (2020a): Care Leaver aus Pflegefamilien. Die Bewältigung des Übergangs aus der Vollzeitpflege in ein eigenverantwortliches Leben aus Sicht der jungen Menschen. Weinheim/Basel: Beltz Juventa.

Ehlke, Carolin (2020b): Care Leaver aus Pflegefamilien. Soziale Beziehungen und Zugehörigkeiten im Übergang aus Pflegefamilien ins Erwachsenenleben. In: Sozial Extra, 44 (3), S. 163–166.

Faltermeier, Josef (2014): Herkunftsfamilien sind „Family-Partnership": Erziehungspartnerschaft als neue Denkfigur. Begründungs- und Orientierungsrahmen für eine „neue" Zusammenarbeit zwischen Familien und sozialstaatlichen Diensten und Einrichtungen am Beispiel der Fremdunterbringung. In: Kuhls, Anke/Glaum, Joachim/Schröer, Wolfgang (Hrsg.): Pflegekinderhilfe im Aufbruch. Aktuelle Entwicklungen und neue Herausforderungen in der Vollzeitpflege. Weinheim/Basel: Beltz Juventa, S. 123–150.

Faltermeier, Josef/Schäfer, Arne (2017): Care Leaver: Junge Erwachsene nach der Heimerziehung – Lebenssituation und Unterstützungsbedarfe. In: Nachrichtendienst Deutscher Verein, 5, S. 210–215.

Gassmann, Yvonne (2010): Pflegeeltern und ihre Pflegekinder. Empirische Analysen von Entwicklungsverläufen und Ressourcen im Beziehungsgeflecht. Münster: Waxmann.

Köngeter, Stefan/Mangold, Katharina/Strahl, Benjamin (2016): Bildung zwischen Heimerziehung und Schule. Weinheim/Basel: Beltz Juventa.

Köngeter, Stefan/Schröer, Wolfgang/Zeller, Maren (2012): Statuspassage „Leaving Care". Biografische Herausforderungen nach der Heimerziehung. In: Diskurs Kindheits- und Jugendforschung, 7 (3), S. 261–276.

Reimer, Daniela (2017): Normalitätskonstruktionen in Biografien ehemaliger Pflegekinder. Weinheim/Basel: Beltz Juventa.

Reimer, Daniela/Petri, Corinna (2017): Wie gut entwickeln sich Pflegekinder? Eine Longitudinalsstudie. Siegen: universi – Universitätsverlag.

Schier, Michaela/Jurczyk, Karin (2007): Familie als Herstellungsleistung in Zeiten der Entgrenzung. In: Aus Politik und Zeitgeschichte, 34, S. 10–17.

Schulze-Krüdener, Jörgen/Homfeldt, Hans-Günther (2013): Elternarbeit in der Heimerziehung. In: Stange, Waldemar/Krüger, Rolf/Henschel, Angelika/Schmitt, Christof (Hrsg.): Erziehungs- und Bildungspartnerschaften. Wiesbaden: Springer VS, S. 250–257.

Sievers, Britta/Thomas, Severine/Zeller, Maren (2018): Jugendhilfe – und dann? Zur Gestaltung der Übergänge junger Erwachsener aus stationären Erziehungshilfen: Ein Arbeitsbuch. 2. Auflage. Frankfurt/M.: Eigenverlag IGfH.

Statistisches Bundesamt (2018): Statistiken der Kinder- und Jugendhilfe. Erzieherische Hilfe, Eingliederungshilfe für seelisch behinderte junge Menschen, Hilfe für junge Volljährige. Heimerziehung, sonstige betreute Wohnform 2016. o. A.

Thomas, Severine (2013): Keine Zeit für Abenteuer. Erwachsenwerden in stationären Erziehungshilfen. In: Sozial Extra, 37 (9), S. 43–46.

Van Santen, Eric (2017): Determinanten der Abbrüche von Pflegeverhältnissen – Ergebnisse auf der Basis der Einzeldaten der Kinder- und Jugendhilfestatistik. In: Neue Praxis, 47 (2), S. 99–123.

Wolf, Klaus (2014): Sind Pflegefamilien Familien oder Organisationen? In: Kuhls, Anke/Glaum, Joachim/Schröer, Wolfgang (Hrsg.): Pflegekinderhilfe im Aufbruch. Aktuelle Entwicklungen und neue Herausforderungen in der Vollzeitpflege. Weinheim/Basel: Beltz Juventa, S. 74–91.

Kapitel III:
Rechte von Eltern

Die Position von Eltern im Kontext der Hilfen zur Erziehung – zwischen Anspruch und Wirklichkeit

Reinhard Wiesner

1 Das Dreieck Eltern – Kind – Staat: Der verfassungsrechtliche Rahmen

1.1 Die Aufgabenverteilung zwischen Eltern und Staat

Das Grundgesetz verteilt die Verantwortung für die Achtung, den Schutz und die Förderung des Kindes[1] zwischen den Eltern[2] und dem Staat[3]. Das Kind wird in eine Familie hineingeboren und die Gesellschaft wie auch das Recht erwarten, dass die Familie – in erster Linie die Eltern – für das Wohl des Kindes Sorge tragen. Diese primäre Zuständigkeit der Eltern wird mit der Elternverantwortung des Art. 6 Abs. 2 Satz 1 GG (Recht und Pflicht) sichergestellt.

Eltern dürfen mit ihren Kindern leben, wie sie es sich selbst wünschen, und es ist ihnen erlaubt, ihre Kinder nach ihren eigenen Vorstellungen und Wertmaßstäben zu erziehen. Droht dem Kind eine Gefahr, die die Eltern nicht abwenden können oder die sie selbst verursachen, so darf – ja muss – der Staat zum Schutz des Kindes tätig werden. Das Grundgesetz enthält dafür eine staatliche Schutzpflicht zugunsten des Kindes (Art. 6 Abs. 2 Satz 2 GG). Die Hürden für staatliche Interventionen liegen allerdings hoch, weil erst eine Gefährdung des Wohls eines Kindes solche Interventionen erlaubt: Dem Kind muss in absehbarer Zeit und mit hinreichender Wahrscheinlichkeit ein Schaden drohen. Gleichzeitig bleibt der Staat unterhalb der Gefährdungsschwelle nicht tatenlos, sondern bietet ein breites Spektrum von Leistungen zur Förderung der Entwicklung junger Menschen, die sich je nach inhaltlicher Ausgestaltung an die Eltern oder unmittelbar an Kinder richten.

Indem das Grundgesetz staatliche Eingriffe in die elterliche Erziehung auf die Abwehr von Schädigungen begrenzt, verleiht es Eltern eine starke Stellung gegenüber den eigenen Kindern. Das Bundesverfassungsgericht hat dazu ausge-

---

1 Mit dem Begriff „Kind" werden hier junge Menschen erfasst, die das 18. Lebensjahr noch nicht vollendet haben und herkömmlich als Minderjährige bezeichnet werden.
2 Mit „Eltern" werden die Bezugspersonen erfasst, die rechtlich Elternaufgaben wahrnehmen.
3 Mit dem Begriff „Staat" werden diejenigen Institutionen erfasst, die Aufgaben des Staates gegenüber Eltern und Kindern wahrnehmen, in erster Linie Jugendämter und Familiengerichte.

führt, das Grundgesetz gewähre Eltern einen Vertrauensvorschuss: Sie seien regelmäßig die Personen, denen das Wohl des Kindes am meisten am Herzen liege (Bundesverfassungsgericht 2013)

So wie der Staat die Lebensentwürfe von Erwachsenen nicht bewerten darf, so muss er auch die Vielfalt der Erziehungsziele und -methoden akzeptieren, solange die Grenze zur Gefährdung des Wohls des Kindes nicht überschritten ist. Das bedeutet auch, dass er eine unterschiedliche Qualität von Erziehung hinnehmen muss: Erziehung gelingt den Familien mehr oder weniger gut, wie auch Partnerschaften mehr oder weniger glücklich machen und die Individuen ihre Lebenspläne mehr oder weniger erfolgreich verwirklichen. Dieses „Mehr oder Weniger" akzeptiert das Recht als die unvermeidliche Vielfalt des Lebens. Das Recht und die Pflicht, für das Kind zu sorgen und es beim Aufwachsen zu begleiten, treffen aus diesem Grund zuerst die Eltern und nur hilfsweise, im Notfall, den Staat (Wapler 2015: 41).

1.2　Die Besonderheiten des „Eltern-Grundrechts" (Art. 6 Abs. 2 Satz 1 GG)

Das Elternrecht unterscheidet sich von allen anderen Grundrechten im Grundgesetz dadurch, dass es Recht und Pflicht zur Erziehung beinhaltet. Der Grund liegt in der besonderen Aufgabenstellung der Eltern, nämlich Verantwortung für die Entwicklung anderer Menschen zu übernehmen (Bundesverfassungsgericht 1968). Aufgabe der Eltern ist es, das Kind zu Selbstbestimmung und Selbstverantwortung hin zu führen und zur Zielerreichung (so lange) die Grundrechte des Kindes auszuüben.

Die Besonderheit des Elternrechts als Elternverantwortung kommt darin zum Ausdruck, dass die Eltern

- dieses Recht als ihr Recht und ihre Pflicht in der Beziehung zu ihrem Kind wahrnehmen – neben den Aufgaben, die sie als Staatsbürger, Arbeitnehmer und (Ehe-)Partner zu erfüllen haben;
- im Rahmen dieses Rechts auch die (Grund-)Rechte ihrer Kinder gegenüber dem Staat und dritten Personen ausüben, weil und solange diese mangels Einsichts- und Urteilsfähigkeit nicht selbst in der Lage sind, von ihren (Grund-)Rechten einen selbstbestimmten und eigenverantwortlichen Gebrauch zu machen.

Elternverantwortung ist demzufolge elterliche Rechtsmacht im Interesse und zum Wohl des Kindes (Bundesverfassungsgericht 1982) Dabei ist aber stets zu berücksichtigen, dass die Potenziale der Eltern zur Wahrnehmung ihrer Erziehungsverantwortung wesentlich durch die konkreten Lebensverhältnisse (Einkommen, Wohnen, Arbeiten, Migration, Trennung und Scheidung) geprägt werden und damit ein Bedarf an Hilfe zur Erziehung häufig nur ein Symptom für prekäre Lebensverhältnisse ist, bei denen der Staat auf andere Weise (frühzeitig) fördernd und entlastend tätig werden muss.

Mit dieser Zielsetzung stößt das „Elternrecht" auch auf *zwei Grenzen*:

- Die *Zielerreichung*: „Als ein Recht, das um des Kindes und dessen Persönlichkeit willen besteht, liegt es in seiner Struktur begründet, dass es in dem Maß, in dem das Kind in die Mündigkeit hinein wächst, überflüssig und gegenstandslos wird" (Bundesverfassungsgericht 1982). Es handelt sich hier um eine dynamische Grenze, der der Staat ggf. durch abgestufte oder gleitende Mündigkeitsregelungen gerecht wird. Den Weg zur Zielerreichung vermittelt das Leitbild der diskursiven Erziehung (§ 1626 Abs. 2 BGB).
- Die *Zielverfehlung*: Wenn Elternverantwortung elterliche Rechtsmacht im Interesse und zum Wohl des Kindes ist, dann können sich Eltern nicht mehr auf ihr Elternrecht berufen, wenn sie das Wohl des Kindes gefährden. Es ist dann Aufgabe des Staates, im Rahmen seines staatlichen Wächteramts (Art. 6 Abs. 2 Satz 2 GG) als Ausfallbürge für das Kindeswohl zu agieren.

1.3 Die spezifischen Grundrechte des Kindes

Das Grundgesetz blickt auf die Kinder aus zwei Perspektiven:

- zum einen erfasst es Kinder als Personen, die – wie die Erwachsenen – Träger von Rechten und damit auch von Grundrechten sind;
- zum anderen erfasst es Kinder als Personen, die – im Unterschied zu Erwachsenen – nicht über die notwendige Reife und Einsichtsfähigkeit verfügen und deshalb der Erziehung und des Schutzes aber auch der Ausübung ihrer Rechte durch Dritte bedürfen.

Im Hinblick auf die zweite Perspektive enthält das Grundgesetz die unter I behandelten Aussagen zum Dreieck Eltern – Kind – Staat. Ob es darüber hinaus angezeigt oder gar notwendig ist, spezielle „Kindesgrundrechte" im Grundgesetz zu verankern, wird im Lichte der UN-Kinderrechtskonvention kontrovers diskutiert. Auf der Grundlage des Koalitionsvertrags für die 19. Legislaturperiode hat die Bundesregierung inzwischen einen Formulierungsvorschlag zur Änderung von Art. 6 GG vorgelegt (Bundesregierung 2020).

Dabei ist darauf hinzuweisen, dass das Bundesverfassungsgericht die (komplementären) grundrechtlichen Positionen des Kindes in seiner Rechtsprechung bereits herausgearbeitet hat – beginnend mit der Feststellung, dass Kinder – wie alle Menschen – Träger von (Grund-)Rechten sind (Bundesverfassungsgericht 1968) Aus dem staatlichen Wächteramt nach Art. 6 Abs. 2 Satz 2 GG i. V. mit Art. 2 Abs. 1 und Abs. 2 Satz 1 GG hat das Gericht ein *Grundrecht des Kindes auf den Schutz durch den Staat* abgeleitet, wenn die Eltern ihrer Pflege- und Erziehungsverantwortung nicht gerecht werden oder wenn sie ihrem Kind den erforderlichen Schutz und die notwendige Hilfe aus anderen Gründen nicht bieten können (Bundesverfassungsgericht 2017). Aus Art. 2 Abs. 1 in Verbindung mit Art. 6 Abs. 2 Satz 1 GG hat es zudem ein *Grundrecht des Kindes auf staatliche Gewährleistung elterlicher Pflege und Erziehung* hergeleitet (Bundesverfassungsgericht 2013). Dieses Grundrecht verpflichtet den Staat, Eltern, die ihre Elternverantwortung ohne Hilfe nicht wahrnehmen könnten, bei der (Wieder-)Erlangung ihrer Erziehungsfähigkeit und der Überwindung sonstiger Hindernisse zu unterstützen.

In manchen Darstellungen werden Eltern- und Kindesrechte als *miteinander kollidierende Rechte* betrachtet. Ein solches Verständnis entspricht aber nicht den Vorgaben des Grundgesetzes. Dabei wird vor allem verkannt, dass das Elternrecht – im Gegensatz zu allen anderen Grundrechten – nicht primär der Selbstbestimmung der berechtigten Person, hier also der Eltern, dient, sondern zuvörderst fremdnützig ausgerichtet ist, sich in der Verbindung von Recht und Pflicht zu einem komplexen Ganzen – Elternverantwortung genannt – vereinigt und schließlich mit den Grundrechten des Kindes „ein grundrechtliches System kommunizierender Röhren" bildet, also gleichsam komplementär zu jenen wirkt (Jestaedt 2011: 106).

Ein Ansatz, der demgegenüber Eltern- und Kindergrundrechte als konkurrierende und kollidierende Freiheits- und Interessensphären einander entgegensetzt, würde zwangsläufig zu einer Auflösung des elterlichen Erziehungsrechts führen, da die Wahrung der (dann) das Elternrecht begrenzenden Kindesgrundrechte nicht den Eltern selbst anvertraut werden könnte, sondern einem permanenten Vormund, also einer staatlich organisierten Instanz, überlassen werden müsste (Böckenförde 1980: 62). Eltern- und Kindesrecht sind also nicht gegeneinander gerichtet, sondern aufeinander bezogen.

2   Die Funktion von Hilfen zur Erziehung

2.1   Der verfassungsrechtliche Kontext

Zur Ausrichtung des staatlichen Hilfe- und Schutzauftrags hat sich das Bundesverfassungsgericht bereits in seiner Entscheidung vom 29. Juli 1968 wie folgt geäußert:

> „Das staatliche Wächteramt befugt den Staat nicht, die Eltern bei jedem Versagen oder jeder Nachlässigkeit von der Pflege und Erziehung des Kindes auszuschalten oder gar

selbst diese Aufgabe zu übernehmen; vielmehr muss er stets dem grundsätzlichen Vorrang der Eltern Rechnung tragen. Zudem gilt auch hier der Grundsatz der Verhältnismäßigkeit. Art und Ausmaß des Eingriffs bestimmen sich nach dem Ausmaß des Versagens der Eltern und danach, was im Interesse des Kindes geboten ist" (Bundesverfassungsgericht 1968).

Die Hilfe zur Erziehung soll damit nicht nur (positiv) die Entwicklung des Kindes oder Jugendlichen fördern, sie soll auch eine (sonst drohende oder bereits festgestellte) Gefährdung des Kindeswohls abwenden (sekundäre oder tertiäre Prävention). Prägnant kommt dies in der Formel: „Kinder schützen – Eltern unterstützen" zum Ausdruck, wie sie in der Arbeit der Kinderschutzzentren immer wieder verwendet wird. Der der Konstruktion von § 27 SGB VIII zugrundeliegende Hilfeansatz entspricht damit auch den verfassungsrechtlichen Vorgaben zur Ausrichtung des staatlichen Hilfe- und Schutzauftrags bei Kindeswohlgefährdung (§§ 1666, 1666a BGB), indem er die Forderung „Hilfe vor Eingriff" (in die Eltern-Kind-Beziehung) realisiert und damit dem verfassungsrechtlichen Gebot der Verhältnismäßigkeit Rechnung trägt. In seiner aktuellen Rechtsprechung knüpft das Bundesverfassungsgericht an das Grundsatzurteil von 1968 an und weist der Unterstützung der Eltern eine zentrale Bedeutung sowohl für die Gewährleistung des Grundrechts der Eltern auf Wahrnehmung der Erziehungsverantwortung als auch für die Verwirklichung des Kindesgrundrechts auf Schutz vor Gefahren für ihr Wohl zu. So muss der Staat „nach Möglichkeit zunächst versuchen, durch helfende, unterstützende, auf Wiederherstellung eines verantwortungsgerechten Verhaltens der natürlichen Eltern gerichtete Maßnahmen sein Ziel zu erreichen." Dabei kann – so die Ausführungen des Bundesverfassungsgerichts – die Verpflichtung des Staats, die Eltern bei der Rückkehr ihrer Kinder durch öffentliche Hilfen zu unterstützen, in bestimmten Konstellationen „nach Art und Maß über das hinausgehen, was der Staat üblicherweise zu leisten verpflichtet ist" (Bundesverfassungsgericht 2014).

Die Unterstützung der Eltern steht daher in einem Funktionszusammenhang mit einem (sonst drohenden und zum Schutz des Kindes notwendigen) Eingriff in die elterliche Sorge und ist diesem vorgelagert.

2.2   Hilfe zur Erziehung als Hilfe für die Beziehung von Eltern und Kind/Jugendlichen

Hilfe zur Erziehung als Hilfetypus (§§ 27 bis 35 SGB VIII) zeichnet sich dadurch aus, dass sie die beiden Akteure im Erziehungsprozess, nämlich Eltern und Kind, in den Blick nimmt und zu Adressaten der Leistung macht. Primärer Ansatzpunkt für die Hilfe zur Erziehung ist nach dem Willen des Gesetzgebers des KJHG die Verbesserung der Erziehungskompetenz der Eltern mit dem Ziel, die Eltern möglichst wieder in den Stand zu versetzen, dass sie ihrer Verantwortung ohne diese Hilfe gerecht werden können. Damit unterscheidet sich die Hilfe zur Erziehung im SGB VIII vom Konzept seines Vorgängers, dem Jugendwohlfahrtsgesetz, das auf Gefahrenabwehr fixiert war und (sogleich) auf staatliche Ausfallbürgschaft und staatliche Ersatzerziehung des Kindes bzw. Jugendlichen setzte, die (nur bzw. erst) beim Ausfall der Eltern aktiviert wurde und eine ausschließlich kompensatorische Funktion hatte. Ambulante Hilfen beschränkten sich auf die Erziehungsbeistandschaft, die wegen ihrer Herkunft aus der vormundschaftsgerichtlich angeordneten Schutzaufsicht (§ 55 JWG) ebenfalls eine kompensatorische Funktion hatte. Im Gegensatz zur Perspektive des Jugendwohlfahrtsgesetzes steht bei der Hilfe zur Erziehung im SGB VIII die Unterstützung des Erziehungsprozesses im Verhältnis Eltern-Kind/Jugendlichen mit dem primären Ziel der Wiederherstellung der elterlichen Erziehungsverantwortung (im Interesse der förderlichen Entwicklung des Kindes oder Jugendlichen) im Vordergrund. Das Konzept der Hilfe zur Erziehung trägt damit nicht nur der aktuellen Rechtsprechung des Bundesverfassungsgerichts, sondern insbesondere auch dem Gebot von Art. 18 Abs. 2 UN-KRK Rechnung, der die Vertragsstaaten verpflichtet, die Eltern in „angemessener Weise bei der Erfüllung ihrer Aufgabe, das Kind zu erziehen, zu unterstützen".

Mit der in § 27 Abs. 1 SGB VIII normierten Voraussetzung, dass „eine dem Wohl des Kindes oder des Jugendlichen entsprechende Erziehung nicht gewährleistet" ist, wird eine Lebenssituation des Kindes angesprochen, die dadurch gekennzeichnet ist, dass die zur Verfügung stehende Erziehungsleistung (der Eltern) nicht ausreicht, das Ziel der Erziehung zu erreichen. Der zu deckende „erzieherische Bedarf" ist daher nicht nur im Hinblick auf das Kind, sondern auch im Hinblick auf die (Wieder-)Befähigung der Eltern zu bestimmen, ihre Erziehungsverantwortung wahrzunehmen. Schon deshalb ist die Aussage „Nicht das, was den Eltern fehlt, muss Ausgangspunkt für die Kinder- und Jugendhilfe sein, sondern das, was ein Kind bzw. ein Jugendlicher braucht" wie sie im Bericht der Bundesregierung zur Evaluation des Bundeskinderschutzgesetzes zu lesen war (BMFSFJ 2015: 140), in ihrer polarisierenden Form und vor dem Hintergrund des Interpretations- und Implementationsprimat der Eltern für das Kindeswohl (Jestaedt/Reimer 2018: 61) nicht überzeugend. Worin der Hilfebedarf besteht, kann zudem nur im Einzelfall gemeinsam mit den Eltern unter Beteiligung des Kindes oder Jugendlichen mit der für die Hilfe verantwortlichen Fachkraft festgestellt werden. Die Hilfestellung ist damit auf den Erziehungs- und Interaktionsprozess zwischen Eltern und Kind bzw. Jugendlichen und damit weder allein auf das Kind/den Jugendlichen als Individuum noch auf die Eltern(teile) als Individuen konzentriert, sondern knüpft an der Erziehungs- und Lebensgemeinschaft von Eltern und Kind/Jugendlichem, am „System" Familie an, sie ist also zugleich kind- und elternorientiert – mit unterschiedlicher Schwerpunktsetzung entsprechend dem unterschiedlichen „erzieherischen Bedarf" im Einzelfall: Ziel ist in jedem Fall die Verbesserung des Erziehungsprozesses, der Interaktion und Kommunikation zwischen Eltern und Kind bzw. Jugendlichem.

Um die Eltern wieder in den Stand zu versetzen, ihrer Erziehungsverantwortung (möglichst ohne öffentliche Hilfe) nachzukommen, kann sich die Hilfe – wegen der Struktur der Erziehung – nicht auf eine Kompensation der von den Eltern nicht erbrachten Erziehungsleistungen durch eine staatlich organisierte und finanzierte Ersatzerziehung beschränken, dann müsste sie nämlich (regelmäßig) bis zur Volljährigkeit des Jugendlichen andauern, sondern sie muss primär darauf ausgerichtet sein, das Erziehungsverhalten der Eltern und den Interaktionsprozess mit dem Kind bzw. Jugendlichen zu verändern. Nur mit dieser Konzeption kann das (sicherlich nicht immer erreichbare) Ziel verfolgt werden, die Hilfe überflüssig werden zu lassen.

Bei Hilfeformen wie der Erziehungsberatung (§ 28 SGB VIII) oder der sozialpädagogischen Familienhilfe (§ 31 SGB VIII), die den größten Anteil der in Anspruch genommenen ambulanten Formen der Hilfe zur Erziehung ausmachen, liegt dies unmittelbar auf der Hand. Bei anderen ambulanten Hilfeformen wie der sozialen Gruppenarbeit (§ 29 SGB VIII) und der Erziehungsbeistandschaft (§ 30 SGB VIII), die zahlenmäßig keine nennenswerte Bedeutung haben, richtet sich die Unterstützung zwar primär auf die Förderung der Entwicklung des (älteren) Kindes, bezieht aber auch die Eltern ein.

Dieser Zielsetzung, die elterliche Erziehungskompetenz zu stärken, folgen auch die in den letzten Jahren entwickelten „Frühen Hilfen", die grundsätzlich bereits im Vorfeld der Hilfen zur Erziehung nach den §§ 27 ff. SGB VIII Hilfen zum Einsatz kommen, im Rahmen sekundärer Prävention in der Praxis häufig nahtlos in Hilfen zur Erziehung übergehen (vgl. Nationales Zentrum Frühe Hilfen 2014).

Zentrale Bedeutung für die Bedarfsfeststellung und die Gestaltung des Hilfeprozesses kommt bei der Hilfe zur Erziehung dem *Hilfeplanverfahren* (§ 36) und der dort verpflichtend vorgesehenen Beteiligung von Kindern und Jugendlichen zu. Je nach dem konkreten Hilfebedarf kann die Einbeziehung des Kindes oder Jugendlichen in den Hilfeprozess weit über eine bloße Anhörung und verfahrensmäßige Beteiligung hinausreichen und auch bei ihm die Bereitschaft zu Verhaltensänderungen und die Beteiligung an pädagogischen und therapeutischen Angeboten erforderlich machen.

2.3 Hilfe zur Erziehung an getrennten Orten: die Problematik der „Fremdplatzierung"

Dieser Erziehungsprozess kann im Einzelfall so sehr „gestört" sein, dass eine „ambulante Hilfe", also eine Hilfe im Lebensumfeld der Familie zur Zielerreichung nicht mehr ausreicht. In diesem Fall steht der systemische Hilfeansatz vor einer besonderen Herausforderung: wie kann das primäre Ziel der Verbesserung der Erziehungskompetenz der Eltern erreicht werden, ohne dass es zu einer (dauerhaften) Trennung des Kindes von seiner „Familie" und seinem sozialen Umfeld kommt. Eine Möglichkeit bieten neue Formen integrativer Familienhilfe, die aus einer Kombination ambulanter, teilstationärer und stationärer Hilfen für das gesamte Familiensystem bestehen, derzeit aber erst modellhaft zur Anwendung kommen, wie z. B. die integrative Familienhilfe (IF) der Caritas Jugendhilfe Margaretenstift in Saarbrücken (Margaretenstift 2020).

In der Regel kommt in solchen Fällen eine „stationäre Hilfe für das Kind", d. h. die Erziehung des Kindes außerhalb des Elternhauses zum Einsatz. Auch wenn sie nicht selten in einem „Zwangskontext" erfolgt (vgl. dazu Conen/Cecchin 2007) und von Seiten der Eltern nicht „freiwillig", wenn auch mit ihrer Zustimmung in Anspruch genommen wird, so bleibt sie doch auf das Ziel gerichtet, die Beziehung zwischen Eltern und Kind/Jugendlichen zu verbessern.

Die „stationäre Hilfe zur Erziehung" verfolgt damit eine *Doppelstrategie*: Die Hilfe ist in erster Linie auf eine Verbesserung bzw. Wiederherstellung der elterlichen Erziehungskompetenz gerichtet. Dieses Ziel kann aber in diesem Fall nur auf diese Weise erreicht werden, dass die Eltern vorläufig von den Erziehungsaufgaben entlastet werden und mit ihnen an der Verbesserung der Erziehungskompetenzen gearbeitet wird. Die Hilfe soll (gleichzeitig) sicherstellen, dass das Kind am neuen „Lebensort" solange eine seinem Wohl entsprechende Erziehung erhält, bis die Bedingungen in der Familie so weit verbessert werden, dass eine Rückkehr des Kindes und damit seine weitere Erziehung wieder in der Lebenswelt „seiner Familie" erfolgen kann (Primat der Rückkehrperspektive: § 37 Abs. 1 Satz 2 und 3 SGB VIII). Der Begriff „stationäre Hilfe" verkürzt diese Sichtweise und fördert das Missverständnis, die Hilfe richte sich kompensatorisch ausschließlich oder doch primär auf das Kind, dessen Eltern versagt haben und die jetzt eine Trennung zum Wohl des Kindes akzeptieren müssen. Auch die Gesetzessystematik, die sich bei den stationären Hilfen in den §§ 33 bis 35 SGB VIII nur mit dem Lebensort des Kindes befasst und die Elternarbeit erst in § 37 thematisiert, mag dieses Missverständnis fördern.

Deutlich wird damit, welche *fundamentale Bedeutung der „Arbeit mit den Eltern"* als Grundlage für die Realisierung der Rückkehroption zukommt – ein Anspruch, der in der Praxis aber nur sehr bedingt eingelöst wird (vgl. Gadow 2013: 84 sowie die Nachweise unter 4.), was zum einen an fehlenden Konzepten, Fachkräften und öffentlichen Mitteln, zum anderen aber auch an fehlender Motivation von Eltern liegt, deren Bereitschaft und Fähigkeit zur Verhaltensänderung gegeben sein muss.

Subsidiär sieht die Vorschrift die Erarbeitung einer dauerhaften Lebensperspektive außerhalb der der Familie als Hilfeziel vor (§ 37 Abs. 1 Satz 4 SGB VIII). Aber auch bei dieser Zielsetzung behält die Arbeit mit den Eltern ihre Bedeutung, da die Eltern – je nach Alter des Kindes und Dauer des Zusammenlebens – wichtige Bezugspersonen für das Kind bzw. Jugendlichen bleiben (Wolf 2014). Die Hilfe ist dann darauf gerichtet, die Eltern davon zu überzeugen, dass sie ihrer Elternverantwortung in dieser konkreten Situation dadurch am besten gerecht werden können, dass sie einem Daueraufenthalt des Kindes oder des Jugendlichen an den neuen Lebensort zustimmen (vgl. Bundesregierung 1989: 75) und damit ein gerichtlich ausgetragener Streit über den Verbleib bzw. die Herausnahme des Kindes vermieden wird.

Die Praxis steht aber häufig mit dieser Sichtweise im Widerspruch und vernachlässigt die anspruchsvolle und nachhaltige Arbeit mit den Eltern als Basis der Hilfe zur Erziehung für die Eltern-Kind-Beziehung.

2.4 Hilfe zur Erziehung als zeit- und zielgerichtete Intervention

Hilfe zur Erziehung, die mit einer Unterbringung des Kindes in Vollzeitpflege verbunden ist, wird gewährt, wenn die Konflikte und Krisen in der Eltern-Kind-Beziehung nicht mehr mithilfe ambulanter Hilfen bewältigt werden können. Dennoch ist die Hilfe „in Vollzeitpflege" nicht als Eingriff in die elterliche Erziehungsverantwortung konzipiert, sondern als eine Hilfeform, die von den Eltern zur Wahrnehmung ihrer Erziehungsverantwortung in Anspruch genommen wird. Sie kommt deshalb auch im Fall einer Kindeswohlgefährdung in Betracht, solange die Eltern bereit und in der Lage sind, an der Abwendung der Gefährdung mitzuwirken.

Dabei soll aber nicht verschwiegen werden, dass sich viele Eltern in einer prekären bzw. belastenden Situation befinden und sie häufig nicht von sich aus diese Hilfe in Anspruch nehmen – aus Angst, damit ihr Kind auf Dauer zu verlieren. Deutlich wird, dass der Hilfeprozess hohe Anforderungen an die Interaktion zwischen den Fachkräften im Jugendamt, Fachkräften freier Träger (wenn diese am Hilfeprozess beteiligt sind), den Eltern und den Pflegeeltern stellt. Dabei spielen Transparenz hinsichtlich der Vorgehensweise sowie der Aufbau und die Erhaltung einer Vertrauensbeziehung eine zentrale Rolle.

Auch wenn die Hilfe zur Erziehung in Vollzeitpflege primär als Unterstützung der Eltern bei der Wahrnehmung ihrer Erziehungsverantwortung konzipiert ist, so müssen auch die Potenziale der Eltern und deren Grenzen sowie die Bindungsdynamik des Kindes im Blick bleiben. Der Gesetzgeber hat daher – ausgehend vom Konzept einer „zeit- und zielgerichteten Intervention" (Schmid-Obkirchner § 37 Rn. 8a) – hinsichtlich der Hilfeziele von vornherein die beiden bereits skizzierten Optionen in den Blick genommen:

- den zeitlich befristeten Aufenthalt des Kindes außerhalb des Elternhauses und

- eine auf Dauer angelegte Lebensform für das Kind (§ 37 Abs. 1 SGB VIII).

Verfassungsrechtlich kommt dabei der Rückkehroption Vorrang zu. Ihre Realisierung setzt aber eine intensive und erfolgreiche Arbeit mit den Eltern voraus, die über deren bloße Beteiligung am Hilfeprozess im Einzelfall weit hinausgehen kann. Das Bundesverfassungsgericht hat die Bedeutung der öffentlichen Hilfen – und damit in erster Linie der Hilfen zur Erziehung nach dem SGB VIII – zur Gewährleistung der Grundrechte des Kindes und der Eltern betont. Dies gilt sowohl für die Vermeidung einer Trennung des Kindes von seinen Eltern durch den rechtzeitigen Einsatz ambulanter Hilfen als auch für die Realisierung der Rückkehroption bei der Inanspruchnahme stationärer Hilfen durch intensive Elternarbeit (Bundesverfassungsgericht 2013). Damit wird deutlich, dass die Qualität der Elternarbeit bei stationären Hilfen für das Kind das zentrale Kriterium für die Realisierung der Rückkehroption ist. Joachim Merchel hat dazu einmal das Bild von Sozialarbeitern „als Architekten von Lebensläufen" gezeichnet (Merchel 1996: 218)

Arbeit mit den Eltern, die weit über eine formale Beteiligung hinausgehen muss, ist aber nicht nur notwendig für die Realisierung der Rückkehrperspektive, sie ist auch geboten, um die Eltern für eine Akzeptanz des Verbleibs des Kindes in der Pflegefamilie zu gewinnen. Dies bedeutet nicht zwangsläufig, dass damit der Kontakt der Eltern zu „ihrem Kind" abgebrochen wird, sie müssen aber lernen, im Hinblick auf ihr Kind eine andere Rolle zu übernehmen. Wenn sich damit alle Beteiligten auf ein solches Konzept verständigen können, bedarf es keiner gerichtlichen Entscheidung, die einen Streit über Verbleib oder Herausgabe des Kindes zu schlichten versucht, aber letztlich den Konflikt nicht lösen kann.

Elternarbeit bei stationären Hilfen ist daher mehr als

- Kooperation mit den Eltern im Hinblick auf die Förderung des Kindes und
- Vermittlung zwischen den Erziehungspersonen und den Eltern.

Elternarbeit bei stationären Hilfen erfordert

- die Auslotung des Veränderungspotenzials bei den Eltern, wobei auch ihre sozioökonomische Lage in den Blick zu nehmen ist;
- eine Sensibilisierung für die Bedürfnisse und Interessen des Kindes;
- eine gemeinsame Entwicklung von Konzepten für Veränderungsprozesse in der leiblichen Familie und
- die Vermittlung und Begleitung des Hilfeprozesses.

Elternarbeit bei stationären Hilfen (für das Kind) ist somit anspruchsvoll und komplex. Sie umfasst pädagogische und – je nach Einzelfall – auch therapeutische Leistungen für die Eltern.

Die *Sachverständigenkommission zum 14. Kinder- und Jugendbericht* schätzt die Qualität der Elternarbeit wie folgt ein (Bundesregierung 2013: 344):

„In der Praxis scheint die Zusammenarbeit mit den Herkunftseltern allerdings bis heute problembehaftet und defizitär zu sein, was teils systemisch bedingt ist, weil die Beziehungsdynamiken zwischen Pflegeeltern, Jugendamt und Herkunftseltern häufig konfliktreich verlaufen. Probleme in der Zusammenarbeit mit den Herkunftseltern haben aber auch mit fehlenden Ressourcen und fehlenden Konzepten zu tun. Insbesondere haben Pflegekinderdienste häufig schlicht nicht die Kapazität, um beide Familiensysteme in ausreichender Intensität zu begleiten, zu beraten und bei Krisen früh genug zu intervenieren".

Die Pflegekinderhilfe handelt hier – ähnlich wie auch in der Heimerziehung – widersprüchlich: Einerseits steht die leibliche Familie im Mittelpunkt der sozialpädagogischen Bemühungen, andererseits verlieren die Familien häufig das „sozialpädagogische Interesse" der Institutionen, sobald die Kinder fremduntergebracht sind (vgl. Kindler et al. 2010: 624 f.). Eine konsequente „Re-Stabilisierungsarbeit" wäre dabei insbesondere am Beginn einer Fremdunterbringung notwendig, wenn die Situation dieser Familien sich sowohl auf der materiellen Ebene durch den Wegfall finanzieller Transferleistungen (z. B. Kindergeld) als auch auf der sozialen und emotionalen Ebene aufgrund der Herausnahme des Kindes verschärft (vgl. Faltermeier 2012a, b).

Das *Handbuch Pflegekinderhilfe* (Küfner 2010: 858) wird noch deutlicher:

„Da bislang nur an wenigen Orten eine systematische Herkunftselternarbeit betrieben wird, die die Möglichkeit einer Rückführung des Kindes in die Herkunftsfamilie aktiv prüft und ggf. anstrebt, werden die hochgehaltenen Elternrechte durch die fachliche Arbeit faktisch untergraben. Dies bemerken inzwischen auch die Gerichte. Vielleicht muss die Jugendhilfepraxis und Rechtsprechung die Elternrechte in Bezug auf die Herkunftselternarbeit etwas größer schreiben, weil sie kleingedruckt zu wenig wahrgenommen werden".

Zwischenfazit

Angesichts dieser Diskrepanzen zwischen Recht und Wirklichkeit bedarf es *struktureller Änderungen:*

- Zur Erfüllung der gesetzlich geregelten Aufgaben müssen die dafür notwendigen finanziellen Mittel bereitgestellt werden.
- Zur Wahrnehmung der komplexen Aufgaben bei der Zusammenarbeit mit Eltern, Pflegeeltern und dem Kind muss eine ausreichende Zahl qualifizierter Fachkräfte bereitgehalten werden.

- Für die Ausgestaltung des Hilfeprozesses bedarf es der Entwicklung und Anwendung fachlicher Konzepte.
- Für die Betreuung der beiden Familiensysteme bedarf es neuer fachlicher Ansätze.
- Der Adressatenbeteiligung ist ein besonderer Stellenwert einzuräumen.
- Auch bei unterschiedlichen Beratungsaufträgen (im Hinblick auf die Pflegeeltern bzw. die Eltern) bedarf es der Kooperation und Transparenz der verschiedenen beteiligten Sozialen Dienste.

2.5   Hilfe zur Erziehung als interaktiver Prozess

2.5.1 Folgen für die Perspektivklärung

Im Zusammenhang mit der Gewährung „stationärer Hilfen" für das Kind, kommen dem Jugendamt also *verschiedene Rollen* zu:

- die Gewährung der bedarfsgerechten Hilfe auf der Grundlage des gemeinsam erarbeiteten Hilfeplans die Gewährleistung einer am Kindeswohl orientierten Unterbringung;
- die Unterstützung der Eltern zum Erreichen der Hilfeziele;
- die Beratung der Pflegeeltern und
- die Steuerungsverantwortung für den Hilfeprozess unter Beteiligung der verschiedenen Akteure und der Moderation bei der Klärung von Streitfragen.

Wenn der Gesetzgeber im Hinblick auf die Ziele der stationären Hilfe für das Kind *von den beiden bereits thematisierten Optionen* ausgeht (§ 37 SGB VIII), also

- einem zeitlich befristeten Aufenthalt des Kindes in einer Pflegefamilie oder einer Einrichtung;
- einer anderen auf Dauer angelegten Lebensperspektive;

dann ist die Frage zu beantworten, wann und wie im Einzelfall die Perspektive zu klären und welche Aufgaben dabei die verschiedenen Akteure haben.

Ob eine zeitlich befristete Erziehungshilfe ausreicht, um das Kind zeitnah in stabile Verhältnisse zurückführen zu können, hängt entscheidend von den Möglichkeiten der Verbesserung der Lebens- und Erziehungsbedingungen in der Familie des Kindes ab. Dabei sind sowohl Ausmaß, Schwere und Chronizität der psychosozialen Belastungen in der Familie als auch die Bereitschaft und Möglichkeiten der Eltern, die Erziehungsbedingungen zu verändern in den

Blick zu nehmen. Die Aufgabe des Jugendamts erschöpft sich dabei nicht in dem Befehl bzw. die Auflage an die Eltern, diese Bedingungen zu verändern, sondern erfordert es mit ihnen gemeinsam ein Hilfekonzept zu erarbeiten und sie bei der Erreichung der Hilfeziele zu unterstützen.

Bei der Erreichung der dabei vereinbarten Hilfeziele geht es immer um eine *Prognose,* ihre Erreichung hängt von verschiedenen Faktoren ab, die nur begrenzt steuerbar sind (sog. Technologiedefizit Sozialer Arbeit). Ob die Verbesserung der Erziehungsbedingungen und damit die Rückkehr des Kindes „innerhalb des vertretbaren Zeitraums" erreichbar ist, lässt sich zu Beginn der Vollzeitpflege oft noch nicht absehen. Vor allem zu Beginn einer „stationären Hilfe" für das Kind besteht meist eine besondere und häufig eskalierte innerfamiliäre Krisendynamik, die begleitet wird von starken und divergierenden Emotionen und Verhaltensweisen der Familienmitglieder. Zu diesem Zeitpunkt bereits eine verbindliche „Perspektivklärung" festzuschreiben, würde Veränderungs- und Entwicklungspotenziale ignorieren, die aufgrund der besonderen Situation zunächst nicht sichtbar sind. Gerade diese Potenziale gilt es aber im Sinne der Kinder im Laufe der Hilfen für den Erhalt und das gesunde Wachstum von Bindungen zu nutzen. Der Faktor des kindlichen Zeitempfindens, mit dem häufig argumentiert wird, ist abhängig von dem Alter des Kindes, seinem Entwicklungsstand und den kontextuellen Bedingungen in seiner leiblichen Familie und kann bei Unterbringungen nicht linear-kausal abgeleitet und bewertet werden (vgl. DGSF 2017). Notwendig ist daher *eine prozesshafte Sichtweise.*

2.5.2 Die auf Dauer angelegte Lebensperspektive

Während das primäre Hilfeziel, nämlich die Verbesserung der elterlichen Erziehungskompetenz und deren Befähigung, das Kind wieder selbst zu erziehen, inhaltlich eindeutig bestimmt ist, ist das subsidiäre Hilfeziel, nämlich die Erarbeitung einer anderen, dem Wohl des Kindes förderlichen und auf Dauer angelegten Lebensperspektive (§ 37 Abs. 1 Satz 4 SGB VIII), sehr abstrakt formuliert.

Als Alternative zum primären Hilfeziel ist damit in erster Linie der Verbleib des Kindes oder Jugendlichen am Ort der Erziehung (bei der Pflegeperson, in der Einrichtung oder sonstigen Wohnform) gemeint (Schmid-Obkirchner 2015 § 37 Rn. 29).

Dem gesetzlichen Leitbild einer *kooperativen Partnerschaft* zwischen Eltern, Pflegeperson, Kind und Jugendamt entsprechend (Berneiser 2018 § 37 Rn. 31) soll das Jugendamt mit den beteiligten Personen zu einer gemeinsamen Lösung kommen (Konsensmodell). Das Ziel der Hilfe zur Erziehung zur Realisierung dieser Alternative muss es daher sein, alle Potenziale auf der rechtlichen und praktischen Ebene auszuloten, um das Vereinbarungsmodell umzusetzen, da es dem Kind den Zugang zu beiden Elternsystemen erhält und Verletzungen und

Loyalitätskonflikte beim Kind, die mit einem Streit zwischen den Elternsystemen und einer gerichtlichen Verbleibensanordnung verbunden sind, vermeidet. „Gelingt die gemeinsame und im Konsens mit den Eltern erfolgte Erarbeitung einer Lebensperspektive für das Kind, so ist die beste Grundlage dafür gelegt, dass trotz Fremdunterbringung des Kindes die Beziehungen zu den leiblichen Eltern aufrechterhalten werden können" (Berneiser 2018 § 37 Rn. 32). Der Erreichung des Ziels einer auf Dauer angelegten Lebensperspektive (§ 37 Abs. 1 Satz 4 SGB VIII) dient auch die Übertragung von Angelegenheiten der elterlichen Sorge auf die Pflegeperson durch das Familiengericht, die im Einvernehmen mit den Eltern erfolgt und auf ihren Antrag jederzeit wieder aufhebbar ist. (§ 1630 Abs. 3 BGB).

2.6 Aufgaben des Familiengerichts zur Sicherung der Betreuungskontinuität bei Pflegekindern

Das Familiengericht wird – abgesehen von der Entscheidung nach § 1630 Abs. 3 BGB, der ein Konsens von Eltern und Pflegeeltern zugrunde liegt – nur und erst dann am Erziehungsprozess des Pflegekindes beteiligt, wenn Meinungsverschiedenheiten und Konflikte nicht zwischen den Beteiligten geklärt werden können, also der Hilfeprozess nicht mehr nach Maßgabe der §§ 27, 33, 37 SGB VIII verläuft.

Ausgangspunkt einer gerichtlichen Auseinandersetzung ist meist der Anspruch der (sorgeberechtigten) Eltern auf Herausgabe „ihres" Kindes gegenüber den Pflegeeltern (§ 1632 Abs. 1 BGB). Allerdings kann das Familiengericht in den Fällen, in denen das Kind seit längerer Zeit in Familienpflege lebt, von Amts wegen oder auf Antrag der Pflegeperson anordnen, dass das Kind bei der Pflegeperson verbleibt, wenn und solange das Kindeswohl durch die Wegnahme gefährdet würde (§ 1632 Abs. 4 BGB).

Dass ein solcher Streit über den Verbleib des Kindes in der Pflegefamilie vor dem Familiengericht ausgetragen wird, ist ein Hinweis auf die mangelnde Kooperation der am Pflegeverhältnis beteiligten Personen bzw. die unzureichende oder erfolglose Arbeit der Fachdienste mit den Eltern und Pflegeeltern zur Entwicklung und Umsetzung gemeinsamer Hilfeziele.

3 Pflegekindschaft als Thema der aktuellen Reformdebatte

Bereits in der abgelaufenen Legislaturperiode wurde unter der Überschrift: „Stärkung von Pflegekindern und ihren Familien" kontrovers über Änderungen im Recht der Pflegekindschaft im SGB VIII und im BGB diskutiert. Im Mittelpunkt standen die Themen

- Perspektivklärung für Pflegekinder und
- Absicherung von Dauerpflegeverhältnissen.

Die in dem Entwurf eines Gesetzes zur Stärkung von Kindern und Jugendlichen (KJSG) vom 15. 5. 2017 (Bundesregierung 2017) dazu entwickelten Lösungen wurden in der Sachverständigenanhörung im Deutschen Bundestag im Juni 2017 kontrovers diskutiert und in der abschließenden Beratung im Deutschen Bundestag abgelehnt (Deutscher Bundestag 2017a, 2017b). Die Änderungsvorschläge im Gesetzentwurf basierten auf dem Gutachten des Wissenschaftlichen Beirats für Familienfragen vom Juni 2016, wo das „Befristungsdogma" des deutschen Pflegekindschaftsrechts kritisch betrachtet wird. Gefordert wurde dort, Pflegeverhältnisse auf Dauer nach einer gewissen (unter Umständen vom Alter des Kindes abhängigen) Zeit in der Pflegefamilie und bei unwahrscheinlicher Rückkehroption in die leibliche Familie familienrechtlich deutlicher als bisher „als auf Dauer angelegte Lebensperspektive" anzuerkennen.

Inzwischen hat die Bundesregierung einen zweiten Anlauf gestartet und einen neuen Entwurf für ein Kinder und Jugendstärkungsgesetz vorgelegt, der sich neben verschiedenen anderen Themen wiederum mit der Pflegekindschaft befasst und sich dabei auf den Diskurs aus dem Dialogprozess „Mitreden Mitgestalten" beruft (Deutscher Bundestag 2021).

Zum Thema *Perspektivklärung* enthält der Gesetzentwurf eine Änderung in § 36 Abs. 2 Satz 2. Dort wird das Jugendamt verpflichtet, bei der Aufstellung und Überprüfung des Hilfeplans bei Hilfen außerhalb der eigenen Familie prozesshaft auch die Perspektive der Hilfe zu klären. Der Stand der Perspektivklärung nach Satz 1 ist im Hilfeplan zu dokumentieren.

Damit hält der aktuelle Gesetzentwurf nicht mehr an einer Perspektivklärung zu Beginn des Hilfeprozesses fest, wie dies im Gesetzentwurf von 2017 vorgesehen war, sondern gibt Raum für eine prozesshafte Verfahrensweise.

Ein weiteres Thema im Gesetzentwurf ist die sogenannte *Dauerverbleibensanordnung* als spezielle Ausgestaltung der Verbleibensanordnung des Familiengerichts. Künftig soll das Familiengericht zusätzlich zu einer Verbleibensanordnung nach § 1632 Abs. 4 Satz 1 anordnen können, dass der Verbleib des Kindes bei der Pflegeperson auf Dauer ist, wenn

- *sich innerhalb eines im Hinblick auf die Entwicklung des Kindes vertretbaren Zeitraums* trotz angebotener geeigneter Beratungs- und Unterstützungsmaßnahmen die Erziehungsverhältnisse bei den Eltern nicht nachhaltig verbessert haben und eine derartige Verbesserung mit hoher Wahrscheinlichkeit auch zukünftig nicht zu erwarten ist, und
- *die Anordnung zum Wohl des Kindes erforderlich ist* (Deutscher Bundestag 2021: 35, 122).

Das Familiengericht muss daher zum einen *retrospektiv* feststellen, dass die bis zum Zeitpunkt der gerichtlichen Entscheidung angebotenen und geeigneten Leistungen der Kinder- und Jugendhilfe nach den §§ 27 ff. SGB VIII und § 37 Absatz 1 SGB VIII keinen nachhaltigen Erfolg zur Abwehr der Gefährdung des Kindes erbracht haben. Zum anderen bedarf es einer *Prognose* seitens des Familiengerichts, ob eine nachhaltige Verbesserung der Erziehungsverhältnisse auch in Zukunft mit hoher Wahrscheinlichkeit nicht zu erwarten ist. Weitere Voraussetzung für den Erlass einer Dauerverbleibensanordnung ist, dass diese zum Wohl des Kindes erforderlich ist. Es bedarf hierzu einer positiven Kindeswohlprüfung. „Eine Anordnung des Verbleibs auf Dauer kommt in der Zusammenschau der in § 1632 Absatz 4 Satz 1 und Satz 2 Nummer 1 und 2 kumulativ zu erfüllenden Voraussetzungen nach alledem jedenfalls dann nicht in Betracht, wenn keine Kindeswohlgefährdung bei den Herkunftseltern festgestellt wird und der Rückführungsprozess so ausgestaltet werden kann, dass sich das Kind ohne Gefährdung seines Wohls einerseits von seiner Pflegeperson lösen und andererseits in seine Herkunftsfamilie wieder integrieren kann" (Deutscher Bundestag 2021: 126).

Mit dieser Ausgestaltung legt der Gesetzentwurf nicht mehr die Eingriffsschwelle zugrunde, wie sie im Regierungsentwurf 2017 enthalten war. Dort war eine Aufhebung der Dauerverbleibensanordnung nicht vorgesehen, wenn sie dem Kindeswohl widerspricht.

Mit dem jetzigen Konzept ist eine Lösung entwickelt worden, die sowohl den Rechten und Interessen des Kindes als auch denen der Eltern ausreichend Rechnung trägt. Es ist zu erwarten, dass der Gesetzentwurf an dieser Regelung nicht scheitern wird.

Literatur

Berneiser, Carola (2018): §§ 37. In: Kunkel, Peter Christian/Kepert, Jan/Pattar, Andreas Kurt (Hrsg.): Sozialgesetzbuch VIII. 7. Auflage. Baden-Baden: Nomos, S. 50–51.

Böckenförde, Ernst-Wolfgang (1980): Elternrecht – Recht des Kindes – Recht des Staates. Zur Theorie des verfassungsrechtlichen Elternrechts und seine Auswirkung auf Erziehung und Schule. In: Krautscheidt, Josef/Marre, Heiner (Hrsg.): Essener Gespräche zum Thema Staat und Kirche 1980, S. 54–93.

Bundesregierung (1989): Gesetzentwurf der Bundesregierung. Entwurf eines Gesetzes zur Neuordnung des Kinder- und Jugendhilferechts (Kinder- und Jugendhilfegesetz – KJHG). Drucksache 11/5948, S. 75.

Bundesregierung (2013): 14. Kinder- und Jugendbericht. Bundestags-Drucksache 17/12200, S. 344.

Bundesregierung (2015): Bericht der Bundesregierung. Evaluation des Bundeskinderschutzgesetzes, Berlin, S. 140.

Bundesregierung (2017): Entwurf eines Gesetzes zur Stärkung von Kindern und Jugendlichen (Kinder- und Jugendstärkungsgesetz – KJSG). Bundestags-Drucksache 18/12330 vom 15. 05. 2017.

Bundesregierung (2020): Kinderrechte sollen im Grundgesetz verankert werden. www.bundesregierung.de/breg-de/aktuelles/kinderrechte-ins-grundgesetz-1840968 (Abfrage: 26. 1. 2020).

Bundesverfassungsgericht (1968): Urteil vom 29. 07. 1968 – 1 BvL 20/63; NJW 1968, 2233.

Bundesverfassungsgericht (1982): Urteil vom 9. 2. 1982 – 1 BvR 845/79; NJW 1982, 1509.

Bundesverfassungsgericht (2013): Urteil vom 19. 02. 2013 – 1 BvL 1/11; NJW 2013, 847.

Bundesverfassungsgericht (2014): Beschluss vom 14. 06. 2014 – 1 BvR 725/14; NJW 2014, 2936.

Bundesverfassungsgericht (2017): Beschluss vom 3. 2. 2017 – 1BvR 2569/16; NJW 2017,1295

Conen, Marie-Luise/Cecchin, Gianfranco (2007): Wie kann ich Ihnen helfen, mich wieder loszuwerden? Heidelberg: Carl-Auer.

Deutscher Bundestag (2017a): Ausschuss für Familie, Senioren, Frauen und Jugend. Ausschussdrucksachen 18 (13) 123a bis 18 (13) 123g.

Deutscher Bundestag (2017b): Stenografischer Bericht 243. Sitzung. Plenarprotokoll 18/243, S. 25055 ff.

Deutscher Bundestag (2021): Entwurf eines Gesetzes zur Stärkung von Kindern und Jugendlichen (Kinder- und Jugendstärkungsgesetz – KJSG). Drucksache 19/26107 vom 25. 01. 2021.

DGSF – Deutsche Gesellschaft für Systemische Therapie, Beratung und Familientherapie (2017): Kritische Stellungnahme zu den beabsichtigten gesetzlichen Änderungen im SGB VIII für Kinder in Pflegefamilien und Heimen vom 4. Mai 2017. www.dgsf.org/themen/stellungnahmen-1/kinder-in-pflegefamilien (Abfrage: 30. 01. 2021).

Jestaedt, Matthias (2011): Das Kinder- und Jugendhilferecht und das Verfassungsrecht. In: Münder, Johannes/Wiesner, Reinhard/Meysen, Thomas (Hrsg.): Kinder- und Jugendhilferecht. Baden-Baden: Nomos, S. 101–128.

Jestaedt, Matthias/Reimer, Franz (2018): Art. 6 Abs. 2 und 3 GG. Sonderdruck aus Bonner Kommentar Grundgesetz. Heidelberg: C. F. Mueller.

Küfner, Marion (2010): Betont das deutsche Recht die Elternrechte zu sehr? In: Kindler, Heinz/Helming, Elisabeth/Meysen, Thomas/Jurczyk, Karin (Hrsg.): Handbuch Pflegekinderhilfe. München: Grafik + Druck GmbH, S. 852–871.

Margaretenstift (2020): Caritas Jugendhilfe Margaretenstift in Saarbrücken. Integrative Familienhilfe (IF). www.margaretenstift.de/data/file/default/6/56521_60a9001c0ee36a790e461642fd5341ca.pdf (Abfrage: 26. 1. 2021).

Merchel, Joachim (2018): Befristete Hilfe oder Hilfe auf Dauer. Sozialarbeiter als Architekten von Lebensläufen. In: Zentralblatt für Jugendrecht 1996, S. 218.

Nationales Zentrum Frühe Hilfen (2014): Leitbild Frühe Hilfen. Köln.

Schmid-Obkirchner, Heike (2015): SGB VIII § 37 Rn. 29. In: Wiesner, Reinhard (Hrsg.): SGB VIII Kinder- und Jugendhilfe. 5. Auflage. München: Beck.

Verfassungsrechtliche Gedanken zur aktuellen Kinderschutzdebatte in Hamburg. In: Forum Kinder- und Jugendarbeit, 31 (1), S. 41–45.

Wapler, Friederike (2015): Kinderrechte, Elternrechte und die Verantwortung des Staates. In: Forum für Kinder- und Jugendarbeit, 1, S. 41–45.

Wolf, Klaus (2014): Zum konstruktiven Umgang mit divergierenden Interessen: sozialpädagogische Kategorien für Weichenstellungen in der Pflegekinderhilfe. In: Zeitschrift für Sozialpädagogik, 12 (4), S. 340–360.

Rechtsansprüche bei Erzieherischen Hilfen nach dem SGB VIII

Reinhard Joachim Wabnitz

Einleitende Anmerkungen

Der folgende Beitrag behandelt ein auch für die Bereiche Hilfe zur Erziehung, verwandte Leistungen, Förderung der Erziehung in der Familie sowie Wahrnehmung von sogenannten „Anderen Aufgaben" nach dem Achten Buch Sozialgesetzbuch (SGB VIII) sehr wichtiges Thema: nämlich das des Bestehens oder Nicht-Bestehens von Rechtsansprüchen von Eltern und jungen Menschen. Ausgeklammert werden Rechtsansprüche von Institutionen und Rechtsträgern. Im Folgenden zitierte Paragrafen sind solche des geltenden SGB VIII, soweit es sich nicht um andere Gesetze handelt.

1 Objektive Rechtsverpflichtungen und subjektive Rechtsansprüche nach dem SGB VIII

Objektive Rechtsverpflichtungen stellen gleichsam staatsinterne Verpflichtungen („Perspektive des Staates") dar – zumeist der Träger der öffentlichen Jugendhilfe, die jedoch von Seiten des Bürgers grundsätzlich nicht eingeklagt werden können. Demgegenüber kann der Bürger subjektive Rechtsansprüche, etwa auf eine Leistung nach dem SGB VIII, einklagen („Perspektive des Bürgers") und damit ggf. vor den Verwaltungsgerichten gegenüber den Trägern der öffentlichen Jugendhilfe durchsetzen (Münder/Meysen/Trenczek 2019: VorKap 2, Rz. 4 ff., 7 ff.; Schellhorn et al. 2017: Einführung, Rz. 42 ff.; Wiesner 2015: Vor §§ 11 ff., Rz. 6 ff.). Dies entspricht der Legaldefinition des „Anspruchs" in § 194 Abs. 1 BGB als „Recht, von einem anderen ein Tun oder Unterlassen zu verlangen".

In Gesetzen ist zumeist in diesem Sinne von „Anspruch" die Rede. „Rechtsanspruch" meint dasselbe und ist in der Kinder- und Jugendhilfe der wohl überwiegend verwendete Begriff. Dort, wo Rechtsansprüche bestehen, richten sich die Träger der öffentlichen Jugendhilfe in der Regel darauf ein und schaffen die erforderlichen finanziellen und infrastrukturellen Voraussetzungen dafür, dass entsprechende Leistungen erbracht werden (können), etwa im Bereich der Tageseinrichtungen für Kinder und der Kindertagespflege oder der Hilfe zur Erziehung.

Dort jedoch, wo lediglich objektive Rechtsverpflichtungen bestehen, etwa im Bereich der (Kinder- und) Jugendarbeit, der Jugendsozialarbeit, des Erzieherischen Kinder- und Jugendschutzes oder teilweise der Familienförderung, stagnieren demgegenüber Angebote, sind prozentual, bezogen auf die Gesamtausgaben der Kinder- und Jugendhilfe, sogar rückläufig oder jedenfalls vielfach nicht ausreichend. Deshalb ist es für Kinder, Jugendliche, junge Volljährige und deren Eltern vorzugswürdig, wenn Rechtsnormen des SGB VIII (einklagbare) Rechtsansprüche beinhalten. In diesem Beitrag wird untersucht, mit Blick auf welche Leistungen und andere Aufgaben Rechtsansprüche von Eltern und jungen Menschen bestehen oder nicht bestehen – oder wo dies strittig ist.

1.1 Objektive Rechtsverpflichtungen

Welche Arten von objektiven Rechtsverpflichtungen (der Träger der öffentlichen Jugendhilfe) und von subjektiven Rechtsansprüchen (von Bürgern und Trägern der freien Jugendhilfe) gibt es? Es gibt einerseits *objektive Rechtsverpflichtungen* der Träger der öffentlichen Jugendhilfe („Perspektive des Staates") in Form von

- *Mussbestimmungen* („muss", „hat", „ist", „sind"): z. B. „ist" gemäß § 39 Abs. 1 Satz 1 bei Hilfe zur Erziehung „auch der notwendige Unterhalt des Kindes oder Jugendlichen außerhalb des Elternhauses sicherzustellen"; oder
- *Sollbestimmungen* („soll/sollen" = in der Regel „muss"): z. B. „sollen" gemäß § 19 Abs. 1 Satz 1 bei Vorliegen der gesetzlichen Voraussetzungen Mütter oder Väter mit dem Kind in einer geeigneten Wohnform betreut werden; oder
- *Kannbestimmungen* („kann/können"= Ermessen): z. B. „können" gemäß § 21 Satz 2 in geeigneten Fällen die Kosten der notwendigen Unterbringung zur Erfüllung der Schulpflicht übernommen werden.

1.2 Rechtsansprüche

Und es gibt andererseits subjektive, einklagbare *Rechtsansprüche* von jungen Menschen/Personensorgeberechtigten („Perspektive des Bürgers") in Form von

- *unbedingten Rechtsansprüchen*: z. B. hat gemäß § 27 Abs. 1 der Personensorgeberechtigte bei Vorliegen der gesetzlichen Voraussetzungen „Anspruch auf Hilfe (Hilfe zur Erziehung)"; die geeigneten und erforderlichen Leistungen sind hier „ohne Wenn und Aber" zu erbringen; oder

- *Regel-Rechtsansprüchen:* z. B. nach § 19 Abs. 1 Satz 1: bei Vorliegen der gesetzlichen Voraussetzungen „sollen" Mütter und Väter in einer geeigneten Wohnform betreut werden; Regel-Rechtsansprüche korrespondieren mit den Sollbestimmungen auf der objektiv-rechtlichen Seite, bestehen also in der Regel, aber nicht ausnahmslos; oder
- *Rechtsansprüchen auf ermessensfehlerfreie Entscheidung* über „Kann"-Leistungen: z. B. gemäß § 21 Satz 3; hier „kann" die Leistung auch über das
  - schulpflichtige Alter hinaus gewährt werden;
  - über die Leistungsgewährung entscheidet der örtliche Träger der öffentlichen Jugendhilfe dabei nach seinem Ermessen;
  - bietet er allerdings entsprechende Leistungen an, muss er willkürfrei über deren Vergabe entscheiden. Insoweit besteht hier ein Anspruch auf pflichtgemäße Ausübung des Ermessens gemäß § 39 Abs. 1 Satz 2 SGB I.

Rechtsansprüche nach dem SGB VIII ergeben sich (dazu ausführlicher Wabnitz 2020: Kap. 3.2; Wabnitz 2005: 119 ff.; vgl. auch Luthe in jurisPK-SGB VIII 2014/2018: § 2, Rz. 23 ff.):

- entweder *explizit* aus dem Text der jeweiligen Norm des SGB VIII („hat/haben *Anspruch*")
- oder ggf. aufgrund einer *Interpretation* (Auslegung) der jeweiligen Norm nach den in der Rechtswissenschaft üblichen Auslegungsmethoden (nach Wortlaut, Entstehungsgeschichte, Ziel/Zweck und/oder Systematik der Norm) sowie unter Beachtung der Grundrechte und Wertentscheidungen des Grundgesetzes.

2 Explizite Rechtsansprüche nach dem SGB VIII („Anspruch")

Explizite Rechtsansprüche („Anspruch") sind in einer Reihe von Einzelnormen des SGB VIII enthalten. Mit dem Inkrafttreten des KJHG/SGB VIII 1990/1991 gab (und gibt) es die folgenden zehn expliziten (Rechts-)Ansprüche: gemäß § 18 Abs. 1, § 18 Abs. 2, § 18 Abs. 3, § 18 Abs. 4, § 21 Abs. 1 Satz 1, § 23 Abs. 2 Satz 2, § 27 Abs. 1, § 37 Abs. 2 Satz 1, § 53 Abs. 2 sowie § 75 Abs. 2. Weitere zehn explizite Ansprüche sind seit 1993 hingekommen, und zwar (in zeitlicher Reihenfolge); gemäß § 35a, § 24 (Abs. 1) Satz 1 – jetzt: § 24 Abs. 3 Satz 1, § 17 Abs. 1, § 18 Abs. 3 Satz 1, § 6 Abs. 1 Satz 3, § 23 Abs. 2 Abs. 4 Satz 1, § 8 Abs. 3, § 8b Abs. 1 und 2 und § 24 Abs. 2.

Aufgrund des KJSG sind vier weitere explizite Ansprüche hinzugekommen:

- § 10b Abs. 1 Satz 1 (Verfahrenslotse – Inkrafttreten ab 2024)
- § 20 Abs. 1 (Betreuung und Versorgung des Kindes in Notsituationen)

- § 37 Abs. 1 (Beratung und Unterstützung der Eltern, Zusammenarbeit bei Hilfen außerhalb der eigenen Familie)
- § 37a Satz 1 (Beratung und Unterstützung der Pflegeperson).

Für die Zeit ab dem Jahr 2026 wird in § 23 Abs. 4 schrittweise ein Anspruch von Kindern im Grundschulalter auf Betreuung verankert.

3 Rechtsansprüche aufgrund einer Interpretation einer (rein) objektiv-rechtlich formulierten Norm des SGB VIII

Nicht selten kann über die genannten, bisher vierundzwanzig im SGB VIII verankerten expliziten Ansprüche hinaus eine Interpretation (Auslegung) von Normen des SGB VIII ergeben, dass mit einer objektiven Rechtsverpflichtung auch dann ein subjektiver Rechtsanspruch korrespondiert, wenn dies nicht ausdrücklich im Gesetzestext zum Ausdruck gebracht worden ist (dazu eingehend Wabnitz 2005: insbesondere S. 106 ff. sowie Wabnitz 2020: Kap. 3.2).

Ein Rechtsanspruch aufgrund einer Interpretation einer Norm des SGB VIII besteht dann, wenn die folgenden *vier Voraussetzungen* erfüllt sind (Wabnitz a.a.O.; andere Autorinnen und Autoren gelangen hier zu ganz ähnlichen Ergebnissen und Begründungen (vgl. nur: Münder/Meysen/Trenczek 2019: Vor-Kap. 2, Rz. 6 bis 8):

- Die jeweilige Norm muss eine *objektive Rechtsverpflichtung* eines Trägers der öffentlichen Jugendhilfe enthalten. (Dies ist bei über 200 Vorschriften des SGB VIII der Fall; nicht z.B. jedoch bei reinen Definitionen wie in den §§ 2 oder 7).
- Der Tatbestand dieser Norm muss *hinreichend präzise bestimmt* sein (wie z.B. bei § 20 oder § 42 Abs. 1 Satz 1, nicht jedoch bei § 11 Abs. 1 oder § 16 Abs. 1 und 3).
- Die Norm soll nicht nur öffentlichen Interessen, sondern zumindest auch den *Interessen* von jungen Menschen und/oder Personensorgeberechtigten zu dienen bestimmt sein. (Dies dürfte zumeist der Fall sein, nicht jedoch etwa bei den §§ 79 oder 80).
- Die Normadressaten müssen schließlich *individualisierbar* oder zumindest als „kleine Gruppe abgrenzbar" sein (z.B. bei § 41). Die jeweilige Norm darf sich also z.B. nicht (nur) an „junge Menschen" richten (wie in § 11 Abs. 1).

Diese vier Voraussetzungen sind häufig erfüllt. Das quantitative Gesamtergebnis meiner Untersuchung aus dem Jahre 2005 ist – gemessen am Wortlaut der zahlreichen Einzelbestimmungen des SGB VIII – geradezu verblüffend: danach korrespondierten (bereits bis zum Jahre 2004) m.E. mit etwa der Hälfte aller objektiv-rechtlichen Verpflichtungen der Träger der öffentlichen (Kinder- und) Jugendhilfe auch subjektive Rechtsansprüche aufgrund einer *Interpretation (Auslegung)* der jeweiligen Muss-, Soll- oder Kann-Bestimmungen, und zwar in Form von

- unbedingten Rechtsansprüchen,
- solchen dem Grunde nach,
- Regel-Rechtsansprüchen in Korrespondenz zu Soll-Vorschriften (gleich „Regel-Muss") sowie von
- Rechtsansprüchen auf ermessensfehlerfreie Entscheidung (bei Kann-Bestimmungen).

Dabei war und ist manches umstritten, vieles aber auch unstreitig.

4   Recht auf Erziehung (§ 1)

Der erste Satz des Gesetzestextes des SGB VIII lautet: „Jeder junge Mensch hat ein Recht auf Förderung seiner Entwicklung und auf Erziehung zu einer eigenverantwortlichen und gemeinschaftsfähigen Persönlichkeit" (§ 1 Abs. 1). Beinhaltet dieser Satz auch einen einklagbaren Rechtsanspruch eines jeden jungen Menschen? Dies wird fast durchgängig verneint (a.A. wohl nur Fieseler in Wabnitz, GK-SGB VIII, Stand 2016: § 1 Rz. 5ff. sowie in Möller 2020: § 1 Rz. 1, 2).

Denn man kann m.E. bereits bestreiten, dass dieser Satz eine objektiv-rechtliche Verpflichtung (von wem auch?) enthält. In jedem Fall fehlt § 1 Abs. 1 jegliche juristisch zu fordernde Konkretheit, die ein Rechtssatz haben muss, um aus ihm einen materiell und prozessual praktikablen Anspruch herleiten zu können. Die Vorschrift beschreibt das genannte „Recht" jedes jungen Menschen nur ganz allgemein, ohne dass sich daraus konkrete Handlungspflichten ableiten lassen. Damit fehlen der Norm bereits in hinreichendem Umfang anspruchsbegründende Tatbestandsvoraussetzungen.

5   Rechtsansprüche im Bereich der Förderung der Erziehung in der Familie

5.1   Allgemeine Förderung der Erziehung in der Familie (§ 16)

Gemäß § 16 Abs. 1 Satz 1 sollen „Müttern, Vätern, anderen Erziehungsberechtigten und jungen Menschen Leistungen der allgemeinen Förderung der Erziehung in der Familie angeboten werden", ergänzt um stichwortartige Umschreibungen der Familienbildung, -beratung und -erholung gemäß Abs. 2. Gemäß § 16 Abs. 3 sollen „Müttern und Vätern sowie schwangeren Frauen und werdenden Vätern Beratung und Hilfe in Fragen der Partnerschaft und des Aufbaus elterlicher Erziehung- und Beziehungskompetenzen angeboten werden". Explizite Ansprüche enthalten diese Normtexte nicht. Korrespondieren mit Ihnen Rechtsansprüche aufgrund einer Interpretation der genannten Vorschriften?

Dies wird – soweit ersichtlich – durchweg verneint (z. B. von Wabnitz 2005: 157 f.; Krug/Riele 2011: § 16 II.; Kunkel/Pattar in Kunkel/Kepert/Pattar 2018: § 16 Rz. 43, 18). Zwar enthalten die genannten Vorschriften „Soll"-Verpflichtungen der Träger der öffentlichen Jugendhilfe, und die Normen dienen erkennbar den Interessen der angesprochenen Adressatenkreise. Diese sind jedoch weder individualisierbar noch enthalten die genannten Normen Tatbestandsvoraussetzungen und Rechtsfolgen mit Blick auf konkrete Leistungen.

5.2 Beratung und Unterstützung (§§ 17, 18)

§ 17 beinhaltet einen expliziten „Anspruch" auf Beratung in Fragen der Partnerschaft, Trennung und Scheidung. Und in § 18 sind sogar fünf explizite Ansprüche auf Beratung und Unterstützung bei der Erlangung und Ausübung der Personensorge und des Umgangsrechts sowie bei der Geltendmachung von Unterhaltsansprüchen etc. enthalten.

5.3 Gemeinsame Wohnformen für Mütter/Väter und Kinder (§ 19)

Gemäß § 19 Abs. 1 Satz 1 „sollen" Mütter oder Väter, die allein für ein Kind unter sechs Jahren zu sorgen haben oder tatsächlich sorgen, bei Vorliegen der weiteren gesetzlichen Voraussetzungen gemeinsam mit dem Kind in einer geeigneten Wohnform betreut worden. Ob hier auch ein subjektiver (Regel-) Rechtsanspruch aufgrund einer Interpretation dieser Rechtsnorm besteht, ist strittig (bejahend Wabnitz 2005: 164 f.; jurisPK-SGB VIII/Sünderhauf 2014/ 2018: § 19 Rz. 41; Krug/Riele 2011: § 1 II.2.1; Kunkel/Kepert in Kunkel/Kepert 2018: § 19 Rz. 7, 18; Möller in Möller 2020: § 19 Rz. 5; Schleicher in Wabnitz/ Fieseler/Schleicher 2015: § 19 Rz. 27; Fischer in Schellhorn et al. 2017: § 19 Rz. 13; ablehnend Jans et al. 2006: § 19 Rz. 6: nur: „gebundenes Ermessen"; Struck in Münder/Meysen/Trenczek 2019: § 19 Rz. 1: nur „Soll-Leistung").

§ 19 Abs. 1 Satz 1 beinhaltet eine klare objektiv-rechtliche Verpflichtung („soll"). Der Tatbestand von § 19 Abs. 1 Satz 1 enthält zwar (wie auch andere Regelungen im SGB VIII) unbestimmte Rechtsbegriffe („wenn und solange sie aufgrund ihrer Persönlichkeitsentwicklung dieser Form der Unterstützung bei der Pflege und Erziehung des Kindes bedürfen"). Diese unbestimmten Rechtsbegriffe sind jedoch im konkreten Anwendungsfall hinreichend konkretisierbar. Die genannte Norm ist deshalb m. E. als tatbestandlich hinreichend präzise formuliert anzusehen. § 19 Abs. 1 Satz 1 dient zudem nicht nur öffentlichen Interessen, sondern erkennbar gerade denen von Alleinerziehenden und ihren Kindern. Und die Adressaten der genannten Norm sind auch unproblematisch individualisierbar (hier: die jeweilige Mutter/der jeweilige Vater mit ihrem Kind nach dessen Geburt). Meines Erachtens korrespondiert deshalb mit § 19 Abs. 1 Satz 1 ein Regel-Rechtsanspruch.

5.4 Betreuung und Versorgung des Kindes in Notsituationen (§ 20)

Seit Inkrafttreten des KJSG haben Eltern gemäß § 20 Abs. 1 einen expliziten „Anspruch" auf Unterstützung bei der Betreuung und Versorgung des im Haushalt lebenden Kindes, wenn die (zahlreichen) im Gesetz statuierten Voraussetzungen erfüllt sind. Damit ist die Streitfrage, ob mit der früheren Soll-Bestimmung ein Rechtsanspruch aufgrund einer Interpretation der Norm korrespondierte, obsolet geworden.

5.5 Unterstützung bei notwendiger Unterbringung zur Erfüllung der Schulpflicht (§ 21)

In § 21 hat der Gesetzgeber klare Regelungen getroffen: expliziter „Anspruch" auf Beratung und Unterstützung bei notwendiger Unterbringung zur Erfüllung der Schulpflicht (Satz 1); und „Kann"-Leistungen nach den Sätzen 2 und 3 betreffend die Übernahme von Kosten der Unterbringung etc. und die Gewährung von Leistungen ggf. auch über das schulpflichtige Alter hinaus. Darüber entscheidet der örtliche Träger der öffentlichen Jugendhilfe nach Ermessen; insoweit besteht nur ein Anspruch auf pflichtgemäße Ausübung des Ermessens gemäß § 39 Abs. 1 Satz 2 SGB I.

6 Rechtsansprüche bei Hilfe zur Erziehung und bei sogenannten „verwandten Leistungen"

6.1 Hilfe zur Erziehung (§§ 27 bis 35)

§ 27 Abs. 1 ist die Grundnorm für alle Hilfen zur Erziehung und zugleich Voraussetzung für alle Varianten der Hilfeerbringung, insbesondere nach den §§ 28 bis 35. Danach hat ein(e) Personensorgeberechtigte(r) unter den im Gesetz bezeichneten Voraussetzungen, insbesondere bei Vorliegen oder Drohen eines sogenannten Erziehungsdefizits bei einem individuellen Kind oder Jugendlichen, einen expliziten „Anspruch auf Hilfe (Hilfe zur Erziehung)".

Gemäß § 27 Abs. 1 SGB VIII in dieser seit 1990/1991 geltenden Fassung ist also der Rechtsanspruch auf Hilfe zur Erziehung allein den *Personensorge-berechtigten* zugeordnet worden, weil nur diese Inhaber des Elternrechts nach Art. 6 Abs. 2 Satz 1 GG und die nach §§ 1626ff. BGB Personensorgeberechtig-ten sind (so bereits die Gesetzesbegründung zum KJHG/SGB VIII – Bundes-tags-Drucksache 11/5948, Einzelbegründung zum damaligen § 26 Abs. 1 SGB VIII; ebenso u.a. Jans et al. 2006: § 27 Rz. 26; Schmid-Obkirchner in Wiesner 2015: § 27 Rz. 3–5). Neben anderen Autorinnen und Autoren (z.B. Münder in RdJB 2000: 123, 125ff.; Marquard in NDV 2005: 352, 357; Stähr in Hauck/ Stähr, zitiert nach Stand 1995: § 27 Rz. 16; kritisch auch Tammen/Trenczek in Münder/Meysen/Trenczek 2019: § 27 Rz. 7) spreche ich mich demgegenüber seit vielen Jahren dafür aus (Wabnitz 2005: 195 f.; Wabnitz 2015: 399–401), den Rechtsanspruch den Kindern oder Jugendlichen selbst zuzuordnen. Diese müssten natürlich nach den §§ 1626ff. BGB durch die personensorgeberechtig-ten Eltern vertreten werden, sodass diesen im Ergebnis keine Rechte verwehrt oder genommen würden. Aber die gesetzgeberische Entscheidung ist eindeutig: „Anspruch des (der) Personensorgeberechtigten".

Gemäß § 27 Abs. 2 Satz 1 wird Hilfe zur Erziehung „insbesondere nach Maßgabe der §§ 28 bis 35 gewährt". Bei all diesen gesetzlich umschriebenen Re-geltypen der Hilfe zur Erziehung – von Erziehungsberatung (§ 28) bis zur voll-stationären Heimerziehung (§ 34), auch bei den sogenannten „unbenannten Hilfearten" – ist jedoch immer Voraussetzung, dass gemäß § 27 Abs. 1 ein Er-ziehungsdefizit bei einem einzelnen Kind oder Jugendlichen besteht (oder kon-kret droht) und dass die dann jeweils ausgewählte Hilfeart „geeignet und not-wendig" ist. Ist dies der Fall, so hat die/der Personensorgeberechtigte einen Anspruch auf Hilfe zur Erziehung gemäß § 27 Abs. 1 i.V.m. z.B. § 28 oder § 34 usw. (vgl. Wabnitz 2020: Kap. 7.1).

6.2   Eingliederungshilfe für seelisch behinderte Kinder und Jugendliche (§ 35a)

Gemäß § 35a Abs. 1 Satz 1 haben seelisch behinderte Kinder und Jugendliche (hier: selbst!) bei Vorliegen der dort bezeichneten Voraussetzungen einen ex-pliziten „Anspruch" auf Eingliederungshilfe.

6.3   Hilfe für junge Volljährige

Gemäß § 41 Abs. 1 Satz 1 in der Fassung des KJSG „erhalten" junge Volljährige „geeignete und notwendige Hilfe nach diesem Abschnitt, wenn und solange ihre Persönlichkeitsentwicklung eine selbstbestimmte, eigenverantwortliche und selbständige Lebensführung nicht gewährleistet".

Korrespondiert mit dieser objektiv-rechtlichen Muss-Verpflichtung des zuständigen Trägers der öffentlichen Jugendhilfe auch ein Rechtsanspruch eines jungen Volljährigen aufgrund einer Interpretation der genannten Norm? Dies wurde – soweit ersichtlich – bereits zur früheren „Soll"-Fassung der Norm von allen Verwaltungsgerichten und Autorinnen und Autoren m.E. zutreffend bejaht. Nunmehr handelt es sich „erst recht" um eine hinreichend präzise gefasste Vorschrift, die auch dem Interesse der unschwer individualisierbaren jungen Volljährigen dient.

6.4   Leistungen zum Unterhalt des Kindes oder Jugendlichen und Krankenhilfe

„Wird Hilfe nach den §§ 32 bis 35 oder nach § 35a Abs. 2 Nr. 2 bis 4 gewährt, so ist auch der notwendige Unterhalt des Kindes oder Jugendlichen außerhalb des Elternhauses sicherzustellen" (SGB VIII §§ 39 Abs. 1, 40). Mit dieser objektiv-rechtlich formulierten Muss-Bestimmung korrespondiert (nach offenbar ebenfalls einhelliger Auffassung) auch ein Rechtsanspruch aufgrund einer Interpretation der Vorschrift. Denn diese ist zwar knapp, aber denkbar präzise formuliert und dient den Interessen der betroffenen Kinder, Jugendlichen und Eltern, die wiederum unschwer individualisierbar sind.

Strittig ist hier nur, ob der Anspruch den Eltern zuzuordnen ist – als „Annexleistung" zum Anspruch der Eltern gemäß § 27 Abs. 1 auf Hilfe zur Erziehung (so die ganz überwiegende Meinung, z.B. Nix in Möller 2020: § 39 Rz. 2; auch BVerwG FEVS 47: 433, 435; FamRZ 1997: 814) – oder dem Kind oder Jugendlichen selbst, vertreten durch die/den Personensorgeberechtigte(n), da es hier m.E. nicht um Erziehung geht, sondern um den notwendigen Unterhalt, also im Wesentlichen um finanzielle Leistungen (Wabnitz 2005: 212–214, Wabnitz 2020: Kap. 9.1.1; im Anschluss daran auch Krug/Riehle: § 39 Erl. IV). Entsprechendes zum Rechtsanspruch gilt auch mit Blick auf § 40 (Krankenhilfe).

7 Rechtsansprüche im Bereich der Verfahrensvorschriften

7.1 Mitwirkung, Hilfeplanung

§ 36 Abs. 1 Satz 1 lautet aufgrund der Neufassung durch das KJSG: „Der Personensorgeberechtigte und das Kind oder der Jugendliche sind vor der Entscheidung über die Inanspruchnahme einer Hilfe und vor einer notwendigen Änderung von Art und Umfang der Hilfe zu beraten und auf die möglichen Folgen für die Entwicklung des Kindes oder des Jugendlichen hinzuweisen."

Auch mit Verfahrensvorschriften können sowohl explizite Ansprüche (etwa der Pflegeperson auf Beratung und Unterstützung nach § 37a Satz 2) als auch solche aufgrund einer Interpretation der jeweiligen, objektiv-rechtlich formulierten Normen verbunden sein. Dies war nach ganz überwiegender Meinung bereits mit Blick auf § 36 Abs. 1 Sätze 1 bis 4 früherer Fassung der Fall (siehe z.B. Wabnitz 2005: 208ff.; Krug/Riehle 2013: § 36 II.1. Kunkel/Kepert in Kunkel/Kepert/Pattar 2018: § 36 Rz. 8, 26; a.A. Fischer in Schellhorn et al. 2017: § 36 Rz. 8); und gilt auch mit Blick auf § 36 Abs. 1 Satz 1 in der Fassung des KJSG. Denn das Jugendamt wird verpflichtet, in der genannten Weise vorzugehen. Die entsprechende Norm ist präzise formuliert und dient dem Interesse der betroffenen, unschwer zu individualisierenden jungen Menschen und Personensorgeberechtigten.

Fraglich ist allerdings, ob dies auch mit Blick auf die weiteren Verfahrensvorschriften nach § 36 Abs. 2 bis 5 sowie § 37c gilt. Zum Hilfeplan, dem zentralen jugendamtsinternen Steuerungsinstrument, hieß es in der Begründung zum damaligen Gesetzentwurf der Bundesregierung (Bundestags-Drucksache 11/5948, Einzelbegründung zu § 36 Abs. 2): „Der Hilfeplan dient in erster Linie als Instrument der Selbstkontrolle für das verantwortliche Jugendamt sowie als Koordinierungsinstrument zwischen dem Jugendamt und dem Träger der Einrichtung, der im Einzelfall tätig wird. Darüber hinaus bezieht er Vorstellungen, Annahmen und Erwartungen der Familien und Institutionen mit ein und macht diese transparent".

Von daher haben § 36 Abs. 2 bis 5 sowie § 37c primär jugendamtsinterne Aufgaben und Funktionen und bestehen insoweit im öffentlichen Interesse, nicht jedoch auch im subjektiven Interesse von Kindern/Jugendlichen oder Personensorgeberechtigten. Rechtsansprüche korrespondieren damit nicht (Wabnitz 2005: 210; Krug/Riehle 2016: § 36a III.1.; im Ergebnis so auch z.B.: Schönecker/Meysen in Münder/Meysen/Trenczek 2019: § 36 Rz. 34; Fischer in Schellhorn et al. 2017: § 37 Rz. 4; OVG Niedersachsen JAmt 2012: 271).

7.2   Zusammenarbeit und Rechte von Kindern und Jugendlichen

Es bestehen explizite Ansprüche gemäß § 37 Abs. 1 Satz 1 (Beratung und Unterstützung der Eltern, Zusammenarbeit bei Hilfen außerhalb der eigenen Familie) sowie § 37a Satz 1 (Beratung und Unterstützung der Pflegeperson).

§ 37 enthält (wie die Fassung vor Inkrafttreten des KJSG) weitere wichtige objektiv-rechtliche Verpflichtungen des Jugendamts, durch Beratung und Unterstützung die Erziehungsbedingungen in der leiblichen Familie zu verbessern und darauf hinzuwirken, dass die Beziehung des Kindes oder Jugendlichen zur Herkunftsfamilie gefördert wird (Abs. 1 Sätze 2 und 3). Nach der Begründung zum Regierungsentwurf zum KJHG/SGB VIII 1989 (a.a.O., Einzelbegründung zu § 37) versuche § 37, „den Fachkräften freier Träger und des Jugendamtes für die Situation der Fremdplatzierung Orientierungshilfen vorzugeben, die den verfassungsrechtlichen und personensorgerechtlichen Rahmenbedingungen entsprechen, der Komplexität und Spezialität des Einzelfalls jedoch genügend Rechnung tragen".

Zu § 37 in der weitgehend gleichlautenden früheren Fassung vor Inkrafttreten des KJSG wurde deshalb überwiegend die Auffassung vertreten, dass die objektiv-rechtlichen Verpflichtungen nach § 37 nur öffentlichen Interessen und nicht den Interessen von Kindern/Jugendlichen oder Personensorgeberechtigten dienten, sodass damit keine subjektiven Rechtsansprüche aufgrund einer Interpretation dieser Normen korrespondierten (Wabnitz 2005: 210; Stähr in Hauck/Stähr, zitiert nach Stand 1995: § 37 Rz. 17; anders akzentuiert Schönecker/Meysen in Münder/Meysen/Trenczek 2019: § 37 Rz. 16, die zwar einen Anspruch auf Beratung bejahen, der jedoch „dann wohl durch Hilfeansprüche nach § 27 ff. verdrängt" werde). Nunmehr besteht der genannte explizite Anspruch nach § 37 Abs. 1 Satz 1, in dessen Rahmen dann auch die Zielsetzungen und Aufgaben nach den folgenden Sätzen und Absätzen der Vorschrift zu berücksichtigen sind.

Etwas anderes muss meines Erachtens mit Blick auf die neuen Vorschriften nach § 37b (Sicherung der Rechte von Kindern und Jugendlichen in Familienpflege) gelten. Danach stellt das Jugendamt sicher, dass während der Dauer des Pflegeverhältnisses ein nach Maßgabe fachlicher Handlungsleitlinien gemäß § 79a Satz 2 entwickeltes Konzept zur Sicherung der Rechte des Kindes oder des Jugendlichen und zum Schutz vor Gewalt angewandt wird (Abs. 1) und dass das Kind oder der Jugendliche während der Dauer des Pflegeverhältnisses Möglichkeiten der Beschwerde in persönlichen Angelegenheiten hat; das Jugendamt informiert das Kind oder den Jugendlichen darüber (Abs. 2).

Diese Verpflichtungen des Jugendamts mit Blick auf Rechte von Kindern und Jugendlichen (wie die von Pflegepersonen) werden vom Anspruch der Eltern nach § 37 Abs. 1 Satz 1 (Beratung und Unterstützung der Eltern, Zusammenarbeit bei Hilfen außerhalb der eigenen Familie) nicht umfasst, sondern

sind rein objektiv-rechtlich formuliert; und zwar denkbar präzise und mit er-
kennbarer Schutzwirkung mit Blick auf die eindeutig individualisierbaren Kinder und Jugendlichen (und Pflegepersonen). Von daher korrespondiert damit
meines Erachtens ein Rechtsanspruch aufgrund einer Interpretation dieser
Vorschriften.

7.3   Steuerungsverantwortung, Selbstbeschaffung

Wie verhält es sich mit Blick auf den im Jahre 2005 (dazu Wabnitz 2015: 146) in
das SGB VIII eingefügten § 36a (Steuerungsverantwortung, Selbstbeschreibung),
wonach der Träger der öffentlichen Jugendhilfe nur unter besonderen Voraussetzungen die Kosten der Hilfe trägt, die von anderer Seite initiiert worden sind?
§ 36a Abs. 1 und 2 dienen allein öffentlichen Interessen bei der Wahrnehmung
der Steuerungsverantwortung durch den Träger der öffentlichen Jugendhilfe.

Gemäß § 36a Abs. 3 Satz 1 Nrn. 1 bis 3 ist der Träger der öffentlichen Jugendhilfe allerdings gegenüber dem Leistungsberechtigten zur Übernahme der
erforderlichen Aufwendungen betreffend die von ihm „selbst beschafften" Hilfen (ausnahmsweise) verpflichtet, wenn die im Gesetz exakt bezeichneten Voraussetzungen erfüllt sind. Daraus ist zu folgern, dass mit dieser sehr präzise
formulierten objektiv-rechtlichen Verpflichtung, die im Interesse der unschwer
zu individualisierenden Leistungsberechtigten geschaffen worden ist, unter den
genannten engen Voraussetzungen auch ein Rechtsanspruch auf Kostenüber-
nahme aufgrund einer Interpretation von § 36a Abs. 3 Satz 1 anzunehmen ist;
dies ist offenbar einhellige Auffassung (z.B. von Möller in Möller 2020: § 36a
Rz. 29; Schönecker/Meysen in Münder/Meysen/Trenczek 2019: § 36a Rz. 55;
Schmid-Obkirchner in Wiesner 2015: § 36a Rz. 47).

8   Rechtsansprüche im Bereich der Anderen Aufgaben

Die Frage „Rechtsanspruch: ja oder nein?" kann sich auch im Bereich der soge-
nannten „Anderen Aufgaben" nach dem Dritten Kapitel des SGB VIII stellen.
Gemäß § 53 Abs. 2 besteht sogar ein expliziter „Anspruch" von Pflegern und
Vormündern auf Beratung und Unterstützung.

8.1 (Vorläufige) Inobhutnahme von Kindern und Jugendlichen (§§ 42, 42 a)

§ 42 Abs. 1 Satz 1 lautet:

> „Das Jugendamt ist berechtigt und verpflichtet, ein Kind oder einen Jugendlichen in seine Obhut zu nehmen, wenn
>
> 1. das Kind oder der Jugendliche um Obhut bittet oder
> 2. eine dringende Gefahr für das Wohl des Kindes oder des Jugendlichen die Inobhutnahme erfordert und […]. Oder
> 3. ein ausländisches Kind oder ein ausländischer Jugendlicher unbegleitet nach Deutschland kommt und sich weder Personensorge- noch Erziehungsberechtigte im Inhalt aufhalten".

Mit diesen knappen, aber sehr präzise formulierten Muss-Verpflichtungen des Jugendamtes, die den Interessen der betroffenen und unschwer zu individualisierenden Kinder und Jugendlichen dienen, korrespondieren subjektive Rechtsansprüche auf Inobhutnahme, wobei dies bei Nr. 2 kaum relevant werden dürfte.

Dasselbe gilt auch mit Blick auf die Verpflichtungen des Jugendamts nach § 42a Abs. 1 betreffend die Vorläufige Inobhutnahme von ausländischen Kindern und Jugendlichen nach unbegleiteter Einreise nach Deutschland.

8.2 Erlaubnis zur Vollzeitpflege (§ 44)

Wer ein Kind oder einen Jugendlichen über Tag und Nacht in seinem Haushalt aufnehmen will (Pflegeperson), bedarf § 44 Abs. 1 Satz 1 – abgesehen von den Ausnahmen nach den Nummern 1. bis 6. – der Erlaubnis, die gemäß Abs. 2 Satz 1 (nur) „zu versagen (ist), wenn das Wohl des Kindes oder des Jugendlichen in der Pflegestelle nicht gewährleistet ist". Im Umkehrschluss ist die Erlaubnis zu erteilen, wenn das Wohl des Kindes oder des Jugendlichen in der Pflegestelle gewährleistet ist; andere Aspekte, etwa solche des Bedarfes, dürfen hier keine Rolle spielen. Und mit dieser objektiv-rechtlichen Verpflichtung korrespondiert nach einhelliger Auffassung auch ein subjektiver Rechtsanspruch auf Erlaubniserteilung, da der Normtext präzise formuliert ist und dem Interesse der unschwer zu individualisierenden Kinder und Jugendlichen zu dienen bestimmt ist.

8.3 Beratung und Belehrung in Verfahren zur Annahme als Kind (§ 51)

Gemäß § 51 Abs. 1 Satz 1 und 2 „hat" das Jugendamt im Verfahren zur Ersetzung der Einwilligung eines Elternteils in die Annahme als Kind nach § 1748 Abs. 2 Satz 1 BGB den Elternteil über die Möglichkeit der Ersetzung der Einwilligung zu belehren und darauf hinzuweisen, dass das Familiengericht die Einwilligung erst nach Ablauf von drei Monaten nach der Belehrung ersetzen darf. Mit dieser sehr präzisen „Muss"-Bestimmung, die selbstverständlich dem Interesse der betroffenen und unschwer individualisierbaren Elternteile dient, korrespondiert auch ein entsprechender Rechtsanspruch aufgrund einer Interpretation der genannten Normen (Wabnitz 2005: 230f.; Müller in Möller 2020: § 51 Rz. 24 zu § 51 Abs. 3). Es kommt hinzu, dass dieses Verfahren auch Voraussetzung dafür ist, dass dem betroffenen Elternteil gegen seinen Willen die Elternschaft entzogen werden kann – als größtmöglicher Eingriff in das Elternrecht nach Art. 6 Abs. 2 Satz 1GG.

8.4 Beratung und Unterstützung bei Vaterschaftsfeststellung und Geltendmachung von Unterhaltsansprüchen (§ 52a)

Gemäß § 52a Abs. 1 „hat" das Jugendamt unverzüglich nach der Geburt eines Kindes, dessen Eltern nicht miteinander verheiratet sind, der Mutter Beratung und Unterstützung insbesondere bei der Vaterschaftsfeststellung und der Geltendmachung von Unterhaltsansprüchen anzubieten. Auch hier liegen alle vier Voraussetzungen für die Annahme eines damit korrespondierenden Rechtsanspruchs aufgrund einer Interpretation der genannten Norm vor (vgl. nur Wabnitz 2005: 232f.; Ivanits in Schellhorn et al. 2017: § 52a Rz. 14). Im Übrigen hätte § 52a auch in Zusammenhang mit § 18 und in Form eines expliziten Anspruchs ausgebracht werden können – oder gar: sollen.

9 Weitere Rechtsansprüche für Eltern und junge Menschen

In diesem Beitrag wurde dargestellt, wo in den Bereichen Hilfe zur Erziehung, verwandte Leistungen, Förderung der Erziehung in der Familie sowie Andere Aufgaben nach dem SGB VIII vor den Verwaltungsgerichten einklagbare – und damit gegenüber den Trägern der öffentlichen Jugendhilfe durchsetzbare – Rechtsansprüche von Eltern, Kindern, Jugendlichen und jungen Volljährigen bestehen – und wo nicht. Im ersten Fall waren und sind Rechtsansprüche „Motoren" für Ausbau und Finanzierung von Infrastrukturen in der Kinder- und Jugendhilfe; im zweiten Fall kommt es leider häufig zu Defiziten bei den entsprechenden Angeboten. Es wäre deshalb zu begrüßen, wenn in Fortführung der aufgezeigten Entwicklungen der vergangenen Jahre weitere explizite Ansprüche Eingang in das SGB VIII fänden, insbesondere in

- § 16 Abs. 1 und 3 (Allgemeine Förderung der Erziehung in der Familie);
- § 19 Abs. 1 Satz 1 (Gemeinsame Wohnformen für Mütter/Väter und Kinder);
- § 41 Abs. 1 (Hilfe für junge Volljährige).

Literatur

Deutscher Bundestag (2013): 14. Kinder- und Jugendbericht (14. KJB). Bericht über die Lebenssituation junger Menschen und die Leistungen der Kinder- und Jugendhilfe in Deutschland, Bundestags-Drucksache 17/12200 vom 30. 01. 2013 sowie Publikation des Bundesministeriums für Familie, Senioren, Frauen und Jugend.

Hauck, Karl/Stähr, Axel (Hrsg.) (zitiert nach Stand 1995): Kinder- und Jugendhilfe. Kommentar, Loseblatt. Berlin: Erich Schmidt.

Jans, Karl-Wilhelm/Happe, Günter/Saurbier, Helmut/Maas, Udo (Hrsg.) (Stände 1998 bis 2020): Kinder- und Jugendhilferecht. Kommentar. 3. Auflage. Loseblatt, Stuttgart: Kohlhammer.

Krug, Heinz/Riehle, Eckart (Hrsg.) (Stände 2010 bis 2021): SGB VIII Kinder- und Jugendhilfe Kommentar und Rechtssammlung. Loseblatt, Köln/Neuwied: Luchterhand.

Kunkel, Peter-Christian/Kepert, Jan/Pattar, Andreas Kurt (Hrsg.) (2018): Sozialgesetzbuch VIII Kinder- und Jugendhilfe. Lehr- und Praxiskommentar (LPK-SGB VIII). 7. Auflage. Baden-Baden: Nomos.

Luthe, Ernst-Wilhelm/Nellissen, Gabriele (Hrsg.) (2014/2018): SGB VIII Sozialgesetzbuch Achtes Buch – Kinder- und Jugendhilfe, juris Praxis Kommentar. Saarbrücken 2014. 2. Auflage, online 2018. Saarbrücken: juris.

Marquard, Peter (2005): TAG, KICK und KEG – Anmerkungen zur Novellierung des KJHG (SGB VIII). In: Nachrichtendienst Deutscher Verein (NDV), 352, 357.

Möller, Winfried (Hrsg.) (2020): Praxiskommentar SGB VIII – Kinder- und Jugendhilfe. 3. Auflage. Köln: Bundesanzeiger.

Münder, Johannes (2000): Zehn Jahre Kinder- und Jugendhilfegesetz: Renovierungs-, Modernisierungs-, Reformbedarf. In: RdJB 2000, 123, 125 ff.

Münder, Johannes/Meysen, Thomas/Trenczek, Thomas (Hrsg.) (2019): Frankfurter Kommentar zum SGB VIII Kinder- und Jugendhilfe (FK-SGB VIII). 8. Auflage. Baden-Baden: Nomos.

Schellhorn, Walter/Fischer, Lothar/Mann, Horst/Schellhorn, Helmut/Kern, Christoph (2017): SGB VIII Kinder- und Jugendhilfe Kommentar. 5. Auflage. Köln/Neuwied: Luchterhand.

Wabnitz, Reinhard Joachim (2005): Rechtsansprüche gegenüber Trägern der öffentlichen Kinder- und Jugendhilfe nach dem Achten Buch Sozialgesetzbuch (SGB VIII), Diss. jur. Berlin: Eigenverlag Arbeitsgemeinschaft für Kinder- und Jugendhilfe (AGJ).

Wabnitz, Reinhard Joachim (2015): 25 Jahre SGB VIII. Die Geschichte des Achten Buches Sozialgesetzbuch von 1990 bis 2015. Berlin: Eigenverlag Arbeitsgemeinschaft für Kinder- und Jugendhilfe (AGJ).

Wabnitz, Reinhard Joachim (2020): Grundkurs Kinder- und Jugendhilferecht für die Soziale Arbeit. 6. Auflage. München: Ernst Reinhardt.

Wabnitz, Reinhard Joachim (Hrsg.) (Stand 2021): GK-SGB VIII Kinder- und Jugendhilferecht. Gemeinschaftskommentar zum SGB VIII. Loseblatt, Köln/Neuwied: Wolters Kluwer/Luchterhand.

Wiesner, Reinhard (Hrsg.) (2015): SGB VIII Kinder- und Jugendhilfe Kommentar. 5. Auflage. München: Beck.

Abkürzungen

a. A.	anderer Auffassung
a. a. O.	am angegebenen Ort

BGB	Bürgerliches Gesetzbuch
BVerfG	Bundesverfassungsgericht
BVerfGE	Amtliche Sammlung der Entscheidungen des BVerfG
BVerwG	Bundesverwaltungsgericht
BVerwGE	Amtliche Sammlung der Entscheidungen des BVerwG
Diss.	Dissertation
et al.	und andere
Erl.	Erläuterungen
FEVS	Fürsorgerechtliche Entscheidungen der Verwaltungs- und Sozialgerichte
f., ff.	folgende, fortfolgende
i. V. m.	in Verbindung mit
JAmt	Das Jugendamt (Zeitschrift)
jurisPK	Juris Praxiskommentar
Kap.	Kapitel
KJHG	Kinder- und Jugendhilfegesetz
KJSG	Kinder- und Jugendstärkungsgesetz
NDV	Nachrichtendienst des Deutschen Vereins für öffentliche und private Fürsorge
RdJB	Recht der Jugend und des Bildungswesens
RefE	Referentenentwurf
SGB	Sozialgesetzbuch
SGB I	Sozialgesetzbuch Erstes Buch – Allgemeiner Teil
SGB VIII	Sozialgesetzbuch Achtes Buch – Kinder- und Jugendhilfe
SGB IX	Sozialgesetzbuch Neuntes Buch – Rehabilitation und Teilhabe von Menschen mit Behinderungen
SGB XII	Sozialgesetzbuch Zwölftes Buch – Sozialhilfe
z. B.	zum Beispiel
ZKJ	Zeitschrift für Kindschaftsrecht und Jugendhilfe

Kapitel IV:
Eltern als Expert*innen

Eltern als Co-Forschende in Qualitätsdialogen

Timo Ackermann/Remi Stork

Einleitung

In diesem Text gehen wir der Frage nach, wie Eltern und andere Nutzer*innen im Kontext der Kinder- und Jugendhilfe zu Co-Forschenden in Qualitätsdialogen werden können und welche Herausforderungen dabei entstehen. Erstens skizzieren wir einige Ausgangspunkte. Zweitens untersuchen wir Idee und Ansatzpunkte von Qualitätsdialogen. Drittens beschreiben wir Herausforderungen in der Gestaltung von Qualitätsdialogen anhand eines aktuellen Projektes, um viertens Ergebnisse aus diesem Kontext vorzustellen. Abschließend gehen wir fünftens auf Kompetenzen von Eltern in Prozessen gemeinsamer Untersuchung ein. Im Fazit plädieren wir dafür, Eltern künftig vermehrt zu beteiligen, um den Gebrauchswert Sozialer Dienstleistungen zu vermehren und Weiterentwicklungen der Qualität in der Kinder- und Jugendhilfe anzuregen.

1 Ausgangspunkte

Das SGB VIII konstruiert die Jugendhilfe normativ als Dienstleistung für Familien. Es gilt mit seiner Leistungs- statt Eingriffsorientierung als eines der demokratischsten Jugendhilfegesetze weltweit. Entsprechend setzen Konzepte der Jugendhilfe auf Koproduktion, Partnerschaftlichkeit und die Gestaltung der Hilfepraxis in Arbeitsbündnissen. Neben dieser normativen Orientierung aber lassen sich empirisch andere Realitäten beobachten. Viele Eltern stellen freiwillig keinen Antrag auf eine Hilfe zur Erziehung – obwohl es ihr gutes Recht wäre. Hilfen werden dann von Fachkräften den Familien nahegelegt; häufig mit mehr oder weniger sanftem Druck und Verweisen auf ansonsten drohende Verfahren auf Einschätzung einer Kindeswohlgefährdung oder Sorgerechtsentzug (vgl. Retkwoski et al. 2011).

Unterm Strich hat das SGB VIII zwar die Rechte der Adressat*innen und Nutzer*innen eindeutig gestärkt, doch häufig drückt sich dies in der Wahrnehmung der Eltern nicht aus – es dominieren Angst, Scham, Ohnmachtsgefühle und Widerstand (vgl. Ackermann/Robin 2018). Um eine partnerschaftliche, demokratische Hilfepraxis und -kultur zu befördern, hat das SGB VIII der Kinder- und Jugendhilfe mehrere wichtige Normen und Instrumente vorgeschrieben – insbesondere das Kernverfahren der Hilfeplanung nach §§ 36 und 37 und die Jugendhilfeplanung nach § 80 SGB VIII. Im Jahr 2012 kam mit der Verpflichtung des öffentlichen Trägers zur kontinuierlichen Qualitätsentwicklung ein weiterer wichtiger Baustein hinzu. Durch das neue KJSG werden nun Beteiligungs- und Beschwerderechte weiter gestärkt, indem die Förderung von Ombudsstellen und Selbsthilfeorganisationen gesetzlich verankert worden sind, so dass zum Beispiel zukünftig eine verbesserte Unterstützung bei der Konfliktbearbeitung erwartet werden kann.

In diesem Aufsatz wird das Instrument des Qualitätsdialogs vorgestellt und davon berichtet, wie Qualitätsdialoge aufgebaut, begleitet und genutzt werden können, um die Praxis der Jugendhilfe kritisch-konstruktiv gemeinsam mit Eltern zu reflektieren und weiterzuentwickeln. Eltern sind bisher in der praktischen Fallarbeit neben den Kindern und Jugendlichen die am wenigsten mächtige Gruppe. Außerhalb der Fallarbeit in Planung, Reflexion, Weiterentwicklung und Gestaltung der Kinder- und Jugendhilfe haben sie in der Regel weder Platz noch Rolle. Beides – Hilfe im Einzelfall und Weiterentwicklung der Jugendhilfe hängt eng zusammen und in beiden Bereichen werden Eltern als Partner*innen auf Augenhöhe benötigt. Jugendhilfe ist kein einseitiges, sondern ein mehrseitiges Unterfangen, in dem Eltern als zusätzliche Partei zwar manche Prozesse komplizierter und langwieriger machen, hierzu jedoch keine Alternative besteht.

2   Idee und Ansatz der Qualitätsdialoge

Bereits mit der Aufnahme der §§ 78a–g in das SGB VIII im Jahr 1999 ergab sich neben der Verpflichtung zum Abschluss von Qualitätsentwicklungsvereinbarungen für freie Träger im Prinzip auch die Erwartung an den öffentlichen Träger, in ähnlicher Weise auch Qualitätsentwicklung in seinem Leistungs- und Zuständigkeitsbereich vorzunehmen (vgl. Münder et al. 2019: 903). Um Aussagen über die Qualität der Hilfen zur Erziehung treffen zu können, bedurfte es eigentlich seit dieser Zeit schon der Qualitätsdialoge mit Nutzerinnen und Nutzern, da solche Bewertungen nicht denkbar sind, ohne die Erfahrungen und Bewertungen der Nutzer*innen und Koproduzent*innen aufzugreifen. Entsprechend gab es ab 1999 erste Versuche, die Qualitätserwartungen von Jugendlichen (vgl. Hansbauer/Kriener 2000) zu erheben. Hansbauer und Kriener wiesen bereits in ihrem damaligen Aufsatz darauf hin, dass die Qualitätskriterien der Nutzer*innen andere seien als die der professionellen Akteure. So fanden sie in ihrer Studie heraus, dass Jugendliche besonderen Wert auf die Qualität der Beziehungen zu den Fachkräften legten. Hier kam es ihnen besonders auf Reziprozität, Verbindlichkeit und Wahlmöglichkeiten in den Beziehungen an. Die Studie von Hansbauer und Kriener zeigte, dass Qualitätsentwicklung sich in ihren Verfahren, Konzepten und Prozessen auf Offenheit und Dialog einstellen muss, wenn sie die Perspektive der Nutzer*innen ernst nehmen will. Ihre Qualitätserwartungen liegen vielfach quer zu den Qualitätskriterien der Fachkräfte und Institutionen.

Merchel hat wenige Jahre später in einer Studie festgestellt, dass die Qualitätsentwicklung in der Jugendhilfe trotz des gesetzlichen Auftrags nicht recht in Gang gekommen ist und der Großteil der Qualitätsentwicklungsvereinbarungen den rechtlichen Anforderungen nicht genügt (vgl. Merchel 2006). Schon gar nicht kam es dazu, dass flächendeckend und kontinuierlich Qualitätsentwicklung betrieben wurde. Entsprechend wurde das SGB VIII im Jahr 2012 durch die §§ 79 und 79a um die Aufgabe der kontinuierlichen Qualitätsentwicklung erweitert. Die öffentlichen Träger der Kinder- und Jugendhilfe müssen diese gemäß § 79 gewährleisten. In § 79a wird hierzu ausgeführt, dass sie „die Grundsätze und Maßstäbe für die Bewertung der Qualität sowie geeignete Maßnahmen zu ihrer Gewährleistung für

1. die Gewährung und Erbringung von Leistungen,
2. die Erfüllung anderer Aufgaben,
3. den Prozess der Gefährdungseinschätzung nach § 8a und
4. die Zusammenarbeit mit anderen Institutionen

weiterzuentwickeln, anzuwenden und regelmäßig zu überprüfen" haben. Ebenso wie bei der Jugendhilfeplanung handelt es sich bei den §§ 79 und 79a um eine objektive Rechtsverpflichtung der öffentlichen Träger; laut Münder et al. ist „im Falle der Untätigkeit oder eines völlig unzureichenden Tätigwerdens (der öffentlichen Jugendhilfe) ein Einschreiten der Rechtsaufsichtsbehörde möglich" (Münder et al. 2019: 944).

Nach Inkrafttreten der §§ 79, 79a begannen heftige Kontroversen zwischen den kommunalen Spitzenverbänden einerseits und Fachverbänden und freier Jugendhilfe andererseits. Viele Verbände sahen in den §§ 79, 79a einen Meilenstein zur Weiterentwicklung der Kinder- und Jugendhilfe und fanden die Ergänzung dieser Vorschriften nur folgerichtig, weil sie die zuvor einseitige Verpflichtung freier Träger zur Qualitätsentwicklung nun auf das Gesamtsystem ausweiteten. Auch der Deutsche Verein befand 2012 noch optimistisch, dass „diese Regelungen die bisherigen Ansätze zur Qualitätsentwicklung (ergänzen und unterstützen) und einen Rahmen schaffen, in den die bisherigen Regelungen und Aktivitäten zur Gewährleistung qualitativer Strukturen und qualitativen fachlichen Handelns in der Kinder- und Jugendhilfe eingeordnet werden sollen" (Deutscher Verein 2012: 1).

Kommunale Spitzenverbände aber stellten in der Folgezeit besonders heraus, dass eine umfassende und mehrseitige Qualitätsentwicklung im Jugendhilfesystem finanziell und personell nicht leistbar wäre. Ausdruck dieser Haltung sind viele Dokumente; nicht zuletzt die Orientierungshilfe der beiden Landesjugendämter aus NRW, die insbesondere skizziert, wie man die neue Pflichtaufgabe der Qualitätsentwicklung mit begrenztem Aufwand so erledigen kann, dass man dennoch dem gesetzlichen Auftrag – gerade noch – gerecht wird (vgl. LWL/LVR 2013).

Die Verpflichtung der öffentlichen Träger zur Gewährleistung von Qualitätsdialogen stellt allerdings nicht nur eine lästige und aufwändige Pflicht, sondern auch eine Chance zur Weiterentwicklung der kommunalen Infrastruktur dar. Mit der Jugendhilfeplanung stehen in den Kommunen Strukturen, Verfahren und Erfahrungen in der Gestaltung komplexer Diskurse zur Weiterentwicklung der Jugendhilfe zur Verfügung, auf denen man aufbauen kann. Und schon in der Jugendhilfeplanung waren bzw. sind die Kommunen verpflichtet, die Adressat*innen und Nutzer*innen der Kinder- und Jugendhilfe einzubeziehen. Entsprechend fordert z.B. der AFET 2014, dass nun auch in den Qualitätsdialogen „die Perspektiven der AdressatInnen [...] klar abzubilden sind" (AFET 2014: 2). Nicht zuletzt sieht der AFET in der Einbeziehung der Eltern und Jugendlichen in die Qualitätsdialoge eine Chance für alle Beteiligten: „Die Einbeziehung aller Beteiligten, insbesondere der AdressatInnen erzieherischer Hilfen, hat dabei eine zentrale Bedeutung. Wenn dies, wie beschrieben gelingt, entsteht im Gegensatz zu bürokratisch durchgestylten Abläufen ein dynamischer Entwicklungsprozess bei den AdressatInnen der Erziehungshilfen, bei den Einrichtungen und in den regionalen Hilfelandschaften" (AFET 2014: 3).

Solche dynamischen Entwicklungsprozesse zu befördern, entspricht auch dem Sinn und Wesen der Arbeitsform „Dialog". Pfütze hat einmal hierzu formuliert: „Der Dialog will nichts, sondern ist etwas, während andere Diskursformen etwas wollen, aber nichts sind ohne ihre Absichten und Ziele" (Pfütze 2009: 29) Er verweist auf die Besonderheiten dieser Arbeits- und Kommunikationsform, die darauf setzt, sich Zeit zu nehmen, sich zuzuhören, mit wenig vorgegebener Struktur zu beginnen, Vorannahmen und Bewertungen zu suspendieren und gemeinsam nach Neuem Ausschau zu halten (vgl. Hartkemeyer et al. 1998: 78 ff.). Zu den zentralen Kennzeichen eines Qualitätsdialogs gehören insofern Offenheit und Prozesshaftigkeit. Damit sich in Gesprächen ein „Fluss aus Sinn" (griech. Dia-logos) ergibt, muss außerdem ein entsprechender Raum geschaffen werden, den der Dialogtheoretiker Isaacs als „Dialogcontainer" (Hartkemeyer et al. 1998: 45) bezeichnet hat. In diesem Raum muss Zuhören geübt und Vertrauen aufgebaut werden. Themen ergeben sich im Austausch über Erfahrungen, Gedanken, Hoffnungen und Wünsche. Qualitätsdialoge müssen eine Balance zwischen Struktur und Offenheit finden. Auch außerhalb der Kinder und Jugendhilfe gibt es Bestrebungen, Nutzer*innen, Kund*innen, Patient*innen und Adressat*innen in die Qualitätsentwicklung einzubinden. Im Gesundheitsbereich hat sich hierfür der Begriff der „partizipativen Qualitätsentwicklung" (Wright 2010) eingebürgert, der in der Regel mit Praktiken der Aktionsforschung verbunden wird. Ähnliches schlagen wir für die Kinder- und Jugendhilfe ebenfalls vor.

Qualitätsdialoge sind heute in der Jugendhilfelandschaft auch neun Jahre nach ihrer gesetzlichen Implementierung in den §§ 79, 79a eher die Ausnahme als die Regel. Viele Kommunen ignorieren die Vorgabe des Gesetzgebers und andere erledigen sie formalisiert und ohne fachlichen Anspruch. Erst recht fehlt die Einbeziehung der Nutzer*innen und Adressat*innen in die Qualitätsdialoge. Bisher sind u. E. auch Eltern nur selten systematisch und umfassend in Qualitätsdialoge in den Hilfen zur Erziehung eingebunden worden. Wohl finden gelegentlich und regional begrenzt Befragungen von Eltern sowie themenbezogene Workshops und Beteiligungswerkstätten mit Eltern statt. Einzelne Kommunen sehen immerhin die Notwendigkeit von Qualitätsdialogen mit Eltern und Jugendlichen, ohne diese bereits kontinuierlich durchführen zu können (vgl. z. B. Stadtjugendamt Erlangen et al. 2018).

3   Qualitätsdialoge als Prozesse gemeinsamer Untersuchung zwischen Jugendlichen, Eltern und Sozialarbeiter*innen

Im Weiteren wollen wir exemplarisch verdeutlichen, wie sich Qualitätsdialoge methodisch, konzeptuell und organisatorisch als Prozesse gemeinsamer Untersuchung von Dienstleistungserbringungsverhältnissen gestalten lassen. Es wird Bezug genommen auf ein Projekt, das in Zusammenarbeit mit der Stadt Hamburg und den Hamburger Bezirksjugendämtern durchgeführt wurde (vgl. Ackermann et al. 2020). Das Projekt Qualitätsdialoge sollte zu einer Rekonstruktion der Nutzer*innenperspektive in der Jugendhilfe einerseits sowie andererseits zu einer Verständigung zwischen lebensweltlichen und professionellen Perspektiven beitragen. Im Sinne einer Forschung *mit* anstatt einer Forschung *über,* wurden Nutzer*innen und Sozialarbeiter*innen eingeladen, als „Co-Forschende" an den Qualitätsdialogen teilzunehmen (vgl. Unger 2014; Ackermann 2020). Gemeinsam wurde untersucht, was Dienstleistungsqualität im Kontext der Kinder- und Jugendhilfe ausmacht und wie diese zu sichern und zu verbessern wäre. Eine Besonderheit des Hamburger Projektes bestand darin, dass Ansätze qualitativer und partizipativer Sozialforschung genutzt wurden, um Dialoge über den Gebrauchswert von Dienstleistungen in der Hamburger Kinder- und Jugendhilfe anzustoßen.

In einer explorativen Phase wurden zunächst in zehn Fällen Interviews mit Jugendlichen, Eltern und Sozialarbeiter*innen geführt.[1] Das Ziel bestand darin, relevante Themen für die Werkstatttreffen zu rekonstruieren. In narrativ orientierten Interviews mit Jugendlichen und Eltern wurde nach dem Gebrauchswert

---

1   Kriterium bei der Fallauswahl war eine möglichst große Diversität mit Blick auf die Beteiligten sowie bezogen auf die beforschten Hilfeformen und Verläufe. Von allen beteiligten Bezirksjugendämtern sollten zudem Fallverläufe eingebracht werden.

von Interventionen und Hilfeprozessen aus der Perspektive der Nutzer*innen gefragt. Die ebenfalls narrativ orientierten Interviews mit fallzuständigen Sozialarbeiter*innen sollten die Erzählungen kontrastieren, ergänzen und – ebenso wie die Perspektive der Nutzer*innen – zu einem späteren Zeitpunkt in die Arbeit der Forschungsgruppe und der Qualitätsdialoge einfließen. Daten und Analysen aus dieser ersten Projektphase flossen in die Arbeit einer Werkstattgruppe ein, die das Herzstück der Qualitätsdialoge bildete.

Der Ansatz der Arbeit mit einer Forschungs- oder Werkstattgruppe lehnt sich konzeptuell an die Konzepte des kommunikativen Raums und des Forschungsforums an, die im Kontext partizipativer Forschungsansätze genutzt werden (Kemmis/Mc Taggert 2007; Bergold/Thomas 2012; Ackermann/Robin 2018). Im kommunikativen Raum der Forschungsgruppe wird – unter den Bedingungen deliberativer Demokratie – über alle Aspekte, Gegenstände und Prozessschritte des gemeinsamen Untersuchungsanliegens verhandelt. Sowohl die Frage des Forschungsgegenstandes, der Datenerhebung, der Analyse und der Verbreitung von Ergebnissen wird idealerweise hier gemeinsam diskutiert. Die Beteiligten treten ein in einen Prozess der gemeinsamen Untersuchung eines selbst gewählten Gegenstandes. Sie de- und rekonstruieren, de- und rekodieren gemeinsam lebensweltliche Erfahrungen einerseits wie auch die untersuchten Gegenstände andererseits.

Um einen solchen Prozess umzusetzen und einen solchen kommunikativen Raum dauerhaft zu etablieren, war im Projekt der Qualitätsdialoge die Bildung der Werkstattgruppe das Mittel der Wahl. Die Werkstattgruppe bestand aus Jugendlichen, Eltern, Sozialarbeiter*innen und den begleitenden Wissenschaftler*innen. Nutzer*innen und Sozialarbeiter*innen wurden eingeladen, über knapp ein Jahr hinweg auf Werkstatttreffen an Qualitätsdialogen teilzunehmen, um mit anderen Teilnehmenden Erfahrungen auszutauschen und gemeinsam darüber nachzudenken, wie die Jugendhilfe in Hamburg strukturell verbessert werden kann. Im Folgenden schildern wir einige Herausforderungen, die sich im Prozess der Werkstattarbeit ergaben.

3.1 Eine Gruppe gründen und mit der Arbeit anfangen

Die erste Herausforderung partizipativer Forschungsprozesse besteht darin, Akteur*innen zusammenzubringen, die über relevante Erfahrungen verfügen und bereit sind, diese einzubringen. Auch für Dialoge mit Nutzer*innen stellt sich diese Frage auf ähnliche Weise: Wie können junge Menschen und Eltern gewonnen werden, über ihre Erfahrungen in der Kinder- und Jugendhilfe zu berichten? Im Projekt Qualitätsdialoge wurden erstens die in den Interviews befragten Jugendlichen, Eltern und Sozialarbeiter*innen zur Teilnahme an den Forschungswerkstätten eingeladen. Zweitens konnte für die Herstellung von weite-

ren Kontakten auf die Unterstützung der Jugendämter gebaut werden, die den
Feldzugang insgesamt ermöglichten. Drittens wurden Nutzer*innen aus einem
früheren Forschungszusammenhang (Ackermann/Robin 2018) zur Beteiligung
eingeladen. Insgesamt bestand die Gruppe, in der die Qualitätsdialoge geführt
wurden, aus 20 Personen; jeweils zu einem Drittel aus Jugendlichen, Eltern und
Fachkräften aus unterschiedlichen Hamburger Bezirken. Eine finanzielle Ent-
lohnung der teilnehmenden Adressat*innen wurde von Beginn an eingeplant.

Das erste Werkstatttreffen begannen wir mit einer Vorstellung aller Beteiligten und einer Präsentation des Projekt-Rahmens, um alle Teilnehmenden auf
einen ähnlichen Wissenstand zu bringen. Zudem fragen wir nach „Motivation
und Interessen". Dies zielte darauf ab, die Projektplanung mit den Erwartungen
der Teilnehmenden in Einklang zu bringen und zudem einen Verständigungsprozess in der Gruppe über diese Frage anzustoßen. Dabei kristallisierten sich
bereits erste gemeinsame Interessen heraus. Nutzer*innen und Sozialarbeiter*innen ging es z. B. darum, besser zu verstehen, wie die jeweils andere Status-
gruppe denkt, wie „die Anderen die Welt sehen", so ein Stichwort aus der Dokumentation der Erwartungen der Teilnehmenden. Zudem wurde das Interesse
geäußert, Kinder und Familien mit ihren Perspektiven vermehrt ernst zu nehmen, Konzepte für eine bessere Zusammenarbeit zu finden und ‚Reibereien'
zwischen Sozialarbeiter*innen und Nutzer*innen zu reduzieren. Die beteiligten
Nutzer*innen betonten ihr Interesse, anderen Nutzer*innen zu helfen, die sich
möglicherweise in ähnlich schwierigen Situationen befinden, wie sie sie selbst
erlebt hatten.

Die Erwartungen der Teilnehmenden an die Zusammenarbeit in der Forschungsgruppe diskutierten wir in einem weiteren Schritt. Dabei kamen zugleich Themen zur Sprache, die von den Beteiligten zur weiteren Bearbeitung
eingebracht wurden. Von Seiten der teilnehmenden Sozialarbeiter*innen wurde
das Interesse geäußert, fallbezogen im Sinne einer „Fallwerkstatt" zu arbeiten.
Die Nutzer*innen zeigten sich interessiert daran, nicht nur über die Ergebnisse
der Interviewforschung nachzudenken, sondern auch von ihren eigenen Themen zu berichten und auch „krasse", biografische Erfahrungen erzählen zu dürfen. Darüber hinaus wurden in den Beiträgen der Nutzer*innen drängende
Themen deutlich, etwa problematische Erstkontakte, Fragen eingeschränkter
Selbstbestimmung im Kontext der Jugendhilfe, aktuelle Hilfebedarfe und viele
weitere Aspekte, die wir in einem Themenspeicher sammelten.

3.2   Zuhören, dokumentieren und verstehen

Um Prozesse des gemeinsamen Verstehens zu initiieren, um den Dialog von
lebensweltlichen und professionellen Perspektiven in Gang zu bringen, müssen
geeignete methodische Ansätze immer wieder neu und situations- und gegen-

standsbezogen entwickelt werden. Im Projekt Qualitätsdialoge war für den ersten Tag vorgesehen, mit thematischen Schwerpunkten aus der Interviewforschung zu beginnen. In der Vorstellung des Projektes hatten wir zudem angedeutet, dass es im Zuge des Projektes auch möglich sein würde, dass Nutzer*innen und Sozialarbeiter*innen über ihre eigenen Erfahrungen in der Kinder- und Jugendhilfe berichten. Im Verlauf der ersten Sitzung zeigte sich nun ein starkes Interesse der beteiligten Nutzer*innen, gleich über eigene Erfahrungen zu sprechen. Zugleich waren die Sozialarbeiter*innen daran interessiert, die Erfahrungen von Jugendlichen und Eltern anzuhören. Zwei Jugendliche und eine Mutter hatten spontan erklärt, sie wollten über ihre Hilfeerfahrungen sprechen. „Wir wollen reden", so lautete ein zentrales Credo der Teilnehmenden, das wir in der Diskussion der Erwartungen an die Zusammenarbeit in der Gruppe festhielten.

Um das Interesse der Beteiligten aufzunehmen, begannen wir mit offenen Erzählungen in Kleingruppen und im Plenum, die sich zu einer eigenen Methode der Arbeit mit „Hilfegeschichten" entwickelte. Wir begannen mit offenen Fragen („Wie hast Du die Jugendhilfe erlebt?"). Aus den Erzählungen der Beteiligten rekonstruierten wir gemeinsam zentrale Themen in kleinen Gruppen und dann im Plenum. Eine besondere Herausforderung bestand dabei darin, dass zum Teil von sehr affektiv besetzten Themen berichtet wurde. Jugendliche und Eltern schilderten beispielsweise problematische Erfahrungen in Einrichtungen der stationären Jugendhilfe sowie dramatische, biografische Verläufe in diesem Kontext. Die Arbeitsgruppen mussten insofern gut moderiert, vor- und nachbereitet werden, auch um Jugendliche und Eltern davor zu schützen, mehr zu äußern, als ihnen vielleicht nachträglich richtig erscheinen würde. Gleichwohl gelang es, einen vorsichtigen Umgang mit den Erfahrungen der Nutzer*innen zu etablieren und Kernthemen aus ihren Erfahrungen zu abstrahieren, die zu einem späteren Zeitpunkt wieder in die Arbeit der Gruppe einflossen. Die problematischen Verläufe in Einrichtungen der Heimerziehung wurden im Untersuchungsprozess beispielsweise in Forderungen nach guten Heimen und sicherer Unterbringung in Krisen transformiert. Die Berichte und Erfahrungen von Einzelnen wurden auf diese Weise im kommunikativen Raum der Gruppe vergemeinschaftet, ergänzt und kondensiert.

3.3 Dokumentieren, analysieren und Ergebnisse bündeln

In explorativen Prozessen der gemeinsamen Untersuchung stellt sich früher oder später die Frage, wie aus der Mannigfaltigkeit lebensweltlicher und professioneller Erfahrungswelten, relevante Themen herausgeschält und gebündelt werden können. Im Projekt Qualitätsdialoge kamen die Aufgaben des Dokumentierens sowie die Aufarbeitung der auf den Sitzungen gewonnen Materialien den begleitenden Wissenschaftler*innen zu. Die Verbalisierungen der Teilnehmenden wurden auditiv aufgezeichnet, transkribiert und zur Weiterarbeit auf den folgenden Werkstatttreffen sowie zur Erstellung des Abschlussberichts verwendet. Zwischen den Treffen wurden die Arbeitsergebnisse von den begleitenden Wissenschaftler*innen aufgearbeitet, verdichtet und in die Forschungsgruppe zurückgespiegelt. Aus den Interviews sowie den Erzählungen der Nutzer*innen im Laufe des ersten Werkstatttreffens wurden Schlüsselprozesse rekonstruiert: Der Anfang der Hilfen (Kontaktaufbau), die Hilfeplangespräche, die Erfahrungen in der Sozialpädagogischen Familienhilfe und in den stationären Hilfen, gelingende professionelle Interventionen und die Verbesserung der Möglichkeiten professioneller Jugendhilfe in bürokratischen Organisationen. Die inhaltlichen Schwerpunkte nutzten wir, um die folgenden Werkstatttreffen zu organisieren und thematisch zu gliedern.

Die Erzeugung von Erzählungen (Datenerhebung) und Prozesse der (Daten-)Analyse waren im Projekt der Qualitätsdialoge, ähnlich wie in Prozessen ethnografischer und partizipativer Forschung eng miteinander verflochten (vgl. Ackermann 2020). Zwar lag die Auswertung der transkribierten Aufzeichnungen von Interviews und Werkstatttreffen vor allem in der Hand der begleitenden Wissenschaftler*innen und fand insofern, gewissermaßen zurückgezogen aus der Forschungsgruppe, am Schreibtisch statt. Zugleich war aber auch die Arbeit der Forschungsgruppe eine analytische: Während der Werkstatttreffen wurden die berichteten Erfahrungen durch die Beteiligten kommentiert. Dabei wurden zum Teil neue, eigene Erfahrungen eingebracht. Zugleich wurden aber immer auch kommunikative, zum Teil auch generalisierende Einordnungen vorgenommen, die selbst analytische Arbeit implizierten. Transkribierte Verbalisierungen aus Interviews wurden zur Analyse in die Forschungsgruppe eingebracht und dort von den Co-Forschenden bearbeitet. Die angesichts der Materialien ausgelösten Diskussionen und Einordnungen, wurden ihrerseits in die weitere Untersuchung einbezogen. Analysen, die die begleitenden Wissenschaftler*innen zwischen den Sitzungen erarbeiteten, wurden in die Gruppentreffen zurückgespielt, ebendort diskutiert und differenziert. Qualitätsdialoge als Prozess gemeinsamer Untersuchung implizieren insofern spiralförmige Prozesse des gemeinsamen Verstehens. Schritt für Schritt – über Prozesse des Dokumentierens, Zuhörens, Befragens und Abstrahierens – werden Konzeptualisierungen von Hilfe und Gebrauchswert entwickelt.

3.4   Forderungen formulieren, Ergebnisse festhalten und kommunizieren

Qualitätsdialoge richten, hierin ebenfalls partizipativen Forschungsprozessen ähnlich, ihr Interesse darauf, soziale Verhältnisse zu verändern. Für die partizipative Forschung wird betont, die Untersuchung und Verständigung über soziale Realitäten müsse darin münden, Verschiebungen und Überschreitungen eben dieser Realitäten zu ermöglichen (vgl. Schubotz 2019). Während sich partizipative Forschungsansätze auf unterschiedlichste Themen beziehen, zielen Qualitätsdialoge auf die gemeinsame Untersuchung *und* Veränderung der Erbringungsverhältnisse Sozialer Dienste.

Im Kontext des Projektes der Qualitätsdialoge gingen wir im Laufe des vierten und fünften Werkstatttages dazu über, gemeinsam mit der Gruppe Handlungsempfehlungen zur Weiterentwicklung der Jugendhilfe zu erarbeiten. Arbeitsgruppen widmeten sich einer Differenzierung der Veränderungsideen. Unterstützt wurde diese Arbeit durch methodische Settings, etwa durch die Arbeit im „Open Space". Zudem baten wir die Beteiligten, Bedenken zur Entwicklung von Ideen zunächst außen vorzulassen und ideale Zustände zu imaginieren; unterstützt wurde dies durch eine aus dem Kontext der systemischen Beratung entlehnte Variation der Wunderfrage („Was würden wir ändern, wenn wir Superkräfte hätten?"). Die Ergebnisse der Arbeitsgruppen wurden im Plenum präsentiert, ergänzt und verdichtet. Die Mitschriften der Arbeitsgruppen flossen direkt in den Abschlussbericht des Projektes ein, der im letzten Drittel Handlungsempfehlungen für ein „Jugendamt im Dialog mit seinen Nutzer*innen" entwirft.

Zum Abschluss des Projektes stellte sich die Frage, wie die Ergebnisse eines Prozesses gemeinsamer Untersuchung gebündelt und – gegenüber unterschiedlichen Adressat*innen – präsentiert werden können. Im Projekt Qualitätsdialoge wurde ein Abschlussbericht erstellt, der ca. 150 Seiten umfasst. Dieser Bericht wurde auf zwei weiteren Treffen mit der Gruppe diskutiert und schließlich gemeinsam autorisiert. Der Bericht beinhaltet eine umfangreiche Darstellung der Rekonstruktion der Nutzer*innen-Erfahrungen in der Hamburger Kinder- und Jugendhilfe sowie einen eigenen Abschnitt mit Handlungsempfehlungen. Zudem wurde eine kürzere Zusammenfassung für Entscheidungsträger*innen aufgenommen, um einen einfacheren Zugang zu Kerninhalten zu ermöglichen. Verfasst wurde der Bericht von den begleitenden Wissenschaftler*innen. Vor der Weitergabe des Dokumentes wurde der Bericht mit den Co-Forschenden geteilt und diskutiert. Zahlreiche Kommentierungen von Co-Forschenden wurden in den Text eingearbeitet oder wurden, durch Kästchen als eigene Textsorten gekennzeichnet, im Bericht untergebracht. Darüber hinaus wurden co-forschende Nutzer*innen und Sozialarbeiter*innen für einen etwa 15-minütigen Film interviewt, in dem die Prozesserfahrungen der Beteiligten der Qualitätsdialoge reflektiert werden. Für die Zukunft sind Präsentationen der Projektergebnisse gemeinsam mit den Co-Forschenden geplant. Folgende Aspekte lassen sich rückblickend resümieren:

- Eltern und Jugendliche sind interessiert an Qualitätsdialogen. Die Nutzer*innen im Projekt Qualitätsdialoge zeigten sich hoch motiviert, einen

Beitrag zur Verbesserung der Qualität in der Kinder- und Jugendhilfe zu leisten. Jugendliche und Eltern wollen von eigenen Erfahrungen erzählen, Feedback von anderen erhalten und anderen Feedback geben. Sie halten lange und intensive Gespräche aus, sind aber manchmal auch emotional oder konzentrationsmäßig überfordert.

- Die Gestaltung des Kontaktes zu Nutzer*innen zeigt sich nicht als einmalige, sondern als dauerhafte Gestaltungsaufgabe. Die Begleitung der teilnehmenden Eltern und Jugendlichen über einen langen Zeitraum ist aufwändig und voraussetzungsreich; schließlich werden relevante Aspekte ihrer biografischen Verläufe und lebensweltlichen Erfahrungen in den Qualitätsdialogen verhandelt. Sollen Qualitätsdialoge mit Nutzer*innen von Sozialen Diensten durchgeführt werden, muss daher eine Verantwortlichkeit eingeplant werden, um den Kontakt zu ihnen für den Verlauf des Projektes und möglicherweise auch darüber hinaus – für weitere Qualitätsdialoge – herzustellen. Zudem ist es sinnvoll, auch für die Nutzer*innen Anreize zur Teilnahme zu geben sowie Formen monetärer Anerkennung einzuplanen.

- Die explorative Vorbereitungsphase, in der durch die biografischen Interviews Material gesammelt wurde, hat sich zur Generierung relevanter Themen bewährt. Mit Adressat*innen der Jugendhilfe in Interviews über Fallgeschichten nachzudenken erweist sich als geeigneter Einstieg in den Qualitätsdialog. Allerdings offenbaren Fallgeschichten teilweise persönliche Erfahrungen und man muss klären, wer eigene Erfahrungen einbringen will und kann. Auch die in den Fällen beteiligten Sozialarbeiter*innen brauchen Offenheit, Mut und Souveränität, um über Erfahrungen in den Dialog zu gelangen.

- Die verantwortlichen Behörden benötigen ihrerseits Offenheit und Mut, einen explorativen Ansatz zuzulassen und keine, möglicherweise sensiblen, Themen auszuschließen. Ein offener Dialog über Qualität mit Nutzer*innen bedeutet, dass Jugendliche und Eltern auch problematische Erlebnisse zur Sprache bringen. Es werden möglicherweise heikle Themen berichtet und damit letztlich, über die Berichte aus den Qualitätsdialogen einer Öffentlichkeit zugänglich.

- Es braucht eine externe Begleitung, damit alle Beteiligten Vertrauen entwickeln und sich offen im Dialog beteiligen können. Im Hamburger Beispiel bestand die externe Begleitung aus drei Personen, die zugleich wissenschaftliche Expertise und methodische Kompetenzen für die Qualitätsdialoge mitbrachten – eine herausfordernde Aufgabe, die Variabilität und Reflexion der eigenen Rolle erfordert.

- Qualitätsdialoge werden über Soziale Arbeit geführt, sind aber zugleich auch Soziale Arbeit. An den Hamburger Qualitätsdialogen nahmen Jugendliche und Eltern teil, die aus der Perspektive des Amtes teilweise als sehr herausfordernd im Hilfeprozess erlebt wurden. Die einjährige Mitarbeit in den Qualitätsdialogen hat Eltern und Jugendlichen in vielfacher Hinsicht auch weitergeholfen: es konnte gelingen, sich und die eigene Geschichte besser zu verstehen, andere Menschen zu erleben, die trotz großer Schwierigkeiten auch vieles gut hinbekommen und auch sich selbst als kompetent in der Gruppe zu erleben. Einige der involvierten Nutzer*innen formulierten ausdrücklich, die Mitarbeit im Prozess habe sie ermutigt und bestärkt, selbstbewusster für ihre Interessen als Nutzer*innen einzutreten. Nicht zuletzt konnten viele kompetente Menschen ihr Wissen zur Weiterentwicklung der Kinder- und Jugendhilfe einbringen, die normalerweise als nicht fallzuständig bezeichnet werden und eher weniger Gehör finden.

4 Exemplarische Ergebnisse – was Eltern fordern

Werden Eltern zu Qualitätsdialogen eingeladen, kann man davon ausgehen, dass ihre Veränderungswünsche und Forderungen einerseits auf ihren ureigenen Interessen beruhen. Andererseits denken Nutzer*innen durchaus auch politisch: Sie streben Veränderungen für andere Menschen an, die sie in ähnlichen Situationen sehen, wie sich selbst. In ihren Forderungen orientieren sich Nutzer*innen eher weniger an Strukturen, Zuständigkeiten und Logiken, die das Verwaltungshandeln prägen, denken quer zu Gesetzen und Formalien. So konnte z. B. ein Vater, der am Hamburger Qualitätsdialog teilnahm, aus guten Gründen nicht einsehen, dass die Jugendhilfe ihn in der schwierigen erzieherischen Begleitung seiner beiden behinderten Kinder nicht unterstützen kann. Gerade aus dieser und anderen lebensweltlichen Perspektiven erhalten Forderungen, die ihn Qualitätsdialogen entwickelt werden, ihre Relevanz.

Zur Erarbeitung von Forderungen und Veränderungsansätzen nutzten wir in der Arbeit mit der Werkstattgruppe eine Metapher, die im Laufe des Prozesses von den Nutzer*innen vorgeschlagen und immer wieder aufgegriffen und differenziert wurde. Erstens wurde das Jugendamt als Organisation untersucht, was metaphorisch als „Haus" mit Baustellen gefasst wurde. Zweitens wurden die Mitarbeiter*innen der Jugendämter, als offensichtliche Repräsentanten des Jugendamtes adressiert. Drittens wurde deutlich, dass das Haus des Jugendamtes in einer organisationalen „Umwelt" betrachtet werden muss, beispielsweise auf gesetzliche Rahmungen angewiesen ist oder auf Angebote freier Träger zurückgreift.

Die Forderungen und Handlungsempfehlungen aus dem Kontext der Hamburger Qualitätsdialoge sind teilweise eher allgemein und zum Teil sehr konkret. Die Beteiligten der Qualitätsdialoge forderten beispielsweise Beziehungs- und Dialogkompetenzen der Fachkräfte in Hamburg zu stärken, worin sich das Bedürfnis der Nutzer*innen zeigt, als Subjekte adressiert zu werden und empfindliche Themen im Rahmen stabiler Arbeitsbündnisse anzugehen. Konkretisiert wurde diese Vorstellung dialogischer Zusammenarbeit anhand von Vorschlägen zur Verbesserung von Hilfeplanungsprozessen. Hier wird beispielsweise gefordert, die Zahl der Teilnehmenden zu begrenzen, eine einfache Sprache zu verwenden und das Verfahren für alle Beteiligten, auch für junge Menschen und Eltern, transparent zu halten. Aus problematischen, biografischen Erfahrungen von Nutzer*innen resultierte zudem die die Forderung, mehr gute und sichere Heimplätze in Hamburg zu schaffen, damit Kinder nicht immer wieder aufs Land verschickt werden müssen und der Kontakt zu den Eltern darunter leiden muss.

Hansbauer und Kriener haben in Befragungen von Kindern und Jugendlichen herausgefunden, dass sie besonderen Wert auf soziale Aspekte der Qualität von Dienstleistungen legen. Ähnliches haben wir im Hamburger Qualitätsdialog auch in Bezug auf die Eltern herausgefunden. Die Eltern möchten wertschätzend behandelt werden, in möglichst reziproken Beziehungen auf Augenhöhe sein, als Expert*innen angesprochen werden und Wahlmöglichkeiten in Hilfebeziehungen haben (vgl. Hansbauer 2003; Hansbauer/Kriener 2000). Darüber hinaus ist ihnen aus Elternsicht besonders wichtig, dass sie als Eltern in ihrer Rolle betrachtet, ernst genommen und unterstützt werden. Wenn Fachkräfte in den ambulanten Hilfen ihre Kompetenzen übersehen, ihre Werte und Kultur nicht respektieren und professionelles Wissen und Können höher bewerten als das alltägliche Dasein der Eltern, können Eltern mit den Dienstleistungen der Jugendhilfe wenig anfangen. Bei stationären Hilfen ist ihnen daran gelegen, dass sie in der Elternrolle bleiben können und als Eltern gefördert und unterstützt werden. Es ist für sie ein Skandal, wenn stationäre Plätze in Wohnortnähe nicht vorhanden sind, Kontaktsperren verhängt werden und ihre Kinder in Einrichtungen oder Pflegefamilien Gewalt erleben müssen – dies alles kommt aber regelmäßig vor, wie uns der Hamburger Qualitätsdialog gelehrt hat. Eine grundlegende Forderung der Gruppe lautete zudem, auch in Zukunft weiterzuarbeiten an der strukturellen Verankerung der Perspektive der Nutzer*innen im Jugendamt. Konkretisiert wird dies in der Handlungsempfehlung, junge Menschen und Eltern künftig vermehrt als „Expert*innen aus Erfahrung" einzubeziehen (vgl. Utschakowsky et al. 2013). Jugendliche und Eltern könnten beispielsweise in der Konzeption und Durchführung von Fort und Weiterbildungen als (Co-)Dozent*innen eingesetzt werden. Gefordert wurde zudem, Modelle der Peer-Beratung zu entwickeln, im Zuge derer Jugendliche andere Jugendliche unterstützen oder Eltern anderen Eltern im Kontext der Kinder- und Jugendhilfe zur Seite stehen könnten. Die Forderungen der Gruppe der Qualitätsdialoge berühren damit drei strategische Entwicklungsebenen: Die Mitarbeiter*innen der Jugendämter, Jugendämter als Organisation sowie die Umwelt der Jugendämter. Die Handlungsempfehlungen zeigen zugleich: Nutzer*innen sehen sich selbst als kompetent Handelnde, die „Etwas zu sagen haben"[2].

---

2   So die Formulierung einer co-forschenden Nutzerin in Ihrer Reflexion der Qualitätsdialoge.

5 Dialog- und Forschungskompetenzen von Eltern

Eltern bringen in Qualitätsdialoge und Praxisforschung eigenständige Kompetenzen ein. Mitunter waren Eltern schon als Kinder und Jugendliche selbst Adressat*innen der Kinder- und Jugendhilfe. Sie bringen insofern jahrelange, manchmal jahrzehntelange Erfahrungen ein. Da sie in diesen Fällen schon unterschiedliche Träger, Methoden, Konzepte, Fachkräfte und Organisationskulturen erlebt haben, sind sie in der Lage, diese miteinander zu vergleichen und zu bewerten. Sie kennen die Praxis, über die Fachkräfte nachdenken und sprechen, aus eigener Anschauung, und zwar von der anderen Seite der Arbeitsbündnisse – aus lebensweltlicher Perspektive. Sie wissen, aus welchen Angeboten der Fachkräfte und Organisationen sie etwas machen konnten und was sie weniger unterstützt hat. Sie haben gute und weniger gute Hilfen erlebt und können beschreiben, was ankommt und was bei Eltern durchfällt.

Eltern bringen neben ihrer eigenständigen Expertise auch Interesse an der Sache und an den beteiligten Personen mit. Da sie freiwillig und in ihrer Freizeit an Qualitätsdialogen teilnehmen, kann man ihnen eine besondere Motivation unterstellen, gemeinsam mit anderen etwas zu erreichen und zu verändern. Eltern fordern aber nicht nur Verbesserungen ein, sie sind auch bereit, sich für und mit anderen zu engagieren. Auch das ist eine wichtige Erkenntnis (nicht nur) des Hamburger Projektes. Eltern nehmen Anteil am Schicksal anderer Eltern und sind auch an den Perspektiven der Jugendlichen und Fachkräfte sehr interessiert. Im Dialog ergibt sich bereits Veränderung in Denken und Einschätzung. Insofern werden in Qualitätsdialogen nicht einfach nur Forderungen erhoben, sondern Einschätzungen korrigiert, dazu gelernt und Anteilnahme geübt.

Eine weitere Kompetenz von Eltern ist die Lernbereitschaft. Sie wissen, dass ihnen allein nicht gelingen könnte, zu beschreiben, was der Jugendhilfe noch fehlt und wie sie sich entwickeln sollte. Sie wissen um die Kompetenzen der anderen Dialogbeteiligten und wollen von und mit ihnen dazulernen. Diese Lernbereitschaft inspiriert die Atmosphäre im Qualitätsdialog. Auch wenn Eltern in Hilfeprozessen – und gerade bei Fremdunterbringung ihrer Kinder – häufig von Fachkräften als dünnhäutig oder schwierig erlebt werden, verfügen sie über die notwendigen Dialogkompetenzen; gerade, wenn es nicht direkt um ihr Kind geht. Außerhalb aktueller Konflikte sind Eltern in der Regel, ebenso wie die beteiligten Sozialarbeiter*innen entspannt, aufmerksam, zugewandt und neugierig.

Schließlich bringen Eltern die Fähigkeit zur Solidarität in Qualitätsdialoge und Praxisforschung ein. Sie interessieren sich in der Regel nicht nur für ihre eigenen Anliegen, sondern sind gespannt auf die Schicksale und Erfahrungen der anderen Dialogteilnehmer*innen. Sie wollen die anderen Menschen kennenlernen und sind bereit, anderen solidarisch zur Seite zu stehen.

6 Resümee

Die Einbindung von Eltern in Qualitätsdialoge stellt die Praxis der Qualitätsentwicklung in der Jugendhilfe vom Kopf auf die Füße. Schaarschuch hat in seinen Publikationen zur Dienstleistungstheorie in der Jugendhilfe immer wieder darauf hingewiesen, dass die Nutzer*innen der Dienstleistungen, also Kinder, Jugendliche und Eltern die Produzent*innen der Leistungen sind und die Fachkräfte die wahren Koproduzent*innen (vgl. z.B. Schaarschuch/Schnurr 2004: 311 f.). Eltern – wie auch Kinder und Jugendliche – haben dabei vor allem ein Interesse an der Qualität der Dienstleistung: sie soll ihnen helfen, Probleme zu lösen, in der Familie neue Handlungsspielräume zu entdecken und als Subjekte Autonomie und Teilhabechancen zu gewinnen. Schaarschuch nennt dieses Interesse von Nutzer*innen „Gebrauchswertorientierung".

Angesichts der geschilderten Projekterfahrungen erscheint es – trotz aller Herausforderungen – auch für die Zukunft vielversprechend, Eltern und andere Nutzer*innen als Co-Forschende an der konzeptuellen Weiterentwicklung Sozialer Dienste zu beteiligen. Qualitätsdialoge, verstanden als Prozesse gemeinsamer Untersuchung, haben das Potenzial, ungehörte biografische und lebensweltliche Erfahrungen sowie marginalisiertes Wissen öffentlich relevant zu machen und auf diese Weise den Gebrauchswert der Kinder- und Jugendhilfe zu vermehren. Selbstbewusst Eltern zu bleiben, von Sozialarbeiter*innen als eigenständige Akteur*innen wahrgenommen zu werden, im Jugendamt freundlich und höflich angesprochen zu werden. Auch diese Qualitäten sind aus Elternsicht wichtig und werden von Organisationen in ihrer Bedeutung unterschätzt. „Ist die Arbeit ‚gut', wenn Bürger/-innen mit ihrem Jugendamt zufrieden sind?" – so fragt Schrapper in einem Aufsatz zur Qualität eines Jugendamtes (Schrapper 2017: 12). Die Antwort könnte lauten: Nicht unbedingt. Aber wenn die Bürger*innen unzufrieden sind, dann ist gute Arbeit kaum noch möglich. Und: zur Beurteilung des Gebrauchswerts Sozialer Dienstleistungen – im Kontext von Qualitätsdialogen und darüber hinaus – ist die Perspektive von Adressat*innen und Nutzer*innen unerlässlich.

Literatur

Ackermann, Timo (2020): Nutzer*innen als Co-Forschende?! Prozess, Herausforderungen und Strategien partizipativer Forschungsansätze. In: Rießen, van Anne/Jepkens, Katja (Hrsg.): Nutzen, Nicht-Nutzen und Nutzung Sozialer Arbeit: Theoretische Perspektiven und empirische Erkenntnisse subjektorientierter Forschungsperspektiven. Wiesbaden: Springer VS, S. 89–103.
Ackermann, Timo/Robin, Pierrine (2018): Die Perspektive von Kindern und Eltern in der Kinder- und Jugendhilfe: Zwischen Entmutigung und Wieder-Erstarken. Bericht über die Ergebnisse der Beteiligungswerkstatt. urn:nbn:de:0111-pedocs-174525 (Abfrage: 23.11.2020).
Ackermann, Timo/Stork, Remi/Zalewski, Ingmar (i.E.): Das Jugendamt im Dialog mit seinen Nutzer*innen: Bericht zum Projekt „Qualitätsdialoge – Jugendamt in Bewegung". Hamburg: Eigenverlag.
AFET-Bundesverband für Erziehungshilfe e.V. (2014): Qualität entsteht im Dialog. Positionspapier. www.sgbviii.de/files/SGB%20VIII/PDF/S122.pdf (Abfrage: 23.11.2020).

Bergold, Jarg/Thomas Stefan (2012): Partizipative Forschungsmethoden: Ein methodischer Ansatz in Bewegung. In: Forum Qualitative Sozialforschung/Forum Qualitative Research, 13, 30 Abs.

Deutscher Verein für öffentliche und private Fürsorge e. V. (2012): Qualitätsentwicklung in der Kinder- und Jugendhilfe – Diskussionspapier des Deutschen Vereins zum Umgang mit §§ 79, 79a SGB VIII. Positionspapier. www.deutscher-verein.de/de/uploads/empfehlungen-stellungnahmen/2012/dv-18-12-qualitaetsentwicklung-kinder-und-jugendhilfe.pdf (Abfrage: 23. 11. 2020).

Hansbauer, Peter (2003): Adressatinnen und Adressaten zur Qualität in stationären Erziehungshilfen. In: Sozialpädagogisches Institut im SOS-Kinderdorf e. V. (Hrsg.): Qualitätsentwicklung und Qualitätswettbewerb. München: Eigenverlag, S. 104–114.

Hansbauer, Peter/Kriener, Martina (2000): Partizipation von Mädchen und Jungen als Instrument zur Qualitätsentwicklung in stationären Hilfen (§ 78b SGB VIII). In: Merchel, Joachim (Hrsg.): Qualitätsentwicklung in Einrichtungen und Diensten der Erziehungshilfe. Methoden, Erfahrungen, Kritik, Perspektiven. Frankfurt/M.: Eigenverlag IGfH, S. 219–246.

Hartkemeyer, Martina/Hartkemeyer, Johannes F./Dhority, L. Freeman (1998): Miteinander denken. Das Geheimnis des Dialogs. Stuttgart: Klett-Cotta.

Kemmis, Stephen/McTaggart, Robin (2007): Participatory Action Research: Communicative action and the public sphere. In: Denzin, Norman K./Lincoln, Ivonna S. (Hrsg.): Strategies of qualitative inquiry. Los Angeles: Sage, S. 271–330.

Landschaftsverband Westfalen-Lippe/Landschaftsverband Rheinland (2013): Qualitätsentwicklung in der örtlichen Kinder- und Jugendhilfe. Orientierungshilfe zur Umsetzung der Regelungen in §§ 79, 79a SGB VIII. Münster: Eigenverlag. www.landesjugendamtshop.lwl.org/lja-shop/arbeitshilfen-und-sonstige-materialien/133/qualitaetsentwicklung-in-der-oertlichen-kinder-und-jugendhilfe-orientierungshilfe-zur-umsetzung-der?c=14 (Abfrage: 23. 11. 2020).

Münder, Johannes/Meysen, Thomas/Trenscek, Thomas (2019): Frankfurter Kommentar SGB VIII. Kinder- und Jugendhilfe. 8. Auflage. Baden-Baden: Nomos.

Retkowski, Alexandra/Schäuble, Barbara/Thole, Werner (2011): „Diese Familie braucht mehr Druck …". Praxismuster im Allgemeinen Sozialen Dienst. Rekonstruktion der Bearbeitung eines Kinderschutzfalles. In: Neue Praxis, 5, S. 485–504.

Schaarschuch, Andreas/Schnurr, Stefan (2004): Konflikte um Qualität. Konturen eines relationalen Qualitätsbegriffs. In: Beckmann, Christoph/Otto, Hans-Uwe/Richter, Martina/Schrödter, Mark (Hrsg.): Qualität in der Sozialen Arbeit. Zwischen Nutzerinteresse und Kostenkontrolle. Wiesbaden: Springer VS, S. 309–323.

Schrapper, Christian (2017): Zufrieden mit dem Jugendamt? In: Das Jugendamt, 1, S. 11–16.

Schubotz, Dirk (2019): Participatory Research. Why and How to Involve People in Research. Thousand Oaks: Sage.

Stadtjugendamt Erlangen/Gedik, Kira/Wolff, Reinhart (Hrsg.) (2018): Kinderschutz im Dialog. Grundverständnisse und Kernprozesse kommunaler Kinderschutzarbeit. Opladen, Berlin, Toronto: Barbara Budrich.

Tobis, David (2013): From Pariahs to Partners: How parents and their allies changed New York city's child welfare system. New York: Oxford University Press.

Unger, Helga von (2014): Partizipative Forschung: Einführung in die Forschungspraxis. Wiesbaden: Springer VS.

Utschakowski, Jörg/Sielaff, Gyöngyvér/Bock, Thomas (2013): Vom Erfahrenen zum Experten. Wie Peers die Psychiatrie verändern. 5. Auflage Bonn: Psychiatrie.

Wright, Michael T. (Hrsg.) (2010): Partizipative Qualitätsentwicklung in der Gesundheitsförderung und Prävention. Bern: Huber.

Partizipation von Eltern in der Heimerziehung

Nicole Knuth

Einleitung

Die Beteiligung von Adressat*innen ist ein entscheidender Faktor für das Gelingen von Hilfeprozessen in der Heimerziehung (vgl. z.B. ISA/Uni Bielefeld 2009). Wie Partizipation konkret in der Heimerziehung umgesetzt werden kann, ist in Bezug auf Kinder und Jugendliche bereits vielfach erprobt und umgesetzt. Die Frage, wie Heimerziehung auch einen Ort der Beteiligung für Eltern bieten kann, stellt die Praxis jedoch vor zahlreiche Herausforderungen, sodass die Entwicklung von Konzepten und Methoden eher noch am Anfang steht.

Vor diesem Hintergrund wurden von der Diakonie Rheinland-Westfalen-Lippe und den Fachhochschulen Dortmund und Münster unterschiedliche Projekte zur Elternpartizipation entwickelt und durchgeführt. Deutlich wurde bei der Projektdurchführung vor allem, dass der Einbezug der Sichtweisen und Perspektiven der Eltern zentral für die Umsetzung der Projektideen war (vgl. Gies et al. 2016; Kriener 2017; Knuth 2019). Dieses ist anschlussfähig an Forderungen, die Erlebensperspektive von Adressat*innen stärker in Forschung und Praxisentwicklung miteinzubeziehen (vgl. Wilde 2014: 70; Ackermann/Robin 2017). Als Anliegen wird diese Notwendigkeit z.B. im „Zukunftsforum Heimerziehung" (moderiert durch die IGfH) aufgegriffen und ist mithilfe von Gruppendiskussionen mit Eltern und Fachkräften aus der Heimerziehung untersucht worden (vgl. Knuth 2020).

Dieser Beitrag setzt sich zunächst mit der Frage auseinander, welcher Anspruch mit einer Partizipation von Eltern verbunden wird und was überhaupt unter „Elternpartizipation" zu verstehen ist bzw. wie sich dieser Begriff ggf. von der „Elternarbeit" unterscheidet. Auf dieser Grundlage werden Ergebnisse der Forschungs- und Praxisentwicklungsprojekte aufgegriffen, um ausgewählte Anliegen von Eltern an die Heimerziehung als Herausforderungen zur Umsetzung von Elternpartizipation mit Blick auf konkrete Konzeptbausteine vorzustellen. Aus diesen Vorschlägen ergeben sich Notwendigkeiten der Weiterentwicklung der Heimerziehung, die abschießend diskutiert werden.

1   Anspruch und Bedeutung von Elternpartizipation

Das Grundgesetz regelt, dass die Pflege und Erziehung das „natürliche Recht der Eltern und die zuvörderst ihnen obliegende Pflicht sind", über deren Betätigung die staatliche Gemeinschaft wacht (§ 6 Abs. 2 GG; § 1 Abs. 2 SGB VIII). Kindern wird so ein Grundrecht auf Gewährleistung elterlicher Pflege und Erziehung zugesprochen und der Staat verpflichtet, Eltern in die Lage zu versetzen, ihr Kind hinreichend verantwortungsvoll zu erziehen und zu versorgen. Der Anspruch von Eltern auf Hilfen nach 27 ff. SGB VIII ist somit vor allem darin begründet, dass durch staatliche Hilfe die Erziehungsfähigkeit von Eltern gesichert und sie damit ihrem Kind als sorgende Eltern (wieder) zur Verfügung stehen. Britz (2018: 1115) kommt zu dem Schluss, dass „Kinder […] ein Recht darauf [haben], dass der Staat so viel wie möglich dafür tut, ihre Eltern darin zu unterstützen, ihnen als taugliche Eltern erhalten zu bleiben". Auch wenn diese Hilfe eine Unterbringung an einem anderen Ort erfordert, behalten Eltern in der Regel ihr Sorgerecht. So haben etwa 85 Prozent der Eltern, deren Kinder 2018 eine Hilfe in der Heimerziehung begonnen haben, noch das volle Sorgerecht (vgl. Statistisches Bundesamt 2020). Fachkräfte in der Heimerziehung verfügen nur im Rahmen von § 1688 BGB über eigene, das Kind betreffende Entscheidungsbefugnisse, die sich auf Angelegenheiten des täglichen Lebens, wie sie in § 1687 BGB normiert sind, beziehen. Sorgeberechtigte Eltern haben also weiterhin das Recht, in allen Angelegenheiten von erheblicher Bedeutung für ihr Kind selbst zu entscheiden. Bei der Unterscheidung, was als „Angelegenheit von erheblicher Bedeutung" und was als „Alltagsangelegenheit" gilt, sind nach gängiger Rechtsprechung u. a. die Erziehungsvorstellungen der Eltern, die individuellen Verhältnisse der Familie und die soziale Bedeutung der Entscheidung, einzubeziehen (vgl. Naake 2017: 213). Es besteht somit eine Beteiligungsverpflichtung von Eltern, die nicht an Bedingungen (wie eine Kooperationsbereitschaft o. ä.) geknüpft ist. Das SGB VIII greift diesen Anspruch auf, indem z. B. § 9 SGB VIII eine Beachtung der von Eltern bestimmten Grundrichtung der Erziehung und § 8 SGB VIII ein Wunsch- und Wahlrecht für Eltern hinsichtlich der Gestaltung der Hilfe vorschreibt.

   Neben dem rechtlichen Anspruch auf Partizipation lassen sich der professionstheoretischen Diskussion Begründungen für die Beteiligung von Eltern entnehmen. Wenn z. B. Soziale Arbeit als demokratische Profession gefasst wird, gehört die Entwicklung von demokratischen Strukturen zu einem Handlungskonzept der Profession zwingend dazu (vgl. Oehler 2018: 253). Dabei geht es um die Sicherung der Rechte auf aktive Teilhabe in der Gesellschaft, die gerade in Bezug auf Eltern in der Heimerziehung bislang kaum eingelöst werden (vgl. Faltermeier 2019 zur Biografieforschung von Eltern in der Heimerziehung). Der Dienstleistungsdiskurs zur Sozialen Arbeit (vgl. Schnurr 2015), bei dem u. a. die Koproduktivität der Adressat*innen und damit die Notwendigkeit der Stärkung ihrer Autonomie in den Mittelpunkt rückt, liefert weitere Argumente für eine partizipative Arbeit mit Eltern. Gerade in diesem Zusammenhang erhält der „Gebrauchswert" der Sozialen Arbeit, also der „Nutzen", den z. B. Eltern der Heimerziehung zuschreiben, einen zentralen Stellenwert und wird als bedeutsam für Weiterentwicklung der Profession beschrieben (vgl. Hansbauer/Kriener 2010 in Bezug auf Kinder und Jugendliche).

Hieran anschlussfähig ist schließlich die Bedeutung von Partizipation bei der Gestaltung von Organisationen und der geforderten Veränderung von Organisationskulturen (vgl. Knuth/Schmidt 2019). Wenn es darum geht, das Innere von Organisationen transparenter zu machen, Einblicke in Strukturen, Abläufe und Entscheidungsprozesse zu gewähren und so ggf. Missstände aufzudecken, wird Eltern in der Heimerziehung die Rolle von Schlüsselfiguren zugewiesen (vgl. Gies et al. 2016: 15). Gerade Eltern bleiben für ihre Kinder wichtige Ansprechpartner*innen und damit ein Bezugspunkt, um Kontakt zur „Außenwelt" zu halten (vgl. Schloz 2015). Wenn Eltern als Korrektiv eine aktive Teilhabe ermöglicht wird, bieten sie also auch für die Organisationsentwicklung ein wichtiges Potenzial.

Der Einführung des SGB VIII (1990/1991) wurde ein Paradigmenwechsel zugeschrieben, der die Dienstleistungsorientierung der Erziehungshilfen hervorheben und Partizipation als Strukturmerkmal der Jugendhilfe verankern sollte (vgl. BMJFFG 1990: 17). Heute zeigt sich allerdings, dass bislang von einer umfänglichen Umsetzung des Rechts auf Partizipation noch immer keine Rede sein kann. Die Gesetzesreform des SGB VIII (2021) will diese Lücken schließen und hat deshalb neue rechtliche, strukturelle und konzeptionelle Verankerungen von Partizipationsansprüchen getroffen. Der Ausbau von Beratungs-, Beteiligungs- und Beschwerderechten ist nunmehr in den §§ 37–37a SGB VIII verbindlich geregelt: Eltern, deren Kinder in (teil-)stationären Erziehungshilfen betreut werden, haben einen Rechtsanspruch auf Beratung, Unterstützung und Förderung ihrer Beziehung zum Kind; die konkreten Inhalte sind im Hilfeplan zu dokumentieren (siehe auch die Beiträge von Wiesner und Wabnitz in diesem Band). Es bleibt abzuwarten, inwieweit diese rechtlichen Neuerungen dazu beitragen werden, eine innovative Weiterentwicklung der Heimerziehung voran zu treiben, wie sie z. B. vom Zukunftsforum Heimerziehung (vgl. IGfH 2020) gefordert wird. Diese Forderungen beziehen sich auf eine weitreichende Beteiligung aller Adressat*innen, also auch auf die Einbeziehung der Eltern in die Zusammenarbeit. Dabei wird deutlich, dass aktuell kein einheitliches Verständnis dazu vorliegt, was überhaupt unter dieser Anforderung verstanden wird. So wird die Zusammenarbeit von Eltern mit den Fachkräften der Jugendhilfe meist, wie im § 37 SGB VIII festgelegt, mit dem Begriff der „Elternarbeit" beschrieben. Trotz unterschiedlicher Definitionsversuche (z. B. Büttner 1980; Planungsgruppe Petra 1987; Gragert/Seckinger 2008; Stange et al. 2012) und unterschiedlicher Praxisentwicklungsprojekte (z. B. Moos/Schmutz

2012) zeigt sich, dass „Elternarbeit […] vom ‚Tür und Angelgespräch' über die Beteiligung zum Hilfeplanverfahren bis hin zu pädagogischen Einzel- und Gruppenangeboten für Eltern" reicht (Stuckstätte 2013: 246). Es bleibt häufig unklar, welcher Ansatz und welche Zielrichtung sowie Intensität der Zusammenarbeit gemeint ist. So sind Elternarbeitskonzepte in den Erziehungshilfen mitunter einseitig und verengt darauf ausgerichtet, durch Beratung und Schulung Verhaltensänderungen bei den Eltern zu bewirken, damit sich die Situation des Kindes verbessert.

Im Gegensatz hierzu wurde von Gies et al. (2016: 10 ff.) eine Idee entworfen, die eher auf die Gemeinsamkeiten von Fachkräften und Eltern im Hilfeprozess setzt. Als Ausgangspunkt einer Zusammenarbeit wird das unveräußerliche Elternrecht auf Beteiligung und Teilhabe im Erziehungsprozess gesehen. Es geht darum, die Situation gemeinsam zu verändern, indem Eltern und Fachkräfte zusammen als gleichberechtigte Partner*innen daran arbeiten, die Situation des Kindes zu verbessern. Dies schließt Beratung und Unterstützung von Eltern nicht aus, sieht sie aber weniger im Vordergrund. Damit wird auch die Bereitschaft der Fachkräfte gefordert, Eltern in einen Aushandlungsprozess auf Augenhöhe miteinzubeziehen, der ihnen die Möglichkeit eröffnet, aktiv Prozesse mitzugestalten. Im Folgenden geht es darum, die Herausforderungen einer solchen Eltern*partizipation* näher zu untersuchen.

2 Sichtweisen von Eltern auf Heimerziehung: Herausforderungen bei der Partizipation von Eltern

Im Rahmen unserer ersten Projekte zur Elternpartizipation haben wir Interviews mit Eltern zu ihren Interessen und Wünschen in Bezug auf Beteiligungsmöglichkeiten in der Heimerziehung inhaltsanalytisch ausgewertet, um Konzeptbausteine zur Partizipation zu entwickeln (vgl. ausführlicher Gies et al. 2016). In einem anderen Projekt, dem Zukunftsforum Heimerziehung der IGfH wurden ebenfalls Eltern als Adressat*innen der Heimerziehung in den Blick genommen. Es ging darum, Perspektiven von Müttern und Vätern selbst sowie deren Wahrnehmung durch die Fachkräfte in der Heimerziehung einzufangen und daraus Forderungen zur Weiterentwicklung der Heimerziehung abzuleiten. Hierzu wurden getrennte Gruppendiskussionen mit Eltern und Fachkräften durchgeführt (vgl. ausführlicher Knuth 2020).

Aus den Ergebnissen beider Zugänge lassen sich mit Blick auf weitere Forschungsarbeiten Erkenntnisse ableiten, die sich auf zentrale sozialpädagogische Herausforderungen der Elternpartizipation beziehen. Drei Befunde haben sich im Rahmen der Auswertung der Interviews mit Eltern als besonders bedeutsam herausgestellt und werden im Folgenden mit Blick auf die Konsequenzen und mögliche Praxisweiterentwicklungen diskutiert.

Heimerziehung als kritisches Lebensereignis für Eltern – Beteiligung in der Anfangszeit als zentraler Zugang für Eltern

Sowohl in den Gruppendiskussionen als auch in den Einzelinterviews beschreiben Eltern insbesondere in der Anfangszeit die Trennung von ihrem Kind als äußerst belastend und in vielen Fällen krisenhaft: „Am Anfang ging es mir auch so. Ich fand das furchtbar. Wir sind normal fünf in einer Familie. Wir haben noch zwei kleinere Kinder gehabt und es war ganz schrecklich, dass auf einmal nur noch für vier Mann gedeckt wurde und dann saß man da alleine. Kriege ich jetzt schon wieder Pipi in den Augen, weil das einfach so schlimm ist. Die Familie wurde auseinandergerissen und diese ganze Umstellung war schwer" (In: Gr 1; 435–439).

Die Trennung von dem Kind ist häufig mit großer Trauer verbunden. Familiäre Routinen ändern sich schlagartig und erfordern erhebliche Anpassungsleistungen im Alltag von Eltern, die sie meist ohne Unterstützung bewältigen müssen. Besonders wenn ihnen keine Handlungsoptionen eingeräumt werden, kann es zum Vertrauensverlust führen und möglicherweise die Zusammenarbeit belasten, wie im Fall dieser Familie: „der Luka kam erst in eine Auffangstation, sag ich mal. Und das fanden wir ganz furchtbar, weil in dem Moment hatten wir halt erstmal kein Sagen mehr […] Und wir hätten am liebsten das direkt nach zwei Tagen rückgängig gemacht und ihn zurückgeholt, aber wir konnten nicht. Uns waren die Hände gebunden" (In: Gr 1; 276–283).

Häufig erleben Eltern den Beginn der Heimerziehung fremdgesteuert, ohne eine Möglichkeit, ihr Wunsch- und Wahlrecht auszuüben. So hat aus Sicht der meisten Eltern unserer Projekte das Jugendamt die Entscheidung über die Unterbringung ihrer Kinder allein getroffen und auch die Einrichtung bestimmt. Keiner der Eltern kann von Auswahlmöglichkeiten berichten: „Also die Auswahl hatten wir ehrlich gesagt auch nicht. Wir mussten ewig drauf warten bis irgendwelche Vorschläge kamen, dann kam erstmal ein Vorschlag Stadt G. Das war für uns erstmal so ‚Oh Gott, so weit weg?‘ und dann wurde das aber wieder überworfen und dann hieß es ‚Nein, wir haben hier genau die richtige Einrichtung für Sie'" (In: Gr 1; 613–616). Hilfreich war für die Eltern, dass es in den meisten Einrichtungen die Möglichkeit gab, sich die Einrichtung (z.T. mit den Kindern) anzusehen und manchmal für Kinder das Angebot bestand, eine Nacht dort probeweise zu schlafen. Die Eltern berichteten, dass sie sich durch den Besuch einen ersten Eindruck verschaffen und so eher die Wünsche des Kindes berücksichtigen konnten.

Es stellt sich die Frage, wie es gelingen kann, gerade in dieser sensiblen Anfangszeit Eltern Beteiligungsformen zu ermöglichen, die während der hohen emotionalen Belastung für sie tatsächlich hilfreich sind und zur Transparenz des Aufnahmeprozesses beitragen.

Im Rahmen der Praxisentwicklungsprojekte wurden in diesem Zusammenhang mehrere Konzeptbausteine erarbeitet und erprobt, die sich explizit auf den Aufnahmeprozess bezogen. Es ging z. B. darum, gemeinsam mit den Eltern die zentralen Schritte im Aufnahmeprozess zu identifizieren, wie den Besuch der Einrichtung vor der Aufnahme, das Kennenlernen, der erste Tag. Eine Einrichtung hat beispielsweise ein zusätzliches Elterngespräch in den Aufnahmeprozess aufgenommen und gemeinsam mit anderen Eltern Themenbereiche für dieses Gespräch vorbereitet (vgl. Gies et al. 2016: 85 ff.). Von mehreren anderen Einrichtungen wurden Willkommensmappen für Eltern modellhaft ausprobiert. In den Willkommensmappen wurden gemeinsam von Eltern und Fachkräften zentrale Informationen zu Abläufen, Rechten, Ansprechpersonen sowie speziellen Angeboten für Eltern gebündelt mit dem Ziel, die Routinen der Organisation besser verständlich zu machen. Eine solche Bündelung von Informationen kann aus Sicht der Eltern und Fachkräfte nicht persönliche Gespräche vor Ort ersetzen, aber sinnvoll ergänzen, insbesondere wenn die Informationen durch Eltern selbst mitgestaltet werden und so auf spezifische Bedarfe zugeschnitten sind (vgl. Gies et al. 2016: 57 ff.).

Machtasymmetrien in der Heimerziehung erschweren die Zusammenarbeit mit Eltern

Eine zweite Herausforderung bei der Beteiligung von Eltern bezieht sich auf Machtasymmetrien zwischen Eltern und Fachkräften, die in den Interviews immer wieder deutlich werden. Dieses überrascht nicht, da das Phänomen in der Heimerziehung (vgl. Wolf 1999) bzw. in der Sozialen Arbeit insgesamt seit langem diskutiert wird (vgl. z. B. Schnurr 2015: 1171). Auch biografische Studien (z. B. Faltermeier 2019; Wilde 2014) analysieren mit Blick auf die Folgen der Herausnahme von Kindern solche Machtprozesse und erklären Reaktionen der Eltern. So kommt z. B. Helming (2003: 173) in ihrer Studie zur Bereitschaftspflege zu dem Schluss, dass nur in Ausnahmefällen von einer Zustimmung der Eltern bei einer Herausnahme des Kindes ausgegangen werden kann, da Eltern diese eher als einen Eingriff in ihre Autonomie, statt als ein Hilfsangebot verstehen. In dieser Krise kann von Eltern also kaum erwartet werden, dass sie den Eingriff als legitim beurteilen. Wolff diskutiert ausführlich die Legitimation solcher sozialpädagogischen Interventionen und verweist darauf, dass sich Fachkräfte des „Charakters der Zumutung ihrer Handlungen bewusst sein" (Wolff 2015: 72) müssen und ein Vertrauen der Adressat*innen die notwendige Zustimmung für die Intervention erheblich erleichtert. Hierzu bedarf es eines nachträglichen Werbens um Verständnis für die Intervention und einer ressourcenorientierten Arbeit. Im Gegensatz dazu zeigt sich, dass die Herausnahme von Kindern häufig als machtvolle Steuerungs- und Entscheidungsaktion der Sozialen Dienste verstanden wird, die dauerhafte Interaktions- und Kommunikationskrisen auslösen kann. Wenn also in der Interaktion zwischen Jugendamt und leiblicher Familie, gerahmt durch Machtungleichheiten, unterschiedliche Sinn- und Relevanzsysteme aufeinandertreffen, wird die Verständigung schwierig bzw. zum Teil ganz verhindert (vgl. Faltermeier 2001: 217). Je mehr Druck durch das Jugendhilfesystem auf Eltern ausgeübt wird, desto mehr lässt sich eine Distanzierung von Eltern beobachten (vgl. Gregert/Seckinger 2008: 8). Auch mögliche Vorerfahrungen der Eltern mit dem Jugendhilfesystem spielen hier eine Rolle (vgl. Pluto 2007: 128 ff.). Hinzu kommen organisatorische Rahmenbedingungen, wie wechselnde Ansprechpartner*innen, die den Eltern kaum vertrauensvolle Kommunikationen ermöglichen (vgl. auch Helming et al. 2010: 112).

Es verwundert vor diesem Hintergrund nicht, dass Eltern kaum Möglichkeiten sehen, sich kritisch einbringen zu können. Sie sind sich weitgehend einig, dass die Gefahr besteht, ein Widerstand ihrerseits könnte sich negativ auf das Kind auswirken: „I: Warum traut man sich nichts zu sagen? B6: Ja, dass das Kind hinterher B3: Schlechter behandelt wird als die anderen Kinder und ich hab da teilweise auch Sachen erlebt, also es ist echt schlimm. Muss man nicht unbedingt haben. Man traut sich dann auch nichts zu sagen" (In: Gr 1; 306–310). Manche Eltern sehen keinen anderen Ausweg, als sich den Zwängen unterzuordnen: „Ich musste dann natürlich leider nachgeben, weil das Kind mit da drin war" (In: Gr 1; 316–317). Andere gehen in Opposition und setzen sich vehement zur Wehr: „Mittlerweile bin ich eine Person, die stampft halt auf den Boden und sagt entweder so oder gar nicht, weil wenn man die ganze Zeit nur die Klappe hält oder den Mund hält, sag ich jetzt mal, bringt das auch keinem was" (In: Gr 1; 310–312). Fraglich ist in beiden Fällen, inwieweit vor diesem Hintergrund überhaupt eine Beteiligung auf Augenhöhe möglich ist (vgl. Knuth 2020: 11 f.).

Hansbauer und Gies (vgl. 2016: 353 ff.) sind der Frage nachgegangen, wie diese Machtasymmetrien zustande kommen und welche Strategien von Fachkräften angewendet werden, um die Ungleichheit der Machtmittel zu reproduzieren. So verschaffen sich Fachkräfte eine im Vergleich zu den Eltern „machtvollere" Position, wenn sie die Weitergabe von Informationen kontrollieren und selektieren, Kontakte einschränken oder in der Anfangszeit ganz verbieten bzw. als „Belohnungssystem" für kooperatives Verhalten der Eltern einführen. Auch die unterschiedliche Verfügbarkeit von materiellen Ressourcen und Zugangswegen zu Bildung verstärken das von den Eltern beschriebene Machtgefälle.

Zur sozialpädagogischen Herausforderung wird dieses Machtgefälle insbesondere, da es dem von vielen Eltern formulierten Wunsch nach Anerkennung und Wertschätzung im Wege steht. So antwortet ein Elternteil, was er einem Heimleiter empfehlen würde: „Ja, dass man halt irgendwo so auf gleicher Höhe miteinander arbeitet, dass man halt nicht sich irgendwo auf ein Podest stellt und sagt man ist was Besseres oder so, weil man das Kind in die Einrichtung gibt, sondern halt ja auf einer Höhe miteinander auszukommen" (In 13; 109–110).

Im Rahmen der Projekte hat sich die Hilfeplanung als ein zentrales Instrument herausgestellt, das für Eltern und Fachkräfte hilfreich sein könnte, um

Machtasymmetrien zu reflektieren und Eltern zu stärken, aktiv bei der Gestaltung mitzuwirken. Dazu wurde z. B. in einer Einrichtung ein umfangreiches Konzept gemeinsam mit Eltern entworfen und mit den zuständigen Jugendämtern abgestimmt, das eine intensivere Vorbereitung, Durchführung und Nachbereitung der Hilfeplangespräche mit Eltern vorsieht. Dabei steht im Mittelpunkt, Hilfeplanung als konsensorientierten Aushandlungsprozess wahrzunehmen und von allen Beteiligten einzufordern. Eine andere Projekteinrichtung baute ihre Beschwerde- und Anregungsmöglichkeiten für Eltern aus, indem Eltern gewonnen wurden, eine „Hotline" für andere Eltern einzurichten. Sie erhielten eine Schulung für diese Aufgabe und von der Einrichtung angeschaffte Mobiltelefone, um als Ansprechpartner*innen für Beschwerden und Anliegen anderer Eltern aus der Einrichtung zur Verfügung zu stehen. Sie waren damit ein Bestandteil der Entwicklung eines strukturierten Beschwerdeverfahrens, dass bereits seit dem Inkrafttreten des Bundeskinderschutzgesetzes (2012) für die stationären Erziehungshilfen in Bezug auf Kinder und Jugendliche verpflichtend ist, aber deren Aufbau für Eltern erst am Anfang steht (vgl. Siekmann 2019: 55). In diesem Zusammenhang könnten auch Rechteratgeber hilfreich sein, die in verständlicher, schriftlicher Form zu Themen wie z. B. Zusammenarbeit mit der Einrichtung, Hilfeplanung und Umgangsrecht sowie elterliche Sorge informieren. Mit Blick auf die Erfahrung der Gestaltung von Rechteratgebern für Kinder und Jugendliche eignet sich dieser Konzeptbaustein insbesondere, um Prozesse der Beteiligung zu starten und weiterführende Veränderungen einzuleiten (vgl. Stork 2007).

Partizipation wird von Eltern nicht selbstbewusst eingefordert – die Notwendigkeit unterschiedlicher Formen der Partizipation

Im Zusammenhang der dargestellten Machtasymmetrien wird in Bezug auf die Partizipation von Eltern ein weiterer Aspekt deutlich, der eine besondere Herausforderung bei der Etablierung von Partizipationsmöglichkeiten für Eltern darstellt. So zeigt sich, dass die Eltern den Fachkräften eine besondere Rolle zuweisen, mit dem sie wiederum ihren Anspruch selbst beteiligt zu werden, reduzieren: „Klar, es ist mein Kind. Ich weiß aber nicht, wie weit darf ich da eingreifen, weil wie gesagt, die ja die Pädagogen sind und nicht ich. Also das ist jetzt noch so, wo ich nicht genau weiß, wie weit darf ich gehen, wie weit kann ich gehen. Keine Ahnung" (In 1; 89). Hier sagt ein Vater explizit „es ist mein Kind", aber er weiß nicht inwieweit er sich noch einbringen kann/darf, weil er die Pädagog*innen als Expert*innen sieht und sich ihren Entscheidungen unterordnet. Viele Interviews spiegeln dieses Gefühl der Unterlegenheit von Eltern, das geprägt sein kann von gesellschaftlichen Hierarchievorstellungen, aber auch von Unsicherheit und Hilflosigkeit der Eltern in der Krisensituation der Herausnahme eines Kindes (s. o.).

Vor diesem Hintergrund ist es nicht verwunderlich, dass die befragten Eltern in unseren Projekten sich nicht vorstellen können, wie sie Partizipation offensiv einfordern können. Vielmehr spiegeln die Interviews eine defensive Haltung von Eltern gegenüber der Einrichtung, in der ihr Kind lebt. So berichtet z. B. eine Mutter, dass sie sich während der ersten Zeit der Heimunterbringung aufgrund ihrer Unsicherheit und persönlichem Selbstzweifel, überhaupt nicht eingebracht hat „[…] die erste Zeit wollte ich erst mal, dass die mich hier kennenlernen, dass das Klischeebild wegfällt" (In 5; 133–144).

Neben der Unwissenheit über ihre Rechte war in dem ersten Praxisentwicklungsprojekt vor allem diese Unsicherheit ein zentraler Grund, warum Eltern sich wenig im Alltag ihrer Kinder, die in Wohngruppen lebten, beteiligten. Weitere Gründe wie Unzufriedenheit oder Ablehnung der Unterbringung werden in anderen Studien (vgl. Pluto 2007) herausgestellt.

Als zentrale sozialpädagogische Herausforderung lässt sich festhalten, dass die von Fachkräften häufig beschriebene Problematik der „fehlenden Motivation" von Eltern zur Zusammenarbeit und Partizipation nicht durch eine reine „Informationsvermittlung" von Rechten gelöst werden kann. Vielmehr gilt es, Gründe für defensive (ggf. auch abwehrende) Haltungen zu verstehen und zu thematisieren und gleichzeitig neue Erfahrungen anzubieten, die Eltern eine „neue aktive Rolle" ermöglichen. In diesem Zusammenhang zeigt sich, dass in unseren Projekten Eltern fast ausschließlich von Erfahrungen mit individuellen Beteiligungsmöglichkeiten berichten konnten, die sich auf den unmittelbaren Lebensbereich ihres Kindes beziehen (z. B. bei Arztbesuchen, Schulterminen). Sie beschreiben es als wertschätzend, dass Informationen an sie weitergegeben werden: „Das war jetzt auch mit der Schule so mit Laura. Konnte ich auch machen. Welche Schule sie besucht und so. Das war ganz gut" (In: Gr 1; 448–449).

Allerdings äußern Eltern, dass sie sich auch andere Formen der Beteiligung vorstellen können, z. B. solche, die eine Beteiligung im Alltag ermöglichen, für die Fachkräfte aber aus Elternsicht zu wenig Zeitressourcen haben: „B7: ich könnte mir auch vorstellen, dass die [Fachkräfte] auch viel mehr Möglichkeiten hätten, noch mehr Dinge zu machen oder auch mit Eltern mehr zusammenzumachen, wenn sie die Zeit dazu hätten. Aber die werden schon so von dem Verwaltungskram so aufgefressen, dass also das ist wirklich, das ist eigentlich sehr, sehr schade. B1: Ja genau. B7: Weil ich hätte z. B. gern auch am Wochenende einfach mal mit den Kindern gebacken oder so was gemacht oder. Aber dann platze ich da in so einen strukturierten Tagesablauf rein, will ich eigentlich auch gar nicht. Ich weiß, dass es auf der einen Seite vielleicht entlastend wäre, aber es ist halt wieder so ein Projekt noch on top. Wozu eigentlich keine Zeit da ist" (In: Gr 1; 488–497).

Es deutet sich an, dass die Beteiligung von Eltern im Alltag ein zentraler Baustein ist, der an die Wünsche und Interessen anknüpft. So wurde in den Projekten eine „Öffnung des Heimalltags" erprobt, bei der unterschiedliche Möglichkeiten der Elternbeteiligung im Alltag der Gruppe so gestaltet wurden, dass die Bedürfnisse und Ressourcen der Eltern, Kinder und Fachkräfte im Blick waren, gleichzeitig aber vielfältige Ideen und Ressourcen der Eltern Berücksichtigung fanden, u. a. durch eine „offene Tür" der Gruppe für Eltern (immer oder als offenes Zeitfenster), durch Übernahme von Begleitung der Kinder im Alltag durch ihre Eltern (z. B. Abendrituale, Vorlesen, schulische Termine), gemeinsame Aktivitäten in der Gruppe (z. B. Kochen, Gärtnern, Ausflüge) (vgl. Gies et al. 2016: 101 ff.).

Eltern wünschen sich darüber hinaus den Austausch mit anderen Eltern, den sie als hilfreich einschätzen, um eine Entlastung zu erfahren: Den Kontakt zu anderen Eltern wünschen sie sich „nicht um Dinge zu erfahren, was die anderen Kinder für Sorgen und Probleme haben, sondern wie die [anderen Eltern] damit umgehen. Wie die damit klarkommen, ob wir alleine so Sorgen haben" (In 10, 53). Dieser Wunsch nach kollektiver Beteiligung wurde z. B. durch die Idee des Elterncafés aufgegriffen. Neu war, dass diese Form des Elterncafés nicht primär als Ort der Elternbildung verstanden wurde, sondern als Ort des Austausches, des gegenseitigen Lernens, für Elternfeedbacks und Elternbeschwerden, für die gemeinsame Entwicklung von Elternaktivitäten und Eltern-Kind-Veranstaltungen. Als eine weitere Form der kollektiven Beteiligung wurde der Konzeptbaustein „Eltern für Eltern" erprobt und damit eine Selbsthilfegruppe für Eltern eingerichtet, die Eltern ermöglicht, ihre eigenen Erfahrungen weiterzugeben, Mut zu machen und versucht, Perspektiven aufzuzeigen.

Neben dem Wunsch nach einem Austausch untereinander, machen die Forderungen der Eltern gleichzeitig deutlich, dass sie Unterstützung bei der Vernetzung untereinander in Form einer Interessensvertretung benötigen, die einer strukturellen Verankerung bedarf (vgl. Zukunftsforum Heimerziehung 2020). Diese Aufgabe könnte ggf. durch eine Selbsthilfegruppe (s. o.) übernommen werden, steht aber im Rahmen eines anderen Konzeptbausteins noch stärker im Vordergrund. So wurde ein Elternbeirat gegründet und damit ein gewähltes Gremium, das eine institutionalisierte und auf Dauer angelegte Form der Beteiligung im Sinne einer Interessensvertretung eröffnen sollte. Es wurde festgeschrieben, wer wie in das Gremium gewählt wird, welche Rechte, Aufgaben und Einwirkungsmöglichkeiten ein Beirat hat sowie welche Beschwerdemöglichkeiten im Konfliktfall bestehen. Bei der Umsetzung dieses Projektbausteins wurde insbesondere deutlich, dass die Einrichtungsleitung gefordert ist, Eltern Mitwirkung in Planungs- und Entscheidungsprozessen zuzutrauen und den Elternbeirat als institutionelles Vertretungsgremium strukturell zu verankern. Erfahrungen mit einem Heimparlament von Kindern und Jugendlichen wurden für den Prozess als hilfreich eingeschätzt, gleichzeitig jedoch die Notwendigkeit der Anpassung auf die Situation der Eltern gesehen, die ihren Lebensmittelpunkt außerhalb der Einrichtung haben. Institutionen wie Kindertageseinrichtungen und Schulen zeigen, dass es erfolgreiche Modelle gibt, die rechtlich abgesichert sind. Perspektivisch wäre es auch denkbar, solche Interessensvertretungen in der Heimerziehung stärker an den Lebensort der Eltern zu verankern, indem z. B. die Gründung eines Elternbeirats im kommunalen Jugendamt angeregt wird. Eine Vernetzung der regionalen Vertretungsgremien über Landeselternbeiräte gehört außerdem in diese Zukunftsvision.

Die Erfahrungen mit den bereits erprobten Konzeptbausteinen ergeben, dass diese nur erfolgreich umgesetzt werden können, wenn Fachkräfte es als ihre Aufgabe sehen, Eltern dafür zu sensibilisieren, was sie erwartet, wenn ihr Kind in einer Einrichtung der Erziehungshilfe lebt und welche Möglichkeiten sie haben, trotz der Unterbringung am Leben ihrer Kinder teilzunehmen. Hierbei geht es darum, Eltern über ihre Rechte aufzuklären und ihnen unterschiedliche Möglichkeiten aufzuzeigen. Vor allem aber spielt eine entscheidende Rolle, inwieweit es Fachkräften gelingt, Eltern Aushandlungsspielräume zu eröffnen und im gegenseitigen Austausch Ideen zur Beteiligung zu eröffnen. Für die Eltern ist darüber hinaus wichtig, dass sie für sich selbst und/oder für das Kind einen positiven Effekt sehen, sich aktiv am Leben des Kindes zu beteiligen. Ein Anliegen, das zunächst „banal" klingt, aber in den subjektiven Erfahrungsberichten der Eltern kaum eingelöst werden konnte (vgl. Gies et al. 2016: 122).

3 Fazit: Strukturbedingungen und Haltungsfragen als Stolperfallen bei der Zusammenarbeit mit Eltern

Heimerziehung steht vor einer Reihe von Spannungsfeldern und Herausforderungen, wenn es darum geht, das Heim als einen Ort der Beteiligung für Eltern zu gestalten, obwohl zahlreiche Ideen für konzeptionelle Erweiterungen bzw. Neugestaltungen bereits vorliegen. Bei der Umsetzung der Konzepte deuten sich zentrale Weiterentwicklungsbedarfe der Heimerziehung an. Diese beziehen sich auf unterschiedliche gesellschaftliche, organisatorische und strukturelle Rahmenbedingungen der Heimerziehung, die bisher eher Ausgrenzungsprozesse von Eltern zur Folge haben, als deren Einbezug und Beteiligung.

So kommen beispielsweise Glinka und Schefold (2007: 153) zu dem Schluss, dass Eltern zwar vor der stationären Unterbringung (z. B. während ambulanter Maßnahmen) meist im Mittelpunkt der Hilfen stehen, nach der Fremdunterbringung aber häufig aus dem Blick von ASD Mitarbeiter*innen geraten und auch die Einrichtungen keine konzeptionell angemessene Zusammenarbeit mit Eltern durchführen, obwohl § 37 SGB VIII sie dazu verpflichtet. Moos und Schmutz (2012: 26) ergänzen, dass Hilfeplanziele bislang oftmals kindbezogen ausgerichtet sind und spezifisch elternbezogene Ziele meist nicht formuliert werden. Als Begründungen werden u. a. organisatorische Rahmenbedingungen wie fehlende Personal- und Zeitressourcen in Jugendämtern und Einrichtungen angeführt (vgl. Glinka/Schefold 2007: 153). Hinzu kommt mitunter eine fehlende personelle Kontinuität, von der Eltern in unseren Projekten berichten, indem sie auf die hohe Anzahl von Zuständigkeitswechseln ihrer fallverantwortlichen Fachkraft im Jugendamt verweisen: „beim Jugendamt da wechseln gern mal die Verantwortlichen. Ich habe jetzt auch in den fünf Jahren, warte mal, fünf verschiedene Frauen gehabt und die eine weiß nicht was die andere tut" (In: Gr 1; 369–371). In Bezug auf die Hilfeplanung ergänzt eine andere Mutter: „Also beim Hilfeplangespräch, da habe ich, weiß ich nicht, vier Mal jemand anderes gehabt. Und dann saß da eine und die wusste eigentlich gar nichts von meiner Tochter" (In: Gr 1; 353–355).

Unseren Gruppendiskussionen mit Eltern lässt sich zudem entnehmen, dass eine überregionale Belegung der Einrichtung und damit verbundene weite Fahrwege der Eltern zur Einrichtung eine zusätzliche organisatorische Hürde schafft, um mit der Einrichtung zusammenzuarbeiten. Insbesondere in Bezug auf Beteiligungskonzepte greift die aktuelle Fachdebatte diese überregionale Belegungspraxis schon länger kritisch auf (vgl. Knuth/Stork 2014; Knuth 2019). Wohnortnähe als eine zentrale Variable, die es Eltern und Kindern ermöglicht, eine enge und sich immer wieder aktualisierende Beziehung aufrecht zu erhalten, wird schon im Rahmen der Forschung zu den integrierten Erziehungshilfen herausgestellt (vgl. Zeller 2003: 233), aber wenig in die aktuelle Belegungspraxis einbezogen, obwohl dieses Strukturmerkmal eine zentrale Voraussetzung darstellt, um die vorgeschlagenen Formen der Elternbeteiligung überhaupt konzeptionell verankern und umsetzen zu können.

Letztlich lässt sich festhalten, dass das SGB VIII zwar als Dienstleistungsgesetz mit starken Elternrechten konzipiert wurde, dennoch die Praxis der Hilfebeantragung, Hilfeplanung und Hilfedurchführung bis heute nicht von dieser Philosophie geprägt ist (vgl. Gies et al. 2016: 115).

Neben solchen strukturellen und organisatorischen Rahmenbedingungen wird aber vor allem die Haltungsfrage – also die Grundhaltung von Mitarbeiter*innen in der Jugendhilfe – für die Gestaltung der Zusammenarbeit mit Eltern verantwortlich gemacht. Fragen der Haltung gelten als Teil der Persönlichkeit, beruhen auf lebenslangen Erfahrungen und allgemeinen Überzeugungen (vgl. Bourdieu 1976). Sie werden deshalb nicht als leicht bzw. schnell veränderbar eingeschätzt. Gerade in der Heimerziehung wird auf ein Bild von Eltern verwiesen, das noch immer von negativen Grundorientierungen geprägt ist. Wenn Eltern die Schuld am Elend der Kinder zugeschrieben wird, liegt die Konsequenz nahe, dass Heimerziehung eher als familienersetzende statt -ergänzende Leistung angesehen wird und Eltern als eigenständige Akteur*innen aus dem Blick der Fachkräfte geraten (vgl. Gies et al. 2016: 109). Inwieweit diesbezüglich auch eine gesamtgesellschaftliche Perspektive auf die Heimerziehung mit ihrer eher strafenden und sanktionierenden Geschichte eine Rolle spielt, kann an dieser Stelle nur angedeutet werden (vgl. ausführlicher Heckes/Schrapper 1991: 9 ff.)

Wenn strukturelle Bedingungen der Heimerziehung in den Blick genom-

men werden, gilt es also immer, diese in ihrer Wechselwirkung mit Haltungsfragen zu diskutieren. Gies et al. (2016: 114) argumentieren in diesem Zusammenhang, dass substantielle Veränderungen auf der einen Ebene nicht möglich
sind, ohne zugleich die andere Ebene mit in den Blick zu nehmen. Die Heimerziehung steht also vor der Herausforderung, wie eine Organisationsentwicklung vorangetrieben werden kann, die eine beteiligungsorientierte Haltung fördert, gleichzeitig jedoch verlässliche Beteiligungsstrukturen schafft, die auch zur
Realisierung von Elternrechten beitragen. Die strukturelle Verankerung von
Beteiligungs- und Beschwerdemöglichkeiten für die Eltern kann also nur mit einer Veränderung des professionellen Verständnisses von Fachkräften einhergehen, um so den totalen Charakter von Institutionen abzubauen und zu einer
Öffnung der Heimerziehung für Eltern beizutragen.

Literatur

Ackermann, Timo/Robin, Pierrine (2017): Partizipation gemeinsam erforschen: die reisende Jugendli-
chen-Forschungsgruppe (RJFG) – ein Peer-Research-Projekt in der Heimerziehung. In: EREV (Hrsg.):
Beiträge zu Theorie und Praxis der Jugendhilfe 18. Hannover: Schöneworth.
BMJFFG (Bundesministerium für Jugend, Familie, Frauen und Gesundheit) (Hrsg.) (1990): 8. Jugend-
bericht. Bonn: Eigenverlag.
Bourdieu, Pierre (1976): Entwurf einer Theorie der Praxis auf der ethnologischen Grundlage der kabyli-
schen Gesellschaft. Frankfurt/M.: Suhrkamp.
Britz, Gabriele (2016): Kinderschutz – aktuelle verfassungsrechtliche Leitlinien. In: Neue Zeitschrift für
Familienrecht 3, S. 1113–1208.
Büttner, Peter (1980): Elternarbeit. In: Planungsgruppe Petra (Hrsg.): Studien zur Heimerziehung. Frank-
furt/M.: Eigenverlag IGfH, S. 22–47.
Deutscher Bundestag (2021): Gesetzentwurf der Bundesregierung. Entwurf eines Gesetzes zur Stärkung
von Kindern und Jugendlichen (Kinder- und Jugendstärkungsgesetz – KJSG). www.dipbt.bundestag.
de/dip21/btd/19/261/1926107.pdf (Abfrage: 12.02.2021).
Faltermeier, Josef (2001): Verwirkte Elternschaft? Fremdunterbringung – Herkunftseltern – Neue Hand-
lungsansätze. Münster: Votum.
Faltermeier, Josef (2019): Eltern, Pflegefamilie, Heim. Partnerschaften zum Wohl des Kindes. Weinheim/
Basel: Beltz Juventa.
Gies, Martin/Hansbauer, Peter/Knuth, Nicole/Kriener, Martina/Stork, Remi (2016): Mitbestimmen, mit-
gestalten: Elternpartizipation in der Heimerziehung. In: Evangelischer Erziehungsverband (Hrsg.): Bei-
träge zu Theorie und Praxis der Jugendhilfe 15. Dähre: Schöneworth.
Glinka, Hans-Jürgen/Schefold, Werner (2007): Hilfeplanverfahren und Elternbeteiligung im Spiegel von
Fallstudien. In: Homfeldt, Hans Günther/Schulze-Krüdener, Jörgen (Hrsg.): Elternarbeit in der Heim-
erziehung. München/Basel: Ernst Reinhardt, S. 150–161.
Gragert, Nichola/Seckinger, Mike (2008): Herausforderungen für die Zusammenarbeit mit Eltern in den
Erziehungshilfen. In: Forum Erziehungshilfen 14, H. 1, S. 4–9.
Hansbauer, Peter/Gies, Martin (2016): Elternpartizipation und Machtbalancen in den stationären Erzie-
hungshilfen. In: Zeitschrift für Sozialpädagogik 14, H. 4, S. 342–364.
Hansbauer, Peter/Kriener, Martina (2000): Einbezug von Kindern und Jugendlichen in Qualitätsbewer-
tung und -entwicklung. In: Merchel, Joachim (Hrsg.): Qualitätsentwicklung in Einrichtungen und
Diensten der Erziehungshilfe. Frankfurt/M.: Eigenverlag IGfH, S. 219–245.
Heckes, Claudia/Schrapper, Christian (1991): Traditionslinien im Verhältnis Heimerziehung – Gesellschaft: Reformepochen und Restaurationsphasen. In: Peters, Friedhelm (Hrsg.): Jenseits von Familie und Anstalt. 2. Auflage. Bielefeld: Böllert, KT, S. 9–27.
Helming, Elisabeth (2003): Die Eltern: Erfahrungen, Sichtweisen und Möglichkeiten. In: Bundesministerium für Familie, Senioren, Frauen und Jugend (Hrsg.): Bereitschaftspflege – Familiäre Bereit-
schaftsbetreuung.   www.bmfsfj.de/blob/94896/3b8de776569c9cf63956257f2e72001d/prm-
24081-sr-band-231-data.pdf (Abfrage: 24.09.2020).

Helming, Elisabeth (2010): Herkunftseltern im Jugendhilfesystem. In: Kindler, Heinz/Helming, Elisabeth/ Meysen, Thomas/Jurczyk, Karin (Hrsg.): Handbuch Pflegekinderhilfe. München: Grafik + Druck GmbH, S. 525–540.

IGfH (2020): Bewertungskriterien für eine Reform des SGB VIII aus Sicht der IGfH. www.igfh.de/publi-kationen/fachpolitische-stellungnahmen/bewertungskriterien-fuer-reform-des-sgb-viii-aus-sicht (Ab-frage: 24.09.2020).

ISA/Uni Bielefeld (2009): Praxishilfe zur wirkungsorientierten Qualifizierung der Hilfen zur Erziehung. In: ISA (Hrsg.): Schriftenreihe zur Qualifizierung der Hilfen zur Erziehung. Bd. 9. Münster: Eigenverlag ISA.

Knuth, Nicole (2019): Elternpartizipation: Eine Herausforderung für die stationären Erziehungshilfen. In: Unsere Jugend, 71. Jg., S. 59–68.

Knuth, Nicole (2020): Dokumentation und Auswertung der Beteiligungswerkstatt mit Eltern und Fachkräf-ten im Rahmen des Projekts „Zukunftsforum Heimerziehung". Frankfurt/M.: Eigenverlag IGfH.

Knuth, Nicole/Stork, Remi (2014): Beteiligungsverfahren und Beschwerdemöglichkeiten. Kann Heim-erziehungspraxis die neuen rechtlichen Ansprüche nach § 45 SGB VIII erfüllen. In: Forum Erzie-hungshilfen 20, H. 4, S. 245–248.

Kriener, Martina (2017): Konzepte der Partizipation von Eltern mit Kindern in stationären Erziehungshil-fen. In: Forum Erziehungshilfen 23, H. 4, S. 202–207.

Moos, Marion/Schmutz, Elisabeth (2012): Praxishandbuch Zusammenarbeit mit Eltern in der Heimerzie-hung. Ergebnisse des Projekts „Heimerziehung als familienunterstützende Hilfe". Mainz: Eigenverlag ism.

Naake, Beate (2017): Rechte von Eltern auf Partizipation im Kontext von Heimerziehung. In: Forum Er-ziehungshilfen 23, H. 4, S. 212–216.

Oehler, Patrick (2018): Demokratie und Soziale Arbeit: Entwicklungslinien und Konturen demokratischer Professionalität. Wiesbaden: Springer.

Planungsgruppe Petra (1987): Analyse von Leistungsfeldern der Heimerziehung. Frankfurt/M.: Peter Lang.

Pluto, Liane (2007): Partizipation in den Hilfen zur Erziehung. München: Eigenverlag DJI.

Schloz, Carolin (2015): „An wen soll ich mich wenden?" Einschätzungen zu Ansprechpartnern und Anlauf-stellen bei Übergriffen für Jugendliche in stationären Settings. In: Sozial Extra. Durchblick Sexuelle Gewalt und Schutzkonzepte 39, H. 5, S. 34–37.

Schnurr, Stefan (2015): Partizipation. In: Otto, Hans-Uwe/Thiersch, Hans (Hrsg.): Handbuch Soziale Ar-beit. Grundlagen der Sozialarbeit und Sozialpädagogik. 5. Auflage. München/Basel: Ernst Reinhardt, S. 1171–1180.

Siekmann, Rainer (2017): Partizipation von Eltern in der stationären Jugendhilfe. Neue Wege der Zusam-menarbeit von Eltern und Einrichtungen. In: Unsere Jugend 71, S. 50–58.

Stange, Waldemar/Krüger, Rolf/Henschel, Angelika/Schmitt, Christof (2012): Erziehungs- und Bildungs-partnerschaften – Grundlagen und Strukturen von Elternarbeit. Wiesbaden: Springer VS.

Statistisches Bundesamt (2020): Statistiken der Kinder- und Jugendhilfe – Erzieherische Hilfe, Eingliede-rungshilfe, Hilfe für junge Volljährige. Wiesbaden.

Stork, Remi (2007): Kann Heimerziehung demokratisch sein? Eine qualitative Studie zum Partizipations-konzept im Spannungsfeld von Theorie und Praxis. Weinheim/München: Juventa.

Stuckstätte, Eva Christina (2013): Elternarbeit in der Kinder- und Jugendhilfe – fachlich notwendig aber lästig? In: Forum Erziehungshilfen 19, H. 4, S. 246–250.

Wilde, Christina-Elisa (2014): Eltern. Kind. Herausnahme. Zur Erlebensperspektive von Eltern in den Hil-fen zur Erziehung. In: Zentrum für Planung und Evaluation Sozialer Dienste (ZPE) (Hrsg.): ZPE-Schrif-tenreihe Nr. 35. Siegen: Eigenverlag ZPE.

Wolf, Klaus (1999): Machtprozesse in der Heimerziehung. Münster: Votum.

Wolf, Klaus (2015): Sozialpädagogische Interventionen in Familien. Weinheim/Basel: Beltz Juventa.

Zukunftsforum Heimerziehung (2020): Forderungen an die Weiterentwicklung der Heimerziehung. Ergeb-nisse einer Beteiligungswerkstatt mit Eltern und Fachkräften. Berlin: Eigenverlag IGfH.

Die Zeit ist reif ... Eltern in der Pflegekinderhilfe aktiv beteiligen

Corinna Petri/Ina Ruchholz/Dirk Schäfer

Einleitung

Es ist die Aufgabe der Pflegekinderhilfe, Kindern und Jugendlichen zu helfen, die vorübergehend oder ohne zeitliche Begrenzung in Pflegeverhältnissen und damit in Pflegefamilien leben und aufwachsen. Das Wohl der Kinder und Jugendlichen sowie ihre Bedürfnisse, Wünsche und ihr Wille gelten als handlungsleitende Kriterien für die zuständigen Fachkräfte. Inwieweit dieser Anspruch in der Praxis erfüllt wird, ist nicht Gegenstand dieses Beitrags.

Hier geht es um Folgendes: Die Kinder und Jugendlichen kommen ursprünglich aus einer anderen Familie als derjenigen, bei der sie im Rahmen des Pflegeverhältnisses leben. Damit eine solche Konstellation für die Kinder und Jugendlichen entwicklungsförderliche Bedingungen bereithalten kann – sie sich also nach einem meist turbulenten Start ins Leben möglichst gut entfalten, zu selbstwirksamen und selbstbewussten, idealerweise zufriedenen Erwachsenen heranwachsen – ist es erforderlich, auch die Unterstützungsbedarfe der beteiligten Pflegeeltern und Eltern zu kennen.

Die Eltern verfügen als Adressat*innen einer Hilfe eigentlich über eine exponierte Stellung. Hinsichtlich ihrer Unterstützungsbedarfe besteht jedoch sowohl in der Praxis der Pflegekinderhilfe als auch der Forschung zur Pflegekinderhilfe eine besonders große Lücke hinsichtlich passender Angebote und der verfügbaren Wissensbestände. In den letzten drei Jahren haben wir in der „Perspektive gGmbH – Institut für sozialpädagogische Praxisforschung und -entwicklung" deshalb einen Schwerpunkt unserer Arbeit auf dieses Thema gelegt. Die Ergebnisse unserer Forschung und wissenschaftlichen Begleitung von Praxisentwicklungsprozessen haben wir in diesem Beitrag zusammengefasst. Nach der Erläuterung des vorliegenden Entwicklungsbedarfs folgt ein Einblick in den Prozess der sozialpädagogischen Praxisforschung sowie die daraus erarbeiteten Wissensbestände. Anschließend werden innovative und erprobte Ansätze zur Weiterentwicklung der Zusammenarbeit mit Eltern vorgestellt und abschließend ein Vorschlag zur weiteren Bearbeitung des Themas gegeben.

1 Eltern in der Pflegekinderhilfe – Lagebeschreibung und Entwicklungsbedarfe

Der Blick auf Eltern in der Pflegekinderhilfe sensibilisiert nicht nur für deren Situation und Bedürfnisse. Untrennbar damit verbunden sind der Blick auf die Eltern-Kind-Beziehungen, ergo auch die Bedeutung der Eltern für die Entwicklung der Kinder sowie der Blick auf das Gesamtgeflecht, in dem sich die Akteur*innen der leiblichen Familie und der Pflegefamilie als auch der Sozialen Dienste begegnen und sich in Wort und Tat mit ihren jeweiligen Werten, Ansichten und Zuschreibungen beeinflussen.

1.1 Voraussetzungen für erfolgreiche Pflegeverhältnisse

Forschungserkenntnisse verweisen auf die lebenslange Bedeutung der Auseinandersetzung von Pflegekindern mit der eigenen Herkunft als einen wichtigen Aspekt der Sozialisation (vgl. Gehres 2016) und Bestandteil der Identitätsbildung (vgl. Gehres/Hildenbrandt 2008; Reimer/Petri 2017; Sievers/Thomas/Zeller 2015; Rösner 2015). Diese Auseinandersetzung, wie immer sie geartet ist, nimmt Einfluss auf Normalitätskonstruktionen (vgl. Reimer 2017: 354ff.) und essenzielle Fragen der Zugehörigkeit (vgl. Petri 2019; Biehal et al. 2010). Sie ist für die Pflegekinder unerlässlich, um erfahrene Diskontinuität als Bestandteil der eigenen Biografie zu integrieren (vgl. Gassmann 2010). Inwieweit dies erfolgreich gelingt, hängt entscheidend davon ab „ob es die Beteiligten schaffen, in diesem Wirrwarr möglicher Beziehungsgestaltung einen Weg zu finden, der den Beteiligten gemäß ist" (Gehres/Hildenbrandt 2008: 25). Hier treffen Identitätskonzepte von Pflegeeltern – rigide bis flexible Carer- oder Parentskonzepte – (vgl. Schofield et al. 2013) auf die Vorstellungen von Eltern, welche Rolle sie im Leben ihrer Kinder weiterhin einnehmen und im Alltag leben wollen und können. Unterschiedliche Figurationen des Zusammenspiels von leiblicher Familie und Pflegefamilie sind möglich und mit spezifischen Konsequenzen für die Pflegekinder verbunden (vgl. Wolf 2015). Über Loyalitätskonflikte, die eine negative Konsequenz sein können, ist bekannt, dass sie u. a. durch die fehlende Zusammenarbeit zwischen Fachkräften und Eltern sowie Hürden hinsichtlich der Kooperationsbereitschaft zwischen leiblicher Familie und Pflegefamilien befördert werden (vgl. Helming 2017).

Die systematische Anerkennung und Berücksichtigung der Bedürfnisse möglichst aller am Pflegeverhältnis beteiligten Akteur*innen ist eine wichtige Grundlage für das Gelingen einer tragfähigen Kooperationsbeziehung zwischen Eltern, Pflegeeltern und Fachkräften zum Wohl und im Sinne der Kinder und Jugendlichen (vgl. Schäfer/Petri/Pierlings 2015). Eine Pflegekinderhilfe, die sich an professionellen Maßstäben messen lassen können muss, ist dazu aufgefordert, Anteile von Willkür innerhalb des Hilfesystems möglichst zu begrenzen und strukturell geeignete Rahmenbedingungen für die Zusammenarbeit aller Beteiligten zu schaffen.

1.2 Entwicklungsbedarfe

Vor dem skizzierten Hintergrund erhält die derzeitige Lage von Eltern in der Pflegekinderhilfe besondere Brisanz: Die Begleitung, Beratung und Unterstützung von Eltern im Rahmen von Pflegeverhältnissen nach § 33 SGB VIII wird innerhalb der Fachszene als unzureichend wahrgenommen und gilt als entwicklungsbedürftig (vgl. Ruchholz/Vietig/Schäfer 2020; Dittmann/Schäfer 2019; Langenohl et al. 2017; Faltermeier 2015; Wiesner 2015; Schäfer/Petri/Pierlings 2015). Obwohl die meisten Entwicklungsbedarfe innerhalb der Pflegekinderhilfe bereits seit langer Zeit bekannt sind (vgl. Faltermeier 2001: 313 ff.) und nachgewiesen ist, welch negativen Einfluss die Ausgrenzung von Eltern für die betroffenen Kinder und Jugendlichen haben kann (vgl. Sievers/Thomas/Zeller 2015: 138; Thrum 2007: 166), wurde dadurch in weiten Teilen der Pflegekinderhilfe noch kein grundlegender Veränderungsprozess ausgelöst. Überraschend langfristig hatten sich hingegen unterkomplexe und in Teilen dogmatische Erklärungs- und Handlungsansätze festgesetzt, die sich in einer Ersatz- versus Ergänzungsfamilien-Dichotomie niederschlugen und mittlerweile als undifferenzierte, polarisierende Gegenüberstellung empirisch entlarvt wurden (vgl. Gehres/Hildenbrandt 2008: 123).

Die Entwicklungsbedarfe werden mit Blick auf Rechtsprechungen sowie die bevorstehende Gesetzesnovellierung im SGB VIII unterstrichen: Trotz der bereits ziemlich eindeutigen gesetzlichen Grundlagen (vgl. dazu ausführlich: Eschelbach 2019) wurden insbesondere die im § 37 (1) SGB VIII beschriebenen Anforderungen zur Zusammenarbeit mit Eltern aus Sicht des Bundesverfassungsgerichts bisher lediglich unzureichend erfüllt (vgl. Schäfer 2014: 435 ff.). Der aktuell vorliegende Referentenentwurf, der zu einer Reform des SGB VIII führen soll, betont und konkretisiert die Ansprüche und Rechte von Eltern deutlich. Der neue § 37 räumt den Eltern von Kindern und Jugendlichen, die (teil-)stationäre Leistungen erhalten, einen Anspruch auf „Beratung und Unterstützung sowie Förderung der Beziehung zu ihrem Kind" ein. Darüber hinaus soll der örtliche Träger die Zusammenarbeit von Eltern und Einrichtung bzw. Pflegeeltern „durch geeignete Maßnahmen fördern" (§ 37 Abs. 2) – gemäß § 37c Abs. 4 ist dies im Hilfeplan zu dokumentieren – und er soll in Konfliktfällen vermitteln (§ 37 Abs. 3).

Neben der rechtlich bereits gegebenen und zukünftig aufgrund des Gesetzesreformentwurfes voraussichtlich steigenden Notwendigkeit zur Verbesserung und Ausdifferenzierung der Zusammenarbeit mit Eltern in der Pflegekinderhilfe besteht bei diesem Thema ein sozialpädagogisch begründeter Entwicklungsbedarf. Durch die Übertragung von empirisch abgesicherten Erkenntnissen in innovative Ansätze und Praxiskonzepte sowie die damit verbundene Ausgestaltung sozialpädagogischer Handlungsoptionen kann die Profession Hilfen legitimieren, adressat*innenorientiert ausrichten und das Leid von Kindern, Jugendlichen und ihren Familien reduzieren.

Um dem beschriebenen Anspruch gerecht werden zu können, ist es erforderlich, die gegenwärtige Rolle und Beteiligung von Eltern in der Pflegekinderhilfe grundlegend zu überdenken und in der Folge geeignete Ansätze zum Aufbau und zur Etablierung einer nachhaltigen Zusammenarbeit mit Eltern zu entwickeln. Dass eine solch grundsätzliche Praxisveränderung möglich ist, zeigen Beispiele aus der Heimerziehung (vgl. Moos/Schmutz 2012; Gies et al. 2016). Im Rahmen unserer Projektarbeiten konnten auch für die Pflegekinderhilfe ermutigende Erfahrungen gesammelt werden, die nachfolgend im Hinblick auf ihre Entwicklung und Umsetzung vorgestellt werden.

2 Antworten auf die Entwicklungsbedarfe

Wir haben den Entwicklungsbedarf der Pflegekinderhilfe in Bezug auf die Zusammenarbeit mit Eltern zum Anlass genommen, konzeptionelle Neuausrichtungen in der Praxis anzustoßen und wissenschaftlich zu begleiten. Basis hierfür ist eine spezifisch sozialpädagogische Praxisforschung, die in Kooperation mit den in der Praxis Handelnden (hier die Fach- und Leitungskräfte freier und öffentlicher Jugendhilfeträger) realisiert wird und die sich explizit auf die Situation und das Erleben der Adressat*innen (hier die Eltern und die (Pflege-)Kinder) und weiterer relevanter Akteur*innen (hier die Pflegeeltern) bezieht. Unser fachliches Verständnis hierzu soll im Folgenden kurz ausgeführt und am konkreten Beispiel illustriert werden. Empirische Erkenntnisse und daraus resultierende Ansätze zur Praxisentwicklung aus zwei aktuellen Modellprojekten werden im Anschluss daran vorgestellt.

2.1 Sozialpädagogische Praxisforschung und -entwicklung

2.1.1 ... was sie ist und was sie leistet

Der Begriff Praxisforschung verweist auf die besondere Verbundenheit von Praxis und Forschung mit ihren gleichsam je eigenen Relevanzsystemen und unterschiedlichen Interessenlagen (vgl. Munsch 2010; Teuber/Schrapper 2019). Diese Verbundenheit entsteht zum einen dadurch, dass sich die Forschung auf Fragestellungen bezieht, die sich aus dem Gesamtkontext des beruflichen Handelns in der Sozialen Arbeit ergeben. Erforscht werden Ursachen sozialer Probleme, die Gestaltung Sozialer Arbeit, mit dem beruflichen Handeln verbundene Prozesse, sozialpädagogische Programme, Konzepte und Interventionen sowie ihr „Ankommen" bei den Adressat*innen (vgl. Schone 1995: 16 f. in Anlehnung an Müller 1988; Lambach 2010). Mit der Betonung des Sozialpädagogischen wird zudem der Fokus auf die relevante Frage gerichtet, inwieweit Hilfeangebote dazu beitragen (können), Entwicklungschancen junger Menschen und ihrer Eltern zu verbessern oder zu eröffnen. Mit dem Anspruch, Antworten auf diese Frage zu finden bzw. zu entwickeln, ist sozialpädagogische Praxisforschung zum anderen auch immer auf Anwendung hin orientiert und somit auch eine Form der Intervention in der Praxis. Konsequenter Theorie- und Methodenbezug stellt die Überprüfbarkeit der Forschung her und schafft eine „produktive Balance zwischen Distanz zur Praxis (Analyseperspektive) und Engagement für die Praxis (Veränderungsperspektive)" (Schone 1995: 5). Im Diskurs eröffnen die Forschungsergebnisse den beteiligten Praktiker*innen die Reflexion ihrer Arbeit und befördern Qualitätsentwicklungsprozesse sowohl bezogen auf die Kompetenzen der Fachkräfte als auch auf die strukturellen Ausgangsbedingungen der Institutionen. Darüber hinaus kann Praxisforschung in einem produktiven Zusammenspiel mit der Politik Impulse für Entscheidungsprozesse einbringen und Anregungen für neue Ansätze und Entwicklungen in der Kinder- und Jugendhilfe geben (vgl. Schäfer 2010: 68 f.).

2.1.2 ... die konkrete Ausgestaltung

Die sozialpädagogische Praxisforschung zur Situation von und zur Zusammenarbeit mit Eltern in der Pflegekinderhilfe erforderte zunächst Kooperationspartner*innen im Handlungsfeld zu gewinnen. Insgesamt beteiligten sich zwei Jugendämter mit ihren Pflegekinder- und Allgemeinen Sozialen Diensten sowie vier freie Träger in zwei Modellprojekten, die wir wissenschaftlich begleitet haben (ausführlicher: Petri/Ruchholz/Schäfer 2021).[1] Über sie wurden dem Perspektive-Institut Zugänge zu Eltern ermöglicht, deren Kinder in Pflegefamilien leben. Insgesamt konnten 52 Elternteile mit unterschiedlichen Formaten (Fragebogen, telefonische leitfadengestützte oder offene Interviews, Ideenwerkstatt) erreicht und befragt werden. Da aus theoretischer Perspektive die Situation und die faktische Zusammenarbeit mit Eltern nicht losgelöst vom Familien-Pflege-

---

1   Beteiligt waren das Kompetenzzentrum Pflegekinder (Berlin), die freien Träger PiB gGmbH (Bremen), PFIFF gGmbH (Hamburg), Wellenbrecher e. V. – Pflegekinderhilfe Die Option (Herne), Villa Kunterbunt (Bruchsal), das Landratsamt Karlsruhe (Bruchsal) sowie das Jugendamt Stuttgart. Finanziell wurden die Projekte von Aktion Mensch und dem Kommunalverband für Jugend und Soziales Baden-Württemberg gefördert.

familien-Geflecht zu verstehen ist, wurden auch Pflegeeltern und Fachkräfte im Rahmen der Forschung befragt und beteiligt. Die Ergebnisse werden in ausführlichen Abschlussberichten und über andere Medien veröffentlicht und können hier nicht in ihrer Breite wiedergegeben werden. Stattdessen stehen im Folgenden Erkenntnisse aus den Sichtweisen von Eltern im Fokus.

Mütter und Väter mit sehr unterschiedlichen Erfahrungen und Einschätzungen in Bezug auf das Pflegeverhältnis, ihre Beziehung zu ihrem Kind, die Kooperation mit Pflegeeltern sowie auf die Beratung und Unterstützung durch die Dienste haben in offen geführten telefonischen Interviews tiefe Einblicke gewährt und explizite Botschaften an die Dienste und Träger gerichtet. Bemerkenswert ist, dass sich – trotz aller Selektivität, die durch den gewählten Zugang einhergeht – auch Eltern beteiligt haben, die sich lange Zeit zurückgezogen hatten oder solche, die Sorge hatten, dass sich das, was sie erzählen, negativ auf ihre Kontaktmöglichkeiten zu ihrem Kind auswirken könnte. Hier zeigte sich ein nicht intendierter Effekt der Praxisforschung: Im Rahmen der Projekte haben Fachkräfte höhere zeitliche Ressourcen investiert. Ihre Beharrlichkeit, Elternteile aktiv und wiederholt zu kontaktieren, führte schließlich zum Erfolg.

In Arbeitstreffen mit den beteiligten Fachkräften wurden die aufbereiteten Erkenntnisse vorgestellt, diskutiert und Reflexionsprozesse im Hinblick auf Haltungen und Handlungsimpulse angeregt. Zunächst ging es in einem analytisch-forschenden Prozess darum, dass Eltern ihr Erleben, ihre Wünsche und Nöte sowie ihre Anregungen verstanden und nachvollzogen werden konnten. Während der anschließenden Phase der Praxisentwicklung wurden bestehende Hilfeangebote evaluiert und modifiziert, neue Ansätze und Konzepte gemeinsam entwickelt, erprobt, verworfen oder verstetigt. Im letztgenannten Prozess wurden Eltern in Form von Ideenwerkstätten bzw. in telefonischen Einzelgesprächen einbezogen. Ihre Resonanzen auf die konzeptionellen Neuerungen und ihre konkreten Ideen dazu wurden von uns an die Fach- und Leitungskräfte zurückgemeldet und von diesen als Impulse, Irritationen oder Bestätigungen für ihre Praxis verarbeitet.

Erkenntnisse aus der so erfolgten sozialpädagogischen Praxisforschung werden nachfolgend in einem Zweischritt vorgestellt. Zunächst werden empirische Erkenntnisse vorgestellt und daran anknüpfend, die darauf begründeten Handlungs- bzw. Veränderungsperspektiven präsentiert, die sich in konkreten konzeptionellen Ansätzen und Programmen in der Praxis der Pflegekinderhilfe niederschlagen.

2.2   Empirische Erkenntnisse aus Eltern-Perspektiven

2.2.1 Komplexe Lebensrealitäten von Eltern

Eltern, deren Kinder in Pflegefamilien leben, sind keine homogene Gruppe. Dies ist eine sich aufdrängende Erkenntnis in der analytischen Zusammenschau, die im ersten Moment trivial erscheinen mag. Gleichsam hat sie weitreichende Konsequenzen für die Pflegekinderhilfe, schließlich müssen sich Haltungen („Das ist mit Eltern immer so") und Handlungen („Im Vorfeld wurde schon so viel unternommen, die haben ihre Chance vertan ... um die Eltern können wir uns jetzt nicht auch noch kümmern") davon auf den Prüfstand stellen lassen. Die Heterogenität unter Eltern zeichnet sich aus durch

- sehr unterschiedliche Lebenssituationen und Erfahrungsaufschichtungen im Vorfeld der Unterbringung,
- die Einzigartigkeit ihrer jeweiligen Persönlichkeit, die von mehr oder minder starken Selbstwirksamkeitserfahrungen, Reflexionsmöglichkeiten und -kompetenzen geprägt ist,
- Episoden oder phasische Entwicklungen, in denen Belastungen überhand nehmen oder durch Ressourcen gemildert werden können und die von mehr oder weniger erfolgreichem oder selbstgefährdendem Bewältigungsverhalten begleitet sind sowie – ohne die Liste hier abschließen zu können – auch dadurch,
- dass unterschiedliche Gefühle und Beziehungsverhältnisse zu ihren Kindern bestehen.

Neben ihrer persönlichen Situation, ihren Erfahrungsaufschichtungen und ihrer Selbstdefinition als Elternteil, haben die Frauen und Männer teils gute, teils desaströse, teils unterschiedliche Erfahrungen mit dem Jugendhilfesystem und speziell der Pflegekinderhilfe gemacht. Einige ausgewählte Themen, die sich aus dem Datenmaterial ergeben, werden im Folgenden vorgestellt.

2.2.2 Trennung als Krise

Ein Schlüsselprozess für die gelingende Zusammenarbeit mit Eltern ist zeitlich vor und zu Beginn der Hilfe zu verorten. Klassische Arbeitsteilungen von Jugendämtern haben zur Folge, dass Fachkräfte von Pflegekinderdiensten zu diesem Zeitpunkt primär mit der neuen Situation in der Pflegefamilie beschäftigt sind. Fachkräfte der Allgemeinen Sozialen Dienste ziehen sich hingegen eher zurück, da mit dem Start des Pflegeverhältnisses zumindest teilweise eine Zuständigkeitsverschiebung in Richtung Pflegekinderdienst erfolgt. Mütter und

Väter, die sich von ihrem Kind trennen mussten, haben gerade dann, wenn sie sich in der – nicht selten als schlimmsten Krise in ihrem Leben empfundenen – Ausnahmesituation befinden, wenig bis keine Ansprechpartner*innen und fühlen sich mit ihren Ohnmachtsgefühlen, Ängsten und Fragen allein gelassen. Besonders drastisch ist dies in Folge einer Inobhutnahme des Kindes durch das Jugendamt, wie dies ein Vater im folgenden Beispiel schildert:

> Vater: „Ich war erstmal fix und fertig, es hat mir das Herz zerrissen. Wie erkläre ich das meiner Tochter? Ich stehe dann als Arschloch da. Das frisst mich auf – wie? Ich wollte das alles nicht. Am nächsten Tag hätte jemand kommen müssen: Das ist die Situation, so gehen wir jetzt vor. Nicht alleine hängen lassen und die Zeit läuft ab und du flennst rum. […] Es war schwer, weil man vom Jugendamt so unter Druck gesetzt wurde und die Angst herrscht, krieg ich mein Kind zurück? Ich habe gewusst, ich kann mein Kind sehen, aber dann hat es sich verlaufen. Ich hatte die Kraft nicht. Beziehung zu Ende, Kind weg, kein Geld. Die Kleine war weg und ich total am Ende".

Trennungsbewältigung, Schuldgefühle, fehlende Erklärungen fürs Kind, das Ende der Partnerschaft, Geldsorgen und Zeitdruck türmen sich zu einem gefühlt unüberwindbaren Aufgabenberg an, weil er allein nicht bewältigbar erscheint. Verschärft werden diese Gefühle, wenn sie auf Unverständnis oder Vorwürfe aus dem privaten Umfeld stoßen. Ohne Hilfe drohen sich Belastungen dann zu verstetigen, und in Rückzug oder Widerstand zu münden, mit einschneidenden Folgen für die Eltern-Kind-Beziehung. Was auf der einen Seite vielleicht als mangelndes Interesse der Eltern an ihrem Kind gedeutet wird, erscheint auf der anderen Seite als Konsequenz aus einer als ausweglos empfundenen Situation.

Die Startbedingungen für Pflegeverhältnisse können verschieden geartet sein: Sie können nach einer Herausnahme zur Abwendung einer Kindeswohlgefährdung oder in Folge der aktiven Suche von Sorgeberechtigten nach intensiver Unterstützung beginnen. Oder sie entstehen aus einer Situation heraus, die zwischen den beiden zuvor genannten Polen liegen kann („Ich wollte es zwar nicht, aber in dem Moment war es das Beste für mein Kind"). Sie haben zweifellos Einfluss auf die weitere Zusammenarbeit von Fachkräften mit den Eltern, dem Verhältnis zwischen Eltern und Pflegeeltern und schließlich auch auf die weitere Eltern-Kind-Beziehung. Die Startbedingungen allein determinieren jedoch nicht den weiteren Prozess, sondern das Miteinander der unterschiedlichen Akteur*innen bleibt gestaltbar.

2.2.3 Unsicherheiten und die Aufgabe, eine neue Rolle zu finden

Vielen Eltern fehlt gerade zu Beginn eines Pflegeverhältnisses eine Idee dazu, was es bedeutet, dass ihr Kind nicht mehr bei ihnen lebt. Sie wissen nicht, unter welchen Voraussetzungen sie in Beziehung zu ihrem Kind bleiben können und welche Rolle sie dabei einnehmen, wie und inwieweit sie mitgestalten und mitbestimmen können. Wie wichtig ein transparentes und verlässliches Vorgehen seitens der verantwortlichen Fachkräfte ist, wird in folgendem Zitat deutlich:

> Vater: „Bei mir gab es eine Klärungsphase, aber die war zeitlich etwas versetzt, weil man am Anfang erstmal seine Emotionen ordnen musste und das Leben eine andere Richtung nahm als man es geplant hatte. Ich war damals etwas orientierungslos. Wenn regelmäßige Gespräche stattgefunden hätten, hätte ich mich vielleicht auch mehr einbringen können, was den Prozess schneller und positiver gestaltet hätte. Man war eingebunden, hat aber gewartet auf die nächste Redechance. Dann hat man eine Perspektive und kann sich vielleicht selbst noch eher Gedanken machen, man könnte an sich und an dem gesamten Ding noch arbeiten".

Frühe, zunächst durch Fachkräfte moderierte Begegnungen zwischen Eltern und Pflegeeltern, in denen Raum für Austausch und Verständigung besteht, leisten einen wichtigen Beitrag dazu, dass Unsicherheiten gemildert und Klarheiten geschaffen werden:

> Mutter: „Die Wende kam, als wir uns gemeinsam an einen Tisch gesetzt, über alles geredet und uns ausgesprochen haben. Wir haben Lösungen gefunden, die vorher nicht da waren. Ich musste mich mit ihr [der Pflegemutter; A. d. V.] richtig verstehen. Ich wusste nicht, was haben die vor, ob die was böses vorhaben, was passiert mit meinem Jungen? Dann haben wir uns ausgetauscht. Mir war das wichtig, weil ich hatte eine feste Bindung zu meinem Sohn. Dann haben sie gesagt, ich darf den Kontakt zu meinem Kind beibehalten".

2.2.4 Klarheit, Sinnhaftigkeit und Achtung der (Beteiligungs-)Rechte sind Säulen der Akzeptanz

Die Akzeptanz des Pflegeverhältnisses durch Eltern ist ein wichtiger Gelingensfaktor für die gute Entwicklung von Pflegekindern. Diese kann nicht durch Lippenbekenntnisse erzeugt werden, sondern wächst durch Erfahrung und Erkenntnis. Eine mit den Pflegeeltern ausgehandelte Klarheit in Bezug auf die eigene Rolle und die Perspektive des Pflegeverhältnisses sind dabei von Bedeutung. Getragen wird die Akzeptanz auch durch die Erkenntnis und das tatsächliche Erleben, dass es dem eigenen Kind in der Pflegefamilie gut geht. Sinnhaftigkeit im Pflegeverhältnis dadurch zu erkennen, dass ihr Kind in der Pflegefamilie geliebt wird und Entwicklungschancen hat, die man selbst nicht bieten könnte, ist mit Blick auf die Akzeptanz förderlich. Gleichsam liegt darin auch ein gewisses Kränkungspotenzial:

> Mutter: „Er konnte dort eine Bindung aufbauen und er wollte nicht mehr zurück. Ich glaube nicht, dass man ein so kleines Kind manipulieren kann. Es war einfach so, dass er dort bekommen hat, was er braucht und ich ihm nicht bieten konnte".

Inwieweit Schuld, Ängste („Was, wenn mein Kind irgendwann sagt, es will keinen Kontakt mehr?") und Trauergefühle für Eltern wirkmächtig bleiben, gilt es aus fachlicher Sicht zu beachten und als wichtige Aufgabe anzuerkennen, bei deren Bewältigung Eltern Unterstützung benötigen.

Akzeptanz ist überdies keine Einbahnstraße, die Eltern beschreiten müssen, sondern sie gedeiht erst durch Wechselseitigkeit. Die Achtung von (Beteiligungs-)Rechten der Eltern durch Fachkräfte als auch durch Pflegeeltern ist dafür ein wichtiger Schlüssel. Wer hat die Definitionsmacht darüber, was zum Wohle des Kindes ist, welche Beziehungen es in welcher Art pflegen und leben darf?

> Mutter: „Die Jüngste denkt, meine älteren Kinder wären ihre Freunde, nicht ihre Geschwister. Ich betone das inzwischen explizit. Sie benennt mich beim Vornamen, wir sind nicht mehr eine Familie. Was die Beziehung anbelangt, stelle ich die Pflegefamilie und das Jugendamt in Kritik: Wer legt was fest? Die Pflegemutter behauptet, es lohnt sich nicht, alle zwei Wochen zu telefonieren, weil man sich nichts zu erzählen hätte. Es geht doch darum, sich einfach mal zu hören, die Stimme zu hören".

Argumentationen unter der Überschrift „zum Wohl des Kindes" sind für Eltern wenig nachvollziehbar, wenn sie oder die Kinder selbst an der Definition dessen, was das Wohl ausmacht, nicht mitbestimmen können. Kritisch wird dies, wie das vorangegangene Zitat zeigt, insbesondere in Bezug auf den Beziehungserhalt betrachtet. Mitunter sind es auch (scheinbar) gut gemeinte Entscheidungen, vielleicht auch der Wunsch von Fachkräften, Dinge (vordergründig) nicht zu verkomplizieren, die zu einer Disbalance zwischen leiblicher Familie und Pflegefamilie führen können:

> Mutter: „Die Pflegemutter hatte und hat mehr Kontakt zum Jugendamt – da war schon Ausgrenzung da. Es hat geheißen: ‚Das Gespräch müssen Sie nicht mitführen'. Ich weiß nichts von Therapeuten, zu denen die Kinder gehen etc. Da wünscht man sich als Mutter viel mehr. Wenn man schon die Kinder in Obhut anderer gibt und um Hilfe ersucht, will man doch wenigstens beteiligt werden".

Um das Ziel eines konstruktiven Miteinanders in Pflegeverhältnissen zu erreichen, müssen die (Beteiligungs-)Rechte von allen Akteur*innen gewahrt und
praktisch verwirklicht werden. Appellhaft bringt dies eine Mutter im folgenden
Zitat auf den Punkt:

> Mutter: „Wie kann es funktionieren? Indem man Eltern bei allem ins Boot holt und nicht
> sagt: ‚Das können Sie nicht'. Es muss mit Eltern gesprochen werden. Sprechen mit allen
> Beteiligten, nicht nur einmal im Jahr. Es sollte Zusammenarbeit in einem stattfinden,
> nicht abgetrennt".

2.3   Konzeptionelle Ansätze und Programme

Zur Weiterentwicklung der Pflegekinderhilfe in Bezug auf Eltern wurden die
aus der Datenerhebung gewonnenen Erkenntnisse und daraus abgeleiteten
Konsequenzen zunächst modellhaft erprobt, dann konzeptionell verankert und
umgesetzt. Nachfolgend werden einige Grundsätze und Resultate der Praxis-
entwicklungsprozesse auf den Ebenen Haltung und Handlung beschrieben.

2.3.1 Reflexionsprozesse in Bezug auf Sprache, Kommunikation
und Haltung

Die Reflexion der professionellen Haltungen von Fachkräften sowie durch diese
geprägten Kulturen von (Fach-)Diensten und Organisationen sind ein zentrales
Qualitätsmerkmal für die Gestaltung pädagogischer Beziehungen (vgl. Rätz
2011: 66). Die jeweilige Haltung beeinflusst Sicht- und Denkweisen und schlägt
sich in Ausdrucksweisen nieder. Durch Sprache und Art der Kommunikation,
die Fachkräfte (hier) gegenüber Eltern verwenden, werden ihre mehr oder weniger bewussten Haltungen (Gefühle, Zuschreibungen, Vorbehalte) transportiert. Jede Begriffsverwendung wirkt sich auf die Beziehungsgestaltung aus. Am
Beispiel der Bezeichnung von Müttern und Vätern als ‚Herkunftseltern' wird
besonders deutlich, dass Begriffe Assoziationen auslösen sowie Etikettierungen
und Abwertungen festlegen können (vgl. Langenohl et al. 2017: 4f.). Aber nicht
nur Bezeichnungen von Personengruppen und Angeboten (Elternarbeit vs.
Fachberatung für Pflegefamilien) spiegeln Haltungen wider, sondern auch die
Art und Weise, wie mit und über Eltern gesprochen wird (vgl. Lattschar in diesem Band).
     Während die Beratung, Begleitung und Unterstützung von Pflegefamilien
viele Namen hat (Pflegefamilienbegleitung, Pflegestellenberatung, Fachberatung etc.), ist der Begriff Elternarbeit – wenn auch mittlerweile diskutiert – weiterhin geläufig. Auch wenn (kurze) Begrifflichkeiten zur Unterscheidung von

Personengruppen, Angeboten und Abteilungen in der alltäglichen Praxis praktikabel scheinen, sollte kritisch hinterfragt werden, welches Bild ihnen zugrunde liegt. Die Notwendigkeit der Reflexion ebendieser Aspekte wurde von den Fachkräften erkannt und ist Teil der Qualitätsentwicklung geworden.

Eine Auseinandersetzung mit der eigenen Haltung und wie sich diese im Handeln zeigt, bedeutet auch immer eine Auseinandersetzung mit eigenen Familienbildern. Welche Vorstellung habe ich von einer Familie? Welche Zuschreibungen mache ich? Welche Erwartungen habe ich an einzelne Familienmitglieder? Wo ziehe ich die Grenze? Wer gehört zur Familie (und hat entsprechend Rechte und Pflichten) und wer nicht? Antworten auf diese und ähnliche Fragen nehmen Einfluss auf den Verlauf von Hilfeprozessen. Besonders deutlich wird dies bei Zuständigkeitswechseln und dort, wo Akteur*innen und ihr Handeln aus unterschiedlichen Bereichen (Pflegekinderdienst, ASD, Vormundschaft, freie Träger) zusammentreffen.

2.3.2 Handlungsebene – konzeptionelle Neuausrichtungen

Die Formulierung von Konsequenzen sowie die Verstetigung von Ansätzen und Angeboten auf konzeptioneller Ebene hilft, die Willkür und Personen-Abhängigkeit in der Pflegekinderhilfe zu vermindern und Eltern Angebote zu schaffen, die sich an den für sie relevanten Themen orientieren. Damit das gelingt, müssen alle relevanten Akteur*innen der (Fach-)Bereiche sowie Leitungskräfte bei der Umsetzung und Etablierung konzeptioneller Neuausrichtungen einbezogen werden.

Im Folgenden werden Einblicke in konzeptionelle Entwicklungen gegeben, die in den oben erwähnten Projekten mit verschiedenen Themenschwerpunkten erfolgt sind.

2.3.3 Voraussetzungen schaffen: Krisenhilfe, Ansprechpersonen, Beratung

Die Weichen für die Zusammenarbeit zwischen Eltern und Fachkräften werden häufig vor und zu Beginn der Hilfe gestellt. Wie bereits gezeigt, sind Eltern zumeist enormen Belastungen ausgesetzt, die drohen, sich zu verstetigen. Um ihnen in dieser Zeit einen Kanal für ihre Gefühle, Orientierung und Unterstützung zu geben und Handlungsmöglichkeiten aufzuzeigen, wurde in einem unserer Projekte ein Konzept für ein Kriseninterventionsteam entwickelt, das durch den ASD in Inobhutnahmesituationen hinzugezogen werden kann. Dieses ad hoc zusammengesetzte Tandem-Team nimmt umgehend Kontakt zu den Eltern auf und bietet einen zeitnahen Hausbesuch an. Nach dem ersten Einsatz können Folgetermine mit bis zu zehn Fachleistungsstunden vereinbart werden. Je nach Perspektive folgt eine Überleitung zu festen Ansprechpartner*innen beim ASD/PKH oder freien Träger. In der Erprobungsphase wurde das Potenzial des Konzeptes bereits deutlich: Neben den gewünschten Effekten für die Eltern ist festzustellen, dass der Zugang zur Kommunikation erleichtert und die Bereitschaft von Eltern zur Zusammenarbeit mit den Sozialen Diensten deutlich erhöht werden konnte. Für den ASD bedeutete der Einsatz des Kriseninterventionsteams neben einer Entlastung auch ein tieferes Verständnis für die weitere Hilfeplanung – sofern die Eltern einer Rückkopplung zwischen den Fachkräften zugestimmt haben. Im Rahmen von Ideenwerkstätten mit Eltern und Pflegeeltern wurde das Konzept vorgestellt und rege diskutiert. Sowohl Eltern („Genau das hätte ich damals gebraucht") als auch Pflegeeltern begrüßen dieses Konzept.

Anhand unserer empirischen Erkenntnisse zur Situation von Eltern, deren Kinder nicht mehr bei ihnen leben, wird deutlich, dass ihnen besonders zu Beginn einer Hilfe zu wenig Informationen vorliegen. Sie benötigen eine Ansprechperson, die sie transparent und verständlich über Abläufe, ihre Rechte und an sie gestellte Erwartungen sowie Gestaltungsmöglichkeiten informiert und aufklärt. In der Praxis gibt es unterschiedliche Modelle, die die ‚klassische' Zuständigkeit des Allgemeinen Sozialen Dienstes durch Angebote eines freien Trägers ergänzen. Sowohl für eine Zuständigkeit in Personalunion (dieselbe Fachkraft ist für die Eltern und die Pflegefamilie zuständig) als auch für arbeitsteilige Strukturen (innerhalb eines Trägers oder trägerübergreifend) gibt es gute Beispiele. Wichtig ist, dass die daraus resultierenden Konsequenzen beachtet und entsprechend ausgestaltet werden (z. B. die Sicherstellung der fallbezogenen Kommunikation zwischen den zuständigen Fachkräften oder die Rolle der Fachkraft in Personalunion). In den überregionalen Arbeitstreffen innerhalb der Projekte waren sich die Fachkräfte, die in den unterschiedlichen Strukturen arbeiten, einig: Grundlegend ist, dass Eltern eine für sie zuständige Ansprechperson benötigen, die sicherstellt, dass sie alle notwendigen Informationen bekommen und vertrauensvoll Themen besprochen und reflektiert werden können.

Zur Orientierung in der Anfangszeit haben Träger in beiden Projekten Informationsmappen, Willkommens-Broschüren und Flyer erstellt bzw. überarbeitet, um Eltern über Abläufe von Pflegeverhältnissen, ihre Rechte und die durch den Träger zur Verfügung gestellten Angebote zu informieren. Diese Broschüren werden als Grundlage für das erste Gespräch mit Eltern genutzt und diesen mitgegeben. Sie beginnen mit einem Anschreiben, das für eine Zusammenarbeit mit den Fachkräften wirbt und deutlich macht, dass die Eltern weiterhin in ihrer Rolle gesehen werden. Im Duktus des Anschreibens werden die wohlwollende Haltung und niedrigschwellige Möglichkeiten zum Austausch und zur Begegnung mit den Fachkräften deutlich. Darüber hinaus wird über spezifische Unterstützungsangebote sowie die Möglichkeit individueller

Beratungs- und Reflexionsgespräche informiert, die im Verlauf des Pflegeverhältnisses relevant bzw. interessant werden können (z. B. Unterstützung bei der
Rollenfindung, Peer-to-Peer Hilfe von Eltern mit ähnlichen Erfahrungshinter-
gründen, Angebote zur Förderung der Eltern-Kind-Beziehung).

2.3.4 Gestaltung der Beziehung zwischen Eltern und Pflegeeltern mit Blick auf das Kind

Mit dem Ziel, dass Pflegekinder beiden Familien einen wichtigen Stellenwert
beimessen dürfen und Loyalitätskonflikte gemindert oder vermieden werden,
wurde in den Praxisentwicklungsprozessen ein Fokus auf die Gestaltung einer
konstruktiven Beziehung zwischen Eltern und Pflegeeltern gerichtet. Der Grundstein hierfür wird in Vorbereitungskursen für Pflegeelternbewerber*innen zu
einem Zeitpunkt gelegt, zu dem es noch nicht um das konkrete Kind, sondern
um die Vermittlung eines Grundverständnisses geht. Durch Informationen
über emotionale, entwicklungspsychologische und rechtliche Hintergründe sowie Perspektivenwechsel und Erfahrungsberichte erfahrener Pflegeeltern und
Eltern, sollen Bewerber*innen eine Idee davon erhalten, was es bedeutet, ein
Pflegeverhältnis einzugehen. Projektbeteiligte Pflegeeltern betonten, wie wichtig
es sei, dass die Träger resp. die Dienste ihr Konzept zur Begleitung der Pflegeverhältnisse darstellen. Auf diese Weise könne man sich frühzeitig entscheiden,
ob man diesen Weg gehen möchte oder nicht („Andere sind aufgestanden und
gegangen. Ich habe gesagt: Genau das will ich!").

Als wichtiger konzeptioneller Baustein erweist sich das moderierte Erstgespräch, welches idealerweise vor Beginn des Pflegeverhältnisses zwischen Eltern und potenziellen Pflegeeltern stattfindet. Im Projekt beteiligte Eltern haben
zum Ausdruck gebracht, wie wichtig und nachhaltig der erste Eindruck für sie
war („Die Pflegeeltern wurden uns vorgestellt. Sehr sympathische Leute. Der
Pflegevater hat sich mit Vornamen vorgestellt. Da habe ich gesagt nix da, ich
bin so erzogen worden, dass man sich siezt. Da hat er gesagt: ‚Respekt!'"). Erste
Sympathien, auch das Entdecken gemeinsamer Interessen („[…] spielen beide
Fußball im Verein") ermöglichen selbst dann, wenn Eltern skeptisch und eher
abwehrend der Unterbringung ihres Kindes in einer anderen Familie gegenüberstehen, eine wichtige Basis für das weitere Miteinander.

Konzeptionelles Novum sind regelmäßige (ca. vierteljährliche), anlassunab-
hängige Gesprächsrunden zwischen Pflegeeltern, Eltern und Fachkraft, in denen eine gemeinsame Kommunikationskultur entwickelt und somit ein offener
Austausch und die Besprechung schwieriger Themen ermöglicht werden. Durch
die Unterstützung der Sozialen Dienste – von Pflegeeltern und Eltern positiv als
„Puffer" und „Vermittler" bewertet – werden Gefühle aufgefangen sowie Bedenken und Anliegen besprechbar gemacht. Mit solchen, gesonderten Termi-

nen wird der Bedeutung der Beziehungsebene zwischen Eltern und Pflegeeltern Rechnung getragen: Gespräche finden nicht am Rande von Umgangskontakten statt, sondern erhalten einen eigenen Stellenwert, in dem das Miteinander für die Kinder im Fokus steht und auch durch die Reflexion von guten Erfahrungen gestärkt wird.

Darüber hinaus haben mehrere Träger konzeptionelle Ansätze (weiter-)entwickelt, bei denen gemeinsame Aktivitäten von Eltern, Pflegeeltern und jungen Menschen im Vordergrund stehen. Bei gemeinsamen Festen und Ausflügen, zu denen alle Pflegeeltern, Eltern und jungen Menschen eingeladen werden, steht die Begegnung im Vordergrund. Zudem werden Veranstaltungen für junge Menschen und ihre Eltern und Pflegeeltern angeboten, bei denen sie zusammen aktiv sind. Im gemeinsamen Tun lernen sich Pflegeeltern und Eltern anders kennen, bauen Fremdheitsgefühle ab, schaffen neue Anknüpfungspunkte und werden von den Kindern im positiven Miteinander erlebt.

2.3.5 Unterstützung für einen guten Kontakt zwischen Eltern und Kindern

Ein besonderes Augenmerk wurde auf die Kontaktgestaltung zwischen Eltern und Kind gerichtet. Mit dem Ziel, dass die Kinder eine gute Zeit mit ihren Eltern verbringen können, wurden Ansätze verfolgt, bei denen die Fachkräfte als Unterstützung und nicht primär als Kontrollinstanz wahrgenommen werden. Das Konzept des Familiencafés/Elterncafés verschiedener Träger ist genau auf diese Art der Begleitung ausgerichtet: Die Besuche finden in zum Teil öffentlichen Cafés statt, in denen Eltern in einer angenehmen, lockeren Atmosphäre mit ihren Kindern in Interaktion gehen können. Fachkräfte treten je nach Situation mehr oder weniger in den Hintergrund, wodurch allen Beteiligten die Sicherheit gegeben wird, dass schwierige Situationen – falls nötig – auch gemeinsam bewältigt werden können. Die Verantwortung wird auf mehrere Schultern verteilt, was sowohl bei Eltern als auch bei Pflegeeltern zu einer Entlastung führt. Diese können sich zurückziehen und gleichzeitig für die Kinder erreichbar sein. Eltern beschreiben, dass sie die gemeinsame Zeit mit ihrem Kind genießen können, auch, weil sie sich in diesem offenen Setting nicht dauerhaft beobachtet fühlen.

2.3.6 Konkrete Angebote für Eltern

Neben Angeboten, die sich auf die Eltern-Pflegeeltern-Kooperation und die Eltern-Kind-Kontakte beziehen, richtet sich eine dritte Säule auf konkrete Angebote für Eltern im weiteren Hilfeverlauf. Dabei geht es zum einen um solche, die ausgerichtet sind an der Perspektive und dem Zeitpunkt des Pflegeverhält-nisses. Bei diesen spielen Kooperationsvereinbarungen (klare Benennung von Aufgaben und Zuständigkeiten) zwischen den Sozialen Diensten eine wichtige Rolle und wurden innerhalb der Modellstandorte konkretisiert. Auf inhaltlicher Ebene wurden Programme entwickelt, die Eltern in ihren Erziehungskompe-tenzen stärken und in einem reflektierenden Prozess mit konkreter Ansprech-person auf eine Rückkehr ihres Kindes vorbereiten sollen. Das sogenannte El-terncoaching mit acht aufeinander aufbauenden Kursbausteinen, bietet ein Lern- und Reflexionsangebot für je eine feste Gruppe von bis zu zehn Elternteilen.

Zum anderen wird an einem Angebot für Eltern gearbeitet, bei dem sie mit anderen Eltern in Kontakt kommen, deren Kinder auch in Pflegefamilien leben. Vergangene Erfahrungen der Träger und Dienste mit Elterngruppen führten zu der Erkenntnis, dass bislang noch nicht das richtige Format gefunden wurde, um Eltern für eine dauerhafte oder regelmäßige Teilnahme zu gewinnen. Re-flektiert wurde, dass sich die Konzeptionierung dieser Angebote stärker an den Interessen der Zielgruppe orientieren muss. Ein durchgeplantes Programm so-wie die Begleitung durch mehrere Fachkräfte scheinen hier kontraindiziert. Darüber hinaus brauchen Fachkräfte Geduld und Spontanität, um kontinuier-lich auf Eltern zuzugehen, diese einzuladen und Angebote aufrecht zu erhalten, auch wenn nur wenige Eltern teilnehmen. Dass – zumindest einige – Eltern den Peer-Austausch mit anderen als positiv bewerten, wurde im Rahmen einer Ideenwerkstatt deutlich: Erfahrungen wurden ausgetauscht und miteinander verglichen und Netzwerke durch den Austausch von Handynummern geknüpft („Damit man jemanden anschreiben kann oder in die Gruppe: Das und das ist gerade bei mir der Punkt, was kann ich jetzt tun, wie komm ich da wieder raus?"). Deutlich wurde auch von Seiten der Pflegeeltern zum Ausdruck ge-bracht, dass sie – unabhängig davon, ob als Gruppen- oder Einzelangebot – die kontinuierliche Beratung von Eltern als sehr wünschenswert erachten. Auf die-se Weise, so ihre Hoffnung, würden sie in dieser, sie auch stellenweise überfor-dernden Funktion, entlastet und das Verhältnis entspannt.

2.3.7 Voraussetzungen zur Umsetzung

Die Umsetzung konzeptioneller Neuerungen bedeutet für die zukünftige Arbeit von Fachkräften nicht immer einen zusätzlichen Aufwand. Vielfach reicht be-reits eine Veränderung bestehender Arbeitsweisen und Routinen oder eine Ver-lagerung von Schwerpunkten aus. Damit ebendies nachhaltig wirken kann und neue Strukturen etabliert werden, ist es hilfreich, wenn als Ergebnis eines Ent-wicklungsprozesses verschiedene konzeptionelle Ansätze entstehen, die in der Summe ein vielfältiges Repertoire zur Zusammenarbeit mit Eltern umfassen. Zur lokalen Weiterentwicklung und Absicherung der notwendigen Qualitätskriterien kann die Erarbeitung trägerspezifischer Arbeitshilfen, Handreichungen und Konzepte erforderlich sein. Zur Legitimation der Angebotserweiterung können zudem Fachveranstaltungen und -berichte dienen, um Ergebnisse in den regionalen Fachdiskurs einzubringen und für den Themenschwerpunkt ‚Zusammenarbeit mit Eltern' in Jugendhilfeausschüssen oder anderen (jugendhilfe-)politischen Gremien zu sensibilisieren.

3 Fazit und Ausblick

Eine (bislang vielleicht ungewohnt) intensive Zusammenarbeit zwischen Fachkräften und Eltern kann bei Pflegeeltern und Pflegekindern Irritationen oder Sorgen auslösen, inwieweit die eigene Position durch diese Veränderung abgewertet werden könnte. Um an dieser Stelle Missverständnisse zu vermeiden und möglichen Widerständen zu begegnen, sei folgende Position verdeutlicht:

Innerhalb der Pflegekinderhilfe besteht der eindeutige Bedarf, dass Fachkräfte im Sinne der Kindesinteressen und zum Wohl des Kindes mit Eltern zusammenarbeiten. Eltern sollten darüber hinaus einen persönlichen Nutzen – eben im klassischen Sinne einer Hilfe zur Erziehung – aus der Zusammenarbeit erzielen.

Eltern als zentrale Akteur*innen der Pflegekinderhilfe nicht nur stärker in den Blick zu nehmen, sondern auch gemeinsam mit ihnen die Erziehungsbedingungen für ihr Kind zu gestalten, soll und darf nicht bedeuten, dass Pflegefamilien als unabkömmliche gesellschaftliche Ressource benachteiligt oder ihre Bedeutung für die Kinder geschmälert werden. Wir verstehen eine verbesserte Zusammenarbeit mit Eltern als eine konsequente konzeptionelle Ergänzung und als notwendigen Bestandteil, um die Vielfalt von Pflegeverhältnissen zu erweitern sowie die Leistungsfähigkeit und Akzeptanz der Pflegekinderhilfe zu erhöhen.

Die so verstandene Zusammenarbeit von Fachkräften mit Eltern, bedeutet auch, dass sie zu verschiedenen Zeitpunkten im Pflegeverhältnis unterschiedlich sein kann und im Verlauf geprüft werden muss, inwieweit eine Anpassung erforderlich ist. Für die Ausrichtung der Zusammenarbeit kann – in Anlehnung an Praxisentwicklungsprojekte in der Heimerziehung – die Unterscheidung zwischen Aspekten der „Elternarbeit" (Kompetenzdefizite ausgleichen, Erziehungsverhalten verbessern) einerseits und „Elternpartizipation" (aktive Mitwirkung der Eltern als gleichberechtigte Partner*innen, gemeinsame Veränderungsprozesse) andererseits helfen, Ausgangspunkte, Fokus, Zielsetzungen und Veränderungsperspektiven besser einzuordnen und zu reflektieren (vgl. Knuth 2019: 60). Die hier beschriebenen empirischen Erkenntnisse für die Pflegekinderhilfe (die deutliche Parallelen zu denen in der Heimerziehung aufweisen: vgl. Gies et al. 2016) unterstreichen, dass die Zusammenarbeit grundsätzlich und Elternpartizipation im besonderen voraussetzungsreich sind und der Weg dorthin aktiv durch die verantwortlichen Fachkräfte beschritten werden muss. Wichtige Elemente dabei sind:

- Eltern in der sensiblen Anfangszeit Hilfe und Unterstützung zur Krisenbewältigung anbieten,
- Eltern frühzeitig (sofern möglich bereits vor der Unterbringung) informieren und sie dafür sensibilisieren, was es bedeutet, wenn ihr Kind in einer Pflegefamilie lebt, welche Rechte sie weiterhin haben und welche Möglichkeiten sie haben, um weiterhin am Leben ihres Kindes teilzunehmen,
- zwischen Eltern und Pflegeeltern vermitteln, damit die jeweiligen Vorstellungen, Hoffnungen und Befürchtungen zum Ausdruck gebracht und mit Blick auf die Interessen des Kindes transparente Absprachen getroffen werden können,
- verhindern, dass Machtüberhänge von Fachkräften zur Handlungsohnmacht bei Eltern führen oder sie zu oppositionellem Verhalten zwingen. Hierzu müssen strukturelle Voraussetzungen geschaffen werden, damit Eltern sich z. B. aktiv mit ihren Anliegen und Ideen einbringen oder bei Bedarf auch beschweren können.

Im Hinblick auf die herausgestellten Bedarfe, die bereits vorliegenden Handlungsempfehlungen, die anstehende Gesetzesnovellierung und auch die präsentierten Praxisentwicklungsergebnisse lässt sich festhalten, dass der Weg zu einer partizipativen Zusammenarbeit mit Eltern in der Pflegekinderhilfe weiter forciert werden muss.

Für die professionelle Weiterentwicklung der Pflegekinderhilfe besteht eine dringende Notwendigkeit zum weitreichenden Ausbau differenzierter Konzepte und Ansätze zur

- Klärung der Erwartungen an und den Ansprüchen von Eltern,
- Einschätzung und Aktivierung der Ressourcen von Eltern,
- konkreten Zusammenarbeit mit den Eltern,
- Unterstützung der Beziehungsgestaltung zwischen Eltern und Kindern sowie zwischen Eltern und Pflegeeltern,
- Sensibilisierung der aktiven Pflegeeltern für die Rolle von Eltern in Pflegeverhältnissen und zur Anpassung der Pflegeeltern-Akquise,
- Überprüfung, Vorbereitung und Begleitung von Rückführungsprozessen sowie
- zum Aufbau unabhängiger Beschwerdemöglichkeiten für Eltern.

Aus unserer Sicht sind umfassende Debatten sowie die Ableitung von geeigneten, konkreten Konsequenzen auf allen (fach-)politischen Ebenen erforderlich.

Das Thema bedarf darüber hinaus einer weiteren Bearbeitung seitens der zuständigen öffentlichen und freien Träger unter Berücksichtigung der unterschiedlichen lokalen Strukturen.

Literatur

Biehal, Nina/Ellison, Sarah/Baker, Clair/Sinclair, Ian (2010): Belonging and permanence. Outcomes in long-term foster care and adoption. London: BAAF.

Dittmann, Andrea/Schäfer, Dirk (2020): Zusammenarbeit mit Eltern in der Pflegekinderhilfe. Zum Anspruch auf Beratung und Unterstützung. Expertise für das Dialogforum Pflegekinderhilfe. Frankfurt/M.: Eigenverlag IGfH.

Eschelbach, Diana (2019): Eltern in der Pflegekinderhilfe. Beratung, Unterstützung, Beteiligung, Zusammenarbeit – der rechtliche Rahmen im SGB VIII. Dialogforum Pflegekinderhilfe. Frankfurt/M.: Eigenverlag IGfH.

Faltermeier, Josef (2001): Verwirkte Elternschaft? Fremdunterbringung – Herkunftseltern – Neue Handlungsansätze. Münster: Votum.

Faltermeier, Josef (2015): Herkunftsfamilien: Family-Partnership und Erziehungspartnerschaft – Ein Paradigmenwechsel in der Fremdunterbringung. In: Forum Erziehungshilfe, H. 4, 202–205.

Gassmann, Yvonne (2010): Pflegeeltern und ihre Pflegekinder. Empirische Analysen von Entwicklungsverläufen und Ressourcen im Beziehungsgeflecht. Münster: Votum.

Gehres, Walter (2016): Als-Ob-Sozialisation? Perspektiven auf die familiensoziologische Identitätsbildung von Pflegekindern. Würzburg: Ergon.

Gehres, Walter/Hildenbrandt, Bruno (2008): Identitätsbildung und Lebensverläufe von Pflegekindern. Wiesbaden: Springer VS.

Gies, Martin/Hansbauer, Peter/Knuth, Nicole/Stork, Remi (2016): Mitbestimmen, mitgestalten: Elternpartizipation in der Heimerziehung. Beiträge zu Theorie und Praxis der Jugendhilfe 15. Hannover: Schöneworth.

Helming, Elisabeth (2017): Konstruktiv mit Eltern kooperieren: eine Herausforderung für Fachkräfte der erzieherischen Hilfen. In: Forum Erziehungshilfen 23, H. 4, S. 196–201.

Knuth, Nicole (2019): Elternpartizipation: Eine Herausforderung für die stationären Erziehungshilfen. In: Unsere Jugend 2, S. 59–68.

Lambach, Ralf (2010): Was ist Praxisforschung? Begrifflich-konzeptionelle Klärungen und Einordnung in den Kontext der Kinder- und Jugendhilfe. In: Maykus, Stephan (Hrsg.): Praxisforschung in der Kinder- und Jugendhilfe. Theorie, Beispiele und Entwicklungsoptionen eines Forschungsfeldes. 2. durchgesehene Auflage. Wiesbaden: Springer VS, S. 15–29.

Langenohl, Sabrina/Pöckler-von Lingen, Judith/Schäfer, Dirk/Szylowicki, Alexandra (2017): Der Einbezug leiblicher Eltern in die Pflegekinderhilfe. Dialogforum Pflegekinderhilfe. Frankfurt/M.: Eigenverlag IGfH.

Moos, Marion/Schmutz, Elisabeth (2012): Praxishandbuch Zusammenarbeit mit Eltern in der Heimerziehung. Mainz.

Munsch, Chantal (2012): Praxisforschung in der Sozialen Arbeit. In: Thole, Werner (Hrsg.): Grundriss Soziale Arbeit. Wiesbaden: Springer VS, S. 1177–1189.

Petri, Corinna (2019): Zugehörigkeit – eine subjektorientierte Perspektive auf Pflegekinder. In: Reimer, Daniela (Hrsg.): Sozialpädagogische Blicke. Weinheim/Basel: Beltz Juventa, S. 113–123.

Petri, Corinna/Ruchholz, Ina/Schäfer, Dirk (2021): Zusammenarbeit mit Eltern in der Pflegekinderhilfe – Einblick in zwei laufende Praxismodellprojekte. In: Das Jugendamt, H. 3 (i. E.).

Rätz, Regina (2011): Professionelle Haltungen in der Gestaltung pädagogischer Beziehungen. In: Düring, Diana/Krause, Hans-Ullrich (Hrsg.): Pädagogische Kunst und professionelle Haltungen. Frankfurt/M.: Eigenverlag IGfH, S. 64–74.

Reimer, Daniela (2017): Normalitätskonstruktionen in Biografien ehemaliger Pflegekinder. Weinheim/Basel: Beltz Juventa.

Reimer, Daniela/Petri, Corinna (2017): Wie gut entwickeln sich Pflegekinder? Eine Longitudinalstudie. ZPE-Schriftenreihe Nr. 47. Siegen: Universität.

Rösner, Eva-Maria (2015): Gibt es eine familiale Heimat für Adoptierte? Verortungsprozesse erwachsener Adoptierter. www.repositorium.uni-muenster.de/document/miami/e398ad9d-1ad4-4b95-b33f-38e5948e32db/diss_roesner.pdf (Abfrage: 22. 1. 2021).

Ruchholz, Ina/Vietig, Jenna/Schäfer, Dirk (2020): Neue Spuren auf vertrautem Terrain. Chancen der Verwandten- und Netzwerkpflege entdecken. Bonn: Perspektive.

Schäfer, Dirk (2014): Sozialpädagogisches Handeln in Rückführungsprozessen. In: Praxis der Rechtspsychologie 24, S. 427–448.

Schäfer, Dirk/Petri, Corinna/Pierlings, Judith (2015): Nach Hause? Rückkehrprozesse von Pflegekindern in ihre Herkunftsfamilie. ZPE-Schriftenreihe Nr. 41. Siegen: Universität.

Schäfer, Klaus (2010): Praxisforschung und ihre Bedeutung für die Kinder- und Jugendhilfepolitik. In: Maykus, Stephan (Hrsg.): Praxisforschung in der Kinder- und Jugendhilfe. Theorie, Beispiele und Entwicklungsoptionen eines Forschungsfeldes. 2. durchgesehene Auflage. Wiesbaden: Springer VS, S. 61–70.

Schofield, Gillian/Beek, Mary/Ward, Emma/Biggart, Laura (2013): Professional foster carer and committed parent: role conflict and role enrichment at the interface between work. In: Child & Family Social Work 18, S. 46–56.

Schone, Reinhold (1995): Theorie-Praxis-Transfer in der Jugendhilfe: sozialpädagogische Praxisforschung zwischen Analyse und Veränderung. Münster: Votum.

Sievers,Britta/Thomas, Severine/Zeller, Maren (2015): Jugendhilfe – und dann? Zur Gestaltung der Übergänge junger Erwachsener aus stationären Erziehungshilfen. Ein Arbeitsbuch. Frankfurt/M.: Eigenverlag IGfH.

Teuber, Kristin/Schrapper, Christian (2019): Praxisforschung. In: Schrapper, Christian/Hinterwälder, Michaela (Hrsg.): Geschwister im Blick. Mit komplexen Beziehungen umgehen. München: SPI des SOS-Kinderdorf e. V. Materialien 13, S. 164–176.

Thrum, Kathrin (2007): Ergebnisse der Pflegekinder-Fallerhebung des DJI. Arbeitspapier. Hrsg. v. Deutsches Jugendinstitut. München.

Wiesner, Reinhard (2015): Rechtliche Vorgaben zur Zusammenarbeit mit den Eltern in der Pflegekinderhilfe. In: Forum Erziehungshilfen 21, H. 4, S. 196–201.

Wolf, Klaus (2015): Die Herkunftsfamilien-Pflegefamilien-Figuration. In: Wolf, Klaus (Hrsg.): Sozialpädagogische Pflegekinderforschung. Bad Heilbrunn: Julius Klinkhardt, S. 181–209.

Eltern als Expert*innen
in Kinderschutzverfahren

Michaela Berghaus

Fachkräfte definieren das Arrangement von Interaktionen mit Eltern, Kindern und Jugendlichen als Herzstück ihrer Tätigkeit (vgl. Klatetzki 2010: 16). Professionell gestaltete Interaktionen bilden in der Praxis der Kinder- und Jugendhilfe den Dreh- und Angelpunkt für die Zusammenarbeit von Fachkräften und Adressat*innen. Der Aufbau und die Gestaltung einer tragfähigen Zusammenarbeit mit Eltern stellt Fachkräfte seit jeher vor eine große Herausforderung. Die Anforderungen an ein konstruktives Miteinander steigen, wenn sich die Beteiligten im Bereich von potenziell kindeswohlgefährdenden Situationen bewegen: sowohl aufseiten der Fachkräfte als auch aufseiten der Eltern steigt der Druck.

Angesichts intensiver fachlicher und öffentlicher Diskussionen über Verfahren zur Abwendung einer Kindeswohlgefährdung überrascht es umso mehr, dass Eltern in Forschung und Theorie bislang (zu) wenig Aufmerksamkeit geschenkt wurde, obwohl sie als „Leidtragende", Beteiligte und Handelnde die Qualität der Zusammenarbeit (mit-)definieren (vgl. Ackermann 2012: 126 ff.). Zwar steigen die Forschungsaktivitäten im Kontext des intervenierenden Kinderschutzes seit Jahren, aber es liegen kaum nationale Studien zu der subjektiven Wahrnehmung von Eltern vor (vgl. NZFH 2018: 69; Schuttner/Kindler 2013: 61; Pluto et al. 2012: 8; Czerner 2012: 47; Kindler 2009: 780). Folglich ist in Deutschland wenig darüber bekannt, wie Eltern das Verfahren zur Abwendung einer Kindeswohlgefährdung, sich selbst und das Handeln von Fachkräften und Institutionen wahrnehmen und deuten. Die Ergebnisse internationaler Studien (z.B. aus Großbritannien, Australien und der Schweiz) veranschaulichen, dass staatliche Kontrollen und Interventionen überwiegend negativ von beteiligten Vätern und Müttern beurteilt werden. Als Begründung äußern die befragten Eltern z.B. eine fehlende Transparenz in dem Verhalten der Fachkräfte, der angewandten Methoden und Interaktionen (vgl. Mey 2008: 145 f.). Angesichts der unterschiedlichen landesspezifischen Standards und Verfahren können diese Erkenntnisse jedoch nicht unreflektiert auf das deutsche Kinderschutzsystem übertragen werden. Zur Qualifizierung des Prozesses sind weitere Forschungsaktivitäten notwendig, welche die subjektiven Sichtweisen der Eltern auf das deutsche Kinderschutzsystem im Allgemeinen und auf einzelne Aspekte (Interaktionsprozesse, Haltungen, Verfahrensschritte etc.) erfassen.

Vor diesem Hintergrund wurde in einer qualitativ angelegten Untersuchung (vgl. Berghaus 2020) der Blick auf das Erleben von Eltern gerichtet: Väter und Mütter, die in einem familiengerichtlichen Verfahren zur Abwendung einer Kindeswohlgefährdung beteiligt waren, wurden gebeten, ihre Erfahrungen mit Fachkräften öffentlicher und freier Jugendhilfeträger sowie Familienrichter*innen zu schildern. Basierend auf 18 narrativ angelegten Interviews konnten zentrale Muster im Erleben und Bewältigen betroffener Eltern herausgearbeitet werden. Die Entschlüsselung dieser bislang vernachlässigten Perspektive eröffnet Optionen, die Professionalität von Fachkräften auf den Prüfstand stellen und Impulse für Veränderungen setzen zu können.

In diesem Aufsatz werden ausgewählte Erlebensmuster von Vätern und Müttern in Kinderschutzverfahren präsentiert und erläutert, die in der Studie erkennbar wurden. Die Darstellung der Erkenntnisse wird an ausgewählten Stellen um exemplarische Aussagen von betroffenen Eltern(teilen) ergänzt.

1 ... und plötzlich ist die Kontaktaufnahme zum Jugendamt notwendig und unausweichlich

Die Eltern verbindet das Bestreben, die an sie gerichteten Anforderungen in ihrer Elternrolle selbstständig oder mithilfe aktivierter (in)formeller Hilfen lösen zu wollen. Diesem Anspruch können sie häufig solange gerecht werden, bis überraschende Ereignisse, Übergänge oder Umbrüche einen Wendepunkt in ihrer familiären Lebenswelt herbeiführen, den sie mit ihren bisherigen Strategien nicht bewältigen können. Da die ihnen bekannten Handlungsstrategien nicht mehr greifen, sind sie aus ihrer Sicht dazu gezwungen, neue Wege einzuschlagen. Diese Erfahrung tritt häufig kombiniert mit (in)formellen (Rück-)Meldungen von Personen, Fachkräften und/oder Institutionen auf, die Sorgen um das Kind/die Kinder äußern.

Folglich bewegt sich die Kontaktaufnahme der befragten Väter und Mütter zum Jugendamt auf einem Kontinuum zwischen freiwilliger Kontaktaufnahme einerseits und erzwungener und von außen initiierter Ansprache andererseits. Die vielzähligen Varianten lassen sich mithilfe der Initiator*innen der Kontaktaufnahme, der kommunizierten Hintergründe und Anliegen der Eltern auf diesem Kontinuum lokalisieren. Der Kontakt wird von den Eltern, den beteiligten Institutionen (z. B. Schule) oder Fachkräften und/oder dem Jugendamt selbst initiiert. Jedoch ist die Einordnung nicht trennscharf: Eltern können allein oder gemeinsam mit Professionellen das Jugendamt kontaktieren. In diesem Kontext haben der Grad der Einflussnahme auf die und der Grad der Freiwilligkeit der Kontaktaufnahme seitens der Eltern Auswirkungen auf die Ausgestaltung der Interaktion. Insbesondere der Aspekt Freiwilligkeit beeinflusst die weitere Interaktion, da eine relativ freiwillige Kontaktaufnahme in der Praxis häufig in

Beziehung zu einem Problembewusstsein der Eltern steht. Dieses ist eng mit einer intrinsischen Motivation zur Inanspruchnahme von Hilfe(n) verwoben. Deshalb ist die subjektive Einschätzung der Eltern darüber, ob und inwieweit sie sich frei in ihrer Entscheidung erleben und wie hoch die wahrgenommene Fremdbestimmung ist, ein entscheidender Indikator. Das elterliche Erleben schwankt zwischen dem Gefühl von Bevormundung und Kooperation, sodass die Einschaltung des Jugendamtes als Druckmittel oder als Zuwachs an Handlungsoptionen wahrgenommen werden kann.

2 „Da ist so ein bisschen immer so dieses ungute Gefühl. […] Dieses ungute Gefühl, da […] hinzulaufen". Zwischen Angst und Hoffnung: Das Jugendamt als emotional besetzte Institution

Die befragten Eltern treten dem Jugendamt nicht neutral gegenüber: Ihre Wahrnehmung wird von subjektiven Vorstellungen, Emotionen, Erwartungen und bisherigen Erfahrungen mit der Institution beeinflusst.

Aufseiten der Eltern wird der Kontakt von besonderen und in ihrer Wahrnehmung gesellschaftlich verbreiteten Vorstellungen vom Jugendamt begleitet. Diese sind tendenziell negativ und speisen sich aus unterschiedlichen Quellen, beispielsweise medial vermittelten Fällen oder beobachteten Erfahrungen im Familien-, Freundes- oder Bekanntenkreis. Ein zentrales Merkmal der elterlichen Vorstellungen ist die Widersprüchlichkeit: Der negativen Vorstellung einer kontrollierenden und sanktionierenden Institution steht die positive Vorstellung einer helfenden Institution gegenüber. Ihre Anschauungen prägen ihre Emotionen und Haltungen, die während der Kontaktaufnahme und im Interaktionsverlauf wirken. Auch wenn die Gefühle und Assoziationen nicht offen kommuniziert werden, dienen sie den Vätern und Müttern u. a. als Maßstab zur Einordnung professionellen Handelns: Die gesammelten Erfahrungen mit dem Jugendamt vergleichen sie mit ihren Vorstellungen. Auf diese Weise beeinflussen sich Erfahrungen und Vorstellungen wechselseitig. Die Erwartungshaltung der Eltern verändert sich im Laufe der Interaktion. Das Einlassen auf die Arbeitsbeziehung und das Sammeln neuer Erfahrungen führen zu neuen und ggf. modifizierten Erwartungen. Diese beziehen sich vor allem auf die Ausgestaltung der Kooperation und den Umgang miteinander.

3 „[H]allo Leute, wir sind Eltern genauso wie jede anderen auch […]". Im Spannungsfeld zwischen subjektiven Selbst- und wahrgenommenen Fremdzuschreibungen

Die Elternrolle ist für die Väter und Mütter eine bedeutsame und identitätsstiftende Aufgabe, die sie ernstnehmen und bestmöglich ausgestalten wollen. Sie entwickeln subjektive Auffassungen von guter Elternschaft, guter Erziehung und gutem Aufwachsen. Die Befragten präsentieren sich als gute Eltern und integrieren vorrangig positive Attribute in ihr Selbstbild, z. B. bemüht, motiviert und engagiert.

> „Ich gebe immer, in meinen Augen, immer über 100 Prozent für den Kleinen".

Indem sie ihre erzieherischen Anstrengungen um ihr Kind/ihre Kinder in den Mittelpunkt ihrer Selbstbeschreibung rücken, halten sie das positive Bild engagierter Eltern auch in für sie heraus- oder überfordernden Situationen aufrecht. Die Wahrnehmung von Überforderungsmomenten oder familiären Problemlagen schmälert nicht ihre Überzeugung, grundsätzlich über ausreichende Fähigkeiten zu verfügen, um die erzieherischen und alltäglichen Anforderungen erfolgreich bewältigen zu können.

Für ihre Bemühungen und Leistung erwarten sie von außenstehenden Personen Anerkennung. Diese wird ihnen in Verfahren zur Abwendung einer Kindeswohlgefährdung aus ihrer Sicht jedoch nicht (ausreichend) entgegengebracht. Alle interviewten Eltern werden während des Prozesses mit Fremdzuschreibungen bezüglich der Ausübung ihrer Elternrolle und der Situation ihrer Kinder konfrontiert[1], die ihnen in weiten Teilen unvereinbar mit ihrem Selbstbild als Väter und Mütter erscheinen. Den Selbstbeschreibungen der Eltern als engagiert und sich kümmernd widerspricht eine von ihnen wahrgenommene tendenziell negative professionelle Fremdzuschreibung als belastet, überfordert und hilfebedürftig.

Die ihnen vermittelten professionellen Einschätzungen eines Hilfe- und Unterstützungsbedarfs und notwendiger Veränderungen zur Sicherung des Kindeswohls werden nicht zwingend von den Eltern geteilt. Vielmehr verweisen die unterschiedlichen Fremd- und Selbstzuschreibungen auf divergente Sichtweisen auf elterliche Kompetenzen, persönliche Lebenssituationen und Entwicklungen der Kinder. Die fachlichen und elterlichen Erklärungs- und Deu-

---

1 Die von den Eltern wiedergegebenen Fremdzuschreibungen beziehen sich primär auf die Einschätzungen der Fachkräfte des Jugendamtes. Diese professionellen Beurteilungen sind in dem Erleben der Eltern dominant und werden von ihnen maßgeblich für den Verlauf des Verfahrens zur Abwendung einer Kindeswohlgefährdung verantwortlich gemacht.

tungsmuster über Ursachen und Folgen wahrgenommener Belastungen und Bewältigungsstrategien unterscheiden sich häufig.

Aufseiten der Fachkräfte nehmen die Väter und Mütter zunehmend eine negative Betrachtungsweise ihnen gegenüber wahr.

> „Es war ja, wir hatten ja immer die Erfahrung, wenn der Name […] kam, […] dann wussten die sofort, wer gemeint war. Um Gottes willen, da müssen wir sofort hinterhaken".

In der Folge erleben die Väter und Mütter eine Stigmatisierung: Ihnen wird ein Stigma „angeheftet", das die Wahrnehmung und das Handeln der Fachkräfte aus Sicht der Eltern im weiteren Verlauf lenkt. Die den Eltern vermittelte einseitig negative Sichtweise erschwert die Wahrnehmung positiver Dimensionen. Die Eltern fühlen sich zunehmend in ihrer Elternrolle diskreditiert und in ihrer Handlungsautonomie eingeschränkt. Einhellig fühlen sie sich von den Fachkräften nicht ausreichend gesehen, gehört und verstanden.

4   Die Einschätzung einer Kindeswohlgefährdung als Durchsetzen subjektiver Wahrheit(en)?!

In Übereinstimmung mit den divergierenden Selbst- und Fremdzuschreibungen weichen die Einschätzungen der Fachkräfte und Eltern hinsichtlich des Vorliegens einer Kindeswohlgefährdung voneinander ab. Angesichts ihrer verschiedenartigen Normensysteme und Haltungen legen Fachkräfte und Eltern einen unterschiedlichen Bewertungsmaßstab an. Das differente Verständnis von Kindeswohlgefährdung kann nicht in eine gemeinsam geteilte Sicht integriert werden.

> „Ich finde, ich, ich sehe eigentlich keine Kindeswohlgefährdung, ich sehe eigentlich auch äh eher, dass mein Kind Hilfe braucht, dass es Redebedarf hat, dass es Dinge einfach noch nicht aufgearbeitet hat".

Die subjektiven Vorstellungen der interviewten Eltern von dem Konstrukt Kindeswohlgefährdung umfassen primär medial inszenierte oder ihnen bekannte Familienkonstellationen und erzieherische Handlungen. Sie grenzen sich deutlich davon ab, als Eltern solche oder ähnliche kindeswohlgefährdende Situationen zu verantworten. Zwar nehmen einige Eltern die von außen als schwierig oder belastend bewertete persönliche oder familiäre Situation wahr, beurteilen diese aber nicht als kindeswohlgefährdend. Daher bleibt die an die Väter und Mütter herangetragene professionelle Einschätzung einer Kindeswohlgefährdung für sie als Eltern abschließend inhaltlich unverständlich und daher inakzeptabel. Sie erleben diese Unterstellung als nicht gerechtfertigte Verleumdung oder Diskriminierung.

Der Begriff Kindeswohlgefährdung präsentiert aus elterlicher Sicht den Höhepunkt falscher – und mit ihrer Selbstbeschreibung inkompatibler – Fremdzuschreibungen. Sie werden auf eine Täter*innenrolle im Sinne einer gefährdenden Person beschränkt. Die befragten Eltern erleben die professionelle Einschätzung als Schuldzuweisung, die durch die Verwendung des Begriffs Kindeswohlgefährdung verschärft wird und ihr subjektives Belastungserleben erhöht. Der Ausdruck erzeugt bei den Betroffenen negative Assoziationen, Ablehnung und Abwehr. Er schafft Distanz zwischen Eltern und Fachkräften, erschwert die Kommunikation sowie eine vertrauensvolle Kooperation. Dementsprechend beeinträchtigt der Begriff die ohnehin anspruchsvolle und fragile Interaktion.

5   Der Kampf um Deutungsmacht: Interaktion unter dem Brennglas wahrgenommener Divergenzen

In der Interaktion entwerfen Fachkräfte und Eltern wechselseitig Bilder voneinander, die ihre Eindrücke vom Gegenüber in Beziehung zueinander setzen und bündeln (vgl. Langfeldt/Nothdurft 2015: 161). Eltern und Fachkräfte wissen, dass Selbst- und Fremdbilder die Interaktion beeinflussen: Sie agieren und reagieren entsprechend den konstruierten Bildern. Die befragten Väter und Mütter sehen sich in ihrer Rolle als Eltern abgewertet und nicht als vollwertige Interaktionspartner*innen akzeptiert. Je nach Verlauf werden ihnen bestimmte Rechte oder Privilegien abgesprochen. Angesichts des wahrgenommenen Verlustes an Respekt erleben sie ihr Verhalten in Interaktionen mit Fachkräften nicht als zufällig, sondern als zwangsläufig: Sie sind gezwungen, das Stigma zu managen und ihren Selbstwert zu erhalten. Die den Vätern und Müttern vermittelten einseitigen und tendenziell defizitorientierten Fremdzuschreibungen belasten die Eltern und werden von ihnen als Angriff auf ihr elterliches Selbstverständnis bewertet. Sie können die professionellen – und aus ihrer Sicht häufig falschen – Einschätzungen nicht unverarbeitet in ihr Selbstbild integrieren, sondern setzen dieses in Relation dazu, um sich in dem erlebten Spannungsfeld zwischen Selbst- und Fremdzuschreibungen behaupten zu können. Sie sind bemüht, die erlebte Abwertung ihrer Identität als Eltern abzuwenden und ihr subjektiv konstruiertes und positiv konnotiertes Selbstbild als Eltern aufrechtzuerhalten. Im Umgang mit den professionellen Fremdzuschreibungen wenden die Eltern – bewusst oder unbewusst – unterschiedliche Strategien an. Die Reaktionen und Aktionen reichen von äußerlicher Übernahme bis zur offenen Ablehnung der Fremdwahrnehmungen (vgl. Langfeldt/Nothdurft 2015: 150). Die betroffenen Väter und Mütter reduzieren ihre Bewältigungsanstrengungen nicht auf eine Handlung, sondern kombinieren unterschiedliche Strategien: Korrektur der ihnen vermittelten Fremdbilder, Darstellung besonderer Leistungen als Kompensation, Rückzug und Vermeidung als defensive Strategien oder konfrontativer Umgang. Die Positionierung hängt mit der psychischen Verfassung, den kommunikativen Kompetenzen und strategischen Überlegungen der Eltern zusammen.

6 „Ich bin der Meinung, (.) das Jugendamt hier in Deutschland hat viel zu viel Macht. (.) Ne? […] Die können einfach ein Kind aus der Familie reißen, (.) ohne überhaupt mal großartig was, ne?" Macht und Ohnmacht?! Interaktion mit dem Jugendamt als subjektiv erlebter Dreh- und Angelpunkt

Die befragten Eltern schreiben der Interaktion mit dem Jugendamt im Vergleich zu weiteren beteiligten Diensten und Einrichtungen eine außergewöhnlich hohe Relevanz zu. In der Regel bildet diese Interaktion den Dreh- und Angelpunkt in familiengerichtlichen Kinderschutzverfahren: Das Jugendamt ruft das zuständige Familiengericht an und nimmt eine entscheidende Rolle für den Beginn und Verlauf des familiengerichtlichen Prozesses ein. Aufgrund dieser Erfahrung betrachten die interviewten Eltern das Jugendamt bzw. die Fachkraft als Drahtzieher*in des Verfahrens. Das Jugendamt wird, mehr als die übrigen beteiligten Institutionen und Fachkräfte, als machtvolle Organisation wahrgenommen, die maßgeblich das Wirken der übrigen Beteiligten indirekt oder direkt steuert.

Die Interaktion mit dem Jugendamt bzw. den zuständigen Fachkräften ist komplex und voraussetzungsreich. In der Praxis zeichnen sich aufseiten der Eltern die nachfolgenden Wahrnehmungsmuster von dem/der Interaktionspartner*in ab:

Das Jugendamt – Wahrnehmung des Jugendamtes als Organisation
Aus dieser Perspektive rücken die Eltern das Jugendamt als Institution in den Mittelpunkt. Das Jugendamt stellt ein entpersonalisiertes und anonymes Gebilde dar; die Fachkräfte bleiben im Erleben der Eltern unspezifisch und sind beliebig austauschbar.

„Die" vom Jugendamt – Wahrnehmung der Fachkraft als Repräsentant*in oder Funktionär*in des Jugendamtes
Die Eltern betrachten die Fachkräfte ausschließlich als Teil der Organisation, die mit ihren Strukturen und Vorgaben das fachliche Verhalten steuert.

Frau XY – Wahrnehmung der Fachkraft als Person
In dieser personenbezogenen Wahrnehmung fokussieren die Eltern die Fachkräfte als Individuen, während die Zugehörigkeit zu der Organisation Jugend-

amt verblasst. Das Handeln der Fachkraft hängt aus dieser Perspektive von ihren individuellen Entscheidungen und Vorstellungen ab.

Die Wahrnehmung der Eltern kann zwischen den unterschiedlichen Mustern pendeln. In Abhängigkeit von dem vorherrschenden Wahrnehmungsmuster wird entweder der Institution oder der Fachkraft die Gestaltungs- und Entscheidungskompetenz für das Verfahren zur Abwendung einer Kindeswohlgefährdung zugesprochen. Im ersten und zweiten Muster geht die Bedrohung aus Sicht der Eltern von der Institution aus, während das dritte Wahrnehmungsmuster die Bedrohung bei der Fachkraft lokalisiert.

Die befragten Eltern kritisieren übereinstimmend das Handeln der Organisation und/oder der zuständigen Fachkräfte als widersprüchlich und unverständlich. Unzureichende Informationen, Intransparenz und fehlende Zugänglichkeit der Organisation befördern den Eindruck unberechenbarer und unverhältnismäßiger Handlungsschritte. Da Anlässe und Motive der professionellen Handlungen in ihrer Wahrnehmung nicht offen und verständlich vermittelt werden, sind die Eltern aus ihrer Sicht gezwungen, die für sie fachlich fragwürdigen Handlungsschritte mithilfe ihrer subjektiven Alltagstheorien zu deuten. Die Eltern formulieren Ex-post-Erklärungen, um das Verfahren, ihr eigenes Verhalten und das Verhalten von Fachkräften und der Organisation einordnen zu können. Den Eltern aus den Fallstudien ist suspekt und unerklärlich, warum sie von dem Verfahren zur Abwendung einer Kindeswohlgefährdung betroffen sind. Die fachlichen Handlungen sind für sie nicht mit rationalen und/oder inhaltlichen Gründen legitimierbar. Im Verlauf der Interaktion gewinnen sie den Eindruck, dass das Jugendamt oder die Fachkraft ihnen Schaden zufügen möchte. Deshalb werten sie das Handeln insgesamt als persönlichen Angriff gegen sie als Eltern.

Trotz unterschiedlicher Annahmen, die dem Jugendamt bzw. den Fachkräften vorrangig eine schädigende und negative Motivation attestieren, bleibt das professionelle Handeln für die betroffenen Eltern eine Black Box, die angesichts fehlender Transparenz von ihnen nicht vollständig entschlüsselt werden kann. Den Vätern und Müttern aus den Fallstudien bleiben die wahren Motive der zuständigen Fachkräfte und/oder der Organisation weitestgehend verschlossen. Sie benennen mögliche Ursachen, sind sich aber dessen bewusst, dass es sich dabei um Vermutungen handelt, über die sie keine Klarheit haben. Sie schreiben den staatlichen Akteuren ein planvolles und zielorientiertes Handeln zu, das eine Belastung für die betroffenen Eltern erzeugt und sie in ihrem Empfinden verletzt. Diesbezüglich erleben sie das Jugendamt oder die im Jugendamt handelnden Fachkräfte nicht nur als machtvoll, sondern sie fühlen sich dieser Macht ausgeliefert, da die Handlungen für sie intransparent bleiben.

7   „Und dann nahm das so seinen Lauf.
Ohne dass man es beeinflussen könnte".
Ohnmacht gegenüber der Interaktionsdynamik

Die befragten Eltern erleben im Laufe der Interaktion eine für sie unverständliche und tendenziell vermeidbare Enttäuschung. Rückblickend nehmen sie einen Widerspruch zwischen ihren Vorstellungen, den anfangs vermittelten Hilfeangeboten, den beobachteten Erfahrungen in anderen, ihnen bekannten oder medial inszenierten Familien und ihren subjektiven Erfahrungen wahr. Das Jugendamt bewegt sich aus ihrer Sicht zwischen einem nicht nachvollziehbaren Aktionismus in ihrem Fall und allgemeinem Versagen, das in den Medien beschrieben wird und/oder ihnen aus ihrem sozialen Umfeld bekannt ist. Die Eltern ordnen das Handeln des Jugendamtes jeweils zwei gegenüberliegenden Polen zu: zu wenig vs. zu viel und zu früh vs. zu spät. Die jeweilige Zuordnung verstärkt das Unverständnis der Aktionen und Reaktionen des Jugendamtes und ihre Vorwürfe gegenüber der Organisation. Ihre negative Einstellung wird durch ihre Überzeugung, nicht der typischen Klientel zugehörig zu sein, verstärkt. Sie sind enttäuscht und wütend über die aus ihrer Sicht in ihrem Fall überflüssigen Aktionen des Jugendamtes. Die fehlende Transparenz wird als ungerechte Behandlung erlebt und die persönlichen Erfahrungen als dramatisch skizziert. Die Interaktion mit den Fachkräften und das Verhältnis zu ihnen zeichnet sich aus Sicht der Eltern durch Misstrauen und (wechselseitiges) Unverständnis aus.

In ihrem persönlichen Fallverlauf nehmen alle Eltern Etappen in der Interaktion wahr, die im Nachgang als konfliktverschärfende Vorfälle oder Entwicklungen beschrieben werden. In ihren Erzählungen kristallisiert sich eine Aneinanderreihung von Ereignissen heraus, die letztlich in der dramatischen Zuspitzung – dem Vorwurf einer Kindeswohlgefährdung – mündet. Mit dieser von außen herangetragenen Beschuldigung verändert sich das Erleben der Interaktion mit dem Jugendamt grundlegend: An die Stelle von Hilfe und Unterstützung rücken Kontrolle und Eingriffe. Sie erleben, als Eltern auf dem Prüfstand zu stehen, indem ihre Fähigkeiten und sie als Erziehungspersonen infrage gestellt werden. Diese Interaktionsdynamik kann von den Eltern aus ihrer Sicht nur begrenzt und mit enormem Aufwand minimal beeinflusst werden.

Dieser Interaktionsverlauf spiegelt aus Sicht der Eltern eine Selffulfilling Prophecy wider. Sie fühlen sich in ihren (Vor-)Annahmen bestätigt. Die Eltern weisen dem Jugendamt oder stellvertretend den zuständigen Fachkräften die Schuld für diese destruktive Entwicklung zu. Sie selbst können nur begrenzt eigene Anteile an der zunehmenden Brisanz in der eskalierenden Interaktion eruieren. Gleichwohl bieten sie dem Jugendamt mit ihren Verhaltensweisen bewusst oder unbewusst Ansatzpunkte und Argumente für das Verfahren zur Abwendung einer Kindeswohlgefährdung. Entsprechend einer selbsterfüllenden

Voraussage beeinflusst ihr Verhalten das Verhalten der zuständigen Fachkräfte und schließlich den Eintritt der Prophezeiung.

In den Verläufen der Fallstudien wird den Eltern entweder bereits während der Begleitung oder im Zuge des familiengerichtlichen Verfahrens eine fehlende oder unzureichende Kooperations- und Veränderungsbereitschaft bzw. -fähigkeit vorgeworfen. Sie werden beispielsweise für die fehlende Umsetzung fachlicher Empfehlungen kritisiert. Diesbezüglich zeigen die Fachkräfte aus elterlicher Sicht kein Interesse an möglichen (Hinter-)Gründen für ihre ablehnende Haltung, sondern reduzieren ihre Wahrnehmung auf die vermeintlich fehlende Kooperation. Den Eltern wird unterstellt, nicht offen und ehrlich gegenüber den Fachkräften zu sein. Sie werden mit dem Vorwurf konfrontiert, die Hilfe nicht annehmen oder Veränderungen nicht erarbeiten zu wollen.

8   „Ich fühle mich so ein bisschen wie eine Marionette". Eltern als Handelnde im Ringen um Selbstwirksamkeit und Handlungsfähigkeit

Die Selbstbeschreibung der Eltern als Akteure pendelt zwischen den Polen Handelnde und Erleidende. Sie steht mit zahlreichen Faktoren in einer interdependenten Beziehung. Die nachfolgenden vier Einflussgrößen haben einen besonders hohen Stellenwert für die Einordnung der Eltern auf dem Kontinuum zwischen Handelnden und Erleidenden: Grad der Kontrolle und Steuerbarkeit, Grad der Einflussnahme, Deutungs- und Entscheidungskompetenzen und Handlungsautonomie.

Wenn mehrere Einflussgrößen die erlebten Handlungsspielräume betroffener Eltern beeinträchtigen, erhöht sich die Gefahr des Erlebens fehlender (Selbst-)Wirksamkeit. Väter und Mütter beschreiben in ihrem Handeln eine Spannbreite zwischen selbst- und fremdbestimmten Verhaltensweisen, die dazu dienen, Handlungsautonomie zurückzugewinnen und ihre Steuerungspotenziale auszuschöpfen.

Die Eltern erleben sich in der Interaktion mit dem Jugendamt übereinstimmend in einer benachteiligten Position. Aus ihrer Sicht befinden sie sich (vorübergehend) nicht auf Augenhöhe mit ihrem Gegenüber. Alle Eltern wollen ihre Handlungsautonomie zurückgewinnen und frei über die Ausgestaltung ihrer Elternrolle entscheiden.

Den Ausgangspunkt ihres Verhaltens bildet das Bestreben der Eltern, ihre Situation aus ihrer Sicht erfolgreich zu bewältigen, handlungsfähig zu bleiben oder (wieder) zu werden und Einfluss auf die Interaktion zu nehmen. Alle Eltern verstehen unter dem Begriff „erfolgreich" das Ziel, nach außen zu belegen, für ihr Kind/ihre Kinder sorgen zu können. Sie wollen den Vorwurf einer Kindeswohlgefährdung abwehren. Die Eltern eint das formulierte Ziel, als Familie

dauerhaft ohne Jugendamt leben zu wollen. Diesem Ziel ordnen die Eltern aus
den Fallstudien ihr Verhalten unter. Sie nutzen die ihnen zur Verfügung stehenden Möglichkeiten und Ressourcen, um ihr Ziel zu erreichen. Dabei schätzen die Väter und Mütter die Relevanz ihrer verfügbaren Ressourcen unterschiedlich ein.

Die Eltern richten ihr Handeln entweder bereits zu Beginn oder im Laufe
der Interaktion nach außen aus und streben durch sozial erwünschte und akzeptierte Verhaltensweisen danach, nicht aufzufallen, was von ihnen eine Ab-
wägung von Fremdwahrnehmungen und den Folgen möglicher Handlungen
erfordert. Sie beschäftigen sich vor und während der Interaktion mit dem Jugendamt und weiteren beteiligten Fachkräften mit ihrer Außendarstellung und
-wirkung. Das Streben nach einer für sie passenden und angenehmen Außendarstellung beeinflusst ihr Denken und Handeln.

> „Sag mal, spinnst du eigentlich? Warum (.) benimmst du dich eigentlich anders als
> sonst? Ist doch Schwachsinn. Du benimmst, kannst dich doch ganz nor-, du tust doch
> nichts anderes […] oder nichts Verkehrtes, aber man hatte dann im Nachhinein immer
> noch so dieses: Boah, mach ja nichts verkehrt".

Im Umgang mit dem Jugendamt sind die befragten Eltern grundsätzlich bemüht, sich als offen und ehrlich gegenüber den Fachkräften darzustellen. Sie
sind jedoch angesichts drohender negativer Konsequenzen aus ihrer Sicht
punktuell aufgefordert, nicht offen zu agieren, um Nachteile vermeiden und
ihre Ziele erreichen zu können. Die Eltern bekennen sich also zu einer strategischen Offenheit, indem sie beispielsweise entscheiden, wann sie wem was mitteilen. So werden lediglich sukzessiv bestimmte Aspekte offenbart, da negative
Zuschreibungen befürchtet werden. Auch beugen sich Eltern den von den
Fachkräften geäußerten Vorstellungen und Anforderungen, um weiteren Diskussionen auszuweichen. Die äußere Anpassung entspricht nicht unbedingt
ihrer inneren Haltung, sondern ist ebenso ein strategisches Mittel, mit dem sie
ihr Ziel erreichen wollen. Zwar verurteilen sie ihr eigenes Handeln, sehen sich
aber dazu gezwungen, um Sanktionen abzuwehren. Dementsprechend verhalten sich die Eltern aus den Fallstudien nicht durchgängig authentisch. Sie handeln sozial erwünscht und sind bemüht, sich den von außen an sie herangetragenen Erwartungen anzupassen. Zwischen ihrem Verhalten nach außen und
ihren Gefühlen besteht folglich nicht zwingend eine Kongruenz. Die Eltern aus
den Fallstudien agieren in der Interaktion umsichtig, um den Ansprüchen der
Fachkräfte gerecht zu werden, ihre Position zu stärken und ihre Ziele zu erreichen. Sie weichen durch wohlüberlegtes Handeln einer weiteren Verurteilung
ihrer Person oder negativen Folgen aus. Dieser Anspruch überfordert die Eltern
dann, wenn ihnen laut eigener Aussage die Erwartungen der Fachkräfte nicht
bekannt sind oder diese sich stetig verändern.

Aus Sicht der Eltern ist die Wechselseitigkeit in der Interaktion mit staatlichen Akteuren nur begrenzt gegeben. Diese wird u. a. durch die fehlende Transparenz aufseiten des Jugendamtes bzw. der Fachkräfte und die erlebte Asymmetrie in der Ausgestaltung der Interaktion konterkariert. Die Eltern richten ihr Verhalten – mehr oder weniger – einseitig auf die Fachkräfte aus und erleben tendenziell eine einseitige Abhängigkeit. Dabei sind sie bemüht, diese aktiv zu gestalten. Die Erfahrungen betroffener Eltern verweisen auf einen destruktiven Interaktionsverlauf als Beispiel für misslungene Interaktion, die sich in erster Linie durch das Erleben einer Asymmetrie auszeichnet: Die Eltern beugen sich den Anforderungen und Erwartungen, um negative Konsequenzen zu vermeiden. Ihr strategisch ausgerichtetes Handeln ist ausschließlich an den Folgen und – im Sinne ihrer Zielformulierung – an ihrem subjektiv definierten Erfolg orientiert. Dabei legen sie ihre Strategie nicht zwingend offen, sondern handeln verdeckt mit dem Ziel, die Fachkräfte nach außen zufriedenzustellen. Die Interaktion zeichnet sich durch ein fehlendes Verständnis für die jeweils andere Sichtweise aus. Vor diesem Hintergrund scheitert die Kommunikation zwischen Fachkräften bzw. Organisation und Eltern oftmals im weiteren Verlauf.

9 „Dann sag ich, was fragen sie denn, was unsere Ziele sind? Dass alles eingestellt wird und wir vor euch Ruhe haben". Wahrnehmung der eingesetzten Hilfen zur Erziehung: ein zweischneidiges Schwert?!

Die Inanspruchnahme von Hilfe(n) durch die Eltern hängt eng mit ihrer Motivation zusammen und pendelt je nach Motivlage zwischen Ablehnung und Akzeptanz. Die elterliche Zustimmung zu einer Hilfe zur Erziehung fußt auf unterschiedlichen Anlässen und Hintergründen: Einige Väter und Mütter wünschen sich Unterstützung bei der Reduktion familiärer oder persönlicher Probleme oder einem veränderten Umgang mit ihrem Kind/ihren Kindern. Ihre intrinsische Motivation wird durch extrinsische Motive, z. B. die Erfüllung gesellschaftlicher Erwartungen, ergänzt und verstärkt. Andere Elternteile sind ausschließlich extrinsisch motiviert. Sie möchten möglichst schnell wieder ohne Jugendamt leben und frei handeln können, sodass die Hilfe ausschließlich das Mittel zum Zweck repräsentiert.

Die eingenommene Haltung gegenüber der professionellen Hilfe hängt von zahlreichen Aspekten ab. So beeinflussen z. B. die Sicht auf die Hilfe als Chance oder Belastung, die Erwartungen an die Unterstützung oder die Gründe für die Inanspruchnahme die Einstellung der Eltern. Diese Einflussgrößen sind interdependent miteinander verflochten und zeigen fallspezifische Wirkungen im Hilfeverlauf. Die subjektive Sicht der Eltern auf die Hilfe steht auch in einer wechselseitigen Beziehung zu ihrem Verhalten den Helfer*innen und der Institution gegenüber.

Die Haltung der Eltern gegenüber der Hilfe verändert sich im Laufe der Zeit, da sie einen Zwiespalt erleben zwischen dem Wunsch nach Hilfe und der Erfahrung fehlender Hilfestellungen bei zunehmender Kontrolle. Das wahrgenommene Maß der Selbst- und/oder Fremdbestimmung bei der Ausgestaltung der Elternrolle und der zugewiesene Grad der Einflussmöglichkeiten bei der Umsetzung von Hilfe(n) beeinflussen die elterliche Einschätzung von Hilfe(n). In dem Erleben von Hilfe(n) kristallisiert sich aufseiten der Eltern ein zweipoliges Wahrnehmungsmuster heraus: Hilfe als Hilfe vs. Hilfe als Nicht-Hilfe.

Hilfe als Hilfe

> „Also hilfreich war dann auch wirklich die Familienhilfe, [...] [die] uns da wirklich [...] unterstützt hat [...] und auch wirklich uns dann irgendwann die Sicherheit gegeben hat und gesagt hat: Sie haben nichts verkehrt gemacht".

Eine Hilfe wird als hilfreich wahrgenommen, wenn die betroffenen Eltern einen Nutzen für sich erkennen und unmittelbar erfahren. Von zentraler Bedeutung ist aus Sicht der Eltern, dass die Hilfeangebote an die von ihnen benannten Probleme anknüpfen. Die Hilfen können in ihrer Wahrnehmung nur produktiv verwertet werden, wenn sie sich an ihren subjektiven Alltagstheorien und Handlungsmustern ausrichten. Die vermittelten Hilfestellungen und Empfehlungen müssen von ihnen als anknüpfungsfähig an ihre Lebenswelt wahrgenommen und in ihr Selbstbild integriert werden. Sie benötigen ausreichend Raum und Zeit, um Inhalte selbstständig erproben zu können. Wenn die Ratschläge der Fachkräfte nicht mit den Logiken der Eltern kompatibel sind, werden sie als nutzlos verworfen.

Die Möglichkeit, die Ausgestaltung und den Verlauf von Hilfen aktiv zu beeinflussen, ist entscheidend für die Hilfeeinschätzung der Eltern. Eine positive Bewertung setzt ihre Erfahrung voraus, engagiert an der Durchführung mitwirken zu dürfen und zu können. Die ihnen zugesprochenen Optionen, die Rolle als gestaltende Akteure zu übernehmen und selbstbestimmt Entscheidungen zu treffen, sind zentrale Bedingungen aus Sicht aller befragten Eltern.

Hilfe als Nicht-Hilfe

> „[W]eil, ich bin immer davon ausgegangen, wenn ich um Hilfe ringe, bekomme ich Hilfe. Und nicht im Gegenzug, ja äh, (2 Sek.) was man da alles weggenommen kriegt".

> „Deswegen sage ich ja, also Hilfe ist das für mich nicht, das ist für mich eher das Leben schwer machen, Steine in den Weg legen, (.) Familie kaputt machen, das macht auch viel kaputt".

Hilfen haben unbeabsichtigte Wirkungen, wenn sie nicht an die Lebenswelt der Eltern anschließen. Aufseiten der Eltern entsteht ein Belastungsgefühl, wenn die Unterstützung nicht an ihren Bedürfnissen und Anliegen ausgerichtet wird und deshalb nicht optimal in ihren Alltag integriert werden kann. In der Wahrnehmung der Eltern wandelt sich die Hilfe dann zu einer Bedrohung. Wenn der individuelle Bedarf nicht erfüllt wird, schätzen die Eltern jegliche Hilfeformen als unpassend und nicht hilfreich ein. Ihr negatives Erleben reduziert bei den Eltern ihre Akzeptanz der Hilfe(n) bzw. der Helfer*innen und – bewusst oder unbewusst – ihre Motivation, aktiv mitzuarbeiten.

Wenn die Eltern nicht frei entscheiden dürfen, welche Probleme bearbeitet und welche Veränderungen in ihrer familiären Lebenswelt angestrebt werden, ist ihr Blick auf die Hilfe tendenziell negativ gefärbt und sie erleben diese eher als grenzüberschreitend. Ferner erhöhen Kritik, Unverständnis und eine negative Beurteilung ihrer Leistungen als Erziehungsberechtigte den Stresspegel der Eltern aus den Fallstudien. Jegliche Form unerbetener Einmischung wird negativ beurteilt. Ihr Eindruck, dass ihnen fachliche Hinweise aufoktroyiert werden, wirkt sich negativ auf ihre Haltung gegenüber der Hilfe und deren Effekten aus: Vorschläge, die nicht von den Eltern befürwortet werden, und Empfehlungen, die für sie den Charakter von Auflagen haben, zeigen eine gering ausgeprägte Wirkung für nachhaltige Veränderungen. Diskussionen, die nicht ergebnisoffen sind, sondern einer Auflagenvermittlung gleichen, werden ebenfalls abgelehnt. Sie evozieren bei den Eltern das Gefühl, dass die Ausgestaltung der Elternrolle von außen definiert wird – ein für sie inakzeptabler Zustand. Die Gefahr steigt, dass die Eltern sich in Opposition zu den Fachkräften stellen. Die Beschneidung elterlicher Autonomie wird durchgängig negativ bewertet.

10 „Aber es ist nie wieder so wie es früher war". Interaktion zwischen Fachkräften und Eltern: eine abschließende Betrachtung

Die Ergebnisse veranschaulichen die massiven Belastungen, die Eltern in Verfahren zur Abwendung einer Kindeswohlgefährdung erleben und die nachhal-

tig auf ihr persönliches und familiäres Leben wirken. Als besonders belastend
erfahren die Eltern die aus ihrer Sicht eskalierende Interaktion mit dem Jugendamt, welche das zentrale Problem – die vermeintlich unauflösliche Diskrepanz
zwischen fachlichen und subjektiven Vorstellungen von guter Elternschaft und
Kindeswohlgefährdung – offenbart. Der Vorwurf einer Kindeswohlgefährdung
verändert die Interaktion zwischen den Beteiligten grundlegend: An die Stelle
einer Zusammenarbeit tritt aus Sicht der Eltern der Kampf zwischen ihnen und
(vorrangig) den Fachkräften des Jugendamtes.

> „Obwohl es im Kinderschutz darum geht, den Kontakt zu den Erziehungsberechtigten
> und zu den für die Erziehung mitverantwortlichen Familienangehörigen herzustellen,
> scheitern die sozialen Fachkräfte oftmals daran. Ihnen gelingt es nicht, oder nur sehr
> beschwerlich, ein gemeinsames und tragfähiges Arbeitsbündnis aufzubauen" (Biesel
> 2009: 53).

In Verfahren zur Abwendung einer Kindeswohlgefährdung steht das Kindeswohl im Mittelpunkt. Gleichwohl darf diese Ausrichtung nicht den Blick auf
das „Elternwohl" verschließen, da Eltern weiterhin und fortlaufend eine wichtige Rolle für ihre Kinder sowie für deren Entwicklung und Leben einnehmen.
Sie benötigen ebenso eine anerkennende Begleitung und passende Unterstützungsangebote. Eine zentrale Voraussetzung ist ein wertschätzender professioneller Blick: Während die Stigmatisierung als gefährdende Eltern und Familien
als gefährliche Orte eine Kontrolle nahelegen, fordert die Betrachtung von Eltern als aktiv Handelnde eine Herangehensweise, die sich durch Interesse und
Anerkennung auszeichnet.
    Der professionstheoretisch geforderte Anspruch, eine Interaktion auf Au-
genhöhe anzustreben, bedingt ein Verstehen und „ein geregeltes, auf ein gemeinsames Ziel ausgerichtetes, wechselseitiges Zusammenwirken hinsichtlich
des Kindeswohls" (Wutzler 2017: 290). Fachkräfte sind in der Praxis kontinuierlich aufgefordert, Adressat*innen trotz ihrer Skepsis gegenüber Einmischun-
gen von Fachkräften und ihrer Furcht vor Eingriffen in den Schutzraum der
Familie für eine Zusammenarbeit zu motivieren. Dazu ist es notwendig, potenzielle Bedrohungen für die familiäre Lebenswelt, die von dem professionellen
Handeln ausgehen kann, wahrzunehmen und zur Diskussion zu stellen (vgl.
Schütze 1992: 136 f.). Widerstände oder Abwehrhaltungen aufseiten der Eltern
müssen erkannt, in ihrer Funktion für Väter und Mütter verstanden und – im
besten Fall – schrittweise abgebaut werden. Vertrauensbildung ist die zentrale
Voraussetzung für eine gelungene Interaktion, welche die Grundlage für nachhaltige Unterstützungsleistungen schafft. Dabei impliziert der Aufbau von Vertrauen das Bewusstsein über dessen Fragilität. Fachkräfte müssen verstehen,
dass das von ihnen wahrnehmbare Vertrauen von Eltern nicht frei von potenzi-
ellem Misstrauen sein kann. Deshalb muss dieses ebenso (an)erkannt werden –

ohne Eltern dafür zu verurteilen oder persönlich davon gekränkt zu sein. Wenn es Fachkräften nicht gelingt, Vertrauen aufzubauen und eine anerkennende, offene und (selbst)kritische Kommunikationskultur herzustellen, misslingt die Interaktion regelmäßig (vgl. Biesel 2009: 53). Zudem benötigen Fachkräfte den Mut, die Handlungsautonomie von Eltern anzuerkennen, damit diese Hilfen annehmen und Veränderungen in ihrer Lebenswelt bewirken können. Dieser Mut kann die Erfahrung und Gestaltung einer neuen Beziehungskonfiguration zwischen Jugendamt und Eltern ermöglichen.

Literatur

Ackermann, Timo (2012): Aus Fehlern lernen im Kinderschutz. Die Arbeit im ASD als Interaktions-, Dokumentations- und Organisationspraxis. In: Thole, Werner/Retkowski, Alexandra/Schäuble, Barbara (Hrsg.): Sorgende Arrangements. Kinderschutz zwischen Organisation und Familie. Wiesbaden: Springer VS, S. 121–142.

Berghaus, Michaela (2020): Erleben und Bewältigen von Verfahren zur Abwendung einer Kindeswohlgefährdung aus Sicht betroffener Eltern. Weinheim/Basel: Beltz Juventa.

Biesel, Kay (2009): Professioneller Selbstschutz statt Kinderschutz? In: Sozialmagazin, 34. Jg., H. 4, S. 50–57.

Czerner, Frank (2012): Novellierungsgesetze vom KICK bis zum BKiSchG – Optimierung des staatlichen Schutzauftrages bei (vermuteter) Kindeswohlgefährdung? In: Marthaler, Thomas/Bastian, Pascal/Bode, Ingo/Schrödter, Mark (Hrsg.): Rationalitäten des Kinderschutzes. Kindeswohl und soziale Intervention aus pluraler Perspektive. Wiesbaden: Springer VS, S. 47–78.

Kindler, Heinz (2009): Kindeswohlgefährdung: Ein Forschungsupdate zu Ätiologie, Folgen, Diagnostik und Intervention. In: Praxis der Kinderpsychologie und Kinderpsychiatrie, 58. Jg., H. 10, S. 764–785.

Klatetzki, Thomas (2010): Zur Einführung: Soziale personenbezogene Dienstleistungsorganisation als Typus. In: Klatetzki, Thomas (Hrsg.): Soziale personenbezogene Dienstleistungsorganisationen. Soziologische Perspektiven. Organisation und Gesellschaft. Wiesbaden: Springer VS, S. 7–24.

Langfeldt, Hans-Peter/Nothdurft, Werner (2015): Psychologie. Grundlagen und Perspektiven für die Soziale Arbeit. 5. aktualisierte Auflage. München: Ernst Reinhardt.

Mey, Eva (2008): Prozesse: Die Zusammenarbeit im Dreieck Eltern – Behörden – Mandatsträger. Das Zusammenspiel von Eltern, Sozialarbeitenden und Behörden – Ergebnisse aus den Fallanalysen. In: Voll, Peter/Jud, Andreas/Mey, Eva/Häfeli, Christoph/Stettler, Martin (Hrsg.): Zivilrechtlicher Kindesschutz: Akteure, Prozesse, Strukturen. Eine empirische Studie mit Kommentaren aus der Praxis. Luzern: Interact, S. 143–169.

Nationales Zentrum Frühe Hilfen (NZFH) (Hrsg.) (2018): Nationaler Forschungsstand und Strategien zur Qualitätsentwicklung im Kinderschutz. Beiträge zur Qualitätsentwicklung im Kinderschutz. Band 8. Expertise. Unter Mitarbeit von Schmutz, Elisabeth/de Paz Martinez, Laura. Köln: Eigenverlag DJI.

Pluto, Liane/Gadow, Tina/Seckinger, Mike/Peucker, Christian (2012): Gesetzliche Veränderungen im Kinderschutz – empirische Befunde zu § 8a und § 72a SGB VIII. Perspektiven verschiedener Arbeitsfelder. Projekt Jugendhilfe und sozialer Wandel – Leistungen und Strukturen. München. Deutsches Jugendinstitut.

Schuttner, Sabina/Kindler, Heinz (2013): Kinderschutzforschung zwischen Evidenz und Desiderat. In: Sozialwissenschaftliche Literaturrundschau, 36. Jg., H. 67, S. 61–67.

Schütze, Fritz (1992): Sozialarbeit als „bescheidene" Profession. In: Dewe, Bernd/Ferchhoff, Wilfried/Olaf-Radtke, Frank (Hrsg.): Erziehen als Profession. Zur Logik professionellen Handelns in pädagogischen Feldern. Opladen: Leske & Budrich, S. 132–170.

Wutzler, Michael (2017): Falldynamiken und die Aushandlung von Kindeswohl im Kinderschutz. In: Sozialer Sinn, 18. Jg., H. 2, S. 281–313.

Kapitel V:
Institutionen als
Kooperationspartner*innen
von Eltern

Jugendamt und Eltern –
eine Beziehung auf Augenhöhe?

Wolfgang Trede

Einleitung

Bei aller regionalen Unterschiedlichkeit in der Struktur und Kultur der rund 560 deutschen Jugendämter würden wahrscheinlich alle der dort tätigen Fachkräfte für sich beanspruchen, Eltern bei ihren Erziehungsaufgaben möglichst gut zu unterstützen und zu versuchen, partnerschaftlich mit ihnen zum Wohle ihrer Kinder zusammenzuarbeiten. In einer Zeit, in der das Aufwachsen junger Menschen zunehmend in öffentlicher Verantwortung stattfindet – ohne dass die Sozialisation in der Familie deswegen einen geringeren Stellenwert hätte – kommt den Jugendämtern in ihrer Gesamtgewährleistungsverpflichtung für alle Leistungen der Kinder- und Jugendhilfe auf örtlicher Ebene gerade in der Gestaltung des Verhältnisses zu den Eltern und zur familiären Erziehung eine zentrale Rolle zu. Sowohl der fachliche Diskurs als auch die Entwicklung des Jugendhilferechts betonen dabei seit Jahrzehnten eine Abkehr von Eingriffsorientierung, von sozialpädagogischer Expertokratie und von moralischer Abwertung als fremd erlebter Lebenswelten. Fachlich gefordert und auch rechtlich kodifiziert, gelehrt und in Fachkonzeptionen niedergeschrieben werden vielmehr Partnerschaftlichkeit mit Eltern, Beteiligungsorientierung und ein lebensweltorientierter, solidarischer Zugang als Schlüssel zu einer gelingenden Jugendhilfe.

Gleichzeitig wollen die meisten Eltern auch heutzutage nichts mit der Jugendhilfe und insbesondere nichts mit „dem Jugendamt" zu tun haben. Das hat mit einem schlechten Bild in der Öffentlichkeit zu tun, das auch die jahrelange und verdienstvolle Imagekampagne der Landesjugendämter („Jugendamt, Unterstützung, die ankommt") bislang nicht korrigieren konnte. Aber es scheint nicht nur ein Imageproblem zu sein, denn wenn Eltern und junge Menschen nach ihren Erfahrungen mit dem Jugendamt befragt werden, dann wird – neben durchaus positiven Rückmeldungen – häufig von Bevormundung, geringer Wertschätzung, fehlendem Zutrauen und fiskalisch motivierter Begrenzung von Hilfen berichtet (vgl. Rosenbauer/Schruth 2019).

Gerade die Erziehungshilfen, auf die Eltern nach dem SGB VIII dann einen Rechtsanspruch haben, wenn „eine dem Wohl des Kindes oder des Jugendlichen entsprechende Erziehung nicht gewährleistet ist" (§ 27 SGB VIII) führen

Fachkräfte in ein anspruchsvolles Terrain Sozialer Arbeit. Denn der Rechtsanspruch setzt voraus, dass irgendetwas für die Entwicklung des Kindes Defizitäres geschehen oder absehbar ist und nun der Staat als sozialpädagogischer Dienstleister für die Eltern aktiv werden kann. Das Recht des jungen Menschen auf Erziehung und auf eine gute Entwicklung richtet sich grundgesetzlich zunächst an die eigenen Eltern, wobei über diese den Eltern „zuvörderst obliegende Pflicht" zur Erziehung die staatliche Gemeinschaft wacht. Die „Hilfen zur Erziehung" gem. § 27 SGB VIII sind zwar eine Sozialleistung, die von Eltern freiwillig beansprucht und eingeklagt werden kann, sie sind aber gewissermaßen im Vorhof dieses staatlichen Wächteramts angesiedelt. Denn eine freiwillig in Anspruch genommene Jugendhilfe kann ein „Kinderschutzfall" werden, wenn es ernstzunehmende Hinweise oder gar handfeste Beweise für eine Kindeswohlgefährdung durch die Eltern gibt und die Eltern nicht bereit oder nicht in der Lage sind, ihr Kind zu schützen. Aus Sicht von Eltern schwebt über der Sozialleistung Erziehungshilfe also auch das Damoklesschwert des staatlichen Eingriffs, der allerdings nicht durch das Jugendamt, sondern nur durch ein Familiengericht erfolgen kann.

Wie können Fachkräfte in diesem diffizilen Gelände in eine partnerschaftliche Zusammenarbeit kommen und diese auch bei Krisen aufrechterhalten? Wie können Fachkräfte des Jugendamts im Spannungsfeld aus Hilfe und Kontrolle, aus Verständnis und Befremdung, aus Vertrauen und Eingriff dennoch eine gelingende Kommunikation mit Eltern gestalten und zugleich das Wohlergehen der Kinder bzw. Jugendlichen im Blick behalten?

Diesen Fragen wird im folgenden Beitrag nachgegangen. Zunächst wird die Entwicklung des Verhältnisses zwischen Jugendamt und Eltern in rechtlicher Hinsicht aufgearbeitet und die Entwicklung zentraler fachlicher Diskurse mit Blick auf die Eltern- und Familienarbeit in den Erziehungshilfen nachgezeichnet. Anschließend wird die Vielfalt der Interaktionsfelder zwischen Jugendamt und Eltern, auch jenseits der Erziehungshilfen beleuchtet, auch um darauf hinzuweisen, dass das Jugendamt für Eltern mehr ist als der ASD und die Erziehungshilfen. Das vierte Kapitel befasst sich mit der Hilfeplanung als einem wesentlichen Pfeiler der Kommunikation zwischen Fachkräften des Jugendamts und Eltern im Rahmen einer Erziehungshilfe. Schließlich werden in einem abschließenden fünften Kapitel Voraussetzungen für eine gelingendere Zusammenarbeit mit Eltern aufgezeigt.

1   Jugendamtliches Handeln im Spannungsfeld von Kinderrechten, Elternrechten und staatlichem Wächteramt

Mit dem „Reichsgesetz für die Jugendwohlfahrt" vom 9. 7. 1922 (RJWG) wurde bestimmt, dass ab 1924 Jugendämter auf der örtlichen Ebene von Gemeinden oder Gemeindeverbänden einzurichten seien. Wie bereits zuvor ab etwa 1910 in einzelnen Städten (Hamburg, Mainz, Leipzig) und einzelnen Ländern (z. B. Jugendamtsgesetz Württemberg von 1919) sollten verschiedene Aufgaben der Jugendhilfe (u. a. das Vormundschaftswesen, die Fürsorgeerziehung, das Armen- und Pflegekinderwesen, die Säuglingspflege, Kindergärten) reichsweit in einer kommunalen Behörde gebündelt werden (vgl. Uhlendorff 2003; Scherpner 1979). Das RJWG normierte zum ersten Mal ein Recht des Kindes auf „Erziehung zur leiblichen, seelischen und gesellschaftlichen Tüchtigkeit" (§ 1 Abs. 1 RJWG) im Sinne einer rechtlich nicht einklagbaren Programmformel, die sich zunächst und zuallererst an die Eltern richtet. Das Elternrecht wird zugleich als fremdnütziges Recht ausbuchstabiert, mithin als Verpflichtung der Eltern, für ihre Kinder zu sorgen und sie zu erziehen. Zugleich wird eine Letztverantwortung des Staates festgestellt, wie sie auch heute in Artikel 6 Grundgesetz zu finden ist.

Bereits im RJWG findet sich also die heute noch gültige Grundfigur bezüglich des Verhältnisses von schutzwürdigen Interessen von Minderjährigen, Elternrechten und staatlicher Letztverantwortung: Das Recht des Kindes auf Erziehung richtet sich als ein Anspruch des Kindes erzogen und umsorgt zu werden, zunächst gegen seine Eltern und subsidiär gegen den Staat bzw. gegen das Jugendamt als dessen institutioneller Ausdruck. Trotz dieser noch aktuellen Grundkonzeption wies das RJWG einen ganz anderen Charakter auf als das knapp 70 Jahre später in Kraft getretene Achte Buch Sozialgesetzbuch Kinder- und Jugendhilfe (SGB VIII). Das RJWG war zunächst ein Organisationsgesetz zur Etablierung von Jugendämtern, auf dessen Grundlage die Organisation der öffentlichen Jugendhilfe auch in ihrem Verhältnis zur freien Jugendhilfe geregelt wurde. Das RJWG war im Weiteren stark von staatlichen Eingriffen als korrekturbedürftig betrachtete Lebens- und Aufwuchsformen geprägt. Wirkliche Leistungen, die von Eltern beantragt werden konnten, gab es kaum, hingegen viele Maßnahmen, die seitens der Jugendämter bei drohender „Verwahrlosung" ergriffen werden konnten (vgl. Peukert 1986; Marthaler 2009; Sachße 2018). Dieser obrigkeitliche Charakter blieb auch in der Bundesrepublik im 1961 verabschiedeten Jugendwohlfahrtsgesetz erhalten.

Erst das 1990 im Bundestag verabschiedete SGB VIII kann als ein Sozialleistungsgesetz für junge Menschen und Familien bezeichnet werden, und seit dem Inkrafttreten wurden weitere wichtige subjektive Rechtsansprüche beschlossen (u. a. Eingliederungshilfen für seelisch behinderte Kinder und Jugendliche gem.

§ 35a SGB VIII 1995, Rechtsanspruch auf frühkindliche Bildung und Betreuung ab dem ersten Lebensjahr 2013; vgl. Wabnitz 2009). Insbesondere jener Bereich, der früher als Jugendfürsorge bezeichnet worden ist, dort, wo es um Hilfen in stark belasteten Familien geht und um Unterbringungen auch außerhalb des Elternhauses in Pflegefamilien und Heimen, dort, wo der Kinderschutz und das Wächteramt nahe sind, da hatte sich der Gesetzgeber des SGB VIII besondere Mühe gegeben, die Dienstleistungsorientierung durchzuhalten, die Eintritts-schwelle niedrig zu gestalten und den Zugang zu Leistungen möglichst stigma-tisierungsarm zu ermöglichen. Der in § 27 SGB VIII kodifizierte Grundgedanke lautet, dass die Beantragung von Hilfen zur Erziehung durch Eltern gerade Ausdruck ihrer erzieherischen Kompetenz ist, dass Eltern damit in autonomer Ausübung ihres Elternrechts dazu beitragen, dass Probleme im Aufwachsen mit externer Hilfe angegangen und bestenfalls behoben werden können. Die Inan-spruchnahme von Hilfe stellt also nach dem SGB VIII nicht die Bankrotterklä-rung der familiären Erziehung dar, sondern ist Ausdruck eines kompetenten Krisenmanagements.

Das SGB VIII transportiert darüber hinaus ziemlich konsequent eine Philo-sophie von Partnerschaftlichkeit und Orientierung auf Familie, so sehr, dass es immer wieder als zu familienlastig und zu wenig die Rechte von Kindern be-rücksichtigend kritisiert worden ist (vgl. Münder 2007: 29). So haben die leis-tungsberechtigten Eltern ein Wunsch- und Wahlrecht inne (§ 5 SGB VIII), bei der Ausgestaltung der Jugendhilfeleistungen ist die von ihnen bestimmte Grund-richtung der Erziehung zu beachten (§ 9 SGB VIII). Sie sind vor Inanspruch-nahme einer Hilfe zu beraten und bezüglich möglicher Folgen für die Ent-wicklung ihres Kindes zu informieren und sie wirken an der Hilfeplanung mit (§ 36 SGB VIII).

Dies alles steckt den rechtlichen Rahmen für das fachliche Handeln von Mitarbeiter*innen in den Jugendämtern ab.

2 Der fachliche Diskurs zur Eltern- und Familienarbeit zwischen Partizipation, Lebensweltorientierung, Ambulantisierung und Kinderschutz

2.1 Beteiligungsorientierung

Als personenbezogene Soziale Dienstleistung ist die Jugendhilfe in ihrem Han-deln systematisch auf Co-Produktion angewiesen, ganz gleich ob es sich um Fachkräfte des Jugendamts, eine Familienhilfe oder Betreuer*innen einer Ta-gesgruppe handelt (vgl. Gross 1983). Soziale Arbeit im Jugendamt und in den Erziehungshilfen gelingt nur, wenn Eltern und Familien als Adressat*innen der Hilfe „echt" beteiligt werden. Denn sie produzieren das Ergebnis von Jugendhilfeleistungen mit Unterstützung und Begleitung professioneller Helfer*innen im Wesentlichen selbst. Die Einbeziehung von Eltern in Hilfeprozesse, auch und gerade dann, wenn ihre Kinder kürzer oder länger außerhalb des Elternhauses untergebracht sind, gehört zu den Standards guter fachlicher Arbeit. Eine große Anzahl empirischer Befunde belegt, dass die möglichst frühzeitige Einbeziehung und Beteiligung von Eltern in Hilfe- und Betreuungsprozesse großen Anteil am Erfolg einer Erziehungshilfe hat. Die JuLe-Studie (Baur et al. 1998) konnte belegen, wie bedeutsam die Beteiligung der Eltern für einen positiven Verlauf (teil-)stationärer Erziehungshilfen ist. Im Rahmen des Bundesmodellprogramms „Wirkungsorientierte Jugendhilfe" fanden Albus et al. (2010) heraus, dass das Ausmaß, in dem sich junge Menschen und Eltern beteiligt fühlten, positive Effekte auf die Wirksamkeit einer Hilfe hatte. Ebenso wurde von positiven Ergebnissen berichtet, wenn Familien intensiv am Wohngruppenleben beteiligt wurden und Heimerziehung insofern der „Familienaktivierung" diente (Moos/Schmutz 2012). Umgekehrt belegt die Rekonstruktion schwierig verlaufener Einzelfälle, dass hierbei das mangelnde Verständnis der Dynamik des Familien- und Helfersystems auf Seiten der Professionellen bewirkte, dass „aus Kindern in Schwierigkeiten schwierige Fälle" werden (Ader/ Schrapper 2002: 27). Wie bedeutsam die Einbeziehung von Eltern im Feld der Vollzeitpflege ist, wo die Konkurrenz zwischen der „gescheiterten" Familie und der „guten" Pflegefamilie besonders brisant ist, hat Faltermeier (2001) in einer qualitativen Studie herausgearbeitet.

In den letzten rund zwanzig Jahren wurden mit dem Ziel einer stärkeren echten Beteiligung und Selbstbemächtigung auch eine Reihe von Methoden zur Einbeziehung von Eltern, Familien und sozialen Netzwerken als Experte*innen ihrer selbst eingeführt und erprobt, z. B. in Form des Familienrats (Hansbauer et al. 2009), der Multifamilientherapie bzw. des „Familienklassenzimmers" (vgl. Asen/Scholz 2009) oder im Rahmen des Handlungsansatzes „Signs of Safety" (vgl. Roessler/Gaiswinkler 2012).

2.2 Lebensweltorientierung

In enger Verbindung mit einer stärkeren Beteiligungsorientierung steht der Ansatz einer lebensweltorientierten Jugendhilfe, der seit den 1970er Jahren durch Hans Thiersch entwickelt wurde und insbesondere den achten Jugendbericht der Bundesregierung mit seinen „Strukturmaximen" Prävention, Dezentralisierung/Regionalisierung, Alltagsorientierung, Integration, Normalisierung und Partizipation geprägt hat (vgl. Deutscher Bundestag 1990; Thiersch 1992; 2020). Thiersch zufolge habe sich Soziale Arbeit auf den Alltag hilfebedürftiger Menschen zu beziehen. Außerdem müsse sich Soziale Arbeit in all ihrer Widersprüchlichkeit und ihrem Handeln an deren Lebenswelt, an deren „gegebenen

Struktur-, Verständnis- und Handlungsmustern" orientieren (Thiersch 1992: 23). Das soll nicht unkritisch erfolgen, weder durch Blindheit gegenüber strukturellen Benachteiligungen, denen sich Menschen ausgesetzt sehen, noch gegenüber problematischen Machtverhältnissen, die sich im Alltag von Familien offenbaren mögen. Immer sollen sozialpädagogische Fachkräfte sich aber mit Respekt und Takt den Menschen und ihren Lebensverhältnissen nähern.

Der lebensweltorientierte Ansatz stellt einen hervorragenden fachlichen Kompass für die Arbeit in der Kinder- und Jugendhilfe dar, gerade für Fachkräfte im Jugendamt. Er kann Fachkräfte inspirieren und sie gegen Sozialtechnologiefantasien und Rückfälle auf das rein Methodische immunisieren. Schließlich kann dieser Ansatz produktive Widerhaken gegen nicht ganz vermeidbare obrigkeitliche Durchbrüche und bevormundende Praxen setzen. Eine lebensweltorientierte Jugendhilfe ist auch hervorragend anschlussfähig an eine sozialräumlich ausgerichtete, integrierte Hilfestruktur (vgl. Lenz/Peters 2020), die versucht benachteiligte junge Menschen an Regelstrukturen im Sozialraum anzudocken und mit bzw. für Familien maßgeschneiderte Unterstützungen zu entwickeln, die sich an verändernde Hilfebedarfe anpassen lassen.

2.3   Ambulantisierung

Wenn wir den fachlichen Diskurs zur Eltern- und Familienarbeit betrachten, muss berücksichtigt werden, dass Jugendämter versuchen, Kindern möglichst ein gutes Aufwachsen bei ihren leiblichen Eltern(teilen) durch ambulante familienunterstützende Hilfen zu ermöglichen, d. h. durch aufsuchende Hilfe in der Familie und/oder durch die Schaffung förderlicher und entlastender Sozialisationsräume in Ergänzung zu Schule und Familie. Mit der Ambulantisierung der Erziehungshilfen kommt zudem die ganze Familie in all ihrer Vielfalt und Brüchigkeit in den Blick sozialpädagogischer Interventionen, was von Seiten der Eltern oder von einem Elternteil nicht selten misstrauisch aufgenommen wird und Fachkräften verstärkt Einstellungen, selbstreflexive Haltungen und kommunikative Kompetenzen, wie bereits dargestellt, abfordert. Im Interesse einer guten Entwicklung der Kinder gilt es für sie, eine „Arbeitsbeziehung" mit Eltern zu entwickeln, die so tragfähig ist, dass die Abwehr gegenüber der als Kontrolle wahrgenommenen Intervention von außen zumindest teilweise überwunden werden kann. Fachkräfte des Jugendamts müssen dabei in einem Spannungsfeld agieren zwischen familiärer Innenwelt mit ihren emotionalen Verstrickungen, Überlastungen sowie Schuldgefühlen auf der einen Seite und dem öffentlichen Auftrag der Jugendamtsmitarbeiter*innen, der auch Kontrollfunktionen beinhaltet, auf der anderen Seite (vgl. Funk 2016). Die Befunde aus einer Meta-Analyse zur Wirksamkeit der Sozialpädagogischen Familienhilfe von Anja Frindt können auch als Orientierung für die Arbeit von Sozialen Diensten in Familien die-

nen: Es gehe darum, „KlientInnen Selbstwirksamkeitserfahrungen zu ermöglichen, sie zu aktivieren, Direktiven wirksam dosiert einzusetzen, Ressourcen zu
arrangieren und das Sozialisationsfeld der Familie zu erweitern. Die Mitarbeite-
rinnen und Mitarbeiter sollen Fälle adäquat verstehen, Respekt vor den Bewältigungsversuchen der KlientInnen haben, schwierige Situationen aushalten, […]
Parteilichkeit und institutionelle Aufträge in Einklang bringen" (Frindt 2010: 39).

2.4   Zusammenarbeit mit Eltern im Kinderschutz

Der fachliche Diskurs in den Erziehungshilfen war in den vergangenen rund
20 Jahren sehr stark davon geprägt, ob bzw. wie gut die Jugendhilfe ihrem
Schutzauftrag bei Kindeswohlgefährdungen nachkommt (vgl. Kindler et al.
2006; Körner/Deegener 2011; Gerber/Lillig 2018). In den Jugendämtern wurden
spätestens seit der Einfügung des § 8a SGB VIII Verfahren entwickelt und fortlaufend geschult, wie im Amt mit Hinweisen auf Gefährdungen von Minderjährigen umgegangen wird, wie sie bewertet werden und wie darauf reagiert wird.

Sobald gewichtige Hinweise für eine Gefährdung des Kindeswohls vorliegen
und im Jugendamt nach einer Beratung im Team eine Gefährdung eingeschätzt
wurde, stellt sich für die fallzuständige Fachkraft die große Herausforderung
dar, eine förderliche Zusammenarbeit mit den gefährdenden Eltern(teilen) weiter durchzuhalten. Handeln im Kinderschutz ist die Nagelprobe für die Arbeitsbeziehung zu den Eltern. Wenn die Gefährdung mit den Eltern und, soweit
das möglich ist, mit dem Kind besprochen wird und geprüft wird, wie die Gefährdung abgewendet werden kann, muss seitens der Fachkraft beachtet werden, dass die Sicherheit des Kindes gewährleistet ist *und* dass die Eltern möglichst weitgehend „im Boot" gehalten werden können. Im Kinderschutz entsteht
häufig eine schwierige Dynamik, weil sowohl die Fachkraft des Jugendamts
unter Druck kommt, keine Fehler zu machen, nichts zu übersehen, was dem
Kind schaden könnte, nicht haftbar gemacht zu werden, lieber auf „Nummer
sicher" zu gehen. Gleichzeitig fühlen sich die Eltern unter Druck gesetzt und
spätestens, wenn mit dem Familiengericht gedroht wird oder wenn Anforderungen seitens des Jugendamts formuliert werden, die seitens der Eltern als
aufgezwungen erlebt werden, dann ist die Arbeitsbeziehung beendet: die Eltern
„lassen den Rollladen herunter".

Exkurs: Einführung von Signs of Safety im Kreisjugendamt Böblingen
Um aus diesem Teufelskreislauf heraus und in der praktischen Arbeit im Kinderschutz voranzukommen, haben wir im Landkreis Böblingen im Jahr 2020
damit begonnen, alle Fachkräfte des Jugendamts und der regionalen Schwer-
punktträger der Erziehungshilfen gemeinsam im Handlungsansatz „Signs of
Safety" zu schulen und unsere Beratungs- und Dokumentationsprozesse ent-

sprechend mit dem Ziel umzustellen, mit Familien im Schatten des Kinderschutzes (aber auch jenseits davon) besser zusammenzuarbeiten und befriedigendere Ergebnisse zu erzielen.

Signs of Safety ist ein in Australien von Andrew Turnell und Steve Edwards seit den 1990er Jahren für die dortige Kinderschutzarbeit entwickelter ressourcen- und stärkenorientierter Ansatz. Er betont den Fokus auf das Kind und sein Wohlergehen sowie das klare Aufzeigen von Gefährdungsmomenten für das Kind den Eltern gegenüber. Zugleich werden mit Kindern, Eltern und ihrem sozialen Netzwerk Gefährdungslagen, aber auch vorhandene Ressourcen geklärt und eine Sicherheitsplanung für die Kinder erarbeitet, die Eltern in der Verantwortung belässt, zuallererst selbst zusammen mit ihrem Netzwerk für das Wohl ihrer Kinder zuständig zu bleiben (vgl. Roessler/Gaiswinkler 2012; Turnell/Murphy 2018). Der Ansatz fußt u.a. auf der systemisch-lösungsorientierten Kurzzeittherapie von Steve de Shazer und bietet einen umfangreichen Methodenkoffer für die Arbeit mit Kindern, Eltern, dem sozialen Netzwerk und für Fallberatungen im Team und mit anderen Institutionen, wie z.B. Familiengerichten. Im deutschsprachigen Raum ist dieser Ansatz noch nicht sehr verbreitet. Das Kreisjugendamt Biberach hat Signs of Safety seit 2018 als erstes deutsches Jugendamt eingeführt. Wir sind mit dem Start ab 2020 die zweiten (und die ersten, die Signs of Safety gemeinsam mit den freien Trägern einführen; vgl. Landkreis Böblingen 2020).

Die Signs of Safety-Methoden sind recht einfach. Ein wesentlicher Baustein sind die „drei Spalten": Hier wird mit Eltern gemeinsam eruiert und aufgeschrieben:

- Worüber machen sich die Sozialarbeiter*innen Sorgen? Weshalb sorgen sich die Eltern? Was belastet die Kinder? Dabei wird z.B. konkretisierend gefragt: Was war der schlimmste Vorfall? Wann war der letzte Vorfall? Wie viele Vorfälle gab es insgesamt? (Spalte 1)
- Was läuft gut? Welche Ressourcen sind vorhanden? Zum Beispiel: Wenn in einer Situation, in der es sonst immer Streit zwischen den Eltern gab, es keinen Streit gab: Woran lag das genau? Wann gab es schöne Momente zwischen Kindern und Eltern? Woran lag das? (Spalte 2)
- Welche Vorstellungen einer erwünschten Zukunft haben die Eltern? Wie stellen sich die Kinder die Zukunft vor? Wo soll es hingehen? (Spalte 3)

Ähnlich den drei Spalten gibt es für die Arbeit mit Kindern die „drei Häuser", in die Kinder ihre Sorgen, ihre Freuden und ihre Träume eintragen bzw. malen können. Ausgehend von den allen Beteiligten vorliegenden und gut visualisierten Ergebnissen wird gemeinsam mit den Eltern, den Kindern und dem Netzwerk ein Gefährdungsstatement und davon ausgehend ein Sicherheitsplan mit konkreten Zielen formuliert und kleinschrittig umgesetzt.

Allererste Erfahrungen im Landkreis Böblingen deuten darauf hin, dass „Signs of Safety" tatsächlich helfen kann mit Eltern und ihrem Netzwerk auch in Krisen und im Kinderschutz zu einer tragfähigen, von Respekt aber auch Klarheit getragenen Arbeitsbeziehung zu gelangen. Wir stehen hier noch ganz am Anfang, aber Kolleg*innen äußern bereits größere Sicherheit und größere Zufriedenheit in der Arbeit mit Familien. Insbesondere wird die mit den Eltern und den Kindern gemeinsam erfolgende Erarbeitung und transparente, auf Flipcharts o. ä. gut visualisierte Dokumentation von Sorgen, Stärken und Zielen als hilfreich erlebt. Zugleich wird deutlich und das bestätigt die Evaluation der (nicht durchgehend geglückten) Einführung von Signs of Safety in zehn englischen Jugendämtern (Munro/Turnell 2020), dass es Ausdauer bedarf, einer guten Unterstützung durch die Leitungskräfte und erheblichem organisationalem Wandel, um den Handlungsansatz gut und nachhaltig in den Köpfen und Herzen der Fachkräfte und in den grundlegenden Strukturen zu verankern.

3 Die Vielfalt der Interaktionsfelder zwischen dem Jugendamt und Eltern

Auch wenn in diesem Beitrag besonders auf die Interaktion zwischen Mitarbeiter*innen des Jugendamts und Eltern im Bereich der Erzieherischen Hilfen geblickt wird, so soll dennoch festgestellt werden, dass das Jugendamt weitere Unterstützungsmöglichkeiten für Eltern bietet und damit weitere Bereiche der Zusammenarbeit, die auch anderen Logiken folgen, als es bisher für den Bereich der Erziehungshilfen und den Kinderschutz herausgearbeitet wurde.

Hier sind zunächst die *finanziellen Hilfen* zu nennen:

- Einkommensschwachen Familien können die Teilnahmebeiträge für Kitas, Horte bzw. die Kindertagespflege teilweise oder vollständig erlassen werden (§ 90 SGB VIII).
- Kindern oder Jugendlichen von alleinerziehenden Elternteilen kann Unterhaltsvorschuss im Sinne einer Unterhaltsausfallleistung gewährt werden, die die Differenz zwischen dem Kindergeld und dem Mindestunterhalt gem. § 1612a BGB abdeckt.

Hier sichern Sozialleistungen des Jugendamts, dass Kinder den Mindestunterhalt nach dem Bürgerlichen Gesetzbuch erhalten und an (frühkindlicher) Bildung und Betreuung in Krippen, Kitas, der Kindertagespflege oder in Horten teilhaben können unabhängig vom Familieneinkommen.

Eng verbunden mit den Unterhaltsvorschussleistungen ist das Angebot des Jugendamts, als *Unterhaltsbeistand nach § 1712 BGB* tätig zu werden auf Antrag des Elternteils, in dessen Obhut sich das Kind oder der Jugendliche befindet.

Die Beistandschaft umfasst quasi anwaltliche Aufgaben und umfasst Beratung, Unterstützung und gesetzliche Vertretung bei der Feststellung der Vaterschaft und/oder der Geltendmachung und Durchsetzung von Unterhaltsansprüchen. Die Unterhaltsbeistände födern, dass der nach Einkommen angemessene Unterhalt für das Kind auch tatsächlich durch den unterhaltsverpflichteten Elternteil gezahlt wird.

Neben diesen anwaltlichen Aufgaben zur Unterhaltssicherung und den Sozialtransferaufgaben im Unterhaltsvorschuss und in der Wirtschaftlichen Jugendhilfe gem. § 90 SGB VIII (alle drei Bereiche adressieren übrigens quantitativ deutlich mehr Familien als die Erziehungshilfen) bietet das Jugendamt auch Beratung und niederschwellige Unterstützung:

- im Bereich der frühen Hilfen, wo in der Regel multiprofessionelle Teams (Sozialpädagog*innen, Hebammen, Kinderkrankenpfleger*innen) niederschwellig aufsuchende Hilfen leisten;
- im Bereich der Erziehungsberatung sowie der Trennungs- und Scheidungsberatung inkl. der Gewährleistung des begleiteten Umgangs (§§ 17, 18, 28 SGB VIII);
- in der niederschwelligen und niederfrequenten Begleitung von Familien durch den Sozialen Dienst (§ 16 SGB VIII).

Die Aufstellung verdeutlicht, dass Eltern, die Hilfen zur Erziehung in Anspruch nehmen, in aller Regel auch noch andere Kommunikationsflächen mit dem „Amt" haben. Es ist entscheidend für die Außenwahrnehmung und die Qualität eines Jugendamts, wie gut es den vielen Mitarbeiter*innen in den verschiedenen Arbeitsfeldern gelingt, bei aller Unterschiedlichkeit der Tätigkeitsbereiche eine halbwegs ähnliche, zugewandte und dienstleistungsorientierte Haltung an den Tag zu legen. Oft ist es dann auch im Jugendamt so wie häufig in der Wohngruppe mit einer Hauswirtschaftskraft. So wie diese nicht selten die wichtigste Person für Jugendliche ist, so ist für manche Mutter oder Vater die wichtigste Person im Jugendamt vielleicht nicht die zuständige Sozialarbeiter*in, sondern die freundliche Sachbearbeiter*in in der Wirtschaftlichen Jugendhilfe, die ein Auge zudrückt, oder die kämpferische Unterhaltsbeiständ*in oder die Hebamme, die im ersten Lebensjahr des „Problemkinds" so viel geholfen hat.

4　Wie kann Hilfeplanung das Arbeitsbündnis zwischen Jugendamt und Eltern stärken?

Das in § 36 SGB VIII „Mitwirkung, Hilfeplan" vorgeschriebene Verfahren stellt der Praxis der Kinder- und Jugendhilfe *das* zentrale Steuerungsinstrument zur Einleitung, Begleitung und Evaluation Erzieherischer Hilfen zur Verfügung.

Die Hilfeplanung ist zugleich ein wesentliches Kommunikationssetting in der Zusammenarbeit von Jugendamt und Eltern sowie dem Träger oder im Fall von Pflegefamilien den Personen, die die Hilfe leisten. Im § 36 SGB VIII bündeln sich zudem zentrale Reformanliegen des SGB VIII: mehr sozialpädagogische Fachlichkeit, mehr Dienstleistungsorientierung und Partnerschaftlichkeit gegenüber hilfebedürftigen Familien, mehr Fehlerfreundlichkeit im Handeln von Jugendämtern und von freien Trägern, eine Erhöhung der Wirksamkeit der in Anspruch genommenen Hilfen. Gerade für den eingriffsanfälligen Bereich der Hilfen zur Erziehung sollte mit dem § 36 SGB VIII ein dialog- und prozessorientiertes Verfahren etabliert werden. In dem Verfahren können Mitarbeiter*innen der Jugendämter zusammen mit den Eltern einen Hilfebedarf feststellen und sie entsprechend über mögliche Unterstützungsmöglichkeiten umfassend beraten, die für den Einzelfall möglicherweise geeignete, notwendige und von den Eltern gewünschte Hilfe zusammen mit anderen Fachkräften „aushandeln" und darüber schließlich entscheiden.

Im ersten Jahrzehnt nach Inkrafttreten des SGB VIII ist sehr viel über den Charakter des Hilfeplanverfahrens debattiert worden, insbesondere darüber, ob es in ihm – zugespitzt formuliert – vorrangig um eine diagnosengeleitete „Verordnung" einer Hilfe oder eher um einen sozialpädagogisch moderierten Aushandlungsprozess gehe. Verfechter*innen des Diagnostik-Ansatzes betonten die Notwendigkeit, die Entscheidung über die im Einzelfall geeignete und notwendige Hilfe nach den Regeln der professionellen Kunst gut vorzubereiten und jeweils gut begründet zu agieren. Die Fachkraft könne sich nicht „auf die neutrale Moderatorrolle" zurückziehen, sondern sie habe „ihr Fachwissen […] beizusteuern, damit eine Hilfe, die professionell erbracht werden soll, auch entsprechend professionell geplant wird" (Harnach-Beck 1999: 41). Die Vertreter*innen des Aushandlungs-Ansatzes warnten angesichts der strukturell gegebenen Unsicherheit sozialpädagogischen Handelns, der Uneindeutigkeit von Problemkonstellationen und der Unmöglichkeit exakter Prognosen vor Technologie- und Planungsoptimismus und votieren für einen bescheideneren Weg: „Der angemessene Modus, um zu einer dem Problem und den Adressat*innen entsprechenden Leistung zu gelangen, ist durch zwei Verfahrensweisen gekennzeichnet:

1. durch eine hermeneutische Vorgehensweise des ‚Fallverstehens', die aufgrund der Mehrdeutigkeit der Verhältnisse immer der Beratung und der Herbeiführung einer Entscheidung in einer Gruppe von kompetenten Fachkräften bedarf;
2. durch eine Mitwirkung der Adressaten, weil die Wirksamkeit einer Hilfe u. a. von der grundlegenden Bereitschaft der Adressaten abhängt, sich auf eine Hilfe einzulassen, und weil dies nur erreicht werden kann, wenn die Adressaten ihre Überlegungen und Empfindungen in die Hilfeplanung einbringen können" (Merchel 1999: 78).

Weil sozialpädagogische Entscheidungen letztlich nicht objektivierbar sind, kann nach Merchel (1999) „Wahrheit" also nur in der Verschränkung der unterschiedlichen Perspektiven in einem Prozess des Aushandelns entstehen.

Die in den 1990er Jahren teilweise heftig geführten Auseinandersetzungen um die „richtige" Konzeption des Hilfeplanprozesses zwischen dem Diagnostik- und dem Aushandlungs-Lager haben sich mittlerweile insofern überholt, als es einerseits mittlerweile zum allgemeinen Wissenskanon gehört, dass die Hilfeplanung nur als partizipative, dialogorientierte und nicht von sozialpädagogischen Expert*innen dominierte Bühne fachlich sinnvoll gedacht werden kann. Andererseits haben sich in der Praxis Verfahren und Instrumente einer sorgfältigen Fallrecherche, des Verstehens von Biografien sowie von „systemischen" Zusammenhängen und Wechselwirkungen im Sinne eines sozialpädagogischen Fallverstehens breit etabliert (vgl. Ader/Schrapper 2020).

Matthias Schwabe hat mit seinen praxisnahen Reflexionen und methodischen Anstößen (vgl. Schwabe 2005) auf den Widerspruch zwischen den hohen konzeptionellen Ansprüchen und der Wirklichkeit des Hilfeplangesprächs aufmerksam gemacht und die Fachpraxis hierfür sensibilisiert. Es gebe im Hilfeplanverfahren, das zunächst ein behördliches Verfahren sei, eine erhebliche Machtasymmetrie zwischen den Fachkräften des Jugendamts und hilfebedürftigen Familien, die einen Dialog auf Augenhöhe erschwere oder gar verhindere. Eine Facette der Machtasymmetrie ist es, dass sich Eltern und – noch mehr – Kinder wenig beteiligt und gehört fühlen. „Für Kinder und Jugendliche kann das Hilfeplangespräch befremdlich und einschüchternd wirken, insbesondere, wenn der Verfahrensablauf fremd bzw. völlig neu ist […], das Gespräch wenig transparent und in einer den Kindern und Jugendlichen nicht verständlichen (Fach-)Sprache geführt wird" (Gadow et al. 2013: 262). Deshalb gilt es, Kinder und beteiligte Eltern auf das jeweilige Hilfeplangespräch individuell vorzubereiten, um so zu ermöglichen, dass die Perspektiven der Betroffenen und ihre Erwartungen und Wünsche auch tatsächlich in den Hilfeprozess eingebracht, ausgehandelt und berücksichtigt werden können.

Praxisbeispiel: Im Rahmen eines langjährigen Qualitätsentwicklungsprozesses zwischen Jugendamt und freien Trägern, das seinen Ausgang in der Teilnahme am Bundesmodellprogramms „Wirkungsorientierte Jugendhilfe" 2006 nahm, haben wir im Landkreis Böblingen viel unternommen, um die Beteiligung von Eltern und Kindern am Hilfeplanverfahren zu verbessern. So sind alle Dokumente mehrperspektivisch angelegt, d.h. enthalten die O-Töne von Kindern, von Eltern, von Fachkräften des Jugendamts und von Fachkräften der freien Träger, und werden dadurch sichtbar. Kinder können vor dem Hilfeplangespräch einen Fragebogen mit Smileys ausfüllen. Sie malen Bilder („Was ist zur Zeit schön? Was ist nicht so schön? Was ist mein Traum?") und stellen ihr Bild ihren Eltern und den Fachkräften am Beginn des Hilfeplangesprächs vor. Auch bieten wir allen Familien die Durchführung eines Familienrats an und aktuell erhalten wir durch Signs of Safety und seine transparenten Methoden der gemeinsamen Fallschau neue Impulse zu mehr Beteiligung und einer tendenziellen Verringerung der Machtasymmetrie.

Ein konsequenter Ansatz, Beteiligung im Hilfeplanverfahren zu realisieren, ist der Familienrat (siehe dazu auch den Beitrag von Heike Hör in diesem Band): Familienmitglieder werden nicht nur an Hilfeentscheidungen beteiligt, sie entscheiden darüber hinaus im Rahmen einer Familiengruppenkonferenz und der dort im erweiterten Familien- und Freundeskreis gefundenen Hilfen und Ressourcen relativ autonom über angemessene Hilfen (Hansbauer et al. 2009; Hansbauer 2013). Der Familienrat als besondere Form oder Ergänzung der Hilfeplanung kann noch am ehesten der Macht von Expert*innen im Verfahren nach § 36 SGB VIII und den „Standard"-Hilfen gem. §§ 28–35 SGB VIII entgegenwirken. Familien werden durch die Methode vergleichbar mit den Signs of Safety-Netzwerkkonferenzen „bemächtigt" und übernehmen automatisch Verantwortung, ohne dass das Jugendamt seine Verantwortung abgibt, bei Vorliegen der Voraussetzungen der §§ 27, 35a oder 41 SGB VIII für geeignete Hilfen zu sorgen.

Der stärkere Diskurs um den Kinderschutz in Folge der Präzisierung der gesetzlichen Bestimmungen im § 8a SGB VIII hat die „andere Seite" der Jugendhilfe, eine in das Elternrecht eingreifende und „in the best interest of the child" gegen den elterlichen Willen gerichtete Kinder- und Jugendhilfe, wieder stärker ins Bewusstsein gebracht – mit durchaus ambivalenten Folgen. Denn einerseits konnten seit Inkrafttreten des § 8a SGB VIII die fachlichen Reaktionen auf (mutmaßliche) Kindeswohlgefährdungen bei Jugendämtern und anderen Diensten der Jugendhilfe deutlich qualifiziert werden. Es wurden aber auch Fachkräfte in ihrem Handeln verunsichert (z. B. in Bezug auf strafrechtliche Haftungsrisiken) und mit manchmal überzogenen fachlichen Anweisungen in ein so enges Korsett aus Checklisten, vorgeschriebenen Ablaufschemen und Dokumentationspflichten gezwungen, dass diese letztlich eher deprofessionalisierend und kontraproduktiv wirken (vgl. Munro 2011; Hansen 2011).

Die Debatten rund um das Thema Kinderschutz hatten auch erhebliche Auswirkungen auf die konzeptionelle Entwicklung des Hilfeplanverfahrens, weil die in § 8a SGB VIII vorgeschriebenen Verfahren der Einschätzung einer Kindeswohlgefährdung als entscheidungsvorbereitendes Verfahren eng mit dem Hilfeplanverfahren verwoben sind: „Hält das Jugendamt zur Abwendung der Gefährdung die Gewährung von Hilfen für geeignet und notwendig, so hat es diese den Erziehungsberechtigten anzubieten" (§ 8a Abs. 1 SGB VIII).

Die Prinzipien einer beteiligungsorientierten Jugendhilfe werden auch in § 8a SGB VIII hoch gehalten, wie in § 36 SGB VIII soll die Gefährdungseinschätzung ebenfalls unter Einbeziehung der Erziehungsberechtigten und des Minderjährigen erfolgen (soweit der wirksame Schutz des Kindes oder Jugendlichen dadurch nicht infrage gestellt ist). Dennoch ist in der Praxis die Machtasymmetrie bei Hilfeplanprozessen im Schatten von Kindeswohlgefährdungen erheblich. Tendenziell können hehre Ziele der Hilfeplanung wie Abbau von Expert*innenmacht, Dialog auf Augenhöhe, Beteiligung und Kooperation ins Abseits geraten. Jugendamtliches Handeln wird dann wieder „robust", manchmal unter der Hand und obwohl Fachkräfte wissen, dass ein vertrauensvolles und offenes Verhältnis zu den Eltern protektiv wirkt.

Hinzu kommt, dass Jugendämter auf der Grundlage von § 8a Abs. 2 SGB VIII häufiger die Familiengerichte anrufen, wenn sie Hilfen für erforderlich halten und die Eltern nicht bereit oder in der Lage sind, Hilfen für ihr Kind anzunehmen. Durch das Gesetz zur Erleichterung familiengerichtlicher Maßnahmen bei Kindeswohlgefährdungen von 2008 wurde zudem die Schwelle für das Tätigwerden des Familiengerichts gesenkt. Insbesondere die familiengerichtliche Erörterung gem. § 157 FamFG sollte ein niederschwelligeres Setting zur Klärung einer möglichen Gefährdung des Kindeswohls und zur Motivierung von Eltern zur Annahme notwendiger Hilfen darstellen, gewissermaßen eine mit Autorität ausgestattete unabhängige Stelle als Vorstufe familiengerichtlicher Eingriffe, wenn sich Jugendamt und Erziehungsberechtigte nicht auf eine gemeinsame Problemsicht und Hilfeplanung verständigen können. In der Praxis wird die jugendamtliche Anrufung des Familiengerichts wegen eines Erörterungstermins nach § 157 FamFG seitens der Eltern dennoch häufig als zusätzliche Drohkulisse erlebt, wenngleich der Ausgang der Anhörung stets ergebnisoffen bleibt. Das Image des Jugendamtes hat sich in den letzten zehn Jahren jedenfalls wieder deutlich verschoben hin zu einer Art „Sonderpolizei" für den Kinderschutz. Dieses Image erschwert Familien den Zugang zur Kinder- und Jugendhilfe.

So bleibt es in der Praxis für die Mitarbeiter*innen des Jugendamts eine heikle Aufgabe, Eltern im Zusammenhang mit der Hilfeplanung von vorneherein über die doppelte Aufgabe der Kinder- und Jugendhilfe – Hilfe zu leisten und zugleich Kontrolle ausüben zu müssen – aufzuklären, ohne damit den Zugang zu Familien mit Unterstützungsbedarf zu verlieren.

5   Statt eines Fazits: Voraussetzungen für eine gelingendere Kooperation

Die Kommunikation zwischen Fachkräften des Jugendamts und Eltern, die Erzieherische Hilfen erhalten, bewegt sich in einem ausgeprägten Spannungsfeld aus Hilfe und Kontrolle, und auch noch so gut gemeinte Konzepte und Diskurse, Soziale Arbeit in der Jugendhilfe als Dienstleistung zu verstehen und die Zusammenarbeit des Jugendamts mit Eltern auf partnerschaftliche Füße zu stellen, können die strukturell gegebene Machtasymmetrie nicht beseitigen. Wir verfügen gerade in der deutschsprachigen Fachdebatte über eine gut entwickelte theoretische Debatte, über stimmige sozialpädagogische Konzepte und mittlerweile viele empirische Befunde, die Theorien und Konzepte absichern. Was häufig noch zu wenig gelingt ist es, diese für die Praxis anschlussfähig zu machen. Es fehlt an der Methodisierung der vielen guten theoretischen Ansätze: es fehlt an der Übersetzung von Theorien und Konzepten in praktikables und auch didaktisch gut aufbereitetes Handwerkszeug. Wenn dies zukünftig nicht stärker gelingt, dann bleibt es bei der Diskrepanz zwischen „Theorie" und „Praxis" – und dabei, dass an Hochschulen eigentlich gut ausgebildete und reflektierte Fachkräfte die erlernten Wissensbestände schwer in ihren beruflichen Alltag übersetzen können, und dann nicht selten auf verkürzte Alltagstheorien zurückgreifen müssen.

In der Praxis eines Jugendamts kann mit dieser Situation nur so umgegangen werden, dass die Organisation sich selbst um den Einsatz wissenschaftlich abgesicherter und praktikabler Methoden kümmert (was sie freilich auch tun müsste, wenn es bereits von Seiten der Hochschulen mehr methodische Angebote gäbe). Jugendämter müssen in diesem Zusammenhang ständig Qualitätsentwicklung betreiben. Dazu gehört es, sich die eigene Arbeit immer wieder kritisch anzuschauen, die Fallarbeit, die Zusammenarbeit in den Teams und im Netzwerk der Kooperationspartner*innen sowie die Aufbau- und Ablauforganisation. Dabei sind alle Ebenen der Organisation einzubeziehen und vor allem sind die Eltern und Kinder als Adressat*innen der Hilfe anzuhören, am Ende jeder Hilfe, über Fragebögen und/oder über narrative Interviews (Gaugel/Trede 2010; Bauer et al. 2020). Die Ergebnisse dieser Selbstevaluation fließen anschließend in Fallwerkstätten oder andere geeignete Formate ein, aus denen für die zukünftige eigene Arbeit gelernt werden kann. Ebenso wichtig ist es, zu zentralen Feldern der Arbeit (z. B. beteiligungsorientierte Hilfeplanung, Kinderschutz sichern ohne die Familie zu verlieren) Inhouse-Schulungen durchzuführen, die alle Kolleg*innen der betroffenen Abteilungen besuchen, dort wo es sich anbietet am besten zusammen mit den Kooperationspartner*innen, insbesondere der freien Träger.

Fast noch wichtiger als ein kontinuierlicher Qualitätsentwicklungsprozess auf der Ebene der Organisation ist es, die Fachkräfte in ihrer täglichen Arbeit zu unterstützen. Letztlich kommt es bei der Gestaltung einer gelingenden Kommunikation mit Eltern auf die einzelne Fachkraft an, die sozialpädagogisches Wissen, Reflexionsvermögen und eine echte Anteilnahme und Solidarität für Menschen und ihre Verhältnisse mitbringt. Sie muss sich respektvoll verhalten und bei den Adressat*innen Hoffnung in die eigene Kraft wecken können. Die Fachkraft sollte viel wissen und das als fachliche Autorität auch einbringen ohne zu bevormunden. Sie sollte sich an die Seite von Menschen stellen, die Unterstützung bedürfen. Um diese anspruchsvollen Aufgaben meistern zu können, brauchen die Fachkräfte eine gute Unterstützung durch die Institution. Dazu gehören verkraftbare Fallzahlen und den Spielraum mit den Eltern Hilfeideen zu entwickeln und auch unkonventionelle Wege zu gehen. Sie benötigen hierfür das Zutrauen ihrer Vorgesetzten, das Gefühl des Aufgehobenseins im Team, gute Fallberatungsstrukturen (Intervision/Supervision) und einen Anregungsraum in und durch die Organisation.

Literatur

Ader, Sabine/Schrapper, Christian (2002): Wie aus Kindern in Schwierigkeiten „schwierige Fälle" werden. In: Forum Erziehungshilfen, 8 Jg., H. 1, S. 27–34.

Ader, Sabine/Schrapper, Christian (2020): Sozialpädagogische Diagnostik und Fallverstehen in der Jugendhilfe. München: Ernst Reinhardt.

Albus, Stefanie/Greschke, Heike/Klingler, Birte/Messmer, Heinz/Micheel, Heinz-Günter/Otto, Hans-Uwe/Polutta, Andreas (2010): Wirkungsorientierte Jugendhilfe. Abschlussbericht der Evaluation des Bundesmodellprogramms „Qualifizierung der Hilfen zur Erziehung durch wirkungsorientierte Ausgestaltung der Leistungs-, Entgelt- und Qualitätsentwicklungsvereinbarungen nach §§ 78a ff. SGB VIII". Münster, New York, Berlin, München: Waxmann.

Asen, Eia/Scholz, Michael (2009): Praxis der Multifamilientherapie. Heidelberg: Carl-Auer.

Bauer, Petra/Zipperle, Mirjana/Wlassow, Nina/Trede, Wolfgang/Haas, Viola (2020): Praxishandbuch Die Stimme der Adressat*innen. Qualitätsentwicklung in den erzieherischen Hilfen mit Hilfe von Nachbefragungen. www.lrabb.de/site/LRA-BB-2018/get/params_E427049505/17885161/Praxis%20HB _Stimme%20der%20AdressatInnen_2020_web_ganz_final.pdf (Abfrage: 26. 01. 2021).

Baur, Dieter/Finkel, Margarete/Hamberger, Matthias/Kühn, Axel D. (1998): Leistungen und Grenzen der Heimerziehung. Ergebnisse einer Evaluationsstudie stationärer und teilstationärer Erziehungshilfen. Stuttgart, Berlin, Köln: Kohlhammer.

Deutscher Bundestag (1990): Achter Jugendbericht. Bericht über Bestrebungen und Leistungen der Jugendhilfe. Bonn.

Faltermeier, Josef (2001): Verwirkte Elternschaft? Fremdunterbringung – Herkunftseltern – Neue Handlungsansätze. Münster: Votum.

Frindt, Anja (2010): Entwicklungen in den ambulanten Hilfen zur Erziehung. Aktueller Forschungsstand und strukturelle Aspekte am Beispiel der Sozialpädagogischen Familienhilfe. München: Deutsches Jugendinstitut.

Funk, Heide (2016): Elternrecht und Elternverantwortung. In: Schröer, Wolfgang/Struck, Norbert/Wolff, Mechthild (Hrsg.): Handbuch Kinder- und Jugendhilfe. 2. Auflage. Weinheim, Basel: Beltz Juventa, S. 1151–1180.

Gadow, Tina/Peucker, Christian/Pluto, Liane/Van Santen, Eric/Seckinger, Mike (2013): Wie geht's der Kinder- und Jugendhilfe? Empirische Befunde und Analysen. Weinheim, Basel: Beltz Juventa.

Gaugel, Werner/Trede, Wolfgang (2010): Von der Wirkungsorientierung zur lernenden Jugendhilfe. In: Forum Jugendhilfe, H. 4, S. 41–45.

Gerber, Christine/Lillig, Susanna (2018): Gemeinsam lernen aus Kinderschutzverläufen. Eine systemorientierte Methode zur Analyse von Kinderschutzfällen und Ergebnisse aus fünf Fallanalysen. Beiträge zur Qualitätsentwicklung im Kinderschutz 9. Herausgegeben vom Nationalen Zentrum Frühe Hilfen (NZFH). Köln: Bundeszentrale für gesundheitliche Aufklärung.

Gross, Peter (1983): Die Verheißungen der Dienstleistungsgesellschaft. Soziale Befreiung oder Sozialherrschaft? Opladen: Springer VS.

Hansbauer, Peter (2013): Neue Formen der Gestaltung von Hilfeplanverfahren – am Beispiel des Familienrates. In: Eger, Frank/Hensen, Gregor (Hrsg.): Das Jugendamt in der Zivilgesellschaft. Weinheim, Basel: Beltz Juventa, S. 96–112.

Hansbauer, Peter/Hensen, Gregor/Müller, Katja/von Spiegel, Hiltrud (2009): Familiengruppenkonferenz: Eine Einführung. Weinheim/München: Juventa.

Hansen, Eckhard (2011): Das Case/Care Management. Nationale Entwicklungslinien in Großbritannien, Schweden und Deutschland. In: Neue Praxis, 41. Jg., H. 4, S. 353–384.

Harnach-Beck, Viola (1999): Ohne Prozeßqualität keine Ergebnisqualität – Sorgfältige Diagnostik als Voraussetzung für erfolgreiche Hilfe zur Erziehung. In: Peters, Friedhelm (Hrsg.): Diagnosen – Gutachten – hermeneutisches Fallverstehen. Rekonstruktive Verfahren zur Qualifizierung individueller Hilfeplanung. Frankfurt/M.: Internationale Gesellschaft für erzieherische Hilfen, S. 27–48.

Kindler, Heinz/Lillig, Susanna/Blüml, Herbert/Meysen, Thomas/Werner, Annegret (2006): Handbuch Kindeswohlgefährdung nach § 1666 BGB und Allgemeiner Sozialer Dienst (ASD). München: Deutsches Jugendinstitut.

Körner, Wilhelm/Deegener, Günther (2011): Erfassung von Kindeswohlgefährdung in Theorie und Praxis. Lengerich: Pabst Science Publishers.

Landkreis Böblingen (2020): Weiterentwicklung der Kinderschutzverfahren im Landkreis Böblingen: Einführung des Handlungsansatzes „Signs of Safety". Kreistags-Drucksache 105/2020. www.service. lrabb.de/bi/vo0050.php?__kvonr=6299 (Abfrage: 05. 01. 2021).

Lenz, Stefan/Peters, Friedhelm (2020): Kompendium Integrierte flexible Hilfen. Bausteine einer lebenswelt- und sozialraumorientierten Reform der Kinder- und Jugendhilfe. Weinheim, Basel: Beltz Juventa.

Marthaler, Thomas (2009): Erziehungsrecht und Familie. Der Wandel familialer Leitbilder im privaten und öffentlichen recht seit 1900. Weinheim, München: Juventa.

Merchel, Joachim (1999): Zwischen „Diagnose" und „Aushandlung": Zum Verständnis des Charakters von Hilfeplanung in der Erziehungshilfe. In: Peters, Friedhelm (Hrsg.): Diagnosen – Gutachten – hermeneutisches Fallverstehen. Rekonstruktive Verfahren zur Qualifizierung individueller Hilfeplanung. Frankfurt/M.: Internationale Gesellschaft für erzieherische Hilfen, S. 73–96.

Moos, Marion/Schmutz, Elisabeth (2012): Praxishandbuch Zusammenarbeit mit Eltern in der Heimerziehung. Ergebnisse des Projektes „Heimerziehung als Familienunterstützende Hilfe". Mainz: Eigenverlag ism.

Münder, Johannes (2007): Kinder- und Jugendhilferecht. 6. Auflage. Köln: Wolters Kluwer.

Munro, Eileen (2011): The Munro Review of Child Protection: Final Report. A child-centred system. Department for Education. London. www.assets.publishing.service.gov.uk/government/uploads/system/uploads/attachment_data/file/175391/Munro-Review.pdf (Abfrage: 26. 01. 2021).

Munro, Eileen/Turnell, Andrew (2020): „You Can't Grow Roses in Concrete" part 2. EIP 2 Final Action Research Report. www.knowledgebank.signsofsafety.net/resources/signs-of-safety-research/research-articles/you-cant-grow-roses-in-concrete-part-2 (Abfrage: 05. 01. 2021).

Peukert, Detlev J. K. (1986): Grenzen der Sozialdisziplinierung. Aufstieg und Krise der deutschen Jugendfürsorge von 1878 bis 1932. Köln: Bund.

Roessler, Marianne/Gaiswinkler, Wolfgang (2012): Der Signs of Safety-Ansatz. Ambivalenzmanagement, Praxis und Praxisforschung in der Jugendwohlfahrt. In: Brandstetter, Manuela/Schmid, Tom/Vyslouzil, Monika (Hrsg.): Community Studies aus der Sozialen Arbeit. Wien: LIT, S. 223–265.

Rosenbauer, Nicole/Schruth, Peter (2019): Ombudschaft als Mittel der Durchsetzung von Rechten junger Menschen und Familien in der Kinder- und Jugendhilfe. In: Gathen, Marion von/Meysen, Thomas/Koch, Josef (Hrsg.): Vorwärts, aber nicht vergessen! Entwicklungslinien und Perspektiven in der Kinder- und Jugendhilfe. Weinheim, Basel: Beltz Juventa, S. 146–166.

Sachße, Christoph (2018): Die Erziehung und ihr Recht. Vergesellschaftung und Verrechtlichung von Erziehung in Deutschland 1870–1990. Weinheim, Basel. Beltz Juventa.

Scherpner, Hans (1979): Geschichte der Jugendfürsorge. 2. Auflage. Göttingen: Vandenhoeck & Ruprecht.

Schwabe, Mathias (2005): Methoden der Hilfeplanung. Zielentwicklung, Moderation und Aushandlung. Frankfurt/M.: Eigenverlag IGfH.

Thiersch, Hans (1992): Lebensweltorientierte Soziale Arbeit. Weinheim, München: Juventa.

Thiersch, Hans (2020): Lebensweltorientierte Soziale Arbeit – revisited. Weinheim, Basel: Beltz Juventa.

Turnell, Andrew/Murphy, Terry (2018): The Signs of Safety Comprehensive Briefing Paper. 4th edition. www.knowledgebank.signsofsafety.net/resources/introduction-to-signs-of-safety/signs-of-safety-comprehensive-briefing-paper/signs-of-safety-comprehensive-briefing-paper-en/signs-of-safety-comprehensive-briefing-paper (Abfrage: 05. 01. 2021).

Uhlendorff, Uwe (2003): Geschichte des Jugendamtes. Entwicklungslinien öffentlicher Jugendhilfe 1871 bis 1929. Weinheim, Basel, Berlin: Beltz Votum.

Wabnitz, Reinhard Joachim (2009): Vom KJHG zum Kinderförderungsgesetz. Die Geschichte des Achten Buches Sozialgesetzbuch von 1991 bis 2008. Berlin: Arbeitsgemeinschaft für Jugendhilfe.

Elternberatung in der Pflegekinderhilfe – ein Bericht aus der Praxis

Judith Pöckler-von Lingen/Sabine Simon

Einführende Anmerkungen

Der Fachdienst PiB – Pflegekinder in Bremen begleitet aktuell etwa 600 Pflegeverhältnisse und bietet Beratung und Unterstützung für Pflegeeltern und Eltern unter einem Dach, allerdings mit unterschiedlichen Fachkräften für die jeweilige Zielgruppe. Verbindendes Ziel ist es, die Kinder im Aufwachsen mit zwei Familien zu unterstützen und ihnen gute Entwicklungsbedingungen zu ermöglichen. Welche Hindernisse dabei zu überwinden sind und weshalb es trotzdem gelingen kann – davon handelt dieser Artikel.

1   Die Ausgangsbedingungen

Wenn Kinder nicht bei ihren leiblichen Eltern oder einem Elternteil aufwachsen können, muss ein neuer Ort für sie gefunden werden. Es ist ein erklärtes Ziel der Jugendhilfe, Kindern ein Aufwachsen unter möglichst familiären Bedingungen zu schaffen und die Kontinuität gewachsener Beziehungen und Bindungen zu gewährleisten. Die Suche nach einer Unterbringung im verwandtschaftlichen oder sozialen Netz des Kindes steht deshalb fast immer an erster Stelle. Wenn diese Suche keinen Erfolg hat, wird nach einer passenden Pflegefamilie gesucht und ein Pflegeverhältnis nach § 33 SGB VIII eingerichtet.

Ein wichtiges Ziel bei der Unterbringung eines Kindes in einer langfristig bzw. auf Dauer angelegten Vollzeitpflege ist, für das Kind einen familiären Rahmen zu schaffen, mit dem es die Möglichkeit erhält, Beziehungen zu konstanten Bezugspersonen – jenseits eines Schichtbetriebes – zu erleben, um neue Bindungen einzugehen. Durch die Integration in eine neue Familie kann sich das Kind im Vergleich mit anderen Kindern in einem als gesellschaftlich „normal" geltenden Umfeld erleben. Gleichzeitig birgt die Unterbringung in einer Pflegefamilie die Gefahr, einem weiteren Ziel, das mit dieser Hilfeform verbunden wird, nicht gerecht zu werden. Der Kontakt zur leiblichen Familie und damit einhergehend die kontinuitätssichernde Aufrechterhaltung von gewachsenen Bindungen und Beziehungen zwischen Eltern(teil) und Kind gestalten sich innerhalb eines Pflegeverhältnisses oft deutlich schwieriger als im Kontext einer stationären Unterbringung oder auch im Rahmen der Verwandtenpflege.

Die spezifische Beziehungsqualität, die eine Pflegefamilie dem Kind bietet, kann gleichzeitig die Grundlage für die Entwicklung einer Konkurrenzsituation zur leiblichen Familie des Kindes sein. Der Umgang mit der Möglichkeit, dass Kinder zwei Familien haben – wenn auch mit ganz unterschiedlichen Schwerpunkten und Qualitäten – ist für alle Beteiligten emotional herausfordernd, und der Weg zu einem akzeptierenden Miteinander in der Regel mit vielen Stolpersteinen gepflastert. Diese Konkurrenzsituation entfällt bei einer Unterbringung im stationären Kontext weitgehend, und es verwundert deshalb auch nicht, dass die Einbeziehung der Familien hier schon seit viel längerer Zeit mit einer ganz anderen Selbstverständlichkeit stattfindet als in der Pflegekinderhilfe.

PiB – Pflegekinder in Bremen hat vor acht Jahren angefangen, sich dieser herausfordernden Aufgabe zu stellen und inzwischen ein umfangreiches Begleitungs- und Beratungsangebot für Eltern, deren Kinder in langfristig angelegten Pflegefamilien leben, entwickelt. Und diese Aufgaben werden inzwischen von den Mitarbeiter*innen der Elternberatung wahrgenommen:

- Beratung von Eltern während der Vermittlung ihres Kindes in eine Pflegefamilie,
- Einzelberatungen im laufenden Pflegeverhältnis,
- die Begleitung und Unterstützung bei Hilfeplangesprächen,
- Vor- und Nachbereitung von Umgangskontakten sowie Umgangsbegleitung,
- Moderation von Kooperationsgesprächen zwischen Eltern und Pflegeeltern,
- Organisation und Begleitung (in Kooperation mit dem PiB-Bildungszentrum) gemeinsamer Unternehmungen für Kinder mit ihren beiden Familien und Fortbildungen, an denen Eltern und Pflegeeltern im „Tandem" teilnehmen können.

Qualitativ hat sich das Angebot so gut entwickelt, dass inzwischen eine spürbare Verbesserung in den Kooperationsbeziehungen zwischen Eltern und Pflegeeltern entstanden ist. Die Anzahl der sich beteiligenden Eltern soll weiter wachsen – das wünschen sich nicht nur die Mitarbeiter*innen, sondern inzwischen auch viele Pflegeeltern, für die eine Zusammenarbeit mit den Eltern der Pflegekinder viel selbstverständlicher geworden ist, als es noch vor wenigen Jahren denkbar war.

1.1 Von der Idee zur Umsetzung

PiB – Pflegekinder in Bremen ist eine gemeinnützige GmbH und qualifiziert und begleitet als Fachdienst seit 2002 im Auftrag der Stadt Bremen Pflegefamilien. Der Pflegekinderdienst der Stadt wurde zu diesem Zeitpunkt aufgelöst und seine Aufgaben mehr oder weniger komplett an den neu entstandenen Fachdienst PiB übertragen. Die Fallführung mit den hoheitlichen Aufgaben verblieb beim Case Management des Jugendamtes.

Bereits im ersten Kooperationsvertrag, der zwischen der Stadt Bremen und PiB geschlossen wurde, gab es den sozialpolitischen Auftrag, Pflegeverhältnisse als familienergänzende Maßnahmen zu gestalten und die Eltern der Kinder in die Begleitung einzubeziehen. Dies gelang in einigen Fällen gut, aber in zu vielen Pflegeverhältnissen brach der Kontakt zwischen Kindern und ihren Eltern im Laufe der Zeit ab, emotional wichtige Beziehungen gingen verloren und mit ihnen das Wissen über biografische Hintergründe. Für ein intensives Werben um die leiblichen Eltern und entsprechende Unterstützungsangebote fehlten die Ausstattung und die personellen Kapazitäten. Ein entscheidendes Hindernis war aber auch die noch immer wirkende Prämisse, dass ein Kontakt des Kindes zu seinen Eltern, die ihm ggf. schweren Schaden zugefügt hatten, per se nicht sinnvoll sein konnte und deshalb so gering wie möglich gehalten werden sollte. Die kritische Auseinandersetzung mit der Vorstellung der „verwirkten Elternschaft" (vgl. Faltermeier 2001) hatte in der Pflegekinderkinderhilfe gerade erst begonnen.

Eine wichtige Weichenstellung erfolgte im Jahr 2011 mit dem Besuch von Irmela Wiemann[1] beim Bremer Fachdienst PiB. Wiemann verfügte zu diesem Zeitpunkt bereits über langjährige Erfahrungen mit der Beratung und Einbeziehung abgebender Eltern und inspirierte die damaligen Leitungen von PiB, das Thema völlig neu zu denken. Wiemann warb darum, Eltern von Anfang an aktiv einzubeziehen. Es ging ihr dabei nicht nur um Eltern, bei denen eine Rückführung des Kindes denkbar schien, sondern das Angebot zielte in erster Linie auf die Zusammenarbeit mit Eltern, deren Kind vermutlich lange Zeit, vielleicht sogar auf Dauer in der Pflegefamilie verbleiben sollte. Denn für diese Eltern gab es so gut wie keine Angebote. In Frankfurt am Main hatten Wiemann und ihr Team durch ein Beratungsangebot einen Rahmen geschaffen, in dem Eltern für ihre Gefühle wie Schuld, Scham und Trauer gehört wurden und das nicht zur Voraussetzung hatte, mit der Inpflegegabe des Kindes einverstanden zu sein. Durch akzeptierende, aber auch ehrliche Begegnungen bekamen Eltern die Möglichkeit, sich mit ihren Themen auseinanderzusetzen, um Eltern bleiben zu können für ihr Kind, auch wenn es bei anderen Eltern aufwachsen würde. Denn Pflegekinder – so Wiemann – hatten nun einmal mehrere Eltern und waren darauf angewiesen, dass diese zu einem guten Umgang fanden (vgl. Kindler et al. 2010: 524 ff.).

---

1 Die Diplom-Psychologin Irmela Wiemann war langjährige Mitarbeiterin in der Kinder-Jugend-Eltern-Beratung Gallus in Frankfurt am Main. Seit 1982 berät sie Pflege-, Adoptiv- und leibliche Familien. Sie bietet Fortbildungen für Landesjugendämter, freie und öffentliche Träger und ist Autorin zu den Themen Biografiearbeit, Pflege- und Adoptivkinder.

Irmela Wiemann fuhr wieder nach Frankfurt, aber in Bremen war jetzt das Bild entstanden, dass in der gelingenden Kooperation mit der leiblichen Familie eine riesige Chance liegen konnte. Für die Kinder und deren Bezug zu ihren Wurzeln, aber auch für das Gelingen und die Stabilität von Pflegeverhältnissen. Nachdem der Funken gezündet hatte, ging alles ganz schnell. PiB beschloss, ein eigenständiges Angebot für die Beratung leiblicher Eltern zu entwickeln. Die Stadt Bremen bewilligte 2012 eine erste Stelle für eine Fachkraft, und in einer Konzeption[2] wurden die Ziele und Strukturen des neuen Modells beschrieben:

> „Die Beratung von Eltern und deren aktive Einbeziehung in Fragen des Pflegeverhältnisses gehört zu den gemeinsamen Zielen und Aufgaben der PiB-Fachkräfte in der Vollzeitpflege. Es hat sich aber als sinnvoll und zielführend erwiesen, die Möglichkeit zur Elternberatung durch spezielle Fachkräfte anzubieten, die nicht gleichzeitig die Pflegefamilien begleiten. Die gemeinsamen und komplexen Ziele sowie die dafür notwendigen Kooperationsbeziehungen der PiB-Elternberatung erfordern, dass das Team der PiB-Elternberatung innerhalb der Abteilung Vollzeitpflege einerseits unabhängig tätig ist, und andererseits zugleich nach fachlich klaren Vorgaben gut mit den PiB-Fachkräften der verschiedenen Pflegeformen kooperiert. Diese Kooperation erfolgt im Hinblick auf das Wohl des Kindes und das Gelingen des Pflegeverhältnisses".

1.2   Ziele und Konzept

Folgende Ziele werden in der Konzeption genannt: „Die PiB-Elternberatung soll ermöglichen, dass

- Eltern sich unterstützt und gehört fühlen und am Pflegeverhältnis bzw. dem Leben und Alltag des Kindes angemessen und nach ihren Möglichkeiten beteiligt sein können;
- Eltern den Raum bekommen, um sich mit Gefühlen wie z. B. Verlustangst, Wut, Trauer und Scham auseinandersetzen zu können;
- Eltern eine Haltung entwickeln können, die dem Kind hilft, die Trennung und Loyalitätskonflikte zu verarbeiten, und die Eltern und Kind außerdem erlaubt, Zuneigung und Liebe auszudrücken, auch wenn die Eltern die tägliche Sorge nicht übernehmen. Dies ist eine wichtige Bedingung dafür, dass das Kind in der Pflegefamilie unbeschwert leben kann;
- die Kooperation zwischen Pflegeeltern und Eltern gefördert oder verbessert wird;

---

2   Abzurufen unter www.pib-bremen.de/broschueren/vollzeitpflege.

- Eltern und Pflegeeltern einander akzeptierend und wertschätzend begegnen können, Vereinbarungen verbindlich eingehalten werden können sowie Sprachregelungen entwickelt und eingeführt werden, die die familiäre Situation kindgerecht benennen und erklären;
- Loyalitätskonflikte für die Kinder verhindert bzw. gemindert werden können;
- Kontakte zwischen Kindern und Eltern quantitativ und qualitativ stimmig gestaltet werden können;
- Eltern bewusst Verantwortung für den eigenen Anteil am Geschehen entwickeln können. Die Auseinandersetzung mit der eigenen Biografie kann dazu ein Schlüssel sein;
- Eltern ihre Kinder in der Biografiearbeit unterstützen und damit deren Identitätsentwicklung fördern;
- Eltern, soweit es ihnen möglich ist, ein inneres Einverständnis zur Fremdunterbringung und eine Akzeptanz für das Pflegeverhältnis entwickeln können;
- Pflegeeltern in der Gestaltung der Kooperationsbeziehung und durch möglichst verlässliche und transparente Vereinbarungen entlastet werden".

Elternberatung war somit von Anfang an als Teil eines Beratungs- und Begleitungsangebotes für ein komplexes Familiensystem gedacht, in dem die Beteiligten mit sehr unterschiedlichen Voraussetzungen, Bedürfnissen und Interessen zu einer neuen Stabilität finden müssen. Eine Verbesserung der Situation der Kinder sollte dabei mehr als nur ein positiver Nebeneffekt sein; sie stand als wichtiges Ziel ganz oben auf der Agenda.

Aktuell (2019) begleitet die Elternberatung, zu der inzwischen fünf Fachkräfte in Teilzeit gehören, circa 133 Mütter und Väter, deren Kinder in Pflegefamilien leben. Zum Vergleich: 2016 wurden circa 90 Elternteile beraten. Die Fachkräfte bieten Einzel- und Gruppenberatung an und stehen für die Vorbereitung und Begleitung von Umgängen gemäß § 1684 BGB zur Verfügung.

2   Elternberatung – ein Gewinn für die Kinder

Pflegekinder haben zwei Familien. Dieser Satz beschreibt gleichzeitig Herausforderungen wie auch Chancen. Ein Kind, das in einer Pflegefamilie aufwächst, hat in der Regel Mangelversorgung erlebt, oft auch traumatische Erfahrungen machen müssen. In der Pflegefamilie soll es einen Ort für ein unbeschwertes Aufwachsen finden, und den stabilen Rahmen, um das Vergangene und die Trennung von den bisherigen Bindungspersonen nach und nach verarbeiten zu können. Seine erste Familie wird aber weiterhin – in individueller Weise – von großer Bedeutung sein. Unabhängig von den realen Kontakten bildet sie im

Kind eine innere Repräsentanz, und selbst bei sehr negativen Erlebnissen, die das Kind ggf. mit seinen Eltern verbindet, sind diese inneren Bilder in der Regel nicht eindeutig, sondern ambivalent. Unserer Erfahrung nach zeigen die meisten Kinder und Jugendlichen ein Interesse an ihrer Herkunft. Sie wollen wissen, wer zu ihrer Familie gehört, was ihre Geschichte ausmacht, und sie prüfen intensiv, ob ihre Familie weiterhin Anteil nimmt und Interesse an ihnen zeigt.

Diese Fragen stehen immer auch im Kontext der Auseinandersetzung mit der eigenen Identität, und in einer einseitigen Negativbeschreibung der Eltern läge immer die Gefahr, dass Kinder sich dieses dämonisierende Bild zu eigen machen und sich damit identifizieren. Reale Kontakte und eine aktive Auseinandersetzung mit seinen Eltern können dem Kind helfen, sich differenziert mit seiner Geschichte und seinen Wurzeln auseinanderzusetzen und auf diese Weise sowohl schmerzhafte als auch positive Erfahrungen integrieren. Das passiert in der Regel aber nicht allein dadurch, dass Kinder ihre Eltern treffen. Für den Erfolg dieses Prozesses ist es von erheblicher Bedeutung, wie er von den Eltern und Pflegeeltern begleitet werden kann. Eine zustimmende Haltung der Eltern zur Unterbringung in der Pflegefamilie erleichtert es dem Kind, in seiner Pflegefamilie anzukommen, und hilft, Loyalitätskonflikte zu vermeiden bzw. zu vermindern. Eine wohlwollende Haltung der Pflegeeltern im Umgang mit der leiblichen Familie des Kindes vermittelt ihm die Erfahrung, dass es mit seiner Geschichte und seinen Wurzeln gewollt und akzeptiert ist. Dieser Prozess gehört in neuen, aber auch in länger bestehenden Pflegeverhältnissen zu den größten Herausforderungen. Er sollte in enger Kooperation der begleitenden Fachkräfte moderiert und unterstützt werden, damit Kinder sich von beiden Familien gut begleitet fühlen.

Ein weiterer – bislang eher selten thematisierter Aspekt – ist die Bedeutung eines guten Eltern-Kind-Kontaktes im Kontext des Kinderschutzes. Wie gut es einem Kind geht, ist für eine Fachkraft, die im Durchschnitt nicht viel öfter als einmal im Quartal mit der Pflegefamilie im Kontakt ist, nicht immer sicher einzuschätzen. Die Beziehung zwischen dem Kind und seinen Eltern kann hier eine weitere Ressource sein. Auch wenn Eltern ihr Kind im Alltag nicht versorgen können, spüren sie in der Regel, wie es ihrem Kind geht. Ein guter Kontakt zwischen dem Kind und seinen Eltern erhöht deshalb die Chance, dass das Kind Gehör findet, wenn es in seiner Pflegefamilie oder in seinem Umfeld einmal nicht die Bedingungen vorfindet, die ihm guttun und die es zu seiner Entwicklung braucht.

2.1   Aufbaujahre

Der Aufbau einer Beratung für Eltern, deren Kinder langfristig in Pflegefamilien leben, wurde von den Autorinnen als Modellprojekt begleitet. Judith Pöckler-von Lingen kam speziell für diese Aufgabe als neue Mitarbeiterin zu PiB, Sabine Simon war bereits als interne Fachberaterin für die Unterstützung der pädagogischen Fachkräfte der Vollzeitpflege zuständig und hatte im Modellprojekt die Aufgabe der vermittelnden Moderation zwischen den beteiligten Bereichen.

Die in der Konzeption genannten Ziele und Aufgaben waren zu diesem Zeitpunkt nicht viel mehr als eine Idee, über die aber niemand wirklich gut informiert war. Die beratenden Fachkräfte von PiB nicht, die Pflegefamilien nicht, die Case Manager*innen im Jugendamt nicht und auch die Eltern wussten noch nichts von dem neuen Angebot. Und jetzt sollte alles gleichzeitig passieren. Die ersten Eltern wurden zu Gesprächen eingeladen, Informationsflyer wurden gedruckt, Veranstaltungen für Pflegeeltern und Mitarbeiter*innen im Jugendamt angeboten. Die Kunst bestand darin, für eine Idee zu werben, von der die Initiatorinnen zwar zutiefst überzeugt waren, zu der aber im direkten Umfeld jeder Erfahrungswert fehlte. Die Kolleg*innen waren verhalten kooperativ, die Pflegefamilien zeigten sich verunsichert bis empört, aber die ersten Eltern, die in die Elternberatung kamen, nahmen das neue Angebot ohne zu zögern an und signalisierten, dass es seit Jahren gefehlt hatte.

2.2 Ängste und Sorgen der Pflegefamilien

PiB hatte sich für einen zügigen Beginn des Projektes entschieden, und die Folgen waren nicht unerheblich. Für viele Pflegefamilien stellte sich die Implementierung eines eigenen Angebotes für leibliche Eltern als Bedrohung und Verunsicherung dar. „Auf welcher Seite steht PiB jetzt?", war eine der Fragen, die gestellt wurden. „Sollen jetzt die Eltern fit gemacht werden, damit die Kinder zurückgehen können?", war eine andere. Informationsveranstaltungen und die Möglichkeit zur Diskussion waren wichtig, halfen aber nur begrenzt. Eine Akzeptanz des Angebotes entwickelte sich erst, als von vielen Familien die Erfahrung gemacht wurde, dass Elternberatung eine Unterstützung und Entlastung bedeuten kann – für die Eltern und für die Pflegefamilie, vor allem aber auch für das Kind, das beide Familien in wohlwollendem Kontakt erlebt und damit von Fragen der Loyalität entlastet wird.

2.3 Stolpersteine in der internen Kooperation

Auch unter den Berater*innen der Pflegefamilien gab es anfänglich viele Vorbehalte, ein eigenes Beratungsangebot für leibliche Eltern einzuführen. Durch intensive Beratungsbeziehungen zu den Pflegefamilien fühlten sie sich mit deren Sorgen stark verbunden. Ein häufig formuliertes Bedenken: Was ist, wenn

Eltern mehr Kontakt zu ihren Kindern wollen? Unterstützt die Elternberatung diesen Wunsch auch entgegen der Einschätzung der Fachkräfte, die das Pflegeverhältnis begleiten? Droht die Gefahr der Spaltung innerhalb des Fachdienstes? Diese Sorge ließ sich nicht allein durch Absichtserklärungen aus der Welt schaffen. Es waren vor allem drei Faktoren, die im Laufe der Zeit zu einer vertrauensvollen Kooperation geführt haben:

• Die Erfahrung, dass Elternberatung und Pflegeelternberatung gemeinsam das Kind in den Mittelpunkt ihrer Einschätzung stellen und sich nicht einseitig zum Fürsprecher von Eltern und Pflegeeltern erklären;
• Die Erfahrung, wie wichtig es für Eltern war, eine Ansprechperson bei PiB zu finden, die nicht direkt im Pflegeverhältnis involviert war, und deshalb eine Distanz zu den Pflegeeltern hatte. Dies war für viele Eltern die Voraussetzung, sich mit ihren Gefühlen, Ängsten und Nöten für eine Beratungsbeziehung zu öffnen;
• Der regelmäßige fachliche Austausch zwischen Eltern- und Pflegeelternberatung – zuerst in Einzelgesprächen, später bei internen Klausurtagen und gemeinsamer kollegialer Beratung.

2.4 In Kontakt kommen und bleiben

Eine der größten Herausforderungen war und ist es, die Angebote der Elternberatung der Zielgruppe bekannt zu machen und sie für die Zusammenarbeit zu gewinnen. Von den Briefen, mit denen die Elternberatung zu Informationsveranstaltungen einlud, kamen im ersten Jahr mehr als 60 Prozent als unzustellbar zurück. Das war schmerzhaft, aber ein deutlicher Hinweis darauf, welche untergeordnete Rolle Eltern bislang im Pflegeverhältnis ihres Kindes gespielt hatten. Ein weiterer Versuch war, die Elternberatung vorzustellen, wenn Eltern und potenzielle Pflegeeltern sich kennenlernten. Eine relevante Verbesserung trat aber erst ein, als der Zeitpunkt des Kennenlernens deutlich vorverlegt wurde. Inzwischen nehmen Kolleg*innen der Elternberatung Kontakt zu den Eltern auf, sobald über die Vermittlung in eine Pflegefamilie entschieden wurde. Eltern erleben es in der Regel als sehr unterstützend, wenn es außerhalb des Jugendamtes Fachkräfte gibt, die sie in der schwierigen Phase des Übergangs begleiten. Oft wird hier der Grundstein gelegt für eine weiterführende Beratungsbeziehung im laufenden Pflegeverhältnis.

2.5   Mit Gefühlen umgehen – statt sie zu umgehen

Schon in der Aufbauphase der Elternberatung zeigte sich, wie wenig Raum es bislang für die emotionalen Aspekte gab, die damit einhergehen, wenn ein Kind aus einer Familie genommen wird. Neben den schwierigen Bedingungen, die zu einer Herausnahme des Kindes geführt hatten, müssen sich Eltern mit dem Gefühl auseinandersetzen, dass ihnen ihr wichtigstes Anliegen nicht gelungen ist: angemessen und gut für ihr Kind zu sorgen. Schuld- und Schamgefühle führen oft dazu, dass Eltern sich nicht trauen, im eigenen Umfeld über dieses Thema zu sprechen. Diese fehlende Möglichkeit, sich mitzuteilen und die eigene Trauer zu verarbeiten, zeigt sich im Kontakt mit Fachkräften und Pflegeeltern dann oft in Form von Ärger und auch Wut über mangelnde Beteiligung oder über Entscheidungen, die nicht akzeptiert werden können.

Die Autorinnen dieses Artikels entschlossen sich deshalb, eine Broschüre für Eltern zu entwickeln, in der es nicht nur um Informationen zum Pflegeverhältnis ging, sondern explizit um die Gefühle, die dabei eine Rolle spielen, und die Möglichkeiten, mit ihnen umzugehen. Die Broschüre „Eltern bleiben – trotz alledem"[3] wird immer noch allen Bremer Eltern überreicht, deren Kind in eine Pflegefamilie zieht. In der Einzelberatung greifen die Fachkräfte Themen aus der Broschüre auf, lesen sie gemeinsam mit den Eltern und bieten Raum für das Gespräch.

3   Die Elterngruppe

Neben dem Aufbau der Einzelberatung gehörte es in der Projektphase zu den ersten Aktivitäten, ein Gruppenangebot für Eltern zu schaffen. Inspiriert wurden die Autorinnen dabei zum einen durch die Berichte von Wiemann über eine Elterngruppe in Frankfurt am Main, insbesondere aber durch einen Besuch bei Kolleginnen in der Beratungsstelle Südviertel e.V. in Münster. Dort hatte man bereits im Sommer 2003 das Modellprojekt „Beratung und Unterstützung für Herkunftseltern" eingerichtet. Damit wurde in Münster erstmals ein Gruppenangebot für Eltern geschaffen, deren Kinder zeitlich befristet oder dauerhaft nicht in der eigenen Familie aufwachsen konnten. Im Mai 2012 startete PiB die erste Elterngruppe, die mit acht Müttern in hoher Konstanz ein Jahr lang durchgeführt wurde. Grundlage des Gruppenangebotes war ein Curriculum mit aufeinander aufbauenden Themenschwerpunkten. Die monatlichen Treffen gingen über 2,5 Stunden, wobei es wichtig war, genügend Pausen

---

3   Die Broschüre ist 2013 erschienen und kann über das Kompetenzzentrum Pflegekinder e.V. bezogen werden.

zu machen und die Teilnehmerinnen mit einer kleinen Bewirtung zu versorgen. Die Autorinnen waren überrascht, wie wichtig es für die Mütter war, dass ihnen bei jedem Treffen ansprechend gestaltete Häppchen angeboten wurden. Viele Teilnehmerinnen gaben die Rückmeldung, sich seit langer Zeit zum ersten Mal „versorgt" gefühlt zu haben. Einige nahmen das Angebot als Anregung, beim nächsten Kontakt mit dem Kind ebenfalls „hübsche Schnittchen" zu kreieren.

Dies waren einige Themen der Elterngruppe, so wie sie in einem Info-Brief angekündigt waren:

• Wie kam es dazu, dass mein Kind nicht mehr bei mir leben kann?
• Was ändert sich alles im Alltag für mich?
• Wie kann ich für mein Kind weiter Mutter oder Vater sein?
• Wohin mit meinen Gefühlen von Schmerz, Wut und Hoffnung?
• Wie geht es anderen Eltern, die Ähnliches wie ich erlebt haben?
• Was haben meine eigenen Erfahrungen als Kind mit alldem zu tun?

Die Idee, dass es für abgebende Eltern sinnvoll und bereichernd sein könnte, sich mit Menschen, die in einer ähnlichen Situation sind, auszutauschen, hat sich vom ersten Gruppentreffen an bestätigt. Einige der Mütter hatten zum ersten Mal die Möglichkeit mit jemandem zu sprechen, der gleiche bzw. ähnliche Erfahrungen gemacht hatte, wie sie selbst. Natürlich ging es bei den ersten Treffen um das Gefühl, nicht genügend gehört zu werden und vom Leben des Kindes ausgeschlossen zu sein. Nach dieser ersten Phase, in der sich die Mütter Luft machen mussten, begann ein intensiver Prozess der Selbstreflexion, bei dem sich die Teilnehmerinnen gegenseitig durchaus kritische Fragen stellten und sich immer wieder aufforderten, ehrlich zu sich selbst und auch dem Kind gegenüber zu sein. Wichtig war es aber auch, sich gegenseitig Trost zu spenden und Ratschläge zu geben, die leichter akzeptiert werden konnten, als wenn eine Fachkraft sie vorgeschlagen hätte.

Für alle Mütter stand die Frage des Kontaktes zum Kind im Mittelpunkt des Interesses. Einige Mütter sahen ihr Kind regelmäßig, andere sehr sporadisch, eine hatte seit Jahren keinen Kontakt mehr. Die Teilnehmerinnen tauschten sich intensiv darüber aus, wie sie einen guten Umgang mit der jeweiligen Situation finden konnten. Eine Ausweitung der Kontaktzeiten war dabei nur am Rande ein Thema. Wichtiger war die Frage, was sie dazu beitragen konnten, die Qualität der Beziehung zum Kind langfristig zu verbessern.

Die Rückmeldungen nach einem Jahr machten deutlich, dass die teilnehmenden Mütter die Gruppe als Ressource und Selbstwertstärkung wahrgenommen hatten. Dazu einige Zitate:

„Mir ist klar geworden, wie wichtig es für mein Kind ist, dass ich mein Leben in Ordnung bringe. Auch wenn es dann trotzdem nicht bei mir leben wird".

„Ich weiß jetzt, dass es in unserer Familie nicht nur Schreckliches gegeben hat, sondern auch schöne Dinge. Und davon möchte ich meinem Kind berichten".

„Ich weiß jetzt, warum ich mit meinem Kind darüber sprechen muss, weshalb es nicht bei mir leben kann. Und ich habe erste Ideen, wie ich das sagen werde".

Die Gruppe konnte in den folgenden Jahren regelmäßig stattfinden. Leider haben sich aktuell zu wenige Teilnehmer*innen gefunden. Wir werden aber weiterhin aktiv für dieses Angebot werben.

4 Einzelberatung

Die Themen, für die Eltern Einzelberatung in Anspruch nehmen, waren von Anfang an vielfältig und bewegen sich auch heute noch in einem breiten Spektrum zwischen Entlastungsgesprächen in emotional schwierigen Situationen und praktischer Lebenshilfe. Kontakte zum Kind werden vorbereitet und nachbesprochen, denn die Elternberatung begleitet auch den Umgang der Eltern mit ihrem Kind in unterschiedlichen Settings, die in diesem Artikel noch beschrieben werden. Ein wichtiger Aspekt ist dabei auch die Vorbereitung und Begleitung beim Hilfeplangespräch, denn hier werden Regelungen und Änderungen für den Umgang gemeinsam vereinbart. Für Eltern ist die Unterstützung vor und während des Gesprächs immens wichtig. Die Sprache und Funktionsweise des Jugendhilfesystems sind ihnen in der Regel fremd. Wenn sie es durch vorherige Gespräche schaffen, ihre Wünsche, Sorgen und Anliegen so gut zu formulieren, ist es für alle Beteiligten leichter, Lösungen zu entwickeln, die im Alltag umsetzbar und im Sinne des Kindes sind.

4.1 Material und Methoden in der Einzelberatung

Die Fachkräfte haben in den letzten Jahren umfangreiches Material entwickelt, um Eltern bei unterschiedlichen Themen und Herausforderungen zu unterstützen. Dazu gehört ein Schaubild über die Abläufe bei einer Vermittlung ebenso wie umfangreiche Leitfäden für Gespräche zu schwierigen Themen. Eltern wissen oft sehr genau, was sie ihrem Kind zu den Gründen sagen möchten, weshalb es nicht bei ihnen leben kann. Es fällt ihnen aber schwer, die richtigen Worte dafür zu finden. Die Fachkräfte der Elternberatung arbeiten mit ihnen an Formulierungen, bis sich die Mutter oder der Vater damit identifizieren kann. In der Elternberatung werden anonymisierte Briefe von Eltern, die sich an ihre Kinder wenden, gesammelt, und bei Bedarf anderen Eltern als Beispiele zur Verfügung gestellt.

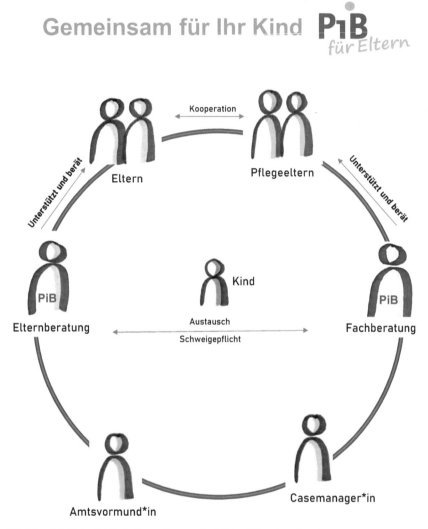

Abbildung 1: Beispiel für Informationsmaterial der Elternberatung

Nicht immer ist den Eltern klar, woran sie arbeiten möchten, wenn sie sich an die Elternberatung wenden. Manchmal ist es erst ein allgemeiner Wunsch, dass jemand ihnen zuhört. Um klarer benennen zu können, worum es konkret gehen soll, zeigen die Fachkräfte den Eltern sogenannte Themenkarten, aus denen sie auswählen können. Hier sind einige Beispiele:

- Ich verstehe nicht, warum mein Kind nicht bei mir leben kann.
- Ich habe Schuldgefühle gegenüber meinem Kind.
- Ich habe Probleme mit den Pflegeeltern.
- Ich möchte, dass mein Kind mich zu Hause besucht.
- Es verletzt mich, dass die Pflegemutter auch die „Mama" meines Kindes ist.
- Ich möchte meinem Kind gerne einen Brief schreiben.
- Ich möchte die Kontakte mit meinem Kind schöner oder anders gestalten.
- Ich glaube, meinem Kind geht es bei den Pflegeeltern sehr gut. Ich würde mich gerne mal bei den Pflegeeltern bedanken

Darüber hinaus gibt es eine umfangreiche Sammlung von Fragen, die Kinder ihren Eltern zur eigenen Geschichte stellen können. Sie helfen der Familie bei der gemeinsamen Biografiearbeit.

Noch druckfrisch ist ein Bilderbuch, das eine Mitarbeiterin der Elternberatung geschrieben hat. In „Viele Eltern für Mia" (vgl. Kompetenzzentrum Pflegekinder 2020) wird auch für sehr kleine Kinder anschaulich erklärt, wie der Weg in eine Pflegefamilie verläuft. Umfangreiches Begleitmaterial unterstützt die Fachkräfte und Pflegeeltern, das Bilderbuch im Gespräch mit dem Kind zu nutzen.

4.2 Kontakte zwischen Eltern und Kind

Um den vielfältigen Anforderungen der Familien gerecht zu werden, bietet PiB verschiedene Settings für die Durchführung von Umgängen an. Die Fachkräfte orientieren sich dabei an den empfohlenen Qualitätsstandards zum begleiteten Umgang.

Nach den ersten drei Umgangskontakten, die zu Beginn eines Pflegeverhältnisses von einer Fachkraft begleitet werden, findet eine Einschätzung zum weiteren Bedarf der Familie statt. Wenn es Gründe dafür gibt, die einen eigenständigen Kontakt zwischen Eltern und Kind nicht möglich erscheinen lassen, können sie darüber hinaus durch die Fachkräfte der Elternberatung unterstützt oder begleitet werden. PiB bietet ein eigenes Leistungsangebot für begleiteten Umgang im eigentlichen Sinne (1:1-Kontakte) oder für geschützten Umgang an, bei denen zwei Fachkräfte anwesend sind. Die deutlich häufigere Variante besteht aber darin, dass unterstützter Umgang in einem der sogenannten Familiencafés stattfindet. Familiencafés sind halböffentliche Räume, z. B. beim Träger SOS Kinder- und Jugendhilfen, in denen sich mehrere Familien gleichzeitig treffen können. Eltern und Kinder aus dem Stadtteil nutzen die Räume ebenfalls zur gleichen Zeit, sodass für Außenstehende eine spontane Zuordnung gar nicht möglich ist. Die Räume bieten ein kindgerechtes Umfeld mit viel Spielmaterial und für die Pflegeeltern die Möglichkeit, sich mit einer Tasse Kaffee zurückziehen zu können. PiB war es ein wichtiges Anliegen, mit diesem Angebot die Rahmenbedingungen für Umgangskontakte zu verbessern und einer möglichst normalen Alltagsbegegnung anzugleichen. Eltern sollten ihre Kinder nicht unter „Laborbedingungen" treffen, die oft zu einer zusätzlichen Verunsicherung führen. Und die Kinder haben in den Familiencafés die Möglichkeit, ihr Nähe- und Distanzbedürfnis individuell regulieren zu können, indem sie mal zwischendurch kurz zur Pflegemutter an den Kaffeetisch kommen, um dann wieder mit dem Vater in die Spielecke zu verschwinden.

Das erste Familiencafé fand bereits 2012 statt, heute gibt es sie in vier verschiedenen Stadtteilen und sie erfreuen sich bei allen Beteiligten großer Beliebtheit. Viele Eltern schätzen den strukturgebenden Rahmen, und die Pflegeeltern fühlen sich für die Zeit der Umgänge in der Regel deutlich entlastet. Einmal im Jahr ist das Familiencafé „unterwegs". Der letzte Ausflug ging auf eine Kinder- und Jugendfarm. Über 70 Menschen, Kinder, Eltern und Pflegeeltern verbrachten einen Nachmittag zusammen, es wurde gespielt und gegrillt, und zum Abschied gab es für jedes Kind ein Polaroid-Bild von sich und seinen beiden Familien (vgl. Meyer 2019: 11–13).

5   Kooperationsgespräche zwischen Eltern und Pflegeeltern

Zu den wichtigen Lernerfahrungen in der Arbeit der letzten Jahre gehörte die Erkenntnis, dass es neben den Beratungsangeboten mindestens genauso wichtig ist, die partizipative Zusammenarbeit zwischen Eltern und Pflegeeltern zu stärken und zu unterstützen. In von PiB begleiteten Pflegeverhältnissen finden deshalb regelmäßige Gespräche zwischen Eltern und Pflegeeltern statt, die von Fachkräften der Elternberatung und Pflegeelternberatung moderiert werden. In diesen Gesprächen geht es u. a. um die Erfahrungen mit den Umgangskontakten, aber auch um andere Themen, die das Zusammenwirken von Eltern und Pflegeeltern berühren. Die Kooperationsgespräche sollen dazu beitragen, sich auch ohne konkreten Anlass oder Klärungsbedarf gemeinsam über das Kind und seine Entwicklung auszutauschen. Dabei wird auch überlegt, in welcher Weise Eltern sich am Alltag des Kindes beteiligen können. Je nach Lebenssituation der Eltern wird es dazu sehr unterschiedliche Antworten geben. Für manche Eltern ist es bereits eine große Leistung, die vereinbarten Umgangskontakte zuverlässig wahrzunehmen. Andere Eltern hingegen wünschen sich, deutlich mehr am Leben ihres Kindes teilnehmen zu können, z. B. zu Elternabenden zu gehen, das Kind zum Fußballtraining zu begleiten, mit ihm gemeinsam andere Verwandte zu besuchen oder religiöse Feste feiern zu können. Die Regelmäßigkeit der Gespräche trägt dazu bei, dass zwischen Pflegeeltern und Eltern mit der Zeit ein Vertrauen wächst, das es möglich macht, im Sinne des Kindes gute Vereinbarungen zu entwickeln. Eines der Ziele ist es, einen selbstverständlichen und eigenständigen Kontakt zwischen Eltern und Kind möglich werden zu lassen, bei denen Eltern sich mit ihren Kompetenzen einbringen können. Ein partnerschaftliches Verhältnis in der Erziehung und Begleitung des Kindes für möglich zu halten, ist dabei eine Voraussetzung; eine weitere ist die engagierte Begleitung der Familien auch durch schwierige Zeiten.

Ein Ziel ist es, diese Gespräche auch dann stattfinden zu lassen, wenn kurz- oder langfristig keine Umgänge zwischen dem Kind uns seinen Eltern stattfinden können.

5.1 Vermittlung zwischen den familiären Kulturen

Eltern und Pflegeeltern in der Kooperation zu unterstützen, bedeutet auch die Auseinandersetzung mit der jeweiligen Familienkultur. Das ist auch der Fall, wenn keine der Familien eine Migrationsgeschichte hat, denn es geht bei dem Thema um deutlich mehr als z. B. Sprache und Religion: „Zwischen Herkunfts- und Pflegefamilie erschwert es die Kooperation, wenn die Orientierung auf die Defizite der abgebenden Familie im Mittelpunkt steht, und das in der Regel sozial bessergestellte Milieu der Pflegefamilie mit den dazugehörigen kulturellen Attributen zur Maßeinheit eines gelingenden Lebens wird" (vgl. Simon 2020: 5–9). Zu den Aufgaben der Fachkräfte gehört es deshalb, das Thema in den Kooperationsgesprächen mit den entsprechenden Fragen einzubringen. Dabei geht es um familiäre Werte, Rituale und Gewohnheiten, und immer wieder um ganz praktische Fragen, wie z. B. welches Einschlaflied das Kind kennt und welches es in Zukunft hören wird.

5.2 Gemeinsame Veranstaltungen

Immer wieder haben in den letzten Jahren kleine Entwicklungen und Veränderungen zu entscheidenden qualitativen Verbesserungen geführt. Dazu gehört u. a. ein vom PiB-Bildungszentrum durchgeführter Kurs, mit dem Titel „Frische Pflegeeltern". Er verläuft über mehrere Abende, und seit einiger Zeit treffen sich zu einem Termin Pflegeeltern und Eltern gemeinsam. Eltern erleben dies als deutliches Zeichen eines partizipativen Miteinanders, und Pflegeeltern signalisieren nach einem solchen Abend oft, dass sich viele Ängste bezüglich des Kontaktes zur Familie deutlich reduziert hätten. Zu den kleinen Sternstunden einer der Veranstaltungen gehörte es sicherlich, als ein Vater vor allen Anwesenden mitteilte, wie dankbar er sei, dass es Pflegefamilien gibt, die bereit sind, Kinder aufzunehmen und sich um sie zu kümmern.

Auch für laufende Pflegeverhältnisse organisiert das PiB-Bildungszentrum in Kooperation mit den begleitenden Fachkräften Veranstaltungen, an denen Pflegekinder mit ihren beiden Familien teilnehmen können. Bei „Familien im

Tandem" wird gemeinsam gekocht, gebastelt oder eine Paddeltour unternommen, bei der dann nicht nur sprichwörtlich alle in einem Boot sitzen. Für Kinder entsteht durch diese Unternehmungen eine Brücke zwischen zwei im Alltag noch immer sehr getrennten Welten, und sie können die Erfahrung machen, dass sie sich nicht für die eine oder andere entscheiden müssen.

6　　Resümee und Ausblick

Die Struktur und die Angebote der Elternberatung bei PiB haben sich im Laufe der letzten Jahre bewährt und werden von der Zielgruppe immer stärker zur Kenntnis genommen und genutzt. Durch die Arbeit mit den Beteiligten konnten deutliche Erfolge und Verbesserungen in der partizipativen Zusammenarbeit zwischen Eltern und Pflegeeltern erzielt werden. Gleichzeitig verändern sich dadurch die Ausgangsbedingungen und Themen, sodass die Angebote der Elternberatung regelmäßig überprüft und weiterentwickelt werden müssen, wenn sie die genannten Ziele erreichen möchte.

Aktuell wird die Arbeit der Elternberatung im Rahmen eines umfangreichen Evaluationsprojektes durch die gemeinnützige GmbH Perspektive ausgewertet. Das Projekt, das vom Kompetenzzentrum Pflegekinder e.V. durchgeführt und von der Aktion Mensch gefördert wird, steht kurz vor dem Abschluss. PiB ist gespannt auf die Ergebnisse.

Literatur

Bundesministerium für Familie, Senioren, Frauen und Jugend (2008): Deutsche Standards zum begleiteten Umgang. Empfehlungen für die Praxis. München: Beck.
Faltermeier, Josef (2001): Verwirkte Elternschaft? Fremdunterbringung – Herkunftseltern – Neue Handlungsansätze. Münster: Votum.
Helming, Elisabeth/Wiemann, Irmela/Ris, Eva (2010): Die Arbeit mit der Herkunftsfamilie. In: Kindler, Heinz/Helming, Elisabeth/Küfner, Marion/Meysen, Thomas/Jurczyk, Karin (Hrsg.): Handbuch Pflegekinderhilfe. München: Grafik + Druck GmbH.
Kompetenzzentrum Pflegeinder e.V. (2020): Carlé, Jennifer: Begleitheft für Pflegeeltern, Eltern und Fachkräfte. Berlin. www.kompetenzzentrum-pflegekinder.de.
Kompetenzzentrum Pflegekinder e.V. (2020): Carlé, Jennifer: Viele Eltern für Mia. Berlin.
Meyer, Claudia (2019): Familiencafé unterwegs. In: Kompetenzzentrum Pflegekinder: FamilienBande – Zeitschrift für Pflegefamilien, H. 2, S. 11–13.
Simon, Sabine (2020): Jedes Pflegeverhältnis ist interkulturell. Von der Begegnung familiärer Kulturen. In: Kompetenzzentrum Pflegekinder e.V. (Hrsg.): FamilienBande – Zeitschrift für Pflegefamilien, H. 1, S. 5–9.

Rückführung von Kindern aus Heimen und Pflegefamilien – Konzepte und Strategien

Sabrina Langenohl

Einleitende Anmerkungen

Die gute Nachricht vorneweg: „Die soziale Arbeit hat Einfluss auf die Häufigkeit erfolgreicher Rückführungen. […] Im Hinblick auf Rückführungen zeigen die Befunde […] in der Regel mehr Erfolge bei einer intensiveren Fallarbeit, d. h. bei mehr Arbeitsstunden pro Fall sowie mehr Kontakten zu den Beteiligten und zu anderen Fachkräften. Gleiches gilt für die Qualität der Fallarbeit definiert als Ausmaß, in dem ein konzeptuell fundiertes, konsistentes und koordiniertes Veränderungshandeln der sozialen Arbeit mit dem Ziel einer Rückführung sichtbar wird" (Kindler et al. 2010: 647).

Eine Rückkehr aus einer stationären Unterbringungsform kann sich unterschiedlich darstellen. Einerseits als geplante und vorbereitete Rückkehr, bei der idealerweise den Eltern eine professionelle Unterstützung angeboten wurde, ihre Kompetenzen zu erweitern und bei der die gesamte Familie auf die Rückführung vorbereitet wurde sowie die Rückführung professionell begleitet und nachbereitet wird. Aber es gibt genauso die ungeplante und unbegleitete Rückkehr – 56,6 Prozent der Minderjährigen, die in einer Hilfe nach § 34 SGB VIII fremduntergebracht waren und bei denen die Hilfe nicht planmäßig beendet wurde (also durch Eltern, Sozialer Dienst oder Einrichtung abgebrochen wurde), sind nach dem Abbruch in ihr Elternhaus zurückgekehrt (vgl. Tabel/Pothmann/Fendrich 2019: 71). Geringer sind die Zahlen bei Pflegeverhältnissen – aber deutlich höher, als die meisten wohl erwarten würden: 31 Prozent der beendeten Pflegeverhältnisse enden mit einer Rückkehr des Kindes in seine Familie – geplante und ungeplante Rückführungen (vgl. van Santen/Pluto/Peucker 2019: 211). Die folgenden Ausführungen nehmen vor diesem Hintergrund neben den geplanten Rückführungen die Rahmenbedingungen für ungeplante Rückführungen in den Blick, damit auch diese zum Wohl des Kindes ablaufen. So ist eine regelhafte Elternarbeit als Standard bei stationären Unterbringungen unerlässlich – auch wenn die Rückkehr in die Familie nicht Ziel der Hilfe ist (vgl. Moos/Schmutz 2012: 19). Die Niedersächsischen Empfehlungen zur Vollzeitpflege unterscheiden *Elternarbeit* (Arbeit mit Eltern in ihrer Elternverantwortung), *Elternunterstützung* (Wiedererlangung und Verbesserung elterlicher Kompetenzen durch Elternbildung) und *Arbeit mit Eltern ohne Kind* (Definition der neuen Rolle und Verarbeitung von Verlust) (vgl. Erzberger/Blandow 2008: 77 f.).

Im Folgenden werden verschiedene Gelingensbedingungen für eine Rückführung aus stationären Hilfen betrachtet. Dies speist sich aus der Erfahrung aus einem Praxisprojekt (Dröschel/Kraemer/Langenohl/Wolf o. J.) sowie den bisherigen Erfahrungen eines ambulanten Trägers mit der Spezialisierung auf die Begleitung von Rückführungen[1]. Thema dieses Artikels ist Rückführung bei allen stationären Hilfeformen, viele der fachlichen und organisatorischen Aspekte sind für Pflegefamilien und Wohngruppen gleich. Teilweise gibt es aufgrund der Rahmenbedingungen Unterschiede, die jeweils benannt werden.

1   Grundprämissen

„Als zentrale fachliche Grundprämissen für eine gelingende Zusammenarbeit mit Eltern im Rahmen der Heimerziehung haben sich insbesondere eine wertschätzende Haltung, die Beteiligung der Eltern in allen relevanten Fragen und Entscheidungen, die Arbeit an der Motivation zur Zusammenarbeit sowie die Differenzierung von kind- und elternbezogenen Zielen herauskristallisiert. Darüber hinaus haben sich ein offensiver Umgang mit Auflagen sowie ein reflexiver Umgang mit Differenzen zwischen den Zielen der Eltern und Zielen der Fachkräfte als bedeutsam erwiesen" (Moos/Schmutz 2012: 29).

1.1   § 37 – der vergessene Paragraph im SGB VIII

Mit der Reform des SGB VIII wurde v. a. auch die Unterstützungsarbeit von Eltern hervorgehoben und nunmehr in insgesamt vier Regelungsbereiche ausgebaut (§§ 37–37c SGB VIII). Wolf beschreibt die Schritte für eine Rückführung entlang der Voraussetzungen aus dem § 37 ff. SGB VIII und betont dabei die Relevanz dieser gesetzlichen Regelung für jegliche Rückführungen (Wolf 2015: 25 ff.). Immer wieder – in Gesprächen mit Mitarbeiter*innen in Heimeinrichtungen, mit Fachkräften im Allgemeinen Sozialen Dienst und im Pflegekinderdienst[2] oder sogar bei Menschen, die sich gezielt für Fortbildungen zum Thema Rückführung anmelden – wird aber deutlich, dass die Fachkräfte der Kinder- und Jugendhilfe den § 37 ff. SGB VIII nicht kennen. Dabei beinhaltet dieser vie-

---

1   Familientandem in Oldenburg.
2   Kommunal unterscheiden sich die Bezeichnungen und die sachliche Zuständigkeit der verschiedenen Dienste und Spezialisierungen beim öffentlichen Träger. Hier wird von Allgemeinem Sozialdienst – im weiteren ASD – und vom Pflegekinderdienst – im weiteren PKD – gesprochen. Sind beide Dienste und weitere involvierte Spezialisierungen des öffentlichen Trägers gemeint, wird „Soziale Dienste" genutzt.

le wesentliche Regelungen für stationäre Hilfen und die Zusammenarbeit mit den Eltern. Moos/Schmutz (2012) nennen vier zentrale Zielsetzungen, die sich direkt aus dem § 37 ff. SGB VIII ableiten lassen, die letzten beiden stehen in direktem Zusammenhang mit einer Rückkehroption:

1. „Zusammenarbeit mit Eltern im Interesse der Entwicklung des Kindes/Jugendlichen
2. Zusammenarbeit mit Eltern, um die Beziehung zwischen dem Kind und seiner Mutter/seinem Vater zu klären und zu fördern
3. Zusammenarbeit mit Eltern, um an den Bedingungen in der Herkunftsfamilie zu arbeiten, die zur Heimunterbringung geführt haben
4. Zusammenarbeit mit Eltern zur Klärung von Rückkehroptionen in die Herkunftsfamilie" (Moos/Schmutz 2012: 19).

1.2 Rückführung von Anfang an

Rückführungen beginnen, wenn die Fremdunterbringung vorbereitet wird. Gute Rückführungen entstehen in einem vertrauensvollen Verhältnis zwischen Eltern, Kind und Fachkräften und hierfür wird der Ton bereits gesetzt, wenn das Thema einer Fremdunterbringung das erste Mal angesprochen wird. Übereilte Entscheidungen sind – droht keine akute Gefährdung – zu vermeiden. Die Beteiligung der Eltern im Hilfeplanverfahren sollte sich nicht auf die formalen Aspekte beschränken, sondern die Rahmenbedingungen so gestaltet sein, dass Eltern sich wirklich einbringen können. Eltern sollten außerdem nach der Herausnahme des Kindes nicht alleingelassen werden. Häufig werden laufende ambulante Hilfen direkt mit der Fremdunterbringung eingestellt. Blandow (2004: 16 ff.) schlägt hingegen u. a. vor:

- partnerschaftlichen Umgang mit Eltern;
- transparenten Hilfeprozess;
- eine gute Diagnostik, um eine begründete Platzierung zu ermöglichen;
- indirekte Hilfeformen durch sozialräumliche Angebote und Selbsthilfe.

1.3 Jedes Kind wird zurückgeführt

Rückführung sollte die Regel sein, wie es die gesetzlichen Vorgaben vorsehen (Dröschel et al. o. J.). Derzeit ist die Praxis in den Sozialen Diensten, dass es ein spezielles Verfahren erfordert, eine Rückführung in Gang zu setzen – dann werden ggf. zusätzliche Hilfen und Fachleistungsstunden in Erwägung gezogen, es finden kollegiale Fallbesprechungen statt, ob eine Rückführung sinnvoll sein kann, es wechseln ggf. die Zuständigkeiten in einen Spezialdienst, es wird ein Konzept für Rückführungen (re)aktiviert, es wird ein geeigneter Träger gesucht etc. Das bedeutet aber, es muss einen auslösenden Moment geben, damit jemand auf die Idee kommt, eine Rückführung anzustoßen.

Ein Paradigmenwechsel wäre es, Rückführungen zum Regelprozess zu machen. Dann wäre es der Standard, dass Elternarbeit stattfindet, die Bedingungen und die Zeitschiene überprüft werden und die Hilfeplanung und die Bewilligungen darauf ausgerichtet sind. Es würde automatisch bei jeder Fallbesprechung im ASD/PKD einer stationären Hilfe besprochen (nicht *ob* Rückführung möglich ist, sondern *wie* Rückführung durchgeführt wird). Damit müsste die Entscheidung, dass *keine* Rückführung stattfindet, ausführlich begründet werden und würde einen Verwaltungsakt auslösen (Reduzierung begleitender Hilfen, Wechsel zum Konzept: dauerhafte Hilfe bis zur Verselbstständigung).

Diese Grundprämisse ist bei allen stationären Hilfen nach § 33 und § 34 SGB VIII anzulegen. So müsste jeder Pflegekinderdienst ein Konzept für die Rückführung vorhalten – und damit würden die (geplanten) Rückführungen aus Vollzeitpflege erhöht (van Santen/Pluto/Peucker 2019: 218). Diese grundlegende Veränderung der Blickrichtung hätte vermutlich einschneidende Folgen für die Praxis des Pflegekinderwesens.

1.4   Interesse an der Zusammenarbeit muss geweckt werden

Eltern sind aufgrund individueller aber auch struktureller Voraussetzungen nicht prinzipiell daran interessiert, mit dem Jugendhilfesystem zusammenzuarbeiten. Hierzu gehören ihre Erfahrungen mit Kinder- und Jugendhilfe, ihre eigenen Ängste und Schuldgefühle (Faltermeier/Glinka/Schefold 2003) und die Erfahrung häufiger Zuständigkeitswechsel, des „über ihren Kopf Entscheidens" (Faltermeier 2019). Die Perspektive der Eltern auf die Fachkräfte und die Situation der Fremdunterbringung ist geprägt von einem Gefühl der Unterlegenheit, das durch sprachliche Barrieren noch verstärkt wird, mangelnder personeller Kontinuität in den Zuständigkeiten sowie die Angst vor staatlichen Eingriffen und damit einhergehend dem Eindruck, nicht ausreichend informiert zu sein sowie der Befürchtung, dass unter den Fachkräften bzw. zwischen Fachkräften und Pflegefamilien Koalitionen geschmiedet werden (vgl. Blandow 2004: 11 ff.).

Eine Fremdunterbringung steht in der Regel nicht am Anfang des Prozesses zwischen Familie und Sozialen Diensten, sondern ist häufig das Ergebnis bereits länger andauernder Bemühungen und Hilfsangebote (Helming/Wiemann/Ris 2011: 529; Faltermeier/Glinka/Schefold 2003: 78 ff.). Die Eltern sind oft frustriert, weil sie die Sozialen Dienste nicht als hilfreich erleben und die Fachkräfte bei den Sozialen Diensten und den Trägern sind ratlos, weil sie die Mitwirkungsbereitschaft und -fähigkeit der Eltern als zu gering erleben und sie sich selbst hilflos fühlen. In dieser Situation kommt es eher zu einem Rückzug und der Vermeidung von Kontakten oder zu einem Wechsel in den Kampfmodus (vgl. Petri/Pierlings/Schäfer 2015: 236 f.). Dieses Verhalten der Eltern wiederum bestätigt das Bild der Fachkräfte, dass die Eltern sich sowieso nicht wirklich für ihre Kinder interessieren. Dabei sollte die Fremdunterbringung eigentlich dazu genutzt werden, die Zusammenarbeit auf neue Füße zu stellen und unter neuen Vorzeichen zu aktivieren. In den Sozialen Diensten ist hierfür in der Regel kaum personelle Kapazität vorhanden, die Pflegeeltern konzentrieren sich auf das Zusammenleben mit dem Kind und in der Heimerziehung findet Zusammenarbeit mit den Eltern meist nur punktuell mit den bereits motivierten Eltern statt. Bisher gibt es zu wenig systematische Prozesse, die darauf abzielen, Kompetenzen der Eltern zu erhalten, bzw. diese konkret (wieder) aufzubauen (Moos 2020: 152).

Dabei zeigen verschiedene Studien, dass ein ernstgemeintes Zugehen auf die Eltern, die Wertschätzung ihrer Perspektiven auf das Kind, ihre Lebenssituation und die Gründe für die Fremdunterbringung, eine grundlegende Wertschätzung für die Belastungen der Familie und deren Bewältigungsstrategien sowie die Suche nach Lösungen, wie die Eltern weiter Teil des Lebens des Kindes sein können tatsächlich eine kooperative Zusammenarbeit fördern können (Faltermeier/Glinka/Schefold 2003; Pierlings 2011; Moos/Schmutz 2012; Schäfer/Petri/Pierlings 2015).

1.5 Transparente Regeln

Um über die Differenz zwischen den Zielen der Fachkräfte und den Zielen der Eltern zu sprechen, muss man zuerst unterscheiden, in welchem Kontext die Fremdunterbringung begonnen wurde – war es eine freiwillige Entscheidung der Eltern, ein Zwangskontext unter Einschaltung des Familiengerichts oder ein „Quasi-Zwangskontext" (Moos/Schmutz 2012: 35). Wenn es um eine Fremdunterbringung geht, ist eine Unterscheidung zwischen Zielen und Auflagen zentral. Ziele sind die Veränderungswünsche der Familien und im Freiwilligenbereich angesiedelt – Auflagen sind die Veränderungsnotwendigkeiten aus fachlicher Sicht und damit im Kontrollbereich zur Sicherstellung des Kindeswohls.

Die Rahmenbedingungen für eine Fremdunterbringung, welche Auflagen erfüllt sein müssen, damit ein Kind wieder bei den Eltern leben kann und wie realistisch der Zeithorizont eingeschätzt wird, muss in dieser Phase offen und transparent mit den Eltern besprochen werden, und zwar mehrfach, da die Eltern, wenn die Fremdunterbringung das erste Mal thematisiert wird, oft nicht alle Details verstehen (wollen).

2   Idealtypischer Ablauf einer Rückführung

Die geschilderten Grundprämissen werden auf den Ablauf einer Fremdunterbringung mit Rückkehroption übertragen. Viele dieser Aspekte sollten aber bei jeder Fremdunterbringung selbstverständlich sein.

2.1   Rahmenbedingungen für eine idealtypische Rückführung

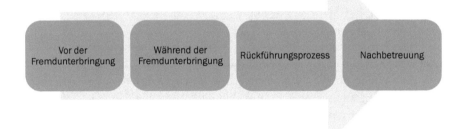

Abbildung 1: Ablauf einer Fremdunterbringung mit geplanter Rückführung[3]

Dittmann/Wolf (2014: 28 f.) fassen verschiedene Ergebnisse internationaler Studien zu Erfolgskriterien für Rückführungen wie folgt zusammen:

- Überprüfen und Planen der Rückkehroption zu einem möglichst frühen Zeitpunkt,
- umfassende Diagnostik,
- quantitativ und qualitativ intensive Fallarbeit,
- aktive Einbeziehung der Eltern in Entscheidungen und Alltag der Kinder,
- familiäre Beziehungen – auch im weiteren familiären Umfeld – sollten während der Fremdunterbringung aufrechterhalten werden,
- kompetenzerweiternde Arbeit mit Eltern und anderen Familienmitgliedern,
- gute Koordination der Hilfen,
- Nachbetreuung.

3   Vgl. einen ähnlichen Ablauf LWL – Heilpädagogisches Kinderheim Hamm (2014).

2.2   Vor der Fremdunterbringung

Vielen Fremdunterbringungen gehen bereits längere Prozesse ambulanter und teilstationärer Hilfesettings voraus (Helming/Wiemann/Ris 2011: 529). Die Fremdunterbringung selbst wird von Fachkräften, Eltern und Kinder nicht selten als eine Niederlage und als Beleg für die eigene Unfähigkeit und die der anderen erlebt. In manchen Fällen kann es hilfreich sein, eine vorübergehende Fremdunterbringung bereits früher als eine Möglichkeit in Betracht zu ziehen. Dafür ist eine differenzierte Diagnostik notwendig, die sowohl die Gründe für eine Fremdunterbringung, die Art der geeigneten Angebotsform und die notwendige Unterstützung sowie die zu erfüllenden Bedingungen für eine zeitnahe Rückführung erarbeitet.

Insbesondere für die Herausnahme und für die Klärung der weiteren Perspektive eines Kindes sollte die Diagnostik entschieden verbessert werden (vgl. Erzberger o.J.: 7; Kindler et al. 2010: 648). Hierzu gehören die Fragen nach Traumatisierungen und Bindung, des Netzwerkes und Ressourcen des (erweiterten) Familiensystems, die Mitwirkungsbereitschaft und -fähigkeit der Eltern, der Kindeswille, die Bedürfnisse des Kindes und wo und durch wen diese am besten befriedigt werden können und wie ein denkbares Hilfenetzwerk aussehen könnte. Insbesondere die Frage nach der Perspektive ist wichtig, um das richtige „Hilfepaket" für Eltern und Kind(er) zusammenzustellen.[4] Insbesondere in Pflegeverhältnissen brauchen die Pflegeeltern eine zusätzliche Unterstützung (z.B. Supervision oder Coaching) für die Sicherstellung der Elternarbeit und um ihre Rolle zwischen eigener Familie, Pflegeeltern und Elternarbeit zu definieren (Schäfer/Petri/Pierlings 2015).

Vor der Fremdunterbringung sind außerdem der Allgemeine Soziale Dienst und der Pflegekinderdienst dazu aufgefordert, mit den Eltern und den Kindern offen und transparent über die Bedingungen für eine Fremdunterbringung und für eine Rückführung zu kommunizieren. Trotz formaler Einwilligung der Eltern in ca. 60 Prozent der Pflegeverhältnisse kann man davon ausgehen, dass in der Regel die Unterbringung nur unter Druck und de facto unfreiwillig zustande kommt (vgl. Helming/Wiemann/Ris 2011: 529). Über die Alternative eine familiengerichtliche Entscheidung herbeizuführen, muss aufgeklärt werden. Aber nicht als Drohung – „Entweder Sie unterschreiben jetzt die Einwilligung, oder ich gehe zum Familiengericht und dann verlieren Sie auch noch das Sorgerecht"[5] – sondern als Aufklärung über die Schritte, die das Jugendamt in seiner

---

4   An dieser Stelle sei darauf verwiesen, dass es sich bei den Hilfen zur Erziehung, wie sie in den §§ 28 ff. SGB VIII definiert sind, um einen Vorschlagskatalog an Hilfen handelt und durchaus andere Hilfen oder Hilfspakete denkbar sind, wenn sie denn bedarfsgerecht im Einzelfall sind (vgl. Münder/Meysen/Trenczek (2019, vor § 27–41 Rn. 13).
5   Siehe Fallschilderungen bei Faltermeier/Glinka/Schefold (2003).

Rolle noch gehen wird und die Rechte, die die Familien haben, wenn sie mit den geplanten Maßnahmen nicht einverstanden sind.

Und dann sollten in einem gemeinsamen Prozess die klaren Bedingungen für die Rückkehr des Kindes formuliert werden. Dies erfolgt derzeit oft viel zu unspezifisch („Suchttherapie") und viel zu wenig entlang der Bedarfe der Kinder. Die Rückkehr darf nicht davon abhängen, ob die Kinder ihre Ziele erreicht haben! Eine Fremdunterbringung erfolgt, weil die Eltern nicht ausreichend in der Lage sind, auf die Bedürfnisse der eigenen Kinder zu reagieren – die Schlussfolgerung kann aber nicht sein, dass die Kinder sich verändern müssen, sondern die Kompetenzen der Eltern (oder des Umfeldes).[6] Es müssen also Ziele und Auflagen für die Eltern formuliert und dabei klar definiert werden, was erreicht sein muss, damit eine Rückführung möglich ist und welche Hilfsangebote dabei unterstützen.[7] Dazu gehört die Definition einer zeitlichen Perspektive, unter der eine Rückführung möglich erscheint. Hier ist vor allem das kindliche Zeitempfinden zu berücksichtigen. Die Zeitschiene kann durch sehr enge und regelmäßige Umgangskontakte verlängert werden. Auch diese müssen vor der Fremdunterbringung festgelegt werden. Die Funktion von Besuchskontakten ist allerdings nicht immer ausreichend klar. Nur das Stattfinden der Kontakte reicht nicht aus, um die Beziehung zwischen Eltern und Kind zu erhalten und zu stärken, die Eltern ihre Elternrolle wahrnehmen zu lassen und positive Beziehungen (wieder-)aufleben zu lassen. Besuchskontakte müssen vor- und nachbereitet und bei Bedarf begleitet werden und sollten – zu Beginn – an einem neutralen Ort stattfinden (Wolf 2015: 33).

Es sollte also schon zu Beginn der Fremdunterbringung festgehalten werden, wie die Umgangskontakte zu gestalten sind, dazu gehören die Dauer und wo diese stattfinden ebenso wie die Frage, wie sie vor- und nachbereitet werden (mit Kind, Eltern und ggf. Pflegeeltern) und welche fachlichen Erwartungen daran geknüpft sind. Dienen die Kontakte „nur" zur Erfüllung des gesetzlichen Auftrags, zum Beziehungserhalt oder zum Erhalt elterlicher Kompetenzen, zum Aufbau weiterer erzieherischer Kompetenzen oder zur Kontrolle, ob die Eltern Auflagen erfüllen? (Langenohl et al. 2018)

In dieser Phase ist eine Fachkraft als Ansprechpartner*in für die Eltern zu benennen – dabei sollten sich die Zuständigkeiten nicht überschneiden (z.B. nicht die Fachkraft aus dem Pflegekinderdienst, die die Pflegeeltern betreut, nicht die Bezugsbetreuung des Kindes aus der Wohngruppe) und welche Rolle diese Fachkraft für die Eltern erfüllt. „Es sollte deutlich geworden sein, dass die

---

6   Nie werde ich den Neunjährigen vergessen, der mit gepackten Koffern zum Hilfeplangespräch erschien, weil er alle seine Ziele in der Wohngruppe erreicht hatte und jetzt wieder nach Hause wollte.

7   Inwieweit der oft bildungsorientierte Mittelschichtsblick der Fachkräfte Ansprüche an die Familien definieren, die deren Lebenswelt weit verfehlen und dadurch die Zusammenarbeit erschweren, müsste eingehend untersucht werden.

Frage, wie dramatisch sich die Fremdunterbringung eines Kindes auf das Leben der Eltern auswirkt – und damit indirekt und direkt auch auf das Leben des Pflegekindes –, in entscheidendem Maße davon abhängt, dass ihnen eine zuverlässige (professionelle) Vertrauensperson zur Verfügung steht, die bereit ist, sich aus der Perspektive der Eltern ihnen und ihren Problemlagen anzunähern und sie zu verstehen". (Faltermeier/Glinka/Schefold 2003: 93 f.). Dazu gehört es, mit den Eltern zu erarbeiten, wie jetzt konkret das Leben weitergeht, wenn das Kind nicht mehr bei Ihnen wohnt. Wie kann das z. B. kommuniziert werden zu Nachbarn, Freunden, Familie? Wie gestaltet man die Zeit, wie geht man mit der Ruhe um? Auch reale wirtschaftliche Folgen sind zu berücksichtigen. Ggf. steht ein Umzug an, weil die Wohnung nun zu groß ist – in den Augen des Jobcenters etc. (vgl. Erzberger/Blandow 2008: 7–9).

Ferner sind die zu erhaltenden und die auszubauenden elterlichen Kompetenzen zu benennen und wie sie diese während der Fremdunterbringung ihrer Kinder weiterhin ausüben können, bzw. wo ihnen Lernfelder eröffnet werden (Moos/Schmutz 2012; Dröschel et al. o. J.; Dittmann/Wolf 2014).

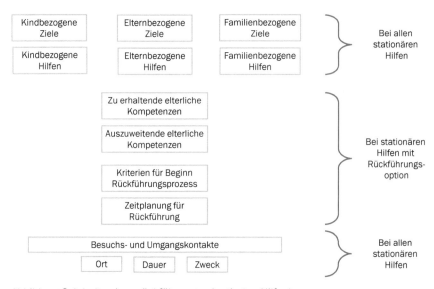

Abbildung 2: Inhalte eines rückführungsorientierten Hilfeplans

2.3 Während der stationären Hilfe

Eine stationäre Hilfe mit Rückführungsoption erfordert eine regelmäßige Hilfeplanung, die ggf. häufiger erfolgt (Dittmann/Wolf 2014). Dabei sind die Kriterien für die Rückführung regelmäßig zu überprüfen, inwieweit diese erfüllt sind und welchen Einfluss diese auf die Zeitschiene haben.

Zur Hilfeplanung gehört selbstverständlich, die Ziele für die Eltern zu überprüfen und ggf. zu modifizieren. Dies gilt auch für Art, Häufigkeit, Dauer und
Zweck der Umgangskontakte. Welche elterlichen Kompetenzen zunehmend
rückübertragen werden und wie die Eltern darin unterstützt werden können,
sollte außerdem bei jedem Hilfeplangespräch Thema sein. Dazu sollten Einrichtungen jeweils konkrete Vorschläge machen und Pflegefamilien darin unterstützt werden, wie sich dies im Alltag tatsächlich darstellt. Elternarbeit „wird
dann effektiv, wenn Eltern planmäßig und kontinuierlich in den Heimalltag und
das Erziehungsgeschehen integriert und Interessen für ihr Kind wahrzunehmen
in der Lage sind" (Günder 2015: 285). Dies kann unterschiedliche Lebensbereiche betreffen, wie Schule oder Gesundheit und alltagspraktische Fähigkeiten
wie Kochen, etwas reparieren oder renovieren. In stationären Einrichtungen
können Eltern in den Einrichtungsalltag eingebunden werden. An den Entscheidungen für ihre Kinder sollten die Eltern so weit wie möglich beteiligt
bleiben.

Der konkrete Einbezug der Eltern in den Alltag der Kinder kann dabei nicht
nur eine Belastung, sondern auch eine Entlastung darstellen. Die Eltern können
bestimmte Termine übernehmen, die Hausaufgaben betreuen oder die neue
Brille aussuchen.

In manchen Wohngruppen werden die Besuchskontakte ggf. auch telefonischen Kontakte zu den Eltern als Sanktionsmittel eingesetzt. Dies beinhaltet
eine Abwertung der Beziehung zu den Eltern und darf kein pädagogisches Mittel sein (vgl. Mueller 2016: 384).

Die definierte Zeitschiene kann je nach Verlauf angepasst werden – immer
unter Berücksichtigung des kindlichen Zeitempfindens. Feste Vorgaben machen hier wenig Sinn, da sie sowohl vom Alter des Kindes, der vorherigen Qualität der Bindung zu den Eltern (und ggf. andere Bezugspersonen), der jetzigen
Bindung an versorgende Personen und von Kontakthäufigkeit und -intensität
mit den Eltern abhängt. Ein zweijähriges Kind, dass bereits eng an die eigenen
Eltern gebunden war, bevor es in einer Pflegefamilie untergebracht wurde, seine
Eltern alle zwei Tage sieht und zwei Mal im Monat bei den Eltern übernachtet
hat eine andere Zeitperspektive als ein fünfjähriges, bei dem begleitete Umgänge alle zwei Wochen für zwei Stunden in den Räumen des Jugendamtes stattfinden. Ggf. muss in diesem Prozess die Entscheidung getroffen werden, dass
eine Rückführung mit Rücksicht auf das Wohl des Kindes nicht mehr erfolgt.
Dann ist möglicherweise der Prozess einzuleiten, wie eine dauerhafte Perspektive für das Kind erarbeitet werden kann und wie eine weitere Begleitung der
Eltern erfolgt sowie die weiteren Besuchskontakte.

2.4 Rückführungsprozess

Wenn die festgelegten Kriterien erreicht sind, sollte ein geordneter Rückführungsprozess beginnen. Dies ist nicht der Umzug des Kindes, sondern eine Vorbereitung der Rückführung. „Was sich fast durchgängig gezeigt hat ist, dass sehr schnelle und damit wenig vorbereitete Rückführungen ein hohes Risiko des Scheiterns aufweisen" (Kindler et al. 2010: 628).

Bei Pflegefamilien ist eine externe Rückführungsbegleitung durch freie Träger (oder falls im Jugendamt verankert: durch einen Spezialdienst) zu beauftragen. Lebt das Kind in einer Wohngruppe ist genau zu prüfen, welche Leistungen die Wohngruppe real erbringen kann. Notwendig sind in der Regel:

- regelmäßige Hausbesuche,
- eigene Arbeit und Reflexion mit den Eltern/dem Elternteil zu dem das Kind zurückgeführt wird,
- Einbezug des näheren familiären und sozialen Umfeldes/von getrenntlebenden Elternteilen,
- Suche und Aktivierung weiterer Unterstützungspersonen,
- gegebenenfalls Koordination eines Familienrats,
- Vor- und Nachbereitung von (ausgeweiteten) Besuchskontakten mit Kind und Eltern.

Ob bei Wohngruppen ein externer Träger beauftragt wird oder die Rückführungsbegleitung durch die Gruppe geleistet werden kann, hängt von verschiedenen Faktoren ab: Zum einen muss die Gruppe aufgrund der personellen Ausstattung und räumlichen Entfernung in der Lage sein, die oben genannten Leistungen selbst zu erbringen. Zum anderen muss die Vorgeschichte Berücksichtigung finden: wenn es eine sehr konflikthafte Unterbringung war und das Kind in einem Loyalitätskonflikt steckt, bzw. die Eltern viele Konflikte mit den Mitarbeiter*innen der Wohngruppe hatten, empfiehlt es sich eher, eine*n neue*n Akteur*in einzubinden. In solchen Fällen sollte das Kind auf jeden Fall eine*n eigene*n – nicht verstrickte*n – Ansprechpartner*in an die Seite bekommen.

Sehr häufig sind stationäre Hilfen bis zu diesem Punkt nicht so verlaufen, wie oben dargestellt. Oft kommt der Impuls zu einer Rückführung relativ plötzlich durch einen der beteiligten Akteure. Dann sollte noch eine erneute Diagnostik und Prognose erfolgen. Insbesondere wenn der vorherige Prozess konflikthaft war und die Eltern Vorbehalte gegenüber „der Jugendhilfe" haben, hat es sich als besonders hilfreich herausgestellt, mit neuen Personen einzusteigen, die mit frischer professioneller Neugier an den Fall herangehen. Als gute Instrumente haben sich Familienbrett, Familien-Helfer-Tabelle und Netzwerkkarte, Eco-Mapping o.ä. für die Analyse der Ressourcen und Unterstützungs-

möglichkeiten des Umfeldes herausgestellt. Welche Gründe damals zur Fremdunterbringung geführt haben, sollte immer noch einmal aus allen Perspektiven
erhoben werden. Auch die Perspektive der Geschwisterkinder auf die Fremdunterbringung und die Rückführung sollten erfragt werden.[8]

„Eine negative Prognose ist zu stellen,

- wenn unmittelbare Gefährdungen von den Bezugspersonen für das Kind ausgehen,
- wenn das ‚Familienspiel‘ auf den Ausschluss des Kindes gerichtet ist oder das Kind
  als störend bei der Selbstverwirklichung der Bezugspersonen erscheint, was z. B. in
  Fällen anzunehmen ist, in denen die Mutter zwischen den Erwartungen des Partners
  und den Bedürfnissen des Kindes hin und her schwankt" (Erzberger/Blandow 2008:
  8-2).

Fällt die Prognose hingegen positiv aus, sollten als Ergebnis der Diagnostik die
Bereiche festgelegt werden, in denen die Eltern noch konkreten Unterstützungsbedarf haben.[9] Dazu sind die Bedürfnisse der Kinder (gemeinsam mit den
derzeitigen Betreuungspersonen) zu definieren, welche davon gut durch die Eltern aufgefangen werden können und wo derzeit noch Entwicklungsbedarf besteht. Orientiert an der Resilienzforschung schlägt Frindt (2010: 25) vor, in der
sozialpädagogischen Familienhilfe die Gegenüberstellung von Belastungen und
Ressourcen in den Mittelpunkt der Arbeit zu stellen. Damit sollen Belastungen
vermindert bzw. die Auftretenswahrscheinlichkeit neuer Belastungen reduziert
werden. Außerdem soll durch die Ermöglichung von Selbstwirksamkeitserfahrungen die Selbsthilfepotenziale der Eltern erhöht werden. Ferner ist die Stärkung der sozialen Kontakte und Erweiterung des sozialen Netzwerkes ein wesentlicher Faktor der Resilienzförderung. Frindt schlägt das Konzept der „Hilfreichen Dritten" vor, wenn die Kompetenzen der Eltern auf lange Sicht nicht
ausreichen, um die Kinder ausreichend zu fördern. Diese anderen Personen
können Ehrenamtliche oder Paten sein oder sie können durch ein hilfreiches
Netz, gespannt über eine family group conference gewonnen werden (vgl.
Frindt 2010: 27). Betrachten wir die Rückführung aus Pflegefamilien könnte eine
Person aus der Pflegefamilie eine solche Funktion übernehmen. „Nach einer
Rückkehr bemüht sich der zuständige Soziale Dienst um einen Kontakterhalt
zwischen Pflegefamilie und Pflegekind, um einen weiteren Beziehungsabbruch
zu vermeiden" (Schäfer/Petri/Pierlings 2015: 107). Voraussetzung dafür ist na-

---

8 Weitere Diagnostik-Instrumente bei Dittmann/Wolf (2014), außerdem zu Veränderungs- und Erziehungsfähigkeit, Pflege und Versorgung und weitere Bögen im Handbuch Kindeswohlgefährdung des
   DJI (Kindler (2006).
9 Für Diagnostik und Prognose werden im Konzept von Familientandem sechs bis acht Wochen veran-
   schlagt (Langenohl 2018).

türlich, dass das Pflegeverhältnis von Anfang an möglichst konkurrenzarm verlaufen ist.

Außerdem spielt in dieser Phase die Unterstützung im Alltag und der Sicherstellung der Rahmenbedingungen eine große Rolle. Hierzu gehört die ggf.
notwendige größere Wohnung und die Klärung mit den Transferleistungs-
erbringern, dass die Kosten für eine entsprechende Wohnung, Einrichtung und
die Ausdehnung der Besuchskontakte übernommen werden. Außerdem müssen Schul- bzw. Kindergartenplatz gefunden werden, ggf. Therapeuten gewech-
selt und andere Unterstützungsleistungen organisiert werden.

Während dieser Phase kommt es zu einer Ausweitung der Besuchskontakte.
Idealerweise finden diese zuerst vor allem innerhalb der Woche statt, sodass
Alltag miteinander geteilt werden kann. Da die Rückführung sehr oft nicht in
die gleiche Familienkonstellation erfolgt, aus der heraus die Fremdunterbringung stattfand (getrennte Partner*innen, neue Lebensgefährt*innen, neue
(Halb-)Geschwister, andere Wohnung, anderes Umfeld), müssen alle ihre neu-
en Rollen in der Konstellation erst finden (vgl. Petri/Pierlings/Schäfer 2015:
240). Die Besuchskontakte sind dabei ein Lern- und Reflexionsfeld für alle (vgl.
Kindler et al. 2010: 648 f.) und müssen gut vor- bzw. nachbereitet und begleitet
werden. Hier ist von Trägerseite eine erhöhte Flexibilität notwendig, um z. B.
Aufsteh- und Zubettgehsituationen und Freizeitaktivitäten am Wochenende zu
begleiten.

Die Deutungsmuster und die Problemlösungsstrategien der Eltern müssen
respektiert werden, auch wenn sie im Vorfeld der Fremdunterbringung zu einer
Verschärfung der Krise geführt haben. Nur ausgehend von einer Haltung des
Verstehens und der Wertschätzung und auf Basis einer vertrauensvollen Beziehung kann gemeinsam an einer Veränderung der Handlungsstrategien gearbeitet werden (Moos/Schmutz 2012: 30 f.).

In dieser Phase muss jederzeit reflektiert werden, ob die Rückführung weiter
von allen Beteiligten gewünscht ist und ob die geplante Zeitschiene zu halten
ist. Insbesondere in dieser Phase ist es wichtig, dass das Kind über eigene Ansprechpartner*innen verfügt, denen es sich bei Bedenken öffnet. Die Hilfeplanung sollte in einer engeren Taktung erfolgen, (vgl. Schäfer/Petri/Pierlings
2015: 102 f.) zu Beginn der Rückführungsphase, in der Mitte und direkt vor der
eigentlichen Rückführung.[10]

Die Phase der eigentlichen Rückführung, also des realen Umzugs des Kindes in seine Familie sollte so sanft wie möglich gestaltet werden. Hierzu gehört,
dass Rituale aus der Einrichtung bzw. der Pflegefamilie von den Eltern fortgeführt werden. Wichtige Objekte wie Spielzeug, Lieblingskleidung, Kuscheltiere,
Decken oder Bilder sollten das Kind auf jeden Fall begleiten. Dazu kommt, dass

---

10   Im Konzept Familientandem dauert diese Phase 16 Wochen (Langenohl 2018).

geregelt werden sollte, wie der Kontakt zu wichtigen Bezugspersonen über einen gewissen Zeitraum aufrechterhalten werden kann (Freunde, Pflegeeltern, Bezugsbetreuer*innen).

Für das Rückführungsdatum sollten wichtige Rahmenbedingungen beachtet werden, z. B. erfolgt eine Rückführung, wenn ein Schulwechsel notwendig ist, idealerweise zum Schuljahres- oder Halbjahreswechsel.

In den ersten Wochen müssen alle Beteiligten ihre Rollen neu finden und sich aufeinander einlassen. Nach einigen Wochen zeigen sich die ersten Konflikte, an Hand derer Lösungswege eingeübt werden müssen. Hier kommen dann ambivalente Gefühle zum Vorschein, wenn Eltern z. B. Angst davor haben, erneut zu versagen (vgl. Petri/Pierlings/Schäfer 2015). Diese Phase sollte mit einem erhöhten Stundenaufwand begleitet werden.[11] Auch die anderen Unterstützer*innen sollten bereits zeitnah zum Einsatz kommen. Zum Ende dieser Phase ist die ideale Zeit, um einen Familienrat (Früchtel et al. 2017) durchzuführen. Erste Schwierigkeiten und Konflikte sind aufgetaucht und der Familienrat kann die Unterstützung für den Alltag organisieren.

2.5   Nachbetreuung

In dieser Phase geht es vor allem um die Stabilisierung des Erreichten. Eine weitere Begleitung sollte hier sichergestellt sein – auch wenn dies in einem geringeren zeitlichen Umfang geschieht, kann das in der Regel weder durch die Sozialen Dienste noch durch die Wohngruppe oder die Pflegefamilie erfolgen. Daher ist es sinnvoll, dass bereits vorher ein weiterer ambulanter Träger einbezogen ist.

Hier geht es vor allem um Kriseninterventionen und die Erarbeitung von Plänen, wie es nach dem Ende der Hilfe weitergehen soll. Welche weiteren sozialen Netze kann man noch knüpfen, wo können Kinder und Eltern an niedrigschwellige Angebote im Sozialraum angebunden werden, welche Notfallpläne gibt es?[12] Am Ende der Nachbetreuungsphase sollte die Leistung – auch wenn weitere Hilfe zur Erziehung notwendig ist – durch den aktuellen Anbieter eingestellt werden. Viele Familien begleitet nach einer Fremdunterbringung die ständige Angst, dass sie wieder getrennt werden. Daher ist das Signal wichtig, dass die Familie jetzt wieder eine „normale Familie mit Unterstützungsbedarf" ist.

---

11 Im Konzept Familientandem dauert diese Phase sechs Wochen mit acht FlStd./Woche (Langenohl 2018).

12 Im Konzept Familientandem umfasst diese Phase nochmal 16 Wochen mit einem geringen Umfang von drei FlStd./Woche (Langenohl 2018).

	Wichtige Prozessschritte

Vor der FU	• Differenzierte Diagnostik
	• Keine übereilte Herausnahme
	• Ansprechpartner*innen für die Eltern benennen
	• Begleitung für die Pflegeeltern festlegen
	• Konkrete Kriterien für eine Rückführung definieren
	• Zeitschiene festlegen
	• Zeiten und Rahmenbedingungen für Besuchs- und Umgangskontakte festlegen
	• Hilfepaket schnüren:
	  ▪ Hilfe für das Kind
	  ▪ Hilfe für die Eltern
	  ▪ Ggf. Begleitung für die Pflegeeltern

Während der FU	• Regelmäßige Überprüfung und Anpassung der Ziele und Auflagen für die Eltern • Engere Hilfeplanungszeiträume • Definition der Erwartungen an die Umgangskontakte • Überprüfung und Anpassung der Zeitschiene • Eigene Unterstützungsmaßnahmen für die Eltern
Rückführungsprozess	• Entscheidung, ob ein externer Träger die Begleitung übernimmt • Falls nicht erfolgt: Diagnostik und Prognose • Belastungen und Ressourcen • Zeitschiene definieren • „Hilfreiche Dritte" • Rahmenbedingungen sicherstellen • Umgangskontakte ausweiten • Umzug
Nach-betreuung	• Stabilisierung durch ambulante Hilfe • Krisenintervention • Soziale Unterstützungsnetze • Notfallpläne erstellen • Einstellen der „Rückführungsbegleitung"

Tabelle 1: Wichtige Prozessschritte in der Übersicht

3 Strukturelle Voraussetzungen für eine Rückführung

Bei Rückführungen befinden sich nicht nur die Eltern und Kinder in einer sie herausfordernden Situation. Es entfaltet sich ein Feld voller Spannungen, Misstrauen und Vorbehalte zwischen den unterschiedlichen Akteur*innen, die unterschiedliche Interessen und Positionen vertreten bis hin zu einer unreflektierten Parteilichkeit und einem Stellvertreterkonflikt zwischen ASD und PKD. Auch wenn das Wohl des Kindes dabei als Bezugspunkt dient, geht dieses als schwächste Partei in dem Konflikt oft als erstes verloren (Wolf 2015: 26).

Für eine Rückführung muss zuallererst ein Modus der Kooperation gefunden werden. Idealerweise gibt es eine – am bisherigen Prozess nicht beteiligte Person – die sich für die Interessen des Kindes einsetzt. Darüber hinaus sollten die beteiligten Professionellen aus den Sozialen Diensten und der Wohngruppe zu Beginn einer anstehenden Rückführung gemeinsam austauschen, welche

Probleme, aber auch Chancen sie in dem Prozess sehen. Hat es langanhaltende Konflikte (ggf. mit gerichtlichen Auseinandersetzungen) gegeben, ist eventuell ein Zuständigkeitswechsel oder eine unterstützende Fallsupervision hilfreich.

Um einen Einbezug der Eltern in den Alltag des Kindes und die das Kind betreffenden Entscheidungen zu ermöglichen, ist eine möglichst wohnortnahe Unterbringung sinnvoll[13]. Nur dann kann gewährleistet sein, dass die Eltern im Alltag und auch für „kleinere" Begebenheiten und spontan in die Einrichtung kommen können. Auch Pflegefamilien sollten möglichst wohnortnah sein; dies gilt vor allem dann, wenn Rückführung von Anfang an Thema ist. Kontaktsperren sollte es weder bei Heimunterbringungen noch bei Inpflegegabe als pädagogische Begründung geben. Lediglich dann, wenn das Kind selbst (altersentsprechend) eindeutige Signale setzt, könnte dies eine (vorübergehende) Maßnahme sein. Ansonsten sollte vom „begleiteten Umgang" Gebrauch gemacht werden. Das Sanktionieren von Besuchskontakten als Strafe ist kontraindiziert (vgl. Mueller 2016: 384).

Insgesamt erfordert die konsequente Rückführungsarbeit eine erhöhte personelle Kapazität – bei den Sozialen Diensten, die mehr Zeit für die Einbeziehung der Eltern und für eine transparente Hilfeplanung sowie eine gute Diagnostik aufbringen müssen, ebenso bei stationären Einrichtungen für Angebote für Eltern sowie für die zusätzliche Beauftragung eines Trägers für die Rückführungsarbeit und für die bessere und intensivere Begleitung der Pflegeeltern durch Schulung, Beratung und Supervision. Dies notwendig, um die gesetzlichen Vorgaben einzuhalten und fachlich angemessen zu handeln. Modellrechnungen zeigen trotzdem einen Einspareffekt – zumindest bei Rückführungen aus Heimeinrichtungen (vgl. Dittmann/Wolf 2014: 69 f.). Untersuchungen, die die langfristige Entwicklung für Hilfen nach § 33 und § 34 inklusive der Wahrscheinlichkeit von Abbrüchen, zusätzlichen Hilfen zur Erziehung und Kosten für Nachbetreuungen etc. berücksichtigen, fehlen.

3.1   Wohngruppen

Wohngruppen sollten idealerweise eine Wohnung vorhalten, in der Eltern mit ihren Kindern tageweise leben können. Die Eltern sind entlastet, weil sie wissen, dass Professionelle im Haus sind und dass sie auf die Angebote der Wohngruppe (Spiele, gemeinsames Essen) ggf. zurückgreifen können. Gleichzeitig sind gemeinsame Kontakte möglich, um neue Spielregeln miteinander zu erproben. Eltern sollten in Wohngruppen willkommen sein – als Partner in der Erziehung der Kinder. Jede stationäre Einrichtung sollte ein Rückführungskon-

---

13 Dies erfordert von Seiten des öffentlichen Trägers eine gezielte Angebotsentwicklung.

zept vorhalten. Hier sind personelle Kapazitäten und fachliche Orientierungen für „echte" Elternarbeit – jenseits der Tür- und Angelgespräche in den Hol- und Bringsituationen – einzuplanen.

3.2 Pflegekinderhilfe

Lediglich jedes zehnte Jugendamt (11 %) hat eine Konzeption zur Rückführung für alle Pflegekinder (van Santen/Pluto/Peucker 2019: 217). Jeder Pflegekinderdienst (PKD) braucht ein ausgearbeitetes Rückführungskonzept. Dazu gehört, dass in jedem Falle Pflegefamilien gewonnen werden müssen, die der Familie des Pflegekindes aufgeschlossen gegenüberstehen und sich von vornherein eine regelmäßige und verbindliche Zusammenarbeit mit den Eltern vorstellen können. Spätestens jedoch in den Fällen, in denen die Hilfe von Anfang an als Rückführung geplant ist, sollten Pflegefamilien ein besonderes Profil aufweisen. Dies sind insbesondere Familien, die schon lange Erfahrung haben, jetzt aber nicht mehr für 15 Jahre ein Kind aufnehmen wollen, Pflege-„omas" und „-opas", Menschen mit einem Interesse daran, sich einzubringen. Diese Pflegefamilien müssen besonders geschult und begleitet und anders finanziert werden. Insbesondere, wenn sie als „hilfreiche Dritte" in der Nachbetreuung und Stabilisierung tätig sind, sollte dies vergütet werden. Aber auch wenn Rückführung „nur" möglich erscheint, sollte bei den Pflegefamilien die Motivation, Pflegeeltern zu werden und die Einstellung zu einer möglichen Rückführung genau überprüft werden, um die Gefahr langer gerichtlicher Streitigkeiten zu minimieren. Auch die Pflegekinderdienste brauchen ein Konzept für Elternarbeit, z. B. Elterncafés, -trainings und eine externe Begleitung zur Wiederherstellung der Erziehungsfähigkeit.

4   Gute Hilfeplanung = gute Rückführung?!

Die Auseinandersetzung mit dem Thema Rückführung führt zwangsläufig dazu, dass man sich mit den Stolpersteinen im Prozess der Hilfeplanung auseinandersetzt. Ganz zentrale Kriterien für gute Rückführungen sind gleichzeitig zentrale Kriterien für eine gute Hilfeplanungsarbeit und vice versa: Partizipation, transparente Trennung von Zielen und Aufträgen, Offenheit und eine gute Beratung der Eltern und Pflegeeltern, ein offener aber angemessen kritischer Umgang mit den Leistungserbringern und Kooperationspartnern, eine fachlich fundierte Diagnostik und Prognose sowie die Auswahl einer bedarfsgerechten Hilfe sind Forderungen an jeden guten Hilfeplanungsprozess. Dass dies aufgrund organisatorischer und personeller Mängel, Zeitdruck, Überlastung und dem Mangel an bedarfsgerechten Angeboten oft nicht möglich ist, ist bekannt.

Trotzdem ist m. E. eine konsequente Umsetzung der bekannten fachlichen Anforderungen und die angemessene personelle Ausstattung der Allgemeinen Sozialen Dienste und der Pflegekinderdienste die Voraussetzung für gute Arbeit mit Eltern und fachlich qualifizierte Rückführungen im Sinne des Kindeswohls.

Literatur

Blandow, Jürgen (2004): Herkunftseltern als Klienten der Sozialen Dienste: Ansätze zur Überwindung eines spannungsgeladenen Verhältnisses. In: Sozialpädagogisches Institut des SOS-Kinderdorf e. V. (Hrsg.): SPI-Dokumentation 3: Herkunftsfamilien in der Kinder- und Jugendhilfe – Perspektiven für eine partnerschaftliche Zusammenarbeit. München, S. 8–32.

Dittmann, Andrea/Wolf, Klaus (2014): Rückkehr als geplante Option. Die Entwicklung kommunaler Rückführungskonzepte in die Herkunftsfamilie. Münster.

Dröschel, Marie/Kraemer, Delia/Langenohl, Sabrina/Wolf, Nina (o. J.): Handlungsempfehlungen Rückführung. Ergebnisse des Modellprojekts „Rückführung aus stationären Hilfen". Münster.

Erzberger, Christian (o. J.): Expertise für das Dialogforum Pflegekinderhilfe. Fachliche Forderungen. Bremen: Gesellschaft für innovative Sozialforschung und Sozialplanung.

Erzberger, Christian/Blandow, Jürgen (2008): Weiterentwicklung der Vollzeitpflege. Anregungen und Empfehlungen für die Niedersächsischen Jugendämter. Bremen.

Faltermeier, Josef (2019): Eltern, Pflegefamilie, Heim – Partnerschaften zum Wohle des Kindes. Weinheim/Basel: Beltz Juventa.

Faltermeier, Josef/Glinka, Hans-Jürgen/Schefold, Werner (2003): Herkunftsfamilien. Empirische Befunde und praktische Anregungen rund um die Fremdunterbringung von Kindern. Frankfurt/M.: Eigenverlag Deutscher Verein.

Frindt, Anja (2010): Resilienz und wirksame ambulante Erziehungshilfen in Familien. In: Siegen: Sozialanalysen, Berichte, Kontroversen, H. 1. www.dspace.ub.uni-siegen.de/bitstream/ubsi/1190/1/Frindt_Resilienz_und_wirksame_ambulante_Erziehungshilfen_in_Familien.pdf (Abfrage: 23. 06. 2021).

Früchtel, Frank/Roth, Erzsébet/Vollmar, Jörg/Richter, Sophie (2017): Familienrat und inklusive, versammelnde Methoden des Helfens. Heidelberg: Carl-Auer.

Günder, Richard (2015): Praxis und Methoden der Heimerziehung: Entwicklungen, Veränderungen und Perspektiven der stationären Erziehungshilfe. 5. überarbeitete. und ergänzte Auflage. Freiburg i. Br.: Lambertus.

Helming, Elisabeth/Wiemann, Irmela/Ris, Eva (2010): Die Arbeit mit der Herkunftsfamilie. In: Kindler, Heinz/Helming, Elisabeth/Meysen, Thomas/Jurczyk, Karin (Hrsg.): Handbuch Pflegekinderhilfe. München: Grafik + Druck GmbH, S. 524–561.

Kindler, Heinz (Hrsg.) (2006): Handbuch Kindeswohlgefährdung nach § 1666 BGB und Allgemeiner Sozialer Dienst (ASD). München.

Kindler, Heinz/Küfner, Marion/Thrum, Kathrin/Gabler, Sandra (2010): Rückführung und Verselbständigung. In: Kindler, Heinz/Helming, Elisabeth/Meysen, Thomas/Jurczyk, Karin (Hrsg.): Handbuch Pflegekinderhilfe. München: Grafik + Druck GmbH.

Landschaftsverband Westfalen-Lippe – Heilpädagogisches Kinderheim Hamm (2014): Konzept systemisches Rückführungsmanagement. www.docplayer.org/24784691-Konzeption-systemisches-rueckfuehrungsmanagement-im-lwl-heilpaedagogischen-kinderheim-hamm.html (Abfrage 01. 12. 2020).

Langenohl, Sabrina (2018): Konzept Rückführungsbegleitung. Oldenburg: o. V.

Langenohl, Sabrina/Pöckler-von Lingen, Judith/Schäfer, Dirk/Szylowicki, Alexandra (2018): Der Einbezug leiblicher Eltern in der Pflegekinderhilfe – Diskrepanz zwischen fachlicher Notwendigkeit und praktischer Umsetzung. www.dialogforum-pflegekinderhilfe.de/fileadmin/upLoads/projekte/Der_Einbezug_leiblicher_Eltern_in_der_Pflegekinderhilfe_%E2%80%93_Diskrepanz_zwischen_fachlicher_Notwendigkeit_und_praktischer_Usetzung.pdf (Abfrage: 30. 11. 2020).

Moos, Marion (2020): Befunde der Forschung zur guten Heimerziehung. In: unsere Jugend 72, H. 4, S. 146–155.

Moos, Marion/Schmutz, Elisabeth (2012): Praxishandbuch Zusammenarbeit mit Eltern in der Heimerziehung: Ergebnisse des Projektes „Heimerziehung als familienunterstützende Hilfe". Praxishandbuch Zusammenarbeit mit Eltern in der Heimerziehung. Ergebnisse des Projektes „Heimerziehung als familienunterstützende Hilfe". Mainz: Eigenverlag ism.

Mueller, Karl (2016): Wenn Heimerziehung scheitert oder schwierige Jugendliche nicht mehr können. Freiburg i. Br.: Centaurus Verlag Media.

Münder, Johannes/Meysen, Thomas/Trenczek, Thomas (Hrsg.) (2019): Frankfurter Kommentar zum SGB VIII. Kinder- und Jugendhilfe. 8. Auflage. Baden-Baden: Nomos.

Petri, Corinna/Pierlings, Judith/Schäfer, Dirk (2015): Rückkehr des Kindes als Herausforderung für die Eltern. In: Wolf, Klaus (Hrsg.): Sozialpädagogische Pflegekinderforschung. Bad Heilbrunn: Julius Klinkhardt, S. 229–244.

PiB: Elterncafé für Eltern und Pflege-Eltern im QBZ Blockdiek! www.hans-wendt-stiftung.de/aktuelles/nachricht/457-elterncafe-fuer-eltern-und-pflege-eltern-im-qbz-blockdiek/ (Abfrage: 1.11.2020).

Pierlings, Judith (2011): Leuchtturmprojekt Pflegekinderdienst. Köln: Landesjugendamt Rheinland.

Schäfer, Dirk/Petri, Corinna/Pierlings, Judith (Hrsg.) (2015): Nach Hause? Rückkehrprozesse von Pflegekindern in ihre Herkunftsfamilie. Siegen: Universitätsverlag.

Tabel, Agathe/Pothmann, Jens/Fendrich, Sandra (2019): HzE-Bericht 2019. Entwicklungen bei der Inanspruchnahme und den Ausgaben erzieherischer Hilfen in Nordrhein-Westfalen. Dortmund.

Van Santen, Eric/Pluto, Liane/Peucker, Christian (2019): Pflegekinderhilfe – Situation und Perspektiven. Empirische Befunde zu Strukturen, Aufgabenwahrnehmung sowie Inanspruchnahme. Weinheim/Basel: Beltz Juventa.

Wolf, Klaus (2015): Zentrale Rahmung des Rückkehrthemas. In: Schäfer, Dirk/Petri, Corinna/Pierlings, Judith (Hrsg.): Nach Hause? Rückkehrprozesse von Pflegekindern in ihre Herkunftsfamilie. Siegen: Universitätsverlag, S. 25–37.

Inobhutnahme – Bedrohungs-, Bewältigungs- und Hilfeprozesse

Ingrid Klein

Einleitung

Dieser Beitrag soll zu einem besseren Verständnis für die Konfliktbewältigung von Müttern, die von der Inobhutnahme ihrer Kinder betroffen oder davon bedroht sind, beitragen. Im Mittelpunkt einer hierzu vorliegenden aktuellen Studie von Klein (2020) stehen das Bedrohungserleben aus der Perspektive der Mütter und deren damit verbundenes ‚Bewältigungshandeln' (Böhnisch 2016: 148 f.). Ein Bewältigungshandeln, das auf den ersten Blick nicht immer verständlich und manchmal auch dysfunktional wirkt. Das ‚Bedrohungs-Bewältigungs-Modell infrage gestellter Elternschaft' (Klein 2020: 199 ff.) bietet einen Zugang zum Verständnis der ‚Bewältigungslogik' (Böhnisch 2016) betroffener Mütter, die sich in einer Lebenssituation befinden, in der sie sich dem Hilfesystem ohnmächtig gegenüberstehend erleben. Auf der Grundlage des verstehenden Zugangs der Studie (vgl. Breuer/Muckel/Dieris 2018) beschreibt das Modell aus der Subjektperspektive (vgl. Faltermeier 2001) der Mütter, wann Interventionen im Verlauf der Konfliktbewältigung günstig sind und wann sie keine Wirkung erzielen und ihren Zweck verfehlen können. Damit können aus der Erlebensperspektive der Mütter positive Impulse für die Praxis abgeleitet werden.

1   Inobhutnahme – erleben und bewältigen

Als ‚Kritisches Lebensereignis' (Filipp/Aymanns 2010: 16 ff.) ist die Fremdunterbringung eines Kindes nicht nur ein punktuelles, sondern ein vielschichtiges Ereignis, das eine Vielzahl psychischer und sozialer Reorganisationsprozesse umfasst, sich über lange zeitliche Verläufe erstrecken kann und mit beträchtlichen Bewältigungsanstrengungen verbunden ist. So erfordert dies nicht nur eine Öffnung der Familie nach außen, um eine Kooperation mit Hilfen einzugehen, sondern auch komplexe Umstrukturierungsprozesse in Bezug auf das eigene Erziehungs-, Familien- und Selbstbild sowie Veränderungen in der Beziehung zum Kind. In der Regel stellt die Fremdunterbringung für Eltern also einen massiven Einschnitt in das bisherige Lebensgefüge dar, der mit einem starken Bedrohungserleben sowie mit einem Verlust von Selbstbestimmung und Handlungsfähigkeit (vgl. ‚Handlungsfähigkeit' bei Böhnisch 2016: 148 f.) einhergeht.

Mithilfe des Bedrohungs-Bewältigungs-Modell infrage gestellter Elternschaft können vordergründig unverständliche Reaktionen der Betroffenen ggf. als Versuche, wieder handlungsfähig zu werden und Kontrolle wiederzuerlangen, nachvollzogen werden. Dabei spielt die Beziehung zum Hilfesystem und insbesondere das Zusammenspiel der betroffenen Mütter mit Erzieherischen Hilfen und deren ‚Passung' (vgl. Klein 2021) eine tragende Rolle.

Die Studie von Klein (2020) basiert auf Gesprächen mit Müttern, die in ihrer Kindheit selbst einmal eine Zeitlang in Pflegeverhältnissen aufwuchsen und die nun, in eigener Elternschaft, von der Fremdunterbringung ihres Kindes bedroht oder betroffen waren. Die Gespräche entstanden im Kontext der langjährigen Tätigkeit der Autorin als Psychologische Sachverständige für Familiengerichte im Rahmen von psychologischen Sachverständigengutachten (vgl. Westhoff/Kluck 2014; Zumbach/Lübbehüsen/Volbert/Wetzels 2020). Den familienpsychologischen Gutachten lag die Frage der Gerichte nach der Erziehungsfähigkeit (vgl. Salzgeber 2015: 375 ff.; Lack/Hammesfahr 2019: 165 ff.) der Mütter zugrunde. Anders als z. B. in umfangreichen Längsschnittstudien aus sozialwissenschaftlicher Perspektive, etwa der Studie ‚Effekte erzieherische Hilfen und deren Hintergründe' (vgl. Schmidt/Schneider/Hohm/Pickartz/Macsenaere/Petermann/Flosdorf/Hölzl/Knab 2002), ging es in dieser qualitativen Studie um Bedrohungs- und Verlaufsprozesse aus der *Subjektperspektive* der betroffenen Mütter. Zu diesem Zweck kamen hier Konzepte aus der Psychologie (vgl. ‚Kritische Lebensereignisse' Filipp/Aymanns 2010) und der Sozialpädagogik (vgl. ‚Lebensbewältigung' nach Böhnisch 2016: 148 f.; ‚Belastungs-Ressourcen-Balance' nach Wolf 2015) zum Tragen, die es ermöglichten, einen sehr breit gefächerten Blick vor allem auf die Bedrohungs- und Verlaufsprozesse bei Fremdunterbringung aus der Sicht der Mütter zu werfen. Insbesondere das Konzept der ‚Lebensbewältigung' erwies sich angesichts der Zielsetzung, gerade die Subjektperspektive der Mütter zu erfassen, als besonders ergiebig, sodass andere mögliche Konzepte wie z. B. das der ‚Partizipation' (vgl. Gabriel/Tausenfreund 2019), hier nicht zum Tragen kamen.

Dem an der Erfassung der Subjektperspektive ausgerichteten Forschungsinteresse entsprach die Methodologie der Grounded Theory (vgl. Breuer/Muckel/Dieris 2018) am besten. Sie ermöglichte einen, aus dem Gesprächsmaterial gewonnen, dezidierten Zugang zur Sichtweise der Mütter. Dabei zeigten sich höchst unterschiedliche Dramaturgien von Bedrohungs- und Bewältigungsverläufen, die jedoch auf einer gemeinsamen Grundstruktur, vier Phasen, die sich zwischen niedrigem und höchstem Eskalationsniveau bewegen, basieren (zum Phasenbegriff vgl. Corbin/Strauss 2010: 314).

Aus den Berichten der Mütter wurden, mittels einer ‚Deutungsmusteranalyse' (Pensé 1994), fünf wesentliche Dimensionen des Bedrohungs- und Bewältigungsverlaufs herausgearbeitet, welche zugleich die Phasen näher beschreiben. Dabei handelt es sich um das Erleben der ‚Hilfebeziehung' und der ‚Kooperation mit dem Hilfesystem', die von den Müttern vorgenommenen ‚Attributionen' (Aronson/Wilson/Akert 2014) und ‚Deutungen' (Pensé 1994), das ‚Bewältigungshandeln' der Mütter (Böhnisch 2016) in Abhängigkeit vom Ausmaß der erlebten Bedrohung sowie um Veränderungen in der ‚Belastungs-Ressourcen-Balance' (Wolf 2015: 59).

Diese Dimensionen – Hilfebeziehung, Attributionen, Bewältigungshandeln, Belastungs-Ressourcen-Balance – charakterisieren die vier Verlaufsphasen und sind zugleich die Dreh- und Angelpunkte in Bezug auf die Dynamik der Bedrohungsverläufe, also der Wechsel zwischen Verläufen auf niedrigem wie auf steigendem und sinkendem Bedrohungsniveau. Hinsichtlich Erzieherischer Hilfen für Eltern im Kontext der Bedrohung durch Fremdunterbringung eines Kindes mündet dies sowohl in die Frage danach, wie diese Faktoren die Wirksamkeit Erzieherischer Hilfen beeinflussen, als auch in die Frage, welche Merkmale der Hilfen selbst eine Rolle spielen, wenn das Bedrohungserleben der Mütter ansteigt bzw. sinkt?

Das Bedrohung-Bewältigungs-Modell infrage gestellter Elternschaft beschreibt dazu vier typische Phasen, die Mütter bei drohender bzw. erfolgter Inobhutnahme ihres Kindes erleben, wobei sich der Verlauf im Zusammenspiel von Hilfen und Müttern ereignet. Die Phasen können in unterschiedlichen Abfolgen und zeitlicher Ausdehnung auftreten. Im Mittelpunkt jeder Verlaufsphase steht jeweils die Handlungsfähigkeit der Mütter, die sich in den Phasen auf unterschiedlichem Konfliktniveau teils sehr deutlich unterscheidet.

In der „Niedrigkonfliktphase" ist die Handlungsfähigkeit noch sehr stark ausgeprägt, da Problemlösungen zwischen Elternteil und Hilfen oftmals verhandelt werden können (Verhandlungsphase, Klein 2020: 203). Da im Zusammenspiel mit Hilfen Gestaltungs- und Verhandlungsmöglichkeiten wahrgenommen werden, ist das Bedrohungserleben der Mütter auch noch dementsprechend gering. Aus der Beziehung mit Hilfen ergeben sich Lösungsmöglichkeiten für die Problematik, sodass es zu einem Ressourcenzuwachs auf Seiten der Mütter kommt. Mütter nehmen einen eigenen Einfluss auf die Probleme wahr, berichten oft auch selbstkritisch von eigenen Anteilen an der Problemsituation. Es besteht eine stabile Kooperation mit dem Hilfesystem. Die Belastungs-Ressourcen-Balance ist ausgewogen und tendiert durch die gegebenen Ressourcen (u. a. Gestaltungsmöglichkeit, Kooperation mit Hilfen, unterstützende und moderat kontrollierende Hilfebeziehung) in Richtung einer Ressourcenkonstellation.

In der „Eskalationsphase" steigt das Konfliktniveau und der Anpassungsdruck an die Vorstellungen und Vorgaben von Hilfen nimmt zu. Zugleich nimmt die Handlungsfähigkeit ab, was parallel dazu das Bedrohungserleben steigen lässt. So erleben Mütter in der Eskalationsphase Hilfen oft ‚angreifend' und nehmen selbst eine Verteidigungshaltung ein (Angriffs- und Verteidigungsphase, Klein 2020: 208). Die zuvor noch selbstkritische Problemwahrnehmung nimmt ab und Ursachen der Problematik werden zunehmend external attribuiert. Oft beginnt in dieser Phase, in der die durch Hilfen ausgeübte „Reichweite an Kontrolle" (Wolf 2015: 219) ansteigt, ein Rückzug aus Hilfebeziehungen, wodurch die Kooperation mit Vertretern des Hilfesystems insgesamt instabiler wird. Der Kontakt zum Hilfesystem bleibt jedoch noch erhalten, zumal wenn Mütter mit verschiedenen Hilfeorganisationen bzw. -trägern verbunden sind. Die Belastungs-Ressourcen-Balance verschiebt sich in Richtung der Belastungsseite, denn durch die zunehmende Kontrolle durch Hilfen steigt der Anpassungsdruck und die eigenen Gestaltungsmöglichkeiten nehmen ab. Der Stellenwert der Hilfebeziehung als Ressource verringert sich in dieser Phase.

In der „Hochkonfliktphase" erreicht das Bedrohungserleben seinen Höhepunkt. Mütter nehmen sich in Hilfebeziehungen in höchstem Maße kontrolliert, mithin einseitig fremdbestimmt und ausschließlich Anpassungsforderungen ausgesetzt, wahr. In dieser Phase erfolgt zumeist die Inobhutnahme des Kindes oder sie steht kurz bevor. Im Erleben der Mütter dominiert in der Regel eine ‚Ohnmacht' gegenüber dem kontrollierenden Hilfesystem und Hilfebeziehungen brechen fast immer ab (Verlustphase, Klein 2020: 214). Die Belastungs-Ressourcen-Balance ist einseitig auf die Belastungsseite verschoben. Persönliche Ressourcen, wie die zuvor erlebte Handlungsfähigkeit und das damit einhergehende Selbstwirksamkeitserleben, sind in dieser Phase außer Kraft gesetzt. In dieser Belastungskonstellation, in der ein von den Hilfen ausgehendes Höchstmaß an Kontrolle besteht und Möglichkeiten zu einem selbstbestimmten Handeln nicht mehr wahrgenommen werden können, zeigt sich oft unverständliches bzw. dysfunktionales Verhalten der Mütter.

Erst in der „Deeskalationsphase" nimmt, parallel zur Verringerung der Kontrolle durch Hilfen, das Bedrohungserleben wieder ab und zumindest die Beziehung zu einer Hilfeorganisation bzw. -person wird in der Regel wieder aufgenommen. Die Mitsprache- und Handlungsmöglichkeiten sowie das Selbstwirksamkeits- und Kontrollerleben in Bezug auf die eigene Elternschaft nehmen zu, selbstkritische Wahrnehmungen treten wieder auf (Phase der Mitbestimmung und Reorganisation, Klein 2020: 219). Belastungen und Ressourcen tendieren wieder in Richtung eines Gleichgewichts. Tabelle 1 veranschaulicht die Verlaufsphasen und die Veränderungen ihrer wesentlichen Kennzeichen.

Phase/ Kennzeichen der Phase	Niedrigkonfliktphase (Verhandlungsphase)	Eskalationsphase (Angriffs- und Verteidigungsphase)	Hochkonfliktphase (Verlustphase)	Deeskalationsphase (Mitbestimmungs- und Reorganisationsphase
Belastungs-Ressourcen-Balance	ausgewogen, bestehen einer Ressourcenkonstellation	Verschiebung in Richtung der Belastungen, Ressourcen bilden noch Gegengewicht	einseitige Verschiebung zur Belastungsseite, entstehen einer Belastungskonstellation	Verschiebung in Richtung der Ressourcenseite, Rückkehr zu einem Gleichgewicht
Bedrohungserleben	gering	ansteigend	sehr hoch	sinkt
	eigene Einfluss- und Kontrollmöglichkeiten bestehen	Einfluss- und Kontrollmöglichkeiten werden geringer	Einfluss und Kontrolle gehen verloren	Einfluss und Kontrolle nehmen wieder zu
Attributionen der Mütter	Ursachenzuschreibung an eigene Person und persönliches Umfeld	selbstkritische Ursachenzuschreibung wird seltener, Ursachen werden häufiger außen verortet	Ursachenzuschreibung ausschließlich nach außen	zu den Ursachenzuschreibungen nach außen kommen selbstkritische Ursachenzuschreibungen hinzu
Erleben der Hilfebeziehung	Hilfen werden wenig kontrollierend beschrieben, Hilfen eröffnen Lösungsmöglichkeiten für die Problematik	Hilfen werden kontrollierender beschrieben, einzelne Hilfen werden abgebrochen	Hilfen werden einseitig durch Erwartungen der Helfer bestimmt erlebt, eigene Mitsprachemöglichkeiten fehlen	Hilfen eröffnen wieder Mitsprache- und Lösungsmöglichkeiten für die Problematik
Bewältigungshandeln	Mitbestimmungs- und Verhandlungsmöglichkeiten	Handlungsmöglichkeiten nehmen ab	Handlungsmöglichkeiten fehlen, dysfunktionales Verhalten steigt an	Mitsprache- und Handlungsmöglichkeiten nehmen zu
Kooperation mit Hilfen	stabil	instabil	oft abgebrochen	Wiederaufnahme des Kontaktes zu mindestens einer Hilfe

Tabelle 1: Verlaufsphasen

2   Das Fallbeispiel ‚Frau Groß‘

2.1   Fallskizze

Die Elternschaft von Frau Groß war bedroht, da das Jugendamt eine Fremdunterbringung des achtjährigen Sohnes Marcel forderte und einen entsprechenden Antrag beim Familiengericht gestellt hatte. Das Jugendamt warf Frau Groß
vor, dass sie und ihr Mann seit Jahren in einer gewalttätigen Beziehung seien,
einhergehend mit wiederholten Polizeieinsätzen und an den Vater von Marcel
gerichteten Verboten, die Wohnung zu betreten. Auch Marcel habe in der letzten Zeit akute, hochaggressive Ausbrüche in der Schule gehabt, wobei er Tische
umgeworfen und Kinder verletzt habe. Darüber hinaus vernachlässigten die Eltern aber auch die alltägliche Versorgung von Marcel in wichtigen Bereichen
und sie weigerten sich aktuell, trotz der schwerwiegenden und anhaltenden
Probleme, mit Hilfen zur Erziehung zusammenzuarbeiten. Hinzu komme, dass
beide Eltern schon in der Vergangenheit, auch aufgrund ihrer Berufstätigkeit,
viel zu wenig Zeit für den Jungen gehabt und ihn schließlich sogar in ihre Ge-
walttätigkeiten involviert hätten. Zudem werde seine Gesundheit vernachlässigt
(Übergewicht, Zahnhygiene). Auch veranlassten sie keine dringend erforderlichen medizinischen Untersuchungen zur Verdachtsabklärung, übergingen un-
verändert die emotionalen Bedürfnisse von Marcel nach Aufmerksamkeit und
Zuwendung. Es fehle ihnen an jeglicher Bindung zum Kind und sie seien als
Eltern mit der erzieherischen Lenkung des Kindes völlig überfordert, was bedeutsam sei, da sich Marcel seit langem immer wieder Mitschülern gegenüber
aggressiv, zuletzt sexuell grenzüberschreitend gezeigt habe. Auch könnten die
Eltern das Kind immer noch nicht ausreichend vor ihren, teils gewalttätigen
Partnerschaftskonflikten schützen. Aufgrund dieser umfassenden Vernachläs-
sigungs- und Erziehungsproblematik sowie der akut aufgetretenen hochaggres-
siven Verhaltensprobleme des Kindes in der Schule bei gleichzeitig fehlendem
Einverständnis der Eltern zur stationären Unterbringung von Marcel, zumindest im Rahmen einer Fünf-Tage-Gruppe, stellte das Jugendamt schließlich
beim Familiengericht den Antrag auf Entzug des Sorgerechts.

2.2   Die Perspektive von Frau Groß

Frau Groß berichtete über ihre Erfahrungen mit Hilfen aus der Anfangszeit
der Kontaktaufnahme zum Jugendamt, dass Marcel nach dem Erstgespräch mit
der Vertreterin des Jugendamtes einen Platz in einer Tagesgruppe bekommen
habe, wo er zwei Jahre betreut wurde. Durch diese Maßnahme habe sich sein
Verhalten verbessert, er habe gelernt, zu Mitschülern, die ihn zu Übergriffen
auf andere Kinder hätten anstiften wollen, auch mal ‚Nein‘ zu sagen und zu

Hause nicht mehr so frech zu sein. Frau Groß sagte dazu, „diese Maßnahme war positiv".

Jedoch wurde die Tagesgruppe nicht länger finanziert, sodass nach deren Ende zwei Sozialpädagogische Familienhilfen zu ihnen nach Hause kamen. Die seien „der verlängerte Arm des Jugendamtes" gewesen. Dabei sei ihnen als Eltern anfänglich doch gesagt worden, dass die Familienhilfe sie in Konflikten mit Marcel unterstützen solle. Sie habe sich die Hilfe wie die „Super Nanny" vorgestellt, habe gedacht, dass diese ihnen Tipps gebe und dass es mit Marcel dann schnell besser werden würde. Obwohl ihnen das Jugendamt die SPFH als ‚Hilfe' angekündigt habe, sei sie aber tatsächlich eine Kontrolle gewesen und habe sich auch so verhalten. Das habe die Vertreterin des Jugendamtes beim letzten Gespräch auch selbst zugegeben. Die Familienhilfe habe schauen sollen, ob Marcel von ihnen, den Eltern, geschlagen werde. Außerdem habe die Hilfe ihr gar nicht geglaubt, wenn sie gesagt habe, dass sie trotzdem eine Bindung zu ihrem Sohn habe. Die Hilfe habe ihr immer wieder gesagt, dass sie doch „ehrlich" sein könne. Auch habe die Familienhilfe ihr solche wichtigen Sachen falsch ausgelegt, z. B. das mit der Bindung und habe weiter behauptet, dass sie keine Bindung zum Kind habe, dabei habe sie nur berichtet, dass ihr die Bindung aus dem ersten Lebensjahr, als Marcel bei ihren Großeltern gelebt habe, gefehlt habe. Dabei habe sie eigentlich gedacht, dass die SPFH*innen ihnen hätten helfen sollen. Lediglich der Vorschlag der sozialpädagogischen Familienhelferinnen, einen Wochenplan zu machen, damit sie herausfinden könne, wann sie Zeit für Marcel habe, da es darum gegangen sei, dass sie mehr mit ihm machen solle, sei brauchbar gewesen. Marcel habe daran gefallen, dass er dadurch mit dem Fußballspielen habe anfangen können.

Es habe dann noch einen Polizeieinsatz gegeben, zu dem es nach einer gewalttätigen Auseinandersetzung zwischen ihrem Mann und ihr gekommen sei. Danach hatten sie ein halbes Jahr lang eine Paartherapie gemacht, bis sie diese aufgrund der Arbeitszeiten ihres Mannes nicht mehr hätten weiterführen können. Durch die Paartherapie hatten sie gelernt, einander besser zu verstehen. Außerdem nahmen sie an einem Elternkurs teil. In dem Kurs bekamen sie nützliche Tipps für alltägliche Situationen, z. B. wenn das Kind Arbeiten im Haushalt nicht habe erledigen wollen.

Das Jugendamt habe dann Berichte der Klassenlehrerin über Auffälligkeiten von Marcel in der Schule bekommen. Als die Klassenlehrerin krank gewesen sei, habe Marcel Tische umgeworfen und immer wieder mit den Lehrkräften diskutiert. Er habe sich nichts von ihnen sagen lassen. Die Schule meinte dann, dass Marcel das „immer" mache und plötzlich sei gar nichts mehr „okay" gewesen. Aber auch zu Hause sei Marcel wieder sehr auffällig geworden. Er sei stur gewesen, habe Türen geknallt und habe wieder sehr viel diskutiert. Kurz darauf habe es ein Hilfeplangespräch gegeben

Sie habe die Zusammenarbeit mit den SPFH*innen beendet, als diese sich beim Hilfeplangespräch der Meinung des Jugendamtes anschlossen und auch eine Fünf-Tages-Gruppe für Marcel wollten, obwohl die Familienhilfen ihr vorher noch gesagt hätten, dass sie Fortschritte mache. Bei dem Hilfeplangespräch zusammen mit der Klassenlehrerin von Marcel, den beiden SPFH*innen und der OGS sei ihr dann gesagt worden, sie sei zwar motiviert, man bezweifle jedoch ihre „Nachhaltigkeit". Deswegen sei eine Fünf-Tages-Gruppe gewünscht worden. Als sich die Familienhilfen der Meinung des Jugendamtes angeschlossen hätten, habe sie sich verraten gefühlt, da man ihr zuvor gesagt habe, sie mache Fortschritte, und dann sei plötzlich die Entscheidung Fünf-Tages-Gruppe gekommen. Da habe sie gesagt, dass sie mit denen nicht mehr zusammenarbeiten könne. Sie habe sich wie „mit einem Messer gestochen" gefühlt.

Es sei dann zum Gerichtsverfahren und zum Termin beim Familiengericht gekommen. Danach habe es noch ein Gespräch mit dem Jugendamt gegeben, bei dem sie dem Jugendamt von den Erklärungen des Schulleiters, die Klassenlehrerin betreffend, erzählt habe. Der habe nämlich zugegeben, dass die Lehrerin sich auch anderen Kindern und Eltern gegenüber beleidigend verhalten habe. Sie habe gedacht, dass dadurch eigentlich hätte klar werden müssen, dass die Probleme in der Schule nicht allein an Marcel, sondern auch an der Lehrerin gelegen hätten. Das Jugendamt sei dann aber trotzdem, und obwohl es sogar noch den „unauffälligen" OGS-Bericht gegeben habe, in dem die Betreuerin von Marcel aus der Offenen Ganztagbetreuung auch über Verbesserungen bei Marcel geschrieben habe, dabei geblieben, dass das Problem ausschließlich bei ihr liege.

Für sie sei es jetzt wichtig, nicht mehr unter dem Druck des Jugendamtes zu stehen, dort ständig Termine zu haben, sondern Zeit zu bekommen, um zu beweisen, dass sie das im Elternkurs Gelernte umsetzen könne. Das habe auch der Mann gesagt, der den Elternkurs geleitet habe. Ihrer Meinung nach seien ihr Mann und sie zwar „mitschuldig", aber nicht „alleinschuldig" („Wir haben Mitschuld, das will ich gar nicht abstreiten, aber komplett? Da würde ich sagen, nein"). Während des laufenden familiengerichtlichen Verfahrens hatten sie eine neue SPFH bekommen. Die jetzige SPFH sei viel besser als die alte. Die gebe von sich aus konkretere Anweisungen zu bestimmten Problemen.

3   Interpretation des Fallbeispiels

Ausgangspunkt des Bedrohungsverlaufs (Niedrigkonfliktphase) zwischen Frau Groß und der Jugendhilfe sind Auffälligkeiten des Jungen in Kindergarten und Schule, die zur Kontaktaufnahme mit dem Jugendamt führten. Daraufhin vermittelte das Jugendamt den Kontakt zu einer weiteren Hilfeform, der ‚Tagesgruppe', und ermöglicht der Mutter so einen alternativen Zugang zu Problemlösungen (hier: Verhaltensänderung des Kindes). Die Kooperation mit diesen

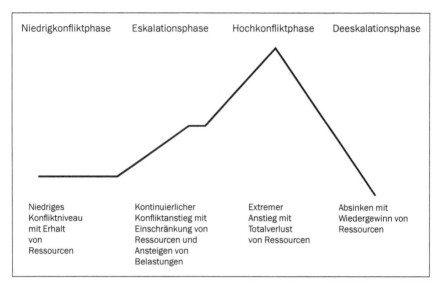

Abbildung 1: Verlaufskurve Frau Groß: Einflussfaktoren in den Phasen

Hilfen erfolgte über mehrere Jahre stabil *(Sie habe alle zwei Wochen Gespräche in der Tagesgruppe gehabt, habe Tipps bekommen)*, wobei die Mutter zugleich die Kommunikation als offen erlebte, sodass sie eigene Befürchtungen und Vermutungen dort äußern konnte *(Dort [Tagesgruppe] habe sie angegeben, keine Bindung zu Marcel zu haben)*, ohne deswegen in ihren Erziehungskompetenzen infrage gestellt worden zu sein.

Aus der Perspektive der betroffenen Mutter zeigt sich hier, dass Erzieherische Hilfen unter den Bedingungen eines nur moderat kontrollierenden Hilfehandelns und eines deswegen als gering erlebten Anpassungsdrucks, einhergehend mit einer symmetrischen Kommunikationsstruktur, als Interventionen erlebt werden, welche die elterliche Handlungsfähigkeit stärken, mithin eine positive Wirkung erzielen und als günstige Hilfen wahrgenommen werden *(Diese Maßnahme sei auf jeden Fall positiv für Marcel gewesen)*.

Die Eskalationsphase wird mit einem Wechsel der Hilfeform eingeleitet. Der Mutter stehen Hilfen (hier: Fachkräfte der Tagesgruppe) nun nicht mehr als vertrauensvolle Gesprächspartner zur Verfügung, sondern begegnen ihr als Kontrollinstanz (hier: Familienhilfen), die in ihrem unmittelbaren Lebens- und Wohnumfeld nach Beweisen für etwaige Schädigungen des Sohnes suchen. Die Mutter von Marcel sieht sich durch diese Hilfen also einem bedeutend höheren Ausmaß an Kontrolle ausgesetzt und befindet sich in einer stark asymmetrischen Beziehungsstruktur mit den Hilfen. Zugleich steigt der Anpassungsdruck an Vorgaben der Hilfen und eigene Handlungsmöglichkeiten verringern sich, denn die Hilfe wird fast nur noch als „Kontrolle" erlebt. Trotz Hilfestellungen steigt im Erleben der Mutter also das Bedrohungserleben deutlich an. Das hängt vor allem damit zusammen, dass die Erziehungshilfe nicht mehr als Alternative zum Jugendamt, sondern als *„der verlängerte Arm des Jugendamtes"* erlebt wird. Im Mittelpunkt ihrer Beziehung zu Hilfen stehen, anders als zuvor, nun nicht mehr Erfahrungen von Unterstützung, sondern das Erleben, nicht verstanden, sondern angegriffen zu werden *(Die Familienhilfe habe ihr gar nicht geglaubt, habe ihr immer wieder gesagt, dass sie doch „ehrlich" sein könne)*. In dieser, durch ein hohes Maß an Kontrolle geprägten Lage erlebt die Mutter eine Not zur Verteidigung, zumal weitere Bedrohungsszenarien infolge von Verhaltensauffälligkeiten des Kindes in der Schule (Gespräche mit der Klassenlehrerin) hinzu kamen.

Aus der Perspektive der betroffenen Mutter zeigt sich hier in der Eskalationsphase, dass der Verlust einer positiven Wirkung von Hilfen mit einem Wechsel der Hilfeform, die zugleich eine radikale Veränderung im Hilfemerkmal ,Reichweite der Kontrolle' (Wolf 2015: 219) mit sich bringt, verbunden ist, sodass wichtige Ressourcen verloren gehen. Erzieherische Hilfen werden hier unter der Bedingung eines starken Anpassungsdrucks (Kontrollinstanz) sowie einer asymmetrischen Beziehungs- und Kommunikationsstruktur, in der die Mutter wenig Akzeptanz und Wertschätzung erlebt und die zwischen Hilfen und Eltern einen von Angriff und Verteidigung geprägten Beziehungsmodus begünstigt, nicht mehr als wirksame Interventionen erlebt.

Jedoch wirken auf dieser Eskalationsstufe andere, positive Hilfeerfahrungen noch fort. So ermöglicht die Paartherapie einen besseren Zugang zum Verständnis des Ehemannes, was dazu beiträgt Belastungen, die aus dem elterlichen Konfliktpotenzial resultieren, zu vermindern, und auch der Elternkurs bot Anregungen für schwierige Erziehungssituationen. So ermöglichen diese Hilfeformen, die nicht durch Fremd-, sondern vor allem durch Selbstkontrolle gekennzeichnet sind, der Mutter einen Zugang zu persönlichen Ressourcen (Verstehen und Einsicht in Bezug auf die Paarbeziehung sowie Selbstwirksamkeit in Bezug auf ihre Lenkungsfähigkeit in der Erziehung des Kindes).

In der Hochkonfliktphase reißt der Kontakt zu den Erziehungshilfen ab. Aus der Sicht der Mutter liegt dem ein ,Verratssituation' (Klein 2020: 228) zugrunde, da im Einzelkontakt gegebene positive Einschätzungen der Hilfen *(Sie habe Fortschritte gemacht)* im Rahmen des Hilfeplangesprächs in das gemeinschaftliche Urteil der Helfenden (,fehlende Nachhaltigkeit ihres Veränderungsverhaltens') kippen *(Als sich die SPFH*innen der Meinung des Jugendamtes angeschlossen hatten, habe sie sich verraten gefühlt)*.

Aus der Perspektive der Mutter zeigt sich hier, dass Erzieherische Hilfen, die in ein Bündnis mit anderen Fachkräften münden (hier u. a. Jugendamt, Schule), den betroffenen Müttern die Vertrauensbasis entziehen *(Da habe sie gesagt, dass sie mit denen nicht mehr zusammenarbeiten könne. Sie habe sich wie mit einem Messer gestochen gefühlt)*. In dieser Bedingungskonstellation (Wechsel der Hilfe von der Seite der Mutter auf die der Helfenden) werden Hilfen dann als völlig unwirksam und vielmehr als Bedrohung erlebt. Durch das Erleben von ‚Verrat' und Vertrauensverlust steigt zugleich die Gefahr, dass diese Hilfen abgebrochen werden, sehr stark an.

Vermittelt über ein familiengerichtliches Verfahren, in dem es der Mutter mit Unterstützung ihres Rechtsvertreters gelang, in eine Verhandlungsphase einzutreten und Mitbestimmungsmöglichkeiten zurückzugewinnen (Deeskalationsphase), wurde auf ihre Wünsche nach erneuter ambulanter Unterstützung eingegangen (*Die jetzige SPFH sei viel besser als die alte. Die gebe von sich aus konkretere Anweisungen zu bestimmten Problemen*). Hier zeigt sich eine Entwicklungsrichtung der Hilfe von der Fremd- zur Selbstkontrolle (Schuster 1997: 193 ff.), welche eine Partizipation der Mutter an Entscheidungen über Hilfeformen beinhaltet. Ferner zeigen sich aus der Sicht der Mutter Hilfen als wirksam, von denen konkrete Handlungsanweisungen ausgehen. Interessant ist hier, dass diese Vorgaben nicht wie zuvor als übermäßige Kontrolle wahrgenommen werden. Das steht damit in Zusammenhang, dass diese nicht den Charakter von Vorwürfen oder Beschuldigungen haben, sondern der Mutter genau dort Orientierung bieten, wo bei ihr Unsicherheiten herrschen, hier also im Umgang mit schwierigen Verhaltensweisen des Kindes. Außerdem sind der betroffenen Mutter, unter dem nachlassenden Druck des Hilfesystems, dann auch wieder differenzierte Reflexionen und Einsichten in die Problematik möglich, die, neben einer Schuldzuweisung nach außen, erneut auch selbstbezogene Gründe für die Problematik in den Blick nehmen (*Wir haben Mitschuld, das will ich gar nicht abstreiten, aber komplett? Da würde ich sagen, Nein.*).

Zurückkommend auf die entscheidende Eingangsfrage, wann Interventionen in Form von Erzieherischen Hilfen im Verlauf der Konfliktbewältigung bei infrage gestellter Elternschaft günstig sind und wann sie keine Wirkung erzielen, sind hier zwei Aspekte zur Rolle von Erziehungshilfen besonders deutlich hervorgetreten:

- Zum einen hat sich gezeigt, dass in Fällen von Fremdunterbringung des Kindes das Handeln Erzieherischer Hilfen stets und unabhängig von der Qualität der Hilfen einen wesentlichen Einfluss auf das Erleben der Mütter und deren Wahrnehmung von Handlungsmöglichkeiten in der Bedrohungssituation ‚Fremdunterbringung' hat.
- Zum anderen ist aus der Perspektive der Betroffenen deutlich erkennbar, dass Mütter Erziehungshilfen nicht per se als unterstützend bzw. als ungünstig erleben. Vielmehr resultiert die Wirksamkeit Erzieherischer Hilfen erst aus einer ‚guten Passung' (Klein 2021) zwischen Elternteil und Hilfen. Diese ist wiederum von mehreren Faktoren abhängig, wobei jedoch der Hilfebeziehung und der damit verbundenen „Reichweite der Kontrolle" (Wolf 2015: 219) ein entscheidendes Gewicht zukommt.

Eine unterstützende und moderat kontrollierende Hilfebeziehung, die mit einem als gering erlebten Anpassungsdruck einhergeht und oft durch eine symmetrische Kommunikationsstruktur geprägt ist, wird als Intervention erlebt, welche die elterliche Handlungsfähigkeit stärkt. Vor diesem Hintergrund wird sie als günstige Hilfe wahrgenommen, die mithin eine positive Wirkung erzielt.

Demgegenüber werden Hilfen, von denen eine hohe ‚Reichweite der Kontrolle' (Wolf 2015: 219) ausgeht, oftmals als unwirksam erlebt. Der damit verbundene starke Anpassungsdruck (s. o. Hilfe als Kontrollinstanz) sowie die asymmetrischen Beziehungs- und Kommunikationsstruktur zwischen Hilfen und Eltern, begünstigen einen von Angriff und Verteidigung geprägten Beziehungsmodus, sodass Hilfen ihre positive Wirkung verlieren oder gar nicht erst entwickeln können. Insofern haben Hilfebeziehungen, in denen sich die Mütter in erster Linie an Vorgaben orientieren sollen, das Potenzial, den Zugang zu Ressourcen zu versperren und bestenfalls Anpassungsleistungen hervorzurufen (Klein 2020: 227 f.). Besteht jedoch eine Entwicklungsrichtung von der Fremd- zur Selbstkontrolle (Schuster 1997: 193 ff.) und ist die Kontrolle eher auf wenige bzw. auf Einzelaspekte bezogen, sodass Autonomie und Handlungsfähigkeit in anderen Bereichen erhalten bleibt, steigt die Wirksamkeit von Hilfen.

Insbesondere haben sich Hilfen, die durch die Bedingungskonstellation ‚Verrat' gekennzeichnet sind, in der es also zu einem „Seitenwechsel" der Hilfe von der Mutter zur Seite der Helfenden gekommen ist, sodass sich die Mutter einem Bündnis der Fachkräfte gegenüberstehend erlebt, als unwirksam erwiesen. Zudem besteht in dieser Konstellation, verbunden mit einem Enttäuschungserleben und einem Vertrauensverlust gegenüber Hilfen, die große Gefahr des Abbruchs und Rückzugs von Eltern aus Hilfebeziehungen. Demgegenüber kann die Hilfebeziehung jedoch Wirksamkeit entfalten, wenn eine ‚Wir-Ebene' zwischen der Fachkraft und dem betroffenen Elternteil entsteht (Klein 2020: 228).

Aus der Subjektperspektive der Mütter haben sich im Verlauf der Konfliktbewältigung im Kontext von Inobhutnahmen jedoch nicht alle Interventionen, die durch Vorgaben geprägt sind, als ungünstig erwiesen. Vielmehr können solche Hilfen durchaus positiv wirken, wenn sie der Mutter gerade dort Orientierung bieten, wo bei ihr Unsicherheiten bestehen, hier also im Umgang mit schwierigen Verhaltensweisen des Kindes.

Das Bedrohungs-Bewältigungs-Modell infrage gestellter Elternschaft bietet also aus der Perspektive betroffener Mütter einen passenden Rahmen zur Analyse und Prognose der Wirksamkeit von Erzieherischen Hilfen im Verlauf von Eskalationsphasen, die sich im Zusammenspiel von Müttern und Hilfen bei Fremdunterbringung eines Kindes ereignen. Wesentliche Faktoren des Modells – Hilfebeziehungen und die Reichweite ihrer Kontrolle, Anpassungserwartungen, Kommunikationsstrukturen sowie auf Kontrolle oder auf Mitbestimmung ausgerichtete Hilfestrukturen – bieten Anhaltspunkte dafür, „Scharnierstellen" in den Blick zu nehmen, in denen es zu Wechseln zwischen wirksamen und ungünstigen Hilfen der Erziehung aus der Sicht der Eltern gekommen ist.

In der Praxis können daraus Leitfragen für die Einschätzung von Hilfen für Eltern abgeleitet werden, die eine Standortbestimmung ermöglichen. So ist u. a. zu fragen, ob die Hilfe einen Zugang zu persönlichen Ressourcen (Handlungsfähigkeit, Selbstwirksamkeit, Selbstbild) von Eltern bietet? Welche Reichweite hat die von Hilfen ausgeübte Kontrolle, auf welche Bereiche bezieht sich die Hilfe, welche Bereiche können von Eltern selbst geregelt werden? Liegt eine zeitliche Begrenzung vor und wie sieht diese aus? Welche Entwicklungsrichtung (Fremdkontrolle vs. Selbstkontrolle) liegt der Hilfe zugrunde?

Die dem übergeordneten Fragen – liegen bei den Eltern Einschränkungen ihrer Erziehungskompetenzen vor und wenn ja, mit welchen Hilfemaßnahmen kann diesen ggf. entgegengewirkt werden? – gehören zum Alltag in der Arbeit von Jugendämtern, Gerichten, psychologischen Sachverständigen und Hilfeträgern (zu gerichtlichen Fragen vgl. Lack/Hammesfahr 2019). Insofern bietet die genauere Beschäftigung mit solchen Aspekten, die an der Schnittstelle zwischen Justiz, Psychologie und Sozialer Arbeit zu verorten sind, zumeist eine beständige Herausforderung für die beteiligten Professionen. Zum anderen ist dies aber genau die Schnittstelle, an der problematische Familienkonstellationen aufgegriffen und „behoben", zumindest aber stabilisiert werden können. Von daher liegt in der Klärung der oben genannten Fragen ein Nutzen, nicht nur für die beteiligten Familien, sondern auch für die Effektivität von Maßnahmen im Bereich der Familienhilfe und besonders von solchen Angeboten, welche der Fremdunterbringung des Kindes als „letztes Mittel" vorausgehen.

Literatur

Aronson, Elliot/Wilson, Timothy/Akert, Robin (2014): Sozialpsychologie. 8., aktualisiert Auflage. Pearson.

Böhnisch, Lothar (2016): Lebensbewältigung. Ein Konzept für die soziale Arbeit. Weinheim/Basel: Beltz Juventa.

Breuer, Franz/Muckel, Petra/Dieris, Barbara (2018): Reflexive Grounded Theory. Eine Einführung in die Forschungspraxis. 3. Auflage. Wiesbaden: Springer VS.

Corbin, Juliet M./Strauss, Anselm L. (2010): Weiterleben lernen. Verlauf und Bewältigung chronischer Krankheit. 3. Auflage. Bern: Hans Huber.

Dettenborn, Harry/Walter, Eginhard (2016): Familienrechtspsychologie. München: Ernst Reinhardt.

Faltermeier, Josef (2001): Verwirkte Elternschaft? Fremdunterbringung – Herkunftseltern – Neue Handlungsansätze. Münster: Votum.

Filipp, Sigrun-Heide/Aymanns, Peter (2010): Kritische Lebensereignisse und Lebenskrisen. Stuttgart: Kohlhammer.

Gabriel, Thomas/Tausenfreund, Tim (2019): Partizipation aus sozialpädagogischer Perspektive – über die „Bereitschaft sich erziehen zu lassen". In: Reimer, Daniela (Hrsg.): Sozialpädagogische Blicke. Weinheim/Basel: Beltz Juventa.

Klein, Ingrid (2020): Ehemalige Pflegekinder als Eltern – Bewältigung infrage gestellter Elternschaft. Weinheim/Basel: Beltz Juventa.

Klein, Ingrid (2021): „Gute Passung" von Hilfen und Herkunftseltern bei Fremdunterbringung – Ergebnisse einer aktuellen Studie [Arbeitstitel]. Zeitschrift für Pflege- und Adoptivkinderhilfe 03/2021. PFAD Bundesverband der Pflege- und Adoptivfamilien e. V. (Hrsg.). Idstein: Schulz-Kirchner.

Lack, Katrin/Hammesfahr, Anke (2019): Psychologische Gutachten im Familienrecht. Köln: Reguvis – Bundesanzeiger.

Pensé, David (1994): Lebenswelt und Deutungsmuster. Zur Situation von Sozialhilfeempfängern und Arbeitslosen im ländlichen Raum. Reihe: Soziale Ungleichheit und Benachteiligung. Bd. 4 Münster: LIT.

Salzgeber, Josef (2015): Familienpsychologische Gutachten. Rechtliche Vorgaben und sachverständiges Vorgehen. 6. Auflage. München: Beck.

Schmidt, Martin/Schneider, Karsten/Hohm, Erika/Pickartz, Andrea/Macsenaere, Michael/Petermann, Franz/Flosdorf, Peter/Hölzl, Heinrich/Knab, Eckhart (2002): Effekte erzieherischer Hilfen und ihre Hintergründe. Stuttgart: Kohlhammer.

Schuster, Eva-Maria (1997): Sozialpädagogische Familienhilfe (SPFH). Aspekte eines mehrdimensionalen Handlungsansatzes für Multiproblemfamilien. Frankfurt/M.: Peter Lang.

Westhoff, Karl/Kluck, Marie-Luise (2014): Psychologische Gutachten schreiben und beurteilen. 6. Vollständig überarbeitete und erweiterte Auflage. Berlin: Springer.

Wolf, Klaus (1999): Machtprozesse in der Heimerziehung. Eine qualitative Studie über ein Setting klassischer Heimerziehung. Münster: Votum.

Wolf, Klaus (2015): Sozialpädagogische Interventionen in Familien. 2. Auflage. Weinheim/Basel: Beltz Juventa.

Zumbach, Jelena/Lübbehüsen, Bärbel/Volbert, Renate/Wetzels, Peter (2020): Psychologische Diagnostik in familienrechtlichen Verfahren. Göttingen: Hogrefe.

Informiert, beteiligt, selbstbestimmt – Partizipation von Eltern in der Sozialpädagogischen Familienhilfe

Anja Frindt

Einleitung

Partizipation gilt in der Kinder- und Jugendhilfe fachpolitisch und konzeptionell als grundlegender Qualitätsstandard. Das Bundesmodellprogramm „Wirkungsorientierte Jugendhilfe" (ISA Planung und Entwicklung GmbH 2009: 55 f.) nennt zehn empirisch gesicherte Wirkfaktoren, von denen sich zwei unmittelbar auf Partizipation beziehen. Auf Seiten der institutionellen Rahmenbedingungen sind das die Partizipationsrechte der Kinder und Jugendlichen im Alltag, auf Seiten der professionellen Interaktionskompetenz die beteiligungsfördernde Gestaltung von Hilfeplangesprächen.

Verschiedene Ereignisse und Diskursstränge haben den Blick auf Partizipation in der Kinder- und Jugendhilfe gerichtet: das Inkrafttreten des SGB VIII, der Stellenwert von Partizipation als Strukturmaxime lebensweltorientierter Jugendhilfe sowie die UN-Kinderrechtskonvention (Schnurr 2011: 1069). Gute Gründe für Partizipation lassen sich sowohl demokratietheoretisch, dienstleistungstheoretisch als auch pädagogisch bzw. bildungstheoretisch herleiten. Im Dienstleistungsdiskurs werden die Nutzer*innen als Ko-Produzent*innen der Hilfe verstanden, da ohne ihre Mitwirkung keine Veränderung stattfinden wird. Partizipation gilt daher als Strukturvoraussetzung und Erfolgsbedingung personenbezogener Sozialer Dienstleistungen und verweist ebenso darauf, dass sich Qualität und Wirksamkeit von Hilfen ohne Einbezug der Nutzer*innen nicht beurteilen lassen (Schnurr 2011: 1070 f.). Pädagogisch betrachtet eröffnet Beteiligung überhaupt erst die Chance zum Erwerb von Handlungsfähigkeit und Selbstbestimmung. Damit Adressat*innen Kompetenzen für Partizipation und Entscheidungsbeteiligung erwerben können, sind dafür Erfahrungen mit Beteiligung erforderlich (Schnurr 2011: 1072 f.).

Trotz guter Gründe für Partizipation zeigen empirische Studien Defizite in deren Umsetzung (z. B. Pluto 2007). Mein Beitrag wird die Partizipation von Eltern in den ambulanten Erziehungshilfen am Beispiel der Sozialpädagogischen Familienhilfe[1] thematisieren. Partizipation zeigt sich „in vielfältigen Formen

---

1   Im Folgenden abgekürzt als SPFH.

von Beteiligung und Mitbestimmung. Sie ist verwiesen vor allem auf die Schaffung von Voraussetzungen für gleichberechtigte, offene Handlungsprozesse in der Planung und Realisierung von Hilfeprozessen und regionalen Planungen" (Thiersch/Grunwald 2004: 26). Im Bereich der stationären Erziehungshilfen wird das Thema für die Heimerziehung z. B. von Stork (2007), Frey (2016), Hansbauer/Gies (2016) und für das Pflegekinderwesen z. B. von Reimer/Wolf (2008) explizit in den Blick genommen. In den ambulanten und teilstationären Erziehungshilfen werden Beteiligung und Mitwirkung weniger klar thematisiert, exemplarisch wird das Thema z. B. für die Tagesgruppen aufgegriffen (Beiträge von Solf/Wittke 2015). Daher frage ich für die ambulanten Erziehungshilfen im Folgenden:

- Welche Strukturmerkmale die SPFH kennzeichnen und welche Chancen und Risiken das für die Partizipation von Eltern bedeutet,
- welche Betroffenen- und Beteiligungsrechte Eltern in der SPFH haben und ob es Themenbereiche und Aufgaben gibt, bei denen eine Beteiligung ausgeschlossen wird,
- was empirische Studien zu förderlichen und hinderlichen Bedingungen zur Partizipation von Eltern in der SPFH herausgefunden haben, u. a., wie die Eltern den Beginn der Hilfen, die Zusammenarbeit mit den Fachkräften und die Hilfeplanung sehen und
- wie Partizipationsprozesse in der SPFH abgesichert und weiterentwickelt werden können.

Für die Partizipation von Eltern in der SPFH stellen sich u. a. folgende Fragen:

- Sind die Eltern in Entscheidungen, die sie/ihre Familie betreffen, einbezogen?
- Sind sie über das, was passiert informiert?
- Werden die Eltern nach ihren Ansichten gefragt, wird ihnen zugehört?
- Wird den Eltern erklärt, wie ihre Ansichten umgesetzt werden bzw. wann und warum das eventuell nicht möglich ist?
- Werden die Grenzen der Schweigepflicht den Eltern in einer für sie verständlichen Weise erklärt?
- Wird den Eltern die Möglichkeit gegeben, ihre Ansichten und Sorgen vorzubringen?
- Sind die Eltern darüber aufgeklärt, welche Folgen, Auswirkungen, Vor- und Nachteile sich aus der Hilfe (und später bestimmten Situationen im Hilfeverlauf) ergeben könnten und darüber, was genau passieren wird?
- Wird den Eltern erklärt, warum eine bestimmte Entscheidung getroffen wird?
- Hinterfragen die SPFH-Fachkräfte ihre eigenen Vorurteile und Einstellungen kritisch?

- Begegnen die SPFH-Fachkräfte den Eltern vorurteilsfrei, ohne sie zu kritisieren oder zu bewerten?
- Haben sie Zeit, eine Beziehung zu den Müttern und Vätern zu entwickeln und zeigen sie Interesse an deren Leben?
- Haben die Fachkräfte das Gefühl, dass sie die Eltern ernst nehmen und sie mit ihrer Unterstützung motivieren und ermutigen?
- Haben die Fachkräfte versucht, die Situation aus der Perspektive der Eltern zu verstehen?

1   Rahmenbedingungen der SPFH

Die SPFH zielt darauf ab, Familien zu einem gelingenderen Leben zu befähigen, sie beim Umgang mit Belastungen zu unterstützen, die Beziehungen der Familienmitglieder untereinander zu verbessern und die Eltern zu einer angemessenen Übernahme ihrer Erziehungsfunktionen anzuleiten. Familien sollen durch die Hilfe (wieder) in die Lage versetzt werden, ihre Erziehungs- und Sozialisationsfunktionen autonom erfüllen zu können.

Im Handlungsfeld der SPFH zeigen sich ein deutlicher Bedeutungszuwachs und die Ausdifferenzierung aufsuchender Hilfen. Die Kinder- und Jugendhilfestatistik weist seit der rechtlichen Verankerung der SPFH im SGB VIII 1990/91 einen erheblichen und kontinuierlichen Fallzahlenanstieg auf. So belegen die Daten für 2018 126 025 andauernde und beendete SPFH-Fälle (Statistisches Bundesamt 2019). Betrachtet man die Fallzahlen in Bezug zu den in Deutschland lebenden Familien, zeigt sich, dass pro 10 000 Familien mit Kindern 110 eine Hilfe zur Erziehung in Form von SPFH in Anspruch nehmen. Diese Entwicklung spiegelt sich auch bei den Ausgaben für die Hilfen und der Entwicklung des Personals wider (Frindt 2020: 27 ff.).

Innerhalb der SPFH hat sich ein weites Spektrum verschiedener Formen und Typen herausgebildet. Unterschiedliche Funktionen wie z. B. langfristige Betreuung, Krisenintervention, Clearing, Begleitung von Kindern in oder aus der Fremdplatzierung, Wahrnehmung des Schutzauftrages, Elterncoaching und -training haben zu einer erheblichen Ausdifferenzierung beigetragen.

Zu den charakteristischen Strukturmerkmalen der SPFH gehören ihr Fokus auf die Familie als Ganzes und das aufsuchende Arbeiten. In der Zentrierung auf die Familie zeigt sich Richter folgend in zugespitzter Weise die Herausforderung der Jugendhilfe „zwischen Interessenvertretung des Kindes oder Jugendlichen, der Achtung des Elternrechts und der Förderung der Familie als Sozialisationsfeld" (Richter 2013: 32). Damit ist zugleich das Spannungsfeld für die Fachkräfte im Feld benannt und ihr komplexes Agieren umrissen. In Familien geht es um Eltern und Kinder und verschiedene Sozialbeziehungen, z. B. die der Eltern als Paar, die Eltern-Kind-Beziehungen und die Geschwisterbeziehungen. Anknüpfend an den Alltag der Familienmitglieder vor Ort setzen die sozialpädagogischen Fachkräfte mit Interventionen Impulse, um die Lebensbedingungen der Erwachsenen und die Entwicklungschancen der Kinder zu verbessern. Diese Impulse richten sich vorrangig an die Eltern als Adressaten der Hilfe. Richter konstatiert: „Die Perspektive auf die Kinder bleibt demgegenüber der Vermittlung über die Eltern bzw. Mütter anheimgestellt" (Richter 2013: 266).

Der aufsuchende Arbeitsansatz der SPFH bietet die Chance, Kinder, Jugendliche und deren Eltern in ihrem Alltag zu begleiten und durch den entstehenden vertieften Einblick in die unterschiedlichen Lebenswelten passgenau, orientiert an der Lebenswelt der Adressat*innen zu intervenieren (Wolf 2015: 144 ff.). Gleichzeitig geht damit die Gefahr einher, dass die SPFH zum Einfallstor für ausgedehnte soziale Kontrolle und Sozialdisziplinierung (Peters 1990) wird.

Bräutigam/Müller/Lüngen (2011) konstatieren zur aufsuchenden Arbeit, dass die Strukturmerkmale des Settings einen leichten Zugang zu Menschen ermöglichen und sich positiv auf das Engagement und die Beteiligung der Familie auswirken können. Da Lern- und Funktionsfeld bei den aufsuchenden Hilfen identisch seien, bekämen die Fachkräfte einen besseren Einblick in das alltägliche Leben ihrer Adressat*innen als in komm-strukturierten Settings und zusätzliche Kontextinformationen. Auch das Einbeziehen von Netzwerken in die Hilfe falle leichter. Der Prozess der Annäherung an die unmittelbare Lebenswelt der Adressat*innen sei jedoch von einem potenziellen Verlust der professionellen Distanz begleitet, was Klarheit und Integrität auf Seiten der Helfer*innen erforderlich mache. Die Gestaltung des doppelten Mandats sei für die Fachkräfte schwieriger zu bewältigen als in Komm-Strukturen. Die Helfer*innen seien gefordert, sich weit von ihren innerlichen Norm- und Moralvorstellungen zu entfernen bzw. sie selbstreflexiv kontinuierlich infrage zu stellen. Aufsuchende Hilfen stellten somit besondere Anforderungen an Persönlichkeit und Fachlichkeit der Helfer*innen. Die Setting-spezifische Eigendynamik ließe sich nicht pauschal gestalten bzw. technisch bewältigen. Die Fachkräfte seien gefordert, sich einerseits einzubringen und andererseits den Fremdenstatus zu wahren.

Bedingt durch das Setting der SPFH ergeben sich für die zentrale ambulante Erziehungshilfe für Familien in belasteten Lebenssituationen im Spannungsfeld zwischen Kindeswohl und Elternverantwortung also besondere Risiken und Chancen für Partizipation. Dabei ist Partizipation als Beteiligung und Mitbestimmung der Hilfe konstitutiv und explizit bei der rechtlichen Verankerung im SGB VIII berücksichtigt. Dort heißt es im Wortlaut des § 31: „Sie [...] erfordert die Mitarbeit der Familie" (§ 31 SGB VIII).

2 Betroffenen- und Beteiligungsrechte von Eltern in der SPFH

Neben der Verpflichtung der Familie zur Mitarbeit an der Hilfe gibt das SGB VIII weitere Betroffenen- und Beteiligungsrechte vor, durch die die SPFH ebenso wie andere Hilfen zur Erziehung tangiert wird. So ist die Partizipation der Adressat*innen an den Hilfen an verschiedenen Stellen im SGB VIII explizit rechtlich codiert. Dies betrifft das Wunsch- und Wahlrecht (§ 5), die Beteiligung von Kindern und Jugendlichen (§ 8), die Mitwirkung im Hilfeplanverfahren (§ 36) und die Jugendhilfeplanung (§ 80). Da dieser Beitrag auf die Partizipation von Eltern fokussiert, ergeben sich die Betroffenen- und Beteiligungsrechte also aus den §§ 5, 36 und 80.[2] Das Wunsch- und Wahlrecht nennt das Recht der Eltern, zwischen Einrichtungen und Diensten verschiedener Träger zu wählen und Wünsche hinsichtlich der Gestaltung der Hilfe zu äußern. Die Eltern sind auf dieses Recht hinzuweisen und ihrer Wahl und ihren Wünschen soll entsprochen werden, sofern dadurch keine unverhältnismäßigen Mehrkosten entstehen. Das heißt, die Eltern müssen vor Beginn der Hilfe über dieses Recht – in der Regel durch die fallzuständigen Fachkräfte des Allgemeinen Sozialen Dienstes des Jugendamtes – informiert werden und die Möglichkeit bekommen, ihre Wünsche zur Ausgestaltung der Hilfe und zum durchführenden Träger zu äußern. In Gesprächen mit Familienmitgliedern, in deren Familien eine SPFH durchgeführt wurde (Frindt/Wolf 2009; Wolf/Frindt 2004) sind diesbezügliche Wünsche insbesondere von Eltern, die zum zweiten oder dritten Mal eine Hilfe erhielten, geäußert worden. Basierend auf den bisherigen Erfahrungen gab es zumeist schon klarere Vorstellungen und Erwartungen und die Eltern wünschten sich unbedingt wieder „ihre" schon vertraute SPFH-Fachkraft oder aber auch ausdrücklich eine andere Fachkraft oder einen anderen Träger.

Der Rechtsanspruch auf Mitwirkung im Hilfeplan (§ 36) bedeutet, dass die Beteiligten – Eltern, Kinder, Jugendliche – vor der Entscheidung über die Inanspruchnahme einer Hilfe und vor einer notwendigen Änderung von Art und Umfang der Hilfe zu beraten und auf die möglichen Folgen für die Entwicklung hinzuweisen sind. Absatz 2 regelt, dass als Grundlage für die Ausgestaltung der Hilfe ein Hilfeplan erstellt wird, der Feststellungen über den Bedarf, die zu gewährende Hilfe sowie die notwendigen Leistungen enthält. Dieser soll im Zusammenwirken mehrerer Fachkräfte und zusammen mit den Adressat*innen aufgestellt sowie regelmäßig überprüft werden, ob die gewählte Hilfeart weiterhin geeignet und notwendig ist. Für die Praxis der Ausgestaltung der SPFH be-

---

2   Da in diesem Beitrag die Partizipation von Eltern im Fokus steht, werden im Folgenden die UN-Kinderrechtskonvention und Fragen der Kinderrechte (Hartwig et al. 2016; Gerarts 2020; Richter et al. 2020) und der § 8 SGB VIII, der die Beteiligung von Kindern und Jugendlichen regelt, nicht weiter thematisiert.

inhaltet das z. B., dass die Eltern darüber informiert werden, wie eine SPFH für sie konkret aussehen wird. Das heißt, wie viele Stunden pro Woche eine Fachkraft zu ihnen nach Hause kommt. Es bedeutet auch, dass ihnen die Möglichkeit gegeben wird ihre Bedarfe – z. B. Hilfe bei Behördenangelegenheiten, Klärung der Wohnsituation oder Unterstützung bei der Erziehung der Kinder – einbringen zu können und sie im weiteren Verlauf mitentscheiden, ob und wie es mit der Hilfe weitergeht. Ob sie beispielsweise für mehr oder weniger Stunden gewährt, verlängert, beendet oder in eine andere Hilfeform überführt wird.

Neben den Beteiligungsrechten, die die Eltern über die Ausgestaltung der konkreten SPFH durch das Wunsch- und Wahlrecht und die Hilfeplanung unmittelbar betreffen, regelt § 80 SGB VIII die Jugendhilfeplanung. Im Rahmen der Planungsverantwortung sollen die Träger der öffentlichen Jugendhilfe Bedarfe unter Berücksichtigung der Wünsche, Bedürfnisse und Interessen von jungen Menschen und Personensorgeberechtigten ermitteln. Dabei sollen Einrichtungen und Dienste so geplant werden, dass Kontakte in den Familien und im sozialen Umfeld erhalten und gepflegt werden können, Familien in gefährdeten Lebens- und Wohnbereichen besonders gefördert werden und Eltern Familie und Erwerbstätigkeit besser miteinander vereinbaren können. Zudem sollen örtliche und überörtliche Planungen aufeinander abgestimmt werden und den Bedürfnissen und Interessen junger Menschen und Familien Rechnung tragen.

Die im SGB VIII normierten umfassenden Beteiligungsrechte von Eltern werden erst dann eingeschränkt, wenn im Falle einer Kindeswohlgefährdung der wirksame Schutz von Kindern und Jugendlichen dadurch infrage gestellt wird (§ 8a SGB VIII). Das bedeutet, dass Eltern und Kinder in der Regel auch und gerade bei einer Gefährdungseinschätzung einbezogen werden. Ein Ausschluss von diesem Prozess ist damit begründungspflichtig und es muss die Frage beantwortet werden, weshalb der Einbezug von Eltern den Schutz des/der Kindes/Kinder gefährdet. Die Träger der SPFH sind durch den § 8a SGB VIII verpflichtet, bei Bekanntwerden gewichtiger Anhaltspunkte für die Gefährdung eines von ihnen betreuten Kindes oder Jugendlichen eine Gefährdungseinschätzung vorzunehmen, dabei eine insoweit erfahrene Fachkraft hinzuzuziehen und die Eltern sowie das Kind oder Jugendlichen in die Gefährdungseinschätzung einzubeziehen, soweit dadurch der Kinderschutz nicht infrage gestellt wird. Der Träger soll auf Inanspruchnahme von Hilfen hinweisen, wenn er diese für erforderlich hält und das Jugendamt informieren, falls die Gefährdung nicht anders abgewendet werden kann. Der Schutzauftrag bei Kindeswohlgefährdung verpflichtet somit den Träger der SPFH, das Jugendamt zu informieren, wenn sich Anhaltspunkte für eine Gefährdung des Kindeswohls herausstellen, die durch die insoweit erfahrene Fachkraft bestätigt werden und es nicht möglich ist, mit den Eltern gemeinsam die Gefährdung abzuwenden.

Für eine gelingende Beteiligung von Eltern in der SPFH ist es angeraten, sie offen und transparent sowohl über ihre Beteiligungsrechte als auch deren Grenzen zu informieren. Je nach Verlauf des Prozesses sollte dies durch den ASD und die SPFH passieren. Zu einer fairen und achtsamen Kooperation mit den Eltern gehört es, beide Pole des Vertrauens- und Datenschutzes und zugleich auch seine Grenzen sorgsam zu kommunizieren. Der Umgang mit dieser Ambivalenz stellt sich in den Hilfen häufig und oft auch schon von Anfang an. In 10 Prozent aller begonnenen Hilfen ist die Gefährdung des Kindeswohls ausschlaggebender Grund für die Gewährung der SPFH (Frindt 2020: 40 ff.). Knapp 15 Prozent aller im Jahr 2018 andauernden und beendeten Hilfen ist eine Gefährdungseinschätzung nach § 8a SGB VIII vorangegangen (Frindt 2020: 42). Fachkräfte nehmen die Eltern ernst, wenn sie möglicherweise vorhandene Ängste („das Jugendamt holt die Kinder raus") nicht verharmlosen und für unberechtigt erklären. Diese zuzulassen und weder zu dramatisieren noch zu bagatellisieren, kann ein erster Schritt sein, den Eltern Interesse entgegen zu bringen, sich an ihre Deutungen anzunähern und Zutrauen in die Fähigkeiten der Mütter und Väter zu signalisieren: „Was tun sie um das in den Griff zu kriegen?" oder analog zu der Veröffentlichung von Conen/Cecchin (2018) „Wie kann ich Ihnen helfen, mich wieder loszuwerden?". Wenn es im Rahmen des Schutzauftrages zu Eingriffen in die elterliche Sorge kommt, sollten die Fachkräfte den Eltern erklären, warum bestimmte Entscheidungen auch gegen ihren Willen getroffen werden, was das für den weiteren Verlauf des Familienlebens und der Hilfe bedeutet und wie die nächsten Schritte aussehen werden.

Die SGB VIII-Reform 2021 stärkt die Subjektstellung der Adressat*innen: Der § 4a trifft Regelungen zu Selbstvertretungen, die sich die Unterstützung, Begleitung und Förderung von Adressat*innen zum Ziel gesetzt haben, deren Zusammenarbeit mit öffentlicher und freier Jugendhilfe und verpflichtet die öffentliche Jugendhilfe dazu, die selbstorganisierten Zusammenschlüsse anzuregen und zu fördern. Hier sind Gremien für Eltern denkbar, in denen sie sich austauschen, gegenseitig unterstützen und möglicherweise auch als Ansprechpartner*innen für die Arbeitsgemeinschaften nach § 78 zur Verfügung stehen. Der neue § 9a legt fest, dass sich die Adressat*innen zur Beratung sowie Vermittlung und Klärung von Konflikten im Zusammenhang mit Aufgaben der Kinder- und Jugendhilfe an unabhängige und nicht weisungsgebundene Ombudsstellen wenden können. Es bleibt abzuwarten, ob der Referentenentwurf mit den Neuregelungen verabschiedet wird und welche Dynamiken und Impulse sich hieraus für die Weiterentwicklung von Partizipation ergeben werden.

Nach dem Blick auf die rechtlichen Beteiligungsmöglichkeiten von Eltern in der SPFH richtet sich der Fokus im Folgenden auf die Frage, was wir aus empirischen Studien zu förderlichen und hinderlichen Bedingungen zur Partizipation von Eltern in der SPFH erfahren. Wie sehen, erleben und bewerten die Eltern die SPFH? Welchen Einfluss haben Eltern auf die Hilfeentscheidung, die Konkretisierung der Hilfe, deren Alltagsgestaltung und die Hilfeplansituation? Gemessen an ihrer immensen Bedeutung im Feld der Kinder- und Jugendhilfe ist der Wissensstand zur SPFH nach wie vor als unzureichend zu bezeichnen. Gleichwohl liefern die vorliegenden Studien jedoch Hinweise, was sich aus Sicht der Eltern als hilfreich erwiesen hat, welche Interventionspraktiken sie als günstig erlebt haben und welche organisatorischen Rahmenbedingungen dies fördern. Mit Bezug auf Beteiligung und Mitbestimmung wird dargestellt, was sich zu Beginn der SPFH als hilfreich erwiesen hat. Für die Zusammenarbeits- und Hauptphase der Hilfe soll auf Gesprächspraktiken, den Einsatz von Direktiven und kontrollierenden Elementen sowie die Hilfeplanung eingegangen werden.

3 Der Beginn der Hilfe: Vertrauen und Herstellung des Arbeitsbündnisses

Bereits die ersten Fachpublikationen zur sich neu entwickelnden Hilfeform aus den 1980er Jahren noch vor der Verankerung der SPFH im SGB VIII empfehlen für die SPFH ein Phasenmodell. So schlägt Pressel (1981: 73 ff.), die das Modellprojekt Familienhilfe in Trägerschaft des Diakonischen Werkes des Kirchenkreises Kassel-Stadt – einen der ersten Modellversuche – wissenschaftlich begleitet hat, für die Ausgestaltung der Hilfen eine Probephase, Hauptarbeitsphase mit möglicherweise notwendigen Verlängerungen und eine Ablösungsphase vor.

Auch Woog (2006), die sich in ihrer Dissertation mit der Praxis lebensweltorientierten Handelns in der SPFH befasst, unterscheidet je nach Prozessverlauf der Hilfe in Einstiegs-, Zusammenarbeits- und Ablösephase. In ethnografischen Fallstudien arbeitet sie Dimensionen sozialpädagogischen Handelns im Alltag der Familien heraus. In der Einstiegsphase bilden Beobachten und Gewinnen von Vertrauen die Voraussetzung für die Zusammenarbeitsphase. Die Beobachtung des Alltagsgeschehens der Familie, beispielsweise die Atmosphäre und die Interaktionen beim Essen lassen die Fachkraft subjektive Sichtweisen und Besonderheiten kennenlernen und Anknüpfungsmöglichkeiten für sozialpädagogische Interventionen ausmachen: „Abwarten ohne zu werten und eine neutrale Position einzunehmen, erweist sich als günstig, um zu erfahren, was in der Familie wirklich geschieht, und was ihr selbst wichtig ist" (Woog 2006: 186). Vertrauen stellt die Fachkraft her, indem sie sich zunächst an die Familie anpasst, nicht einmischt, auf den Datenschutz verweist und Familien den Hinweis gibt, nicht mehr zu erzählen, als sie möchten: „Ich lasse die Leute sein, wie sie sind, passe mich an und akzeptiere sie in ihrem Sosein" (Woog 2006: 188). Anerkennung und Achtung erwirbt sie sich, indem sie am Geschehen teilnimmt, Bereitschaft signalisiert, auf die Familienmitglieder einzugehen und ihnen über die Orientierung an Stärken Zutrauen in die eigenen Fähigkeiten vermittelt. Transparenz und Offenheit sind nötig, um „das Vertrauen aller Familienmitglieder in Balance zu halten" (Woog 2006: 189). Erst wenn diese Arbeitsbasis vorbereitet ist, beginnen die sozialpädagogischen Interventionen und damit die Zusammenarbeitsphase.

Die Studie „Auswirkungen veränderter Finanzierungsstrukturen auf die Inhalte und Qualität von Jugendhilfeleistungen – untersucht am Beispiel der Sozialpädagogischen Familienhilfe (SPFH)" von Fröhlich-Gildhoff/Engel/Rönnau (2006) stellt die Passung und Beziehung zwischen Familienhelfer*in und Familie als zentrale Variable für das Gelingen der SPFH heraus. Zu Beginn erwies sich oft als hilfreich, wenn eine Krise gemeinsam gemeistert wurde. In den Interviews mit den Familien wurde eine Orientierung an deren Stärken und Ressourcen nicht ersichtlich. Die Familien schätzten jedoch oft ein, dass sie sich ernst genommen fühlten. Für den Beginn einer SPFH empfehlen die Autor*innen daher eine Einstiegs- oder Probephase, in der sowohl die vereinbarten Ziele reflektiert werden als auch das Zusammenpassen von Familie und Familienhelfer*in im Fokus steht.

Auch ein Evaluationsforschungsprojekt aus Österreich arbeitet heraus, dass die Familien die Zusammenarbeit auf Basis einer Vertrauensbeziehung als wichtige Grundlage einschätzen (Hofer/Lienhart 2008: 50).

Weitere Untersuchungen aus der Pionierphase der Hilfe in den 1980er Jahren empfehlen als wesentliche organisatorische Rahmenbedingung, das Vertrauensverhältnis zwischen Familienhelfer*in und Familie zu schützen (Nielsen/Nielsen 1984; Nielsen/Nielsen/Müller 1986: 213 f.) und die Weitergabe von Daten an Bezirkssozialarbeiter*innen auf das erforderliche Maß zu beschränken. Die Aufgaben, Funktionen und Befugnisse von SPFH-Fachkräften und denen des ASD unterscheiden sich deutlich voneinander. Während die SPFH-Fachkraft vorrangig die Hilfe und Unterstützung für die Familie leistet, haben die Fachkräfte des Allgemeinen Sozialen Dienstes auch das Wächteramt inne und müssen im Fall von Kindeswohlgefährdung Inobhutnahmen und Anrufung des Familiengerichtes übernehmen. Die Familienhelfer*innen erfahren durch das aufsuchende Arbeiten viele Interna der Familien und bekommen einen umfassenden Einblick. Geben sie diese ungefiltert an den ASD weiter, nehmen sie sich ihre zentrale Grundlage für die Zusammenarbeit mit der Familie. Der Aufbau einer notwendigen Vertrauensbasis zwischen Eltern und Fachkraft wird deutlich erschwert oder gar verhindert.

Zentral in der Anfangsphase ist damit die Herstellung des Arbeitsbündnisses (Oevermann 1996) auf Grundlage von Vertrauen. Die Eltern befinden sich in einer Krise. Die SPFH-Fachkraft, die die Eltern in dieser Situation kennenlernt, stellt das Arbeitsbündnis zur Familie her und erhält es aufrecht. Das Arbeitsbündnis als zentrales Element einer reflexiven Praxis Sozialer Arbeit soll die Autonomie der Eltern wahren bzw. wiederherstellen und keine neuen Abhängigkeiten schaffen. Die SPFH-Fachkräfte versuchen, die latente Sinnstruktur von Äußerungen und Handeln der Eltern zu erschließen und diese den Eltern im Rahmen der stellvertretenden Deutung zugänglich zu machen sowie alternative Deutungsmuster anzubieten. Insofern leisten sie „Hilfe zur Selbsthilfe" im pädagogischen Arbeitsbündnis. Unter idealtypischen Bedingungen bestimmen die Eltern selbst, unter welchen Umständen sie zu Klienten der SPFH werden und wie lange sie es bleiben (Oevermann 1996).

4   Die Zusammenarbeitsphase: Problemgespräche, Direktiven, Ziele und Hilfeplanung

Auf Grundlage des Arbeitsbündnisses beginnt die Phase der intensiven Zusammenarbeit zwischen Eltern und SPFH-Fachkraft. Folgende pädagogische Dimensionen arbeitet Woog für diesen intensiven Abschnitt der Hilfe heraus: das Wahren von Gegenseitigkeit, Setzen von Grenzen, Anknüpfen an Möglichkeiten, Wecken von Interessen, Öffnen und Erweitern des Raumes sowie das Angehen von Konflikten (Woog 2006: 190 ff.). In der Ablösephase werden die erreichten Stärken stabilisiert, die Fachkraft nimmt sich immer mehr zurück und gibt den Familienmitgliedern so Gelegenheit, die neuen Strukturen und Erfahrungen in weiterentwickeltes Handeln umzusetzen (Woog 2006: 201 f.).

Im Evaluationsforschungsprojekt der Ambulanten Familienarbeit Tirol unter besonderer Berücksichtigung der Perspektive der Familien haben Hofer und Lienhart vom Sozialpädagogischen Institut des SOS-Kinderdorfes erhoben, wie die von der AFA[3] betreuten Klient*innen bzw. Familien die ambulante Familienarbeit erlebt haben und welche Qualitätskriterien sich daraus begründen lassen (Hofer/Lienhart 2008). Die Auswertung der Interviews verdeutlicht, was Familien besonders loben und was sie besonders kritisch sehen. Zusammengefasst habe sich Folgendes bewährt:

- „Die Zusammenarbeit auf Basis einer Vertrauensbeziehung
- Transparente und klare Vereinbarungen
- Eine Annäherung an Deutungsmuster von Klient*innen
- Der Betreuungsprozess als Koproduktion
- Ein Zusammenspiel aus Beratung und Unterstützung in der Alltagsbewältigung
- Ein Überhang an professioneller Kompetenz
- Direktive Interventionen unter bestimmten Voraussetzungen
- Ermutigungsprozesse bei Erwachsenen und Kindern
- Vorbereitete, besonders inszenierte Abschlussphasen" (Hofer/Lienhart 2008: 50).

---

3   Abkürzung für Ambulante Familienarbeit.

4.1   Interaktionen von Eltern und Fachkräften

Petko (2004) nimmt in seiner Untersuchung „Gesprächsformen und Gesprächsstrategien in der Sozialpädagogischen Familienhilfe" Interaktionsprozesse zwischen Familie und Fachkraft in den Blick. Er möchte den vagen Begriff
der ‚Aushandlung' klären und arbeitet unterschiedliche Handlungsformen heraus, um familiale Probleme zu besprechen. Petko (2004) unterscheidet vier Formen des Problemgesprächs:

- „Probleme bereden und Verständnis zeigen" – Problemerzählungen und
  ihre Anerkennung
- „Kompetenzen hervorlocken und anerkennen" – Problemlöseerzählungen
  und positives Feedback
- „neue Sichtweisen anbieten" – Bedeutungen erfahren und veränderte Deutungen formulieren
- „praktische Veränderungen anregen" – Rat und Vorschläge mit Bezug zur
  Klient*innenpraxis (Petko 2004: 146 ff.)

Die erste Stufe „Probleme bereden und Verständnis zeigen", in der die Fachkräfte Anteilnahme an den Problemen der Familie zeigen und ihre Leistungen
anerkennen, ist dabei der Ausgangspunkt für alle weiteren Impulse. Zudem arbeitet Petko unterschiedliche Grade von Direktivität sowie je drei Strategien der
Themenfindung und Lösungserarbeitung heraus (Petko 2004: 212 ff.). Die Ergebnisse von Petko zu Interaktionen in der aufsuchenden Familienarbeit verdeutlichen, dass ressourcenorientiertes Arbeiten der Fachkräfte zentral ist, um
den Eltern neue Entwicklungen zu ermöglichen. Auf Basis von Anerkennung
und positivem Feedback wird es möglich, veränderte Deutungen einzubringen
und den Eltern Vorschläge zu unterbreiten.

Die komplexen, teilweise widersprüchlichen Anforderungen an die Fachkräfte und die Dilemmata der SPFH, bei denen es um eine konstitutive Gleich-
zeitigkeit von elterlichen und kindlichen Ansprüchen und Interessen geht, die
nicht zwingend miteinander kongruent sind, werden von Richter (2013) herausgearbeitet. In ihrer rekonstruktiven Analyse der Gesprächspraktiken untersucht sie die Prozesse der Familien-, Adressat*innen- und vor allem auch der
Identitätskonstitution, deren Inblicknahme die Voraussetzung für eine kritisch-
reflexive Soziale Arbeit darstellt. Richter zeigt auf, wie die kommunikative
Sichtbarmachung von Kategorisierungen als Mutter, Vater, Adressat*in, Professionelle, gefasst als Herstellung von „Identities in Talk" (Richter 2013: 262), in
den Gesprächen erfolgt. Die Offenlegung der Identitäten als Adressat*innen
und Professionelle, bei der die Akteur*innen sich gegenseitig anzeigen, wie sie
vom Gegenüber verstanden werden wollen, die „Sichtbarmachung des Familialen" sei konstitutive Praxis in der SPFH. In den Gesprächen zeige sich die un-

gleiche Machtverteilung zwischen Professionellen, deren Machtposition institutionell und damit extern begründet ist („Power behind Discourse", Richter 2013: 270) und Adressat*innen, deren Machtposition situativ und damit intern begründet ist („Power in Discourse"). Die empirische Analyse der Gesprächspraktiken zeigt solche der Positionierung, der Legitimation und Verteidigung, der Beharrlichkeit sowie den Umgang mit heiklen Themen („Doing Delicacy", Richter 2013: 282). Diese würden verschleiert (z. B. der Kontrollauftrag), es würden kommunikative Platzhalter eingesetzt (z. B. Sprechen von Themen statt von Problemen, „dolle wehtun" statt häuslicher Gewalt). Diese fragilen Interaktionssituationen resultierten aus der klassischen Antinomie des doppelten Mandats (Richter 2013).

4.2 Einsatz von Direktiven und kontrollierenden Elementen

Neben dem Umgang mit heiklen Themen stellt sich für die Fachkräfte in den Hilfen auch die Frage, ob, wann und wie sie kontrollierende Elemente und Direktiven in der Hilfe einsetzen. Das Grundlagenforschungsprojekt „Sozialpädagogische Familienhilfe aus Sicht der Klientinnen und Klienten" (Wolf/Frindt 2004; Wolf 2006; Frindt 2006) lieferte sehr trennscharfe Kategorien, unter welchen Bedingungen Direktiven (Schuster 1997; Petko 2004) und kontrollierende Elemente konstruktive Wirkungen hervorbrachten. Folgende Bedingungen erlebten die Eltern diesbezüglich als hilfreich:

- Die Kontrolle erfolgte durch einen bekannten, akzeptierten, als wohlwollend erlebten Menschen (nicht durch einen Funktionär einer Institution).
- Die kontrollierenden Handlungen waren auf einzelne Felder beschränkt, auf partielle (und nicht umfassende) Kontrolle und explizit kontrollfreie Bereiche.
- Es erfolgte im Verlaufe der Intervention eine allmähliche Reduzierung der Kontrolle (das führte zur Freude und zum Stolz des „Das-kann-ich-jetzt-alleine").
- Die kontrollierenden Interventionselemente waren Teil eines gemeinsamen Planes, die Klient*innen waren an der Konstruktion des Planes („unser Projekt") beteiligt.
- In den Außenkontakten gegenüber „kritischen" Institutionen (Schule, Kindergarten, Sozialamt, manchmal Jugendamt) wurden die Klient*innen verteidigt; wenn Klient*innen hingegen eine Situation als Verrat durch die SPFH-Mitarbeiter*in erlebten, war die Wirkung der Kontrolle ausnahmslos destruktiv.
- Auch die Kontrollierenden waren in den Plan eingebunden, es gab explizite Verpflichtungen für die professionelle Fachkraft, sie konnte so auch zum

Modell werden für den Umgang mit (zunächst) nicht eingehaltenen Zusagen (Wolf 2015: 214 ff.).

Die folgende Interviewpassage demonstriert, dass die Eltern sich insbesondere zu Beginn der Hilfe die Frage stellen, ob die Fachkraft ihnen gefährlich werden kann:

> „Wenn die Kinder in Schule und Kindergarten waren, haben wir dann über die Probleme gesprochen. Die halt alles, die ganze Woche wieder aufgekommen waren. Und also ich muss sagen mir hat dat, unwahrscheinliches, ja weiß ich net. Mir war et also für mich war et schön, die SPFH mit der Frau Fluss. Aber also ähm et is auch nie irgendwo wat gewesen wat die dat die irgendwat, ähm mir einfach gemacht haben. Ähm wovor ich halt sonst am Anfang hatte ich immer Angst oh das Jugendamt, woa und hier und nachher is irgendwat, und du sachst wat Verkehrtes oder wat weiß ich und nachher kommt et Jugendamt und holt dir die Kinder oder so woa, war also so nie der Fall. Ich konnte mit der Frau Fluss immer über alles reden. Is also heut auch noch so, dass ich über alles wirklich mit der reden kann" (IV, 2, 1–11[4])

Auf Grundlage einer Vertrauensbeziehung werden dann auch Interventionen als positiv bezeichnet, die aktiv Vorschläge einbrachten, Regeln und Ziele definieren und Absprachen freundlich kontrollieren. Direktives Vorgehen der Fachkräfte kann dann als kompetent und als Sorge empfunden werden und die Selbstkontrolle der Familienmitglieder stärken. Im Beispiel wird die Fachkraft Frau Fluss eindeutig als wohlwollend erlebt. Verrats-Situationen sind aus Sicht der Mutter unwahrscheinlich.

In Fällen hingegen, in denen es Aktivitäten hinter dem Rücken der Familie gegeben hat (z. B. Absprachen mit dem Jugendamt), wurden die Beziehungen nachhaltig geschädigt und die Wirksamkeit so reduziert.

Die folgende Passage illustriert die zu hohe Dosierung kontrollierender Elemente:

> „Das war also in dieser Richtung, ich meine ich wurd zwar nit unbedingt vorverurteilt aber, es wurde alles immer direkt infrage gestellt was ich gemacht hatte. Das is eigentlich ja auch nit dann ich sach mal wenn was erreicht werden soll, dann ich mein gut man soll Sachen infrage stellen, natürlich, aber wenn dann unterm Strich gleich nur in Fragestellung rauskommt und nicht mal irgendwas Positives uns gesagt wird, ja ok sie haben da äh jetzt ausnahmsweise mal richtig gehandelt aber, ich weiß net also ich fühlte mich

---

4   Beide Fallbeispiele stammen aus dem Forschungsprojekt „Sozialpädagogische Familienhilfe aus Sicht der Klientinnen und Klienten".

eigentlich auch gar nit wohl damals bei dieser ähm Familienhilfe. Muss ich sagen" (II, 7, 10–19).

Die Mutter erlebt ein komplettes Infrage-Stellen aller Bereiche ihres Lebens durch die SPFH-Mitarbeiterin. Bereiche, die sich der Intervention entziehen, gibt es in ihrer Wahrnehmung nicht mehr, die Hilfe wird so zur zusätzlichen Belastung (Frindt 2011).

4.3 Gemeinsame Ziele und Hilfeplanung

Ein nicht nur für die SPFH zentrales Thema ist das der Hilfeplanung und damit verbunden die Frage, welche Veränderungsziele die Eltern anstreben, welche Hilfen für ihre Problemkonstellationen möglicherweise passend sind, wie diese implementiert werden können und wer in welcher Form an den anvisierten Veränderungen mitwirkt. Verschiedene Studien zur SPFH konstatieren im Umgang mit unterschiedlichen Problemdefinitionen und Lösungsideen Entwicklungsbedarfe.

Die Studie von Fröhlich-Gildhoff/Engel/Rönnau (2006) stellt in Bezug auf die Hilfeplanung Partizipationsdefizite fest: nur die Hälfte der Familien fühlt sich gut beteiligt. In einem Viertel der untersuchten Fälle gab es in Bezug auf die Hilfeplanziele keine Übereinstimmung zwischen ASD und Familie (Fröhlich-Gildhoff/Engel/Rönnau 2006: 138). Die Ziele des Hilfeplanes differieren hinsichtlich des Umfanges und der Konkretion zwischen den beteiligten Akteur*innen. Für die weitere Qualifizierung der Hilfen empfehlen die Autor*innen daher, dass stärker auf die Übereinstimmung der Hilfeplanziele geachtet werden muss, eventuell auch ein Dissens über die Ziele festgehalten wird, die Ziele konkret formuliert werden, Schwerpunkte, Gewichtungen und Verantwortlichkeiten festgeschrieben werden und besonders auf die Erreichbarkeit geachtet wird.

Auch Hofer/Lienhart (2008: 50) stellen für die Aufsuchende Familienarbeit fest, dass sich „transparente und klare Vereinbarungen" bewährt haben. Die von ihnen angemahnte Transparenz von Betreuungszielen und Vereinbarungen, die auf Differenzen hinsichtlich der Hilfepläne verweist, wird auch in einem Projekt von Freigang et al. (o.J.) für Standorte in Mecklenburg-Vorpommern festgestellt. Die Auswertung zielte auf die Unterschiede und Gemeinsamkeiten im Problemverständnis von Adressat*innen, Sozialarbeiter*in des Jugendamtes und dem/der Helfer*in zu zwei Zeitpunkten. Der Vergleich zum Zeitpunkt des unmittelbaren Beginns bzw. in der Anfangsphase der ambulanten Hilfe ergab folgende Ergebnisse:

- „Eine Verständigung der beteiligten Fachkräfte über Hypothesen findet in der Anfangsphase einer Hilfe kaum statt.
- Eine inhaltliche Ausgestaltung der Hilfe wird nur selten gemeinsam besprochen.
- Der oben beschriebene Mangel an wechselseitiger Kenntnis über die Methodik und Fachlichkeit der Anderen ist den Mitarbeiter*innen nicht wirklich bewusst.
- Die Vergabe von Fachleistungsstunden orientiert sich weder an den erwarteten Tätigkeiten noch an der Schwierigkeit des Falls.
- Auf der Adressatenseite ist wenig darüber bekannt, nach welchem konkreten Konzept der/die Mitarbeiter*in des freien Trägers arbeitet.
- Die Zielsetzung in der Hilfe erfolgt nicht kleinschrittig, es wird eher das Wirkungsziel als die Handlungsziele und Handlungsschritte besprochen" (Freigang et al. o. J.: 30 f.).

In der zweiten Erhebungsphase wurden folgende Ergebnisse zugespitzt:

- „Im Verlauf der Hilfe nähert sich das Problem- und Auftragsverständnis der beteiligten Fachkräfte deutlich an, die Adressat*innen nehmen weiter weniger Unterstützungsbedarf und weniger Problembereiche wahr als die Professionellen. Die Wahrnehmung der Adressat*innen orientiert sich dabei weiterhin stärker an den sichtbaren Auffälligkeiten als an (aus der Sicht der Fachkräfte) verursachenden Faktoren.
- Adressat*innen neigen dazu, Hilfen zu beenden, wenn die von Ihnen wahrgenommenen Probleme verbessert sind. Sie scheinen dabei recht nüchtern zwischen den Belastungen durch die Hilfe und den positiven Wirkungen abzuwägen. Adressat*innen sind nicht sehr stark mit dem Hilfeplan identifiziert, den sie häufig auch nicht unterschreiben, sie finden darin auch nicht die von Ihnen zu leistenden Beiträge für den Erfolg der Hilfe.
- Die Adressat*innen erkennen – wie die beteiligten Fachkräfte – in fast allen Hilfen positive Veränderungen.
- Den Adressat*innen ist Vertrauensschutz ein besonders wichtiges Kriterium für die Qualität von Hilfe, wenn Informationsaustausch zwischen den beteiligten Fachkräften ohne ihr Wissen erfolgt, ergeben sich daraus Beziehungsstörungen.
- Es erfolgt in der Regel keine systematische Auswertung von abgeschlossenen Hilfen. Erfolge oder Misserfolge werden eher auf fehlende Passung, ‚Chemie' und Motivation zurückgeführt als auf Merkmale und methodische Gestaltung der Hilfe" (Freigang et al. o. J.: 33).

Hier lassen sich im Dreiecksverhältnis der beteiligten Akteure aus Eltern, SPFH-Fachkraft und ASD-Fachkraft deutliche Entwicklungsmöglichkeiten für

Partizipation erkennen. Ein mögliches Verfahren hin zu mehr Partizipation in den ambulanten Erziehungshilfen stellt das Konzept „Family Group Conferencing (FGC)" dar, dass Familien ermutigt, ihre eigenen Lösungsideen zu entwickeln (vgl. Hör in diesem Band). Im Familienrat sind Kinder, Jugendliche und Eltern nicht nur an der Entscheidung über Art und Umfang der Hilfe beteiligt, sondern entscheiden weitestgehend autonom, welche Hilfe sie benötigen. Denkbar ist das Verfahren des Familienrats zur Klärung von Problemlagen und möglichen Handlungsperspektiven vor der Gewährung von Hilfen, als faktische Alternative zur Hilfeplanung aber auch zur weiteren Konkretion eines im Hilfeplan bereits im Grundsatz gefassten Beschlusses (vgl. Hansbauer et al. 2010: 429 f.).

5 Entwicklungschancen und Aufgaben für die Weiterentwicklung der Partizipation von Eltern in der SPFH

Aus den empirischen Studien zur SPFH lassen sich verschiedene Anregungen gewinnen, wo sich Weiterentwicklungsmöglichkeiten für partizipative Strukturen und eine Kultur der Partizipation bieten. Ein zentraler Punkt ist ein sorgfältig geplantes methodisches Handeln der Fachkräfte, bei dem genau in den Blick gerät, an welchem Punkt der Hilfe welche Interventionen günstig sind. Ist das Vertrauensverhältnis zu den Eltern so tragfähig, dass z. B. auch deutliche Ratschläge nicht als Eingriff in die familiale Autonomie, sondern als weiterführender Hinweis aufgefasst werden können? Sozialpädagogische Interventionen sollten von den Fachkräften unter Berücksichtigung der Machtasymmetrien sorgfältig reflektiert werden und durch geeignete Verfahren, wie z. B. den Familienrat sichergestellt werden.

Die Interessenvertretung von Eltern als Adressat*innen der SPFH kann sowohl beim öffentlichen als auch beim freien Jugendhilfeträger auf struktureller Ebene und im Hinblick auf den ‚Alltag' der Hilfen von den professionellen Fachkräften ausgebaut werden. Der öffentliche Jugendhilfeträger sollte Beteiligung und Mitbestimmung bei der Angebotsplanung berücksichtigen und als kontinuierliches Thema in der kommunalen Jugendhilfepolitik im Blick behalten. Die SGB VIII Reform mit der neuen Regelung zur Selbstvertretung (§ 4a) bestärkt die Subjektstellung der Adressat*innen und es ist davon auszugehen, dass sie bedeutsame Impulse zur Partizipation von Eltern geben wird. Dies ist beispielsweise bei Inkrafttreten des Bundeskinderschutzgesetzes 2012 infolge der Änderung des § 45 Abs. 2 Nr. 3 SGB VIII zur Betriebserlaubnis geschehen. Die Träger mussten sich damit auseinandersetzen, wie sie in stationären Einrichtungen geeignete Verfahren der Beteiligung sowie die Möglichkeit der Beschwerde in persönlichen Angelegenheiten umsetzen. Für ambulante Hilfen existiert eine solche rechtliche Vorgabe nicht. Gleichwohl kann der öffentliche Träger bei Abschluss und Überprüfung von Leistungs- und Entgeltvereinbarungen auf die Berücksichtigung des Partizipationsgedankens in den Konzeptionen hinwirken.

Die Träger der SPFH sind unmittelbarer im Kontakt mit den Eltern als der öffentliche Jugendhilfeträger. Ihnen kommt die Aufgabe zu, Eltern im unmittelbaren Alltag der Hilfen Partizipationsmöglichkeiten und damit Möglichkeiten, sich selbst als handlungsfähig und souverän erleben zu können, anzubieten. Ihre sozialpädagogischen Impulse und deren Wirkungen sollten sie in Supervision und kollegialer Beratung reflektieren. Im Rahmen von Qualitätsentwicklung und Evaluation können sie das Thema Partizipation und wie sie im Alltag der Hilfen hergestellt wird, gemeinsam mit Eltern aufgreifen. Eventuell gibt es auf Trägerebene die Möglichkeit, eine Elternvertretung aufzubauen. Um die der pädagogischen Beziehung innewohnenden Machtasymmetrien kritisch zu analysieren und in den Blick zu nehmen, bieten sich Stufenmodelle wie z. B. die „ladder of participation" nach Arnstein (siehe z. B. Schnurr 2011: 1074) an.

Die bisherigen Ideen betrafen die professionellen Akteure der Kinder- und Jugendhilfe von öffentlichen und freien Trägern. Bei ihnen liegt die fachliche Verantwortung, ein förderliches Umfeld für Partizipation zu schaffen, entsprechend mit den Eltern zu kommunizieren, zu unterstützen und zu intervenieren. Diese Verantwortung begründet sich aus den Machtasymmetrien im Verhältnis zwischen Fachkräften und Eltern. Mit Norbert Elias kann das Verhältnis als asymmetrische Machtbalance beschrieben werden (Elias 1970). Macht ist eine Struktureigentümlichkeit menschlicher Beziehungen, die Machtbalancen verändern sich stetig und sind nicht statisch (Wolf 1999: 127 f.). Ein Machtüberhang der Professionellen ist in der SPFH notwendig, die Eltern erwarten aus guten Gründen von den Fachkräften Impulse, die geeignet sind, ihre Lebenssituation zu verbessern. Der Machtüberhang ist insofern kein Selbstzweck, sondern verbunden mit Verantwortung für die Eltern und Familien. In Anlehnung an Brumliks advokatorische Ethik ist der Nutzen des Machtüberhangs der Professionellen an enge ethische Grenzen gebunden (Wolf 2007: 137). Der Machtüberhang wird dann zur pädagogischen Ressource, wenn er an die Förderung der Entwicklungspotenziale der Eltern gebunden und zur Bewältigung ihrer Probleme eingesetzt wird (Wolf 2007: 138).

Trotz der (sozial-)pädagogischen Beziehungen geschuldeten zwangsläufig höheren Verantwortung der Professionellen für das Gelingen von Partizipation in der SPFH: Was können nun die Eltern konkret tun, damit sie gemeinsam mit der SPFH die Lebens- und Sozialisationsbedingungen in ihren Familien verbessern können? Eltern können sich auf die Hilfe einlassen, ihre Interessen, Wünsche und Bedürfnisse einbringen, deutlich machen, was für sie gangbare Wege sind und was sie auf keinen Fall erleben möchten. Dabei können sie von professionellen Fachkräften unterstützt werden, gerade auch im Hinblick auf die

Wahrung ihrer Interessen. Wenn Hilfen aus Sicht der Eltern nicht gut gelingen, sollten sie wissen, an wen sie sich wenden können (Vorgesetzte, Selbsthilfestellen, Ombudsstellen) und dass es ihr gutes Recht ist, einen Mitarbeiter*innen- oder Trägerwechsel einzufordern und sich zu beschweren.

Bei der Stärkung der Interessen von Eltern handelt es sich um eine komplexe Herausforderung, die es sowohl auf verschiedenen Ebenen strukturell abzusichern als auch im Alltag der Hilfe zu gestalten gilt. Das betrifft u. a. Fragen von Zuständigkeit, Professionalisierung und Macht. Zudem gilt es, neben der Partizipation von Eltern in der SPFH auch die der Kinder mit in den Blick zu nehmen.

Literatur

Bräutigam, Barbara/Müller, Matthias/Lüngen, Sarah (2011): Die Kunst, sich einzulassen und dennoch ein anderer zu bleiben – einleitende Gedanken zur aufsuchenden Arbeit. In: Müller, Matthias/Bräutigam, Barbara (Hrsg.): Hilfe, sie kommen! Systemische Arbeitsweisen im aufsuchenden Kontext. Heidelberg: Carl-Auer, S. 20–27.

Conen, Marie-Luise/Cecchin, Gianfranco (2018): Wie kann ich Ihnen helfen, mich wieder loszuwerden? Therapie und Beratung mit unmotivierten Klienten und in Zwangskontexten. 6. Auflage. Heidelberg: Carl-Auer.

Deutscher Bundestag (2021): 19. Wahlperiode: Entwurf eines Gesetzes zur Stärkung von Kindern und Jugendlichen (Kinder- und Jugendstärkungsgesetz – KJSG). https://dserver.bundestag.de/btd/19/261/1926107.pdf (Abfrage: 28. 02. 2021).

Elias, Norbert (1970): Was ist Soziologie? München: Juventa.

Freigang, Werner/Jankowski, Dennis/Petitjean, Myrjam/Schröder, Oliver (o. J.): Evaluation ambulanter Erziehungshilfen. Bericht und Materialien zum Modellprojekt des Landes Mecklenburg-Vorpommern in den Hansestädten Greifswald (federführend) und Wismar und den Landkreisen Güstrow und Rügen.

Frey, Kurt (2016): Grundvoraussetzungen für Partizipation und Mitwirkung in einer stationären Einrichtung der Heimerziehung. In: Hartwig, Luise/Mennen, Gerald/Schrapper, Christian (Hrsg.): Kinderrechte als Fixstern moderner Pädagogik? Grundlagen, Praxis, Perspektiven. Weinheim/Basel: Beltz Juventa, S. 125–129.

Frindt, Anja (2006): Prozesse in der Sozialpädagogischen Familienhilfe. Eine Einzelfallstudie. Siegen: Universitätsverlag.

Frindt, Anja (2011): Wirksamkeitsaspekte in der Sozialpädagogischen Familienhilfe. In: Müller, Matthias/Bräutigam, Barbara (Hrsg.): Hilfe, sie kommen! Systemische Arbeitsweisen im aufsuchenden Kontext. Heidelberg: Carl-Auer, S. 171–182.

Frindt, Anja (2020): Ambivalente Bewältigungsaktivitäten beim Aufwachsen unter ungünstigen Bedingungen. Resilienztheoretische Abstraktionen eines Entwicklungs- und Hilfeprozesses in der aufsuchenden Familienarbeit. Weinheim/Basel: Beltz Juventa.

Frindt, Anja/Wolf, Klaus (2009): Steigerung der Wirksamkeit intensiver ambulanter erzieherischer Hilfen (SPFH). Abschlussbericht der wissenschaftlichen Begleitung des Modellprojektes. Hrsg. v. LWL-Landesjugendamt Westfalen. Münster.

Fröhlich-Gildhoff, Klaus/Engel, Eva-Maria/Rönnau, Maike (2006): SPFH im Wandel? Untersuchungsergebnisse zu Konzepten, Praxis und Rahmenbedingungen der Sozialpädagogischen Familienhilfe. Freiburg i. Br.: FEL Verlag Forschung – Entwicklung – Lehre.

Gerarts, Katharina (2020): Methodenbuch Kinderrechte. Beteiligung von Kindern und Jugendlichen an Kinderrechten für Politik & Co. Frankfurt/M.: Wochenschau.

Hansbauer, Peter/Gies, Martin (2016): Elternpartizipation und Machtbalancen in der stationären Erziehungshilfe. In: Zeitschrift für Sozialpädagogik 14 (4), S. 341–364.

Hansbauer, Peter/Hensen, Gregor/Kriener, Martina/Müller, Katja/Spiegel, Hiltrud von (2010): Familiengruppenkonferenzen in Deutschland. Hinweise und Ergebnisse für die Implementierung in die Kinder- und Jugendhilfepraxis. In: Unsere Jugend 62 (10), S. 421–432.

Hartwig, Luise/Mennen, Gerald/Schrapper, Christian (Hrsg.) (2016): Kinderrechte als Fixstern moderner Pädagogik? Grundlagen, Praxis, Perspektiven. Weinheim/Basel: Beltz Juventa.

Hofer, Bettina/Lienhart, Christina (2008): Evaluation Ambulante Familienarbeit Tirol unter besonderer Berücksichtigung der Perspektive der Familien. „Sie hat wirklich alles getan, sie war wirklich da". Ergebnisbericht. Fachbereich Pädagogik SOS Kinderdorf (Hrsg.): Sozialpädagogisches Institut. Innsbruck.

ISA Planung und Entwicklung GmbH (2009): Wirkungsorientierte Jugendhilfe Band 09. Praxishilfe zur wirkungsorientierten Qualifizierung der Hilfen zur Erziehung. Hrsg. v. ISA Planung und Entwicklung GmbH. ISA Planung und Entwicklung GmbH. Münster.

Nielsen, Heidi/Nielsen, Karl (1984): Familienhelfer als Familienanwalt. Ergebnisse einer Aktenuntersuchung und einer Befragung von zuständigen Bezirkssozialarbeitern, Familienhelfern und betroffenen Familien. Frankfurt/M.:

Nielsen, Heidi/Nielsen, Karl/Müller, C. Wolfgang (1986): Sozialpädagogische Familienhilfe. Probleme, Prozesse und Langzeitwirkungen. Weinheim/Basel: Beltz.

Oevermann, Ulrich (1996): Theoretische Skizze einer revidierten Theorie professionalisierten Handelns. In: Combe, Arno/Helsper, Werner (Hrsg.): Pädagogische Professionalität. Untersuchungen zum Typus pädagogischen Handelns. Frankfurt/M.: Suhrkamp, S. 70–182.

Peters, Friedhelm (1990): Zur Kritik der Sozialpädagogischen Familienhilfe oder: Erleben wir derzeit die „zweite Geburt" der modernen Sozialarbeit? In: Widersprüche 10, S. 29–49.

Petko, Dominik (2004): Gesprächsformen und Gesprächsstrategien im Alltag der Sozialpädagogischen Familienhilfe. Göttingen: Cuvillier.

Pluto, Liane (2007): Partizipation in den Hilfen zur Erziehung. Eine empirische Studie. München: Eigenverlag DJI.

Pressel, Ingeborg (1981): Modellprojekt Familienhilfe in Kassel. Bericht der wissenschaftlichen Begleitung. Frankfurt/M.: Eigenverlag Deutscher Verein.

Reimer, Daniela/Wolf, Klaus (2008): Partizipation der Kinder als Qualitätskriterium der Pflegekinderhilfe. Expertise für das Projekt „Pflegekinderhilfe in Deutschland", durchgeführt vom Deutschen Jugendinstitut e.V., München (DJI) und vom Deutschen Institut für Jugend und Familie, Heidelberg (DIJuF).

Richter, Ingo/Krappmann, Lothar/Wapler, Friederike (2020): Kinderrechte. Handbuch des deutschen und internationalen Kinder- und Jugendrechts. Baden-Baden: Nomos.

Richter, Martina (2013): Die Sichtbarmachung des Familialen. Gesprächspraktiken in der Sozialpädagogischen Familienhilfe. Weinheim/Basel: Beltz Juventa.

Schnurr, Stefan (2011): Partizipation. In: Otto, Hans-Uwe/Thiersch, Hans (Hrsg.): Handbuch Soziale Arbeit. Grundlagen der Sozialarbeit und Sozialpädagogik. 4. völlig neu bearbeitete Auflage. München: Ernst Reinhardt, S. 1069–1078.

Schuster, Eva Maria (1997): Sozialpädagogische Familienhilfe (SPFH). Aspekte eines mehrdimensionalen Handlungsansatzes für Multiproblemfamilien. Frankfurt/M.: Peter Lang.

Solf, Christiane/Wittke, Verena (2015): Elternbeteiligung in der Tagesgruppe. In: Bavendiek, Ulrike/Flock, Bruno/Geske, Guntram (Hrsg.): Handreichung Tagesgruppen. Theorie und Praxis zukunftsorientierter Tagesgruppenarbeit. Eigenverlag IGfH.

Statistisches Bundesamt (2019): Statistiken der Kinder- und Jugendhilfe. Erzieherische Hilfe, Eingliederungshilfe für seelisch behinderte junge Menschen. Hilfe für junge Volljährige.

Stork, Remi (2007): Kann Heimerziehung demokratisch sein? Weinheim/München: Juventa.

Thiersch, Hans/Grunwald, Klaus (2004): Das Konzept Lebensweltorientierte Soziale Arbeit – einleitende Bemerkungen. In: Grunwald, Klaus/Thiersch, Hans (Hrsg.): Praxis Lebensweltorientierter Sozialer Arbeit. Handlungszugänge und Methoden in unterschiedlichen Arbeitsfeldern. Weinheim/München: Juventa, S. 13–39.

Wolf, Klaus (1999): Machtprozesse in der Heimerziehung. Eine qualitative Studie über ein Setting klassischer Heimerziehung. Münster: Votum.

Wolf, Klaus (2006): Sozialpädagogische Familienhilfe aus Sicht der Klientinnen und Klienten. Forschungsergebnisse und offene Fragen. In: Fröhlich-Gildhoff, Klaus/Engel, Eva-Maria/Rönnau, Maike/Kraus, Gabriele (Hrsg.): Forschung zur Praxis in den ambulanten Hilfen zur Erziehung. Freiburg i. Br.: FEL, S. 83–99.

Wolf, Klaus (2007): Zur Notwendigkeit des Machtüberhangs in der Sozialen Arbeit. In: Kraus, Björn/Krieger, Wolfgang (Hrsg.): Macht in der Sozialen Arbeit. Interaktionsverhältnisse zwischen Kontrolle, Partizipation und Freisetzung. Lage: Lippe, S. 103–141.

Wolf, Klaus (2015): Sozialpädagogische Interventionen in Familien. 2. überarbeitete Auflage. Weinheim/Basel: Beltz Juventa.

Wolf, Klaus/Frindt, Anja (2004): Hoffnungslose Familien? Chancen der Sozialpädagogischen Familienhilfe. In: Aktion Jugendschutz Landesarbeitsstelle Baden-Württemberg (Hrsg.): Von wegen Privatsache ... Erziehungspartnerschaft zwischen Familie und Gesellschaft. Stuttgart: ajs, S. 127–141.

Woog, Astrid (2006): Soziale Arbeit in Familien. Theoretische und empirische Ansätze zur Entwicklung einer pädagogischen Handlungslehre. 3. Auflage. Weinheim/München: Juventa.

Kapitel VI:
Methodisches Handeln in der Unterstützung von Eltern

Professionelle Zusammenarbeit mit Eltern – Haltungen, Kompetenzen, Perspektiven[1]

Matthias Moch

Einleitung

> „[…] und das ist oft schon unheimlich schwer. Also ich merke das bei mir, (..) dass ich unheimlich mit mir dann auch zu tun habe, dass ich nicht Aggressionen kriege gegen die Frau, dass also für mich dann oft die Frage ist: Hat das noch einen Wert? […]".

Mit dieser Aussage einer Fachkraft im Kontext der folgenden Fallgeschichte wird das Thema dieses Beitrags angedeutet: Welchen Aufgaben und Anforderungen müssen sich Fachkräfte in der Zusammenarbeit mit Eltern in Erziehungshilfen stellen und welche Fähigkeiten brauchen sie dazu angesichts der Komplexität jeweils gegebener Problemlagen der Familien? Neben grundlegenden Kompetenzen in der Fallarbeit sind Bedingungen zur Bewältigung jener Herausforderungen zu thematisieren, die aus den Spannungsfeldern zwischen verschiedenen Perspektiven, Wertsetzungen und Interessen resultieren. Fachkräfte erweisen sich in dem Maße als „professionell Handelnde" (vgl. Moch 2012), als sie solche offenen oder auch verdeckten Spannungsfelder wahrnehmen, in ihren Wirkungen verstehen und unter dem Einsatz reflexiver, kommunikativer und struktureller Ressourcen ihr Tun so ausrichten, dass sich im Rahmen der Hilfe neue Ressourcen und Handlungsmöglichkeiten für Eltern und Kinder eröffnen.

1 Tim und seine Mutter: „Wenn er gar nicht guttut, kommt er ganz weg!"

Tim war 12 Jahre alt, als er und seine Mutter mit der Jugendhilfestation in einer süddeutschen Kleinstadt in Kontakt kamen. Die Eltern hatten sich zehn Monate zuvor getrennt und Frau A. war mit Tim und seiner drei Jahre jüngeren Schwester in eine Sozialwohnung in der Nähe der oben genannten Einrichtung gezogen.

---

1 Ich danke Manuela Junker-Moch für kritische Anmerkungen und Anregungen.

In den Monaten nach der Trennung seiner Eltern schwänzte Tim oft tage-
lang die Schule und verweigerte auch den Hortbesuch. Er streunte fast täglich
durch die Stadt und brachte auf diese Weise seinen Protest gegen die neue, für
ihn unerträgliche Lebenssituation zum Ausdruck. Wenn er abends nach Hause
kam, beschimpfte er seine Mutter lauthals und warf ihr vor, die Trennung vom
Vater verschuldet zu haben. Wie Frau A. berichtete, hatte er sie in einem Streit
auch einmal mit einem Messer bedroht. Obwohl sie verbal stets sehr streng und
fordernd auftrat und sehr rigide Erziehungsvorstellungen hatte, stand Frau A.
Tims Regelverletzungen weitgehend hilflos gegenüber. In ihrer Verzweiflung
wusste sie keinen anderen Ausweg: Am liebsten würde sie Tim umgehend in einem Heim unterbringen.

Als in Gesprächen mit dem ASD das Ausmaß der Familienkonflikte deutlich wurde, wurde er zunächst in die Tagesgruppe der Jugendhilfestation aufgenommen mit dem Ziel, seinen Alltag zu strukturieren und ihm alters- und
entwicklungsgerechte Herausforderungen zu bieten. Nach anfänglichen „Flucht-
versuchen" gewöhnte sich Tim nur langsam an den fordernden, aber auch viel-
seitig anregenden Gruppenrahmen. Auf der Suche nach (primär männlicher)
Anerkennung genoss er vor allem die Spielmöglichkeiten, das Handwerken,
aber auch das reichliche Essen und die Unabhängigkeit von seiner jüngeren
Schwester, die er zuvor des Öfteren hatte zuhause betreuen müssen. Durch das
intensive Engagement der Mitarbeiter*innen konnte er seine ablehnende und
vermeidende Haltung gegenüber der Schule weitgehend überwinden. Aber die
Konflikte zwischen ihm und seiner Mutter waren nach wie vor sehr heftig, bisweilen gewalttätig. Nach etlichen Wochen mit weiteren Auseinandersetzungen
sah sich Frau A. nervlich an ihre Grenzen gebracht, was auch den Fachkräften
deutlich wurde. Dies führte zu einer vorübergehenden Aufnahme in die Inobhutnahme der Institution und im Verlauf von zwei Jahren zu mehreren Wechseln zwischen stationärer und teilstationärer Unterbringung, während denen
Tim und seine Mutter sich immer wieder annäherten und voneinander entfernten.

Als Tim – zuhause wohnend – erneut begann, die Schule zu schwänzen, vereinbarten die Mitarbeiter*innen im Bedarfsfall eine stundenweise Betreuung bei
ihm zuhause, um ihn dort „als Kranken" fürsorglich zu betreuen. Auch nachmittags durfte er nicht in die Gruppe kommen. Diese „Intensivpflege" wurde
Tim nach einigen Tagen zu viel. Er beschloss, wieder in die Schule zu gehen
und verlegte wieder sein gelegentliches Streunen auf die Abend- und Nacht-
stunden.

Was im Rahmen der Gruppe gelungen war – die Erweiterung von Tims Er-
fahrungsraum und zugleich die weitgehende Regelung seines Alltags –, konnte
in der Zusammenarbeit mit der Mutter erst allmählich auf den häuslichen Rahmen ausgeweitet und übertagen werden. Denn letztlich wollten weder Tim
noch seine Mutter eine dauerhafte Trennung. Folglich forderte es die Situation,

das Problem der massiv gestörten Beziehung in den Mittelpunkt der pädagogischen Arbeit zu rücken.

Frau A. fühlte sich durch die fachliche Unterstützung enorm entlastet und in ihrer Verzweiflung erfuhr sie Zuspruch und Beratung sowie Vertrauen in eine mögliche weitergehende Zusammenarbeit. Auf ihrem Weg zu einem gelingenderen Zusammenleben mit Tim mussten jedoch Hürden überwunden werden, Hindernisse, die ihr bisher als solche nicht bewusst gewesen waren.

Zu Beginn, als Frau A. die Einrichtung und den Alltagsbetrieb dort kennenlernte, war sie angesichts der Turbulenz in der Gruppe zunächst eher misstrauisch, insbesondere was den Umgangston zwischen Jugendlichen und Erwachsenen anbetraf:

> „Ja also, man muss schon ein bisschen darauf achten. Am Anfang war ich skeptisch, ehrlich gesagt [...], mir war [das] nicht so geheuer. Ich dachte: Sag' einmal mensch: Auch die Kinder sind so frech zu den Erziehern. Dass die da nichts machen? Also wenn ich Erzieherin wäre, was ich machen würde: Verwarnen, und wenn es immer noch nicht guttut, gleich eine auf die Gosch. Aufsässig, wie die sind, die Jugend heute. Die müssten härter durchgreifen".

Als klar wurde, in welcher Heftigkeit die Auseinandersetzungen zuhause abliefen, kam der betreuende Mitarbeiter regelmäßig – insbesondere in Krisenzeiten – in die Wohnung der Familie. Hier konnte er sich nicht nur ein Bild von den beengten Wohnverhältnissen und den mütterlichen Ordnungsvorstellungen machen, sondern auch den Einfluss der sozialen Kontrolle spüren, die durch die Nachbarschaft im Wohnblock ausgeübt wurde. Im Verlauf der notwendig gewordenen Betreuungen zuhause fasste Frau A. zunehmend Vertrauen und war zugleich auch überrascht, wie fürsorglich sich der Mitarbeiter um den „kranken" Tim kümmerte.

In allen Unwägbarkeiten der Scheidungssituation zusätzlich den massiven Vorwürfen ihres Sohnes ausgesetzt zu sein, wurde das ohnehin schwache Selbstbewusstsein von Frau A. weiter geschwächt. Indem sie im Engagement der Mitarbeiter*innen Ansprache und Zuspruch fand, wurde sie sich nicht nur in ihren Anliegen und Nöten angenommen, sondern erfuhr auch durch gezielte Beratung sowie durch modellhaftes Erleben der Fachkräfte eine Stärkung ihrer Mutterrolle. Dabei wurden ihre Unsicherheit und ihre Ambivalenz im Umgang mit Tims Regelverstößen und seiner Schulverweigerung dort offensichtlich, wo Tim im Kontakt mit den Fachkräften durchaus kooperativ und auch begeisterungsfähig war. Mitarbeiter Günter stellte im Erziehungsverhalten der Mutter eine Entwicklung fest:

> „Also früher hat sie das [Schuleschwänzen und Streunen] wohl einfach so [auf sich beruhen] lassen, aber durch diese Situation jetzt und durch das, was sie dann mitgekriegt

hat, also wie wir das kontrollieren und wir auch Regeln setzen, war sie natürlich unter Druck [...] Also sie hat sicherlich ganz stark gespürt, dass es so, wie sie es bisher gemacht hat, dass das nicht richtig ist".

Was die Schulproblematik anbetraf, so hatten die Mitarbeiter*innen bereits kurz nach Beginn der Maßnahme zu Tims Klassenlehrer Kontakt geknüpft und in die gemeinsamen Absprachen bezüglich Tims Anwesenheit und auch Förderbedarf die Mutter unmittelbar mit einbezogen. Diese konnte dann auch zunehmend die eigene Verantwortung für Tims Schulverpflichtungen wieder übernehmen.

Einen Kristallisationspunkt in der negativen Dynamik in der Familie stellte der abgebrochene Kontakt zum Vater dar. Daher suchten die Mitarbeiter*innen diesen Kontakt und konnten erreichen, dass Tim seinen Vater auch ohne Schuldgefühle gegenüber der Mutter wieder besuchen konnte.

Im Rahmen von mehrtägigen Familienfreizeiten – für Familie A. finanziell und organisatorisch bisher unerreichbare Gelegenheiten – konnten Tim und seine Mutter vieles bei den Mitarbeiter*innen und bei anderen Familien beobachten und für den Umgang miteinander lernen, sowohl in Bezug auf Alltäglichkeiten und Verbindlichkeiten wie auch in Bezug auf wechselseitige Interessenbekundung und Freizeitgestaltung.

Diese vielfältigen, ungewohnten und durchaus herausfordernden Erfahrungen gaben Frau A. und Tim Anlass, im Verlauf von zwei Jahren ihre Konflikte weniger destruktiv auszutragen. Nicht nur Tim entwickelte ein stärkeres Selbstwertgefühl und zeigte sich zunehmend verbindlicher, sondern auch Frau A. konnte die Bestrebungen ihres Sohnes nach Eigenständigkeit und Unabhängigkeit allmählich besser anerkennen.

2 Auf welchen Fähigkeiten beruht fachliches Handeln in der Elternarbeit?

Möglicherweise liest sich die Fallgeschichte von Tim und seiner Mutter primär als eine mehr oder weniger günstig verlaufene Familienbegleitung. Jedoch verbergen sich hinter den Angeboten, Interventionen, eröffneten Möglichkeiten und Weichenstellungen im Fallverlauf zentrale Qualifikationen, die von Fachkräften in der Elternarbeit in Erziehungshilfen erwartet werden. Innerhalb des sozialpädagogischen Alltags – auch unabhängig vom Elternbezug – bewegen sich die Fachkräfte dabei in einem mehrfach widersprüchlichen Feld. Denn qualifiziertes fachliches Handeln zeichnet sich dadurch aus, dass es die letztlich unauflösbare Spannung zwischen der Notwendigkeit zu situativ problemangemessenem Handeln einerseits (Entscheidungszwang) und dem Gebot zur fachlichen Reflexion andererseits (Begründungsverpflichtung) in einer Weise ins

Gleichgewicht bringt, dass Probleme in partizipativer Weise gelöst oder zumindest einer Lösung näher gebracht werden können (Oevermann 2004: 160;
Garz/Raven 2015: 117 f.). Konkret bedeutet dies, dass Fachkräfte in einer Weise
handeln müssen, die einerseits zu einer für Kind/Jugendlicher*n und Eltern ak-
zeptablen und praktizierbaren Erleichterung ihrer Situation führt, die andererseits und zugleich den durch Gesetz, Berufsethik und Auftrag bestimmten fachlichen Ansprüchen an ihre Professionalität entspricht. Welche Qualifikationen
zur professionellen Bewältigung und Bewährung sozialpädagogischer Fallarbeit
im Einzelnen benötigt werden und welchen Stellenwert sie in der Zusammenarbeit mit Eltern jeweils haben, soll im Folgenden herausgearbeitet werden.

2.1 Wissen – Fallwissen

Elementarste Grundlage jedes professionellen Handelns stellt zunächst eine
breite Basis an Fachwissen dar. In Bezug auf das hier zu erörternde Thema ist
dabei zu denken an: Erkenntnisse, Theorien und empirische Befunde über Formen und Herausforderungen des modernen Familienlebens, über Hintergründe für Familienkonflikte, soziologische Grundlagen der Beziehungen zwischen
Generationen, Wissen über systemische Eigenschaften von Familienbeziehungen und ihrer Entwicklungen – um nur einige zu nennen („ein Fall von ...";
Hörster/Müller 1996: 638). Desweitern spielen Kenntnisse über die Verfasstheit
des Wohlfahrtsstaates, die gesetzlich verankerten Leistungen des Sozialsystems,
fach- und problemspezifische Zuständigkeiten sowie familienbezogene Inter-
ventionsmethoden eine wichtige Rolle („ein Fall für"; Hörster/Müller 1996:
639). Jedes Fallgeschehen aktiviert bestimmte Wissensbestände wie auch damit
verbundene Erfahrungen, die mit ihm in Verbindung stehen oder aktiv in Verbindung gebracht werden.

So sind in Bezug auf die oben dargelegte Fallgeschichte u. a. Wissensbestände
relevant, die – aus sehr unterschiedlichen Perspektiven – das Thema Eheschei-
dung und den Status von Alleinerziehenden und deren (geschlechtsabhängige)
Beziehungen zu ihren Kindern betreffen, aber auch Wissen über Pubertätskon-
flikte, Ablösungsprobleme und Gesellungsformen junger Menschen sowie weiterhin gesetzliche Ansprüche von Betroffenen, um nur einige Beispiele zu nennen.

2.2 Fallverstehen

Alle Wissensbestände sind als solche in Bezug auf das fachliche Handeln weit-
gehend nutzlos, solange sie nicht dazu beitragen, „den Fall" in seiner inneren
Dynamik zu verstehen. Fallverstehen umfasst ein ganzheitliches Erfassen des
Fallgeschehens auf mehreren Ebenen (vgl. Garz/Raven 2015: 122):

Grundlegend muss die Fachkraft mit dem *„methodischen Verstehen"* (Oevermann 1996: 73) kognitiv erfassen, welches Fach- und Methodenwissen im spezifischen Fall relevant und wie es mit dem Typus dieses Fallgeschehens in Verbindung zu bringen ist. Aus einem großen Fundus des vorhandenen Theorie-, Methoden- und Fallwissens sind die hier weiterführenden Inhalte zu erkennen und als Grundlage der Handlungsplanung zu nutzen.

Darauf aufbauend erfordert das *„praktische Verstehen"* (Oevermann 1996: 73), dass die Fachkraft ihr subjektives Erleben in der Fallarbeit mit ihrem Wissen zu verbinden versteht. Dieses Verstehen erfordert eine Perspektivenübernahme, in welcher Motive, Hoffnungen, Ängste der Adressat*innen nachvollzogen und die eigenen Reaktionen darauf reflektiert werden. Dieses Vorgehen entzieht sich letztlich einem rein wissenschaftlichen Zugang. Es kann nur von der in der Situation handelnden Fachkraft vollzogen und dann reflexiv „nach"-vollzogen werden. Diese Fähigkeit wird einerseits im Rahmen von praktischer Ausbildung und reflektierter Berufspraxis erworben, andererseits tragen aber auch eigene Lebenserfahrungen entscheidend dazu bei (Treptow 2011: 603).

Schließlich beinhaltet die *fallspezifische Intervention* das aktive Gestalten hilfreicher Situationen und Interaktionen, wodurch für die Adressat*innen neue Möglichkeiten des Handelns eröffnet werden. Zugleich gibt erst das eigene fachliche Handeln der Fachkraft die Chance, die eigenen Anteile und Beiträge in der Koproduktion des Fallgeschehens in den Blick zu nehmen. Die Fachlichkeit besteht hier in einer „praktischen, kunstlehrehaft fixierbaren Vermittlung von theoretischer Begründung und fallspezifischer konkreter Anwendung [...] in einer in sich autonomen Aktion" (Oevermann 1996: 142). Hierbei kommt einer Fachkraft die Rolle zu, in Form von „stellvertretenden Deutungen" (Garz/ Raven 2015: 70) einen Verständigungsprozess in Gang zu bringen mit dem Ziel, die Autonomie der*des Hilfesuchenden zur Bewältigung ihrer*seiner Lebenspraxis wieder herzustellen.

2.3   Fachliches Handeln im Familienkontext

Soweit die idealtypische Umsetzung in einem interaktiven Verstehensprozess, wie er als zentrale Aufgabenstellung ohnehin in jedem sozialpädagogischen Verhältnis zwischen Fachkraft und Adressat*in vorliegt. Erheblich komplizierter wird sie im vorliegenden Fall dadurch, dass die Fachkraft nicht nur einer Person gegenübersteht, sondern mindestens zweien (Kind/Jugendliche*r – Eltern), im Falle von „Normalfamilien" oder gar Patchwork-Familien sogar noch mehr Personen. Während etwa in der pädagogischen Alltagsarbeit die Rollen klar verteilt sind, treten hier verschiedene Kompetenzbereiche zueinander in Konkurrenz. So sieht Oevermann „in den Schwierigkeiten der Abgrenzung zwischen der Kompetenz der Eltern [...] und der spezifisch pädagogischen Kom-

petenz von Lehrern und Erziehern" einen wesentlichen Grund dafür, dass „es
für eine gelingende Professionalisierung schier unüberwindliche Barrieren geben" (Oevermann 1996: 181) muss.

Das besondere Dilemma der Fachkräfte besteht in der Verwirklichung einer
Praxis, die im Sinne des professionellen Verstehens Autonomie- und Entwick-
lungsbedürfnissen und -interessen beider Seiten (Eltern und Kind) Rechnung
trägt und zugleich ethisch, rechtlich und fachlich begründet werden kann. Somit werden in der Arbeit mit Eltern in Erziehungshilfen die beschriebenen Prozesse um einiges komplexer, denn

(1) Fachkräfte unterstützen – entsprechend ihrem fachlichen und gesetzlichen Auftrag – Eltern bei ihrer naturwüchsigen Erziehungsaufgabe. Dabei handeln Eltern autonom, sind in ihren Erziehungszielen jedoch nicht völlig frei,
weil an gesetzliche Vorgaben (Art. 6 GG; § 1626 BGB) gebunden (siehe auch
die Beiträge von Wiesner und Wabnitz in diesem Band). Unabhängig davon liegen die zunehmende Selbstständigkeit sowie die Normorientierung des Kindes/
Jugendlichen auch in ihrem eigenen Interesse. Um diese Ziele zu erreichen,
werden in modernen Gesellschaften viele Erziehungsaufgaben von Institutionen außerhalb der Familie übernommen. Folglich müssen Eltern einen Teil ihrer Erziehungsfunktionen an die dort tätigen Fachkräfte abgeben, um Förderung und ggf. auch Schutz des Kindes/Jugendlichen zu gewährleisten (vgl. auch
Köngeter 2009: 14, 26).

(2) In dieser Konstellation wird eine professionelle Praxis benötigt, die gewissermaßen auf einem „verdoppelten" Verstehensprozess im Sinne einer di-
versifizierenden Fachlichkeit (Faltermeier 2019: 257) beruht. So unterscheiden
sich auf der subjektiven Ebene die Ziele, Motive, Ängste und Hoffnungen von
Eltern und Kindern, denen das praktische professionelle Handeln jeweils Rechnung zu tragen hat. Entsprechend ist in unserem Fallbeispiel leicht nachzuvollziehen, dass sich Tims verzweifelte Mutter von der fachlichen Unterstützung
dringend Entlastung, Zuspruch und ganz praktischen Rat erwartet und auch
benötigt, um ihren Alltag bewältigen zu können (vgl. etwa Omer/Schlippe
2016). Zugleich braucht auch Tim Hilfe und Rückhalt bei seinen Bemühungen,
den destruktiven Wirkungen in seinen Familienbeziehungen zu entkommen
und für sich selbst mehr Autonomie und Selbstachtung zu entwickeln.

Angesichts dieser komplexen Konstellation ist die Fachkraft gehalten, die
oben skizzierten grundlegenden Fähigkeiten des Wissens und Verstehens in
diesen Kontext der Familienbeziehungen zu stellen und dabei die jeweils aktuellen fallspezifischen Aspekte und Entwicklungen mit zu berücksichtigen. Bei
diesen Bemühungen gerät die sie zunächst unweigerlich in das Dilemma kon-
kurrierender Loyalitäten. Indem Verstehensleistungen immer mit Perspekti-
venübernahmen und Identifikationen einhergehen, muss die Fachkraft in der
Lage sein, die zum Teil widersprüchlichen Wahrnehmungen, Gefühle und Ziele
von Kind/Jugendlichem und Eltern nicht nur wahrzunehmen und fachlich ein-

zuordnen, sondern sie „innerlich" in ihrem eigenen Erleben nachzuvollziehen, wozu sie ein erhebliches Maß an „Ambiquitätstoleranz" (Habermas 1978) benötigt.

Zugleich wird sie dann auch durch ihr systemisches Wissen die Familie als Ganzes sehen und dabei die regelhaften Strukturen ergründen, welche die rekursive Wechselseitigkeit des Handelns der Familienmitglieder in der Krise insgesamt leiten.[2] Die in dieser Lage letztlich anzugehenden Arrangements (Freiräume und Tagesstruktur für Tim; Beratung und Stärkung der Mutter) sind von der Einstellung getragen, festgefahrene Muster in einer Weise praktisch handelnd so aufzulösen, dass Kinder/Jugendliche und Eltern darin Chancen für eine Weiterentwicklung ihrer selbst und ihrer Beziehungen sehen können.

3 Bedingungen der Gestaltung hilfreicher und unterstützender Beziehungen

3.1 Arbeitsbündnis

Wenn grundsätzlich davon auszugehen ist, dass das Hilfeangebot an Eltern letztlich das Ziel hat, deren Erziehungsfähigkeit so weit zu unterstützen bzw. wiederherzustellen, sodass sie ihrer nach § 1 SGB VIII definierten Aufgabe zur Erziehung nachkommen und zugleich für sich selbst eine gelingende Lebensführung verwirklichen können, dann können fachliche Interventionen nur auf der Basis eines gemeinsam erarbeiteten Arbeitsbündnisses erfolgen (vgl. § 37 SGB VIII). Dazu gehört, dass einerseits die Eltern Hilfe aktiv in Anspruch nehmen (wollen), andererseits die Fachkräfte ihre Kompetenzen in den Dienst zur Überwindung der Krise stellen. Für ein solches Arbeitsbündnis braucht es wechselseitiges Vertrauen. Eltern vertrauen auf die Fähigkeiten, aber auch auf die „guten Absichten" der Fachkräfte im Sinne einer Unterstützung ihrer Ziele, Fachkräfte vertrauen ihrerseits darauf, dass Eltern ihre Kinder fördern möchten und Fähigkeiten besitzen, zum Wohl des Kindes/Jugendlichen zu handeln.

Dieses Arbeitsbündnis muss erst hergestellt werden und aus diesem Grund kommt vor allem dem Anfang einer Hilfe ganz besondere Bedeutung zu. In der Art und der Erfahrung des wechselseitigen Aufeinander-Zugehens entscheidet sich der weitere Hilfeverlauf in dem Maße, als Eltern einerseits in ihrer Lebenslage wirklich wertgeschätzt und verstanden werden, andererseits die Angebote als tatsächlich sich eröffnende Möglichkeiten zu einer Problemlösung wahrneh-

---

2 So kann in Bezug auf das Fallbeispiel erkannt werden, dass sich die Entscheidungkrise von Frau A. (Trennung von ihrem Ehemann) für Tim zu einer traumatischen Krise (Trennung vom Vater) entwickelt, die seine Zerrissenheit zwischen Mutter und Vater verstärkt, worauf die Mutter wiederum hilflos und traumatisch reagiert (vgl. Oevermann 2004: 165 ff.).

men und anerkennen können. Eine Gestaltung solcher „„offenen', neue Möglichkeiten erschließenden Anfänge" (Hörster/Müller 1996: 622) fordert die Professionalität von Fachkräften ganz besonders heraus.

3.2 Anfangen und Öffnen

Eine Analyse gelingender Anfänge kann zeigen, worin das professionelle Geschick in den ersten Begegnungen mit Adressat*innen bestehen kann. Denn oftmals sehen sich Eltern zu Beginn einer Hilfe in der Defensive, fühlen sich schuldig oder gar in ihren Rechten bedroht. Daher muss es den Fachkräften in erster Linie darauf ankommen, diese Spannung zu reduzieren, sich den Eltern verstehend und solidarisch anzunähern (Moos/Schmutz 2012: 52 ff.).

Hörster und Müller beziehen sich dabei – in Anlehnung an einen Begriff von Walter Benjamin – auf eine „Fähigkeit im Produzieren von Ähnlichkeiten" (Benjamin 1980 zit. n. Hörster/Müller 1996: 622). Damit ist die Fähigkeit gemeint, sich in einfühlsamer, spielerischer, Gemeinsamkeiten suchender Weise im eigenen Handeln der/dem Adressantin*en anzunähern, Auf diese Weise wird die professionelle Distanz zwischen Fachkraft und Adressat*in verringert und der professionell Habitus zugunsten des gegenseitigen Verstehens vorübergehend aufgegeben. Während Beispiele dafür – neben den von den Autoren an dieser Stelle explizierten Episoden – in der sozialpädagogischen Literatur zum Verhalten von Fachkräften gegenüber Kindern/Jugendlichen häufig sind (z.B. Trieschman et al. 1981: 144; Redl/Wineman 1982: 35; Bittner 1994: 177), finden sich diese in Bezug auf die Arbeit mit Eltern seltener (ansatzweise etwa Moos/ Schmutz 2006: 76 ff., 148, 162).

Im oben dargelegten Fallbeispiel lassen sich zwei Episoden in dieser Weise kennzeichnen: Frau A. macht die Erfahrung, dass in der Einrichtung ein durchaus turbulenter Alltag gelebt wird, in dem die Interessen ihres Sohnes ernstgenommen und berücksichtigt werden und in dem zugleich Regeln gelten und Sanktionen wirken. Indem sie diesen Zusammenhang, aber auch die damit verbundenen Schwierigkeiten und Anforderungen erkennt, kann sie von einer Idealisierung der Einrichtung abrücken und ihre eigenen Möglichkeiten in den Blick nehmen. Des Weiteren erlebt sie dieselben Fachkräfte, wie sie etwa als sorgende Personen Tim in seiner „Krankenrolle" ernst nehmen und ihn dementsprechend behandeln. Dadurch verschaffen die Fachkräfte neuen Normen (für beide Seiten) Geltung und zeigen der Mutter (auch ohne Worte) ihre eigenen Möglichkeiten auf.

Ein solches Handeln entzieht sich sehr oft einer durchdachten und zurechtgelegten Planung oder zielgerichteten Zweckorientierung, trägt aber durchaus zum wechselseitigen Verstehen bei, indem die Regeln des Handelns *im Vollzug* entwickelt und umgesetzt werden. Entsprechend verweisen Hörster/Müller

(1996: 623) darauf, „dass es sich dabei um eine emphatische, kommunikative, expressive, ästhetisch gestaltende und spielerische Tätigkeit handelt", mit deren Hilfe neue Normalität gefördert werden kann, ohne dass diese sofort voll umgesetzt ist. Vielmehr handelt es sich „um die *Herstellung* (statt Setzung) von Normalem" (Hörster/Müller 1996: 629; Hervorh. i. Orig.), welche „[...] nicht primär darauf ausgerichtet, den Verletzer der Norm auch selbst zu verpflichten. Verpflichtet werden vielmehr die Betrachter des Vorganges, das Publikum, die Adressaten der Deklaration" (ebd.: 629). Indem also Frau A. als Beobachterin dieser Szenen den normbildenden Rahmen einer familiennahen Erziehungshilfe unmittelbar erlebt, wird sie selbst in eine gemeinsame Verpflichtung zur Anerkennung neuer Normen einbezogen.

3.3   Fachliche und persönliche Beziehungsanteile

An diesen Beispielen wird deutlich, dass die Beziehungsgestaltung im Arbeitsbündnis mit den Eltern zwei verschiedene Seiten hat: (1) Indem Fachkräfte in ihrer Professionalität angefragt werden und fachliche Aufträge von Eltern und vom Jugendamt entgegennehmen, nehmen sie jeweils eine spezifische Rolle ein. Sie handeln entsprechend den Regeln und Erwartungen, die an sie in diesem fachlichen Kontext gestellt werden: Sie betreuen, beraten, kommunizieren einfühlend, geben begründete Antworten auf Fragen, vermitteln bei Konflikten. In diesem Kontext füllen Fachkräfte institutionelle Funktionen aus und sind in dieser Hinsicht auch prinzipiell austauschbar. (2) Auf der anderen Seite beinhalten die Beziehungen von Fachkräften zu Adressat*innen immer auch persönlich geprägte Anteile, und zwar dort, wo die Fachkräfte sich in ihrer Ganzheit als Menschen einbringen. So sind in der gemeinsamen Kommunikation mit Eltern durchaus auch Themen akzeptiert und zulässig, die nicht im engeren Sinne zur professionellen Rolle passen: etwa Gespräche über Hobbys, Lieblingsspeisen, favorisierten Fußballclubs u. ä.

„Es ist nun die zentrale Aufgabe des Professionellen, das Zusammenspiel dieser beiden grundsätzlich verschiedenen Beziehungstypen, die im Arbeitsbündnis eine widersprüchliche Einheit bilden, als Handlungs- und Erkenntnisrahmen zu nutzen" (Garz/Raven 2015: 125). Das bedeutet, dass im Rahmen einer zielgerichteten Arbeit mit Eltern immer auch Situationen aktiv hergestellt werden, in denen dieser Rahmen auch vorübergehend „in den Hintergrund gestellt" werden kann. Konflikte, Meinungsverschiedenheiten, gegenseitige Vorurteile, belastende Themen können dazu beitragen, dass eine fachliche Zusammenarbeit zu unterlaufen wird, wenn diese nicht immer wieder aufgefangen wird in gemeinsamen Erlebnissen, die Autonomie fördern und Beziehungen von Spannungen entlasten. Gemeint ist hier eine „Gestaltung des pädagogischen Handlungsraumes als partiellem Schonraum gegenüber dem ‚Ernst des

Lebens' [...]. Immer geht es um methodische Sicherung eines Spannungsver-
hältnisses, eines zeitweiligen Schwebezustandes zwischen realer und imaginier-
ter Interaktion im pädagogischen Bezug, um darin den Adressaten bessere
Handlungsoptionen zu eröffnen, als sie ohne dies hätten" (Müller 2006: 152).

Was dies in der Arbeit mit Eltern bedeuten kann, wird dort deutlich, wo
Zusammenkünfte primär vom gemeinsamen, ganzheitlichen Erleben geprägt
und Interaktionen weniger stark rollenfixiert sind: Bei einem Ausflug mit Eltern
und Kindern/Jugendlichen, bei einer Familienfreizeit, beim Elterncafé, beim
gemeinsamen Besuch einer Sportveranstaltung u. ä. In diesen Kontexten können von beiden Seiten Verhaltensweisen gezeigt werden und Themen zur Sprache kommen, die wiederum Gemeinsamkeiten erzeugen, Ähnlichkeiten und
Unterschiede deutlich werden lassen.

Dabei ist es keineswegs so, dass solche Aktivitäten einen (implizit) vereinbarten fachlichen Rahmen sprengen (müssen). Gerade dadurch, dass sie nicht
rational vor- und durchgeplant sind, bieten sie die Grundlage einer nicht-expli-
ziten Verständigung und bereiten damit eine themen- und aufgabenbezogene
Zusammenarbeit vor. Nur dadurch, dass sich die Fachkraft im Sinne eines „signifikanten Anderen" (Faltermeier 2019: 51 ff.) hier aktiv einbringt, wird auch
Eltern die Möglichkeit gegeben, sich so zu zeigen, wie sie sind, ohne allein auf
ihre erzieherische Rolle beschränkt zu werden.

Die Schwierigkeit einer Fachkraft, die Spannung zwischen diesen widersprüchlichen Ebenen zu regulieren, besteht darin, dass sie sich gerade auch in
solchen offenen Situationen stets ihrer professionellen Rolle und Zielsetzung im
Klaren ist und mit ihren Fähigkeiten die Eltern als Begleiter*in und Modell bei
der Förderung des Kindeswohls unterstützt. Das bedeutet: Sie handelt nicht als
Privatperson, sondern stellt sich den Eltern als authentische*r Kooperationspartner*in zur Verfügung, um ihrer*seiner Aufgabe im Rahmen einer gemeinsamen,
phasenweise auch „stellvertretenden" (Garz/Raven 2015: 122) Krisenbewältigung gerecht werden zu können. Weil auch in diesem Zusammenhang die Rollen unterschiedlich ausgestaltet sind, können Fachkräfte von Eltern immer auch
idealisiert, in Konflikte verstrickt oder gar auch aggressiv angegangen werden.

3.4 Meta-Reflexion

Oben wurde bereits die Fähigkeit zum Fallverstehen als Grundlage für eine gelingende Elternarbeit angesprochen. Im Unterschied zu einer Seminarübung, in
welcher ein dort eingebrachter Fall in seiner Dynamik aus der Distanz nachvollzogen und „rekonstruktiv verstanden" wird, ist die Fachkraft in der Praxis
am Fallgeschehen selbst beteiligt, sie „konstruiert" also den Fall aktiv mit. Aus
dem Erkennen dieser Tatsache erwachsen zwei zusätzliche Überlegungen, die
eng miteinander zusammenhängen:

(1) Jede Fachkraft bringt in ihre Praxis nicht nur Fachwissen, sondern vor allem auch eigene Werte, Vorstellungen, Erfahrungen mit, die mit den Inhalten ihrer Arbeit (Erziehung, Familie, gelingendes Leben u. ä.) in Verbindung stehen. Sie beruhen auf persönlichen Erlebnissen, die im Rahmen eigener Lebensbewältigung gemacht wurden und die im Lebenslauf immer wieder neue Erweiterungen, Neubewertungen und Reinterpretationen erfahren. Auf dieser Grundlage begegnen sie auch den Eltern und sehen, bewerten, beurteilen ihr Handeln und ihre Interaktionen. Indem die Fachkraft sich darüber bewusst wird, dass diese ihre eigenen Bewertungen im Fallgeschehen wirken und ihrerseits infrage gestellt werden können, ist ein wesentlicher erster Schritt zu einem „Verstehen des Verstehens" gemacht.

(2) Denn auf dieser Grundlage kann es nun gelingen, „in anderer Weise" über „den Fall" zu sprechen: In einer kollektiven Fallberatung wird nicht nur in objektivierender Weise über die Familie gesprochen. Vielmehr bringen Fachkräfte immer auch ihre eigenen subjektiven Gedanken und Gefühle in die Fallberatung mit ein. Diese sind wichtige diagnostische Merkmale, anhand derer besser verstanden werden kann, in welche Interaktionsmuster Eltern ihrerseits in ihrem Alltag verstrickt sind. So etwa spiegelt eine oftmals anfängliche Fremdheit, Unsicherheit und vielleicht auch Rechtfertigungsneigung der Fachkräfte den Eltern gegenüber eben die Lage wider, in denen sich die Eltern ihrerseits gegenüber der Einrichtung befinden, Empfindungen, die diese jedoch in der Regel durch ihr aktives Verhalten wegschieben wollen (vgl. Stierlin 1986).

Wie also Eltern und ihre Interkationen verstanden werden, steht in enger Verbindung zur Offenheit der Fachkraft selbst, sich über ihre eigenen Empfindungen in diesen Interaktionen klar zu werden, diese im geschützten Rahmen zu kommunizieren und sie auf diesem Weg für ein fachlich angemessenes Handeln zu öffnen. Das anzustrebende Ziel dabei ist, Eltern – bei all ihren möglicherweise abwehrenden Verhaltensweisen – nicht in ihren Erwartungsmustern (nicht nur) der Einrichtung gegenüber zu bestätigen, sondern ihnen vielmehr – im Wissen und eigenen Nachempfinden ihrer Lage – „unerwartet" und „öffnend" im Rahmen von Kommunikation und gemeinsamer Aktivität zu begegnen.

4 Mittler*in und Unterstützer*in bei der Krisenbewältigung

Eltern von Kindern/Jugendlichen in (teil-)stationären Erziehungshilfen befinden sich sehr häufig in Lebenslagen, in denen sie mit ökonomischer Not, sozialer Unterprivilegierung und misslingenden Strategien in der Bewältigung des Alltags zu kämpfen haben. Nöte der Kinder/Jugendlichen und Nöte der Eltern sind unmittelbar miteinander verschränkt. Am deutlichsten tritt dies dort hervor, wo festgestellte Gefährdungen des Kinderwohls primär darauf zurückzuführen sind, dass Eltern in ihren Erziehungskompetenzen eingeschränkt sind, d.h. unter den gegebenen Bedingungen dem jungen Menschen nicht gerecht werden (können), ihm möglicherweise auch Schaden zufügen. Weil Kinder/Jugendliche und Eltern nicht nur Rechte, sondern auch Bindungen haben, haben Fachkräfte hier die Aufgabe, die Hintergründe und Verstrickungen zu verstehen, aufgrund derer die Eltern das Kind/den Jugendlichen nicht schützen können. Dies können sie nur auf der Grundlage von Gesprächen und Interaktionen mit den Eltern tun (Berghaus 2020). Professionell handeln bedeutet hier, eigene Ängste, Moralvorstellungen sowie eingeengte Perspektiven auch (und gerade) dann zu überwinden, wenn Eltern einer Erziehungshilfe-Maßnahme ablehnend gegenüberstehen und möglicherweise gegen diese agieren. Ohne dieses Verständnis haben vermeintlich das Kind/den Jugendlichen schützende Maßnahmen oftmals eine Verschärfung der Lage zur Folge (etwa durch „Nichtwissen"; Klatetzki 2020; vgl. auch Conen 2015: 192ff.). Zugleich bleibt mit Anne Frommann (1987: 126) festzustellen: „Oft ist eine ehrliche Konfrontation mehr als eine halbe Harmonisierung. Dies gilt aber wohl nur, solange die Bewegung nicht aufhört und die ‚Fronten' nicht erstarren".

Wenn Fachkräfte Interaktionen mit Eltern mit unterprivilegiertem Status schwierig finden, dann müssen sie sehen, dass diese Schwierigkeit ja gerade Ausdruck der sozialen Differenz zwischen ihnen selbst und den Eltern ist. Sie können daher keine Kommunikation erwarten, wie sie möglicherweise in ihrem sonstigen Umfeld üblich ist. Wenn ihnen der solidarische Blick auf diese Differenz gelingt, können sie möglicherweise Brücken bauen zwischen verschiedenen Welten und Wege ebnen, sei es etwa zur Schule (Acho 2011), zur Welt der Bildung (Corell/Lepperhoff 2020) oder auch ganz grundsätzlich – in „xenologische(r) Perspektive" (Nauck/Schönpflug 1997: 2) – zwischen sehr unterschiedlichen (Familien-)Kulturen. Dazu gehört möglicherweise auch die gemeinsame Annäherung an neue Kommunikationswege mithilfe digitaler Medien (Kreß/Kutscher 2020) oder Beratung und gemeinsame Durchsetzung von Elternrechten.

5   Auf dem Weg zu einem professionellen Habitus in der Elternarbeit

Oftmals fällt es vor allem jungen Fachkräften nicht leicht, den Eltern der von ihnen betreuten Kindern und Jugendlichen als Gesprächspartner auf einer Ebene zu begegnen. Dies kann zum einen mit den eben erwähnten Unterschieden in Bezug auf Normen und Werten hinsichtlich Familie, Kindeswohl und Erziehung zusammenhängen. In der Regel identifizieren sich Fachkräfte hier stark mit den Betreuten. Zum anderen sind es aber häufig Unsicherheiten der Fachkräfte, mit den an sie gerichteten Bedürfnissen der Eltern nicht angemessen umgehen zu können. Dahinter können zweierlei Gründe stehen: (1) Angesichts der oft überwältigenden Probleme der Familien können Fachkräfte nicht die Lebensleistungen (an)erkennen, welche die Eltern zur Bewältigung ihrer Krisen erbracht haben. Elementare strukturelle und biografische – und oftmals auch tabuisierte – Hürden täglicher Lebensbewältigung werden nicht mitgedacht bzw. können nicht nachempfunden werden. (2) Des Weiteren wird das strukturelle Machtgefälle unterschätzt, dem sich Eltern gegenüber den Jugendhilfebehörden ausgesetzt sehen. Eltern befinden sich gegenüber dem Jugendamt in Rechtfertigungszwängen und haben Angst, bei der Gestaltung einer Hilfe schlichtweg nicht mehr mitreden und in ihren Zielen fremdbestimmt werden zu können (vgl. Hansbauer in diesem Band; Moch 2009). Diese Hintergründe erschweren den Vertrauensaufbau und eine „stellvertretende Deutung" durch die Fachkraft. Sie müssen zunächst verstanden werden, wenn sich eine Fachkraft den oftmals klagenden oder auch fordernden Haltungen von Eltern gegenübersieht.

Im Kontakt mit Eltern befinden sich Fachkräfte in einer ganz anderen Situation als in der Interaktion mit den Kindern/Jugendlichen. Während letzteren zugestanden werden muss, sich über viele sozialisatorische Krisen und Auseinandersetzungen hinweg erst in eine „Position von Autonomie, Authentizität und Einzigartigkeit ‚hineinzuarbeiten'" (Garz/Raven 2015: 95), ist Eltern in allen ihren Handlungen faktisch eine grundlegend gegebene Autonomie zu unterstellen (Garz/Raven 2015: 114). Ihnen gegenüber sehen sich Fachkräfte daher verstärkt aufgefordert, explizit fachlich zu argumentieren und – im Sinne einer spezifischen Arbeitsbeziehung (s. o.) – ihre sozialpädagogische Expertise in die Kommunikation einzubringen. Entsprechend stellen Fachkräfte in diesem Kontext ihr Fachwissen in den Mittelpunkt, fordern jedoch die Eltern zugleich zur stärkeren Verantwortungsübernahme auf (Moch 2019: 118). Indem sie sich den Eltern gegenüber – rollenförmig korrekt – abstinent verhält, stellt die Fachkraft eine Distanz her, die möglicherweise ein Hindernis für ein gelingendes Arbeitsbündnis im Sinne einer Öffnung für diffuse, spannungsentlastende Momente darstellt. Oevermann (1996: 124) hält daher eine Professionalisierung „in einer doppelten Weise" für notwendig, in welcher Fachkräfte professionelle Distanz mit einer „personalisierten Beziehung zum Klienten" (Oevermann 1996) zu verbinden lernen. Dieser Lernprozess braucht spezifische strukturelle und organisatorische Bedingungen, deren Grundlagen sich folgendermaßen charakterisieren lassen:

(1) Gewiss ist es von Vorteil, wenn für Kontakte und Gespräche mit Eltern grundlegende Regeln institutionell kommuniziert und bewusst sind, was Zuständigkeit, Termingestaltung, Gesprächsführung (vgl. Lattschar in diesem Band), Telefonkontakte, aber ggf. auch gezielte Trainingsangebote (vgl. Petermann 2020; Egert 2011) etc. anbetrifft. Solche Rahmenbedingungen geben Sicherheit, definieren den Kontext für die Kooperation, machen frei für weitere

Gestaltungen. Spontaneität und Lebendigkeit dürfen durch künstliche Regelset-
zungen aber nicht leiden (Omer/Schlippe 2016: 24 f.).

(2) Außerhalb von solchen eher reglementierten Kommunikationsformen
(etwa Aufnahme-, Hilfeplangespräch, telefonischer Bericht nach einer Wochen-
endheimfahrt o. ä.) müssen Gelegenheiten gegeben sein, deren Struktur und
Ablauf offen gestaltet und weniger zielgerichtet sind (etwa Hausbesuch, Projekt,
Freizeitunternehmung, Familienfreizeit etc.). „Die Entwicklung eines Habitus
des Praktikers […] bedarf eines nur begrenzt plan- und organisierbaren Umgangs mit der Praxis eines professionalisierungsbedürftigen Handlungsfeldes
selbst" (Garz/Raven 2015: 133).

(3) Gerade weil diese doppelte Professionalisierung so schwierig ist, brauchen Fachkräfte zum einen qualifizierte Reflexionskontexte wie regelmäßige
Supervision und Teamfortbildungen. Zum zweiten müssen sie Gelegenheit haben, gezielt auf Fachdienste zurückzugreifen, die sie durch zeitliche, personelle
und konzeptionelle Ressourcen unterstützen. Zum dritten bedürfen vor allem
(aber nicht nur) „Anfänger*innen" in der Elternarbeit einer gezielten, situa-
tionsbegleitenden Begleitung (Moch 2006; 2009), die ein beobachtendes und
situativ-reflektierendes Lernen möglich macht.

Literatur

Acho, Viviane Nabi (2011): Elternarbeit mit Migrantenfamilien – Wege zur Förderung der nachhaltigen
    und aktiven Beteiligung von Migranteneltern an Elternabenden und im Elternbeirat. Freiburg i. Br.:
    Centaurus Verlag und Media.
Berghaus, Michaela (2020): Erleben und Bewältigen von Verfahren zur Abwendung einer Kindeswohl-
    gefährdung aus Sicht betroffener Eltern. Weinheim/Basel: Beltz Juventa.
Bittner, Günther (1994): Problemkinder. Göttingen/Zürich: Vandenhoeck & Ruprecht.
Conen, Marie-Luise (2015): Zurück in die Hoffnung. Augsburg: Auer.
Correll, Lena/Lepperhoff, Julia (2020): Elternbegleitung für den Abbau ungleicher Bildungschancen von
    Kindern aus armen und armutsgefährdeten Familien. In: Neue Praxis, 50, 4, 382–390.
Egert, Susanne (2011): Erfolgreich erziehen helfen. Stuttgart: Kohlhammer.
Faltermeier, Josef (2019): Eltern, Pflegefamilie, Heim. Partnerschaften zum Wohle des Kindes. Wein-
    heim/Basel: Beltz Juventa.
Frommann, Anne (1987): Da-Sein in Stellvertretung. Ausgewählte Aufsätze zur Heimerziehung 1960–
    1986. Frankfurt/M.: Eigenverlag IGfH.
Garz, Detlef/Raven, Uwe (2015): Theorie der Lebenspraxis. Einführung in das Werk Ulrich Oevermanns.
    Wiesbaden: Springer VS.
Habermas, Jürgen (1978): Stichworte zu einer Theorie der Sozialisation. In: Götz, Bernd/Kaltschmid,
    Jochen (Hrsg.): Sozialisation und Erziehung. Frankfurt/M.: Suhrkamp, 103–116.
Hörster, Reinhard/Müller, Burkhard (1996): Zur Struktur pädagogischer Kompetenz. Oder: Wo bleibt das
    Pädagogische der Sozialpädagogik? In: Combe, Arno/Helsper, Werner (Hrsg.): Pädagogische Profes-
    sionalität. Frankfurt/M.: Suhrkamp, 614–648.
Klatzetzki, Thomas (2020): Der Umgang mit Fehlern im Kinderschutz – eine kritische Betrachtung. In:
    Neue Praxis, 50, 2, 101–121.
Köngeter, Stefan (2009): Relationale Professionalität. Hohengehren: Schneider.
Kreß, Lisa-Marie/Kutscher, Nadja (2020): Digitalisierung im Handlungsfeld der Arbeit mit geflüchteten
    Menschen. In: Kutscher, Nadja/Ley, Thomas/Seelmeyer, Udo/Siller, Friederike/Tillmann, Angela/
    Zorn, Isabell (Hrsg.): Handbuch Soziale Arbeit und Digitalisierung. Weinheim/Basel: Beltz Juventa,
    575–583.

Moch, Matthias (2006): Wissen – Verstehen – Können: Kompetenzerwerb durch reflexive Praxisanleitung im Studium der Sozialen Arbeit. In: Neue Praxis, 36, 5, 532–544.

Moch, Matthias (2009): Kompetenzerwerb im Praxisstudium – Handlungskonstituierende Merkmale in „lehrreichen" Situationen. In: Neue Praxis, 39, 6, 620–629.

Moch, Matthias (2012): Professionelles Handeln?! – Fachlichkeit im Kontext von Erziehungshilfe in einer anderen Familie. In: Zeitschrift für Kindschaftsrecht und Jugendhilfe, 8, 296–300.

Moch, Matthias (2019): Kompetentes Handeln in stationären Erziehungshilfen. Wiesbaden: Springer VS.

Moos, Marion/Schmutz, Elisabeth (2006): Familienaktivierende Heimerziehung. Mainz: Institut für Sozialpädagogische Forschung.

Moos, Marion/Schmutz, Elisabeth (2012): Praxishandbuch Zusammenarbeit mit Eltern in der Heimerziehung. Mainz: Institut für Sozialpädagogische Forschung.

Müller, Burkhard (2006): Nähe, Distanz, Professionalität. In: Dörr, Margret/Müller, Burkhard (Hrsg.): Nähe und Distanz. Weinheim/München: Juventa, 141–157.

Nauck, Bernhard/Schönpflug, Uwe (Hrsg.) (1997): Familien in verschiedenen Kulturen. Stuttgart: Enke.

Oevermann, Ulrich (1996): Theoretische Skizze einer revidierten Theorie professionellen Handelns. In: Combe, Arno/Helsper, Werner (Hrsg.): Pädagogische Professionalität. Frankfurt/M.: Suhrkamp, 70–182.

Oevermann, Ulrich (2004): Sozialisation als Prozess der Krisenbewältigung. In: Geulen, Dieter/Veith, Hermann (Hrsg.): Sozialisationstheorie interdisziplinär. Stuttgart: Lucius & Lucius, 155–181.

Omer, Haim/Schlippe, Arist von (2016): Autorität durch Beziehung. Die Praxis des gewaltlosen Widerstandes in der Erziehung. Göttingen: Vandenhoeck & Ruprecht.

Petermann, Franz (2020): Eltern- und Familienarbeit – Therapietools. Weinheim/Basel: Beltz Juventa.

Redl, Fritz/Wineman, David (1982): Steuerung aggressiven Verhaltens bei Kind. München: Piper.

Stierlin, Helm (1986): Das Tun des Einen ist das Tun des Anderen – Eine Dynamik menschlicher Beziehungen. Frankfurt/M.: Suhrkamp.

Treptow, Rainer (2011): Handlungskompetenz. In: Otto, Hans-Uwe/Thiersch, Hans (Hrsg.): Handbuch Soziale Arbeit. München: Ernst Reinhardt, 601–608.

Trieschman, Albert E./Whittaker, James K./Brendtro, Larry K. (1981): Erziehung im therapeutischen Milieu. Freiburg i. Br.: Lambertus.

Ins Gespräch kommen mit Eltern – Situationen, Rahmen, Methoden und Techniken

Birgit Lattschar

Einleitung

Gespräche mit Eltern, die Erzieherische Hilfen für ihre Kinder erhalten, sind in der Regel fester Bestandteil der verschiedenen Hilfeformen. Mit Eltern angemessen ins Gespräch zu kommen, scheint jedoch für Fachkräfte nicht immer einfach zu sein. „Ich weiß gar nicht, wie ich das ansprechen soll" oder „Die haben ja nichts umgesetzt von dem, was wir besprochen haben" sind nur zwei der Rückmeldungen, die mir als Supervisorin und Fortbildnerin begegnen. Eltern wiederum schildern, „dass sie sich nicht verstanden fühlen" oder „das Gefühl haben, dass man ihnen nicht zuhört" (Krause 2019: 95; vgl. dazu auch Redmann/Gintzel 2017). Ist das Gesprächsthema für die Beteiligten emotional besetzt, fühlen sie sich nicht wertgeschätzt, sind die Chancen groß, dass Gesagtes und Besprochenes nicht verstanden oder behalten bzw. falsch verstanden wird.

Wie können Gespräche mit Eltern auch in Konfliktsituationen konstruktiv geführt werden? Welcher Rahmen ist dazu möglich und passend? Und welche Techniken und Methoden können eingesetzt werden, um anders miteinander ins Gespräch zu kommen? Dazu stellt dieser Artikel grundsätzliche Überlegungen an und will praktische Anregungen geben.

1   Gesprächssituationen und -anlässe

In der Jugendhilfe gibt es sehr unterschiedliche Gesprächssituationen und -anlässe. Unterschieden werden können:

- *Informationsgespräche* wie etwa ein Tür- und Angel-Gespräch, ein Elternabend oder eine Vorstellung der Einrichtung. Sie haben vor allem den Austausch über ein Sachthema zum Inhalt und finden oft in keinem geschützten Gesprächsrahmen statt. Hier können keine „großen" Themen angeschnitten werden, die einen vertraulichen Rahmen oder mehr Zeit benötigen. In einem solchen Fall ist es meist sinnvoller, zu vertagen und zeitnah einen neuen Termin zu vereinbaren.

- *Regelhafte Gespräche* wie Entwicklungsgespräche oder Hilfeplangespräche. Sie finden in bestimmten Abständen statt. Teilnehmende, Ziele und Inhalte sollten den Gesprächspartner*innen bekannt sein. Für diese Gespräche gibt es meist einen bestimmten Ablauf, einen Leitfaden oder eine Struktur, der gefolgt wird (werden muss). Regelhafte Gespräche sind den Eltern, je öfter sie stattfinden, in ihrem Ablauf vertraut. Sie gehen mit einer bestimmten Erwartung an die vermuteten Inhalte ins Gespräch. Wird von dieser Routine abgewichen und z. B. ein Entwicklungsgespräch genutzt, um einen schwelenden Konflikt anzusprechen, können sich Eltern überrumpelt fühlen und abblocken. Hier ist es sinnvoll, einen zusätzlichen Termin zu diesem speziellen Anlass anzuberaumen.

- *Anlassbezogene Gespräche,* die entweder von der Einrichtung oder von Eltern aus einem bestimmten Beweggrund heraus anberaumt werden. Häufig geht es dabei um ein Problem oder einen Konflikt (von Seiten der Einrichtung oder der Eltern). Den Beteiligten sind der Inhalt und das Ziel des Gesprächs vorher oft nicht bekannt. Anlassbezogene Gespräche erfordern bereits bei der Einladung eine gründliche Vorbereitung und eine sorgfältige Überlegung bezüglich der Benennung des Anlasses, ohne dann bereits dabei in das Konfliktthema einzusteigen.

Grundsätzlich sollte die Gesprächsart und -situation immer mitbedacht werden, um sich entsprechend vorzubereiten und den adäquaten Rahmen zur Verfügung zu stellen bzw. zu schaffen. „Was gehört wohin?" und „Wie kann ich das Thema für alle Beteiligten gut besprechen?" sind diesbezüglich hilfreiche Fragen.

2 Rahmenbedingungen

2.1 Die innere Haltung der Fachkräfte

Das 2. Axiom von Watzlawick „Jede Kommunikation hat einen Inhalts- und einen Beziehungsaspekt, wobei letzterer den ersten bestimmt" (Watzlawick/Beavin/Jackson 2007: 57) zeigt, dass für eine gelingende Kommunikation die Beziehung zwischen den Kommunizierenden eine wesentliche Rolle spielt. Eine zentrale Grundlage für gute Gespräche ist die innere Haltung der Fachkräfte, mit der sie den Eltern begegnen.

Fachkräfte tun sich manchmal mit der Akzeptanz der Eltern und ihren bisherigen Verhaltensweisen gegenüber dem Kind oder Jugendlichen schwer. Vielleicht gab es in der Familie Gewalt, Missbrauch, Suchtproblematiken, psychische Erkrankungen und das Kind wurde seelisch oder körperlich verletzt. Vor allem die unmittelbar die Kinder und Jugendlichen betreuenden Fachkräfte werden mit den Folgen konfrontiert.. Das ist bisweilen schwer auszuhalten oder kann wütend machen. Doch die innere Haltung der Fachkraft wirkt sich auf die Eltern aus, inwieweit diese sich ernstgenommen, verstanden und akzeptiert fühlen. Auch Auswirkungen auf die Kinder sind nicht ausgeschlossen, da deren inneres Bild von den Eltern auch durch die Rückmeldung anderer beeinflusst wird (vgl. Wiemann/Lattschar 2019: 19).

Hilfreich im Umgang mit Eltern kann in diesem Zusammenhang eine Grundhaltung aus der Traumapädagogik sein; die Annahme des „Guten Grundes": „Alles, was ein Mensch zeigt, macht Sinn in seiner Geschichte" (BAG Traumapädagogik 2011: 5). Das bedeutet nachzuvollziehen, dass es sich möglicherweise bei dem/der Gesprächspartner*in um einen traumatisierten Menschen handelt, dessen Reaktionsweise aus Sicht der Fachkraft alles andere als logisch ist. Was im Umgang mit seelisch verletzten Kindern hilfreich ist, gilt auch für Erwachsene: auf die Seite des Gegenübers zu gehen, seine Beweggründe zu erkennen und zu respektieren, diese in Worte zu fassen und erst dann die eigene Sichtweise offen und ehrlich gegenüber zu stellen (vgl. Rech-Simon/Simon 2014).

Behutsam nach den Lebenserfahrungen der Eltern zu fragen und ein echtes Interesse an deren Geschichte zu zeigen, hilft Verständnis für deren Verhalten zu entwickeln und dafür, wie sie ihre Elternrolle bislang ausgefüllt haben. Dieses Verständnis wirkt sich auch auf die Informationsvermittlung an andere Beteiligte im Hilfeprozess aus. Die innere Haltung und die verwendete Sprache der Fachkräfte tragen wesentlich zur Entstehung von Bildern in den Köpfen des Gegenübers bei.

Förderlich ist es darüber hinaus, den Eltern positiv zu unterstellen, das Beste für ihr Kind zu wollen. Hilfreich ist der Leitgedanke: „Mütter und Väter erziehen ihr Kind so gut sie können. Sie sind Experten ihrer Situation" (Pfeifer 2015: 114).

2.2   Räume und Orte

Seit Bettelheim (2007) wissen wir um den Wert einer guten Gestaltung der Umgebung auf den Menschen. Finden Gespräche *in der Einrichtung* statt, vermittelt ein aufgeräumter, liebevoll vorbereiteter Raum mit bereitstehenden Getränken, notwendigen Materialien und einer egalitären Sitzmöglichkeit (z. B. rund um einen Tisch) Eltern die Botschaft „Sie sind hier willkommen" und „Wir haben uns Mühe für Sie gegeben". Den Eltern die Wahl des Sitzplatzes zu gestatten signalisiert, dass sie etwas zu entscheiden haben, wogegen Gespräche vor und hinter Schreibtischen eher Machtpositionen spiegeln. Ungestörtheit (auch durch ein ausgeschaltetes Telefon) sollte eine Selbstverständlichkeit sein.

Gespräche müssen aber nicht immer in Räumen stattfinden, es kann sogar

förderlicher sein, sie in anderer Umgebung zu führen. Während der Corona-
pandemie haben Fachkräfte sehr kreative Ideen entwickelt, um mit Eltern/Fa-
milien im Kontakt zu bleiben, wie z.B. ein Gespräch nach draußen zu verlegen
und damit gute Erfahrungen gemacht (vgl. ism 2020).

Auf einem *Spaziergang* kann sich ein Gespräch anders entfalten. Der große
Vorteil beim Gehen: man muss sich nicht ansehen, die Eltern haben weniger
das Gefühl, im Fokus zu stehen. Das Macht-Ohnmacht-Gefälle ist nicht mehr
so groß, wie beim Gegenübersitzen im Raum einer Behörde oder Einrichtung.
Es spricht sich oft leichter beim Nebeneinanderher-Laufen. Schwierige Themen
können sich im Gehen eher „verflüssigen". Analogien zur Umgebung können
eingebaut werden („Wenn Ihr bisheriges Leben ein Weg wäre wie hier, wie sähe
er aus? Ein Pfad, eine Autobahn, gerade oder in Schleifen?" Oder: „Wenn Ihr
Kind ein Baum wäre: was sind seine Wurzeln, woraus bekommt es Kraft? Was
gibt ihm Halt? Was sind die Früchte?"). Auf Moderationskarten, mit der Kame-
ra oder der Diktierfunktion eines Mobiltelefons können auch beim Gehen Erkenntnisse und Ergebnisse festgehalten und später weiterverwendet werden.
Pausen (auf einer Bank, an einem See, je nach Ort) bieten die Möglichkeit, kurz
innezuhalten und die Inhalte zusammenzufassen.

Gespräche können auch mittels *Videocall* geführt werden. Dies ist zunächst
vielleicht etwas ungewöhnlich, bietet jedoch den Vorteil, dass Eltern(teile) oder
andere wichtige Personen eingebunden werden können, die sich in großer
räumlicher Distanz befinden. Eltern, denen es schwerfällt, gemeinsam in einem
Raum zu sein, können dadurch in Kontakt gebracht werden. Sie fühlen sich
dann nicht ganz so ausgeliefert, etwas mehr auf Distanz und möglicherweise
sicherer. Voraussetzung ist eine funktionierende Technik und gute Moderation,
der Datenschutz muss gewährleistet sein (siehe dazu: Lehmann/Stücker 2020).
Und natürlich ist die Bereitschaft der Eltern und Fachkräfte notwendig, um sich
darauf einzulassen. Wenn sich die Beteiligten bereits persönlich begegnet sind,
ist ein Gespräch mittels Videocall in der Regel einfacher. Der Vorteil gegenüber
Telefongesprächen ist, dass Gesprächseindrücke nicht nur auditiv, sondern
auch visuell vermittelt werden.

Bei (Präsenz-)Gesprächen *im Haushalt der Eltern* sind folgende Aspekte zu
bedenken: Ist der Besuch eine Einladung an die Einrichtung, die Lebenswelt der
Eltern kennenzulernen? Oder wird als er „Hausbesuch" festgelegt und infolge-
dessen eher als Kontrolle erlebt? Welchen Unterschied macht dies für das Gespräch? In beiden Fällen ist zu beachten, dass die Eltern das Hausrecht haben
und Gastgeber sind: die Fachkraft sollte sich wie ein Gast verhalten.

2.3   Vorbereitung

Geplante Gespräche bedürfen der Vorbereitung, diese braucht Zeit. Sie ist gut investiert, weil die Fachkraft sich vorher mit dem Anlass, Inhalt und möglichen Reaktionen der Gesprächspartner*innen beschäftigt. Werden Gespräche zu zweit geführt und nehmen die Fachkräfte im Gespräch unterschiedliche Rollen ein, ist eine vorherige Absprache unbedingt notwendig.

Nützliche Fragen für die Vorbereitung sind:

- *Gesprächsanlass:* Wie kommt der Termin zustande? Wer hat eingeladen? Was ist das Thema/was könnte das Thema sein? Vermutete Erwartung/Motivation der Eltern?
- *Gesprächsthema:* Worum geht es? Themen, die ich ansprechen möchte; Themen, die vermutlich die Eltern ansprechen; fehlende Informationen. (Was muss noch erfragt werden?)
- *Ziele:* Was möchte ich im Gespräch erreichen? (Sinnvoll: Minimal-/Maximalziele) Welche Ziele könnten die Eltern haben?
- *Befindlichkeit:* Mit welchen Gefühlen und welcher inneren Haltung gehe ich ins Gespräch? Worauf muss ich bei mir achten? Welche Befindlichkeit der Eltern vermute ich?

2.4   Struktur

Besonders bei anlassbezogenen Gesprächen mit schwierigen Inhalten (Konfliktgesprächen) besteht die Gefahr, dass Eltern und Fachkräfte sich um die „richtige" Sichtweise oder das beste Vorgehen streiten und gegenseitig abwerten (vgl. Pfeifer 2015: 113). Die Fachkraft sollte immer berücksichtigen, dass die Eltern sich unterlegen und kritisiert fühlen könnten. Sollen mit Eltern gemeinsam Schritte entwickelt werden, um Veränderungen zu erreichen, gilt es zunächst ihre Sicht zu erfahren und mit ihnen in Kooperation zu kommen. Die Bereitschaft zur Kooperation kann entstehen, wenn Eltern sich geachtet und verstanden fühlen. Und möglicherweise müssen Sie als Fachkraft auch etwas verändern, um in einen Dialog zu kommen.

Versuchen Fachkräfte, ihre Vorschläge und Lösungen zu schnell und von oben herab durchzusetzen, ohne sich die Kooperationsbereitschaft der Eltern gesichert zu haben, kann dies zur Folge haben, dass Eltern zwar vordergründig zustimmen, letztlich aber keine Veränderung geschieht, weil sie innerlich nicht mitgenommen bzw. erreicht wurden. Dies kann zu Frustration oder Resignation führen oder dem oben beschriebenen Ausspruch: „die setzen ja nichts um von dem, was wir besprochen haben".

Ein idealtypischer Ablauf eines anlassbezogenen Gesprächs z. B. bezüglich einer Kindeswohlgefährdung könnte wie in Tabelle 1 sein:

Begrüßung/Kontakt	Begrüßung, Herstellung einer Gesprächsatmosphäre (Joining) („Sind Sie gut hierhergekommen? Haben Sie uns gleich gefunden?") *Botschaft: Ihr Wohlergehen ist mir wichtig. Ich achte Sie*
Information über Struktur und Verlauf	Klärung der Formalien (Zeit, wer nimmt teil? Protokoll) („Wir haben eine Stunde Zeit eingeplant, mit einem Puffer von 20 Minuten, falls wir länger brauchen. Ist das so in Ordnung?") *Botschaft: Sie sollen informiert sein und sich sicher fühlen*
Benennung von Anlass und Thema	Klärung von Anlass und Anliegen. Konkrete Schilderungen und Beobachtungen sind hier hilfreich („Wir haben in der letzten Zeit X und Y beobachtet. Das macht uns Gedanken, deswegen wollten wir mit Ihnen sprechen") *Botschaft: Es geht um Ihr Kind. Es ist in Not. Wir machen uns Sorgen*
Problemsicht der Eltern erfragen	Einschätzung der Eltern zur Beobachtung/Schilderung der Fachkräfte einholen („Wie sehen/erklären Sie sich das?") Fragen stellen! *Botschaft: Wir möchten Sie verstehen*
Problemakzeptanz und Problemkongruenz schaffen	Um Einsicht der Eltern werben, dass man selbst (oder andere wie z. B. das Jugendamt) die Situation als problematisch sieht („So, wie die Situation jetzt ist, ist das nicht gut für Ihr Kind") Problemkongruenz schaffen, d. h. Übereinstimmung mit den Eltern in mindestens einem Punkt herstellen, dass die Situation schwierig ist und Handlungsbedarf besteht („Es wäre gut, wenn wir gemeinsam an einem Strang ziehen, um etwas zu verändern") *Botschaft: Wir haben ein gemeinsames Anliegen: Ihrem Kind soll es gut gehen. Wir wollen mit Ihnen gemeinsam etwas verändern*
Ziele formulieren und Lösungen erarbeiten	Was ist ein gemeinsames Ziel? Sammeln und Erarbeiten von Lösungswegen unter Berücksichtigung der Norm- und Wertvorstellungen der Eltern und ihren Ressourcen. Wie kann Veränderung erreicht werden und was ist möglich? Realistisch sein, lieber kleine Schritte wählen, um Resignation vorzubeugen („Was haben Sie schon ausprobiert, was klappt gut? Was könnte ein erster kleiner Schritt sein, den Sie im Moment gehen können?") *Botschaft: Wir finden einen Weg*
Hilfeakzeptanz erreichen, Hilfe anbieten	Hilfe anbieten bzw. Wege zur Hilfe aufzeigen („Was ist für Sie vorstellbar? Was können Sie umsetzen, wie können wir Sie unterstützen?") *Botschaft: Wir unterstützen Sie*
Resümee/Schluss	Zusammenfassung des Gesagten und Vereinbarung des weiteren Vorgehens, möglichst klar und konkret formuliert: Wer macht was? Folgegesprächstermin finden; Vereinbarungen dokumentieren, ggf. unterschreiben lassen („Danke für dieses Gespräch. Ich habe hier noch einmal zusammengefasst, was wir besprochen und vereinbart haben") Positiver Schlusskommentar/Dank *Botschaft: Wir bleiben dran*

Tabelle 1: Idealtypischer Ablauf eines anlassbezogenen Gesprächs

Bedenken Sie als Fachkraft, dass Ihre Sicht der Dinge nicht die der Eltern sein muss und Veränderungen Zeit brauchen. Gewohnheiten lassen sich besser ablegen, wenn ein Sinn darin gesehen wird oder es einen Gewinn bringt. Kann im Gespräch Problemakzeptanz nicht wenigstens in einem Punkt erreicht werden, sollte an dieser Stelle lieber abgebrochen und vertagt werden. Hilfen werden nicht umgesetzt, wenn keine Einsicht in die Notwendigkeit von Veränderung besteht. Der Abbruch eines Gespräches darf aber keine Niederlage für die Eltern werden. Die Botschaft in einem solchen Fall sollte sein: „Ich merke, ich kann Sie heute nicht erreichen. Habe ich einen Fehler gemacht? Habe ich etwas übersehen?"

2.5   Der Faktor Zeit

„Wie lange soll ein Elterngespräch dauern?" ist eine häufige Frage von Fachkräften. Eine allgemeingültige Dauer zu definieren ist angesichts der Unterschiedlichkeit von Gesprächen schwer möglich. Trotzdem folgen an dieser Stelle einige Hinweise zum Faktor Zeit, basierend auf meinen Erfahrungen mit Elterngesprächen:

- 45 bis 60 Minuten sind in der Regel ein vernünftiger Zeitrahmen für ein Gespräch. Dauert es länger als 60 Minuten, sollte eine Pause eingelegt werden (mit frischer Luft!).
- Gespräche, die länger als 90 Minuten dauern, sind in der Regel redundant: es wird nichts Neues gesagt, sondern eher bereits Besprochenes wiederholt.
- Für manche Eltern können auch 30 Minuten sehr lang sein, vor allem, wenn nur gesprochen wird.
- Der Zeitrahmen sollte vorher für die Beteiligten transparent sein und am Anfang des Gespräches noch einmal benannt werden („Bitte planen Sie sich 60 Minuten Zeit ein").
- Reicht die Zeit nicht, nachfragen, ob eine Verlängerung akzeptabel ist oder vertagen: das ungefragte Überziehen ist ein Zeichen von Macht!
- Eltern können auch im Vorfeld oder Nachhinein gefragt werden, was ein guter Zeitrahmen für sie ist oder was sie denken, wie viel Zeit man braucht. Diese Einschätzung kann schon eine nützliche Information sein.

3   Mehr als nur Reden: Techniken und Methoden

„Erzähle mir, und ich vergesse. Zeige mir, und ich erinnere. Lass es mich tun, und ich verstehe" (Konfuzius). Die multisensorische Lerntheorie sagt, dass sich das Gehirn Dinge leichter merkt (oder lernt), wenn dabei mehrere Sinne parallel angesprochen werden (Beaulieu 2011: 10). Eine rein auditive Informationsaufnahme trägt am schlechtesten zum Behalten des Gesagten bei (nur ca. 20 %). Je mehr Sinneskanäle gleichzeitig angesprochen werden und je aktiver die Zuhörenden eingebunden werden, desto besser gelingt das Behalten.

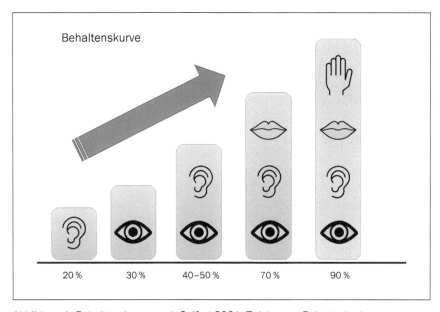

Abbildung 1: Behaltenskurve nach Seifert 2001 (Zeichnung: B. Lattschar)

Für Gespräche mit Eltern kann deshalb der Einsatz von visuellen und aktivierenden Methoden und Techniken „einen Unterschied machen, der einen Unterschied macht" (Bateson 1983) Es geht darum, neue Sichtweisen zu ermöglichen und das Gesprochene und Gezeigte zu verankern. Dies kann durch Bilder und eindrückliche Metaphern geschehen, durch inneres Erleben z.B. aus einer anderen Perspektive oder durch beeindruckende Erfahrungen. Die wesentliche Frage dabei ist nicht: „Wie kann ich es meinem Gegenüber sagen?", sondern „Wie kann ich es ihm zeigen oder auf andere Weise erfahrbar machen?" (vgl. Gross 2017).

Für alle Techniken und Methoden gilt: Zuerst einmal selbst ausprobieren, wie die Technik funktioniert und welche Wirkung sie hat. Üben, damit Sicherheit entsteht und sich ein passendes „Wording" entwickeln kann. Und das Gegenüber vor dem Einsatz von Methoden um Erlaubnis fragen, z.B. mit den Worten: „Ich würde es gerne mal anders erklären/darstellen/etwas ausprobieren. Wären Sie dazu bereit?" oder: „Haben Sie Lust auf ein Experiment?".

3.1 Visualisieren

Das Sichtbarmachen von Gesprächsinhalten hilft bei der Orientierung und der Konzentration auf den Gesprächsverlauf. Es ermöglicht allen Gesprächsteilneh-mer*innen dem Thema zu folgen. Arbeitsergebnisse können festgehalten und zur Dokumentation abfotografiert werden. Ein Genogramm oder ein Zeitstrahl können so für alle sichtbar gemeinsam erarbeitet werden. Das aktiviert die Be-teiligten und lädt zur gemeinsamen Betrachtung ein.

Ein Flipchart oder ein Whiteboard und (funktionierende) Stifte sollten des-halb Grundausstattung im Besprechungsraum sein. Bunt gestaltete Flipcharts sind dabei ansprechender als vollgekritzelte Blätter. Statt „nur" Wörter auf der Flipchart aufzulisten kann mit Mindmaps, farbigen Moderationskarten oder Post-its gearbeitet werden.

Bei der Methode „Ressourcenbaum" (Schader 2013: 62) wird ein Baum auf das Flipchart gemalt, der für die Familie steht. Auf grünen Post-its werden die Ressourcen einer Familie notiert (Welche Früchte trägt der Baum?), auf roten die Gefährdungen (Was fehlt dem Baum? Was schadet ihm?). Dann kann bear-beitet werden, wie der Baum geschützt, gegossen und gedüngt werden könnte, um sich zu erholen und welche Schritte sich daraus ergeben.

Das Visualisieren von Inhalten anhand von gezeichneten Bildern hat in den letzten Jahren als sogenanntes „Sketchnoting" vor allem zur Dokumentation von Fachtagen oder Konferenzen an Bedeutung gewonnen. Bilder können zur Verdeutlichung von Themen, zur Dokumentation eines Gespräches oder zur besseren Verankerung des Gesagten genutzt werden. Wenn unklar ist, wie gut die Lese- und Schreibfähigkeiten der Eltern sind, ist diese Art der Visualisie-rung besonders hilfreich.

3.2 Wichtiges schriftlich festhalten

Wichtige Gesprächsinhalte, Vereinbarungen oder Ziele sollten zusätzlich zum Gesprächsprotokoll schriftlich festgehalten werden: in einem Vertrag oder auf einem „Merkzettel". Ein Merkzettel kann z.B. Veränderungsziele oder innere Haltungen der Eltern enthalten, die sie anstreben oder auch die Regelung zur Kontaktgestaltung. Auf keinen Fall darf er belehrend sein. Werden die wichtigs-ten Vereinbarungen auf einem Flipchart visualisiert, können die Eltern diese mit dem Handy abfotografieren und haben so die Vereinbarungen immer zur Hand.

Gesprächsergebnisse können auch gemeinsam mit den Eltern für das Kind schriftlich formuliert werden. Eltern können z.B. schriftlich erklären, dass sie einverstanden sind, dass das Kind in einer Pflegefamilie lebt und dass sie möch-ten, dass es ihm dort gut geht. Geschriebenes ist verbindlicher und beständiger als gesprochene Worte, die verloren, vergessen, umgedeutet oder weggeschoben werden können. Etwas Geschriebenes kann immer wieder gelesen werden, um sich des Inhaltes zu vergewissern. Mitunter ist es für Eltern leichter, etwas zu schreiben (oder schreiben zu lassen), als es im direkten Kontakt zum Kind zu sagen. Oft fehlen die Worte oder die Situation ist so emotional besetzt, dass wichtige Botschaften nicht angesprochen werden können. Schreiben schafft notwendige Distanz und lässt Raum zum Überdenken.

Braucht ein Kind umfänglichere Erklärungen zu seiner Lebensgeschichte, um wichtige Sachverhalte zu begreifen, können Fachkräfte Eltern dabei unterstützen, einen sogenannten „Lebensbrief" zu verfassen. Ziel ist es, dass Kinder und Eltern ihre gegenwärtige Lebenssituation besser verstehen und einordnen können. Dieser Prozess kann für Eltern (und Kinder) klärend und entlastend sein (vgl. Wiemann/Lattschar 2019: 63 ff.).

3.3 Einsatz von Figuren

Figuren oder Puppen gehören in der Arbeit mit Kindern in der Jugendhilfe zum üblichen Repertoire, um besser mit ihnen ins Gespräch zu kommen und ihre Sichtweise zu erfahren. Dies eignet sich besonders gut, wenn Kinder in kritischen Lebenssituationen sind (vgl. Euteneuer/Uhlendorff 2014: 733 ff.).

Auch in der Arbeit mit Eltern können Figuren Gesagtes veranschaulichen, einprägsame Bilder schaffen, das Gespräch erleichtern oder verdichten. Figuren laden dazu ein, Szenarien zu entwickeln und gestalten, Geschichten zu erzählen und Fragen zu stellen. Sie können in die Hand genommen, platziert und verschoben werden. Es lassen sich damit Familiengefüge oder Helfersysteme darstellen. So entwickelte Bilder sind eindrucksvoller als viele Worte. Der Einsatz von Figuren lädt auf kreative Art und Weise ein, miteinander in den Dialog zu treten. Der Fokus der Beteiligten ist bei dem Geschehen rund um die Figuren auf dem Tisch. Das entlastet Eltern, die in Gesprächssituationen Blickkontakt nur schwer aushalten können.

Besser als die abstrakten Figuren beispielsweise eines Familienbrettes eignen sich Figuren aus der Alltagswelt von Familien, wie Playmobil oder Lego. Diese sind Familien bekannt und laden durch die unterschiedliche Gestaltung ein, sich mit ihnen zu identifizieren (zudem sind sie kostengünstig, eine Kiste gebrauchter Figuren kann auf jedem Flohmarkt erworben werden.). Es können im Notfall aber auch Gläser, Tassen oder Klötzchen verwendet werden.

Auch hier gilt: die Fachkraft sollte sich vor dem Einsatz die Figuren mit möglichen Szenarien, die sie darstellen möchte, vertraut machen und entsprechende Worte oder Sätze „proben".

Darstellen des Familiengefüges/Netzwerks mit Playmobil

Die Eltern werden aufgefordert, ihre Familie mit Playmobil auf den Tisch zu stellen, um zu verdeutlichen, wer alles zum Familiensystem gehört. Eine erste Aufforderung dazu kann sein: „Ich möchte gerne besser verstehen, wer alles zu Ihrer Familie gehört. Bitte suchen Sie für jedes Familienmitglied eine Figur aus und stellen Sie diese auf den Tisch". Im Verlauf des entstehenden Gesprächs kann die Fachkraft nachfragen, wer zu wem gehört (Oma mütterlicher- oder väterlicherseits) und anregen, die Figuren entsprechend zu platzieren (analog zum Genogramm). Eventuell können kleine Post-its mit Namen an die Figuren geklebt werden. Zum Schluss kann das entstandene Bild fotografiert werden.

Variationen: Durch Abstände der Personen zueinander kann, wie bei einer Familienaufstellung, Nähe oder Distanz erfragt und dargestellt werden. Das Familiengefüge kann durch das Netzwerk wichtiger Personen oder das Helfersystem erweitert werden.

Wichtig beim Einsatz der Methode (wie bei allen Gesprächen) ist zu berücksichtigen: Welchen Auftrag hat die Fachkraft und was ist das Ziel? Bei der Darstellung eines Familiensystems, Netzwerks oder Helfersystems ist das in der Regel die Anamnese und nicht eine auf Verhaltensänderung zielende Intervention. Gleichwohl kann die Art und Weise, wie Eltern Sachverhalte darstellen, Anlass für weiterführende Fragen bieten.

3.4   Impact Techniken

Impact Techniken sind Interventionen, die multisensorische Erfahrungen, kreative Bilder, Metaphern und Symbole nutzen, um einen bleibenden Eindruck (= Impact) beim Gegenüber zu erzeugen. Das Gesagte wird dadurch fassbarer und konkreter. Dabei können alltägliche Mittel aus der Lebenswelt der Eltern, wie beispielsweise Münzen, Gläser, Stühle genutzt werden.

Ein bekanntes Beispiel aus der psychotherapeutischen Arbeit ist das der Klientin, die schildert, sie wurde missbraucht und alle würden auf ihr herumtreten. Die Therapeutin holt einen Geldschein heraus und fragt die Klientin nach dessen Wert. Die Klientin nennt den Wert der Banknote. Die Therapeutin zerknüllt den Schein, wirft ihn auf den Boden, tritt auf ihm herum, hebt ihn dann wieder auf und entfaltet ihn mit der erneuten Frage: „Was ist der Wert des Geldscheins?" (vgl. Beaulieu 2011).

Vor der Nutzung von Impact Techniken steht die Auseinandersetzung mit der Lebenswelt der Eltern: Welche Begriffe/Schlüsselworte verwenden diese, was könnte anschlussfähig sein? Was ist ihnen wichtig? Welches Ziel hat der Einsatz des Impacts und welche Metapher bzw. welches Objekt kann ausdrücken, was man vermitteln möchte? Wie ist der Ablauf? Interessant für das Gegenüber ist der Impact, wenn er unerwartet und überraschend ist und noch dazu Spaß macht. Die Chancen sind höher, dass das so Erfahrene abgespeichert wird und in weiteren Gesprächen immer wieder Bezug darauf genommen werden kann.

Metaphern nutzen

„Gras wächst nicht schneller, wenn man daran zieht" ist ein bekanntes afrikanisches Sprichwort, das gerne im pädagogischen Kontext verwendet wird. Um diese Botschaft bei Eltern zu verankern, die ihre Kinder überfordern, können die Eltern aufgefordert werden zu einer Pflanze im Büro oder draußen zu gehen und an der Pflanze zu ziehen, um das Wachstum zu beschleunigen (vgl. Gross 2017: 6).

Stühle einsetzen

Gespräche mit Eltern können unter Zuhilfenahme von Stühlen geführt werden. Diese können z. B. die verschiedenen Ich-Anteile der Eltern repräsentieren. Eine Frage dazu könnte sein: „Welche Stimme gibt es in Ihnen, wenn sie daran denken, dass ihr Kind nun bei Pflegeeltern lebt?" Vielleicht gibt es eine, die erleichtert ist, eine, die traurig darüber ist, eine, die wütend ist usw. Um einen bleibenden Eindruck zu hinterlassen, soll sich der Elternteil auf den jeweiligen Stuhl setzen, um zu spüren, wie es dort ist. Die Botschaften können verschriftlicht werden, um damit weiterarbeiten zu können oder die Stimmen können in einen Dialog miteinander treten.

Stühle können für abwesende oder verstorbene Personen stehen, wie z. B. einen Elternteil. Ihm kann so eine Stimme gegeben werden, z. B. gefragt werden, was er oder sie über eine Sache denken würde. Oder aber es werden an einen leeren Stuhl Botschaften adressiert, die in der Realität nicht gesagt werden können.

Mit Stühlen sind Perspektiv- und Rollenwechsel möglich, die neue Sichtweisen ermöglichen, in dem sich eine Person auf den Stuhl einer anderen setzt und beschreibt, wie es sich dort „anfühlt". Ein rationaler und ein emotionaler Stuhl können z. B. diese beiden Perspektiven eröffnen. So werden die Emotionen des Betroffenen gewürdigt und ihm ermöglicht, selbst zu spüren, was rational oder neutral gut sein könnte.

Im Fällen von Scheidung/Trennung oder auch bei Loyalitätskonflikten der Kinder kann ein Kinderstuhl für ein Kind stehen, um das sich die Eltern(paare) streiten und am Kinderstuhl zerren (vgl. Ziebertz/Krüger 2013: 91; Beaulieu 2011: 87 ff.).

Andere Objekte

Bei Konflikten mit Teenagern in Familien: Eine Sprudelflasche wird heftig geschüttelt und den Eltern zum Öffnen gegeben mit der Aufforderung, nichts zu verschütten. Wie lösen Sie diese Aufgabe? (Erst mal stehen lassen? Ganz langsam aufschrauben mit Pausen?).

Bei Elternkonflikten: Beide Eltern bekommen ein Gummiband in die Hand mit der Aufforderung, immer weiter daran zu ziehen. Nun bittet man sie, zu verhindern, dass das Gummiband reißt (was nur geht, wenn eine Person nachgibt und sich das Band etwas entspannt).

Thema Regeln und Grenzen setzen: Eltern werden aufgefordert, eine Handvoll Murmeln in eine Richtung zu werfen mit dem Ziel, einen bestimmten Punkt zu treffen. Die Murmeln werden sich verteilen. Dann werden rechts und links „Leitplanken" gesetzt (aus Lego, Büchern etc.) und die Aufgabe wiederholt. Nun werden die Murmeln in die richtige Richtung rollen. Anschließend kann erarbeitet werden, was Leitplanken der Eltern sind/sein könnten. (vgl. Gross 2017: 7 ff.).

3.5   Fragen stellen

Mehr Fragen stellen als reden hilft, besser miteinander ins Gespräch zu kommen. Verständigungsschwierigkeiten zwischen Eltern und Fachkräften können aus unterschiedlichen Sozialisationserfahrungen oder persönlichen Wertvorstellungen in Bezug auf die Erziehung von Kindern entstehen. Auch der sozioökonomische Hintergrund oder Bildungsstandard kann eine Rolle spielen (vgl. Krause 2019: 99). Fragen ermöglichen, die Sichtweise von Eltern zu erfahren, ihre Deutungsmuster und Wirklichkeitskonstruktionen kennenzulernen und eine gemeinsame Sprache zu finden. Dabei ist das Ziel, etwas vom anderen zu erfahren und nicht zu denken, alles bereits zu wissen oder besser noch: zu verstehen. Fragen sollen nicht gleichzeitig als Ausfragen wahrgenommen werden, sondern als echtes Interesse am Gegenüber und seiner Sicht der Welt. Beim Fragen ist es wichtig, dem Gegenüber Zeit zu lassen, eine Antwort zu finden (ob Sie eine gute Frage gestellt haben, merken Sie daran, ob das Gegenüber ins Nachdenken über die Antwort kommt).

Aus der systemischen Arbeit kennen wir eine Vielzahl von Fragetechniken (siehe dazu auch Schlippe/Schweitzer 2012). Im Kontext Erzieherischer Hilfen, in dem es häufig um Veränderung geht, können *Skalierungsfragen* besonders nützlich sein. Dabei wird das Gegenüber gebeten, auf einer Skala von 0 bis 10 eine Einschätzung zu treffen („Wie zufrieden sind Sie mit unserem Gespräch heute auf einer Skala von 0 bis 10?"). Die Antwort in Form einer Zahl stellt eine viel differenzierte Rückmeldung dar als ein Wort oder ein Satz, dessen Bedeutungsgehalt von beiden Seiten unterschiedlich interpretiert werden kann („Was bedeutet ‚sehr zufrieden' oder ‚weniger zufrieden' für die Beteiligten?").

Skalierungsfragen ermöglichen auch einen Abgleich zwischen der Perspektive der Fachkräfte mit der Perspektive der Eltern und ein Gespräch darüber, wie es zu den verschiedenen Einschätzungen kommt. An eine Skalierungsfrage kann auch eine Frage danach, was geschehen müsste, dass sich der Wert um zwei Punkte verbessert, anknüpfen. Veränderungsbedarfe und -möglichkeiten können besprochen werden.

Mit Skalierungsfragen werden Eltern angeregt, zu konkretisieren und Verantwortung zu übernehmen. Skalen können zusätzlich an das Flipchart oder mit einem Maßband illustriert werden. Bei Gewalt in der Familie kann z. B. gefragt werden: „Wie hoch, glauben Sie, ist die Wahrscheinlichkeit, dass Sie noch einmal in eine Situation kommen, in der Sie Ihr Kind schlagen, wenn 0 bedeutet: ‚Das kommt garantiert nie wieder vor' und 10 bedeutet: ‚Das passiert mir auf jeden Fall wieder'"? (Pfeifer 2015: 121). Je nach Antwort können sich weitere Fragen anschließen, etwa, wie die Eltern darauf kommen, diese Zahl zu sagen oder wie die Zahl reduziert werden kann usw. Die eigene Einschätzung der Situation kann mit der Einschätzung der Eltern abgeglichen und konkrete Lösungen erarbeitet werden (vgl. Pfeifer 2015; Berg/Kelly 2001).

4 Fazit

Mit Eltern ins Gespräch zu kommen ist wie eine Schiffreise und sie beginnt mit der Werbung für die Fahrt in unbekannte Gewässer. Die Reise wird vor allem dann gebucht, wenn das Ziel bekannt und attraktiv ist und die Fahrt kommt voran, wenn alle in ihrem eigenen Tempo mitrudern dürfen. Vertrauen in die Crew und deren Steuerungsfähigkeiten und eine gute Navigation sind hilfreich, auch der Mut zu Kurskorrekturen, wenn es in unbekannte Gewässer geht oder Stürme auf hoher See auftauchen. Wenn die Reise dann auch noch Spaß macht, können die Crew und die Gäste zufrieden sein – und vielleicht eine nächste Reise wagen. Gute Fahrt!

Literatur

BAG Traumapädagogik (2011): Standards für traumapädagogische Konzepte in der stationären Kinder- und Jugendhilfe. www.fachverband-traumapaedagogik.org/standards.html (Abfrage: 11. 01. 2021).

Bateson, Gregory (1983): Ökologie des Geistes. Anthropologische, psychologische, biologische und epistemologische Perspektiven. Frankfurt/M.: Suhrkamp.

Beaulieu, Danie (2011): Impacttechniken für die Psychotherapie. 5. Auflage. Heidelberg: Carl-Auer.

Berg, Insoo Kim/Kelly, Susan (2001): Kinderschutz und Lösungsorientierung. Erfahrungen aus der Praxis – Training für den Alltag. Dortmund: Modernes Lernen.

Bettelheim, Bruno (2007): Liebe allein genügt nicht. Die Erziehung emotional gestörter Kinder. 12. Auflage. Stuttgart: Klett-Cotta.

Euteneuer, Matthias/Uhlendorff, Uwe (2014): Familie und Familienalltag als Bildungsherausforderung. Ein theoretisches Modell zur empirischen Untersuchung familienkonzeptbezogener Lern- und Bildungsprozesse. In: Zeitschrift für Erziehungswissenschaften 17, S. 723–742.

Gross, Michael (2017): Begreifen und Erleben statt „nur" Reden – Zugang mit Impact. Workshopbericht der Tagung „Kinder psychisch belasteter Eltern" am 28. 10. 2017. Thun. www.kpbe-eppp.ch/wp-content/uploads/2018/07/WS-1-Impact-Techniken-KPBE-Michael-Gross-17-10-gesamt.pdf (Abfrage: 11. 01. 2021).

Institut für Sozialpädagogische Forschung Mainz, gemeinnützige GmbH (ism, gGmbH) (2020): www.forum-transfer.de (Abfrage: 11. 01. 2021).

Krause, Hans Ullrich (2019): Beteilung als umfassende Kultur in den Hilfen zur Erziehung. Haltungen – Methoden – Strukturen. Frankfurt/M.: Eigenverlag IGfH.

Lehmann, Karl-Heinz/Stücker, Ulrike (2020): Videokonferenzen und Webinare – nicht ohne Vertrauen und Datenschutz. In: Evangelische Jugendhilfe 97 (3), S. 192–196.

Pfeifer, Michael (2015): Schwieriges zur Sprache bringen. Elterngespräche in Konfliktsituationen. In: Die Kinderschutzzentren (Hrsg.): Zwischen Beziehung und Konflikt. Chancen eines hilfeorientierten Kinderschutzes. Köln: Die Kinderschutzzentren, S. 113–123.

Rech-Simon, Christel/Simon, Fritz B. (2014): Survivaltipps für Adoptiveltern. 3. Auflage. Heidelberg: Carl-Auer.

Redmann, Björn/Gintzel, Ullrich (2017): Von Löweneltern und Heimkindern. Lebensgeschichten von Jugendlichen und Eltern mit Erfahrungen in der Erziehungshilfe. Weinheim/Basel: Beltz Juventa.

Schader, Heike (2013): Risikoabschätzung bei Kindeswohlgefährdung. Ein systemisches Handbuch. 2. Auflage. Weinheim/Basel: Beltz Juventa.

Schlippe, Arist von/Schweitzer, Jochen (2012): Lehrbuch der systemischen Therapie und Beratung I. Das Grundlagenwissen. Göttingen: Vandenhoeck & Ruprecht.

Seifert, Josef W. (2001): Visualisieren, Präsentieren, Moderieren. 21. Auflage. Offenbach: Gabal.

Watzlawick, Paul/Beavin, Janet H./Jackson, Don D. (2007): Menschliche Kommunikation. Formen, Störungen, Paradoxien. 11. Auflage. Bern: Huber.

Wiemann, Irmela/Lattschar, Birgit (2019): Schwierige Lebensthemen für Kinder in leicht verständliche Worte fassen. Schreibwerkstatt Biografiearbeit. Weinheim/Basel: Beltz Juventa.

Ziebertz, Thorsten/Krüger, Eberhard (2013): Handbuch für Beraterinnen und Berater von Pflegefamilien. Auswahl, Vorbereitung und Beratung von Pflegefamilien. Reihe Ideen und Konzepte, Nr. 52. Landschaftsverband Westfalen-Lippe. Münster.

Familienrat – Brücke zwischen privater Lebenswelt und professioneller Hilfe: ein Praxisbeispiel

Heike Hör

1   Arbeit mit Familien in schwierigen Lebenssituationen – Fragen an die Soziale Arbeit

Es sind Schlüsselfragen Sozialer Arbeit: Wie gelingt nachhaltige Unterstützung von Familien in schwierigen Lebenssituationen? Wie gewinnen wir Menschen zur aktiven Gestaltung der Veränderungen? Wie werden notwendige Anforderungen zum Kinderschutz gesichert und dabei Selbstbestimmung und die gute Zusammenarbeit von Familien und Fachkräften ermöglicht? Wie werden lebensweltliche Bezüge für Kinder und Jugendliche, z.B. in Heimen oder Pflegefamilien, erhalten? Das Kinder- und Jugendhilfegesetz setzt einen klaren Rahmen: „Ziel der Jugendhilfe ist es, Angebote bereitzuhalten, die geeignet sind, die Lebensverhältnisse junger Menschen zu fördern und zu verbessern, die Erziehung der Eltern zu unterstützen und in familialen Krisensituationen Eltern und Kinder zu begleiten und ihnen aus der Krise herauszuhelfen". Das KJHG (SGB VIII, § 1)[1] verankert die Rechte der Eltern, Kinder und Jugendlichen in der Zusammenarbeit strukturell. Fachleute und Wissenschaftler*innen sind sich allerdings einig: um dem geforderten Anspruch im Alltag gerecht zu werden ist noch einiges zu tun. „Die Praxis der Fremdunterbringung, so scheint es, ist nach wie vor noch erheblich von der konsequenten Umsetzung dieses gesetzlichen Leitbildes der Kinder- und Jugendhilfe entfernt" (Faltermeier 2019: 1). In der Jugendhilfe und gerade im Kinderschutz ist die Zusammenarbeit mit den Familien entscheidend für den positiven Hilfeverlauf. Die Gespräche zum Fallverstehen, zur Auftragsklärung und Hilfeplanung werden immer noch deutlich von den Profis im Verfahren dominiert. Ziegler (2015) nahm in einer Tagung der Kinderschutzzentren „die aktuelle Situation unter die Lupe und illustrierte aktuelle (Fehl-)Entwicklungen im Kinderschutz. Er problematisierte, dass Fallverstehen in der Jugendhilfe durch Diagnostik- und Verfahrenszentrierung verdrängt wird [...]". Die Fachkräfte standardisieren sowohl die Sichtweise auf die Probleme als auch die möglichen Lösungen. Eine real partizipative Hilfeplanung ließe eine Vielzahl von Sichtweisen zur Ausgangssituation zu und würde

---

1   Sozialgesetzbuch (SGB VIII) Kinder- und Jugendhilfegesetz § 1.

in einem Aushandlungsprozess eine Vielzahl von Lösungsideen erarbeiten. Die zentrale Frage bleibt: Wie kommen wir als Fachkräfte in guten Kontakt mit den Familien so, dass die Menschen ihren Anspruch auf Hilfen gerne wahrnehmen (Ziegler 2015). „Zeitgemäße und professionell orientierte sozialpädagogische Arbeit zeichnet sich ganz wesentlich durch eine erhöhte Bereitschaft und Fähigkeit zur Diversifikation aus", schreibt Faltermeier (2019: 2). Als Fehlerquellen im Kinderschutz werden „Fehleinschätzungen im Zugang zu Familien und im multiperspektivischen Fallverstehen" benannt (Biesel et al. 2019: 167). Die gesetzlichen Vorgaben stellen hohe Anforderungen an die beteiligten Fachkräfte, Transparenz herzustellen und für Verständigung zu sorgen. Der situative Aufwand und die Komplexität erhöhen sich, wenn mit den Eltern, Familien und ihrer Lebenswelt intensiv zusammengearbeitet wird. Das kostet Zeit, die den Fachkräften, die unter einem hohen Handlungsdruck stehen, oft nicht leistbar erscheint (vgl. Biesel et al. 2019: 167). Dennoch ist dies unabdingbar: „Denn, wenn im Schutz von Kindern ein Eingriff in die Integrität der Familie und das Sorgerecht der Eltern verbunden sein kann, muss sich das Jugendamt als Organ eines demokratischen Staates diesen Aufwand leisten. Selbst dann, wenn es zu einer Trennung des Kindes von seinen Eltern zum Schutz des Kindes gekommen ist, bleibt der Staat dazu verpflichtet, durch öffentliche Hilfen die Trennung zu beenden und eine Rückkehrperspektive in die Herkunftsfamilie zu eröffnen" (Biesel et al. 2019: 167). Auch, wenn Kinder langfristig außerhalb ihrer Familie aufwachsen, ist das Gelingen dieser Hilfe von der Qualität der Zusammenarbeit mit den Familien abhängig.

2 Was ist ein Familienrat?

Ein Familienrat ist ein Verfahren, das Menschen in schwierigen Lebenssituationen dabei unterstützt Entscheidungen zu treffen. Nach einer sorgfältigen Vorbereitung, treffen sich Familie[2] und Nahestehende, je nach Situation beteiligen sich auch professionelle Fachkräfte. Diese stellen in der Informationsphase ihre Einschätzungen zur Situation und zu möglicher Unterstützung vor. Anschließend diskutieren die Familie und die ihr Nahestehenden in der privaten Familienzeit mögliche Lösungen für ihr Problem, sie klären, was notwendig ist, was helfen kann und welche Unterstützung von außen, z.B. vom Jugendamt angenommen werden soll. Alle Entscheidungen werden in einem Plan zusammengefasst, der dann den Fachkräften vorgestellt wird. Bei der Vorbereitung und Durchführung des Familienrats wird die Familie durch eine unabhängige Fami-

---

2   Familie verstehen wir in einem modernen Sinne: Wen auch immer ein Mensch als seine Familie definiert. Für die meisten ist das traditionell die Familie, für andere ist es eine „Wahl-Familie".

lienrat-Koordination[3] begleitet. Anlässe für einen Familienrat gibt es viele: Ein Elternteil fällt aus, die Eltern trennen sich und es gibt Streit, Kinder/Jugendliche haben Schwierigkeiten in der Schule, es gibt Sorgen um das Wohl eines Kindes oder größere Veränderungen in der Familie stehen an. Die Mischung aus professionellen Hilfen und direkter Unterstützung durch Nahestehende bietet die größten Chancen, um eine Krise zu überwinden.

Im Folgenden wird nach einer kurzen Einführung in den Familienrat Einblicke in die Arbeit des Stuttgarter FamilienRat-Büros[4] und ein praktisches Beispiel gegeben. Die dann folgenden Interviews, die die Journalistin Eva Maria Schlosser geführt hat, bieten verschiedene Blickwinkel auf den Familienrat: Lena Engel, Mitarbeiterin im Beratungszentrum Stuttgart Ost des Jugendamtes Stuttgart berichtet über ihre Erfahrungen mit Familienrat zur Einleitung und Begleitung eines dauerhaften Pflegeverhältnisses. Helga Heugel leitet den Pflegekinderdienst des Jugendamtes Stuttgart und reflektiert die Chancen des Familienrates in der Arbeit mit Pflegefamilien. Rob van Pagee, einer der Gründer der Eigenkrachtzentrale in den Niederlanden, schildert in einem Interview für diesen Beitrag, welchen Unterschied die Arbeit mit Familienrat in der Zusammenarbeit mit Kindern, Jugendlichen und ihren Familien macht.

2.1   Der Familienrat – Leitbild und Verfahren

Ein Familienrat bietet ein klar strukturiertes Verfahren, das Menschen darin unterstützt, in schwierigen Lebenssituationen selbstbestimmt Lösungsideen zu entwickeln. Gleichzeitig gewährleistet es rechtsstaatliche Aspekte, z. B. zur Sicherung des Kindeswohls. In einer zunehmend individualisierten Gesellschaft bietet er die Chance, Beziehungen im Lebensumfeld zu stärken und lebensweltliche und professionelle Hilfen zu kombinieren.

„Puao te Ata to" – „Tagesanbruch" (eine Metapher für Neuanfang) heißt der Bericht, in dem der institutionelle Rassismus in Neuseeland aufgegriffen wurde (vgl. Puao te Ata to 1989). Der Familienrat oder (bzw. das „Family Group Conferencing" (FGC), wie es im Original heißt, wurde 1989 als Ergebnis der Forderung der Maori (indigene Bevölkerung Neuseelands) nach angemessener Berücksichtigung ihrer Kultur im neuseeländischen Kinder- und Jugendhilfegesetz verankert. Dies war ein Neuanfang in Neuseeland, hiervon profitieren seitdem Kinder, Jugendliche und ihre Familien in zahlreichen Ländern rund um die Welt.

---

3   Genauere Informationen hierzu finden Sie im Abschnitt 3.1.
4   Familienrat bezeichnet das Verfahren im deutschsprachigen Raum, FamilienRat mit großem R weist darauf hin, dass es sich um Aktivitäten des Stuttgarter FamilienRat Büros handelt.

„Family Group Conferencing" wird dort in allen familiären Konfliktsituationen durchgeführt, in denen es Sorgen um Kinder und Jugendliche gibt. Die zentrale Botschaft des neuseeländischen Kinder- und Jugendhilfegesetzes ist der Respekt vor den Kompetenzen der Familien und deren sozialen Netzwerken, ihrem Wissen und ihrer Fähigkeit, Verantwortung zu übernehmen. „Die Intention ist, die Familie zu befähigen, die Verantwortung für das Wohl des Kindes so umfassend wie möglich zu übernehmen und die Eingriffe des Staates auf das Minimum zu reduzieren, das notwendig ist, um den Kinderschutz zu sichern" (vgl. Boshier 2006). In Deutschland wird der Familienrat seit 2005 genutzt (Budde/Früchtel 2008).

2.2 Zum Ablauf eines Familienrates im Kontext Jugendhilfe/Kinderschutz

Stellen wir uns vor, dass vom Sozialen Dienst des Jugendamtes eine Sorge zur Lebenssituation eines Kindes/Jugendlichen in einer Familie formuliert wird (zum Kindeswohl, zur Rückkehr nach Hause, zum Ausfall eines Elternteils etc.). An die Familie ergeht das Angebot, einen Familienrat abzuhalten, der ihr ermöglicht, eigene Lösungsideen zu entwickeln und gemeinsam mit den Fachkräften zu guten Entscheidungen zu kommen. Wenn die Familie den Vorschlag annimmt, erstellt die Fachkraft einen schriftlichen Auftrag, in dem alle wesentlichen Punkte benannt werden. Sie stimmt diesen mit der Familie ab, dann geht der Auftrag an das Familienrat-Büro. In der Vorbereitung des Familienrates werden von der Familie mit Unterstützung einer neutralen Familienrat-Koordination alle wichtigen Menschen aus der Lebenswelt des Kindes/Jugendlichen aktiviert, um an der Lösungsentwicklung mit zu wirken. Alle Beteiligten werden über die Fragestellung und die formulierte Sorge informiert. In der Vorbereitung werden eventuelle Vorbehalte geklärt, die Beteiligung der Kinder und Jugendlichen besprochen, organisatorische Abstimmungen getroffen sowie bereits Lösungsideen und mögliche Beiträge angeregt.

Der Familienrat verläuft in drei Phasen

Wenn die sorgfältige Vorbereitung abgeschlossen ist, ergeht eine Einladung an alle Beteiligten. Der Tag des Familienrates hat dann folgenden Ablauf:

a) Die Informationsphase: Nach der Begrüßung und Vorstellung aller Anwesenden informieren die Fachkräfte über ihren Wissensstand und ihre Sicht der Situation. Dabei achten sie darauf, dass die Familie über alle Informationen verfügt und Klarheit darüber besteht, welches die nicht verhandelbaren Mindeststandards zum Kinderschutz sind. Es gilt der Grundsatz: keine Überraschungen für die Familie. Die Informationsphase dient der Vorbereitung der familieninternen Diskussion. Die Informationen werden nicht mit den Fachkräften diskutiert. Wenn alle Nachfragen zum Verständnis beantwortet sind, verlassen die Fachkräfte die Runde.

b) Die „private Familienzeit": Nun besprechen die Familie und ihr Netzwerk die anstehenden Fragen, Mindestanforderungen und suchen hierfür Lösungen – sowohl intern als auch mit dem Blick auf professionelle Unterstützung. Diese private Familienzeit – also die Diskussion ohne Fachkräfte und ohne Familienrat-Koordination – ist ein wesentlicher Standard im Familienrat (Früchtel/Straub 2011: 53–57).

c) Die Phase der Entscheidung/Pläne: Die Familie stellt ihre Entscheidungen und Lösungsvorschläge nun vor. Die Familienrat-Koordination unterstützt die Familie durch Konkretisierungsfragen dabei, möglichst klare Absprachen zu treffen. Wenn es eine Mindestanforderung zum Kinderschutz gibt, wird der Plan auch den verantwortlichen Fachkräften vorgestellt. Diese stimmen zu oder lehnen einen Vorschlag ab, wenn er aus ihrer Sicht nicht sicher oder rechtmäßig ist. Das bedeutet für die Familie, dass sie offen gebliebene Fragen bzw. Lösungen gemeinsam mit dem Netzwerk „nachverhandeln" und später den Fachkräften ihren Vorschlag erneut präsentieren können. Es werden auch Absprachen zur Kontrolle der Pläne getroffen. Wird keine Einigung erzielt, wird im sonst üblichen Rahmen weitergearbeitet eventuell erfolgt eine Entscheidung durch ein Familiengericht. Grundsätzlich ist die Durchführung eines Familienrats bei allen Problemstellungen möglich, wenn die Familie das Angebot annehmen kann. In vielen Ländern wird dieses Instrument mit dem Verfahren nicht nur in Fragen der Kinder- und Jugendhilfe oder des Kinderschutzes durchgeführt, sondern auch im Zusammenhang mit der Pflege dementer Angehöriger, der Inhaftierung eines Familienangehörigen, der Sorge um psychisch kranke Angehörige oder ähnlichem.

2.3 Die Familienrat-Koordination

Die Kernkompetenz der Familienrat-Koordinator*innen ist ihre Fähigkeit zu inhaltlicher Neutralität, ihr Organisationstalent, eine aktivierende Haltung und die Überzeugung, dass schwierige Situationen besser gemeinsam als allein gelöst werden können. Familienrat-Koordinator*innen absolvieren ein Training, das sie befähigt, diese Aufgabe zu übernehmen. Sie sind neutral und haben in der jeweiligen Konstellation keinerlei Eigeninteresse. Sie aktivieren Familie und Umfeld schon in der Vorbereitung des Familienrats eigene Ideen und Lösungen zu entwickeln und mit den beteiligten Fachkräften zu besprechen. So fungieren sie als Brücke zwischen Institution und Lebenswelt, nach Möglichkeit werden Menschen mit Sprach- oder Kulturkompetenz eingesetzt (Hör 2017: 167).

3   Das Stuttgarter FamilienRat-Büro

Nach einer Testphase, in der ab 2005 ermutigende Erfahrungen mit dem FamilienRat gesammelt wurden, startete im April 2010 das Projekt „Einführung FamilienRat". Es wurde im März 2014 erfolgreich in den Regelbetrieb überführt. Das Stuttgarter FamilienRat-Büro orientiert sich am Modell der „Eigen-Kracht-Conferenties" (wörtlich übersetzt: Eigene-Kraft-Konferenzen) in den Niederlanden[5]. Die Aufgabe der FamilienRat-Koordination wird in Stuttgart von Bürger*innen, die nicht aus psychosozial beratenden Berufen kommen, in Honorartätigkeit übernommen. Ziel ist es, dadurch ihre inhaltliche Neutralität zu fördern, Zugang zu einer großen Vielfalt an „Milieus" zu finden (vgl. Hör 2017: 167) und Gelegenheit für Begegnungen von Menschen aus unterschiedlichen Lebenswelten zu bieten. Inzwischen wurden über 80 FamilienRat-Koordinator*innen geschult, sie sprechen 19 verschiedene Sprachen und üben vom Agrarwissenschaftler bis zur Zahntechnikerin unterschiedliche Berufe aus.

3.1   Ergebnisse

Die FamilienRäte, die bisher starteten, wurden überwiegend positiv bewertet: Familien konnten sich mit Hilfe von Verwandten und Freunden, die sich im FamilienRat zusammenfanden, in einem höheren Maße selbst helfen, als die Professionellen dies anfangs vermuteten. In sehr konflikthaften Situationen wurden gemeinsame Entscheidungen getroffen, denen die Fachkräfte ausnahmslos zustimmen konnten. Waren professionelle Hilfen erforderlich, konnten diese passgenauer erbracht werden. So wurden Familien gestärkt und ihre Selbstbestimmung und Selbsthilfe aktiviert, der Umfang an intervenierender Jugendhilfe konnte so begrenzt werden. Die Themen, zu denen FamilienRäte initiiert werden, umfassen eine Vielfalt von Fragestellungen im Kontext der Kinder- und Jugendhilfe speziell im Kinderschutz. Es gibt aber auch Erfahrungen mit FamilienRat mit geflüchteten Menschen, im Rahmen des Täter-Opfer-Ausgleiches, zur Klärung von Streitigkeiten zwischen Erwachsenen, zur Versorgung einer dementen Dame und Erfahrungen mit ZukunftsRat für Jugendliche zur U-Haft Vermeidung.

---

5   Aus der Pressemitteilung zur Gemeinderatsdrucksache 1010/2012, Stuttgart 2012.

Auszüge aus der Evaluation (Stand November 2020): Von 457 gestarteten
FamilienRäten sind 20 in Vorbereitung und 437 abgeschlossen. In 231 Fällen
wurde ein FamilienRat durchgeführt, 129 Mal wurden während der Vorbereitung andere Lösungen erarbeitet, 89 mal wurden die Vorbereitungen abgebrochen. FamilienRäte wurden für Kinder, Jugendliche und junge Volljährige jeden Alters initiiert. In 40 Prozent der Situationen war eine Mindestanforderung
zum Schutz des Kindes notwendig. Am FamilienRat nahmen im Durchschnitt
elf Personen teil, davon waren neun Familienmitglieder oder Freund*innen, die
anderen Beteiligten waren Fachkräfte. Die FamilienRäte fanden zu 85 Prozent
an Wochenenden statt. Die Familien tagten zwischen zwei und neun Stunden.
Der kleinste Rat bestand aus zwei, der größte aus 38 Personen. Der Ablauf der
Räte war sehr unterschiedlich. Es gab FamilienRäte, die mit einem Lied oder
einem Gebet eröffnet worden sind. Es gab FamilieRäte mit reichhaltigem Essen
und Räte, zu denen es nur Wasser gab. Die FamilienRäte fanden überwiegend
im Sozialraum (Kirchengemeinde, Kindertagesstätte, Familienzentrum etc.)
oder in den privaten Räumen der Familie statt. Je ein Drittel der Familien haben Migrationshintergrund, sind alteingesessen oder haben einen gemischten
Hintergrund. Die Familien kamen aus unterschiedlichsten Milieus und Kontexten. „Ich würde anderen Familien einen FamilienRat empfehlen", sagen 82 Prozent der Beteiligten.

3.2   FamilienRat – ein Praxisbeispiel

Mia, zwei Jahre alt, ist in einer Pflegefamilie untergebracht. Ihre Mutter hat eine
geistige Behinderung und ihr Vater ist psychisch erkrankt, weshalb beide nicht
gut für sie sorgen können. Dieses Pflegeverhältnis läuft nicht gut. Sehr häufig
stellen die Eltern beim Familiengericht Anträge auf einstweilige Verfügungen,
um ihre Tochter öfter zu sehen. Der Anrufbeantworter der Dienststelle des Be-
ratungszentrums ist jeden Montag übervoll mit Drohanrufen und Beschimp-
fungen, die die Eltern am Wochenende hinterlassen, denn sie wollen Mia gerne
bei dem Onkel und der Tante der Mutter untergebracht sehen. Diese beiden
sind Mitte 50 und werden von den Fachkräften als zu alt eingeschätzt, um Mia
zu betreuen. Auch die aktuelle Pflegefamilie wird sehr stark von den Eltern at-
tackiert und beschimpft, die kleine Mia leidet sehr unter dem Streit. Eines Tages
gibt die Pflegefamilie schließlich auf. Mia wird bei dem Onkel und der Tante
der Mutter untergebracht. Kurz darauf stellt sich heraus, dass die Mutter erneut
schwanger ist, und das im achten Monat. Es entsteht der Vorschlag, die notwendige Versorgung des kommenden Kindes mit einem FamilienRat zu klären,
um die anstehende Entscheidung mit der Familie gemeinsam zu treffen. Zö-
gernd stimmen die Fachkräfte zu. Sie haben große Sorgen, ob diese Familie
dazu in der Lage ist.

Beim ersten Gespräch mit den angehenden Eltern beschleicht mich sehr rasch dieselbe Sorge. Der Vater sagt, kurz nachdem wir uns an den Tisch gesetzt hatten: „Neulich hat es jemand mal richtiggemacht, da hat einer die Sozialarbeiterin richtig fertiggemacht!" Erschrocken über diesen Satz versuche ich erst einmal einzuschätzen, ob eine Gefahr besteht. Das weitere Vorbereitungsgespräch verläuft dann friedlich und konstruktiv. Der werdende Vater nennt einige Verwandte, vor allem seinen Bruder mit dessen Partnerin und zwei ältere Brüder. Auch die werdende Mutter hat einige Ideen dazu, wer kommen soll: Ihr Patenonkel (ein Seelsorger), ihre beste Freundin, ihr Bruder und ihre Schwester, ihr Onkel und seine Frau – die Pflegeeltern von Mia, ihre Cousine mit Partner. Ort soll das Familienzentrum sein.

Für die Informationsphase werden einige Fachkräfte eingeladen: Die zuständige Kollegin für den Kinderschutz und ihr Co-Berater, die Fachkraft der Eingliederungshilfe, die des Sozialamtes, der Vormund von Mia, der Leiter des Arbeitshilfeprojekts, in dem die werdende Mutter arbeitet.

In der Vorbereitungszeit habe ich als Koordinatorin des FamilienRats hauptsächlich telefonische Kontakte, was unüblich ist, aber persönliche Besuche sind aufgrund des Zeitdrucks nicht möglich. In einem weiteren Gespräch bei der Familie zuhause will ich dann die Einladung, den Ablauf und alle Fragen zu einem möglichst konstruktiven Verlauf des Treffens klären. Als ich mich an den Tisch im Wohnzimmer setze, sagt der Vater wieder: „Letzte Woche hat es mal jemand richtig gemacht, da hat einer die Sozialarbeiterin [...]". Ich klappe meine Unterlagen zu. Er fragte mich was los sei, ich antworte: „Ich frage mich wirklich, was Ihnen dabei helfen kann, beim FamilienRat die Ruhe zu bewahren, damit es ein gutes Gespräch wird?" Er zögert und ich sage: „Na, Sie sind ja sehr energiegeladen, werden schnell wütend und sagen in Ihrer Aufregung bedrohliche Dinge. Wie können Sie es schaffen, ruhig zu bleiben? Kann Ihnen jemand helfen?" Er grübelt einen Moment und sagt dann: „Wenn ich neben meinem Bruder sitzen kann, das könnte mir helfen". Wir vereinbaren ein gemeinsames Vorbereitungsgespräch mit dem Bruder, um zu klären, wie er ihn unterstützen kann, konstruktiv zu bleiben.

Nach nur zehn Tagen Vorbereitungszeit findet der FamilienRat an einem Mittwochnachmittag statt. Alle Familienmitglieder haben sich extra von der Arbeit frei genommen. Der Patenonkel ist auf Wunsch der Familie gebeten, die Sitzung mit einigen Worten zu eröffnen. Zu unser aller Überraschung liest er ein bekanntes Kinderlied vor.

In der Informationsphase sprechen die Fachkräfte über die Sorgen bezüglich des Babys und die verschiedenen professionellen Unterstützungsmöglichkeiten. Sie machen auch klar, dass zum Schutz des Kindes eine Unterbringung bei mindestens einer anderen zuverlässigen Person notwendig sei. Nachdem alle Verständnisfragen geklärt sind, ziehen die Fachkräfte sich zurück. Die Familie diskutierte rund zwei Stunden. In der Zwischenzeit kommt der werdende

Vater immer wieder für eine Zigarette mit seinem Bruder heraus. Dann stellt die Familie ihren Plan vor, in dem sie für die Unterbringung von Mutter und Baby in einer Pflegefamilie sind, in der beide aufgenommen werden könnten. Sollten hier keine Plätze frei sein, sind sie eher für die gemeinsame Unterbringung beider in einer Einrichtung als für die Unterbringung des Kindes in einer Pflegefamilie, da einige der Anwesenden hier sehr schlechte persönliche Erfahrungen damit gemacht haben. Die zuständigen Sozialarbeiterinnen stimmen dem Plan zu, da er ihren Anforderungen entspricht.

Fazit: Es wurde ein Ergebnis erzielt, das auch die Sozialarbeiterinnen favorisierten. Der Nutzen lag in der Art, wie sich alle Beteiligten miteinander verständigen konnten. Mit dem FamilienRat wurden langjährige Auseinandersetzungen zwischen der Familie und dem Jugendamt beendet. Für uns war dies eine wichtige Erfahrung: Wenn dieser Vater selbst eine Idee entwickeln kann, wie es ihm möglich wird, konstruktiv mitzuarbeiten, und diese Familie eine gute Lösung konnte, dann sollte das in anderen Familien auch gelingen können.

4 Die Praxis des FamilienRats aus verschiedenen Blickwinkeln – drei Interviews zu Erfahrungen und Einschätzungen

4.1 FamilienRat in der Arbeit des Sozialen Dienstes des Jugendamtes

Lena Engel, Sozialpädagogin im Beratungszentrum Ost, arbeitet seit Beginn ihrer Tätigkeit mit dem FamilienRat. Ein Fall blieb ihr dabei besonders in Erinnerung: Im Rahmen dieses FamilienRats wurde für einen einjährigen Jungen eine Lösung gefunden, die bis heute trägt.

Frau Engel, in welcher Situation war die Familie damals? Lena Engel: Mutter und Vater lebten zusammen und haben sich gemeinsam um das Kind gekümmert. Aufgrund der Vorgeschichte der Familie gab es allerdings immer wieder Fragezeichen in Bezug auf die Versorgung des Kindes. Deshalb wurde die Familie auch durch ein begleitendes Angebot unterstützt. Kurz zur Fallgeschichte: Die Beziehung der Eltern war konflikthaft. Eines Nachmittags erhielt ich eine anonyme Mitteilung aus der Nachbarschaft, in der große Sorgen um das Wohl des Kindes geäußert wurden. Als ich die Familie besuchte, teilte die Mutter mit, dass sie die Versorgung des Kindes nicht mehr leisten könne und auch der Vater des Kindes dazu nicht in der Lage sei. Deshalb hat sie darum gebeten, den einjährigen Jungen in einer Bereitschaftspflegefamilie unterzubringen.

War die Familie offen für die Idee eines FamilienRats? Ja, sie fanden die Idee, dass sie selbst eine Lösung für den Jungen finden konnten, gut. Ich hatte ihnen natürlich auch die Unterstützungsangebote des Jugendamts vorgestellt, doch wollten die Eltern erst einmal überlegen, ob es nicht innerhalb ihrer Familie eine Lösung gab. Meiner Erfahrung nach ist das auch immer die bessere Lösung, denn es ist effektiver und hilfreicher für das Kind, da dieser Weg meist von der gesamten Familie mitgetragen wird. Zudem hatte die Mutter eine ältere Tochter, die zu der Zeit bei der Oma lebte. Das heißt, die Familie war schon geübt darin, innerfamiliäre Lösungen zu finden.

Wer hat sich am FamilienRat beteiligt? Die Familien der beiden Eltern, also deren Eltern, Großeltern und Geschwister sowie eine Freundin der Mutter. Es kamen etwa zwanzig Menschen zusammen. Die Bereitschaftspflegefamilie war kurz dabei, um den Jungen aus ihrer Sicht zu beschreiben – mit all seinen Talenten, seinen Stärken, seinen Lernfeldern und Besonderheiten.

Wie verlief der FamilienRat dann ab? Die Situation war nicht ganz einfach. Beide Elternteile kamen aus besonderen Familienverhältnissen, d.h., dass ihr Leben von Beziehungsabbrüchen und wenig Konstanz und Verlässlichkeit geprägt waren. Der Vater hat sehr viele Geschwister, die in Wohngruppen oder Pflegefamilien untergebracht waren, auch bei seinen Eltern gab es einige Defizite in Bezug auf die Erziehung der eigenen Kinder. Die Mutter hat in ihrer Lebensbiografie ebenfalls viele Abbrüche und experimentelle Lebensphasen gehabt – Drogen, Wohnungslosigkeit usw. Die Familie hat sich an einem Wochenende in einem Familienzentrum getroffen. Zu Beginn habe ich meine Sorgen in Bezug auf das Kind und auch meine Mindestanforderungen für den zukünftigen Wohnort des Kindes mit der Familie besprochen. Das hatte ich natürlich auch schon in den Vorgesprächen gemacht. Das heißt, ich hatte mit den Eltern und der FamilienRat-Koordinatorin gesprochen, die wiederum mit allen Familienmitgliedern, Teilnehmer*innen des FamilienRats Kontakt hatten, und habe im Vorfeld schriftlich meine Sorgen sowie die Mindestanforderung in Bezug auf die Sicherheit für das Kind formuliert, damit sie im FamilienRat nicht mit irgendwelchen Überraschungen konfrontiert werden.

Wie lauteten diese Vorgaben? Die Mindestanforderung war, dass Tag und Nacht eine verlässliche Person für den Jungen da ist. Ich habe auch nochmal genau beschrieben, was „verlässlich" in diesem Fall überhaupt bedeutet. Die Koordinatorin ist diese Anforderungen dann mit allen Teilnehmer*innen durchgegangen und ich habe das auch nochmal am Tag des FamilienRats als Einstieg vorgetragen. Danach hatte die Familie ihre Familienzeit und hat einen Plan erstellt. Dieser sah vor, dass der Opa väterlicherseits den Jungen bei sich aufnimmt. Da ich von der Biografie des Großvaters wusste, dass es bei ihm auch viele Abbrüche gab, etwa die Fremdunterbringung seiner Kinder und Alkoholmissbrauch, hatte ich Sorgen und machte der Familie deutlich, dass mir ihre Lösung nicht ausreicht. Klar, manche Familienmitglieder, vor allem der Großvater, waren wütend. Ich bin jedoch bei meiner Einschätzung geblieben. Für mich gab es bei ihrem Plan viele Fragezeichen in Bezug auf eine ausreichende Versorgung und Betreuung des Kindes. Deshalb schlug ich vor, dass der Opa mit dem Kind die Julie-Pfeiffer-Gruppe[6] besuchen könnte, um dort Umgangskontakte zu gestalten und in der Trainingsgruppe zu lernen, zu erfahren und zu erfühlen, welche Betreuung und Versorgung sein Enkelkind dauerhaft braucht. So hätte er die Möglichkeit gehabt, in einem geschützten Rahmen das Kind und seine Bedürfnisse kennenzulernen, denn zuvor hatte er nur wenig Kontakte zum Kind. Zudem hätte er so in die Rolle des Erziehungsberechtigten finden können. Für einen über 60-jährigen Mann, der damals schon vom Leben gezeichnet war, ist es sicher nicht leicht einzuschätzen, ob das Zusammenleben mit einem kleinen Kind überhaupt realistisch ist. Und ich wollte weder Kind noch Opa durch eine vorschnelle Entscheidung überfordern.

Wie war die Reaktion? Die Familie der Mutter konnte den Vorschlag gut annehmen, der Opa zunächst nicht. Er fand es unangemessen und meinte, er habe so viele Kinder, und fragte mich, wie ich jetzt darauf käme, ihm Defizite zu unterstellen. In einer großen Runde mit der gesamten Familie ist ein solches Gespräch, gerade auch in Bezug auf Scham, ein heikles Thema. Ich wollte ihn nicht bloßstellen oder beschämen. Also bin ich noch einmal weggegangen und die Familie hatte wieder Beratungszeit. Das Ergebnis des FamilienRats war dann, dass es neben dem Plan A, dass der Opa den Jungen aufnimmt und zuerst die Julie-Pfeiffer-Gruppe besucht, einen Plan B gibt. Dieser sah vor, dass ich, wenn Plan A nicht klappt, eine Pflegefamilie für den Jungen suchen würde. Mit diesem Ergebnis war ich einverstanden und habe mich gleich danach um einen Termin in der Julie-Pfeiffer-Gruppe gekümmert, den ich dem Opa weitergegeben habe. Er sollte eine Woche später stattfinden. Montags, an dem Tag, an dem das Infogespräch sein sollte, kam ich in mein Büro und hörte meinen Anrufbeantworter ab. Der Opa hatte mir draufgesprochen. Ich weiß noch genau, was er sagte: „Ich muss den Termin absagen. Denn Sie und ich wissen beide, was dort rauskommen wird". Ich kriege heute noch Gänsehaut, wenn ich daran denke. Hier wurde es mir besonders klar, wie gut Familien ihre eigene Situation einschätzen können. Trotz allem wollen sie gut für ihr Kind sorgen. Der Weg, mir seine Entscheidung auf den Anrufbeantworter zu sprechen, muss sehr schwer für den Großvater gewesen sein. Ich denke, dass er mir das in di-

---

6 Eine Gruppe in einer Einrichtung für Eltern und kleine Kinder in Stuttgart, in der die elterliche Erziehungsfähigkeit gestärkt wird.

rektem Kontakt so nicht hätte sagen können. Also habe ich die Eltern des Jungen angerufen, die schon informiert waren und dann eine Pflegefamilie für das Kind gesucht und gefunden.

Wie ist nun die aktuelle Situation? Der Junge lebt noch immer in der Pflegefamilie und es geht ihm gut. Sowohl Bereitschaftspflegefamilie, Pflegefamilie und leibliche Eltern ziehen seit Hilfebeginn an einem Strang und haben in der Vergangenheit Kindergeburtstage des Jungen gemeinsam gefeiert. Es gibt eine extrem hohe Akzeptanz und Zusammenarbeit zwischen Eltern und Pflegefamilie. Meine Hypothese ist, dass das damit zusammenhängt, dass die Familie weiß, dass sie in Verantwortung für das Kind entschieden hat. Sie sind gehört worden, es ist nichts über ihren Kopf hinweg entschieden worden, sondern sie allein haben entschieden, innerhalb eines im Sinne des Kinderschutzauftrags gegebenen Rahmen. Der Junge konnte in seiner Pflegefamilie ankommen, ohne den Kontakt zu seinen Eltern zu verlieren.

Was ist ihre Bilanz? Hätte ich die Familie nicht ernst genommen mit all ihren Ideen, hätte ich nie gewusst, ob die Unterbringung beim Opa vielleicht nicht doch eine gute Option für das Kind gewesen wäre. Anhand der Biografie einer Familie zu sagen: „Ihr hattet früher viele Abbrüche, ihr schafft es auch heute nicht", das steht mir nicht zu. Wer weiß denn, ob der Opa nicht in seiner Opa- und Hauptversorger-Rolle aufgegangen wäre und sein Enkelkind einen verlässlichen Lebensmittelpunkt bei ihm gefunden hätte!? Das heißt, dieser Familien-Rat war als Vorbereitung für ein Pflegeverhältnis unbedingt hilfreich und gut. Die Pflegefamilie wurde von der Familie dadurch nie infrage gestellt, ganz im Gegenteil. Die leiblichen Eltern sagen immer wieder, dass sie total froh sind, diese Pflegefamilie für ihr Kind zu haben. Das zeigt, wie groß die Fürsorgeverantwortung der Eltern für ihr Kind ist. Und das wirkt sich natürlich auch auf den Jungen aus: Er hat bei der Pflegefamilie ein richtiges Zuhause, eine Familie, und er hat auch seine Eltern. Ich denke, der Junge wäre heute nicht so Zuhause an dem Ort, an dem er ist, weil wir alle bei einem anderen Vorgehen womöglich viel mehr Energien in Konflikte und Widerstände gesteckt hätten. So sind wir den Weg miteinander gegangen. Ich habe noch einmal gelernt, dass es ungeheuer wichtig ist, den Familien ihren Platz und auch im Kinderschutz eine verbindliche Mitbestimmung zu geben. Das sollte man sich als Sozialpädagoge oder Sozialpädagogin immer wieder klarmachen. Am Ende ist das, was ich denke, was das Beste für das Kind ist, nicht immer tatsächlich die beste Lösung. Wenn eine Oma oder ein Opa, die nicht „optimal" dastehen, beispielsweise nicht finanziell gut abgesichert sind, das Kind aufnehmen wollen und können, sollten wir als Mitarbeitende der Jugendhilfe doch eher fragen, was brauchen die Personen an Unterstützung?

Wie meinen Sie das? Ich finde, dass manchmal die Einschätzungen seitens der Jugendhilfe zu innerfamiliären Lösungen unfair den Familien gegenüber sind bzw. sein können. Anstatt aktuelle Situationen in den Blick zu nehmen und neu einzuschätzen, passiert es manchmal, dass aufgrund der zurückliegenden Familiengeschichte Optionen ausgeschlossen werden, die geprüft werden sollten. Da haben wir definitiv ein Lernfeld. Wir müssen Familien wieder stärker ins Boot holen und dürfen ihnen nicht pauschal und vorschnell bestimmte Fähigkeiten absprechen. Ein Beispiel aus meinem aktuellen Berufsalltag: Eine junge Frau hat ein Baby bekommen und gleich nach der Geburt gesagt, dass sie sich nicht in der Lage fühlt, das Kind zu versorgen. Das Kind ist daraufhin zu einer Bereitschaftspflegefamilie gezogen. Derzeit läuft dazu ein FamilienRat, denn die junge Mutter will, dass ihr Baby langfristig innerhalb der Familie aufwächst. Nun hat die Familie für sich eine Lösung gefunden und schlägt die Urgroßeltern als Hauptbezugspersonen vor. Innerhalb unterschiedlicher Fachgremien wurde über diese Lösung gesprochen und Einige finden, dass das Festhalten der Familie am Baby, also die Idee, das Kind innerhalb der Familie zu versorgen, ein ungesunder Anteil dieser Familie sei. Ich für meinen Teil denke, das ist der gesündeste Anteil, den eine Familie haben kann. Wenn die Familienmitglieder sagen, „wir machen das, das Kind gehört zu uns", ist das für mich vollkommen nachvollziehbar. Das würden wir alle in unserem privaten Umfeld ebenso machen! Hier sollten wir uns und unsere Profession immer wieder in den Blick nehmen und kritisch reflektieren und hinterfragen. Denn Kinder sollten – wenn möglich – immer bei ihren Familien aufwachsen, und dies zu unterstützen ist unsere Aufgabe. Familien einen FamilienRat bei derart großen Entscheidungen, die den zukünftigen Lebensort eines Kindes betreffen, nicht anzubieten, wirft für mich immer wieder fachliche Haltungsfragen auf.

4.2   FamilienRat in der Arbeit des Pflegekinderdienstes des Jugendamtes

Helga Heugel ist die Leitung des Pflegekinderdienstes im Jugendamt Stuttgart.

Frau Heugel, wann macht ein FamilienRat Sinn? Helga Heugel: Schwierig, das pauschal zu beantworten. Ich könnte sagen, ich finde einen FamilienRat immer sinnvoll, wenn es um Entscheidungen und Überlegungen im Rahmen von Hilfen für Familien und Erziehung von Kindern geht. Ein solches Gremium hat die große Chance auszuloten, wen es im Umfeld des Kindes als Familie oder auch als Netzwerk gibt, der infrage kommt, Eltern bei der Erziehung ihrer Kinder zu unterstützen. Tatsächlich aber gehen Pflegekinder ihren Weg in eine Pflegefamilie meistens über die Bereitschaftspflege, also Familien, die in akuten Notsituationen Kinder aufnehmen. In diesen Notlagen ist es selten möglich, mit einem FamilienRat ausführlich abzuklären, ob es jemanden im Umfeld gibt, der das Kind aufnehmen kann, es sei denn, eine Person wäre aus Sicht der Familie besonders geeignet und wird von dieser gleich genannt. Aber die Zeit, in der die Kinder dann in der Bereitschaftspflege sind – die maximal sechs Monate dauern sollte – muss dafür genutzt werden, mit der Familie zu klären, welche Unterstützungsmöglichkeiten es für die Eltern geben kann, dass das für das Kind wieder gut funktioniert und ob längerfristige Hilfen nötig sind. Das ist der ideale Zeitpunkt für den FamilienRat – wenn die Familie oder der Elternteil sich darauf einlässt. Denn in dieser Zeit ist das Kind sicher untergebracht und man muss sowieso klären, wohin die Reise für das Kind gehen soll. Oft erfolgt die Unterbringung bei Verwandten aber selbstorganisiert. Dann kommt das Jugendamt häufig als zusätzliche Unterstützung sehr viel später dazu.

In welchen Situationen befinden sich Familien, die ihr Kind in Pflege geben müssen? Die Situationen sind sehr vielfältig. Manchmal ist es eine sehr junge Mutter, die gewollt oder ungewollt schwanger wurde, aber in ihrer eigenen unmittelbaren Familie keine ausreichende Unterstützung findet. Das heißt, die werdenden Großeltern können das eben nicht mit auffangen und das Kind betreuen, um ihr etwa den Abschluss ihrer Ausbildung zu ermöglichen. Für diese Situation gibt es auch andere Angebote wie die Mutter-Kind-Projekte. Aber nicht jede junge Mutter kann und will sich auf so etwas einlassen. Manche Eltern oder Elternteile sagen auch, dass sie es mit dem Kind einfach nicht schaffen. In der Regel geben wir in solchen Fällen das Kind trotzdem zunächst mal in eine Bereitschaftspflege, weil wir uns vergewissern wollen, ob sich nicht doch ein Mutter-Kind-Projekt eignen würde oder es im Verwandtenkreis eine gute Möglichkeit für das Kind ergibt. Aber wir haben eben auch zahlreiche Elternpaare in Familienkonstellationen, die von vielen Problemen belastet sind, etwa ein schwieriger Aufenthaltsstatus, weil sie Geflüchtete sind, Gewalt in der Beziehung, kein Geld, kaum ein familiäres Netz, vielleicht auch noch psychische Belastungen. Oftmals ist es eine Anhäufung von Problemlagen. In Ausnahmefälle ist auch Misshandlung mit im Spiel.

Wird hier das „Instrument" des FamilienRats voll ausgeschöpft? Ich würde mir wünschen, dass wir als Pflegekinderdienst plus Beratungszentren die Familien-Räte noch viel stärker etablieren und in unserer Arbeit fester verankern. Aktuell wird das Instrument ja hauptsächlich genutzt, um zu klären, ob es in der Verwandtschaft einen guten Platz für das Kind gibt. Aber man könnte trotzdem, auch wenn es niemand im näheren Umfeld gibt, einen FamilienRat durchführen und genauer hinschauen, wer unterstützen und den Kontakt zu den Kindern halten könnte. Man könnte den FamilienRat auch nochmal in anderen Fragestellungen denken. Wir haben in den Pflegeverhältnissen sehr oft große Auseinandersetzungen zum Thema ‚Kontakte der Eltern zu ihren Kindern'. Die Pflegefamilien sind ja keine Institutionen, sondern Familien, die die Kinder in ihr Herz schließen und als Familie mit den Kindern leben. Gleichzeitig gibt es die leiblichen Eltern, die Kontakt haben wollen und zu denen die Kinder vielleicht auch eines Tages zurückgehen. Da gibt es ziemliche Spannungen und große Herausforderungen. Fragestellungen wären beispielsweise: Wer kann im Leben des Kindes welche Rolle übernehmen? Wer kann Englischnachhilfe geben, wer lehrt ihn schwimmen, wie gestaltet man die Konfirmation? Das könnte in diesen sehr komplexen Familiensystemen mit Familien der Eltern und jene der Pflegefamilie besprochen werden.

Plädieren Sie also für FamilienRäte als kontinuierliche Unterstützung, quasi als eine Art Garant für die Nachhaltigkeit des Kindeswohls? Genau das, es geht darum, dass das Kind sieht, es gibt ein Familiensystem mit verschiedenen Personen, die gemeinsam schauen, dass es mir gut geht. Nachhaltigkeit ist für den FamilienRat allgemein ein sehr gutes Stichwort.

Wie meinen Sie das? Mir ist bewusst, dass wir Professionellen uns auch manchmal mit einem derartigen Instrument wie dem FamilienRat etwas schwertun, weil man damit scheinbar etwas aus der Hand gibt und der Familie vermehrt die Regie überlässt. Aber das ist eben nur auf den ersten Blick so. Es muss uns doch völlig klar sein: Wir Fachleute bringen Überlegungen ein, etwa wie man den Schuleintritt eines Kindes gestaltet, aber die Pflegeeltern und vielleicht auch die leiblichen Eltern besprechen das mit ihren Familien und haben andere Ideen, und am Ende kommt etwas völlig anderes dabei raus. Das ist in besagter Frage vielleicht nicht so dramatisch, aber wir haben auch manchmal andere Situationen, gerade in der Verwandtenpflege. Im FamilienRat gibt es auch eine Mindestanforderung. Ein Beispiel: Wenn das Kind bei den Großeltern untergebracht ist, wurde vielleicht formuliert, dass die leibliche Mutter mit dem Kind nicht allein sein darf, weil diese psychisch auffallend ist. Wenn ich das nur so in ein Protokoll schreibe und mit der Mutter und vielleicht auch den Großeltern bespreche, dann versuche ich zwar für den Kinderschutz zu sorgen. Aber ich meine, es ist sehr viel nachhaltiger, wenn die Familie mit so einer Mindestanforderung möglichst als Ganzes konkret über die Thematik spricht. Und eventuell auch einen Plan macht, was das denn genau heißt, sich etwa überlegt, wer kann die Mama begleiten, wenn sie mit dem Kind spazieren gehen will. Wir Fachleute machen uns manchmal etwas vor in Bezug darauf, wie wirksam oder eben nicht unsere Absprachen mit den Eltern sind. Wenn beispielsweise die Mutter noch zwei Schwestern hat, dann sitzen die bei den Gesprächen mit uns ja nicht dabei. Trotzdem kann man sich gut vorstellen, dass sie letztendlich bei allem mitreden – ohne dass das jemand aus dem Helfersystem mitkriegt, ohne dass wir wissen, in welche Richtung da debattiert wird. Ich glaube, das ist die große Chance eines FamilienRats, dass die Familie miteinander an einem Tisch die Gegebenheiten und Möglichkeiten ausdiskutieren.

Sind denn die betroffenen Familien immer offen für einen FamilienRat? Natürlich nicht. Einerseits ist bei Familien, die in solchen Notsituationen sind, die Hürde und auch die Scham oft groß, die eigene Notlage in der Familie offen auszusprechen. Das würde uns doch auch nicht anders gehen. Andererseits sind das Familiensysteme, die eben oft mit vielen Konflikten belastet, also nicht so harmonisch und ausgeglichene „Systeme" sind. Daher bin ich froh, dass wir das FamilienRat-Büro mit den Koordinator*innen haben, die viel Zeit investieren, um auszuloten, wer zu einem FamilienRat dazu kommen und wie man die möglichst alle an einen Tisch bekommen könnte. Denn diese Arbeit ist kein Selbstläufer.

Was schlagen Sie also vor? Wir Fachkräfte müssen zuallererst die Hürde nehmen, nicht irgendwelche Gründe der Eltern vorweg zu nehmen, warum ein FamilienRat scheinbar nicht geht. Ich befürchte, dass wir manchmal gar nicht gewinnend offensiv mit den Eltern darüber ins Gespräch gehen, weil wir die Schere schon im Kopf haben und denken: ‚Oh, die Arme, wie sollte das gehen? Sie hat es doch sowieso schon schwer genug, die hat vielleicht niemand'. Ich befürchte, das ist die erste Bruchstelle. Dann stellt sich auch die Frage, wie ich als Sozialarbeiterin mit den Eltern ins Gespräch gehe. Einfach gesagt: Je überzeugter und zuversichtlicher ich von einem Angebot bin, umso größer ist die Wahrscheinlichkeit, dass die Mutter sich darauf einlassen kann. Wir könnten da definitiv noch offensiver werden.

4.3   Familienrat in den Niederlanden: Ein Blick zu erfahrenen Nachbar*innen

Das Problem der Zusammenarbeit zwischen Institutionen und den Menschen ist auch in anderen Ländern bekannt. Rob van Pagee, langjähriger Mitarbeiter der Sozialen Dienste in den Niederlanden und Mitbegründer der Eigenkrachtzentrale (der niederländischen Adaption der FGCs), beschreibt im Interview[7] für diesen Artikel die Ausgangssituation in den Niederlanden folgendermaßen: „Schockiert stellten wir fest, dass Bürger, die sich an die staatlichen Institutionen wandten, sich nicht nur zum ‚Objekt' der Hilfe machten, sondern auch keine Rolle als ‚Subjekt' spielten. Wir stellten mit zunehmender Häufigkeit fest, dass die Professionellen mit ihrer Diagnose eines Problems gleichzeitig den Lösungsplan beschlossen. Sicherlich mussten die Klienten ihre Zustimmung geben, aber das lief eigentlich nur darauf hinaus, ‚auf der gepunkteten Linie zu

---

7   Das Interview wurde aus dem Englischen mit Unterstützung von deepl.com und von Frau Hör übersetzt.

unterschreiben'. In den Niederlanden erfolgte die Einführung von EK-c (Eigenkrachtkonferenzen/FGC) bottom-up, also von unten nach oben, mit Pilotprojekten, Evaluation und dem Kampf um Köpfe und Herzen. Erschwerend war, dass die EK-c im Bereich der Jugendhilfe, der von Fachleuten dominiert wurde, zunächst als eine neue Arbeitsmethode angesehen wurde, die nach ihrem Ermessen nur bestimmten Klienten angeboten wurde. Das Umdenken besteht jedoch darin, zu erkennen, dass der jeweilige Kreis von Menschen nicht nur das Problem, sondern auch die Kompetenzen zur Lösung hat. Deshalb arbeitet das EK-c-Verfahren so: den Kreis erweitern; wenn nötig, eine(n) unabhängigen Bürger*in (der in keiner Weise von dem Plan profitiert) als Koordinator*in beauftragen, um eine Konferenz zu ermöglichen; die Frage in den Mittelpunkt stellen; wenn nötig, kann dann eine Fachkraft in einer rechtlichen Position (z.B. Vormund) den Rahmen bzw. die Mindestanforderungen setzen; sichere Pläne werden von den Fachleuten akzeptiert und sind für alle handlungsleitend".

„Bei der ‚Entdeckung' dieses Ansatzes zur Aktivierung der Bürger*innen wurde uns deutlich, dass es nicht auf die Art des Problems oder Konflikts ankommt, sondern darauf, wie der Kreis der direkt betroffenen Menschen und ihre gemeinsamen Lösungskompetenzen aktiviert werden können. Evaluationen zeigen, dass es in neun von zehn Fällen erfolgreich gelingt, Pläne zu erstellen, in denen sich Menschen für vielfältige Unterstützung und Hilfen anbieten. (Evaluation PI Research) Es geht nicht darum, wer Zugang zur EK-c haben darf oder nicht, sondern dass die Verantwortung dort liegen soll, wo sie hingehört: im Kreis der beteiligten Menschen. Inzwischen wird die EK-c in allen möglichen Situationen angewandt, in denen Menschen einen Plan für ein Problem oder einen Konflikt brauchen. Das macht die EK-c nicht zu etwas Neuem, Exotischem, das von einem weit entfernten Ort kommt; im Gegenteil, es ist eine moderne Anwendung bekannter niederländischer Prinzipien wie Nachbarschaft, Solidarität, Staatsbürgerschaft oder Souveränität im eigenen Kreis. In den Niederlanden gewinnt die Einführung dieses Ansatzes bürgerschaftlichen Engagements an Fahrt, da das gegenwärtige politische und soziale Klima mehr auf die Arbeit mit Menschen als auf die Arbeit an und für Menschen ausgerichtet ist. Nationale und internationale Evaluationsergebnisse weisen alle in die gleiche Richtung: Die Bürger*innen sind bereit und in der Lage, mit Conferencing-Verfahren zu arbeiten, sie machen sichere und solide Pläne, die von Fachkräften akzeptiert werden. Der kulturelle Hintergrund der Menschen spielt keine Rolle, wenn es um die Erarbeitung von Lösungsplänen geht; die Bürger schätzen den Prozess und die Pläne sind belastbar. Gleichzeitig bringen die Menschen Ressourcen ein, die nicht auf anderem Wege beschafft werden müssen. Darüber hinaus übernehmen sie Verantwortung für Dinge, die sonst von Klienten und Sozialarbeitern gleichermaßen ignoriert oder missachtet worden wären. Es stehen mehr Köpfe, Hände und Herzen zur Verfügung. Dadurch wird der soziale Zusammenhalt in der Gesellschaft gestärkt".

5   Gedanken zum Abschluss

In der Begleitung von Kindern, Jugendlichen, ihrer Eltern und Familien in verschiedenen Kontexten institutioneller Hilfe begegnen mir viele Menschen. Menschen, die sich mit Unterstützung professioneller Hilfen und Nahestehender neue Bewältigungsstrategien aneignen können und Krisen überwinden. Menschen, denen vielfältige angebotene und gut gemeinte Unterstützung nicht weiterhelfen kann. Manchmal passt die Hilfe einfach nicht und die Menschen benötigen viel Kraft in der Auseinandersetzung mit Fachkräften um die unterschiedlichen Sichtweisen zu Ursachen und Lösungswegen. Es gibt Jugendliche, die ihr halbes Leben in Jugendhilfe erlebt haben und sagen „Mein bester Freund ist mein Erzieher!" Gelingende Arbeitsbeziehungen mögen sehr wichtig sein, aber eine nachhaltige Unterstützung zeichnet sich auch dadurch aus, dass sich Kinder, Jugendliche und Familien gut vernetzt in ihrer Lebenswelt bewegen können, denn diese Verbindungen bleiben ein Leben lang. Es gibt Menschen, die isoliert sind, die für professionelle Hilfen nur bedingt zu erreichen sind und diese oft nicht aktiv nutzen können. Aber es gibt auch Menschen, die ihre Verantwortung kaum wahrnehmen und erwarten, dass ihre Probleme von anderen gelöst werden. Gegenüber stehen Sozialarbeiter*innen, die sich hochprofessionell und tatkräftig an die Lösung der Probleme machen; die wissen, dass „Kein Weg ist, wo kein Wille ist" (Lütringhaus 2007) und sich dennoch – vor dem Hintergrund knapper Ressourcen und großen Handlungsdrucks – oft nicht ausreichend geduldig um die für Veränderungen notwendigen Arbeitsbündnisse mit den Menschen bemühen.

Unsere Erfahrungen im FamilienRat decken sich mit denen der Kolleg*innen in Deutschland (vgl. auch z.B. Hansbauer/Hensel/Müller/Spiegel 2009) und aus der ganzen Welt: Es geht um mehr als die Einführung eines Verfahrens. Es geht um die konsequent umgesetzte Haltung, dass Menschen in ihren Netzwerken sowohl über das Problem als auch über die Möglichkeiten zur Lösung verfügen. Institutionen beteiligen sich an der Lösungsfindung, bieten Unterstützung und wachen über die Einhaltung rechtsstaatlicher Anforderungen. Es ist notwendig den Begriff der Partizipation vom Kopf auf die Füße zu stellen und das Recht und die Verantwortungsübernahme der Menschen in ihrem Lebensumfeld zu stärken. Wer beteiligt wen? Beteiligen wir die Menschen an einer Hilfe oder beteiligen die Menschen eine Hilfe in ihrem Leben? Diese Fragen betreffen uns alle: Wie soll das Verhältnis zwischen Institutionen und Menschen sein? Wie möchten wir, dass uns Andere begegnen, wenn wir in einer schwierigen Situation sind? In was für einer Gesellschaft wollen wir leben?

Literatur

Biesel, Kay/Brandhorst, Felix/Rätz, Regina/Krause, Hans-Ulrich (Hrsg.) (2019): Deutschland schützt seine Kinder. Bielefeld: Transcript.

Budde, Wolfgang/Früchtel, Frank (2008): Verwandschaftsrat: Bürger statt Klienten in der Hilfeplanung. In: Jugendhilfe 46 (3), 121–130.

Faltermeier, Josef (2019): Eltern, Pflegefamilie, Heim – Partnerschaften zum Wohl des Kindes. Weinheim/Basel: Beltz Juventa.

Früchtel, Frank/Straub, Ute (2011): Standards des Familienrates. Hilfeplan oder Entscheidungsverfahren. Zwischen Normierung und Diversity. In: Sozialmagazin 36 (2), S. 53–57.

Hansbauer, Peter/Hensen, Gregor/Müller, Katja/Spiegel, Hiltrud von (2009): Familiengruppenkonferenz: Eine Einführung. Weinheim/München: Juventa.

Hör, Heike (2017): Welche Plätzchen schmecken Ihnen am besten? Kultur- und Kontextsensibilität – was hat Familienrat zu bieten? In: Schäuble, Barbara/Wagner, Leonie (Hrsg.): Partizipative Hilfeplanung. Weinheim/Basel: Beltz Juventa, S. 158–171.

Hör, Heike (2020): FamilienRatBüro Jugendamt Stuttgart. Unveröffentlichtes Manuskript.

Lütringhaus, Maria (2007): Zielvereinbarungen in der sozialen Arbeit. In: Gillich, Stefan (Hrsg.): Nachbarschaften und Stadtteil im Umbruch. Gelnhausen: Triga, S. 135–149.

Boshier, Piers (2006): Vortrag: Conferences and the judicial processes: What judges take notice of. Te Hokinga Mai. Wellington, Neuseeland.

Puao te Ata to (Daybreak) (1988): The report of the ministerial advisory committee on a Maori perspective for the department of social welfare. Wellington, New Zealand: Published under the authority of the New Zealand Government-IS'90 1977OC-90PT.

Wijnen Lunenburg, Patty/Beek, Fiet van/Bijl, Bas/Gramberg, Peter/Slot, Wim (2008): Die Familie ist am Zug. Die Ergebnisse von Eigen-Kracht-Konferenzen im Jugendschutz bei den Aspekten Sicherheit, sozialer Zusammenhalt und Federführung. PI Research Evaluation Eigenkrachtzentrale. Universität Amsterdam.

Ziegler, Holger (2015): Vortrag: „Aktuelle (Fehl-)Entwicklungen im Kinderschutz". In: Besser als ihr Ruf!? Fachlich selbstbewusste Kinderschutzpraxis unter hohem Erwartungsdruck, Fachkongress der Kinderschutzzentren am 17. und 18. September 2015.

Unterstützung von Eltern fremduntergebrachter Kinder

Marion Moos

Einleitung

Eltern in den stationären Hilfen zu unterstützen, ist über den gesetzlichen Auftrag des § 37 SGB VIII hinsichtlich der Zielperspektive stationärer Hilfen klar verankert. Was aber steckt hinter diesem Anspruch, Unterstützung für Eltern zu geben? Was wünschen und brauchen Mütter und Väter und was genau können sie diesbezüglich erwarten? Welche Handlungsstrategien, Konzepte und Rahmenbedingungen braucht es, um eine angemessene Unterstützung von Eltern umsetzen zu können? Diesen Fragestellungen wird im Folgenden nachgegangen. Die Erkenntnisse beziehen sich maßgeblich auf Ergebnisse des Praxisforschungs- und -entwicklungsprojektes „Heimerziehung als familienunterstützende Hilfe" (Moos/Schmutz 2012) und Organisationsentwicklungsprozesse zur Stärkung der Zusammenarbeit mit Eltern in stationären Einrichtungen. Die Zitate aus Sicht von Eltern entstammen dem Film „Mütter und Väter kommen zu Wort", der zum Abschluss des Projektes gedreht wurde.

1 Konzepte und Rahmenbedingungen im stationären Kontext (weiter-)entwickeln

Ausgehend vom Begriff der Unterstützung konkretisiert der § 37 SGB VIII, dass diese darauf abzielen soll, die Erziehungsbedingungen in der Herkunftsfamilie zu verbessern und die Beziehung des Kindes oder Jugendlichen zu seiner Familie zu fördern. Geht man von Synonymen des Unterstützungsbegriffs aus, so zeigen sich weitere Anforderungen, wie etwa Ermutigung, Halt und Anerkennung zu geben sowie Beistand, Beteiligung und Hilfe umzusetzen. Überprüft man kritisch, inwiefern diese Aspekte konkrete Relevanz im Alltag der Heimerziehung sowie der Pflegekinderhilfe haben, so zeigen sich Diskrepanzen zwischen dem postulierten Anspruch und der gelebten Praxis. Oftmals fehlen geklärte Verantwortlichkeiten, Konzepte und Rahmenbedingungen, um systematisch und strukturell abgesichert mit Müttern und Vätern dazu ins Gespräch zu kommen, was sie brauchen, um mit den Anforderungen der aktuellen Lebenssituation besser zurecht kommen zu können und sie daran anknüpfend dann entsprechend zu unterstützen.

So zeigt eine Untersuchung des Deutschen Jugendinstituts für den Bereich der Pflegekinderhilfe, dass die Stützung von leiblichen Familien eine Aufgabe ist, die lediglich von 27 Prozent der Pflegekinderdienste und von 41 Prozent der Allgemeinen Sozialen Dienste erfüllt wird (vgl. van Santen et al. 2019: 88). Für diese Hilfeform ist nämlich vielfach strukturell ungeklärt, wer für die Zusammenarbeit und Unterstützung der Eltern verantwortlich ist. Ist dies Aufgabe des ASD, PKD oder eines freien Trägers mit diesem spezifischen Auftrag? Solange diese Grundfrage nicht hinreichend geklärt und verortet ist, besteht immer die Gefahr, dass der Fokus auf die Eltern nicht hinreichend Beachtung findet (vgl. Dittmann/Schäfer 2019: 42). Zuständige neutrale Ansprechpersonen fehlen somit vielfach.

Im Kontext der Heimerziehung ist strukturell geklärt, dass die Zusammenarbeit mit Eltern im Schwerpunkt von Seiten der Einrichtungen ausgestaltet werden soll. Eigentlich findet sich in allen Konzepten ein Passus, dass Elternarbeit geleistet wird. Allerdings verweisen die diesbezüglichen inhaltlichen Konkretisierungen sowie die dafür zur Verfügung stehenden Ressourcen oftmals schon darauf, dass damit kein umfassendes Konzept gemeint ist, welches Eltern intensiv darin unterstützt, sich auf Hilfeangebote einlassen zu können und ihre Erziehungskompetenzen zu erweitern. Eine enge Zusammenarbeit mit Eltern erfolgt, bezogen auf ein Gesamtkonzept, in dem auch an den Rahmenbedingungen in der leiblichen Familie gearbeitet wird, bislang eher in spezialisierten Angeboten oder einzelnen Einrichtungen bzw. Gruppen, die sich intensiv mit dem Thema auseinandergesetzt haben. Mehrheitlich fehlen bislang in Regelgruppen (d.h. Heimgruppen von acht bis zehn Kindern/Jugendlichen, in denen die Betreuung über Tag und Nacht an sieben Tagen der Woche gewährleistet wird) strukturelle Voraussetzungen zur Umsetzung intensiver Formen der Zusammenarbeit mit Eltern. Entsprechende Arbeitsprozesse mit Eltern erfolgen eher punktuell in Einzelfällen, in denen Mütter und/oder Väter bereits die Motivation zur Mitarbeit mitbringen bzw. eine enge Zusammenarbeit selbst einfordern sowie in Fällen, in denen eine Rückführung in die Familie bereits zu Hilfebeginn angedacht ist (vgl. Moos/Schmutz 2006). Die Herausforderungen im Rahmen der Regelgruppe bestehen darin, dass die Zusammenarbeit mit Müttern und Vätern fallspezifisch konzipiert und prozessorientiert umgesetzt werden muss, da die Ausgangsbedingungen und Notwendigkeiten zwischen verschiedenen Familien stark variieren. Oftmals muss die Bereitschaft zur Zusammenarbeit erst einmal erarbeitet werden. Dies stellt hohe Anforderungen an die professionelle Arbeit und die strukturellen sowie organisatorischen Voraussetzungen, da in jedem Fall neu erarbeitet werden muss, welche Form der Arbeit mit und Unterstützung von Müttern und Vätern zum aktuellen Zeitpunkt die fachlich angemessene ist (vgl. Moos/Schmutz 2012).

Allerdings zeigen die Projektergebnisse sowie die Erkenntnisse aus Entwicklungsprozessen in Einrichtungen, dass durch gezielte Organisations-, Qualifika-

tions- und Qualitätsentwicklungsprozesse eine Intensivierung der Zusammenarbeit mit Eltern angestoßen werden kann, die sowohl zu Qualitätssteigerungen
der Hilfen für Kinder und ihre Eltern führten als auch die Arbeitszufriedenheit
der Fachkräfte erhöhten. Trotz der teilweise herausfordernden Rahmenbedingungen, konnte gezeigt werden, dass durch gezielte Anstrengungen und Ent-
wicklungsimpulse die Kluft zwischen fachlichem Anspruch und praktischer
Umsetzung in der Zusammenarbeit mit Eltern schrittweise verringert werden
kann. Als bedeutsam hat sich diesbezüglich herauskristallisiert, dass die entsprechenden Entwicklungsprozesse unter größtmöglicher Beteiligung der Mit-
arbeitenden ausgestaltet werden, da die Zusammenarbeit mit Eltern zum einen
immer auch Haltungsfragen tangiert und es zum anderen darum geht, Spielräume vor Ort zu nutzen, um mehr Unterstützung für Eltern in den aktuellen
Rahmenbedingungen zu ermöglichen und gleichzeitig fachpolitisch daran zu
arbeiten, das angemessene Ressourcen für eine intensive Zusammenarbeit mit
Eltern zur Verfügung stehen und entsprechende strukturelle Klärungen erfolgen (vgl. ebd.).

Im Folgenden werden nun zentrale fachliche Handlungsstrategien zur Stärkung und strukturellen Absicherung der Zusammenarbeit mit Eltern im Rahmen stationärer Hilfen konkretisierend dargestellt.

2 Handlungsstrategien zur Stärkung der Unterstützungsmöglichkeiten von Eltern

2.1 Stellenwert und Bedeutung der Zusammenarbeit mit Eltern bewusst machen

Unabhängig davon, ob man sich als Fachkraft, Gruppe, Träger oder Jugendamt
auf den Weg machen möchte, um die Zusammenarbeit mit Eltern weiter auf-
und auszubauen, so lohnt sich im ersten Schritt eine Vergewisserung, welche
Aspekte das Thema umfasst und warum die Bearbeitung dieser überhaupt er-
strebenswert ist.

Ein zentraler Strang im Rahmen der Zusammenarbeit mit Eltern ist ganz im
Sinne einer „Hilfe zur Erziehung" die Unterstützung von Müttern und Vätern
im Sinne von Ermutigung und Hilfestellung, um mit den Anforderungen der
Erziehung und Bewältigung des Familienalltags (wieder) zurechtkommen zu
können. In engem Zusammenhang dazu steht auch die Beteiligung von Müttern und Vätern, die es ebenfalls weiter auszubauen gilt, damit Eltern über ihre
Rechte und Handlungsmöglichkeiten im Kontext einer stationären Unterbringung informiert sind und sie sich angemessen im Rahmen der Hilfe einbringen
können (vgl. Gies et al. 2016; KVJS 2016; Knuth in diesem Band).

Ein weiterer zentraler Aspekt ist aber auch die Weiterentwicklung und wechselseitige Klärung der Beziehung des jungen Menschen zu seinen Eltern (und Geschwistern). Dies umfasst u. a. im Sinne biografischen Arbeitens die Auseinandersetzung mit der eigenen Herkunft und den Gründen, die zur Unterbringung geführt haben sowie der Klärung, welche Beziehungsintensität zu welchem Zeitpunkt wechselseitig gewollt und möglich ist (vgl. Lattschar/Wiemann 2018).

Das Thema Zusammenarbeit mit Eltern beinhaltet somit unterschiedliche Arbeitsstränge, die im Zusammenspiel ein entsprechendes Gesamtkonzept darstellen. Auf die Bedeutung dieses Aspektes verweisen Erkenntnisse der Heimerziehungs-, Bindungs- und Wirkungsforschung (vgl. Conen 1987; Baur 1998; Faltermeier 2001; Moos/Schmutz 2012), die die Zusammenarbeit mit Eltern immer wieder als zentralen Gelingensfaktor stationärer Hilfen herausstellen und das auch explizit für den Bereich der Pflegekinderhilfe (vgl. Helming et al. 2011: 572 ff.). Diese professionelle Anforderung endlich auch in der alltäglichen Praxis entsprechend zu stärken, lohnt sich somit nicht nur um der Eltern selbst willen, sondern ist auch von hoher Bedeutung für die Entwicklung ihrer Kinder, da Identitätsentwicklung immer auch mit der Auseinandersetzung mit der eigenen Familie zusammenhängt.

Verstärkt in die Zusammenarbeit mit Eltern zu investieren, lohnt sich aber auch, richtet man den Blick auf die Zeit nach der stationären Hilfe. Denn ungeachtet einer geplanten oder ungeplanten Beendigung der Hilfe zeigt sich, dass ein hoher Anteil der jungen Menschen im Anschluss an die Maßnahme wieder bei ihren Eltern bzw. einem Elternteil leben. Laut einer Untersuchung des Deutschen Jugendinstituts sind dies im Kontext der Pflegekinderhilfe 31 Prozent der jungen Menschen (vgl. van Santen 2019: 62). Im Anschluss an eine Heimerziehung liegt der Anteil bei Minderjährigen sogar noch deutlich höher. So leben bei einer Beendigung gemäß Hilfeplan 49,1 Prozent und bei einer Beendigung abweichend zum Hilfeplan sogar 56,6 Prozent anschließend an die Unterbringung wieder im Haushalt der Eltern (vgl. Tabel 2020: 71). Auch diese Daten verweisen darauf, warum es so wichtig ist, allen Familien im Rahmen stationärer Hilfen entsprechende Unterstützungsangebote zu machen oder wie es eine Mutter treffend zusammenfasst:

> „Die Familie, die braucht auch Hilfe. Das bringt nichts, wenn man hier das Kind top und super in die Reihe bringt und das Kind sich super entwickelt, wenn es dann wieder nach Hause geht und alles ist wie vorher. Diese Zusammenarbeit ist immer wichtig". M1_1

Die Diskussion genau solcher Erkenntnisse führt oftmals dazu, dass der Stellenwert der Eltern im Rahmen der Hilfe deutlicher hervortritt und die Bereitschaft auf Seiten der Fachkräfte wächst, verstärkt in die Sondierung der Möglichkeiten der Zusammenarbeit einzusteigen bzw. Arbeitsschwerpunkte hin zu Müttern/Vätern zu verschieben.

2.2 Den Hilfebeginn besonders im Blick haben

Gerade die Anfangszeit einer stationären Hilfe hat sich als weichenstellend für die weitere Zusammenarbeit mit Eltern herauskristallisiert (vgl. Dittmann/ Schäfer 2019; Ruchholz 2020; Moos/Schmutz 2012). So erfordert die Phase des Hilfebeginns von Seiten der Eltern vielfache Anpassungs- und Umorientierungsleistungen, denn die Unterbringung ihres Kindes ist immer ein einschneidendes Erlebnis, unabhängig davon, ob sie selbst die Unterbringung bzw. Inpflegegabe initiiert und gewollt haben oder ob diese von außen veranlasst wurde. Mütter und Väter müssen die Situation, die in der Regel (auch) mit Schuld- und Versagensgefühlen verbunden ist, verarbeiten, ihre Elternrolle und -aufgaben neu definieren und reflektieren, in welcher Art und Weise sie den Kontakt und die Beziehung zu ihrem Kind weiter ausgestalten können und möchten.

Folgende Zitate von Müttern und Vätern verdeutlichen die Unsicherheiten, Rollenunklarheit und Erwartungshorizonte, die mit der Unterbringung/Inpflegegabe für sie einhergehen.

> „Ja, ich habe mir die Frage gestellt am Anfang, wie er hierher kam. Was werde ich für eine Rolle als Mutter noch spielen? Was werde ich sein als Mutter? Bin ich noch präsent? Bin ich es nicht mehr? Wird er mich noch brauchen? Bin ich weg? Diese Fragen habe ich mir ja auch gestellt. Das weiß ich noch genau am Anfang. Was habe ich dann noch? Werde ich hier noch mit beinhaltet? Werde ich vielleicht außen vorgehalten, weil man sagt: ‚Hier, zu Hause funktioniert es nicht und hier funktioniert es‘. Natürlich fragt man sich als Mutter: ‚Bin ich dann noch präsent überhaupt für mein Kind? Ich! Für mein Kind‘." M4_1

> „Ich habe mir eigentlich vorgestellt, dass ich ihn gar nicht mehr bekomme. Die holen den jetzt und ich bekomme ihn gar nicht mehr. Punkt". M2_2

> „Die Eltern müssen irgendwie das Gefühl haben, selbst wenn sie irgendetwas verkehrt gemacht haben, also dass sie weiterhin die Eltern sind. Und dass das den Kindern auch klar gemacht wird. Und nicht die Kinder irgendwann den Eindruck haben, dass die Einrichtung die Eltern ersetzt. Das ist ein ganz wichtiger Punkt". V1_1

Die Zitate verweisen darauf, dass Eltern gerade in dieser Phase Begleitung, Beratung und Unterstützung brauchen, um einen gelingenden Umgang mit der neuen Situation finden zu können. Als zieldienlich hat sich erwiesen, bestmöglich noch vor Aufnahme von Seiten der verantwortlichen Fachkräfte offensiv mit den Eltern zu thematisiert, dass ihre Elternrolle auch weiterhin eine exklusive und damit nicht ersetzbar ist, auch wenn der Erziehungsalltag aktuell überwiegend durch andere ausgestaltet wird. Es gilt, Wege aufzuzeigen, wie man als

Mutter und Vater weiterhin präsent sein kann und was im Rahmen der Zusammenarbeit möglich ist. Aufgrund der Unsicherheiten und fehlenden Rollenvorbildern hinsichtlich von Elternschaft im Rahmen stationärer Hilfen nehmen Mütter und Väter in der Regel sehr sensibel wahr, wie ihnen Fachkräfte begegnen und welche Rolle ihnen im Rahmen der Hilfe zugewiesen wird. Deshalb ist es wichtig, dass entsprechende Botschaften zur Rolle der Eltern ankommen, das Ansprechpartner*innen bekannt und präsent sind, dass der Informationsfluss von Gruppe/Pflegeeltern zu Eltern geklärt ist und unmittelbar Gesprächstermine angeboten werden, um über wechselseitige Erwartungen, Befürchtungen und Rollenanforderungen zwischen Fachkräften im Gruppendienst bzw. Pflegeeltern (und Eltern) sprechen zu können und um darauf aufbauend bestmöglich ein gemeinsames Verständnis bezüglich Kontaktgestaltungen, wahrzunehmenden Aufgaben und Verantwortungsbereichen entwickeln zu können.

Um diese fachlichen Anforderungen ausfüllen zu können, haben Einrichtungen z. B. Begrüßungsmappen oder Flyer für Eltern erarbeitet, die alle relevanten Informationen zur Zusammenarbeit und zu Beteiligungs- und Beschwerdemöglichkeiten enthalten. Zudem wurden wöchentliche anlassunbezogene Telefonate von Seiten der Fachkräfte eingeführt, um Eltern darüber zu informieren, wie es ihrem Kind geht und Raum für Anliegen und Fragen der Eltern zu geben. Darüber hinaus wurden mindestens drei bis vier intensive Elterngespräche gerade in den ersten Monaten der Hilfe strukturell abgesichert im Dienstplan verankert, um im Gespräch sondieren zu können, wie die angemessene Form der Zusammenarbeit aussehen kann. Über solche Rahmungen kann es gelingen, ein höheres Maß an Orientierung und Handlungssicherheit für Eltern, Kinder und Fachkräfte/Pflegeeltern im Miteinander zu gewinnen.

Im Zusammenhang intensiver Elterngespräche wurde außerdem ein möglichst frühzeitiger Hausbesuch in der Familie als relevant angesehen. Wenn möglich und von Seiten der Eltern gewollt, könnte dieser sogar bereits vor Aufnahme des Kindes in die Einrichtung erfolgen, um den Eltern zu signalisieren, dass man sich für die Familie und das Umfeld des Kindes interessiert und eine enge Zusammenarbeit anstrebt. Durch einen möglichst frühen Besuch im elterlichen Haushalt können zudem die Unterstützungsoptionen hinsichtlich von Veränderungen zu Hause von Seiten der verantwortlichen Fachkräfte thematisiert werden. Relevant ist, dass ein Hausbesuch in diesem Zusammenhang nicht in einem kontrollierenden Duktus erfolgt, sondern dass es ein Angebot an Eltern ist, welches ehrliches Interesse an der Familie signalisiert. Wird ein Hausbesuch mit einer entsprechenden Rahmung eingeführt, zeigt sich, dass viele Eltern gerne bereit sind, ein solches Angebot anzunehmen, was auch die folgenden Zitate zeigen.

„Es wurde von den Erziehern gefragt, ob ich da was dagegen hätte. Und ich bin da eigentlich gleich drauf eingegangen. Habe gesagt: ‚Ich finde das toll. Ich finde das super.

Das spart mir auch natürlich Fahrtzeit.' Tja und so haben wir das dann immer abwechselnd gemacht, alle vier Wochen. Mal bei mir, dann wieder im Heim. Abwechselnd dann". M1_3

„Es gab dann auch Elterngespräche, die die teilweise hier stattfanden oder bei mir zu Hause, bei mir in der Wohnung, was ich auch sehr angenehm fand. Das auch so ein bisschen geschaut wird von den Erziehern, woher kommt das Kind. Wo hat es mal gelebt? Dass man den Vergleich hat". M1_2

Termine im Elternhaus können somit ganz selbstverständlicher Bestandteil des stationären Hilfesettings werden und können dadurch auch einen Beitrag leisten, Veränderungen in der Familie anzustoßen.

2.3   Grundlagen der Zusammenarbeit erarbeiten

Das wechselseitige Kennenlernen von Eltern und Fachkräften, ein Beziehungsaufbau und gemeinsame Gespräche, um Verstehensprozesse zu initiieren sind zu Hilfebeginn, aber auch im weiteren Hilfeverlauf von großer Bedeutung, denn die Grundlagen einer Zusammenarbeit müssen beidseitig erarbeitet werden. So brauchen Eltern oft erst einmal Ermutigung, um über ihre Situation sprechen zu können. Ein offenes Zugehen auf sie, ein ehrliches Interesse an ihrer Sicht auf die Dinge und Unterstützung dabei, auch schwierige Dinge benennen zu können, um somit eine gemeinsame Sprache über die Anlässe der Unterbringung und die familiäre Situation zu entwickeln, ist in diesem Zusammenhang bedeutsam.

„Das gibt einem Mut, dass offen auf die Eltern zugegangen wird. Und über alles geredet wird. Und im Prinzip nicht nur so Fachgespräche sondern eben auch mal ins persönliche gegangen wird. Auch mal ein bisschen gequatscht wird. Tasse Kaffee und ein Stück Kuchen, einfach die Nähe. Das tut gut". M1_6

Dabei spielt das Gefühl, verstanden zu werden auf Seiten der Mütter und Väter eine große Rolle und motiviert dazu, sich weiter auf den gemeinsamen Arbeitsprozess einzulassen.

„Ja ich sage mal das Kennenlernen. Das merken, dass jemand anders einen versteht. Dass jemand anders einen auf einmal versteht. Dass nicht nur wir das so sehen und die Dinge so empfinden, sondern dass es auch noch welche gibt, die das genauso sehen. Das macht es dann auch leichter, darüber zu reden. Und es motiviert dann auch mehr zu sagen. Und nicht immer nur alles für sich zu behalten, sondern man sagt dann auch ein bisschen mehr. In der Hoffnung, vielleicht haben die noch eine Idee oder eine Lösung oder so. Man fühlt sich verstanden und das motiviert. Wir machen dann weiter. Jetzt versuchen wir halt zusammen, etwas Besseres zu machen". M4_2

Wenn es gelingt, in einem verstehenden Zugang die Bedürfnisse und Bedarfe von Eltern zu erfassen und diese dann in ein passendes Unterstützungsangebot zu überführen, dann sind zentrale Grundlagen der Zusammenarbeit geschaffen. Eine gemeinsame Zielperspektive kann dann deutlich werden und Eltern erleben Fachkräfte dann in ihrem Sinne unterstützend.

„Man sitzt dann plötzlich im gleichen Boot. Man steht nicht mehr alleine da. Man hat Unterstützung. Man teilt das. Das ist dann schon sehr anregend". M4_3

Neben den zeitlichen Ressourcen zur Durchführung solcher Gespräche mit Müttern und Vätern wurde im Rahmen der Arbeitsprozesse mit Einrichtungen auch deutlich, dass sich viele Fachkräfte Gesprächsleitfäden wünschen, die einen verstehenden Zugang zum Familiensystem sowie eine Ressourcenorientierung unterstützen. Zum einen ging es in diesem Zusammenhang oftmals im Sinne von Qualifizierung um entsprechende Gesprächsführungskompetenzen. Zum anderen ging es aber auch darum, bestimmte inhaltliche Aspekte verstärkt in den Mittelpunkt der Gespräche zu rücken und systematischer als bislang mit den Müttern/Vätern zu thematisieren. So wurde als zieldienlich erachtet, die Problemkonstruktionen der einzelnen Familienmitglieder inklusive der Ausnahmen von problematisch erlebten Aspekten zu beleuchten, Ressourcen und bisherige Bewältigungsstrategien bezogen auf die einzelnen Familienmitglieder zu thematisieren, aber auch z. B. detaillierter darüber zu sprechen, welche Vorerfahrung mit anderen Hilfen gemacht wurden und was in diesem Zusammenhang als hilfreich und wenig hilfreich erlebt wurde. Zudem sind Fachkräfte auch dazu übergegangen z. B. vermehrt Mütter/Väter aktiv daraufhin anzusprechen, inwiefern aktuell für sie Problemakzeptanz, Problemkongruenz und Hilfeakzeptanz gegeben ist. Das bedeutet, inwiefern sie überhaupt ein Problem sehen, welches es zu bearbeiten gilt und inwiefern es als so groß eingeschätzt wird, dass eine stationäre Hilfe als notwendig und hilfreich erachtet wird. Ähnliche Einschätzungen zwischen Eltern und Fachkräften zu diesen Fragen bilden ebenfalls eine wichtige Grundlage zur Zusammenarbeit und müssen ggf. auch erst erarbeitet werden (siehe den Beitrag von Lattschar in diesem Band).

2.4   Mütter/Väter größtmöglich in Verantwortung belassen

Darüber hinaus hat sich gezeigt, dass es lohnenswert ist, im Sinne einer Rollen- und Aufgabenklärung zwischen Eltern und Fachkräften der Einrichtung bzw. Pflegeeltern das Thema der Verantwortungsübernahme im Alltag der Kinder expliziter zu betrachten. In der Regel ist es nämlich so, dass zu Hilfebeginn quasi alle Aufgaben, die ursprünglich bei den Eltern lagen, automatisch auf die Fachkräfte/Pflegeeltern übergehen. Das bedeutet, dass auch Handlungsbereiche, die vor der Unterbringung gelingend von der Mutter/dem Vater ausgestaltet wurden, nicht mehr in ihrer Verantwortung liegen. In diesem Zusammenhang geht es explizit auch um ganz praktische Alltagstätigkeiten, wie z. B. Friseurbesuche, der Kleiderkauf oder auch um die Frage des Bettbeziehens oder den Kuchen zum Geburtstag des Kindes. Wurde explizit im Dialog mit den Eltern nach Möglichkeiten gesucht, dass sie bezogen auf bestimmte Tätigkeiten und Verantwortungsbereiche auch weiterhin in Verantwortung für ihr Kind bleiben konnten (in Absprache teilweise in Begleitung einer Fachkraft), so zeigte sich, dass dies dazu führt, dass Eltern darüber wesentlich präsenter im stationären Alltag und im Kontakt mit ihren Kindern bleiben konnten.

> „Ob es Arztbesuche sind, Schulbesuche oder Elternabende, das mache alles ich. Also das macht kein Betreuer, sondern ich werde angerufen und es wird gesagt dass Elternabend ist. Dann gehe ich hin oder Arztbesuche gehe ich zu jedem Termin mit. Alles was man als Mutter so macht. Außer dass ich jetzt nicht morgens für ihn da sein kann, wenn er in die Schule muss, in die Schule bringen oder abholen. Aber Arztbesuche und alles andere, bin ich schon da". M2_3

Umso wohnortnäher die Unterbringung erfolgt, umso einfacher lassen sich einzelne Aspekte umsetzen, aber auch bei größerer räumlicher Distanz konnten entsprechende Gelegenheiten z. B. bei Hol- und Bringsituationen geschaffen werden.

Ausgehend von einer solchen Idee der größtmöglichen Verantwortungsübernahme durch Eltern(teile) im Rahmen stationärer Unterbringungen zeigt sich, dass dies mit Umorientierungs- und Reflexionsprozessen auf Seiten der Fachkräfte einhergehen muss. Denn oftmals ist es als Fachkraft weniger aufwändig, Dinge für das Kind selbst zu übernehmen, als darauf zu achten und den Alltag entsprechend zu organisieren, dass Eltern die Aufgaben, die diese gelingend ausfüllen, selbst übernehmen. Des Weiteren hat sich hinsichtlich der verstärkten Verantwortungsübernahme durch Eltern gezeigt, dass die Ausübung von erzieherischen Tätigkeiten sehr eng mit Norm- und Wertvorstellungen verknüpft ist. Um gelingend zusammenarbeiten zu können, müssen Fachkräfte und Eltern darüber in einen Dialog treten, welche Erziehungsvorstellungen in der jeweils konkreten Situation leitend sind. Kriterien für eine „gute" Aufgabenerledigung sind darum auszuhandeln. In diesem Zusammenhang ist auch wichtig, dass Fachkräfte und Teams für sich klären, inwiefern und wie stark elterliches Erziehungsverhalten und die Realisierung ganz konkreter Tätigkeiten von ihren eigenen Ansprüchen und Umsetzungsvorstellungen abweichen darf.

Grundsätzlich sind solche Vereinbarungen mit Eltern natürlich auch im

Kontext der Pflegekinderhilfe denkbar, allerdings braucht es dazu ein entsprechendes Selbstverständnis der Pflegeeltern, die dann ja intensiv mit den Eltern zusammenarbeiten müssen. Um eine solche Ausgangssituation wahrscheinlicher zu machen, bräuchte es auch „Veränderungen bezüglich der Akquise, Beratung, Begleitung und Unterstützung von Pflegeeltern, die eine geeignete Ausstattung der Dienste und fortlaufende Reflexionen hinsichtlich der an die Pflegeeltern gestellten Erwartungen notwendig machen" (Dittmann/Schäfer 2019: 48).

Beteiligungsorientierte Hilfeplanung unter Berücksichtigung von elternbezogenen Zielen umsetzen

Fokussiert man die Unterstützung der Eltern(teile) im Kontext stationärer Hilfen verstärkt, so zieht dies natürlich auch Anforderungen im Rahmen des Hilfeplanungsprozesses nach sich. Um den Zielfokus der Hilfe und die Unterstützungsangebote gleichberechtigter als bislang auf die jungen Menschen und ihre Eltern auszurichten, hat es sich als zieldienlich erwiesen, kind- und elternbezogene Ziele explizit im Hilfeplan zu differenzieren und die Hilfeplandokumente auch entsprechend auszugestalten. Elternbezogene Ziele sind eindeutig darauf ausgerichtet, die Themen und Unterstützungsbedarfe der Eltern aufzugreifen, bei denen sie sich Veränderungen und Hilfe für sich wünschen, um mit den Erziehungs- und Alltagsanforderungen wieder besser zurecht kommen zu können. Darüber hinaus hat sich die Notwendigkeit gezeigt, dass im Hilfeplangespräch wesentlich konkreter als bislang, über die Qualität und Quantität der Zusammenarbeit im Einzelfall gesprochen wird und entsprechende Vereinbarungen diesbezüglich auch festgeschrieben werden.

Damit elternbezogene Ziele verstärkt mit Müttern/Vätern entwickelt werden können, hat sich die Vorbereitung der Hilfeplangespräche als ein relevanter Baustein herauskristallisiert. Über eine entsprechende Ausgestaltung im Vorfeld kann die Beteiligung der Adressat*innen im Hilfeplangespräch gestärkt und somit auch die Passung und Verbindlichkeit des Vereinbarten gesteigert werden (vgl. Moos/Schmutz 2005: 126). Durch ein explizit auf die Vorbereitung ausgerichtetes Gespräch mit den Eltern und der im Rahmen der Hilfe verantwortlichen Fachkraft soll ein geschützter Kontext zur Vorbereitung des Hilfeplangesprächs geschaffen werden, um den Hilfeverlauf seit dem letzten Hilfeplangespräch zu reflektieren und gemeinsam zu besprechen, inwiefern Ziele erreicht werden konnten und was diesbezüglich förderlich bzw. erschwerend war. Von dieser Bilanzierung ausgehend können Themen, Fragestellungen und Anliegen erarbeitet werden, die aus Perspektive der Mütter/Väter im Hilfeplangespräch angesprochen und geklärt werden sollen. Die erarbeiteten Einschätzungen und zu klärenden Aspekte werden gebündelt im Rahmen einer sogenannten Vorabinformation schriftlich festgehalten. Eine analoge Vorbereitung auf das Gespräch erfolgt natürlich auch mit dem jungen Menschen und ist ebenfalls Teil des Dokuments. Das Dokument wird dann in weiteren Schritten der Vorbereitung des Hilfeplangesprächs um Einschätzungen aus der Perspektive der zuständigen Fachkraft der Einrichtung/Pflegeeltern ergänzt und zur Vorbereitung des Gesprächs allen Beteiligten zur Verfügung gestellt. Auf diese Weise wissen Eltern, Kinder und Jugendliche bereits im Vorfeld des Hilfeplangesprächs, was im Bericht über sie steht und welche Informationen an die Fachkraft des Jugendamtes gegangen sind. Unter Beteiligungsgesichtspunkten hat es sich darüber hinaus in diesem Zusammenhang als hilfreich erwiesen, wenn vor dem Hilfeplangespräch die zu klärenden Aspekte aus den verschiedenen Perspektiven in der Tagesordnung zusammengeführt werden und somit auch für alle transparent sind. Über eine solche Form der Vorbereitung kann die Voraussetzung geschaffen werden, dass alle Beteiligten mit gleicher Informationsgrundlage ins Gespräch gehen und Situationseinschätzungen aus den verschiedenen Perspektiven im Vorfeld bekannt sind. Eine solche Transparenz kann Ängste und Befürchtungen im Vorfeld von Hilfeplangesprächen minimieren und bessere Voraussetzungen für eine angemessene Beteiligung von Eltern und jungen Menschen im Hilfeplangespräch schaffen.

Des Weiteren hat sich gezeigt, dass durch die Vorbereitung aller Teilnehmenden größere Zeitfenster für Aushandlungsprozesse im Dialog im Hilfeplangespräch eröffnet werden können. Denn durch die schriftliche Vorab-Information aus den verschiedenen Perspektiven kann auf ausführliche Schilderungen im Rückblick auf das letzte halbe Jahr zu Beginn des Gesprächs weitgehend verzichtet werden und ein Anknüpfen an die aktuelle Situation und die entsprechenden Klärungsbedarfe wird fokussierter möglich (vgl. ebd.). Denn die Aushandlung gemeinsam getragener Zielperspektiven soll ja eigentlich das Kernstück der Hilfeplangespräche sein. Dieses Ringen um den gemeinsamen Nenner zeichnet gelingende Prozesse auch aus Sicht der Eltern aus.

> „Man konnte ja Vorschläge auch selbst machen im Gespräch und dann hat man immer irgendwo einen Punkt gefunden, wo man sich getroffen hat. Wo es dann für beide Seiten gepasst hat". M1_7

> „Man ist manchmal nicht auf der gleichen Linie. Aber durch die Gespräche ist es dann so, dass man dann irgendwie so einen Nenner findet, wo man sagt, wir probieren es halt so und wir sind dann einverstanden und die Lehrer und die Erzieher, dass man das halt mal so probiert. In Rücksprache mit uns wieder und dann ist das eigentlich okay dann. Wir sprechen uns dann ab, was jeder so machen könnte und dann wird das probiert und wenn es geklappt hat, dann melden sie sich wieder bei uns und dann ist es okay und wenn nicht, dann muss man halt wieder was anderes probieren. So ist dann die Richtung, wie wir das halt so machen". V2_1

Als beteiligungsförderlich kann zudem herausgestellt werden, wenn die Aussagen der Eltern und der jungen Menschen hinsichtlich ihrer Ziele möglichst im

Originalton im Hilfeplandokument festgehalten und nicht nachträglich in „Fachsprache übersetzt" werden, denn darüber finden die Eltern und der jungen Menschen ihre eigenen Aussagen in den Dokumenten wieder und fühlen sich verstärkt gehört. Werden Aussagen genauso festgehalten, wie sie benannt wurden, erhöht dies auch die Wahrscheinlichkeit, dass der Hilfeplan gut verständlich ist. Um zeitnah an das Besprochene im weiteren Arbeitsprozess mit den Adressaten und Adressatinnen anknüpfen zu können, ist es wichtig, dass das Dokument allen Beteiligten zeitnah nach dem Gespräch zur Verfügung gestellt wird und eine entsprechende Nachbereitung mit den Eltern und den jungen Menschen erfolgt, um im Rahmen der Erziehungsplanung mit ihnen zu konkretisieren, was die Vereinbarungen für die weitere Zusammenarbeit bedeuten und was es in wessen Verantwortung konkret zu tun gilt.

2.5 Handlungsorientierte Unterstützungsmöglichkeiten bieten

Um Veränderungen begleiten und unterstützen zu können, geben die ausgehandelten Ziele den Eltern erste Orientierung. Regelmäßige weitere Gespräche, die den Hilfeplangesprächen folgen, sind wichtig, um zu konkretisieren was Eltern genau brauchen und wie angemessene Kontexte geschaffen werden können, um für sich Handlungsalternativen entwickeln zu können.

In der Beschreibung, was Eltern hinsichtlich der eigenen Entwicklungsprozesse geholfen hat, berichten Mütter und Väter zum einen davon, dass es wichtig war, von Seiten der Fachkräfte Anregungen und Tipps zu bekommen, wie ein anderes/neues Miteinander von Eltern und Kindern (wieder) möglich werden kann.

> „Die haben immer Tipps gegeben. Immer wieder gesagt zu uns oder speziell zu mir, die haben immer wieder gesagt: ‚Positiv'. Ihn am Ende vom Tag auch mal loben. Immer wieder das gleiche. Immer wieder das gleiche wiederholt. Vorschläge gemacht: Tipps gegeben, was man so machen kann". M4_6

> „Klare Linien, klare Strukturen, nicht irgendwie weich hin und her pendeln und mal das erlauben und mal jenes erlauben und dann wieder nicht. Das funktioniert nicht. Und mich durchzusetzen, das ist natürlich schwierig. Das schafft man nicht so schnell. Aber für mich war es wichtig, erst mal zu wissen, jetzt hast du zwar nicht so gehandelt, aber du weißt, wie es eigentlich sein sollte. Aber zu wissen was richtig wäre, in diesem Moment, das ist ja auch schon mal der richtige Schritt in die richtige Richtung". M1_9

Zum anderen berichten Eltern vom eigenen Lernen am Modell der Fachkräfte. So möchten sie erleben, beobachten und darüber ins Gespräch kommen, wie Fachkräfte in bestimmten Situationen mit ihrem Kind umgehen, um daraus abgeleitet für sich der Frage nachgehen zu können, was den Unterschied in der Interaktion ausmacht. Für sie ist die Frage leitend: Was machen die anderes als ich? Was kann ich aus deren Alltagstrategien für mein Handeln übernehmen?

> „Also so Sachen aus Gesprächen heraus gehört. Nicht das, jemand sagt zu mir, du musst es jetzt so und so machen für die nächste Zeit. Also ich habe das von mir aus alleine, einfach so angenommen und geschaut, was machen die anders, als ich es mache. Und was kann ich für mich da rausnehmen, dass etwas Positives ist für zu Hause". M1_10

> „Weil hier muss er es auch machen. Also habe ich das auch eingefordert. Das habe ich von hier. Da muss er seine Sachen machen, Küchendienst, Baddienst. Also hat er müssen zu Hause seinen Dienst auch machen. Die Stärke bekomme ich auch von hier, weil ich weiß, hier muss er das machen, also macht er das bei mir auch. Das lerne ich auch von hier". M6_3

Darüber hinaus berichten Mütter und Väter aber auch, wie wichtig es ist, dass Fachkräfte sie ermutigen, an bestimmten Strategien dran zu bleiben und auch (kleine) Erfolge sichtbar zu machen, denn dies motiviert zum Weitermachen. Dies ist bedeutsam, da die Veränderungsprozesse für die Eltern viel Kraft und Energie kosten und der Glaube an Veränderungsmöglichkeiten unterstützt werden muss. Das Zutrauen in die eigenen Fähigkeiten muss teilweise erst wieder wachsen.

> „Es war schwierig für mich, weil man ja immer noch das alte Bild im Kopf hat. Dann muss der Schalter erst mal umgelegt werden, irgendwann bei einem selber Klick machen. Man muss die Sachen mal so sagen, annehmen, man muss sie ausprobieren, positiv mit ihm reden. Nicht mehr nur das Schlechte sehen. Die guten Seiten an ihm entdecken und auch öfters mal loben. Und da halt auch manche Dinge einfach konsequent durchsetzen. Das ist, wie es einfach ist und fertig. Und wo ich dann auch schon innerlich so sage: Komm … Man würde es dann gerne so lassen und man bleibt jetzt einfach hart, egal welches Gesicht er macht. Das sind solche Dinge, die muss man lernen. Und die habe ich gelernt. Das hat sich auch letztes Jahr so Stück für Stück wirklich zum Positiven verändert. Als ich dann gedacht habe, guck es funktioniert dann doch, wenn man es mal anders rum macht. Ich komme besser mit ihm klar. Es ist ein Weg wieder zueinander und vorher war ja eigentlich eher, das auseinander. Und das hat sich wirklich sehr viel verbessert". M4_5

Ein weiterer Baustein im Rahmen der Unterstützungsmöglichkeiten für Eltern sind Hilfestellungen im Haushalt der Eltern. Dieser Aspekt kann zurzeit oftmals aufgrund der fehlenden Ressourcen nicht in dem Maße realisiert werden, wie es wünschenswert wäre.

„Also, schön wäre in der Anfangszeit gewesen, wirklich das, so sage ich mal an die Hand nehmen bei Erziehungsfragen. Also dieses zu Hause üben, sag ich jetzt mal, das wäre eine schöne Sache gewesen. Dass man vielleicht weiß, es kommt eine Betreuung heim. Wie so eine Art Erziehungshilfe dann auch noch. Dass man nicht so abstrakt mit irgendwelchen Zettelchen und ja man hat vielleicht etwas gelernt oder vielleicht so eine Familienhilfe gehabt, muss das dann aber alleine durchboxen. Sondern so einfach mit einem Stückchen Hilfe zu Hause noch weiter praktizieren. Das wäre eine schöne Sache". M1_11

Der Wunsch nach Hilfe zu Hause zeigt sich auch immer wieder bei Wochenend- und Ferienbeurlaubungen. Hier zeigen sich oftmals eingespielte Verhaltensmuster, bezüglich der sich Mütter/Väter Unterstützung darin wünschen, alternative Handlungsstrategien realisieren zu können, um die gemeinsame Zeit mit ihrem Kind positiv ausgestalten zu können. Eine entsprechende kleinschrittige und handlungsorientierte Vor- und Nachbereitung solcher Beurlaubungen entlang typischer Konfliktlinien der jeweiligen Familie hat sich als hilfreiches Angebot gezeigt, da hier sehr konkrete Anlässe aufgegriffen und bearbeitet werden können.

Aber nicht nur die Zusammenarbeit mit den Fachkräften hat sich als unterstützend für Eltern herausgestellt. Einen besonderen Stellenwert können auch andere Eltern haben, deren Kinder aktuell ebenfalls stationär untergebracht sind. Begegnungs- und Austauschmöglichkeiten mit anderen Eltern zu schaffen, kann einen wichtigen Beitrag dazu leisten, dass Mütter/Väter erleben, dass andere sich in ähnlichen Situationen befinden und man gemeinschaftlich im Austausch nach Lösungen suchen kann. Den Stellenwert solcher Angebote betonen Eltern auch im Rahmen von Interviews.

„Das da mehr Veranstaltungen stattfinden. Sei es, wenn sie mal ein Elternwochenende gestalten oder ein Elterncafé oder irgend so etwas in der Art, wo man mit den Erziehern oder den anderen Eltern mal so für sich ist, ohne die Kinder dazwischen zu haben. Ich finde, das ist sehr wertvoll. Das bringt auch einem was. Sich auszutauschen, wo hapert es bei dir? Wie gehst du dann mit diesen Sachen um? Es stellt sich oft auch eine Bestätigung heraus. Du bist nicht allein. Man kann auch gemeinsam gewisse Lösungen finden. Von dem anderen einen Tipp erfahren oder so". M6_5

Das Spektrum an Möglichkeiten der Zusammenarbeit mit und Unterstützung von Eltern ist somit breit gefächert. Wichtig ist, dass eine Vielfalt von Optionen geboten werden kann, um jeweils individuell und bedarfsgerecht auf das eingehen zu können, was die jeweilige Familie in der aktuellen Situation benötigt. Und dieser Anspruch der passgenauen Hilfe für Eltern kommt nicht erst dann zum Tragen, wenn Fragen einer Rückführung im Raum stehen, sondern wie eingangs bereits gesagt, beginnt dieser Arbeitsprozess bestenfalls bereits vor Aufnahme des jungen Menschen und zielt auf Beziehungsklärung und Kompetenzerweiterung der Eltern. Diese Aspekte sind die Voraussetzungen, um sich der Frage nach einer möglichen Rückführung überhaupt angemessen nähern zu können.

2.6   (Zeitweise) nicht präsente Eltern weiterhin im Blick haben

Trotz aller Weiterentwicklungspotenziale in der Zusammenarbeit mit Eltern im stationären Kontext (denn es zeigt sich, dass der Anteil präsenter und aktiver Eltern durch ein entsprechendes Vorgehen deutlich steigt) muss dennoch auch festgehalten werden, dass sich nicht mit allen Eltern eine solche Zusammenarbeit realisieren lässt. Die Gründe dafür sind vielfältig und können z.B. bei (psychischer) Erkrankung, Inhaftierung oder nicht bewältigter Trauer liegen. Somit wird es immer auch Eltern geben, die (zeitweise) nicht für ihre Kinder präsent sind bzw. präsent sein können. Wichtig ist in diesem Zusammenhang zum einen zu reflektieren, inwiefern fachlich das Bestmögliche getan wurde, um die Mutter/den Vater zur Zusammenarbeit zu gewinnen bzw. inwiefern es diesbezüglich noch weitere Handlungsoptionen gibt. Zum anderen stellt sich auch bei Phasen längerer Nicht-Präsenz die Frage, wie Anknüpfungspunkte weiterhin offen gehalten werden können.

Gerade bei nicht präsenten Eltern zeigt sich aber, dass die Arbeit zum Thema Eltern mit dem jungen Menschen umso wichtiger ist, um das Verhalten der Eltern einordnen zu können und mit Trauer, Verlust und Enttäuschungen einen Umgang finden zu können. Zudem gilt es zu prüfen, inwiefern Handlungsoptionen zum Aufbau alternativer nicht professioneller Bezugspersonen für den jungen Menschen bestehen, um sicher zu stellen, dass möglichst jeder junge Mensch verlässliche Personen im privaten Umfeld hat, auf die er/sie im Bedarfsfall zugehen kann und denen er/sie sich zugehörig fühlt.

3   Ausblick zur systematischen Weiterentwicklung der Zusammenarbeit mit Eltern

Um aktuell und zukünftig die Qualität der Zusammenarbeit mit Eltern beurteilen zu können, wird es darum gehen müssen, auch wesentlich systematischer als bislang, Mütter und Väter dazu zu befragen, wie sie die Kooperation und Unterstützung erleben und was sie sich diesbezüglich wünschen würden. Maßgeblich zur Bewertung des Umsetzungsstandes der Zusammenarbeit mit Eltern im Rahmen stationärer Hilfen sind somit letztendlich die Einschätzungen der Eltern und jungen Menschen selbst. Es zählt das, was ausgehend von der pädagogischen Intention bei ihnen ankommt und als hilfreich erlebt wird. Empfohlen wird deshalb die verbindliche Einführung von entsprechenden Rückmelde- und Bewertungsverfahren, in denen Kinder, Jugendliche und ihre Eltern systematisch ihre Einschätzungen abgeben können. Umgesetzt werden kann dies durch regelmäßige Adressat*innenbefragungen, einrichtungsinterne Beteiligungswerkstätten oder dialogorientierte Verfahren, bei denen die Sicht und Einschätzung der Adressat*innen im Vordergrund stehen. Ebenso können entsprechende Bewertungen zur Beteiligung im Hilfeplanungsprozess sowie zur Einschätzung des Hilfeverlaufs abgefragt werden. Von zentraler Bedeutung ist, dass die Einschätzungen verbindlich in die Qualitätsentwicklung der Einrichtung, Pflegekinderdienste und des Allgemeinen Sozialen Dienstes einfließen und somit Veränderungsimpulse aufgegriffen werden. Letztendlich geht es also darum, Angebote für Eltern gemeinsam mit ihnen zu entwickeln, zu erproben und strukturell zu verankern.

Literatur

Baur, Dieter/Finkel, Margarete/Hamberger, Matthias/Kühn, Axel D. (1998): Leistungen und Grenzen von Heimerziehung. Ergebnisse einer Evaluationsstudie stationärer und teilstationärer Erziehungshilfen. Stuttgart/Berlin/Köln: Kohlhammer.

Conen, Marie-Luise (1987): Elternarbeit in der Heimerziehung. Eine empirische Studie zur Praxis der Eltern- und Familienarbeit in Einrichtungen der Erziehungshilfe. Frankfurt/M.: Eigenverlag IGfH.

Dittmann, Andrea/Schäfer, Dirk (2019): Zusammenarbeit mit Eltern in der Pflegekinderhilfe – Expertise erarbeitet für das Dialogforum Pflegekinderhilfe. Frankfurt/M.: Eigenverlag IGfH. www.dialogforum-pflegekinderhilfe.de/fileadmin/upLoads/projekte/Dittmann_Sch%C3%A4fer_Zusammenarbeit_mit_Eltern_in_der_Pflegekinderhilfe_2019.pdf (Abfrage: 23.06.2021).

Faltermeier, Josef (2001): Verwirkte Elternschaft? – Fremdunterbringung – Herkunftseltern – Neue Handlungsansätze. Münster: Votum.

Gies, Martin/Hansbauer, Peter/Knuth, Nicole/Kriener, Martina/Stork, Remi (2016): Mitbestimmen, mitgestalten. Elternpartizipation in der Heimerziehung. Dähre: Schöneworth.

Helming, Elisabeth/Wiemann, Irmela/Ris, Eva (2011): Die Arbeit mit der Herkunftsfamilie. In: Kindler, Heinz/Helming, Elisabeth/Meysen, Thomas/Jurczyk, Karin (Hrsg.): Handbuch Pflegekinderhilfe. München Deutsches Jugendinstitut, S. 524–561.

KVJS (Kommunalverband für Jugend und Soziales) (Hrsg.) (2016): Beteiligung leben! Beteiligungs- und Beschwerdeverfahren für Kinder und Jugendliche in Einrichtungen der Heimerziehung und sonstigen betreuten Wohnformen in Baden-Württemberg. Abschlussbericht. Stuttgart.

Lattschar, Birgit/Wiemann, Irmela (2018): Mädchen und Jungen entdecken ihre Geschichte. Grundlagen und Praxis der Biografiearbeit. 5. Auflage. Weinheim/Basel: Beltz Juventa.

Moos, Marion/Schmutz, Elisabeth (2005): Das Hilfeplangespräch und die Hilfeplanfortschreibung als zirkulärer Dreischritt. In: Schrapper, Christian (Hrsg.): Innovation durch Kooperation. Anforderungen und Perspektiven qualifizierter Hilfeplanung in der Zusammenarbeit freier und öffentlicher Träger der Jugendhilfe. Abschlussbericht des Bundesmodellprojekts „Hilfeplanung als Kontraktmanagement?". München.

Moos, Marion/Schmutz, Elisabeth (2012): Praxishandbuch Zusammenarbeit mit Eltern in der Heimerziehung. Ergebnisse des Projektes „Heimerziehung als familienunterstützende Hilfe". Mainz: Eigenverlag ism.

Ruchholz, Ina-Catherine/Vietig, Jenna/Schäfer, Dirk (2020): Neue Spuren auf vertrautem Terrain Chancen der Verwandten- und Netzwerkpflege entdecken. Bonn. www.perspektive-institut.de/wp-content/uploads/2020/11/lvr-bericht_perspektive-institut_2020-11_web.pdf (Abfrage: 23.06.2021).

Tabel, Agathe (2020): Empirische Standortbestimmung der Heimerziehung. Fachwissenschaftliche Analyse von Daten der amtlichen Kinder- und Jugendhilfestatistik. Frankfurt/M.: Eigenverlag IGfH. www.igfh.de/publikationen/broschueren-expertisen/empirische-standortbestimmung-heimerziehung (Abfrage: 23.06.2021).

Van Santen, Eric/Pluto, Liane/Peucker, Christian (2019): Pflegekinderhilfe – Situation und Perspektiven. Empirische Befunde zu Strukturen, Aufgabenwahrnehmung sowie Inanspruchnahme. Weinheim/Basel: Beltz Juventa.

Autor*innen

Ackermann, Timo, Sozial- und Erziehungswissenschaftler, Diplom-Sozialarbeiter, Dr. phil.; Professor für Soziale Arbeit mit dem Schwerpunkt Kinder- und Jugendhilfe an der Alice Salomon Hochschule Berlin.

Berghaus, Michaela, Diplom-Pädagogin, M.A. Sozialmanagement, Dr. phil.; Wissenschaftliche Mitarbeiterin an der Fachhochschule Münster und freiberufliche Dozentin. Arbeitsschwerpunkte: Kinder- und Jugendhilfe (Erziehungshilfen und Kinderschutz).

Ehlke, Carolin, M.A. Dr. phil.; Wissenschaftliche Mitarbeiterin am Institut für Sozial- und Organisationspädagogik an der Universität Hildesheim. Arbeitsschwerpunkte: Hilfen zur Erziehung, insbesondere Care Leaver und Pflegekinderhilfe, Jugendhilfe in der DDR, sozialpädagogische Professionalität, biografische Übergänge.

Faltermeier, Josef, Diplom-Pädagoge, Diplom-Sozialarbeiter, Prof. Dr. phil., Lehrbeauftragter, Arbeitsschwerpunkte: Familien und Öffentliche Erziehung; Jugendhilfe- und Benachteiligtenforschung.

Freres, Katharina, M.A. Sozialpädagogin; Wissenschaftliche Mitarbeiterin an der Universität Koblenz-Landau, Arbeitsbereich Sozialpädagogik. Forschungsschwerpunkt: Kinderschutz.

Frindt, Anja, Diplom Sozialarbeiterin/Sozialpädagogin, Diplom Pädagogin, Dr. phil.; Tätigkeiten in Forschung und Praxis der Kinder- und Jugendhilfe. Arbeitsschwerpunkte: Aufwachsen unter ungünstigen Bedingungen, sozialpädagogische Interventionen in Familien, qualitative Forschungsmethoden, Jugendhilfeplanung.

Hansbauer, Peter, Diplom-Sozialpädagoge (FH), Diplom-Soziologe, Dr. rer. soc.; Professor für Soziologie an der Fachhochschule Münster; Leiter des Masterstudiengangs Jugendhilfe.

Hör, Heike, Diplom-Sozialarbeiterin, M.A. Supervisorin, Systemische Beraterin, Trainerin FamilienRat; seit 1989 in verschiedenen Arbeitsfeldern des Jugendamtes Stuttgart, Placement zu Family Group Conferencing 2006 in Neuseeland, seit 2010 Leitung des FamilienRat-Büros im Jugendamt Stuttgart.

Klein, Ingrid, Diplom-Psychologin, Dr. phil., Fachpsychologin, Supervisorin und Prüferin für Rechtspsychologie (BDP/DGPs); als Psychologische Sachverständige in eigener Praxis in der familienrechtspsychologischen und aussagepsychologischen Begutachtung.

Knuth, Nicole, Diplom-Pädagogin, Dr. phil.; Professorin für Soziale Arbeit mit dem Schwerpunkt Hilfen zur Erziehung an der Fachhochschule Dortmund.

Langenohl, Sabrina, Diplom-Pädagogin; selbstständig als Referentin (www. jufa-institut.de) und mit einem freien Träger der Kinder- und Jugendhilfe – Spezialisierung auf Rückführungsbegleitung (www.familientandem.de); Lehrbeauftrage an der FOM.

Lattschar, Birgit, Heilpädagogin, Diplom-Pädagogin, Systemische Beraterin und Supervisorin (SG), Lehrtrainerin für Biografiearbeit; langjährige Tätigkeit in der Erziehungshilfe, Erwachsenenbildung und Beratung von Pflege- und Adoptivfamilien; selbstständig in eigener Praxis. www.birgit-lattschar.de

Moch, Matthias, Diplom-Psychologe; Promotion in Erziehungswissenschaft, Tätigkeiten und Forschung in Erziehungshilfen und Jugendpsychiatrie, bis März 2021 Studiengangsleiter an der Dualen Hochschule Baden-Württemberg. Schwerpunkte: Theorie-Praxis-Bezug, Kinderschutz.

Moos, Marion, Diplom-Pädagogin; Wissenschaftliche Mitarbeiterin im Institut für Sozialpädagogische Forschung Mainz gGmbH (ism) seit 1999 mit den Themenschwerpunkten Heimerziehung, Zusammenarbeit mit Eltern, Adressat*innenbeteiligung, Ombudschaft; Zusatzqualifikation: Systemische Beratung und Supervision.

Petri, Corinna, M.A. Bildung und Soziale Arbeit, Diplom-Sozialpädagogin; Wissenschaftliche Mitarbeiterin im Institut für sozialpädagogische Praxisforschung und -entwicklung Perspektive gGmbH und Mitglied der Forschungsgruppe Pflegekinder der Universität Siegen.

Pöckler-von Lingen, Judith, Diplom-Sozialpädagogin (Universität Bremen), Systemische Familientherapeutin und Elterncoach (SG); seit 25 Jahren in unterschiedlichen Bereichen der Kinder- und Jugendhilfe tätig, Durchführung überregionaler Fortbildungen und Workshops, seit 2017 Geschäftsführerin von PiB – Pflegekinder in Bremen.

Ruchholz, Ina, M.A. Bildung und Soziale Arbeit; Wissenschaftliche Mitarbeiterin im Institut für sozialpädagogische Praxisforschung und -entwicklung Perspektive gGmbH und Mitglied der Forschungsgruppe Pflegekinder der Universität Siegen.

Santen, Eric van, Diplom-Soziologe, Dr. phil.; Wissenschaftlicher Mitarbeiter der Fachgruppe Strukturen der Kinder- und Jugendhilfe in der Abteilung Jugend und Jugendhilfe des Deutschen Jugendinstituts e.V. Arbeitsschwerpunkte: Strukturen und Leistungen öffentlicher und freier Kinder- und Jugendhilfe, interinstitutionelle Kooperationsbeziehungen, Hilfeverläufe.

Schäfer, Dirk, Diplom-Pädagoge; Geschäftsführer des Instituts für sozialpädagogische Praxisforschung und -entwicklung Perspektive gGmbH und Mitglied der Forschungsgruppe Pflegekinder der Universität Siegen.

Schefold, Werner, Diplom-Soziologe, Dr. rer. soc. habil.; Universitätsprofessor i.R. für Sozialpädagogik (Universität der Bundeswehr München). Arbeitsschwerpunkte: Theorie der Hilfeprozesse, narrative Krisenforschung, regionale Sozialpolitik und Soziale Arbeit (Südtirol).

Schrödter, Mark, Dr. phil. habil., Diplom-Pädagoge, M.A.; Professor für Sozialpädagogik des Kindes und Jugendalters an der Universität Kassel. Forschungsschwerpunkt: Professionalisierungstheorie.

Schulze-Krüdener, Jörgen, Diplom-Pädagoge, Dr. phil.; Hochschullehrer im Fach Erziehungswissenschaft, Abt. Sozialpädagogik an der Universität Trier. Arbeitsschwerpunkte: Professionalität/Professionalisierung Sozialer Arbeit, Regionale Kinder- und Jugendhilfeforschung.

Simon, Sabine, Diplom-Pädagogin (Universität Bremen) und interne Fachberaterin bei PiB – Pflegekinder in Bremen; als systemische Beraterin unterstützt sie die pädagogischen Fachkräfte und moderiert Prozesse der fachlichen Weiterentwicklung; Überregionale Fortbildungen und Workshops.

Stork, Remi, Diplom-Pädagoge, Dr. phil; Professor für Kinder- und Jugendhilfe mit dem Schwerpunkt Hilfen zur Erziehung an der Fachhochschule Münster.

Thalheim, Vinzenz, M.A. Sozialpädagoge, Dr. phil.; wissenschaftlicher Mitarbeiter am Institut für Sozialwesen der Universität Kassel. Forschungsschwerpunkt: Heimerziehung

Thomas, Severine, Diplom-Sozialarbeiterin/Sozialpädagogin, Diplom-Sozialwirtin, Dr. phil.; Wissenschaftliche Mitarbeiterin am Institut für Sozial- und Organisationspädagogik an der Universität Hildesheim. Schwerpunkte: Kinder-

und Jugendhilfe, insbesondere Hilfen zur Erziehung, Leaving Care, rechtskreis-übergreifende Organisation Sozialer Dienste.

Trede, Wolfgang, Diplom-Pädagoge; Leiter des Amtes für Jugend des Landkreises Böblingen, Mitglied u.a. in der Sachverständigenkommission des 14. Kinder- und Jugendberichts und der Kommission Kinderschutz Baden-Württemberg. Aktueller Schwerpunkt: Handeln im Kinderschutz.

Wabnitz, Reinhard Joachim, Dr. jur. Dr. phil., Ass. jur. Mag. rer. publ.; Professor für Rechtswissenschaft an der Hochschule RheinMain, Ministerialdirektor a.D., Vorsitzender der Sachverständigenkommission für den 14. KJB. Autor von über 450 wissenschaftlichen Publikationen und Rechtsgutachten insbesondere aus dem Bereich des Kinder- und Jugendhilferechts.

Wiesner, Reinhard, Prof. Dr. jur. Dr. rer. soc. h.c.; Lehrbeauftragter, Herausgeber-Kommentar zum SGB VIII, langjährige Tätigkeit (1974–2010) im BMFSFJ, dort verantwortlich für das Kinder- und Jugendhilferecht/SGB VIII. Arbeitsschwerpunkte: Kinder- und Jugendhilferecht, Kindschaftsrecht und Rehabilitationsrecht.

Wilma Weiß | Anja Sauerer (Hrsg.)
»Hey, ich bin normal!«
Herausfordernde Lebensumstände
im Jugendalter bewältigen.
Perspektiven von Expertinnen und Profis
2018, 196 Seiten, broschiert
ISBN: 978-3-7799-3168-3
Auch als E-BOOK erhältlich

»Hey, ich bin normal!« ist der Titel und gleichzeitig die Botschaft des vorliegenden Buches. Erstmalig schreiben Expertinnen für herausfordernde Lebensumstände mit Profis ein Buch für Kinder und Jugendliche und Profis zum Traumaverstehen. Die Expertinnen sind Mädchen und junge Frauen, die herausfordernde Lebenssituationen überstanden, gemeistert haben und es noch tun. Sie wissen, um was es geht. Und sie schreiben mit Profis vor allem darüber, was hilft, zurechtzukommen. Die Autorinnen haben Teile ihrer Lebensgeschichte aufgearbeitet und sich in Workshops mit den Herausgeberinnen in die traumapädagogische Theorie eingearbeitet. All dies wird so erklärt und beschrieben, dass es Kinder- und Jugendliche verstehen, daran anknüpfen können und vielleicht Mut gewinnen für eigene Wege. Ebenso ist es ein Buch für Fachkräfte in den erzieherischen Hilfen, des Jugendamtes, Therapeuten, Pflegeeltern, Menschen in Bildungseinrichtungen und viele andere mehr.

www.beltz.de
Beltz Juventa · Werderstraße 10 · 69469 Weinheim